Software Engineering

Horst Lichter und Jochen Ludewig, März 2013

Prof. Dr. rer. nat. Jochen Ludewig, geboren 1947 in Hannover. Studium der Elektrotechnik (TU Hannover) und Informatik (TU München); Promotion 1981. 1975 bis 1980 Gesellschaft für Kernforschung, Karlsruhe, dann Brown Boveri Forschungszentrum in Baden/Schweiz. 1986 Assistenzprofessor an der ETH Zürich, 1988 Ruf auf den neuen Lehrstuhl Software Engineering an der Universität Stuttgart. Arbeitsgebiete: Softwareprojekt-Management, Software-Prüfung und Software-Qualität, Software-Wartung. Ab 1996 Konzeption und Aufbau des Diplomstudiengangs Softwaretechnik, der inzwischen in einen Bachelor- und einen Masterstudiengang umgewandelt wurde. Fellow der Gesellschaft für Informatik (GI).

Verheiratet, zwei erwachsene Töchter, zwei Enkel.

Prof. Dr. rer. nat. Horst Lichter, geboren 1960 in Trier. Studium der Informatik und Betriebswirtschaftslehre (TU Kaiserslautern). Wissenschaftlicher Mitarbeiter (ETH Zürich und Universität Stuttgart), Promotion 1993. Anschließend Schweizerische Bankgesellschaft Zürich und ABB Forschungszentrum Heidelberg. 1998 Ruf an die RWTH Aachen, Leiter des Lehr- und Forschungsgebiets Software-Konstruktion. Arbeitsgebiete: Architekturmodellierung, Projektmanagement, Werkzeugbau, Prozessverbesserung.

Verheiratet, drei Söhne.

Jochen Ludewig · Horst Lichter

Software Engineering

Grundlagen, Menschen, Prozesse, Techniken

3., korrigierte Auflage

dpunkt.verlag

Jochen Ludewig
ludewig@informatik.uni-stuttgart.de

Horst Lichter
lichter@swc.rwth-aachen.de

Lektorat: Christa Preisendanz
Copy-Editing: Ursula Zimpfer, Herrenberg
Satz: Jochen Ludewig, Stuttgart/Horst Lichter, Aachen
Herstellung: Birgit Bäuerlein
Umschlagmotiv: Jochen Ludewig, Stuttgart
Umschlaggestaltung: Helmut Kraus, www.exclam.de
Druck und Bindung: mediaprint solutions GmbH, 33100 Paderborn

Bibliografische Information der Deutschen Nationalbibliothek
Die Deutsche Nationalbibliothek verzeichnet diese Publikation in der Deutschen Nationalbibliografie; detaillierte bibliografische Daten sind im Internet über http://dnb.d-nb.de abrufbar.

ISBN:
Print 978-3-86490-092-1
PDF 978-3-86491-298-6
ePub 978-3-86491-299-3

3., korrigierte Auflage 2013

Wieblinger Weg 17
69123 Heidelberg

5 4 3 2

Unseren Frauen und Kindern gewidmet:

Jutta · Gabi · Linda · Nora · Bastian · Jannis · Moritz

Vorwort

Entstehungsgeschichte

Dieses Buch hat seine allerersten Anfänge in einer Vorlesung am Neu-Technikum in Buchs, St. Gallen, Schweiz (Ludewig, 1985). Das Material wurde durch viele weitere Vorlesungen beider Autoren an der ETH Zürich, der Universität Stuttgart und der RWTH Aachen immer wieder bearbeitet, ergänzt und erweitert. Zahlreiche Seminare und Schulungen in der Industrie waren Anlass und Quelle für Revisionen und Einfügungen. Allen, die uns zugehört und auch widersprochen haben, sind wir zu großem Dank verpflichtet.

Die lange Vorgeschichte scheint im Widerspruch zum raschen Verderb des Informatik-Wissens zu stehen. Wir sehen das weniger ängstlich und halten das Gerede von der »kurzen Halbwertzeit des Wissens« für modisches Geschwätz. Da wir nicht den Leistungsstand von Mikroprozessoren unterrichten, sondern unsere Studenten und Studentinnen, soweit es in unseren Kräften steht, mit dem Grundwissen für ein hoffentlich langes und befriedigendes Berufsleben ausrüsten, sollte das hier präsentierte Material viele Jahre brauchbar sein. Wir fühlen uns ermutigt von der Tatsache, dass eines der wirklich guten Bücher über Software Engineering, das Buch von Richard Fairley (1985), nach mehr als zwanzig Jahren zwar unvollständig, aber keineswegs ganz und gar überholt erscheint.

Dazu trägt ohne Zweifel bei, dass sich Software Engineering vor allem mit den Menschen befasst, die Software in Auftrag geben, entwickeln und ändern oder benutzen. Was vor zweitausend Jahren über Menschen gesagt wurde, gilt zum größten Teil noch heute, und so wird es wohl noch ein paar weitere Jahre gültig bleiben.

Rollenbezeichnungen

Auch in diesem Buch bleibt das Problem ungelöst, eine befriedigende Form der Rollenbezeichnungen zu finden, die nicht suggeriert, dass die Person in dieser Rolle ein männliches (oder weibliches) Wesen ist. Wir haben uns an anderer Stelle mit diesem Problem näher befasst (Deininger et al., 2005), freilich ohne eine gute, allgemein akzeptierte Lösung zu finden.

Wir gehen den üblichen Weg, alle Rollenbezeichnungen in ihrer Grundform zu verwenden, und das heißt, da wir nicht von Hebammen und Krankenschwestern reden, in ihrer männlichen Form. Es dürfte überflüssig sein, darauf hinzuweisen, dass es nach unserer Kenntnis keine einzige Rolle auf dem Gebiet des Software Engineerings gibt, die vorzugsweise oder ausschließlich mit Männern oder mit Frauen besetzt sein sollte. Nach unserer Erfahrung sind Gruppen mit Frauen und Männern den ungemischten vorzuziehen.

Sprachstil

Vor zwei, drei Jahrzehnten wäre eine Vorbemerkung zum Sprachstil nur töricht gewesen. Bis auf wenige bekannte Riffe im Wörtersee war allgemein klar und anerkannt, was als Deutsch gilt.

Das ist heute nicht mehr so. Ursache ist anscheinend nicht die Rechtschreibreform (der wir folgen), sondern ein dramatischer Verfall der sprachlichen Disziplin. Viele Texte, die von Studenten abgeliefert werden, können kaum mehr als Deutsch bezeichnet werden, und viele derer, die eigentlich Vorbild sein sollten, also Journalisten, Politiker und natürlich auch Hochschullehrer, verstärken das Problem, statt es zu bekämpfen.

Wir bekennen uns ausdrücklich zum Ziel, unsere Gedanken in einer akzeptablen Sprache zu formulieren. Wir sind dabei vor Fehlern nicht sicher, und wir werden keine literarische Qualität erreichen, aber wir bemühen uns. Den Lesern wird darum auch an einigen Stellen ein Sprachgebrauch auffallen, der unmodern erscheint, aber – wenigstens in unseren Ohren oder Augen – richtig ist.

Anglizismen lassen sich gerade in Informatik-Büchern nicht vermeiden; das beginnt schon mit unserem Fachgebiet und mit dem Titel dieses Buches. Wo es eine gute deutsche Übersetzung gibt, ziehen wir sie vor. Gerade beim »Software Engineering« ist das zweifelhaft, denn »Softwaretechnik« ist ein sprachlicher Zwitter (aber gleichwohl der Name eines Studiengangs, siehe Abschnitt 25.3). Leider wurde versäumt, das Wort »Software« in unsere Sprache zu übertragen, wie es den Franzosen mit »Logiciel« glänzend gelungen ist. Dass solche Wortschöpfungen auch im Deutschen möglich sind, zeigt sich an künstlichen, aber heute geläufigen Wörtern wie »Rechner« oder »Datei«.

Natürlich sind wir Ihnen für alle Hinweise auf Mängel, inhaltliche wie sprachliche, sehr dankbar.

Material zum Buch

Alles Material, das den Rahmen dieses Lehrbuches sprengt oder aktuell gehalten werden sollte, stellen wir im Netz zur Verfügung. Auf den Webseiten der Autoren stehen entsprechende Verweise; da sich URLs dann und wann ändern, verzichten wir hier auf die Angabe. Sie suchen am besten nach unseren Namen oder nach dem Buchtitel und werden nach wenigen Schritten auf den richtigen Seiten ankommen.

Dank

Wer ein Buch schreibt, steht auf den Schultern anderer, die wieder auf den Schultern ihrer Vorläufer stehen. Wo wir bewusst auf Material Bezug nehmen, das von anderen Autoren stammt, haben wir (hoffentlich vollständig und korrekt) zitiert. Das ist in besonders hohem Maße bei zwei Büchern der Fall, an denen einer von uns beteiligt ist (Frühauf, Ludewig, Sandmayr, 2002 und 2007). Vor allem unsere Kapitel 13 (*Software-Qualitätssicherung und -Prüfung*), 19 (*Programmtest*), 21 (*Konfigurationsverwaltung*) und 22 (*Software-Wartung*) enthalten Anleihen aus diesen Büchern. Herzlichen Dank an die beiden Kollegen in Baden, die mit ihrer *INFOGEM AG* gutes Software Engineering erfolgreich vermitteln und praktizieren!

Einige Koryphäen des Software Engineerings haben uns drei Jahrzehnte lang geprägt: Das waren vor allem David L. Parnas und Barry W. Boehm, auch Michael Jackson in London und heute kaum noch bekannte Pioniere wie Daniel Teichroew in Michigan. In Deutschland ist vor allem Friedrich L. Bauer in München zu nennen, der den Begriff »Software Engineering« 1968 erfunden hat und bis heute eine wissenschaftliche Fundierung des Gebietes anmahnt. Ohne diese (und viele andere) Leute wäre das Fachgebiet deutlich ärmer und ein Lehrbuch darüber ein Leerbuch.

Wenn es Unklarheiten über Begriffe oder Quellen gibt, schaut man ins Internet – und findet dort sehr viel Müll. Umso erfreulicher sind die Ausnahmen; Martin Glinz an der Universität Zürich sei stellvertretend für alle genannt, die Qualitätssicherung nicht nur lehren, sondern auch leben und (z.B. durch ihre Webseiten) demonstrieren.

Kornelia Kuhle hat mit scharfem Blick auch kleinste Unregelmäßigkeiten des Textes erkannt und markiert. Einzelne Kapitel wurden von unseren Mitarbeitern kommentiert. Ihnen allen herzlichen Dank!

Der dpunkt.verlag, stets bestens vertreten durch Christa Preisendanz, hatte unendliche Geduld mit den Autoren, die ihren Ablieferungstermin um mehrere Jahre überzogen haben. Wir können nur hoffen, dass das Resultat die Büchermacher für das lange Warten entschädigt. Auch einigen anonymen Testlesern, die der Verlag zu einer Prüfung überreden konnte, sind wir zu Dank verpflichtet; wir haben viele der Anregungen übernommen. Ursula Zimpfer hat mit bewundernswürdiger Präzision die Endkontrolle vorgenommen, Birgit Bäuerlein hat der Gestaltung den letzten Schliff gegeben; was jetzt noch falsch ist, geht auf unsere Kappe.

Unseren Familien und unseren Mitarbeitern danken wir dafür, dass sie uns den nötigen Freiraum und die Zeit gewährt haben, um die Kiste vollzupacken und zu verschließen.

Allen, die uns mit Zuspruch oder Kritik für eine verbesserte Folgeauflage ausrüsten werden, schon heute vielen Dank!

Jochen Ludewig, Horst Lichter
Stuttgart und Aachen, Juli 2006

Vorwort zur 3. Auflage

In der zweiten Auflage hatten wir einige größere Änderungen vorgenommen. Das betraf vor allem die Projektplanung, aber auch Aspekte der Analyse, des Entwurfs und andere Teile. Einige Themen, die in der ersten Auflage zu kurz gekommen waren oder einfach fehlten, waren ergänzt worden. Der Index wurde verbessert und erweitert, und viele Angaben wurden aktualisiert. Das Buch war dadurch um fast fünfzig Seiten gewachsen.

Die freundliche Aufnahme auch der zweiten Auflage erlaubt es uns, nun eine dritte auf den Weg zu bringen. Sie ist gegenüber der zweiten korrigiert, sonst aber unverändert.

Auf unseren Webseiten (siehe »Material zum Buch«, S. viii) finden Sie auch in Zukunft weitere Informationen, URLs, eine Liste der entdeckten Fehler und aktuelle Hinweise.

Seit langem planen wir, Klausuraufgaben (ohne Lösungen) über die Themen des Buches zur Verfügung zu stellen. Wir werden das im Laufe des Jahres 2013 in einfacher Form realisieren. Auch das werden wir auf den Webseiten zum Buch mitteilen. Durch eine Mail mit dem Betreff »LLSE-Infos« kommen Sie auf unseren Mail-Verteiler.

Die Zahl der Fehler in dieser Auflage ist dank den Hinweisen vieler Leserinnen und Leser sicher geringer als in den beiden ersten, aber ebenso sicher ist auch dieses Buch nicht fehlerfrei. Bitte teilen Sie uns auch in Zukunft alle Mängel mit, die Ihnen auffallen.

Horst Lichter, Jochen Ludewig
Aachen und Stuttgart, März 2013

Inhalt und Aufbau, Zielgruppen

Inhalt

Vier Kriterien entscheiden darüber, welche Themen in einem Lehrbuch behandelt werden:

- Welches Wissen bringen die Autoren mit?
- Welche Themen sind für die Leser wichtig und attraktiv?
- Welche Aussagen und Erkenntnisse sind mutmaßlich für einige Jahre stabil, nicht den kurzfristigen Moden unterworfen?
- Was kann und sollte in einer Vorlesung über Software Engineering behandelt werden?

Jedes der Kriterien definiert, mehr oder minder scharf, eine Menge; die Schnittmenge liefert den Themenkatalog, der dem Buch zu Grunde liegt.

Dabei müssen auch – wie immer im Software Engineering – Kompromisse gefunden, also Einschränkungen beim einen oder anderen Kriterium in Kauf genommen werden. Für die Leser sollte aber in allen Teilen deutlich werden, welches Verständnis wir von unserem Fach haben: Software Engineering ist eine auf der Informatik beruhende Ingenieurdisziplin, die wie alle Ingenieurfächer darauf abzielt, die Praxis zu verbessern.

Software Engineering stellt sich für uns wie ein weitgehend unerforschter Kontinent dar. Wir sind weit davon entfernt, eine vollständige und präzise Beschreibung anbieten zu können. Wenigstens aber die Konturen, die bisherige Entwicklung (in groben Zügen) und die als gesichert geltenden Einsichten soll dieses Buch abdecken. Wer es in der Lehre einsetzt, wird eigene Erfahrungen und spezielle Literatur hinzufügen.

Aufbau

Für den Aufbau eines Lehrbuches gibt es einige sinnvolle Prinzipien:

- vom Allgemeinen zum Speziellen
- vom Leichten zum Schwierigen
- von den Grundlagen zu den Anwendungen

Im Software Engineering kommt noch hinzu:

- dem Gang des Software-Projekts folgend

Leider lässt sich daraus keine konkrete Reihenfolge ableiten, denn diese Prinzipien haben unterschiedliche Konsequenzen. Zudem sind viele Themen zyklisch verbunden. Ein typisches Beispiel ist die Software-Wartung: Im Projektablauf steht sie ganz am Ende. Da aber die Schwierigkeiten der Wartung sehr stark von den Entscheidungen bei der Konstruktion der Software beeinflusst sind, sollten Überlegungen zur Wartung nicht erst angestellt werden, wenn die Entwicklung abgeschlossen ist, sondern bereits in der Projektplanung. Die Wartung wirkt sich also auf den Entwurf aus, weil sich der Entwurf auf die Wartung auswirkt.

Wir können dieses Dilemma nicht auflösen. Wir haben darum einen anderen Aufbau gewählt: In sechs Teilen wird das Thema aus verschiedenen Perspektiven betrachtet.

- Teil I: *Grundlagen*
  Die Inhalte dieses Teils sind fundamental und damit nicht von einer speziellen Technologie geprägt. Hier geht es um das Basiswissen des Software-Ingenieurs. Am Anfang steht ein Kapitel über Modelle, weil dieses Thema für das Software Engineering wirklich grundlegend ist und damit das Fundament aller weiteren Kapitel darstellt.
- Teil II: *Menschen und Prozesse*
  Software ist enger als andere technische Artefakte mit dem Denken der Menschen verknüpft, die die Software herstellen oder benutzen. Die organisatorischen Rahmenbedingungen haben großen Einfluss auf den Erfolg der Projekte. Diese Punkte werden im Teil II behandelt.
- Teil III: *Daueraufgaben im Software-Projekt*
  Viele Tätigkeiten wie Dokumentation oder Prüfung können nicht einzelnen Schritten der Entwicklung oder speziellen Dokumenten zugeordnet werden, sie finden laufend statt. Teil III behandelt diese Daueraufgaben.
- Teil IV: *Techniken der Software-Bearbeitung*
  Die einzelnen Schritte der Entwicklung, von der Analyse bis zur Integration, werden im Teil IV erläutert.

- Teil V: *Verwaltung und Erhaltung der Software*
  Die Wartung ist eng verknüpft mit der Konfigurationsverwaltung, dem Reengineering und der Wiederverwendung. Darum werden alle diese Themen im Teil V des Buches behandelt. Untereinander ist die Abgrenzung unklar; beispielsweise wird die Änderungsverwaltung im Kapitel über die Wartung besprochen, sie könnte ebenso gut im Kontext der Konfigurationsverwaltung behandelt werden.

  Die Themen dieses Teils könnten auch dem Teil III, den Daueraufgaben, zugeordnet werden. Hier handelt es sich aber um Aufgaben und Arbeiten, die ganz oder vorwiegend anfallen, nachdem die Software an den Kunden ausgeliefert ist.
- Teil VI: *Nachwort, Literatur und Index*
  Bis zum Teil V geht es um die Frage, wie Software in der Praxis bearbeitet werden sollte. Der Teil VI enthält eine Reflektion darüber, wie die Lage im Lehr- und Forschungsgebiet Software Engineering einzuschätzen ist und wie sie sich nach Meinung der Autoren verändern wird.

  Die zitierte Literatur haben wir nach Verfassern, die zitierten Normen nach Normenreihen geordnet; wir haben uns sehr nachdrücklich bemüht, alle Quellen richtig und vollständig anzugeben. Das Stichwortverzeichnis steht ganz am Schluss des Buches.

Wer dieses Buch im Unterricht einsetzt, sollte das Inhaltsverzeichnis nicht als Vorgabe für die Gliederung seiner Lehrveranstaltung betrachten. Wir hoffen, unsere Kolleginnen und Kollegen durch eine klare und nachvollziehbare Struktur bei der individuellen Auswahl der Themen und bei der Gestaltung ihrer Lehre zu unterstützen. Und natürlich gibt es Bedarf und Raum für Ergänzungen durch andere Themen, die in diesem Buch fehlen oder nur kurz besprochen werden. Die formale Spezifikation und eine ganze Reihe moderner Entwicklungstechnologien sind naheliegende Beispiele solcher Gebiete.

Zielgruppen

Da wir regelmäßig Lehrveranstaltungen über Software Engineering an zwei deutschen Universitäten durchführen, sind unsere Studenten die Adressaten dieses Buches. Unsere Erfahrungen in anderen Ländern und in anderen Lehranstalten legen die Vermutung nahe, dass das Buch für alle deutschsprachigen Länder und auch für andere Hochschulen geeignet ist. Dazu zählen wir auch Schulungseinrichtungen in der Industrie, wo wir selbst etwa zwei Jahrzehnte lang immer wieder gern unterrichtet haben.

Aus dieser Erfahrung wissen wir, dass es in der Industrie sehr viele Menschen gibt, die an Software arbeiten, ohne eine einschlägige Ausbildung zu haben. Die meisten von ihnen sind gelernte Ingenieure, Naturwissenschaftler, Mathematiker oder Kaufleute; sie bringen durch ihren ursprünglichen Beruf wichtige Voraussetzungen für das Software Engineering mit und haben Studenten sehr viel praktische Erfahrung voraus. Dieses Buch gibt ihnen die Möglichkeit, einige Grundlagen und spezielle Themen im Selbststudium zu erarbeiten. Wir haben uns besonders für diese Gruppe darum bemüht, die Ideen und Gedanken nicht nur aufzulisten, sondern durch einen hoffentlich gut strukturierten und formulierten Text auch verständlich und angenehm lesbar zu machen, also quasi eine Vorlesung in Buchform anzubieten.

Inhaltsverzeichnis

Teil I

Grundlagen

1 Modelle und Modellierung

Modelle sind ein fundamentales Konzept unseres Umgangs mit der Welt. Alle Naturwissenschaftler und Ingenieure verwenden und schaffen Modelle, um allgemeingültige Aussagen zu treffen und um ihre Vermutungen zu konkretisieren. Oft markieren die Modelle Zwischenschritte auf dem Weg zu neuen Artefakten, also zu Brücken, Autos oder Funktelefonen. Im Software Engineering ist die Bedeutung der Modelle noch größer, weil sie nicht Zwischenschritte, sondern Endpunkte unserer Arbeit darstellen: Eine Spezifikation, aber auch ein Programm ist ein Modell. Natürlich gehören auch die Prozessmodelle dazu, nach denen die Projekte organisiert werden. Wir legen also mit diesem Kapitel, das auf Ludewig (2003) basiert, den Grundstein für unser Buch. Das gilt auch für die beiden letzten Abschnitte, die sich mit Skalen und Skalentypen befassen.

1.1 Modelle, die uns umgeben

1.1.1 Die Bedeutung der Modelle

Lebenswichtig für uns sind die Modelle, die wir als *Begriffe* kennen und verwenden, um uns ein Bild (d. h. ein Modell) der Realität zu machen. Ohne die Begriffe wäre für uns jeder Gegenstand ganz neu; weil wir aber zur Abstraktion fähig sind, können wir die Identität eines Gegenstands, seinen Ort, seinen Zustand und u. U. viele andere individuelle Merkmale ausblenden, um ihn einer Klasse von Gegenständen, eben dem *Begriff*, zuzuordnen. Auf diese Weise erkennen wir auch einen Gegenstand, den wir noch nie gesehen haben, als Bleistift, Stuhl, Auto oder was immer in unserer Vorstellung am besten passt.

Diese Fähigkeit ist uns bereits von Natur aus gegeben; sie ist weder bewusst steuerbar, noch lässt sie sich unterdrücken. Darum sind wir auch nicht davor geschützt, falsche (d. h. ungeeignete) Modelle zu wählen. Wir erleben das erheitert bei optischen Täuschungen, wir erleiden es, wenn wir direkt oder indirekt Opfer von Vorurteilen werden: Auch das sind Modelle.

Dagegen steht es uns frei, Modelle bewusst einzusetzen, um auf diese Weise Phänomene zu erklären oder Entscheidungen zu überprüfen, bevor sie wirksam werden. Beispielsweise können wir ein geplantes Bauwerk durch eine Zeichnung oder ein Papiermodell darstellen und dann den Entwurf anhand des Modells überprüfen.

Wo Modelle offensichtliche Schwächen zeigen, neigen wir dazu, sie zu belächeln. Das gilt etwa für die Puppe, die ein spielendes Kind in einem länglichen Stück Holz sieht. Wo Modelle dagegen sehr überzeugend wirken, besteht die Gefahr, dass sie mit der Realität verwechselt werden. Darum ist zunächst festzuhalten: Ein Modell ist ein Modell, es ist nicht die Realität. Die Schwierigkeit, die wir haben, wenn wir von Modellen auf die Realität zu schließen versuchen, hat bereits Platon in seinem berühmten *Höhlengleichnis* angesprochen. Darin beschreibt er die Situation eines Menschen, der, seit seiner Kindheit in einer Höhle mit dem Gesicht zur Wand gefesselt, nur die Schatten der Menschen sieht, die an der Höhle vorbeilaufen. Der Gefangene muss die Schatten als Realität nehmen, da ihm die *wirkliche* Realität nicht zugänglich ist. Die Botschaft dieses Gleichnisses ist, dass wir alle in dieser Situation sind, also nicht die Realität sehen können, sondern nur die Schatten.

1.1.2 Beispiele für Modelle

Alle Begriffe sind Modelle; diese sehr allgemeine Betrachtungsweise spielt hier weiter keine Rolle mehr, wir konzentrieren uns auf »richtige« Modelle. Auch diese sind uns so geläufig, dass wir sie in der Regel nicht mehr als Modelle wahrnehmen: Jedes Bild, jedes Schema ist ein Modell. Beispielsweise sind Modelle eines bestimmten oder unbestimmten Menschen

- ein Personenfoto,
- die anatomische Darstellung der Blutbahnen,
- Strichmännchen und Piktogramme, die einen Menschen zeigen,
- ein Fingerabdruck,
- ein Gemälde, das einen Menschen zeigt,
- ein Steckbrief (mit oder ohne Bild),
- eine Matrikelnummer.

Unmittelbar leuchtet das für solche Modelle ein, die (wie das Foto oder die anatomische Darstellung) eine optische oder strukturelle Ähnlichkeit mit dem Original aufweisen. Aber auch die übrigen Beispiele sind, wie unten gezeigt wird, korrekt.

Im Software Engineering treffen wir Modelle auf verschiedenen Ebenen an:

- Software wird auf unterschiedliche Arten repräsentiert, typischerweise durch eine Spezifikation, einen Entwurf, durch Diagramme und Quellcode, Kennzahlen (Metriken) und Prospekte. Offenkundig haben wir hier Modelle vor uns; dabei bleibt zunächst noch unklar, welcher Gegenstand denn eigentlich das Original darstellt. Wenn man bedenkt, dass man (nach dem Lehrbuch) den Code auf der Grundlage einer Spezifikation entwickelt, dass andererseits in der Praxis sehr oft versucht wird, den Sinn eines Programms (d. h. seine Spezifikation) aus dem Code abzuleiten, dann sieht man, dass die Frage nicht eindeutig zu beantworten ist.

- Die Abläufe bei der Arbeit an Software werden durch Prozessmodelle beschrieben. Gutes Software Engineering ist weitgehend gleichbedeutend mit der Wahl eines geeigneten Prozessmodells und seiner Umsetzung in die Praxis.

Allgemeiner gesagt ist jede Theorie ein Modell. Im Software Engineering steckt die Theorie-Bildung noch in den Kinderschuhen, wir müssen uns gerade darum mit ihr befassen (siehe Abschnitt 1.6).

1.2 Modelltheorie

Die folgenden Aussagen zur Modelltheorie geben Gedanken aus dem Buch von Stachowiak (1973) wieder.

1.2.1 Deskriptive und präskriptive Modelle

Modelle, wie wir sie aus dem Alltag kennen, sind entweder Abbilder von etwas oder Vorbilder für etwas; sie werden auch als *deskriptive* (d. h. beschreibende) bzw. *präskriptive* (d. h. vorschreibende) Modelle bezeichnet. Eine Modelleisenbahn ist ein Abbild; eine technische Zeichnung, nach der ein Mechaniker arbeitet, ist ein Vorbild. Wenn ein Gegenstand fotografiert wird und dann Änderungen im Foto skizziert werden, geht das eine in das andere über. Den Modellen kann man im Allgemeinen nicht ansehen, ob sie deskriptiv oder präskriptiv sind; eine Modelleisenbahn kann auch der Entwurf für eine erst zu bauende reale Bahn sein, eine technische Zeichnung kann nach einem realen Gegenstand entstanden sein.

1.2.2 Die Modellmerkmale

Jedem Modell (wie in Abb. 1–1 schematisch dargestellt) sind drei Merkmale zu Eigen (sonst ist es kein Modell):

- Das *Abbildungsmerkmal*
  Zum Modell gibt es das Original, ein Gegenstück, das wirklich vorhanden, geplant oder fiktiv sein kann. (Beispiel: Zu einem Foto gibt es das fotografierte Motiv, zum Rauschgoldengel gibt es den – wenn auch fiktiven – Engel der Fantasie.)

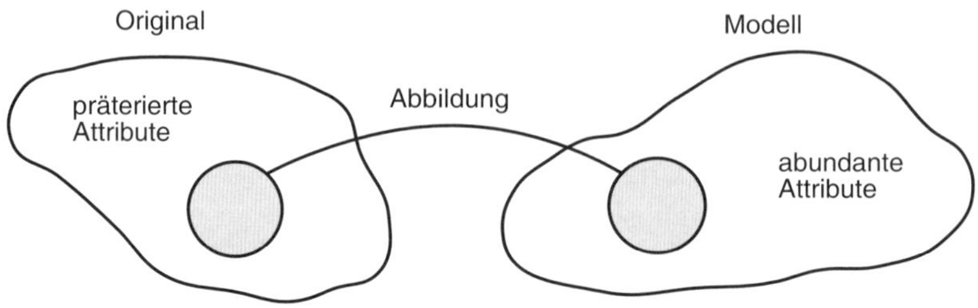

Abb. 1–1 *Original und Modell nach Stachowiak*

- Das *Verkürzungsmerkmal*
  Ein Modell erfasst nicht alle Attribute des Originals, sondern nur einen Ausschnitt (der vor allem durch den Zweck des Modells bestimmt ist, siehe pragmatisches Merkmal).

  Damit fallen die *präterierten Attribute* weg (von lat. praeter: außer, ausgenommen). Das sind alle Attribute des Originals, die im Modell nicht repräsentiert sind. Das Modell weist stattdessen *abundante Attribute* auf (von lat. abundans: übervoll, überreich), die nichts mit dem Original zu tun haben. So sind auf dem Foto einer Person die meisten ihrer Attribute präteriert (ihr Gewicht, ihr Name, ihre Blutgruppe usw.). Andererseits sind Attribute des Modells abundant, sie haben nichts mit der Person zu tun (die Qualität des Fotopapiers, das Format). Der Fingerabdruck gibt nur einen winzigen Ausschnitt der Merkmale eines Menschen wieder, alle anderen Merkmale sind präteriert; die Farbe des Abdrucks ist dagegen ein abundantes Attribut.
- Das *pragmatische Merkmal*
  Modelle können unter bestimmten Bedingungen und bezüglich bestimmter Fragestellungen das Original ersetzen. (Beispiel: Die Betrachtung eines Fotos erlaubt die Beurteilung eines Unfalls, der sonst nur durch Anwesenheit am Unfallort zu beurteilen gewesen wäre. Der Fingerabdruck gestattet es eventuell, die Identität einer Person festzustellen, auch wenn die Person selbst nicht zur Verfügung steht.)

1.3 Ziele beim Einsatz von Modellen

Modelle werden mit unterschiedlichen Zielen (Zwecken) eingesetzt. Diese Ziele sind nicht präzise unterscheidbar, sie gehen ineinander über.

1.3.1 Modelle für den Einsatz in der Lehre und zum Spielen

Modelle werden vielfach in der Ausbildung, in der Werbung, für Spiele usw. eingesetzt, wo die Originale aus ethischen oder praktischen Gründen nicht zur Verfügung stehen. Dies ist wohl die bekannteste Art von Modellen. Charakteristisch für ein solches Modell ist die Nachahmung eines existierenden oder fiktiven Originals, d. h., das Modell ist deskriptiv und dem Original ähnlich. Beispiele sind

- Modelleisenbahnen,
- Modelle der menschlichen Anatomie,
- Flugsimulatoren,
- die meisten Computerspiele.

1.3.2 Formale (mathematische) Modelle

Formale Modelle sind ebenfalls deskriptiv, den Originalen aber äußerlich gar nicht ähnlich; ihr wesentliches Kennzeichen ist, dass sie die Möglichkeit eröffnen, reale Situationen und Vorgänge formal darzustellen und damit Hypothesen über eine vergangene, zukünftige oder denkbare Realität zu begründen. In anderen, komplexeren Modellen sind solche mathematischen Modelle meist enthalten. Typische Beispiele sind

- die Formeln der Physik und der Chemie,
- die Formeln der Statistik (soweit sie empirisch begründet sind),
- das Modell der Regelschleife.

1.3.3 Modelle für die Dokumentation

Eine weitere in der Praxis ständig angewandte Form von Modellen ist die Dokumentation. Wir fertigen Modelle an, damit wir uns besser und genauer an bestimmte Situationen, Abläufe, Personen und Gegenstände erinnern und die Erinnerungen austauschen und überliefern können. Beispiele dafür sind

- Fotos und Fotoalben, Aufzeichnungen einer Überwachungskamera,
- Geschichtsbücher, Gerichtsprotokolle,
- Buchungsbelege, Tagebücher,
- Logbücher, Fehlerreports.

1.3.4 Explorative Modelle

Explorative Modelle (Abb. 1–2) werden eingesetzt, wenn die Folgen einer vorgeschlagenen, noch nicht beschlossenen Änderung der Realität beurteilt werden sollen.

Beispielsweise ist die Erstellung eines Gebäudes heute zwar technisch in der Regel nicht besonders schwierig, doch besteht das Risiko, dass es dem Kunden dann nicht gefällt oder dass es die Landschaft verschandelt. Darum wird ein Modell angefertigt, das es gestattet, diese Risiken zu vermindern. Wir gehen also nicht direkt vom Ist-Zustand in den geplanten Zustand über, sondern zunächst in

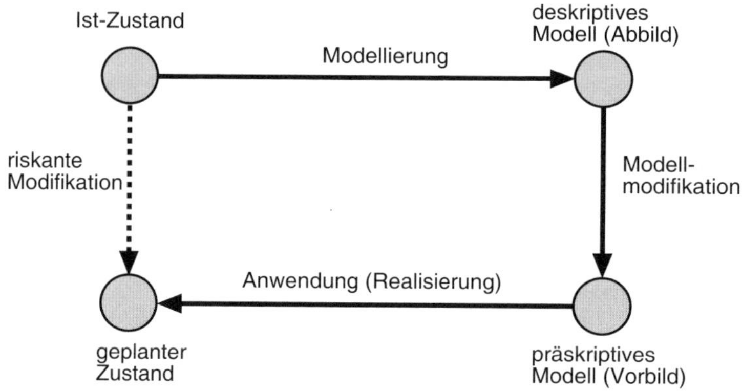

Abb. 1–2 *Anwendung des Modells als Experiment für eine geplante Änderung*

das deskriptive Modell (im Falle des Gebäudes ein Modell der Umgebung, also der Landschaft) und von dort zum präskriptiven Modell (Landschaft mit dem geplanten Gebäude). Erscheint dieses – u. U. nach mehreren Versuchen – akzeptabel, so wird der Schritt zurück in die Realität vollzogen (das Haus wird gebaut).

Stachowiak (1973, S. 139 f.) beschreibt die wesentliche Funktion solcher Modelle wie folgt (verkürztes Zitat):

> *... Dabei ist bei allen Modellierungen, die zum Informationsgewinn über das Original führen sollen, die folgende Vorgehensweise zu beobachten. Das Original wird in sein Modell abgebildet [a], wobei zumeist zahlreiche Originalattribute fortgelassen [b] und oft Modellattribute neu eingeführt werden [c]. (...) Mittels zielgerichteter Modelloperationen wird dann das ursprüngliche Modell in ein verändertes übergeführt [d]. Ist die attributenmäßige Original-Modell-Zuordnung umkehrbar eindeutig [e], so sind den modellseitigen Operationen bestimmte originalseitige zugeordnet, und die faktisch-operative Überführung des ursprünglichen in das veränderte Modell zieht eine wohlbestimmte hypothetisch-operative Überführung des ursprünglichen Originals in ein verändertes [f] nach sich. (...)*

Zwei Beispiele (aus der Medizin und aus dem Finanzwesen) sollen den Ablauf anschaulich machen. Dabei wird auf die in den Text von Stachowiak eingefügten Buchstaben Bezug genommen.

[a]	Das gebrochene Bein (Original) wird geröntgt.	Die Steuereinnahmen der kommenden Jahre (Original) werden geschätzt.
[b]	Die Beschaffenheit der Haut ist im Röntgenbild nicht sichtbar.	Die individuellen Quellen der Steuer, die exakten Zahlungstermine usw. spielen keine Rolle.
[c]	Die physikalisch-chemische Beschaffenheit des Röntgenfilms ist nicht vom Patienten beeinflusst.	Die konkrete mathematische Darstellung des Modells ist nicht durch die Realität bestimmt.
[d]	Das Bild der Bruchstelle wird im Hinblick auf eine Therapie untersucht.	Die Folgen einer Änderung der Steuergesetze werden im Modell ermittelt.
[e]	Wenn das Bild den Bruch richtig zeigt und nichts Wesentliches ausblendet (beispielsweise eine andere Erkrankung des Patienten),	Wenn die Zusammenhänge im Modell, z. B. über die Auswirkungen vermehrter Kaufkraft auf den Konsum, der Realität entsprechen,
[f]	können die realen Bruchstücke so zusammengefügt werden, wie es auf dem Bild durchgespielt wurde.	kann auf das Steueraufkommen geschlossen werden, das nach der Änderung der Steuergesetze entsteht.

Stachowiak wertet wie folgt:

> *Der Gewinn dieser Vorgehensweise liegt auf der Hand: Modellseitig gewonnene Einsichten und Fertigkeiten lassen sich – bei Erfülltsein gewisser Transferierungskriterien – auf das Original übertragen, der Modellbildner gewinnt neue Kenntnisse über das modellierte Original, er bekommt dieses besser als bisher in den Griff, kann es auf neue Weise zweckdienlich umgestalten oder als verbessertes Hilfsmittel für neue Aktionen verwenden.*

Darin stecken auch bereits die Gefahren, die von Modellen ausgehen: Die Transferierungskriterien, von denen Stachowiak spricht, sind in der Praxis oft unklar. Auf diese Weise kommt es oft vor, dass die Aussagekraft eines Modells überschätzt wird und falsche Schlüsse gezogen werden. Ein (auch bei Politikern) sehr populäres Beispiel ist das folgende: Aus Erfahrungsdaten wird abgeleitet (»bewiesen«), dass das Wachstum (einer bestimmten Industrie, des Energiebedarfs, der Erdbevölkerung, des Mülls) exponentiell verläuft. Das kann, da alle Ressourcen unserer Erde endlich sind, nicht lange richtig sein. Trotzdem wird gern damit argumentiert.

1.4 Entwicklung und Validierung von Modellen

Die Entwicklung von Modellen ist der Zweck jeder Forschung. Unabhängig vom Fachgebiet und von der Art des Modells geht man dabei so vor, dass man ein Modell entwirft und es, soweit es nicht rein deskriptiv ist, anschließend zu validieren versucht. »Validieren« bedeutet nicht »beweisen«; Modelle sind nicht richtig oder falsch, sondern zweckmäßig oder unzweckmäßig.

1.4.1 Die Entwicklung eines Modells

Modelle entstehen durch Beobachtungen, Analogieschlüsse und Intuition. Beobachtungen geben meist den Anstoß: Wer beobachtet, dass Programme in der Programmiersprache A typischerweise weit weniger syntaktische Fehler enthalten als solche in B, hat schon eine Theorie entwickelt. Er könnte nun ein Modell schaffen, indem er behauptet, dass es (unter bestimmten Bedingungen) in der Sprache A im Mittel F_A Fehler pro 1000 Zeilen gibt, bei Sprache B im Mittel F_B.

1.4.2 Die Validierung eines Modells

Wie die Naturwissenschaftler können wir auch im Software Engineering nur durch die Resultate von Experimenten und Beobachtungen seriös validieren. Leider stehen Experimenten mindestens drei große Hindernisse im Wege:

- Die individuellen Eigenschaften der Probanden, also der Personen, die bei einem Experiment mitwirken, streuen in einem sehr weiten Bereich (siehe dazu Abschnitt 6.3.2); selbst wenn die niedrigsten in der Literatur genannten Zahlen stimmen, geht es um eine volle Größenordnung. Darum müssen für ein Experiment entweder sehr spezielle Gruppen gebildet werden (was die Allgemeingültigkeit der Resultate stark einschränkt) oder sehr viele Probanden herangezogen werden (was inakzeptable Kosten verursacht). Im Beispiel oben müsste zudem sichergestellt werden, dass die Hilfsmittel (z. B. die Editoren) und die Vorkenntnisse der Probanden bezüglich Programmiersprachen und Hilfsmitteln gleich sind.
- Experimente im Bereich des Software Engineerings sind selbst bei wenigen Probanden schon extrem kostspielig und darum im Allgemeinen unmöglich; wo sie durchgeführt werden, handelt es sich bei den Probanden in der Regel um Studenten, die aber kaum repräsentativ für diejenigen sind, über die Aussagen gemacht werden sollen (meist die Software-Entwickler im Allgemeinen).
- Die durch ein Experiment zu beantwortenden Fragen müssen sehr präzise gestellt werden, um das Experiment reproduzierbar zu machen, denn Reproduzierbarkeit ist ein fundamentales Prinzip der wissenschaftlichen Arbeit. Es reicht also nicht aus, danach zu fragen, wie viele Zeilen Code ein Entwickler pro Tag schreibt, sondern es muss exakt definiert sein, welche Art von Code, in welcher Programmiersprache, aufgrund welcher Vorgaben, unter welchen Arbeitsbedingungen, mit welcher Vorbildung und bei welchen weiteren persönlichen Voraussetzungen. Die Erfüllung dieser Forderungen bedeutet aber, dass die Ergebnisse nur für einen winzigen Ausschnitt der Welt gültig sind.

Bei Beobachtungen (Feldstudien) untersucht man aktuelle oder dokumentierte Abläufe, meist Software-Projekte oder Teilprojekte. Gegenüber den Experimenten fallen dabei einige Probleme weg, vor allem das der extrem hohen Kosten.

Dafür gibt es andere Probleme: In aller Regel sind Daten weder im erforderlichen Umfang noch in der gewünschten Qualität vorhanden und zugänglich, und die untersuchten Abläufe unterliegen oder unterlagen sehr vielen Einflüssen, sodass es unmöglich ist, die Wirkung eines bestimmten Parameters zu analysieren.

1.4.3 Beispiel: Wie wirkt sich die Methode der Entwicklung aus?

Betrachten wir als Beispiel den Versuch, die Effekte einer bestimmten Methode bei der Software-Entwicklung festzustellen.

Im Experiment bildet man n Entwicklergruppen; n/2 Gruppen entwickeln nach Methode A, n/2 nach Methode B. Die Probanden werden den Gruppen durch Los zugeordnet. Es muss sichergestellt sein, dass die Vorkenntnisse der Probanden hinsichtlich A und B gleich sind (das ist kaum zu schaffen). Über einen solchen (mit einigen Mängeln behafteten) Versuch berichten Boehm, Gray und Seewaldt (1984).

Eine Feldstudie zur selben Frage steht vor dem Problem, dass niemals die gleiche Aufgabe von mehreren Gruppen unter ähnlichen Bedingungen, aber nach verschiedenen Methoden bearbeitet wird. Darum müssen unterschiedliche Auswirkungen der Methoden aus völlig verschiedenen Projekten abgeleitet werden. Dabei ist aber zu befürchten, dass die Projekte weniger durch die Methoden als durch andere Einflüsse, beispielsweise die Zusammensetzung der Entwicklergruppen oder die Unterschiede der Aufgaben und Rahmenbedingungen, geprägt sind.

1.5 Modelle im Software Engineering

Die Übertragung der Modell-Begriffe in die Software ist an sich klar, das Resultat aber oft überraschend, weil sich zeigt, dass wir fast nur mit Modellen arbeiten. Beispielsweise kann eine Software-Spezifikation als Modell des Codes betrachtet werden, der Code als Modell des ausführbaren Programms, dieses als Modell der Ausführung. Wir haben es also mit mehrstufigen Modellen zu tun. Solche Modelle werden in vielen Fällen durch Graphen dargestellt, z. B. durch Datenflussdiagramme.

Auch ein Balkendiagramm mit der Rechenzeit verschiedener Algorithmen ist ein Modell, wobei das Original die Rechenprozesse sind, deren Attribute bis auf Bezeichner und Rechenzeit präteriert sind. Die Form (Balkendiagramm) ist abundant. Ähnliches gilt für alle Metriken (siehe Kap. 14).

Eine wichtige Unterscheidung der Modelle ist die in

- *Software-Modelle*
  Natürlichsprachliche Spezifikation, Entity-Relationship-Diagramm, Use-Case-Diagramm, Z-Spezifikation eines Moduls
- *Vorgehens- und Prozessmodelle*
  z. B. Wasserfallmodell, Prototyping, V-Modell

In diesem Zusammenhang sei erneut der Unterschied zwischen deskriptiven und präskriptiven Modellen betont. Wo immer Vorgaben gemacht werden, sei es für eine konkrete Software, sei es für das Vorgehen, haben wir präskriptive Modelle vor uns.

Die Vorgaben für das Projekt kranken oft daran, dass die Realität ihnen nicht folgt. Ein typisches Beispiel sind die Richtlinien, die nicht beachtet werden, sondern in den Schubladen der Entwickler einstauben. Ein solches Modell ist nicht nur nutzlos, sondern u. U. kontraproduktiv, weil es einen allgemeinen Zynismus gegenüber Regelungen und Vorgaben fördert.

Der Flut gutgemeinter, aber wirkungsloser Regelungen steht oft ein Mangel an nüchternen Beschreibungen gegenüber: In vielen Projekten fehlt eine realistische Einschätzung der Risiken, des Entwicklungsstands, der Aufwands- und Terminschätzungen. Die Ist-Analyse (siehe Abschnitt 16.2.3) ist der Schlüssel zum Erfolg – das gilt auch im Projektmanagement.

1.6 Theoriebildung

Eine Theorie ist ein Modell, von dem behauptet wird, dass es Zusammenhänge des Originals erklärt. So ist die Relativitätstheorie ein Modell bestimmter physikalischer Phänomene, sie erklärt Zusammenhänge zwischen Masse, Energie, Raum und Zeit.

Eine Theorie wird als brauchbar betrachtet, wenn das pragmatische Merkmal möglichst umfassend gegeben ist. Beispielsweise erlaubt es die Relativitätstheorie, Aussagen über das Licht zu treffen, die sich experimentell bestätigen lassen (etwa die Ablenkung des Lichts durch Gravitation). Wenn eine neue Theorie mehr leistet als die bisher bekannten, werden diese obsolet. Das war der Fall, als die Kepler'schen »Gesetze« (die natürlich auch nur eine Theorie mit begrenzter Gültigkeit sind) die komplizierteren und zugleich weniger mächtigen Modelle älterer Astronomen ersetzten.

Die sogenannten exakten Wissenschaften sind dadurch gekennzeichnet, dass ihre Theorien ganz überwiegend formalisiert sind und daher ihren Ausdruck in Formeln finden. Die Formel

$$s = \frac{g}{2} \cdot t^2$$

für den Fallweg im Vakuum (mit dem Fallweg s, der Falldauer t und der Fallbeschleunigung g) ist eine solche formalisierte (und hier auch quantifizierte) Theorie. Der zweite Hauptsatz der Thermodynamik (die Entropie S eines geschlossenen Systems kann mit der Zeit t nicht fallen, vgl. Abb. 23–1 auf S. 587) ist durch eine Ungleichung formalisiert:

$$dS/dt \geq 0$$

Die nichtexakten Wissenschaften arbeiten dagegen mit nichtformalen Theorien: Die Arbeiten von Darwin zur Evolution und die Arbeiten von Freud und Jung zur Psychologie enthalten viele solcher Theorien.

Die genannten Beispiele sind nicht repräsentativ: Eine Theorie muss weder eine zentrale wissenschaftliche Frage betreffen noch von einer Berühmtheit entdeckt worden sein. Wer stirnrunzelnd seinen streikenden PC betrachtet und ihn schließlich aus-, dann wieder einschaltet, hat eine Theorie, nämlich die, dass ein Neustart die Probleme beheben wird. Diese Theorie kann im konkreten Fall zutreffen (wenn ein fehlerhaftes Programm hauptspeicherresidente Informationen beschädigt hat) oder auch nicht (wenn die Hardware defekt ist). Sie ist vielleicht gut genug für einen einfachen Ratgeber, aber nicht der Stoff, aus dem Lehrbücher gemacht werden.

Brooks' Law »Adding manpower to a late project makes it even later« (Brooks, 1975) ist weder formal noch präzise, hat aber nach allgemeiner Einschätzung einen wahren Kern. Im Software Engineering gibt es viele Theorien dieser Art.

Abschnitt 3.1.1 (*Die Ausgaben für Hard- und Software*) enthält das Beispiel einer Theorie, die inzwischen als widerlegt gilt. Überhaupt sind alte Prognosen ein unerschöpflicher Quell widerlegter Theorien.

1.7 Modellierung durch Graphen und Grafiken

Graphen, also Gebilde aus meist beschrifteten Knoten und Kanten, spielen im Software Engineering eine besonders wichtige Rolle. Das ist verständlich, denn Ingenieure haben schon immer vorzugsweise mit einfachen Zeichnungen gearbeitet.

Das Thema wird hier nur kurz angesprochen; die Grundlagen der Graphentheorie werden als bekannt vorausgesetzt. Hier geht es nur um eine knappe Einordnung der Graphen in den Kontext des Software Engineerings. Nicht betrachtet werden Bäume als Datenstrukturen, die zur effizienten Speicherung von Informationen dienen.

Da Graphen im Software Engineering typischerweise grafisch dargestellt werden, erläutern wir in Abschnitt 1.7.5 eine konkrete und in diesem Buch benutzte Notation.

1.7.1 Beispiele für Graphen

Bevor wir Graphen näher untersuchen, betrachten wir einige Beispiele (siehe Abb. 1–3). Der Inhalt wird an dieser Stelle nicht weiter erörtert (siehe dazu die Verweise), es geht hier um das Prinzip. Bei jedem Graph sind einige spezielle Merkmale aufgezählt.

1	Steuerung (Hauptprogramm)
2	Hauptfunktionen im Sinn der Anforderungen
3	Datenstrukturen und Algorithmen
4	Bibliotheken, Basisfunktionen
5	virtueller Rechner (Betriebssystem usw.)

Schichtenstruktur

Die Knoten sind nur durch die Texte erkennbar (sie sind also beschriftet), die (gerichteten) Kanten sind implizit durch die Anordnung der Knoten angegeben.

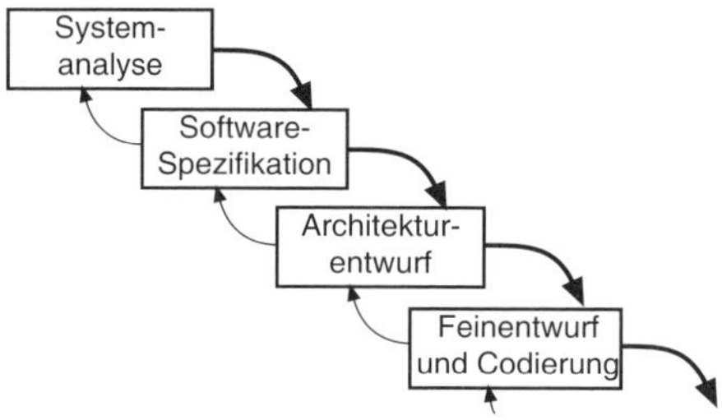

Wasserfallmodell
(Ausschnitt, siehe Abb. 9–2)

Die Knoten des gerichteten Graphen sind beschriftet. Es gibt zwei Arten von Kanten (mager und fett dargestellt).

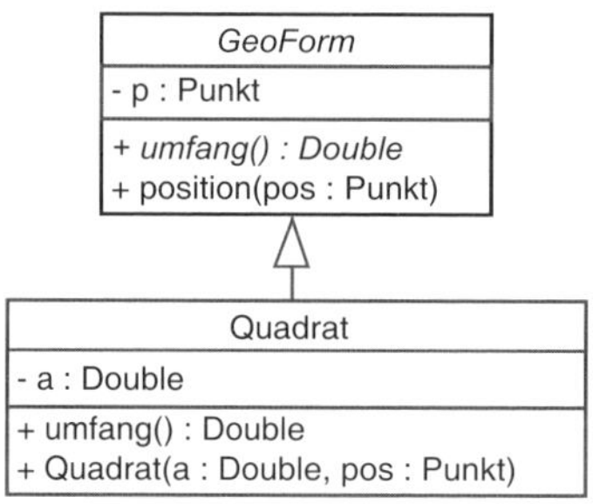

UML-Klassendiagramm

Die Knoten besitzen eine ausgeprägte Substruktur (d. h., die Knoten bilden hierarchisch untergeordnete Graphen), verschiedene gerichtete Kantentypen repräsentieren unterschiedliche Relationen zwischen Knoten; analog gibt es verschiedene Knotentypen.

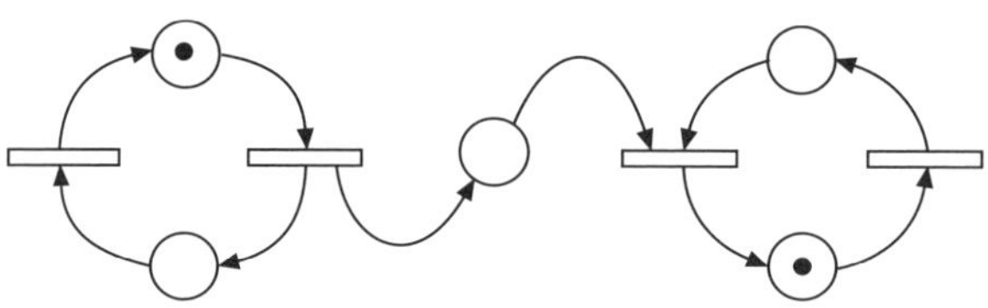

Petri-Netz

Gerichteter bipartiter Graph (Stellen und Transitionen). Die Stellen sind mit beliebig vielen Marken markiert.

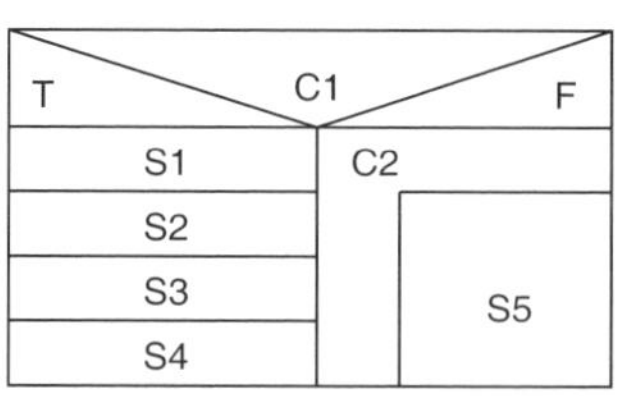

Struktogramm
(Nassi-Shneiderman-Diagramm; Inhalt nur angedeutet)

Die Knotentypen des hierarchischen Graphen sind durch ihre Strukturen unterschieden. Die gerichteten Kanten sind nur implizit dargestellt.

Abb. 1–3 *Beispiele für Graphen im Software Engineering*

Diese Beispiele legen folgenden Schluss nahe: Wenn wir im Software Engineering Graphen verwenden, so sind diese in der Regel gerichtet und die Knoten sind beschriftet. Viele Graphen sind hierarchisch aufgebaut, d. h., Knoten der einen Ebene repräsentieren Graphen der nächsten Ebene. Kanten werden nicht immer in der üblichen Form als Linien dargestellt, sie ergeben sich oft durch die Anordnung der Knoten. Grafische Merkmale werden verwendet, um verschiedene Typen von Knoten, evtl. auch Kanten, zu unterscheiden.

1.7.2 Graphen der Mathematik und Graphen des Software Engineerings

Im Software Engineering verwenden wir Graphen praktisch niemals so, wie sie in den Büchern über Graphentheorie eingeführt werden.

- Der auffälligste Unterschied liegt in der Beschriftung: Sie schafft die logische Verbindung zwischen dem Graphen und der übrigen Software. Knoten sind immer, Kanten oft beschriftet.
- In der Informatik finden wir kaum Beispiele für ungerichtete Graphen; in aller Regel stellen die Kanten Flüsse oder Kausalität dar und sind darum gerichtet.
- In der Mathematik sind die Kanten arm an Information, sie haben nur ein ungeordnetes oder geordnetes Paar von Endknoten. In der Informatik sind sie dagegen oft beschriftet und haben damit wie die Knoten Identität. In diesem Falle ist es auch sinnvoll, für ein bestimmtes Paar von Endknoten mehrere Kanten zu notieren. Die Identität von Kanten führt dazu, dass ein Informatik-Graph, wenn er in einer Datenstruktur abgelegt werden soll, in einen bipartiten Graphen übersetzt wird, bei dem die Knoten der einen Klasse die ursprünglichen Knoten repräsentieren, die der anderen Klasse die ursprünglichen Kanten. Damit entsteht auch die oft gewünschte Möglichkeit, mehr als zwei Knoten durch eine einzige Kante zu verbinden, also mehrstellige Relationen darzustellen.
- Ein weiterer wichtiger Unterschied liegt in der Interpretation der Graphen in ihrer visualisierten Form: Während die Mathematik Graphen als etwas völlig Abstraktes behandelt (»Ein Graph ist ein geordnetes Paar zweier Mengen«), das man nur ungern zweidimensional darstellt, ist für die Ingenieure diese zweidimensionale Darstellung der eigentliche Sinn der Graphen: Die Darstellung *ist* der Graph. Diese Darstellung enthält aber unvermeidlich Attribute, die mit dem abstrakten Graphen nichts zu tun haben (also formal gesehen abundant sind). Beispielsweise kann man einen Knoten höher oder tiefer zwischen die anderen Knoten ordnen, man kann Teilmengen der Knoten optisch zusammenfassen oder auseinanderreißen, man kann Kanten gerade oder rund zeichnen.

  Wir verbinden oft auch mit solchen Attributen eine (meist formal nicht definierte) Vorstellung: Der größer dargestellte Knoten repräsentiert ein größeres Programm oder eine schwierigere Aufgabe, die dick gezeichnete Kante ist wichtiger als die gestrichelte usw. Diese Konnotationen sind gefährlich, weil sie Aussagen suggerieren können, die so nicht gemeint sind. Darum sollte man es sich zur Regel machen, alle Attribute entweder zu erklären oder auf Variationen nach Möglichkeit zu verzichten; notfalls sollte man explizit darauf hinweisen, dass darin keine Aussagen stecken.

Betrachten wir als Beispiel die Abbildung 1–1 auf Seite 6. Hier handelt es sich um eine Darstellung, in der ein Graph steckt; in Abbildung 1–4 ist die Information auf den Graphen reduziert. Der gestrichelte Pfeil repräsentiert die Beziehung »modelliert durch«, die übrigen Pfeile repräsentieren die Beziehung »enthält«. Weggefallen ist die durch Abbildung 1–1 nahegelegte Interpretation, dass nur ein *kleiner* Teil des Originals abgebildet wird. Trotzdem ist auch diese Darstellung nicht frei von Konnotationen (beispielsweise über die Ähnlichkeit von Original und Modell, die sich in der sehr ähnlichen Struktur links und rechts äußert).

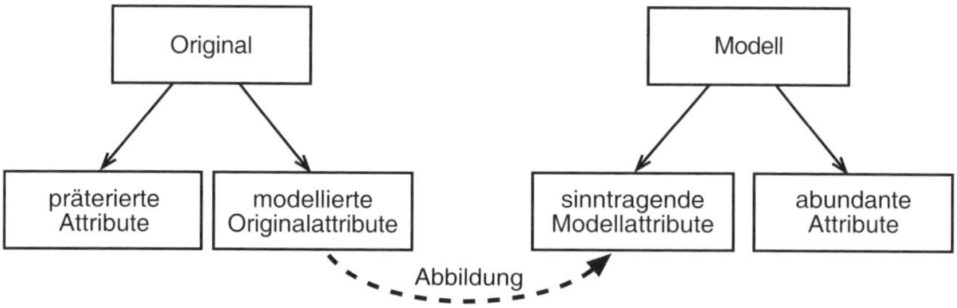

Abb. 1–4 *Original und Modell, schematisch*

1.7.3 Spezielle Eigenschaften der Graphen

Gerichtete Graphen, die einen Baum bilden, sind im Software Engineering oft besonders nützlich: Der Baum gestattet eine einfache Abstraktion, weil jeder Teilbaum (wie auch der ganze Baum) durch seinen Wurzelknoten repräsentiert wird. Beispielsweise kann man – eine entsprechende Baumstruktur vorausgesetzt – einen Programmteil abtrennen, indem man seinen Wurzelknoten löscht.

Auch wenn ein Graph keinen Baum bildet, kann er eine Hierarchie repräsentieren, vorausgesetzt, er ist zyklenfrei. Zyklen erschweren erfahrungsgemäß die Analyse und das Verständnis erheblich. Darum versuchen wir Zyklen zu vermeiden. Auf niedrigem Abstraktionsniveau gilt das nicht: Rekursive Programme enthalten offensichtlich zyklische Aufrufe, die aber durchaus zur Eleganz und Verständlichkeit beitragen können.

1.7.4 Grafiken und Schaubilder

Weitläufig mit den Graphen verwandt sind Grafiken und Schaubilder. Dort geht es meist darum, Funktionen, beispielsweise die Zahl der gefundenen Fehler als Funktion der Zeit, suggestiv darzustellen.

Für solche Grafiken gelten die Aussagen oben sinngemäß. Insbesondere ist sicherzustellen, dass zu jeder Koordinatenachse genau eine Dimension gehört (z. B. Zeit, Programmgröße, Laufzeit, Kosten, Fehlerzahl). Natürlich sollte erkennbar sein, woher die dargestellten Daten stammen. Wo nur wenige Datenpunkte verfügbar sind, ist es tollkühn, durch eine spekulative Kurve eine wohldefinierte Funktion zu suggerieren.

1.7.5 Skizzen im Software Engineering

Wie die Beispiele in Abbildung 1–3 auf Seite 14 zeigen, verwendet man im Software Engineering – wie in allen Ingenieurdisziplinen – gern Graphen, um statische oder dynamische Strukturen im ursprünglichen Sinne *anschaulich* darzustellen. Im einfachsten Falle sind das Graphen mit Knoten, dargestellt durch Rechtecke oder Kreise, die die Beschriftung enthalten, und gerichtete Kanten (Pfeile). Abbildung 1–5 zeigt ein einfaches Beispiel. Dabei ist natürlich die konkrete Form der Knoten und der Kanten irrelevant, wenn die Darstellung nicht durch einen Standard vorgegeben ist; wo die Kanten ansetzen, ob sie gerade (und eckig) oder gebogen sind, hängt nur vom Aufwand und vom Geschmack der Urheber ab.

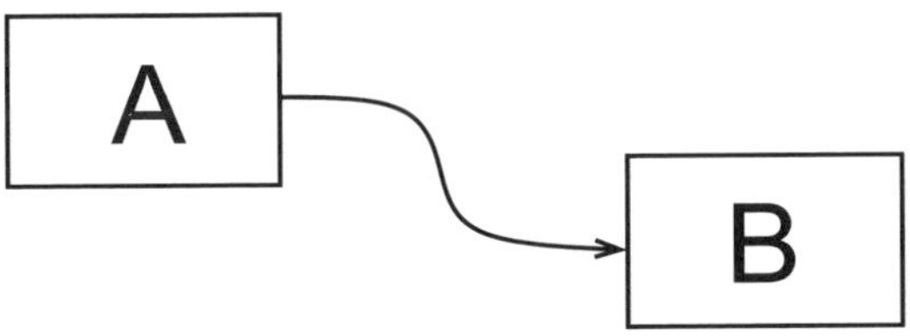

Abb. 1–5 *Typischer Ingenieur-Graph*

In vielen Fällen bietet es sich an, eine Notation zu verwenden, die an die Entity-Relationship-Diagramme nach Chen (1976) und an die Klassendiagramme aus UML (Rumbaugh, Jacobson, Booch, 2004) angelehnt ist. Dabei werden folgende Elemente verwendet:

- Rechtecke für Begriffe (mit dem jeweiligen Begriff beschriftet).
- Kanten (ohne Pfeilspitze oder mit normaler Pfeilspitze) zwischen zwei Begriffen für zweistellige Beziehungen (Assoziationen), die auf Instanzenebene ausgeprägt werden (z. B. für eine Kommunikation zwischen Objekten). Wenn die Kante benannt ist, dann gibt die Pfeilspitze die Leserichtung an.

- Kanten zwischen zwei Begriffen mit einer kleinen Raute an einem Ende für die Beziehungen »ist Teil von«. Der Begriff auf der Rautenseite der Beziehung ist dabei das Aggregat. Eine gefüllte Raute beschreibt eine Komposition; die Komponente ist ausschließlich Teil eines einzigen Aggregats. Bei einer leeren Raute ist dies nicht der Fall, die Komponente kann an mehreren Stellen aggregiert sein.
- Pfeile mit einem leeren Dreieck als Pfeilspitze für Spezialisierungs-/Generalisierungsbeziehungen; ein Pfeil von X nach Y repräsentiert die Beziehung »X ist eine Spezialisierung von Y«, gleichbedeutend mit »Y ist eine Generalisierung von X«.
- Rauten, die durch Kanten mit Begriffen verbunden sind, für Beziehungen zwischen (meist drei oder mehr) Instanzen der Begriffe.
- Rollen als Beschriftungen der Kantenenden; diese sind besonders wichtig, wenn ein Begriff mehrfach in einer Beziehung erscheint, z.B. eine Person als Verkäufer und Käufer.
- Zahlenbereiche als Beschriftungen an den Kantenenden; sie definieren Kardinalitäten, also die Mindest- und Höchstzahl der an einer Beziehung beteiligten Instanzen.

Je nach Kontext kann »Begriff« auch in »Entität« oder »Klasse« übersetzt werden.

Achtung, es geht hier nicht um einen Crashkurs in UML (Unified Modeling Language), sondern nur um die Erläuterung einer Notation, die leicht verständlich und nicht an eine spezielle Version von UML gebunden ist.

Die Abbildung 1–6 zeigt eine typische Anwendung dieser Notation. Links sieht man eine dreistellige Beziehung (eine abgelegte Prüfung) zwischen Student, Prüfung und Prüfungsergebnis. Die Beschriftungen an den Enden der Kanten geben die Rollenbezeichnung der an der Beziehung beteiligten Begriffe an. Das Rechteck »Prüfung« repräsentiert wie alle Rechtecke einen Typ, darunter sieht man Spezialisierungsbeziehungen; Erstprüfungen und Wiederholungsprüfungen sind damit allesamt Prüfungen.

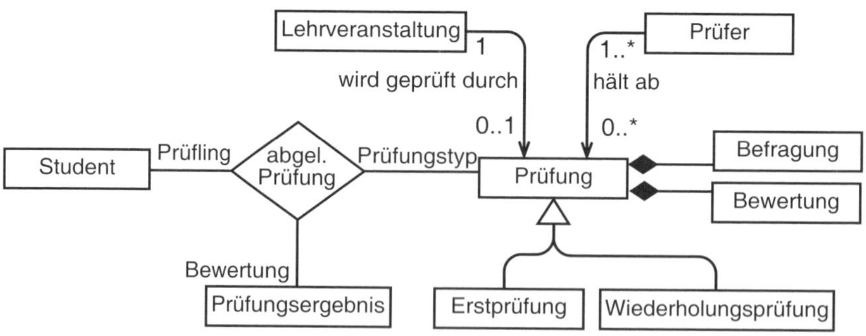

Abb. 1–6 *Ausschnitt aus Abb. 16–4 mit Kardinalitäten und Aggregierung*

Prüfer und Prüfung stehen in einer m:n-Beziehung, wobei jede Prüfung mindestens einen Prüfer braucht, während ein Prüfer auch keine Prüfung haben kann. Ähnlich gibt es zu einer Lehrveranstaltung eine Prüfung oder auch nicht; zur Prüfung gehört genau eine Lehrveranstaltung. Die Prüfung besteht aus zwei Teilen: aus einer Befragung und einer Bewertung (Kompositionsbeziehungen).

Wir nutzen diese Art von Grafiken an mehreren Stellen dieses Buches. Wo es sich anbietet, verwenden wir auch andere UML-Diagramme, denn sie sind standardisiert und auch in der Industrie akzeptiert. Eine sehr gute Einführung in UML geben Rupp et al. (2005); die vollständigen Spezifikationen zur Sprache UML stellt die OMG (Object Management Group) zur Verfügung (OMG-UML, o.J.).

1.8 Modellierung durch Zahlen: Skalen und Skalentypen

Eine Kennzahl, z. B. der Entwicklungsaufwand in einem Projekt, ist ein Modell, bei dem die Verkürzung alle Merkmale bis auf ein einziges beseitigt hat. Wir bilden alle Projekte auf eine Skala ab, die mit einer Einheit wie »Entwicklerstunde« bezeichnet ist, und machen sie damit vergleichbar. Diese Art der Modellierung ist die Grundlage der Metriken (siehe Kap. 14). Nachfolgend präsentieren wir die Skalentypen und diskutieren ausführlich Fragen, die sich beim Übergang von einem zum anderen Skalentyp stellen.

1.8.1 Die Skalentypen

Auf einer Messlatte ist eine Skala angebracht. Andere Skalen finden wir auf einer Uhr, auf einem Thermometer oder auf einem Voltmeter. Alle Skalen geben neben den Teilungen und Zahlen auch eine Einheit an, beispielsweise auf der Messlatte die Einheit m oder cm. Auch wenn wir, wie bei einem Digitalvoltmeter, keine eigentliche Skala sehen, können wir uns die abgelesenen Werte leicht auf einer geeigneten Skala vorstellen.

Abstrahiert man von den Einheiten und von den speziellen Erscheinungsformen der Skalen (groß oder klein, linear oder rund usw.), so reduziert sich die Vielfalt auf wenige *Skalentypen*[1]. Der Skalentyp definiert gewisse Merkmale und Beschränkungen, die für alle Skalen dieses Skalentyps gelten.

Insbesondere ist die Menge der zulässigen Operationen durch den Skalentyp bestimmt. Sind auf Skala B alle Operationen zugelassen, die auf Skala A zugelassen sind, und mindestens eine, die auf A nicht zugelassen ist, so nennen wir die Skala B *stärker* als A. Unter dieser Relation bilden die Skalentypen eine strenge Ordnung, können also selbst auf einer Skala angeordnet werden (Abb. 1–7).

1. Die Arbeit von Stevens (1946) scheint die Originalquelle zu den Skalentypen zu sein. Darin kommt aber die Absolutskala noch nicht (oder nur implizit) vor.

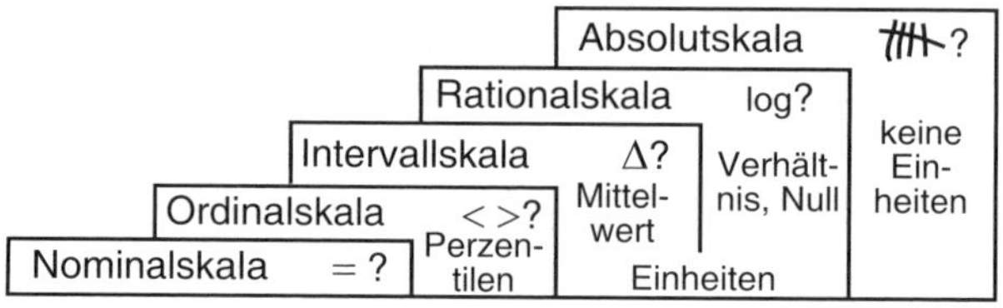

Abb. 1–7 *Skala der Skalen*

Eine Abbildung auf eine (ungeordnete) Menge bringt nur sehr wenig. Beispielsweise sind die Programmiersprachen durch ihre Namen auf eine Menge abgebildet. Wir sprechen in diesem Fall von einer *Nominalskala*. Unterschiedliche Sprachen liegen auf einer Nominalskala, zwischen ihnen ist keine Ordnung definiert.

Von einer echten Metrik wird mindestens gefordert, dass das Resultat der Bewertung in einer geordneten Menge (»Rangliste«) liegt. Dann haben wir eine *Ordinalskala* vor uns. In dieser ist die Reihenfolge von Bedeutung, es gibt aber keine definierten Abstände zwischen den Elementen. Man kann die Gesamtheit durch den *Median* oder andere *Perzentilen* charakterisieren. Beispielsweise kann man auch ohne zu messen Bleistifte nach ihrer Länge ordnen. Der Median wird von dem Bleistift repräsentiert, der an n-ter Stelle von 2n-1 Bleistiften liegt, also an der Grenze zwischen der Hälfte der kürzeren und der Hälfte der längeren Bleistifte. Analog liegt die x %-Perzentile am oberen Rand der unteren x %. Der Median ist also die 50 %-Perzentile (siehe auch Abschnitt 1.9.1). (Bei einer geraden Anzahl weicht man auf den Unter- oder den Obermedian aus, also bei hundert Bleistiften auf den 50. oder den 51.)

Stärker noch als die Ordinalskala ist eine *Intervallskala*, in der auch Differenzen zwischen Bewertungen eine Bedeutung haben. Mit Werten dieser Skala kann gerechnet und gemittelt werden.

Am stärksten ist eine *Rationalskala*, die einen natürlichen (d. h. nicht willkürlichen) Nullpunkt hat (z. B. die Rechenzeit in s) und darum auch dem *Verhältnis* der Bewertungen einen Sinn gibt.

Die *Absolutskala* ist eine Rationalskala, bei der der Zahlenwert nicht nur *proportional* zur gesuchten Größe, sondern *selbst* die gesuchte Größe ist; das gilt, wenn es sich um eine natürliche Zahl handelt, die durch Zählen ermittelt wird.

Die Aussage, dass eine höhere Position in Abbildung 1–7 »stärker« bedeutet und damit eine größere Auswahl an Rechenoperationen impliziert, gilt für alle Skalen außer der höchsten, der Absolutskala. Da die Werte einer Absolutskala auf die natürlichen Zahlen beschränkt sind, fallen wir aus der Skala heraus, wenn wir dividieren oder logarithmieren. Damit können wir also auf einer Absolutskala den Median, jedoch nicht den Mittelwert bilden. Wir können aber die Skala zu einer Rationalskala erweitern und dann alle dort verfügbaren Operationen verwenden; so entstehen Aussagen wie »Die Projektgruppen haben im Mittel 7,8 Mitarbeiter«. Darum wird in der Praxis kaum zwischen Absolutskalen und

Rationalskalen unterschieden, auch die durch Zählung ermittelten Werte werden meist als rationale Zahlen behandelt.

Verwendet man Metriken, so muss man sich stets darüber im Klaren sein, auf welcher Skala man sich bewegt und welche Operationen man anwenden darf. In der Regel gilt, dass wir die stärkste verfügbare Skala verwenden, also beispielsweise lieber eine Intervallskala als eine Ordinalskala. Manchmal ist aber das Gegenteil sinnvoll (siehe Abschnitt 1.9.1).

1.8.2 Beispiele für die Skalentypen

Tabelle 1–1 zeigt für die Skalentypen allgemeine Beispiele und Beispiele aus dem Software Engineering.

Skalentyp	Beispiel allgemein	Beispiel Software Engineering
Nominalskala	Nationalität, Geschlecht	Programmiersprache, CASE-Tool
Ordinalskala	Reihenfolge des Posteingangs	Skalentypen, CMMI-Skala
Intervallskala	Temperatur in Grad Celsius	Zeitpunkt (Datum und Uhrzeit)
Rationalskala	Masse, Druck, Stromstärke	Laufzeit, Aufwand
Absolutskala	Kapazität eines Reisebusses, Anzahl der Ferientage	Programmumfang (Code-Zeilen), Fehlerzahl

Tab. 1–1 *Größen und ihre Skalen*

Bei Nominalskalen entsteht oft ein Missverständnis, weil durch die lineare Anordnung (meist alphabetisch) eine Ordinalskala vorgespiegelt wird. Die Ordnung nach dem Alphabet ist aber nur eine Krücke, die mit dem Inhalt der Information nichts zu tun hat und durch die Willkür der Reihenfolge bestimmt ist, in der unsere Buchstaben stehen, außerdem durch die Willkür der Bezeichnungen. Ein anderes Alphabet (»ü« nach »ue« oder nach »uz«) oder ein anderer Name (»hellgrün« oder »lindgrün«) verändert die Reihenfolge. Wenn Nummern vergeben werden, um die eindeutige Identifikation zu erleichtern (beispielsweise Matrikel- oder Passnummern), dann haben diese Nummern den Charakter von Namen, sie liegen (nur) auf einer Nominalskala.

In vielen anderen Fällen repräsentieren Nummern eine Ordnung, eine Rangliste, etwa die Nummern, die an die Wartenden in einer Behörde ausgegeben werden. Diese Nummern liegen also auf einer Ordinalskala, die nicht in eine Intervallskala umgedeutet werden darf (siehe Abschnitt 1.9.2); Ordinalia (der Erste, der Zweite, ...) sind keine Kardinalia (eins, zwei, ...).

Intervallskalen sind rar, die »lineare Zeit«[2] (also im landläufigen Sinne das *Datum*) ist aber eine ganz wichtige Größe, auch in der Informatik. Die Wahl eines

2. Weitere interessante Informationen zu diesem Thema findet man unter »Zeitrechnung« in Wikipedia (o.J.)!

Nullpunkts für die Zeit ist willkürlich, darum haben viele Kulturen und Religionen ihre eigenen Bezugspunkte (z. B. Christi Geburt), selbst wenn die Einheiten (Tage, Jahre) übereinstimmen. Rechner verwenden als Nullpunkt ihres Kalenders typischerweise einen Zeitpunkt, der so weit zurückliegt, dass frühere Zeiten (in Berechnungen) nicht vorkommen, z. B. den 1.1.1970 (Unix) oder den 1.1.1904 (Excel für Mac OS), jeweils 0 Uhr GMT. Alle Zeitpunkte werden als Abstand von diesem Zeitpunkt in Sekunden oder in Tagen dargestellt.

In den Naturwissenschaften ist die Rationalskala weit wichtiger als alle anderen; im Software Engineering begegnet sie uns nur bei der Zeitmessung. Dafür gibt es im Software Engineering viel mehr Absolutskalen als in der (Newton'schen) Physik, weil die Welt der Rechner diskret ist und damit das Abzählen erlaubt. In der Teilchenphysik ist das ähnlich.

1.9 Übergänge zwischen verschiedenen Skalentypen

Generell gilt, dass man eine Metrik hinsichtlich der Skala nicht durch einen Trick verbessern kann; dagegen bewirkt die Kombination verschiedener Skalen eine Verschlechterung. Wenn eine Ordinalskala beteiligt ist, dürfen wir nicht mehr rechnen. Diese Einschränkung ist sehr hinderlich, wenn wir verschiedene Systeme, Komponenten oder Prozesse vergleichen wollen. Wir setzen uns darum mit diesem Problem ausführlich in den Abschnitten 1.9.2 bis 1.9.4 auseinander.

1.9.1 Der Wechsel auf eine schwächere Skala

Gelegentlich nimmt man eine Schwächung der Skalen in Kauf, um dadurch eine praktischere Darstellung zu erhalten, vor allem, wenn man mit Werten arbeitet, deren Verhältnisse (Quotienten) weit mehr aussagen als ihre Differenzen. Das trifft speziell für Werte zu, die Sinnesreize repräsentieren, etwa die Helligkeit oder die Lautstärke; dies wurde von E.H. Weber schon 1834 festgestellt (Weber'sches Gesetz). In diesen Fällen normiert und logarithmiert man die Werte. Die Normierung schafft den willkürlichen Nullpunkt, die Logarithmierung (durch die gewählte Basis) einen willkürlichen Faktor. Ein bekanntes Beispiel sind Filmempfindlichkeiten. Die ASA-Skala (American Standards Association) gibt den Kehrwert der Lichtmenge an, die eine bestimmte Schwärzung des Films bewirkt, ein 25 ASA-Film benötigt 32-mal so viel Licht wie ein 800 ASA-Film. Die deutsche DIN-Skala ist dagegen (ähnlich der Lautstärke-Skala in db) auf den Logarithmus bezogen, eine Zehnerpotenz sind zehn Stufen, d. h., zehn Stufen entsprechen dem Faktor 10, drei Stufen entsprechen (wegen $\lg 2 = 0{,}3010$) einer Verdoppelung der Empfindlichkeit. 25 ASA entsprechen 15 DIN, 800 ASA 30 DIN.

Im Software Engineering kommen solche Fälle aber kaum vor, man sieht sie gelegentlich bei der Größe von Programmen und bei den Kosten. Unentbehrlich ist die logarithmische Skala für Moore's Law (siehe Abschnitt 3.1).

Obwohl man auf der Intervall- und auf der Rationalskala den Mittelwert bilden darf, verwendet man stattdessen gern den Median, denn dieser ist unempfindlich gegen »Ausreißer«, also Werte, die weit über oder unter den anderen liegen und darum den Mittelwert drastisch beeinflussen. Das wird an einem einfachen Beispiel sichtbar:

Nehmen wir an, dass von 51 Studenten je zehn ihr Studium nach 9, 10, 11, 12 und 13 Semestern abgeschlossen haben; einer hat 62 Semester gebraucht. Dann ist die mittlere Studiendauer $(10 \cdot (9+10+11+12+13)+62)/51=12$ Semester; der Median ist nur 11 Semester, denn das ist die Studiendauer des 26. von 51 Studenten. Die Studiendauer des einzelnen Langzeitstudenten hat auf den Median keinen Einfluss.

Das folgende Beispiel aus dem Software Engineering zeigt den gleichen Effekt: Wenn wir Aussagen über die typische Größe der Module machen wollen, gehen wir von der Zahl der Code-Zeilen aus (Absolutskala). Wenn wir zehn Module mit je 100 LOC (lines of code) haben und eines mit 1200 LOC, dann erhalten wir (nach Übergang auf die Rationalskala) als mittlere Größe 200 LOC. Auch hier führt also ein »Ausreißer« zu einem falschen Eindruck. Ein klareres Bild bekommen wir, wenn wir stattdessen den Median einsetzen. Ordnen wir die elf Module nach ihrer Größe und schauen auf den mittleren (den sechsten), dann haben wir als Median 100 LOC.

Boxplots

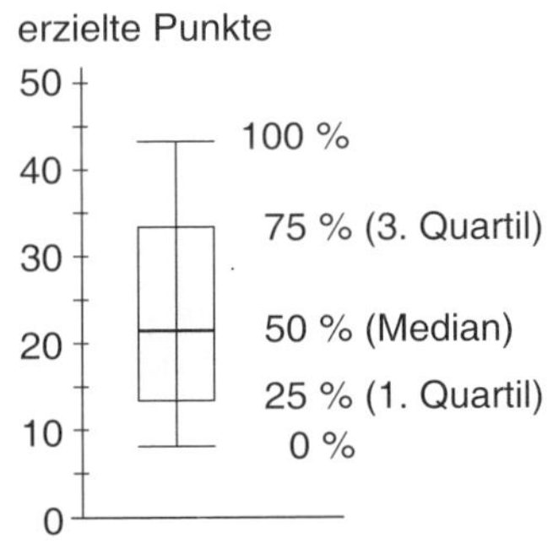

Abb. 1–8 *Boxplot mit Quartilen und Whiskers*

Zur anschaulichen Darstellung einer Verteilung setzt man Boxplots ein; die Box umfasst die Quartilen, der Querstrich kennzeichnet den Median. Die beiden durch Striche begrenzten Bereiche oberhalb und unterhalb der Box werden als Whiskers (Fühler) bezeichnet. Ihre Definition ist nicht einheitlich; die Querstriche markieren entweder die Extremwerte oder die letzten Werte, die nicht (nach einem definierten Kriterium) als Ausreißer eingestuft werden. Die Ausreißer werden dann als einzelne Punkte markiert. Wie man im Beispiel (Abb. 1–8, Punktzahlen aus einer Prüfung) sieht, ist die Box umso höher, je stärker die Resultate streuen. Weder die ganz schwachen Kandidaten noch die »Überflieger« haben auf die Höhe und Lage der Box Einfluss.

Eine ausführlichere Beschreibung ist in Wikipedia unter »Boxplot« zu finden.

1.9.2 Rangliste und Ordinalskala

Werte auf einer Ordinalskala haben keine definierten Abstände oder Zwischenwerte. Darum ist es nicht sinnvoll, mit solchen Werten zu rechnen. Wenn beispielsweise die Läufer des Sportvereins »Bitsport« bei einem Langstreckenlauf die Plätze 18, 105, 109, 312 und 502 belegt haben (siehe Tab. 1–2), ist es absurd zu behaupten, sie lägen im Mittel auf Platz 209 oder gar auf Platz 209,2. Eine Rangordnung repräsentiert eine Ordinalskala (und nicht etwa eine Absolutskala!), darum können wir den Median ermitteln (hier 109), dürfen aber keine Mittelwerte berechnen. Dass der Mittelwert tatsächlich unsinnig ist, zeigt sich, wenn man neben der Rangliste auch die Zeiten der Bitsport-Läufer betrachtet.

Name	Rang	Zeit
Adler	18	2:36:12
Bärmann	105	2:43:17
Chow	109	2:50:55
Deckeler	312	2:55:40
Egli	502	3:32:27
Summe	1046	14:38:31
Durchschnitt (???)	209,2	2:55:42

Tab. 1–2 *Resultate bestimmter Teilnehmer in einem Laufwettbewerb*

Der Mittelwert der Laufzeiten ist 2:55:42. Wenn nun zufällig der Läufer auf Rang 313 das Ziel gerade mit dieser Zeit erreicht hat, könnte man behaupten, dass Bitsport im Mittel auf Rang 313 liegt. Aber auch das ist Unsinn. Lediglich die Aussage, dass der Median bei Rang 109 liegt, ist richtig; sie bleibt unverändert, wenn wir statt der Rangliste die Zeiten betrachten, die die Bitsport-Läufer erzielt haben.

Trotzdem wird immer wieder mit Werten auf Ordinalskalen gerechnet. Ist das zu rechtfertigen, oder sind die Resultate solcher Rechnungen einfach falsch? Wir sollten uns daran erinnern, dass wir es mit Modellen zu tun haben und dass darum nicht über richtig oder falsch, sondern über nützlich oder nicht nützlich zu entscheiden ist. Wenn eine Firma den Verein Bitsport unterstützt, hindert sie nichts daran, einen bestimmten Durchschnitt der Ranglistenplätze zu fordern. Erreicht sie dadurch ihr Ziel, mehrfach auf den Sportseiten der Zeitungen erwähnt zu werden, dann war die Vorgabe aus ihrer Sicht nützlich. Vielleicht hätte eine andere noch mehr gebracht (»Mindestens zwei unter den ersten hundert!«).

Wir haben also volle Freiheit, mit unseren Zahlen zu jonglieren. Wir müssen uns aber klar darüber sein, welche Aussagekraft die Resultate haben. Insbesondere dürfen wir nicht nach der Rechnung in den Ausgangsbereich zurückkehren und eine Seriosität vortäuschen, die nicht mehr gegeben ist.

1.9.3 Schulnoten

In der Schule werden Leistungen benotet. Auch die Schulnoten liegen auf einer Ordinalskala; nur wenn in einer Prüfung genau fünf Punkte erzielbar wären und jeder Punkt die Note um eins verbesserte, wäre es eine Rationalskala. Trotzdem werden die Noten der Prüfungen gemittelt. Welche Folgen hat das?

Nehmen wir an, dass bei einer Klassenarbeit in Mathematik maximal 20 Punkte erreichbar sind. Tabelle 1–3 gibt links die Mindestpunktzahl für jede Notenstufe, rechts die Resultate der Schüler Kain und Abel in fünf Klassenarbeiten wieder.

Note	Punkte min.
6	0
5	4
4	8
3	11
2	14
1	17

Punkte Kain	Noten Kain
4	5
8	4
14	2
4	5
4	5
Schnitt 6,8	Schnitt 4,2

Punkte Abel	Noten Abel
3	6
20	1
3	6
7	5
7	5
Schnitt 8,0	Schnitt 4,6

Tab. 1–3 *Notenskala und Ergebnisse von fünf Klassenarbeiten*

Wie man sieht, erreicht Kain mit durchschnittlich 6,8 Punkten einen Notendurchschnitt von 4,2, während Abel mit durchschnittlich 8 Punkten einen Notendurchschnitt von 4,6 erreicht. Bei üblicher Rundung hat Kain also im Zeugnis eine 4, Abel, der insgesamt sechs Punkte mehr erzielt hat, eine 5. (Wenn man eine feinere Abstufung der Noten verwendet, ändert das am grundsätzlichen Problem nichts.)

Das Ergebnis erscheint nicht fair, wenn man erwartet, dass das Zeugnis die Summe der Leistungen reflektiert. Welche anderen Möglichkeiten hätte der Lehrer?

Er könnte an Stelle des Mittelwerts den Median der Punkte oder der Noten verwenden. Der Median der Punkte ändert nichts. Mit dem Median der Noten kämen beide Schüler auf eine 5 im Zeugnis. Dass Abel im Mittel der Punkte eine glatte 4 hat, kommt damit noch immer nicht zum Ausdruck.

In der hier geschilderten Situation könnte der Lehrer die durchschnittliche Punktzahl heranziehen, um die Zeugnisnote zu bilden. In anderen Fächern gibt es keine Punktbewertung, sodass diese Möglichkeit nicht besteht.

Nebenbedingungen, nach denen mindestens die Hälfte der Arbeiten »ausreichend« sein müssen oder die allerletzte Arbeit (Schlussprüfung) nicht schlechter als 4 sein darf oder der Sohn des Ministers mindestens mit »gut« zu bewerten ist, kommen in keiner der möglichen Auswertungen zum Ausdruck.

Aus dieser Betrachtung können wir folgende Feststellungen ableiten:

- Wenn wir mit Schulnoten oder anderen Werten von Ordinalskalen rechnen, kommen wir oft zu überraschenden, gelegentlich zu unsinnigen Resultaten.
- Damit die Rechnung überhaupt ein sinnvolles Resultat liefern kann, muss gewährleistet sein, dass die einzelnen Prüfungen vergleichbare Beiträge zur Gesamtleistung liefern und sich Stärken und Schwächen ausgleichen können.
- Nebenbedingungen und nicht kompensierbare Schwächen lassen sich in die Rechnung nicht sinnvoll integrieren. Sie müssen *vor* der Rechnung ausgewertet werden.

1.9.4 Aufstellung einer Rangliste aus einer heterogenen Bewertung

In der Praxis geht es oft darum, aus einer Menge von Kandidaten (Wahlmöglichkeiten) den geeignetsten auszuwählen. Kandidaten können nicht nur Personen, sondern auch Gegenstände, Methoden, Reiseziele oder Algorithmen sein, um nur wenige Beispiele zu nennen. Das Problem der Auswahl besteht darin, dass es eine Reihe von Merkmalen der Kandidaten gibt, die die Auswahl beeinflussen. Diese Merkmale können nur benotet, also auf einer Ordinalskala angeordnet werden. Damit ist es zwar möglich, die Kandidaten hinsichtlich eines einzigen Merkmals zu vergleichen, aber nicht unter Berücksichtigung mehrerer Merkmale.

Eine Möglichkeit, das Problem zu lösen, besteht darin, die Noten in den verschiedenen Kategorien zu addieren und damit zu einer Gesamtnote zu verdichten. Diese erlaubt dann, die Kandidaten in einer Rangliste zu ordnen.

Bei diesem Vorgehen gibt es die folgenden Schwierigkeiten:

- Bedingungen, die unbedingt erfüllt sein müssen, können nicht ausgedrückt werden. Darum brauchen wir K.-o.-Kriterien. Ein Kandidat, der ein K.-o.-Kriterium nicht erfüllt, wird von der weiteren Betrachtung ausgeschlossen.
- Nicht alle Merkmale sind gleich wichtig. Darum können die Noten durch unterschiedliche Gewichtungen stärkeren oder schwächeren Einfluss bekommen. In vielen Fällen ist der Preis ein wichtiger Aspekt; dann müssen entweder alle anderen Aspekte durch einen Geldwert ausgedrückt werden, oder der Preis wird durch eine Note dargestellt.

Wenn wir also am Ende eine Gesamtnote bekommen wollen, müssen wir uns zunächst davon überzeugen, dass sich Stärken und Schwächen, die in einzelnen Noten ausgedrückt sind, kompensieren können. Ist diese Voraussetzung (wenn nötig nach entsprechender Gewichtung) gegeben, können wir anschließend die Einzelnoten zu einer Gesamtnote verdichten.

Beispiel: Wenn wir für eine Konferenz einen Redner einladen wollen, der den Eröffnungsvortrag halten soll, können wir verschiedene Aspekte (seine Berühmtheit, die Attraktivität seiner Themen, seine Vortragskunst, seine Honorarforderung) bewerten und gewichten, um auf diese Weise den geeignetsten Redner auszuwählen. Die Forderung, dass es sich um eine *lebende* Person handelt, ist aber ein K.-o.-Kriterium, also ein Kriterium, das unbedingt erfüllt sein muss; Alan Turing und Albert Einstein kommen auch dann nicht in Frage, wenn sie mit Abstand am besten bewertet würden.

Sind wir nicht in der Lage, die einzelnen Aspekte gegeneinander aufzurechnen, so bleibt uns nur die Möglichkeit, Profile zu entwickeln, also Vektoren einzelner Bewertungen, und dann intuitiv eine Wahl zu treffen. Dabei können grafische Darstellungen hilfreich sein (z. B. das Kiviat-Diagramm in Abschnitt 14.3.2). Allerdings lässt sich dieses Verfahren nur anwenden, wenn die Zahl der Kandidaten überschaubar ist. Wenn 50 Studienplätzen 2000 Bewerber gegenüber stehen, kann man – nach Anwendung der K.-o.-Kriterien – nur auf eine Auswahl verzichten (Losverfahren) oder die Merkmale der Bewerber vollständig quantifizieren und daraus eine Gesamtnote bilden, die eine Reihung ermöglicht.

Wer sich entschließt, auf der Basis von Benotungen oder anderer Bewertungen auf Ordinalskalen zu rechnen, tut gut daran, seinen Ansatz mit extremen Werten durchzuspielen. Nur wenn im gesamten zulässigen Bereich plausible Resultate entstehen, kann das Verfahren mit der gebotenen Vorsicht angewendet werden.

Wir fassen das Vorgehen zusammen:

- Die relevanten Merkmale der Kandidaten werden identifiziert.
- Die unbedingt geforderten Eigenschaften werden durch K.-o.-Kriterien formuliert.
- Für alle übrigen Merkmale werden Notenskalen und Gewichtungen festgelegt.
- Echte oder erfundene normale und extreme Beispiele werden bewertet, die Ergebnisse werden auf Plausibilität geprüft.

Wenn die Resultate plausibel aussehen,

- werden alle Kandidaten ausgeschlossen, die ein K.-o.-Kriterium verletzen,
- wird für jeden verbliebenen Kandidaten die Gesamtnote ermittelt,
- werden die Kandidaten nach ihren Gesamtnoten geordnet.

Was passiert, wenn ein (früher gültiges) K.-o.-Kriterium nicht ernst genommen wird, zeigt der berühmte Schlussdialog aus »Some like it hot«:

> *Jerry: We cannot marry. I am a man!*
> *Osgood: Nobody is perfect!*
>
> Billy Wilder, 1959

2 Grundbegriffe

Bevor in diesem Kapitel die beiden Wortbestandteile des Buchtitels, »Software« und »Engineering«, gründlich betrachtet werden, geht es zunächst um den Begriff der Kosten. Denn die Kosten sind eines der wichtigsten, wenn nicht das wichtigste Merkmal jeder Software. Anschließend werden einige weitere Grundbegriffe eingeführt.

2.1 Kosten

Nach »Software« ist »Kosten« einer der Begriffe, die in diesem Buch am häufigsten vorkommen. Es ist darum notwendig, genau zu sagen, was wir unter Kosten verstehen; andernfalls wären Missverständnisse sehr wahrscheinlich. Wenn wir von Kosten sprechen, schließen wir alle Nachteile ein, die eine Lösung hat, seien sie in Geldwert auszudrücken oder nicht.

Analog ist beim *Nutzen* jede Art von Vorteil eingeschlossen. Wenn man sich auf eine Betrachtung der Kosten beschränken will, kann man den Nutzen als negativen Kostenbeitrag berücksichtigen. Dann kann das übergeordnete Ziel als *Minimierung der Gesamtkosten* formuliert werden. Das bedeutet also: Möglichst hohe Differenz zwischen Nutzen und Kosten.

Eine praktische Anwendung macht den Ansatz anschaulich: Wir betrachten die Situation, dass ein Mensch zu einem bestimmten Zeitpunkt an einem anderen Ort sein möchte oder sein muss. Wenn er die Entscheidung, auf welche Weise er dorthin kommt, rational treffen will, muss er die Kosten der Reise, die bei verschiedenen Varianten der Beförderung entstehen, vergleichen und sich für die Reise mit den geringsten Kosten entscheiden.

Dabei fallen zunächst die unmittelbaren Kosten ins Auge: Eine Bahnfahrkarte oder ein Flugticket haben einen Preis, der sich feststellen lässt. Auch zusätzliche Kosten für den Nahverkehr, für Versicherungen usw. lassen sich relativ gut erfassen.

Andere Ausgaben treten früher oder später auf und sind darum schwieriger zu kalkulieren. Wenn man die Reise mit dem eigenen Auto macht, ist sie auf den ersten Blick kostenlos. Das Tanken lässt sich nicht sehr lange aufschieben, dagegen liegt der Ersatz der Reifen, des Motors und irgendwann des ganzen Autos für die meisten Menschen außerhalb des Blickfeldes. Aber natürlich sind auch das Kosten, die durch eine Fahrt anteilig erzeugt werden.

Kaum quantifizieren lassen sich all die Kosten, die durch Unbequemlichkeiten, Risiken, Langeweile oder Ängste entstehen. Wer sich vor dem Fliegen fürchtet, wer das Autofahren bei Dunkelheit anstrengend findet oder in der Bahn unter dem Geschwätz der anderen Reisenden leidet, bezieht entsprechende Kosten in seine Betrachtungen ein, natürlich in aller Regel unbewusst und irrational. Dass es letztlich Kosten sind, erkennt man daran, dass sich kaum ein Mensch solchen Einflüssen absolut unterwirft: Sind andere Vorteile groß genug, so werden die Einwände meist unterdrückt. Wer zufällig eine Gratisfahrt in Anspruch nehmen kann, setzt sich doch in die Bahn, und ein Australier, der den Nobelpreis in Empfang nehmen darf, überwindet wahrscheinlich die Flugangst. Wir wägen ab, d. h., wir quantifizieren, wenn auch nicht rational.

In vielen Fällen entsteht durch die eine oder andere Lösung auch zusätzlicher Nutzen. Wer mit dem Auto fährt, kann bei dieser Gelegenheit ein Möbelstück transportieren. Bei der Bahnfahrt ist das Umsteigen mühsam, es sei denn, man hatte schon lange vor, durch die Stadt, in der sich die beiden Züge treffen, zu bummeln oder dort ein Museum zu besuchen. Wir können solchen Nebennutzen einer Lösung wie negative Kosten betrachten.

Noch schwieriger wird die Betrachtung, wenn man auch die Kosten einbezieht, die anderen Bewohnern der Welt entstehen. Wer mit dem Auto fährt, verbrennt knappe Ressourcen, erzeugt Lärm und erhöht die Risiken, denen andere Menschen ausgesetzt sind. Wer billige Eier kauft, verurteilt damit Legehennen zur Tortur. Hier wird die Kostenbetrachtung offensichtlich zu einer Frage der Weltanschauung (im Wortsinn). Wollen wir solche Kosten berücksichtigen? Und wie sind sie gegeneinander abzuwägen? Dürfen wir, um das Leben eines Kranken zu verlängern, die Chancen der nächsten Generation beschädigen? Natürlich können und wollen wir solche Fragen nicht beantworten. Wir weisen nur darauf hin, dass wir, wenn wir von den Kosten einer Lösung sprechen, *sämtliche* direkten und indirekten Kosten meinen.

Sowohl zum Nutzen als auch zu den Kosten gibt es viele Beiträge, auf die die Entscheidungen der Entwickler keinen Einfluss haben. In vielen Fällen haben wir beispielsweise keine Option, auf eine Lösung ganz zu verzichten. Ebenso wenig werden wir wegen einer Software-Entscheidung unser Gebäude erweitern oder verkaufen. Also brauchen wir weder den zentralen Nutzen noch die Gebäudekosten zu berücksichtigen. Das Gleiche gilt auch für viele andere Beiträge: Wenn eine Wahl aus n Varianten zu treffen ist, können die in allen n Varianten gleichen Summanden ignoriert werden.

Wer die Reduktion aller Wertungen auf eine Kosten-Skala als zynisch oder menschenverachtend einschätzt, macht sich nicht klar, dass es dazu keine Alternative gibt. Natürlich wird man den Wert von Leben und Gesundheit sehr hoch einstufen. Aber man wägt auch diesen Wert gegen andere Werte ab. Geradezu klassische Beispiele sind die politischen Entscheidungen über Geschwindigkeitsbeschränkungen, über die medizinische Versorgung und über die Prävention von Gewalttaten. Am Ende muss jeder Mensch Entscheidungen treffen, also beispielsweise zu einer bestimmten Geschwindigkeitsbeschränkung ja oder nein sagen. Damit sind wir bei einer binären Skala angelangt. Einfacher geht es nicht mehr. Natürlich kann man bindende Vorgaben (»K.-o.-Kriterien«) einführen, indem man jede Abweichung von der Vorgabe mit unendlich hohen Kosten verknüpft.

Dieser Abschnitt kann wie folgt zusammengefasst werden: Wir sprechen in diesem Buch von Kosten und decken damit alle Nachteile ab, durch das Konzept der negativen Kosten auch alle Vorteile. Wir erheben nicht den Anspruch, eine konkrete Abbildung aller Kosten auf eine Geld-Skala angeben zu können. Wir weisen aber darauf hin, dass wir am Ende vergleichbare Bewertungen brauchen, um irgendeine Entscheidung zu treffen, unabhängig davon, ob es dabei um Software oder um etwas anderes geht. Die Behauptung, dass manche Dinge, zwischen denen wir eine Wahl zu treffen haben, einfach nicht vergleichbar sind, ist ein Selbstbetrug.

2.2 Engineering und Ingenieur

Bei zusammengesetzten Wörtern, auch beim »Software Engineering«, bestimmt das letzte die Grundbedeutung. Wir beginnen darum mit dem *Engineering* und mit dem Ingenieur, der das Engineering beherrscht und repräsentiert.

2.2.1 Der Ingenieur als Leitbild

Aus etymologischer Sicht ist der Ingenieur als Leitbild kaum geeignet, eher als ein Beleg dafür, dass der Krieg tatsächlich der Vater zumindest vieler Dinge ist (Heraklit). Denn der Ingenieur war zunächst der Baufachmann für Festungen (in moderner Terminologie ein Bauingenieur), dann allgemein für technische Einrichtungen, die mit dem Krieg zu tun hatten, also für Geschütze usw.

Im 18. und 19. Jahrhundert erhielt das Wort die heute übliche Bedeutung, und in dieser Zeit entstand das Bild des Ingenieurs, der alle Probleme löst und kraft seines Verstandes Dinge vollbringt, die für simple Gemüter wie Zauberei erscheinen. Der schreibende Ingenieur Max Eyth (1836–1906), Verfasser des halb autobiografischen, halb fiktiven Buches »Hinter Pflug und Schraubstock«, hat das Bild in Deutschland wesentlich geprägt.

Im Vordergrund stehen die folgenden Merkmale:

- *Rationalität* und Anwendung aller wissenschaftlichen Erkenntnisse als Grundprinzip
  Der Ingenieur ist der natürliche Feind des Aberglaubens, der Verehrer der Zahlen und Formeln. Insofern ist er ein Kind der Aufklärung, der alles mechanistisch zu erklären sucht und ablehnt, was so nicht erklärt werden kann.
- *Problemlösen* als eigentliche Aufgabe
  Verbindet die Rationalität den Ingenieur mit jedem Naturwissenschaftler, so unterscheidet ihn dieses Merkmal deutlich: Der Ingenieur strebt letztlich nicht danach, die Welt zu erklären oder Probleme zu formulieren, zu vermeiden, ihre tieferen Ursachen zu erkennen und zu bekämpfen. Er will Probleme, echte oder vermeintliche, lösen, indem er die Welt auf technischem Wege verändert, also Distanzen überbrückt, Bauwerke errichtet, Energie verfügbar macht oder auch die größtmögliche Zerstörung anrichtet.
  Diesen Charakterzug verherrlicht Heinrich Seidel (1842–1906) in seinem Gedicht, dessen Anfang noch heute gern zitiert wird. Die erste der vier Strophen lautet:

  Dem Ingenieur ist nichts zu schwere –
  Er lacht und spricht: Wenn dieses nicht, so geht doch das!
  Er überbrückt die Flüsse und die Meere,
  Die Berge unverfroren zu durchbohren ist ihm Spaß.
  Er türmt die Bogen in die Luft,
  Er wühlt als Maulwurf in der Gruft,
  Kein Hindernis ist ihm zu groß –
  Er geht drauf los!

  Man beachte, dass hier die Frage nach dem Sinn des Tuns nicht gestellt wird, Problemlösen ist Selbstzweck.
  Auch Physiker arbeiten konstruktiv, sie bauen riesige Apparate, um ihre Versuche auszuführen. Aber sie bauen, um zu forschen. Die Ingenieure forschen, um zu bauen.
- *Kostensenkung* als wichtigste Randbedingung
  Eine Lösung ist gut, wenn sie das Problem zu möglichst niedrigen Kosten löst. Daher ist ein guter Ingenieur kein Perfektionist: Die perfekte Lösung hat nur selten ein günstiges Verhältnis zwischen Preis und Effekt.
- *Universeller Anspruch*, der nicht vor fachlichen Grenzen Halt macht
  Ein Ingenieur streicht nicht die Segel, weil das Problem die Grenzen seines Fachs überschreitet. Er ist in diesem Sinne Universalist.

Es ist leicht zu erkennen, dass es zwischen diesen Merkmalen zu Konflikten kommt. Denn in jeder konkreten Situation muss sich der Ingenieur fragen, ob er durch weitere Klärung Zeit verlieren oder mit dem Risiko eines Fehlers vorwärtsgehen soll, ob die Kosten eine bessere Lösung erlauben usw. Auch im Software Engineering wird dieses Dilemma deutlich: Einerseits müssen wir dringend danach streben, ein wesentlich besseres Verständnis zu entwickeln, andererseits müssen wir auch mit dem ungenügenden heutigen Verständnis Beiträge zu einer Verbesserung der Situation leisten.

2.2.2 Merkmale der alten Ingenieurdisziplinen

Die Definition und Anwendung von *Methoden* zählt ebenso wie die Bereitstellung und Verwendung von *Werkzeugen* zu den Ansätzen, die auf allen Gebieten der menschlichen Kultur zu höheren Leistungen geführt haben. Den Ingenieuren können wir darüber hinaus folgende Prinzipien »abgucken«:

- *Kostendenken* als Grundlage von Bewertungen
  In der Technik sind Argumente der Art »Ich finde, dass ...« lächerlich. Wir müssen uns an objektiven Kriterien orientieren. Wo immer möglich, sollten das Kosten sein. Was insgesamt billiger ist, ist besser. Das verbietet eine nur vordergründige Sparsamkeit: An vielen Stellen sollte man zur Senkung der Gesamtkosten den Aufwand erhöhen.
- *Praktischer Erfolg* als einzige zulässige Beweisführung
  Der Ingenieur glaubt an eine Lösung erst, wenn er sie sieht. Jede Art von argumentativen Beweisen hat höchstens vorläufigen Nutzen; erst wenn sich die Konstruktion bewährt hat, ist sie anerkannt. Da die Differenzierung verschiedener Lösungen oft nur mit sehr genauen Beobachtungen möglich ist, schließt dieses Prinzip die Technik der Messungen ein. Nur was gezählt oder gemessen wurde, ist ein akzeptables Argument. Änderungen der Bearbeitungsprozesse sind nur sinnvoll, wenn sie zu nachweisbaren Verbesserungen führen. Damit sind Messungen die Voraussetzung.
- *Qualitätsbewusstsein* als »Grundfarbe« des Denkens
  In der Praxis ist es oft nicht klar, wie Nutzen und Kosten von einer Entscheidung beeinflusst werden. In diesen Fällen strebt der Ingenieur nach möglichst hoher Qualität. Diese Haltung kommt aus der handwerklichen Tradition, in der die Ingenieure stehen. Sie führt in aller Regel letztlich auch zu einer Kostensenkung.
- Die Einführung und Beachtung von *Normen*
  Normen sind das wichtigste Merkmal einer Ingenieurdisziplin. Sie schaffen auf allen Ebenen einheitliche Schnittstellen. Das beginnt mit dem Passstift, der zwei Maschinenteile verbindet (die erste Norm in Deutschland, 1918), und reicht bis hin zu den Begriffen, deren Normung die Kommunikation wesentlich erleichtert.

  Merke: Eine Norm erweist sich dadurch als Norm, dass sie in jedem Falle beachtet wird, selbst wenn es unpraktisch erscheint.

- Denken in *Baugruppen*
  Durch Normen entsteht die Möglichkeit, Baugruppen zu verwenden, also die Lösung der Teilprobleme auszuklammern. Die gigantischen Leistungen der Technik wären ohne universelle Bausteine (z. B. Schrauben, Geräte mit Netzstecker, ICs usw.) undenkbar.

2.3 Software

Das Wort Hardware ist seit dem 16. Jahrhundert nachgewiesen; es bezeichnet wie das deutsche Wort »Eisenwaren« alle Gegenstände, die aus Metall gemacht sind, beispielsweise Nägel, Bleche, Werkzeuge, aber auch generell alle materiellen Bestandteile eines Systems. Als die Entwicklung der modernen Rechenmaschinen begann, wurden ihre materiellen Teile als Hardware bezeichnet. John W. Tukey[1] (1915–2000), der gut zehn Jahre zuvor bereits das »bit« als Einheit der Informationsmenge in die Diskussion gebracht hatte, kam 1957 auf die Idee, dem alten Wort »Hardware« das Kunstwort »Software« gegenüberzustellen.

2.3.1 Was ist Software?

Durch die Entstehungsgeschichte ist klar: Software ist, was nicht Hardware ist. Aber zur Definition reicht das nicht aus. Bis heute ist die Bedeutung umstritten. Wir halten uns an die Definition der IEEE Computer Society:

software — Computer programs, procedures, and possibly associated documentation and data pertaining to the operation of a computer system.

See also: application software; support software; system software

Contrast with: hardware.

IEEE Std 610.12 (1990)

Software umfasst danach also *Programme, Abläufe, Regeln, auch Dokumentation und Daten, die mit dem Betrieb eines Rechnersystems zu tun haben.*

Generell sollte Software als technisches Produkt betrachtet werden, das wie andere Produkte von Ingenieuren systematisch entwickelt werden kann und durch feststellbare Eigenschaften (Funktionalität, Qualität) gekennzeichnet ist. Wer die Besonderheit der Software betont, beansprucht ein unbegründetes Privileg. Software Engineering zielt darauf ab, die Sonderrolle der Software so weit wie möglich zu beseitigen!

---

1. Viele Informatiker kennen den Namen dieses vielseitigen Forschers durch den FFT-Algorithmus, den er 1965 zusammen mit Cooley publiziert hat.

2.3.2 Spezielle Eigenschaften der Software

Nicht alle Konzepte der Ingenieurwissenschaften lassen sich unverändert auf die Software anwenden, denn Software weist einige besondere und – wenigstens in dieser Kombination – einmalige Merkmale auf. (Dass einige der Aussagen auch auf integrierte Schaltungen zutreffen, überrascht nicht, denn diese werden heute weitestgehend wie Software entwickelt.)

Software ist immateriell.

Jede Software ist auf irgendwelchen Trägern repräsentiert, also auf Papier, auf Magnetplatten oder anderen Medien. In aller Regel interessiert uns dieser Träger aber nicht, sondern die Information. Unsere (individuelle wie stammesgeschichtliche) Erfahrung wurde aber in einer Welt akkumuliert, in der fast alle Effekte materieller Natur sind, von der Herdplatte, an der man sich die Finger verbrennen kann, bis zum aggressiven Hund, dessen Biss wir fürchten. Alles, was wir als natürlich empfinden, ist an materielle Eigenschaften geknüpft. Das hat eine Reihe von Konsequenzen:

- An Software ist *nichts natürlich*.
  Erfahrungen aus der natürlichen Welt sind nicht übertragbar, werden aber dennoch ständig übertragen, siehe z. B. unten die Verwendung des Wortes »Wartung«.
- Software wird nicht gefertigt, sondern *nur entwickelt*.
  Wir haben praktisch keine Fertigungskosten, wenn man als Fertigung die Reproduktion des ersten Musters versteht.
- Kopie und Original sind *völlig gleich*.
  Kopie und Original sind nicht zu unterscheiden. Darum müssen wir bei der Verwaltung von Software große Anstrengungen unternehmen, um nicht versehentlich Varianten zu erzeugen, die Konsistenzprobleme verursachen.
- Software *verschleißt nicht*.
  Die »Wartung« stellt nicht den alten Zustand wieder her, sondern einen neuen.
- *Software-Fehler* entstehen nicht durch Abnutzung.
  Sie sind von Beginn an (oder durch Änderungen) vorhanden. Darum kündigen sie sich nicht wie viele Defekte, die durch den Verschleiß materieller Mechanismen entstehen, langsam an.
- *Wiederverwendung* ist bei Software extrem lukrativ, wenn der Aufwand für Anpassungen relativ gering ist.
- Die Software-Leute *unterschätzen* meist das Problem – oder sie *überschätzen* sich selbst!

Natürliche Lokalität gibt es bei Software nicht.

Wenn man mit Distanz die Vorstellung verbindet, dass sich zwei Komponenten eines Systems umso weniger gefährden, je größer die Distanz ist, dann gibt es in einem Programm keine Distanz. Lokalität entsteht nur, wo sie gezielt, z. B. mittels spezieller Konstrukte der Programmiersprachen, herbeigeführt wird.

Ein Programm realisiert keine stetige Funktion.

Diese Eigenschaft »erbt« die Software von der Hardware, dem Digitalrechner, auf dem sie ausgeführt wird. Der Rechner kann keine stetigen Funktionen realisieren, sondern nur endlich viele verschiedene Werte auf endlich viele Werte abbilden. Damit ist es grundsätzlich – und, wie die Erfahrung zeigt, leider auch praktisch – möglich, dass einzelne Werte völlig »aus der Reihe tanzen«, also gänzlich andere Resultate liefern als die benachbarten Werte. Die Änderung eines einzigen Bits, sei es im Programmcode oder in den Daten, mit denen das Programm arbeitet, kann beliebige Folgen haben, also die Ausgabe des Programms völlig verändern; es gibt keine uns natürlich erscheinende Gesetzmäßigkeit, dass kleine Ursachen auch nur kleine Wirkungen haben.

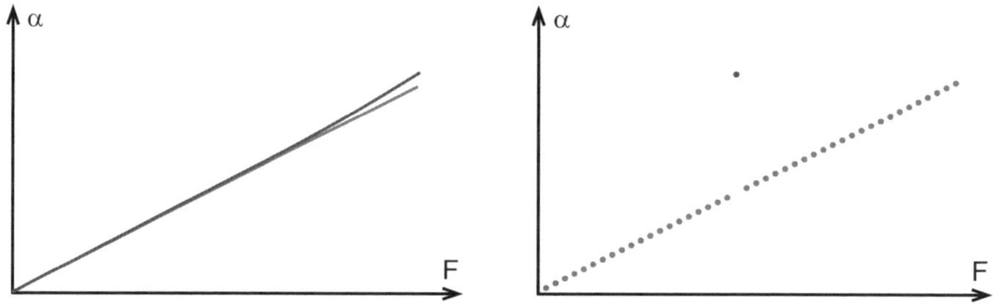

Abb. 2–1 *Das Hook'sche Gesetz, gemessen und digital modelliert*

Ein mechanisches Teil kann diese Eigenschaft nicht haben. Darum kann es durch einige Versuche geprüft werden. Software dagegen müsste für *alle* möglichen Werte geprüft werden, was wegen der großen Zahl unmöglich ist, zumal es nicht ein einzelner Wert sein muss, der das Verhalten bestimmt, es kann auch eine bestimmte Kombination verschiedener Werte sein. Darum ist die Funktionalität eines Programms durch Test nicht prüfbar, ein Test zeigt eventuell die Anwesenheit eines Fehlers, aber niemals die Abwesenheit von Fehlern (Dijkstra, 1970).

Abbildung 2–1 zeigt das Verhalten einer Stahlfeder nach dem Hook'schen Gesetz. Links ist das Verhalten einer realen Feder zu sehen, das vom idealen (linearen) Verhalten abweicht. Rechts sieht man eine fehlerhafte digitale Modellierung.

Software-Systeme sind sehr komplex.

Komplexität ist ein schwieriger Begriff (vgl. Abschnitt 14.4.3); intuitiv bezeichnen die meisten Menschen damit, wie viel Information einer Sache unvermeidbar zugeordnet ist. Was nur kompliziert dargestellt ist, kann auch einfacher dargestellt werden, was komplex ist, verweigert sich einer Vereinfachung.

Schon mittelgroße Software-Systeme bestehen aus verschiedenen Dokumenten, darunter der Code, der einige tausend Zeilen lang ist; bei großen Systemen sind es Millionen. Betrachtet man diese Informationen als die präzise Beschreibung des Systems, dann erkennt man, dass die Beschreibung umfangreicher ist als bei den meisten anderen Systemen, die offensichtlich sehr komplex sind: Gesetzeswerke, Verwaltungen, komplizierte Maschinen, Schiffe und Flugzeuge.

Nicht selten ist die Software-Lösung komplizierter, als der Sache angemessen ist; dann sollte sie vereinfacht werden. Trotzdem wird es nicht gelingen, den Umfang drastisch zu vermindern.

Software gehört also zu den komplexesten Artefakten, die Menschen bislang geschaffen haben. Der Aufwand, um Software zu entwickeln, ist darum auch unvermeidlich sehr hoch.

Software-Systeme müssen autonom funktionieren.

Andere komplexe Artefakte, z. B. die im vorigen Punkt genannten, funktionieren nur, wenn und solange Menschen immer wieder eingreifen und Mängel, Defekte und Widersprüche beseitigen oder kompensieren. Gesetze werden laufend ausgelegt und korrigiert, Maschinen werden überwacht und gewartet. Nur relativ einfache Mechanismen (z. B. die Mechanik der Plattenspeicher in modernen Rechnern) funktionieren ohne menschliche Eingriffe über längere Zeit fehlerlos.

Auch bei Software treten Mängel auf, beispielsweise in Form sogenannter Systemabstürze. In der Regel liegen aber Milliarden von korrekt ausgeführten Operationen zwischen solchen Ereignissen. Die Software funktioniert also trotz ihrer hohen Komplexität über weite Strecken autonom.

Die wenigen »Werkstoffe« der Software, die Sprachen, implizieren keine sinnvolle Strukturierung.

Software ist immateriell und besteht darum auch aus immateriellen »Materialien«, nämlich aus den Sprachen und Notationen, in denen sie formuliert ist (vgl. Abschnitt 2.5.2). Mindestens zwei Sprachen werden regelmäßig eingesetzt, eine natürliche Sprache wie Deutsch oder Englisch und eine Programmiersprache. Zusätzlich können Notationen wie UML (z. B. Klassen- und Interaktionsdiagramme) verwendet werden.

Fast alle größeren Artefakte bestehen aus vielen verschiedenen Materialien; beispielsweise besteht ein Fahrrad aus Stahl, Aluminium, Kupfer, Gummi, Kunststoffen, Leder, Glas, Lacken und vielen anderen Werkstoffen. Diese werden zunächst separat hergestellt und bearbeitet, dann kombiniert. Aus Kupferdraht und Kunststoff wird eine Leitung, aus Stahlblech, Kupferleitern und Glas eine Lampe. Der Rahmen wird geschweißt oder gelötet, dann mit Lack überzogen. Die Werkstoffe geben also die Schritte vor, in denen das Produkt aufgebaut wird, und sie bestimmen in der Regel auch die Abgrenzung der Komponenten, die später repariert oder ausgetauscht werden können: Reifen, Schlauch und Felge sind voneinander unabhängig, sie können, wenn ein Teil defekt ist, einzeln erneuert werden. Werkstoffvielfalt impliziert Modularität.

Glocken aus Bronzeguss und billige Gartenstühle aus Kunststoff unterscheiden sich von den meisten anderen Produkten dadurch, dass sie beide nicht modular aufgebaut sind, sondern nur aus einem Material und nur aus einem Stück bestehen, die Glocke, weil sie sonst nicht klingt, der Stuhl, weil es so am billigsten ist. Darum sind weder Glocken noch Plastiksessel reparierbar, eine Glocke mit einem Riss ist verloren, ein zerbrochener Plastiksessel ist Müll.

Die zwei oder drei Werkstoffe der Software schaffen offensichtlich Modularität, aber leider keine sinnvolle. Die Trennung zwischen dem Code auf der einen und den übrigen Dokumenten auf der anderen Seite ist schuld an den praktischen Schwierigkeiten, die gesamte Dokumentation aktuell zu halten, während der Code den Änderungen der realen Welt nachgeführt wird. Dagegen erlauben es die Programmiersprachen, beliebig komplexe Programme zu schreiben, unstrukturiert und darum unverständlich für jeden, der sie bearbeiten soll.

Leider sorgen also die Werkstoffe nicht für sinnvolle Strukturen, das müssen die Software-Entwickler tun.

Software spiegelt (in vielen Fällen) die Realität.

Die Software verbindet Hardware und Anwendungsbereich. Gab es früher noch viele spezielle Schaltungen und Mechanismen, die direkt und ohne Software Aufgaben der Steuerung und Regelung übernahmen, werden heute praktisch überall Prozessoren mit Software eingesetzt, denn Software ist flexibel und erlaubt die (relativ) einfache Anpassung des Systems an fast beliebige Anforderungen.

Damit ist eine bestimmte Aufgabenverteilung zwischen Hard- und Software zur Regel geworden: Die Hardware garantiert mit ihrer phantastischen Leistung Quantität, also Tempo und Speicherkapazität, die Software sorgt für Qualität, also für die Abbildung der Anforderungen, und seien sie noch so bizarr, auf die strukturell primitive Hardware. Das bedeutet: Die Hardware ist von der Realität der Anwendungen weitgehend entkoppelt, ihre Entwicklung ist von der Anwendung höchstens durch Kostenargumente und Leistungsforderungen beeinflusst. Die Software ist dagegen eng an die Anwendung gebunden, sie muss ihr auch folgen, wenn sie sich ändert. Tatsächlich kompensiert heute die Software auch Mängel der Hardware; wenn sich Fehler der Prozessoren zeigen, werden sie, wenn irgend möglich, durch Erweiterungen der Software »geheilt«.

> *... This complexity [of the software] is compounded by the necessity to conform to an external environment that is arbitrary, unadaptable, and ever-changing.*
>
> F.P. Brooks (1987)

2.4 Arbeiten, die an Software ausgeführt werden

Dieser Abschnitt enthält eine kurze Übersicht der Arbeiten, die in der Regel auszuführen sind, um Software zu entwickeln oder zu verändern. Die einzelnen Tätigkeiten werden in den weiteren Kapiteln des Buches näher beschrieben; dabei sind allerdings Vorwärtsreferenzen, also Verweise auf spätere Kapitel, unvermeidlich. Aus diesem Grund erscheint es sinnvoll, zunächst alle Arbeiten kurz zu charakterisieren. Die Frage, ob die Arbeiten in derselben Reihenfolge ausgeführt werden können oder gar müssen, wie sie hier beschrieben sind, wird bei den Vorgehensmodellen (siehe Kap. 9) behandelt.

- *Analyse*
  Software-Entwicklung ist kein Selbstzweck. Software wird entwickelt, um ein Problem zu lösen. Ziel der Analyse ist, das bestehende Problem zu durchdringen und zu verstehen. Dabei wird auch geklärt, inwieweit Software eingesetzt werden kann, um das Problem zu lösen, und welche Aufgaben von der zu entwickelnden Software übernommen werden sollen.
- *Spezifikation der Anforderungen*
  Die in der Analyse festgestellten Anforderungen müssen geordnet, dokumentiert, geprüft, ergänzt und korrigiert werden. Da sich viele andere Arbeiten auf die Spezifikation stützen, ist dieser Schritt besonders wichtig.
- *Architekturentwurf, Spezifikation der Module*
  Software-Systeme werden nicht monolithisch gebaut, sondern bestehen aus Modulen oder Komponenten, die miteinander die Gesamtfunktionalität des Systems bieten. Die Gesamtstruktur wird durch die Software-Architektur beschrieben. Die Schnittstellen der Komponenten werden so präzise wie möglich festgelegt, damit die Komponenten parallel entwickelt und am Ende problemlos integriert werden können.
- *Codierung und Modultest*
  Die einzelnen Module werden in der gewählten Programmiersprache codiert. Sind sie fertiggestellt, dann können sie u. a. auf der Basis ihrer Spezifikation getestet werden. Die dabei entdeckten Fehler werden anschließend korrigiert. Die Module stehen dann für die Integration zum Gesamtsystem zur Verfügung.

- *Integration, Test, Abnahme*
  Das System wird aus den fertiggestellten Modulen zusammengebaut (integriert). Dann wird es getestet. Ein spezieller Test ist die Abnahme durch den Kunden.
- *Betrieb und Wartung*
  Das Software-System wird beim Auftraggeber installiert und in Betrieb genommen. Während der Nutzung des Systems fallen Fehler auf, und oft werden auch neue Anforderungen an das System gestellt. Fehler müssen korrigiert werden; neue Anforderungen werden in weiteren Entwicklungsprojekten (sog. Wartungsprojekten) umgesetzt.
- *Auslauf und Ersetzung*
  Jedes Software-System wird irgendwann aus dem Betrieb genommen und in der Regel durch ein Nachfolgesystem ersetzt. Für die Ablösung kann es viele verschiedene Gründe geben; oft ist das alte System nicht mehr wartbar oder kann nicht an neue oder veränderte Anforderungen angepasst werden. Wie alle anderen Schritte muss auch dieser präzise geplant sein.

Eine Reihe von Tätigkeiten findet – wenn auch mit unterschiedlicher Intensität – während der gesamten Entwicklungszeit statt. Dazu gehören die Leitungsfunktionen, also Planung und Management, ebenso die Qualitätssicherung, die dafür sorgt, dass die Qualität geprüft und durch verschiedene Maßnahmen verbessert wird. Die Dokumentation erscheint nicht in der Liste, weil sie Bestandteil aller Tätigkeiten ist.

2.5 Weitere Grundbegriffe

Der präzise Umgang mit den Begriffen ist im Software Engineering besonders wichtig. Denn da Software immateriell ist (Abschnitt 2.3.2), können wir nicht wie der Konstrukteur einer Maschine darauf ausweichen, den Gegenstand selbst zu zeigen oder zu betrachten. Hier ist der Begriff der Gegenstand.

In vielen Fällen arbeiten wir darum mit Metaphern, also mit Begriffen, die sich aus der Erfahrungswelt in die Software übertragen lassen. So ist der *Bug* (»Käfer«) eine Metapher für einen Defekt (nachdem Grace Hopper 1946 tatsächlich einen Defekt entdeckt hatte, an dem ein Falter schuld gewesen war); der (Fehler-)*Ausgang* eines Programmteils ist der Punkt, wo seine Ausführung beendet wird; ein *Werkzeug* (siehe Abschnitt 2.5.2) dient uns zur Bearbeitung des Werkstücks, nämlich der Software. In anderen Fällen war der Begriff schon vor Übernahme in die Informatik abstrakt, aber noch anschaulich, etwa beim Wort »Life Cycle«.

Gerade wenn wir durch die Verwendung vertrauter Begriffe Klarheit zu erreichen suchen, ist die Gefahr groß, dass wir unbemerkt auch Vorstellungen übernehmen, die unangemessen, irreführend oder gefährlich sind. Das zeigt sich z. B.

beim Begriff der Transparenz (der ohne erkennbaren Sinn wahlweise für Unsichtbarkeit oder volle Sichtbarkeit verwendet wird). Hier ist besondere Vorsicht angebracht!

2.5.1 Taxonomie

taxonomy — A scheme that partitions a body of knowledge and defines the relationships among the pieces. It is used for classifying and understanding the body of knowledge.

IEEE Std 610.12 (1990)

Taxonomien sind allgegenwärtig. Beispielsweise werden Lehrveranstaltungen klassifiziert in Vorlesungen, Übungen, Praktika usw.; Vorlesungen sind weiter klassifiziert in Grundvorlesungen und Spezialvorlesungen usw.

Weil im Software Engineering die Begriffe oft unklar sind, werden wir an vielen Stellen gezwungen sein, zunächst Ordnung in die Wörter zu bringen und ihre Beziehungen zu klären. Wo möglich werden dabei Normen wie der oben zitierte Begriffsstandard des IEEE zu Grunde gelegt. Wo diese Quellen unergiebig sind, ist es notwendig, neue Definitionen vorzuschlagen.

Sehr vorteilhaft ist eine baumartige Begriffszerlegung, d. h. die rekursive Zerlegung der durch einen Begriff bezeichneten Menge in disjunkte Klassen (Unterbegriffe).

2.5.2 Methoden, Sprachen, Werkzeuge

Auch das Werkzeug ist im Software Engineering ursprünglich nur eine Metapher, deren Sinn nicht immer erkennbar ist; vor allem die Abgrenzung zu den Sprachen und Methoden ist oft unklar. In diesem Buch wird der Begriff in folgender Bedeutung verwendet:

Ein **Werkzeug** dient zur Ausführung einer Arbeit, die – wenigstens prinzipiell – auch ohne das Werkzeug geleistet werden könnte. Im Produkt ist das Werkzeug nicht mehr enthalten, es sei denn als Ausrüstung für die Wartung.

Im Software Engineering dienen Werkzeuge zur automatischen oder vom Benutzer gesteuerten Transformation, evtl. auch Speicherung, von Information. Typische Werkzeuge sind Editoren, Übersetzer, CASE-Tools und Datenbanksysteme.

Werkstoffe sind von den Werkzeugen deutlich unterschieden, weil aus ihnen das Produkt geformt wird; die Werkstoffe bleiben im Produkt. Wir benutzen als Werkstoffe unserer Produkte Sprachen (siehe Abschnitt 2.3.2), sowohl »natürliche« als auch formale. Eine Sprache oder – hier grundsätzlich synonym – Notation legt die möglichen Aussagen fest (Syntax) und deren Bedeutungen (Semantik).

Methoden sind Handlungsanweisungen, also Regeln, die den Menschen bei der Wahl seiner Aktionen führen.

Methode, Sprache und Werkzeug bilden ein System, wenn sie durch gemeinsame Konzepte verbunden sind (Abb. 2–2). Beispielsweise verbindet das Konzept der Iteration die Methode, gleichartige Daten durch die Wiederholung bestimmter Operationen zu bearbeiten, mit den Sprachkonstrukten für die Konstruktion von Programmschleifen und den Werkzeugen, die uns die Rechner (Index-Register) und Compiler dafür bieten.

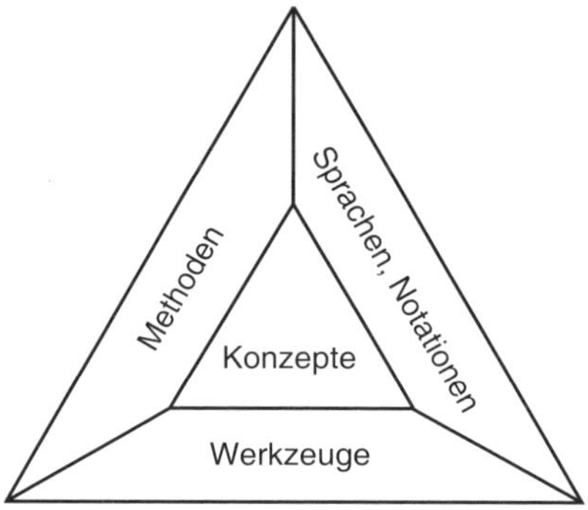

Abb. 2–2 *Das Systemdreieck*

2.5.3 Effektiv und effizient

Im Abschnitt 5.2 werden einige Qualitätsmerkmale definiert und in eine Taxonomie geordnet; dem soll hier nicht vorgegriffen werden. Einzig die Bedeutung der beiden Begriffe »effektiv« und »effizient« soll klargestellt werden, damit keine Missverständnisse entstehen:

- Eine Lösung, die die geforderte Funktionalität aufweist, also im üblichen Sinne korrekt ist, ist *effektiv*. Wir verwenden das Wort allgemeiner auch bei Werkzeugen und Verfahren; ein effektives Werkzeug erfüllt seinen Zweck, ein effektives Verfahren führt zum Ziel.
- Eine Lösung, die von den Betriebsmitteln sparsamen Gebrauch macht, also mit wenig Rechenzeit und wenig Speicher auskommt, ist *effizient*.

Darum ist Effektivität eine Eigenschaft, die gegeben ist oder nicht, man kann sie nicht steigern. Effizienz ist dagegen in unterschiedlichem Maße vorhanden: Ein Programm kann effizienter sein als ein anderes.

3 Software Engineering

Mit den in Kapitel 2 erläuterten Grundbegriffen können wir uns nun dem eigentlichen Gegenstand dieses Buches, dem Software Engineering, zuwenden. Wir gehen auf die geschichtliche Entwicklung ein und stellen die Ziele, die Chancen und auch die Schwierigkeiten des Software Engineerings dar. Am Ende des Kapitels stehen einige Hinweise auf Lehrbücher und andere Basisliteratur des Software Engineerings.

3.1 Fortschritte in Hardware und Software

Schon in den Sechzigerjahren bemerkte Gordon E. Moore, Chef der Firma Intel, dass die Kenngrößen der Hardware (Prozessorleistung, Integrationsdichte, Speicherkapazität pro Dollar) nicht nur zunehmen, sondern exponentiell wachsen. Etwa alle 18 Monate werden sie verdoppelt. Dieser Zusammenhang ist seitdem als *Moore's Law* bekannt.

Jedes Kind weiß, dass ein solches Wachstum nur eine begrenzte Zeit andauern kann; es ist zwar noch nicht völlig klar, wo die physikalischen Grenzen liegen, aber es ist sicher, dass es sie gibt. Vermutlich werden sie im zweiten Jahrzehnt des 21. Jahrhunderts erreicht.

Etwa zur selben Zeit, als Moore seine Entdeckung machte, entstand der Eindruck, dass die Hardware-Entwicklung der Software davonläuft. In den Fünfzigerjahren war der Computer erkennbar das schwächste Glied der Kette, und es wurde nicht an intellektuellem Aufwand gespart, um seine Unzulänglichkeiten zu kompensieren. Ein Beispiel waren Algorithmen, die auch dann am Ende zu einem korrekten Resultat führten, wenn der Rechner während der vielstündigen Berechnung ausfiel und repariert werden musste; bei aufwändigen Berechnungen gab es gar keine andere Wahl. Ein paar Jahre später waren diese Kinderkrankheiten überwunden, die Rechner wurden immer kleiner und billiger, dabei schneller und zuverlässiger.

Über die Software ließ sich das nicht sagen, sie wurde weder billiger noch zuverlässiger. Abbildung 3–1 zeigt die Fortschritte, die bei Hard- und Software von

1960 bis 1990 erzielt wurden. Die Grafik spiegelt die Tatsache, dass sich die Daten der Hardware nach Moore's Law entwickelten und entwickeln, während bei der Software-Entwicklung in etwa zwanzig Jahren eine Verdoppelung der Leistung beobachtet wurde (die sich etwa an Änderungen der Faktoren von COCOMO ablesen lassen, siehe Abschnitt 8.4.3). Dabei gab es – hier durch breite Balken anstelle von Linien angedeutet – beträchtliche »Phasenverschiebungen« zwischen verschiedenen Anwendungsbereichen.

Es ist bemerkenswert, dass sich die Kosten einer Zeile Code in Jahrzehnten kaum verändert haben. In höheren Sprachen leistet eine Zeile Code aber mehr als in primitiven Sprachen, die früher vorwiegend eingesetzt wurden.

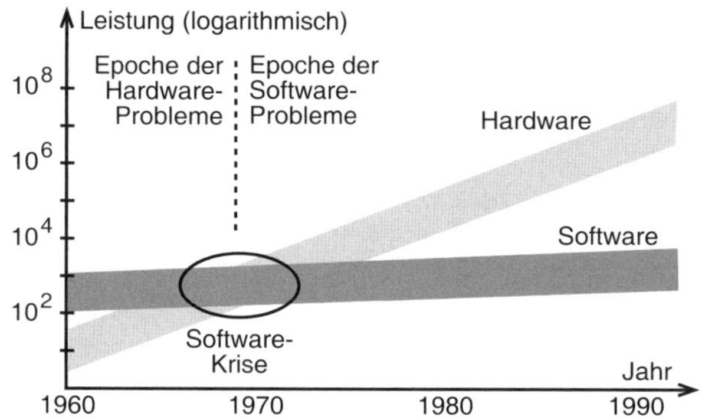

Abb. 3–1 *Entwicklung in der Hard- und Software*

3.1.1 Die Ausgaben für Hard- und Software

Wegen der unterschiedlichen Entwicklung in Hard- und Software wurde Ende der Sechzigerjahre vorausgesagt, dass zukünftig das meiste Geld nicht mehr für Hardware, sondern für Software ausgegeben werde (Abb. 3–2). Diese Aussage wurde in vielen Lehrbüchern übernommen.

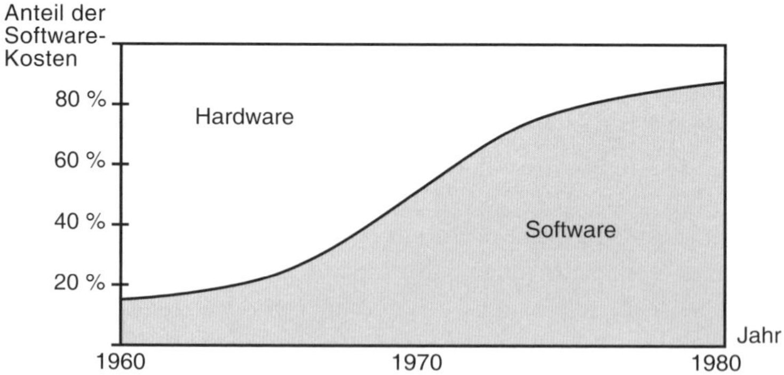

Abb. 3–2 *Falsche Prognose für die Kostenverteilung nach Boehm (1973)*

Obwohl die genannten Ursachen zweifellos bestehen, ist dieser Effekt nach Untersuchungen von Gurbaxani und Mendelson (1987) in Wahrheit nicht eingetreten, weil Software durch Hardware substituiert wird. Beispielsweise haben wir heute schlechte Betriebssysteme auf gigantischen Rechnern, statt guter, wesentlich teurer Betriebssysteme auf kleinen, billigen Rechnern. Zudem sind einige wenige Basiskomponenten der Software heute über die ganze Welt verbreitet, sodass die Kosten pro Exemplar sehr gering sind.

Das Verhältnis zwischen Hardware- und Software-Ausgaben bleibt nach dem zitierten Artikel etwa konstant bei 6:4. Dafür kann es viele Gründe geben. Unterstellt man, dass damit tatsächlich das Optimum des Nutzens erzielt wird, so kann man ein Modell suchen, das den Effekt erklärt.

Wenn die Hardware oder die Software völlig nutzlos ist, wird auch das ganze System nutzlos sein. Daraus folgt als einfachstes Modell, den Gesamtnutzen als Produkt aus Hardware-Nutzen und Software-Nutzen zu betrachten. Nehmen wir nun an, dass der Hardware-Nutzen N_{HW} proportional dem eingesetzten Geld G_{HW} ist, der Software-Nutzen N_{SW} entsprechend proportional G_{SW}, wobei die Faktoren unterschiedlich sein können:

$$N_{HW} = k_{HW} \cdot G_{HW}$$

$$N_{SW} = k_{SW} \cdot G_{SW}$$

$$N = N_{HW} \cdot N_{SW} = k_{HW} \cdot G_{HW} \cdot k_{SW} \cdot G_{SW}$$

Steht insgesamt das Geld G zur Verfügung, so gilt außerdem $G_{HW} + G_{SW} = G$. Wir können also schreiben

$$N = k_{HW} \cdot k_{SW} \cdot G_{HW} \cdot (G - G_{HW})$$

Offensichtlich erreicht N sein Maximum unabhängig von den Faktoren k_{HW} und k_{SW} für $G - 2G_{HW} = 0$; es ist also zweckmäßig, jeweils genau die Hälfte des Budgets für Hardware und für Software aufzuwenden.

Die beobachtete Abweichung kann mit den beiden folgenden Hypothesen erklärt werden:

- Manager kaufen lieber Hardware als Software, weil Hardware in vieler Hinsicht kaufmännisch einfacher zu handhaben ist: Die Bilanzierung ist klar, Wartungskosten und Abschreibung sind bekannt.
- Der Nutzen steigt nicht linear mit dem Aufwand, sondern bei der Hardware progressiv (überproportional) und/oder bei der Software degressiv (unterproportional). In diesem Falle verschiebt sich das Maximum in Richtung höherer Ausgabenanteile für die Hardware. Diese Erklärung ist nicht abwegig, weil sich auf der Software-Seite mit höherem Aufwand kaum höhere Leistung

erzielen lässt, während man bei der Hardware z. B. durch eine Speichererweiterung Wachstum zu linearem Preis kaufen kann.

3.1.2 Die Entstehung des Software Engineerings

In den späten Sechzigerjahren zeigte sich erstmals, dass sich manche Software-Projekte selbst mit gigantischem Aufwand nicht zu einem befriedigenden Ende bringen ließen. In vielen anderen Fällen wurde der Abschluss nur mit unbefriedigenden Resultaten, viel zu spät oder mit extremen Kostenüberschreitungen erreicht. Kurz: Es war nicht alles machbar, was die Entwickler für machbar *hielten*. Dabei nahm die Bedeutung der Rechner laufend zu, sodass der Wunsch nach Methoden und Werkzeugen zur schnellen und billigen Entwicklung fehlerarmer Software immer drängender wurde.

Für diese Probleme kam das Schlagwort »Software Crisis« auf. Die Software-Krise war Anlass für viele Diskussionen und Tagungen. Bei der Vorbereitung der NATO-Konferenz in Garmisch (Naur, Randell, 1969) prägte F.L. Bauer, der schon zehn Jahre zuvor u.a. durch die Erfindung des Kellerspeichers bedeutende Beiträge zur Informatik geleistet hatte, das Wort Software Engineering als Provokation (siehe dazu Bauer, 1993):

> *The whole trouble comes from the fact that there is so much tinkering with software. It is not made in a clean fabrication process, which it should be. What we need, is software engineering.*

Die Geschichte des Software Engineerings beginnt also nach diesem Ereignis, sie entwickelt in den Siebzigerjahren eine Eigendynamik. Wesentliche Beiträge in der Frühzeit des Software Engineerings waren

- der sogenannte Software Life Cycle (Royce, 1970; siehe Abschnitt 9.1.3) und
- die Sammlung empirischer Daten (beginnend mit Boehm, 1973).

Damit wurden vor allem die Kostentreiber und die Verteilung der Kosten besser verstanden.

3.1.3 Definitionen für »Software Engineering«

»Software Engineering« wurde oft definiert. Drei wichtige Definitionen (hier dem Sinn nach wiedergegeben) sind:

Software Engineering ist die Entdeckung und Anwendung solider Ingenieurprinzipien mit dem Ziel, auf wirtschaftliche Art Software zu bekommen, die zuverlässig ist und auf realen Rechnern läuft.

F.L. Bauer

Software Engineering ist die Herstellung und Anwendung einer Software, wobei mehrere Personen beteiligt sind oder mehrere Versionen entstehen.

D.L. Parnas

software engineering — (1) The application of a systematic, disciplined, quantifiable approach to the development, operation, and maintenance of software; that is, the application of engineering to software.
(2) The study of approaches as in (1).

IEEE Std 610.12 (1990)

Auf Deutsch sagt der Standard also: Software Engineering ist das systematische, disziplinierte und quantifizierbare Vorgehen zur Entwicklung, zum Betrieb und zur Wartung von Software, kurz: die Arbeit an Software nach Ingenieurprinzipien.

Diese Definition ist nicht gut gelungen. Sie gibt uns die Auswahl zwischen zwei Kriterien: Entweder werden an das Software Engineering Erwartungen geknüpft, die unrealistisch sind und in der Praxis kaum erfüllt werden. Was hier definiert wird, ist eher »optimales Software Engineering«. Oder das Ingenieurwesen wird als Fundament verwendet, das leider selbst nicht definiert ist. Vor allem Leute, die keine Ingenieure sind, scheinen eine idealisierte Vorstellung von der Arbeit der Ingenieure zu haben. Tatsächlich verlassen sich diese viel mehr auf Erfahrung und Intuition, als es ihren Bewunderern recht sein kann.

Wir verwenden folgende sehr pragmatische, »anspruchslose« Definition, die keine Wertung impliziert (Ludewig, 2001):

Software Engineering ist jede Aktivität, bei der es um die Erstellung oder Veränderung von Software geht, soweit mit der Software Ziele verfolgt werden, die über die Software selbst hinausgehen.

Das heißt: Überall, wo Software entwickelt oder bearbeitet wird, um ihre Funktionalität nutzbar zu machen, sehen wir Software Engineering oder, in einer unbefriedigenden Halbübersetzung, *Softwaretechnik*. Ausgenommen sind vor allem Programme, die nur zum Spaß oder zur Übung (in der Ausbildung) geschrieben werden.

3.2 Grundideen des Software Engineerings

Die ungewöhnliche Entstehungsgeschichte dieses Gebietes hatte zur Folge, dass über die »richtige« Auslegung des Begriffs bis heute gestritten wird. Die oben zitierten Definitionen deuten schon darauf hin. Aber in einigen fundamentalen Punkten besteht doch Einigkeit. Diese Punkte werden nachfolgend aufgezählt.

3.2.1 Software Engineering versus Kunst der Programmierung

Mit der Einführung des Engineering-Begriffs in die Software-Welt war nicht nur die positive Aussage in Richtung der Ingenieure verbunden, sondern auch die Abwendung vom Künstlertum. Sie erscheint aus der Perspektive des 21. Jahrhunderts unnötig. Daher ist daran zu erinnern, dass es eine Zeit gab (in den Sechzigerjahren), in der IBM gern Menschen mit künstlerischer Ausbildung einstellte, da die Software-Entwicklung als ein Metier galt, in dem die (den Künstlern unterstellte) Kreativität besonders wichtig ist. Tabelle 3–1 stellt die Merkmale der Werkstatt den Merkmalen des Künstler-Ateliers gegenüber.

	Werkstatt (technisches Produkt)	Atelier (Kunstwerk)
Die geistige Voraussetzung	ist das vorhandene und verfügbare technische Know-how	ist u. a. die Inspiration des Künstlers
Die Termine	sind in der Regel mit genügender Genauigkeit planbar	sind wegen der Abhängigkeit von der Inspiration nicht planbar
Der Preis	ist an den Kosten orientiert und darum kalkulierbar	ist nur durch den Marktwert, nicht durch die Kosten bestimmt
Normen und Standards	existieren, sind bekannt und werden in aller Regel respektiert	sind rar und werden, wenn sie bekannt sind, nicht respektiert
Eine Bewertung, ein Vergleich	kann nach objektiven, quantifizierten Kriterien durchgeführt werden	ist nur subjektiv möglich, das Ergebnis ist umstritten
Der Urheber	bleibt meist anonym, hat keine emotionale Bindung zum Produkt	betrachtet das Kunstwerk als Teil seiner selbst
Gewährleistung und Haftung	sind klar geregelt, können nicht ausgeschlossen werden	sind undefiniert und praktisch kaum durchsetzbar

Tab. 3–1 *Werkstatt und Atelier*

In der Praxis hat sich das Leitbild des Ingenieurs in der Software-Welt auch zu Beginn des 21. Jahrhunderts noch nicht durchgesetzt, und man muss nicht lange suchen, um einen Blick in die Software-Steinzeit zu werfen:

- Termine und Kosten werden ohne rationale Grundlage geschätzt und im Verlauf des Projekts vielfach weit überschritten.
- Regeln sind nicht existent oder nicht bekannt oder werden ignoriert, das Gleiche gilt verstärkt für Normen.
- Programmtests liefern nur eine sehr schwache Aussage über die Funktionalität der Programme, andere Eigenschaften (z. B. die Portabilität oder die Robustheit) können nur subjektiv bewertet werden. Für den Vergleich von Software-Produkten fehlen anerkannte Kriterien.
- Der Programmierer baut seine Persönlichkeit in die Software ein, sodass sie für andere Menschen unverständlich ist. Kritik an seinem Werk kann er kaum ertragen.
- Trotzdem übernehmen weder die Entwickler noch ihre Firma die Verantwortung für die Qualität des Produkts.

Der Anspruch des Software Engineerings ist also noch nicht eingelöst. Doch die oben genannten Merkmale technischer Produkte spiegeln sich bereits in den Aktivitäten dieses Gebietes: Es gibt seit Mitte der Siebzigerjahre eine wachsende Zahl veröffentlichter Arbeiten über Software-Management, -Kostenschätzung, -Spezifikation, -Entwurf, -Metriken, -Validierung und formale Verifikation. Seit Beginn der Achtzigerjahre sind empirische Daten (Einsatzerfahrungen und vergleichende Statistiken) hinzugekommen. Auch der Begriff des »egoless programming« (Weinberg, 1971 und 1999) passt zu diesem Ansatz: Er bezeichnet einen Programmierstil, bei dem das Produkt nicht mehr die Handschrift seines Verfassers trägt, sondern vorgegebenen Normen entspricht und damit auch anderen Programmierern leicht verständlich ist. Zu Beginn des 21. Jahrhunderts haben sich auch die gesetzlichen Regelungen verändert, sodass der Haftungsausschluss immer schwieriger wird. Alle professionellen Software-Entwickler sollten diese Tendenzen begrüßen, denn sie werden dazu führen, dass die Software besser wird – und dass ihre unqualifizierten Konkurrenten mehr und mehr Probleme haben werden, mit minderwertiger Software Geld zu verdienen.

Wenn wir im Software Engineering nach dem Vorbild anderer Ingenieurdisziplinen arbeiten wollen, dann müssen auch wir uns an den Kosten orientieren. Unser Ziel ist die globale Optimierung der Bearbeitungsprozesse, d. h., ein Fortschritt im Sinne des Software Engineerings ist eine Veränderung, die zu einer *Senkung der Gesamtkosten* (siehe Abschnitt 2.1) führt.

3.2.2 Quantität als Qualität

Software Engineering ist nicht zu verstehen, wenn man sich auf kleine Einheiten konzentriert, z. B. auf einzelne Algorithmen. Denn bei größerem Umfang schlägt Quantität in Qualität um, d. h., das Große ist nicht das Vielfache von etwas Kleinem, sondern etwas ganz anderes.

Das wird im Vergleich mit einem anderen System deutlich: Ein Rinnsal kann man mit einem simplen Brett überbrücken. Um einen Bach zu queren, braucht man einen Steg, der mit Pfosten verankert ist. Ein Fluss von einigen Metern Breite erfordert eine Brücke, und für eine Meerenge wie das Golden Gate bei San Francisco brauchte man eine Hängebrücke in einer völlig neuen Konstruktion. Die beiden Extreme, das Brett und die Golden Gate Bridge, unterscheiden sich nicht nur in den Dimensionen (Maße, Gewichte, Kosten), sondern sie haben so gut wie nichts gemeinsam, was die Voraussetzungen und die notwendigen Arbeiten betrifft. Der Aufwand für die Planung, für die statische Berechnung und für die Baugenehmigung ist beim Brett nicht gering, sondern exakt null. Arbeiter werden nicht eingestellt, Zufahrtstraßen werden nicht gebaut, neue Verfahren, um Pfeiler im Meeresboden zu verankern, brauchen nicht entwickelt zu werden. Umgekehrt bedeutet das: Wer den Brückenbau erlernen will, darf sich nicht an Bauwerken orientieren, die höchstens einen halben Meter überspannen. Denn die Lösungen für kleine Probleme lassen sich nicht für große Probleme *skalieren*.

Die gleiche Betrachtung lässt sich anstellen, wenn man n Personen organisieren muss oder wenn man ein Programm mit n Zeilen schreiben oder verstehen will (mit n von 3 bis 3 000 000). In allen diesen Beispielen ist das Große nicht einfach durch Extrapolation vom Kleinen her zu verstehen bzw. zu realisieren; beim Großen kommt vor allem Aufwand für die Organisation hinzu, kurz: *Größe verursacht Aufwand.*

Die Probleme, die durch die Größe entstehen, werden durch einen statistischen Effekt verschärft: Während es bei einfachen Systemen aus wenigen Komponenten einfach ist, ihre Korrektheit zu überprüfen und, wenn nötig, herzustellen, sodass mit hoher Wahrscheinlichkeit ein funktionierendes Gesamtsystem entsteht, wird das bei Systemen aus vielen Komponenten *sehr* viel schwieriger. Das zeigt sich, wenn man die Möglichkeit analysiert, ein korrektes Programm zu schreiben. Dazu soll das folgende sehr einfache, aber nicht abwegige Modell (nach Dijkstra, 1974) dienen:

Ein Software-System sei aus n Modulen zusammengesetzt. Jedes einzelne Modul sei korrekt mit der Wahrscheinlichkeit p; n Module sind dann korrekt mit der Wahrscheinlichkeit p^n. Dabei ist vereinfachend vorausgesetzt, dass es keine Abhängigkeiten zwischen den Wahrscheinlichkeiten für die Korrektheit der einzelnen Module gibt. Für n = 100 können wir beispielsweise die folgenden Werte berechnen.

Wenn p	=	0,9	0,95	0,99	0,999
dann ist p^{100}	=	0,000 027	0,006	0,37	0,90

Bei einem kleinen Programm (nur ein Modul) kommen wir also auch mit p = 0,9 gut aus, nur in einem Zehntel der Fälle funktioniert es nicht. Um die gleiche Funktionssicherheit bei einem System aus hundert Modulen zu erreichen, muss jedes einzelne Modul zu 99,9 % korrekt sein! Wir müssen also extrem fehlerarm arbeiten.

Hinzu kommt, dass unsere Fähigkeit, etwas Komplexes zu verstehen, keineswegs langsam abnimmt, wenn die Komplexität steigt. Vielmehr kommen wir mit kleinen Schwierigkeiten gut zurecht, sind aber schon bei etwas höherer Komplexität völlig überfordert und bringen nichts Korrektes mehr zustande. Dabei wirkt es sich besonders tückisch aus, dass wir wesentlich leistungsfähiger zu sein scheinen, wenn wir konstruktiv arbeiten, als wenn wir analytisch an ein Problem herangehen. Wir erzeugen also ohne große Mühe Software, die wir anschließend nicht mehr verstehen können (Abb. 3–3).

Sehr kurz gesagt: Der Mensch kann nur Probleme von geringer Komplexität handhaben und macht auch dabei noch Fehler. Die banale, aber verlässliche Regel KISS (keep it small and simple) oder in verstärkter Form KISSS (keep it small, stupid and simple) weist uns den richtigen Weg.

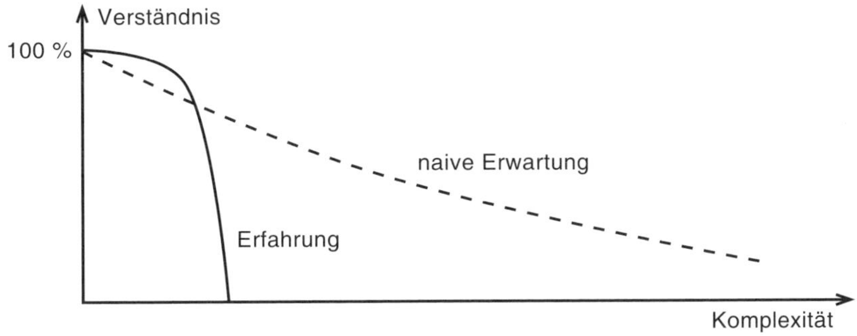

Abb. 3–3 *Das Verständnis in Abhängigkeit von der Komplexität*

3.3 Probleme und Chancen des Software Engineerings

Wer sich aufmacht, die Welt der Software-Bearbeitung zu verbessern, sollte die Schwierigkeiten kennen, auf die er sehr wahrscheinlich stoßen wird.

3.3.1 Software Engineering als globale Optimierung

Wir wollen, wie in Abschnitt 2.1 festgestellt wurde, die Gesamtkosten senken. Ein naheliegender Ansatz wäre, die einzelnen Aktivitäten des Software Engineerings zu untersuchen und auf Möglichkeiten zur Einsparung abzuklopfen. Dieser naive Ansatz führt aber nicht zum Ziel, denn die Aktivitäten sind wie die einzelnen Budgets im Staatshaushalt miteinander verknüpft. Wenn man sparen will, kann man die Ausgaben für Bildung und Familien senken, sabotiert damit aber die zukünftige Entwicklung. Wenn man in der Software-Bearbeitung sparen will, kann man die Spezifikation und den Architekturentwurf weglassen, wird dafür aber später, schon beim Test und bei der Integration, mehr noch in der Wartung, hart bestraft.

Es ist also notwendig, das *globale Optimum* zu suchen, nicht das lokale Optimum der einzelnen Tätigkeiten. Dafür gibt es keine simple Formel. Wir müssen ein differenziertes Bild der Kosten und ihrer Beziehungen entwickeln, um uns dem Optimum zu nähern (siehe Kap. 4). Und wir müssen dort, wo uns auch das differenzierte Bild der Kosten nicht weiterhilft, weil es zu viele Details bietet, nach dem Vorbild der Ingenieure das Prinzip der hohen Qualität anwenden (siehe Kap. 5).

3.3.2 Software Engineering als defensive Disziplin

Software Engineering spielt in der Informatik eine ähnliche Rolle wie die Hygiene in der Medizin: Sie nützt nichts, sondern verhindert vielmehr Schäden und sollte generell beachtet werden. Ist dieses Ideal erreicht, so ist sie als eigenständiges

Fach überflüssig. Software Engineering zielt also darauf ab, selbstverständlich und damit überflüssig zu werden. Darum kann das Fach Software Engineering keine atemberaubenden Visionen bieten; wenn man einem Patienten sagt, dass man hart daran arbeite, ihn während seines Aufenthaltes im Krankenhaus vor einer Infektion zu schützen, wird er wahrscheinlich sagen oder denken, dass er eigentlich gekommen sei, um gesund zu werden, nicht, um noch eine neue Krankheit aufzulesen. Software Engineering ist – wie die Hygiene – langweilig und frustrierend für Leute, die die Abwehr von Fehlschlägen und Katastrophen nicht als positive Leistung betrachten.

3.3.3 Software Engineering als ein Gestrüpp von Problemen

Eine besondere Schwierigkeit sowohl in der praktischen Arbeit als auch in der Lehre ist die wechselseitige Verknüpfung zwischen den Maßnahmen, die zum Software Engineering gerechnet werden. Beispielsweise ist eine Qualitätssicherung kaum möglich ohne eine Konfigurationsverwaltung, also eine zuverlässige Verwaltung der Teilprodukte. Die Konfigurationsverwaltung setzt natürlich die Definition und Stabilität der Teilprodukte voraus, was nur durch Qualitätssicherung möglich ist. Abbildung 3–4 zeigt diesen Zusammenhang in Form der Gewölbe-Metapher; die Steine stützen sich gegenseitig. Wenn auch nur ein einziger Stein fehlt, trägt das Gewölbe nicht. Unbedingte Voraussetzungen sind als Fundamente dargestellt: Ohne qualifizierte Software-Leute und ohne die aktive Unterstützung durch das Management sind Verbesserungen im Software Engineering chancenlos.

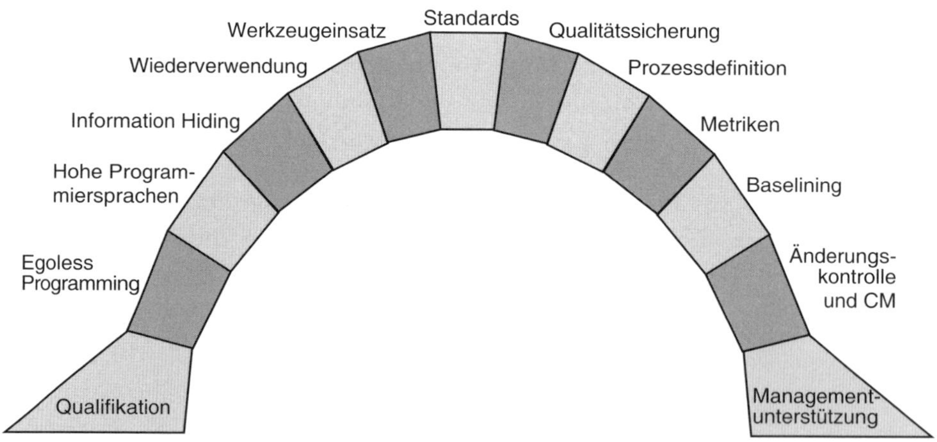

Abb. 3–4 *Das Software-Engineering-Gewölbe*

3.3.4 Software Engineering als Technologie für die Köpfe

Wissenschaftliche Erkenntnis und neue Technologie lassen sich gut in die Anwendung transferieren, wenn sie sich in Produkten niederschlagen, z. B. in neuen Autos, neuen Telefonen, neuen Werkstoffen. Die Zahl der Leute, die die Erkenntnis, die Technologie, verstehen müssen (z. B. die Technik eines Funktelefons), ist sehr gering, die Anwender der Produkte brauchen kein Verständnis. Das gilt auch in der Software: Einen Compiler oder ein Betriebssystem kann man benutzen, ohne die Technik zu verstehen.

Leider lassen sich die Fortschritte im Software Engineering nur zu einem kleinen Teil in Werkzeuge gießen. Ganz überwiegend entstehen im Software Engineering Einsichten und Regeln, die von den Software-Entwicklern umgesetzt werden müssen. Das sind sehr viele Menschen, die zudem zu einem großen Teil völlig unzureichend ausgebildet sind. Software Engineering zielt darauf ab, das Verhalten dieser Leute zu verändern. Damit ist eine rasche Veränderung der Praxis völlig ausgeschlossen.

Natürlich lässt sich gutes Software Engineering nicht durch Vorschriften durchsetzen; wer nicht systematisch und diszipliniert vorgehen will, wird es auch dann nicht tun, wenn es eine Richtlinie oder das Projekthandbuch von ihm fordern. Wir brauchen darum eine handwerkliche Tradition, wie sie bei den Mechanikern, Technikern und Ingenieuren über Jahrhunderte gewachsen ist. Nur, wenn den Entwicklern gute Arbeit, Beachtung der Normen, penible Prüfung usw. *selbstverständlich* sind, können wir erwarten, solide Produkte zu erhalten.

3.3.5 Software Engineering als Goldader

Den Schwierigkeiten stehen allerdings auch ungewöhnliche Chancen gegenüber: Auf kaum einem anderen Gebiet ist der Bedarf an Know-how, und damit auch an qualifizierten Leuten, so hoch wie im Software Engineering, auf kaum einem anderen Gebiet lassen sich ähnliche Erfolge erzielen (oder genauer: ähnliche Desaster verhindern) – einfach, weil der Abstand zwischen der Praxis und dem Stand der Wissenschaft so groß ist. In vielen Universitäten der Welt, nicht zuletzt auch in Stuttgart, wurden spezielle Studiengänge eingerichtet. Sie repräsentieren die Bedeutung des Fachs und das gestiegene Selbstbewusstsein der Software-Ingenieure. Dass die Absolventen dieses Studiengangs auf dem Arbeitsmarkt besonders gesucht sind, bestätigt das Konzept einer speziellen Ausbildung der Software-Ingenieure (siehe Kap. 25).

> *Even though no technological breakthrough promises to give the sort of magical results with which we are so familiar in the hardware area, there is both an abundance of good work going on now, and the promise of steady, if unspectacular progress.*
>
> F.P. Brooks (1987)

3.4 Lehrbücher und andere Basisliteratur

Bereits 1979 war unter dem holprigen Titel »Einführung in Software Engineering« ein deutschsprachiges Lehrbuch verfügbar (Kimm et al., 1979). Blättert man knapp dreißig Jahre später darin, dann stellt man fest, dass sich damals das »Programming in the Large« (DeRemer, Kron, 1976) noch nicht gegen das geläufigere Programmieren im Kleinen behaupten konnte. Es ging aber bereits um dieselben Fragen und Probleme, um die es auch heute geht, und die Lösungsansätze waren nicht fundamental anders.

Zur Mitte der Achtzigerjahre erschienen zwei englischsprachige Lehrbücher (Fairley, 1985, und die erste Auflage des »Sommerville«), die das Gebiet nachhaltig geprägt haben. Inzwischen sind einige weitere Lehrbücher hinzugekommen, zum Teil bereits mehrmals revidiert und erweitert (was nicht notwendig eine Verbesserung bedeutet). Die Rangliste der Auflagen beginnt mit:

Sommerville (2010)	9. Aufl.	(1. Aufl. 1982)
Pressman (2010)	7. Aufl.	(1. Aufl. 1992)
Jalote (2005)	3. Aufl.	(1. Aufl. 1991)
van Vliet (2008)	3. Aufl.	(1. Aufl. 1993)
Ghezzi, Jazayeri, Mandrioli (2003)	2. Aufl.	(1. Aufl. 1991)

Im schmalen Angebot auf Deutsch ist vor allem das mittlerweile dreibändig Werk »Lehrbuch der Softwaretechnik« von Helmut Balzert zu nennen. Es besteht aus den Bänden »Basiskonzepte und Requirements Engineering«, »Entwurf, Implementierung, Installation und Betrieb« und »Softwaremanagement«.

Balzert (2009), Band 1	3. Aufl.	(1. Aufl. 1996)
Balzert (2011), Band 2	3. Aufl.	(1. Aufl. 1996)
Balzert (2008), Band 3	2. Aufl.	(1. Aufl. 1998)

Da das Software Engineering traditionell und aus guten Gründen eng mit dem Gebiet der Programmiersprachen verbunden ist, gehört im weiteren Sinne auch der Klassiker von Sebesta (2012), bereits die zehnte Auflage, in diese Liste.

Die IEEE Computer Society, die mit den »Transactions on Software Engineering« und »Software« zwei der wichtigsten Zeitschriften auf unserem Gebiet herausgibt, hat in der Vergangenheit immer wieder dafür gesorgt, dass wichtige Artikel zu einem Thema, die in verschiedenen Tagungsbänden und Zeitschriften erschienen sind, in großformatigen Paperbacks zusammengefasst wurden. Stellvertretend für die große Auswahl an solchen Sammlungen seien hier die beiden aktuellsten zum Software Engineering genannt: Thayer und Christensen (2005), Thayer und Dorfman (2005) sowie die Sammlung »klassischer« Arbeiten (Thayer, Dorfman, 1996).

Glücklich, wer um die Jahresmitte 2001 Gelegenheit hatte, die großen Persönlichkeiten des Software Engineerings fast vollzählig im alten Bundestag in

Bonn zu sehen und zu hören. Alle anderen können wenigstens die Beiträge in der Dokumentation von Broy und Denert (2002) nachlesen und mittels der vier beiliegenden DVD-Scheiben noch an den Vorträgen teilnehmen.

David L. Parnas, einer der bedeutendsten Vor- und Nachdenker des Software Engineerings, ist nicht durch Bücher, sondern durch viele brillante Artikel berühmt. Schön, dass diese Artikel in Form eines Parnas-Lesebuches vorliegen (Parnas, Hoffman, Weiss, 2001). Richard Selby (2007) hat ein ähnliches Buch mit den wichtigsten Artikeln von Barry W. Boehm, einem anderen Großen des Software Engineerings, zusammengestellt.

Das kleinste, aber sicher nicht das schlechteste Lehrbuch des Software Engineerings hat Alan Davis (1995) verfasst. Seine 201 Regeln sind jeweils in wenigen Worten begründet und erläutert. Sein leider nur noch antiquarisch erhältliches Buch schürft nicht tief, aber an den richtigen Stellen.

Im weiteren Sinne gehört in diesen Überblick auch die Normensammlung des IEEE (siehe Abschnitt 26.3.2).

Wenn man irgendetwas sucht und in der einschlägigen Literatur nicht findet, dann ist sehr oft die »freie Enzyklopädie WIKIPEDIA« (Wikipedia, o.J.) die letzte Rettung. Auch wenn die Artikel von sehr unterschiedlicher Qualität und manchmal offensichtlich nicht neutral sind, ist diese Quelle doch oft außerordentlich hilfreich.

4 Software-Nutzen und -Kosten

In Kapitel 2 wurden die Kosten als zentrales Thema eingeführt. Nachfolgend werden diese Überlegungen konkret auf das Software Engineering angewandt. Dabei geht es um grundsätzliche Überlegungen zu Nutzen und Kosten; konkrete Methoden der Kostenschätzung werden in Abschnitt 8.4 behandelt.

Die Ziele derer, die ein Software-Projekt in Auftrag geben oder die es durchführen, sind zu einem beträchtlichen Teil irrational, denn die persönlichen Interessen (die meist unbewusst bleiben) sind nur selten die Interessen der Organisation. Dieser Punkt wird hier nicht vertieft, er wäre ein ergiebiges Thema für ein Buch über Software-Psychologie.

4.1 Die Kosten eines Software-Projekts

4.1.1 Entwickeln oder Wiederverwenden (make or buy)

In vielen Situationen ist es völlig klar, ob eine benötigte Software gekauft oder neu entwickelt werden muss. »Kaufen« bedeutet in diesem Zusammenhang eigentlich »Wiederverwenden«; es spielt dabei grundsätzlich keine Rolle, ob dafür etwas bezahlt wird. Wenn es um Betriebssysteme, Compiler, Frameworks und andere hochkomplexe Standard-Software geht, wird niemand an eine Eigenentwicklung denken, auch wenn es dann und wann solche gegeben hat (z. B. Linux). Umgekehrt ist bei sehr speziellen Anwendungen klar, dass sie auf dem Markt nicht zu finden sind. Wer eine neuartige Benzineinspritzung produzieren will, muss auch die Software dafür entwickeln oder entwickeln lassen.

Zwischen diesen Extremen gibt es aber eine breite Grauzone, in der zwei Modelle miteinander konkurrieren, *make or buy*, Neuentwicklung versus Wiederverwendung. Die Neuentwicklung kann dabei im eigenen Hause stattfinden oder in Auftrag gegeben werden; Wiederverwendung kann sowohl durch den Einsatz eines Software-Produkts vom Markt als auch durch die Anpassung einer vorhandenen Software stattfinden. (Auch die Software vom Markt muss eventuell angepasst werden.)

So wie der Maßschneider in der Regel nicht dazu rät, den alten Anzug zu verändern, sondern lieber einen neuen schneidert, plädieren die Entwickler meist für die Neuentwicklung. Ihr wichtigstes Argument ist die größere Flexibilität, die präzise Erfüllung der Anforderungen. Für den Kauf oder die Wiederverwendung spricht, dass man rasch eine ausgereifte Software bekommt. Damit gewinnt man Zeit und Planungssicherheit.

Entschieden wird am Ende meist auf der Grundlage der zu erwartenden Kosten. Allerdings vergleicht man dabei die bekannten Kosten für den Kauf oder die nicht genau bekannten Kosten der Anpassung mit den nur sehr ungenau zu schätzenden Kosten der Neuentwicklung. Gerade wenn die perfekte Lösung angestrebt wird, sind erhebliche Kostenüberschreitungen eher die Regel als die Ausnahme.

So kommt es oft wie in Abbildung 4–1 gezeigt: Man entscheidet sich für die Neuentwicklung, weil sie, so die Annahme, zu einem geringeren Preis eine bessere Software schafft. Wenn die Entwicklung fortschreitet, steigen die Kosten weit über die erste Schätzung. Die käufliche Software wird zur selben Zeit möglicherweise billiger, oder ihr Funktionsumfang wächst. Am Ende hat man ein teures System gebaut, das man nun auch lange Zeit warten muss; bei der käuflichen, schnell verfügbaren Software wäre eine regelmäßige Wartung für sehr viel weniger Geld zu haben.

Allerdings muss gewährleistet sein, dass der Software-Hersteller noch lange Zeit Reparaturen, Anpassungen und Portierungen vornimmt; seine Stabilität ist also sehr wichtig. Um sich bei einer Pleite des Lieferanten wenigstens den Zugriff auf den Quellcode zu sichern, kann man eine Hinterlegungsvereinbarung treffen (*Escrow Agreement*). Dann wird die jeweils aktuelle Fassung der Software in regelmäßigen Abständen bei einem Treuhänder hinterlegt. Unter festgelegten Bedingungen bekommt sie der Kunde ausgehändigt. Damit ist aber noch nicht sichergestellt, dass er mit der Software auch etwas anfangen kann.

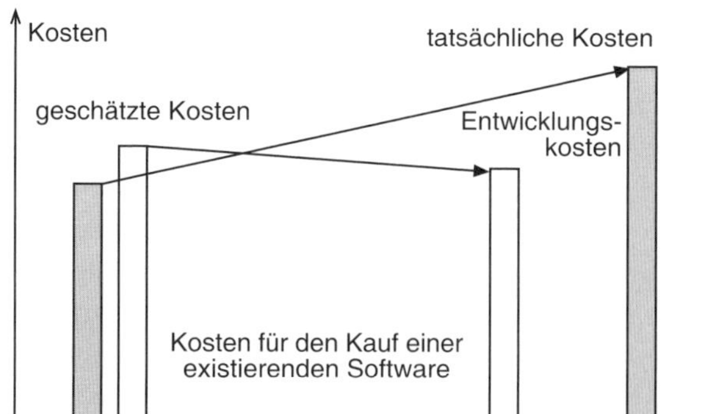

Abb. 4–1 *Entscheidung zur Neuentwicklung nach optimistischer Aufwandsschätzung*

Bei einer Wiederverwendung entstehen die Kosten durch die meist größeren Anpassungen (siehe Abschnitt 24.3.1), und die Wartungsproblematik ist komplizierter als bei einer Standard-Software. Damit liegt die Wiederverwendung mit ihren Vor- und Nachteilen zwischen Kauf und Neuentwicklung.

Das bedeutet: Sofern es sich um Software handelt, die das zentrale Knowhow der Firma enthält, gibt es zur Eigenentwicklung keine Alternative. Liegt die Leistung der Software aber nicht im Kern des Geschäfts, das das Unternehmen betreibt, so ist ein Kauf oder eine Wiederverwendung fast immer vorteilhaft. Die ganz neue, ideale Software ist meist ein teurer Traum, dessen hohe Kosten wesentlich zuverlässiger sind als seine Verheißungen.

4.1.2 Die Gründe für Nutzen und Kosten, Kostenarten

Wir hatten bereits in Abschnitt 2.1 ausführlich diskutiert, dass es beim Software Engineering, und damit auch bei der Durchführung von Software-Projekten, um

- die Minimierung der Kosten und
- die Maximierung des Nutzens

geht. Dieses Thema wird hier erneut angesprochen, diesmal mit deutlich engerem Verständnis von Nutzen und Kosten.

Der Nutzen einer Software ist durch den mittels der Software erzielbaren Vorteil bestimmt, beeinflusst durch

- den Grad der Übereinstimmung zwischen Produkt und tatsächlichen Anforderungen,
- zusätzliche Leistungen, Komfort und Flexibilität.

Hier ist von den *tatsächlichen* Anforderungen die Rede; wir müssen grundsätzlich davon ausgehen, dass es keine Möglichkeit gibt, diese Anforderungen exakt und vollständig zu erheben, vor allem weil sie auch den Benutzern nicht bewusst sind. Außerdem ändern sich die Anforderungen während der Entwicklung. Diese Probleme werden in Kapitel 16 ausführlich diskutiert.

Zusätzliche Leistungen, Komfort und Flexibilität bedienen Wünsche, die erst mit dem Einsatz oder während des Einsatzes entstehen. Das spielt vor allem bei Produkten für den Markt eine Rolle. Wer eine Software zur Verwaltung von Musikstücken kauft, wird sich vielleicht für ein Produkt entscheiden, bei dem ein Musiklexikon integriert ist, obwohl das Vorhandensein dieser Komponente keine Anforderung des Käufers war.

Die Kosten sind vor allem Herstellungs- und Betriebskosten. (Natürlich ist es hier willkürlich, den Komfort beim Nutzen aufzuführen; er könnte ebenso komplementär bei den Kosten erscheinen, dann als Mangel an Komfort.) Die folgende allgemeine Gegenüberstellung (Tab. 4–1) ist dem Buch von Jones (1990, S. 87/8) entnommen.

Costs	Benefits
Labor during development	Use of existing labor
Labor during operation	Reduced operational labor
New equipment? (purchase, maintenance, depreciation)	Replacement of equipment maintenance? (sale, maintenance, depreciation)
New software purchases	Other use of new software
Conversion from old system to new	Improvement of system
Increased data gathering	Increased control
Employee discontent	Employee satisfaction
Training for employees	Increased productivity
Lost opportunities	Better market stance, basis for further growth

Tab. 4–1 *Kosten und Nutzen nach Jones*

Im konkreten Fall muss man versuchen, Kosten und Nutzen abzuschätzen und damit zu bestimmen, wie lange es dauert, bis sich die Investition auszahlt. Abbildung 4–2 zeigt schematisch, wie der *Break-even-Point* bestimmt werden kann.

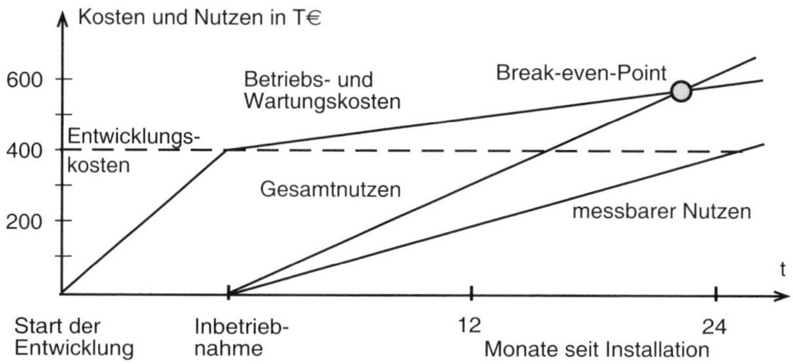

Abb. 4–2 *Bestimmung des Break-even-Points (nach Jones, 1990)*

Allerdings enthält diese Abschätzung unvermeidlich eine Reihe von Annahmen, die kaum gesichert werden können, sowohl im Bereich des Nutzens (vor allem beim nicht messbaren Nutzen, der hier die Differenz zwischen messbarem Nutzen und Gesamtnutzen begründet) als auch bei den Kosten (Entwicklungskosten, Zinsentwicklung usw.). Die Abschätzung ist also spekulativ. Man muss auch beachten, dass die leere Alternative oft nicht gegeben ist, d. h., es ist z. B. nicht möglich, einfach abzuwarten, wenn die Hardware nicht mehr wartbar ist oder eine Änderung nicht mehr aufgeschoben werden kann. Schließlich lässt sich nicht ausschließen, dass nach der Entscheidung über eine Neuentwicklung Änderungen eintreten, die der Kalkulation die Grundlage entziehen.

Bei der Software-Bearbeitung entstehen die größten Kosten durch die Gehälter. Weitere erhebliche Kosten verursachen Räume, Rechner und Netzwerke sowie Software, die Teil der Infrastruktur oder auch Teil des Produkts ist. Tabelle 4–2 zeigt links die permanent anfallenden Kosten, rechts solche Kosten, die durch das Projekt verursacht sind.

Laufende Kosten	Projektbezogene Kosten
Gehälter	Kosten des Zeitpersonals
Management, Werbung	Vertragskosten
Räume	Spesen
Rechner, Netzwerke und Software als Teile der Infrastruktur	Hardware und Software als Teile des Produkts bzw. der Anlage

Tab. 4–2 *Laufende und projektbezogene Kosten*

4.2 Der Aufwand in den einzelnen Phasen des Software-Projekts und in der Wartung

Die Aufwandsverteilung hängt natürlich sehr stark vom gewählten Entwicklungsmodell ab. Wenn nach dem Prinzip »Code and Fix« (Abschnitt 9.1.1), gearbeitet wird, fließen (scheinbar) 100 % des Aufwands in die Codierung. Geht man nach einem Phasenplan vor, ist eine Verteilung 40/20/40 (Aufwand *vor*, *für* und *nach* der Codierung, Zahlen nach Boehm, 1987) angemessen. Bei modernem Vorgehen wird der Aufwand nach vorn verlagert, d. h., der Aufwand für Spezifikation und Entwurf steigt, der für den Test sinkt (60/15/25; vgl. Baskette, 1987).

»Nach Gefühl« wird der Kostenanteil der Codierung oft überschätzt, er macht in Wahrheit etwa 15 bis 20 % der Entwicklungskosten aus. Mehr lässt sich dabei also auch nicht einsparen! Dagegen wird der Test unterschätzt; je weniger nach jedem der frühen Entwicklungsschritte geprüft wird, umso höher ist sein Anteil, er kann über 50 % liegen, wenn man wie üblich die Korrekturkosten zu den Testkosten zählt.

Die Kosten der Integration werden oft völlig vergessen. Natürlich geht es dabei nicht einfach um das Binden der Teilresultate, sondern um eine verkappte korrektive Wartung, die dafür sorgt, dass sich die Teile am Ende doch zusammenfügen lassen. Der dafür notwendige Aufwand kann den für die Codierung übersteigen. Bei systematischem Vorgehen ist der Integrationsaufwand viel kleiner.

Man betrachte zum Vergleich das Vorgehen beim Bau des Eiffelturms: Die Stahlteile wurden am Fuße des Turms fertig bearbeitet und dann nach oben gezogen. Passten die Bohrungen für die Nieten nicht, dann wurde das Teil wieder heruntergelassen und unten in Ordnung gebracht oder ersetzt. Im Stahlbau war das 1889 revolutionär, in der Software wäre es noch heute ungewöhnlich, denn die

Komponenten werden meist rasch und ohne Skrupel modifiziert, bis der Linker Ruhe gibt!

Mit dem Betrieb beginnt auch die sogenannte Wartung (Korrektur, Anpassung und Erweiterung, siehe Kap. 22); sie kostet – über die gesamte Lebensdauer – meist mehr oder sogar *viel* mehr als die Entwicklung, 2/3 des Aufwands oder mehr gehen in die Wartung (Abb. 4–3).

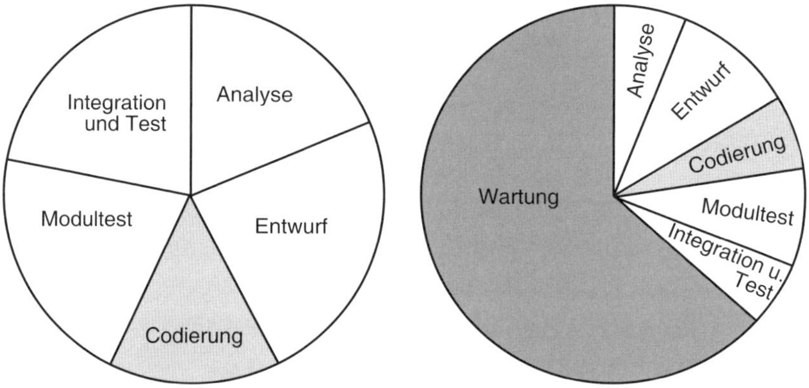

Abb. 4–3 *Kostenverteilung – ohne/mit Berücksichtigung der Wartung (nach Boehm)*

4.3 Risiken durch Qualitätsmängel

Die Qualitätskosten, die als Aufwände für die Sicherung und Steigerung der Qualität (Prävention) oder auf Grund mangelnder Qualität (Reparatur- und Folgekosten) entstehen, können u. U. die nackten Herstellungskosten übersteigen. Am deutlichsten wird dieser Effekt, wenn durch einen Software-Fehler hohe Folgekosten entstehen. Das ist nicht nur bei den spektakulären Anwendungen in der Steuerung von Kernkraftwerken oder Waffensystemen der Fall, sondern auch bei vielen Informationssystemen (Banken) und bei scheinbar unproblematischen Massenartikeln wie Spielzeugen, wo eine Rückrufaktion den Hersteller in den Ruin treiben kann. (Darum waren die Puppenhersteller unter den ersten Sponsoren der Forschung zum Thema Programmtest.)

Abbildung 4–4 zeigt schematisch die Differenzierung der Software-Kosten. Die Aufwendungen für die Fehlerverhütung sind also nicht an den Netto-Herstellungskosten zu orientieren, die auch bei schlechtester Qualität anfallen, sondern an den Gesamtkosten. Die Qualitätskosten können leicht dominieren, also die Netto-Herstellungskosten übersteigen. Wenn die Herstellung einer Software 10 000 € kostet, aber mit einer Wahrscheinlichkeit von 10^{-3} ein durch die Software verursachter Schaden von 20 Mio. € auftritt, dann sind die Fehlerkosten statistisch doppelt so groß wie die Herstellungskosten. Es lohnt sich dann, durch Aufwand für die Qualitätssicherung in der Größenordnung der Netto-Herstellungskosten die Fehlerkosten zu drücken.

Abb. 4–4 *Kostendifferenzierung in Richtung Fehlerkosten*

4.4 Die Beziehung zwischen Fehlerentstehung und -entdeckung

Die Software-Entwicklung läuft bis zur Codierung top-down, d. h. vom Allgemeinen (Aufgabe) zum Speziellen (Code); nach der Codierung bottom-up, von der Code-Zeile zum Gesamtsystem. In diesem Zusammenhang sind zwei verschiedene, sich verstärkende Phänomene wichtig:

- Fehler werden meist auf derselben Abstraktionsebene entdeckt, auf der sie begangen wurden (Abb. 4–5). So zeigt sich beispielsweise ein Entwurfsfehler nicht in der Codierung, sondern beim Versuch, die Module zu integrieren[1].

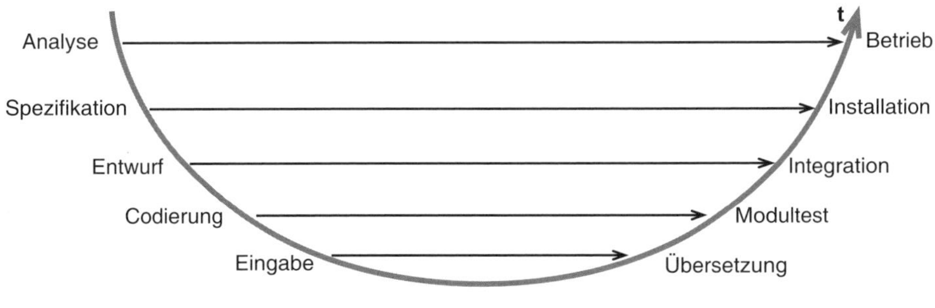

Abb. 4–5 *Die Badewannenkurve*

1 Die Badewannenkurve geht auf das V zurück, das Boehm mit Verweis auf eine private Mitteilung von J.B. Munson in die Literatur eingeführt hat (Boehm, 1979). Später wurde diese Darstellung zum Kern des V-Modells (siehe Abschnitt 10.3, S. 190).

- Fehlerkosten steigen mit der Latenzzeit exponentiell an, d. h., die Kosten eines Fehlers in der Spezifikation steigen auf das Hundertfache, wenn er nicht sofort, sondern erst nach Auslieferung entdeckt wird (Abb. 4–6). Bezugsgröße ist der Schaden durch einen Fehler, der sofort (z. B. innerhalb einer Stunde oder eines Tages) entdeckt wird.

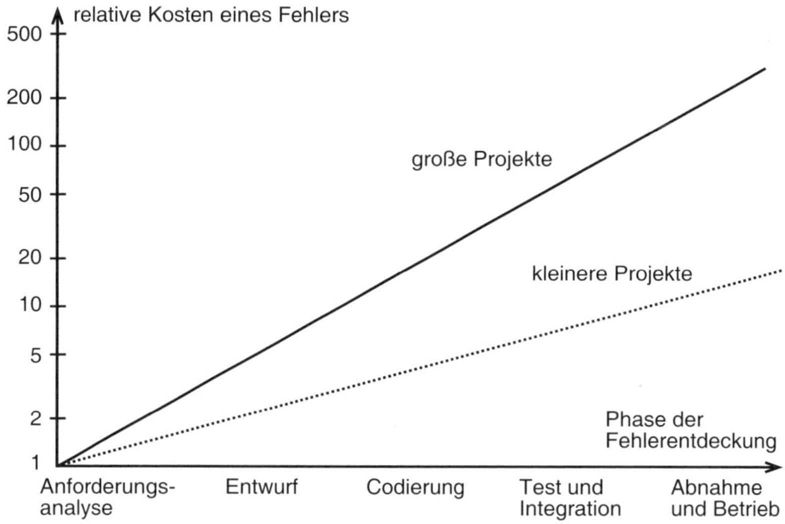

Abb. 4–6 *Relative Fehlerkosten über der Latenzzeit nach Untersuchungen bei IBM, GTE, TRW, DoD (Boehm, 1979)*

Offensichtlich fallen also früh begangene Fehler erst spät auf und erzeugen dann gewaltige Kosten. Daher rentiert sich auch ein sehr hoher Aufwand, um sie zu vermeiden. Die Vermeidung früher (d.h. teurer) Fehler hat höchste Priorität!

5 Software-Qualität

Eng mit den Kosten (siehe Kap. 4) verknüpft ist die Qualität. Seit es Software Engineering gibt, gehört die Verbesserung der Qualität zu seinen wichtigsten Zielen. In diesem Kapitel wird der Begriff der Software-Qualität erläutert und gegliedert.

5.1 Qualität

Das Wort »Qualität« ist lateinischen Ursprungs (qualitas, -atis, f. die Beschaffenheit, Eigenschaft). Jeder Gegenstand hat Eigenschaften, hat also in diesem ursprünglichen Sinne *eine* Qualität oder ein Bündel von Qualitäten. Diese Aussage impliziert keine Wertung.

Das hat sich – wie bei vielen anderen Wörtern auch – im Laufe der Zeit geändert: »Qualität« wurde gleichbedeutend mit »guter Qualität«. In diesem Sinne steckt es auch im Begriff der *Qualitätssicherung*, nicht aber in der *Qualität*, wie sie DIN 55350 definiert:

Qualität — Gesamtheit von Eigenschaften und Merkmalen eines Produktes oder einer Tätigkeit, die sich auf die Eignung zur Erfüllung gegebener Erfordernisse beziehen.

Anmerkung 2: Ein Produkt ist z. B. jede Art von Waren, Rohstoffen, aber auch der Inhalt von Konzepten und Entwürfen. Eine Tätigkeit ist z. B. jede Art von Dienstleistung, aber auch ein maschineller Arbeitsablauf wie ein Verfahren oder ein Prozess.

Anmerkung 4: Die Qualität wird durch die Planungsqualitäten und Ausführungsqualitäten in allen Phasen des Qualitätskreises bestimmt.

DIN 55350-11:1995-08 (Auszüge)

Software-Qualität enthält darum nicht nur Qualitätsaspekte im landläufigen Sinne, sondern auch, und zwar im Kern, die Funktionalität. Eine Software hat alle geforderten Qualitätsmerkmale, wenn sie korrekt ist, also die geforderte Funktionalität bietet, und darüber hinaus alle anderen geforderten Eigenschaften besitzt (z. B. die geforderte Wartbarkeit, die notwendige Effizienz und auch die Verfügbarkeit zum geforderten Termin).

5.2 Taxonomie der Software-Qualitäten

Das Software Engineering befasst sich sowohl mit der Qualität des Produkts (*Produktqualität*) als auch mit der Qualität des Projekts, in dem das Produkt hergestellt wird (*Projektqualität*). Der Begriff der Projektqualität ist nicht gebräuchlich; stattdessen spricht man ungenau von der *Prozessqualität*. Definiert man aber den Prozess als gemeinsames Schema, das beliebig vielen Projekten zu Grunde liegt, wie es in Zusammenhang mit der Prozessbewertung und -verbesserung üblich ist, so sind Projektqualität und Prozessqualität zwar eng verbunden, aber nicht gleichbedeutend. Durch hohe Prozessqualität soll eine hohe Projektqualität gefördert, wenn nicht erzwungen werden. Die beiden Begriffe verhalten sich zueinander wie die Qualität einer Theatertruppe zur Qualität einer Aufführung: Jeder weiß, dass auch an einem Spitzentheater eine Aufführung misslingen kann, so wie einer zweitklassigen Bühne dann und wann eine sehr gute Aufführung gelingt. Hohe Prozessqualität ist also weder eine Garantie noch eine zwingende Voraussetzung für hohe Projektqualität, aber sie schafft günstige Voraussetzungen dafür.

Die Prozessqualität sagt aus, wie weit es dem Hersteller der Software gelingt,

- Kosten- und Termingrenzen einzuhalten,
- seinen Aufwand zu minimieren,
- Kenntnisse zu sammeln,
- wiederverwendbare Komponenten zu schaffen,
- das Betriebsklima zu pflegen.

Die Produktqualität lässt sich weiter differenzieren in *Gebrauchs-* und *Wartungsqualität*, also in die Qualität aus Sicht eines Benutzers, der *mit* der Software arbeitet, und in die Qualität aus Sicht einer Person, die *an* der Software arbeitet, sie also korrigiert, ändert oder erweitert.

Schließlich hat jede der genannten Qualitäten viele verschiedene Facetten; beispielsweise stecken Antwortzeiten, Bedienungsfreundlichkeit und Robustheit in der Gebrauchsqualität, Portabilität und Lesbarkeit in der Wartungsqualität.

5.2.1 Der Zusammenhang der Qualitätsaspekte

Während der Entwicklung steht die Projektqualität im Vordergrund. Der Kunde ist letztlich nur an der Gebrauchsqualität interessiert (Abb. 5–1), es sei denn, er will die Wartung selbst übernehmen; dann ist er auch von der Wartungsqualität betroffen.

Tatsächlich ist die Sache aber nicht so einfach. Auch dann, wenn der Kunde mit der Wartung gar nichts zu tun hat (wie z. B. bei einem massenhaft verkauften Software-Produkt, also einer »Shrinkware«), kann ihm die Wartbarkeit nicht gleichgültig sein, denn sie ist die Voraussetzung dafür, dass von Version zu Version

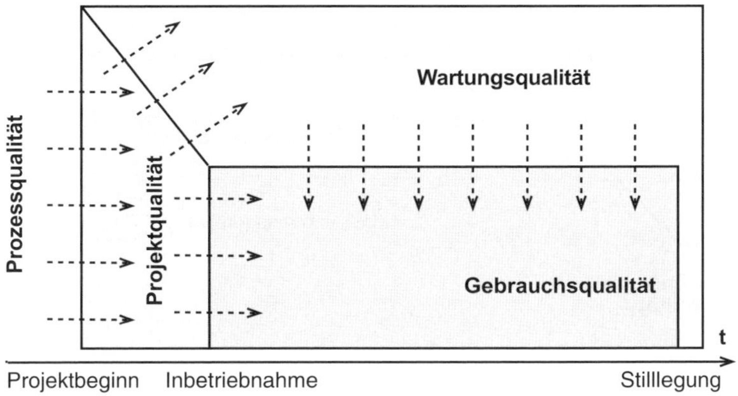

Abb. 5–1 *Bedeutung verschiedener Qualitätsaspekte über der Zeit (Pfeile repräsentieren Einflüsse; nach der Stilllegung ist nur noch die Ersetzbarkeit wichtig.)*

Fehler behoben und Verbesserungen wirklich durchgeführt werden. Gute Wartungsqualität macht das Produkt langfristig besser.

Die Prozessqualität hat auf den ersten Blick noch weniger als die Wartungsqualität mit der Gebrauchsqualität zu tun: Der Prozess ist das Schema für die Projekte, die Prozessqualität prägt also die Projektqualität, und diese hat Einfluss auf das Produkt. Trotzdem waren es die Kunden der Software-Hersteller, allen voran der weitaus mächtigste, das US Department of Defense, die die Prozessqualität zum Thema machten. Denn die Kunden waren (und sind bis heute) den Herstellern ausgeliefert: Wenn der Hersteller von Druckmaschinen die Software für eine neue Maschine nicht zum richtigen Zeitpunkt und in der richtigen Qualität erhält, kann er vielleicht die Zahlung verweigern, aber das schützt ihn nicht vor der Pleite, die ihm droht, weil er neue Druckmaschinen produzieren, aber nicht ausliefern kann. Darum wollen die Kunden *vor* der Bestellung wissen, ob der Lieferant allgemein seriös arbeitet; sie wollen also seine Prozessqualität kennen. Die Verfahren zur Bewertung der Prozessqualität sind Gegenstand des Kapitels 11.

Abbildung 5–2 zeigt – in Anlehnung an Boehm, Brown und Lipow (1976) – eine Gliederung des Qualitätsbegriffs. Der Oberbegriff »Software-bezogene Qualität« soll dabei alles einschließen, was uns im weitesten Sinne als Software-Qualität erscheint.

Einige Teilbegriffe wie Termineinhaltung und Ausfallsicherheit sind geläufig, andere wie Prozesstransparenz oder Leistungsvollständigkeit wurden für diese Taxonomie neu eingeführt. Aber für fast alle gilt, dass die Bedeutung nicht a priori klar definiert ist. Wir haben also bei der Definition einen gewissen Spielraum. Den nutzen wir so, dass wir möglichst disjunkte, also nicht überlappende Bedeutungen festlegen.

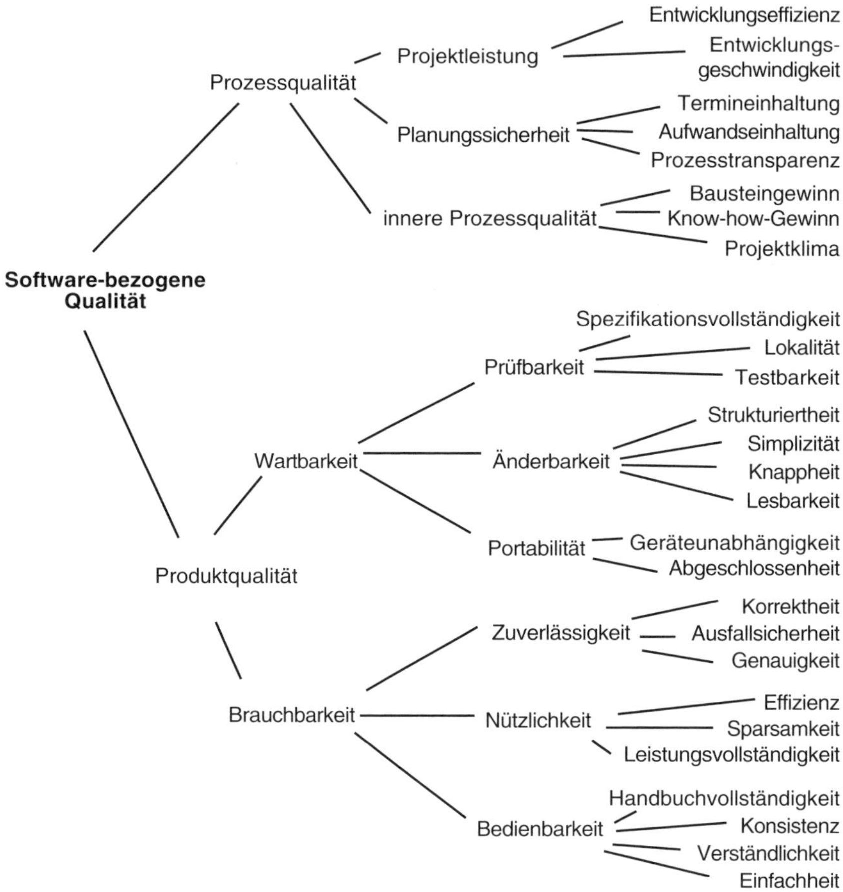

Abb. 5–2 *Qualitätenbaum*

Diese sind in den Tabellen 5–1 bis 5–3 für die atomaren Qualitäten der Abbildung 5–2 angegeben.

Wesentlich am »Qualitätenbaum« ist die Botschaft, dass verschiedene, konkurrierende Qualitäten angestrebt werden, sodass in den Anforderungen möglichst genau geklärt sein muss, wo die Prioritäten liegen. Bei der praktischen Arbeit kann der Qualitätenbaum als Checkliste für die Spezifikation verwendet werden, um sicherzustellen, dass an alle Qualitätsaspekte gedacht wurde.

Entwicklungseffizienz:	ist hoch, wenn der Entwicklungsaufwand gering ist.
Entwicklungs-geschwindigkeit:	ist hoch, wenn das Resultat nach kurzer Zeit zur Verfügung steht.
Termineinhaltung	ist umso höher, je genauer der geplante Termin eingehalten wird.
Aufwandseinhaltung:	ist umso höher, je genauer der geplante Aufwand eingehalten wird.
Prozesstransparenz:	ist hoch, wenn der Bearbeitungsprozess wohldefiniert ist und gemäß der Definition abläuft.
Bausteingewinn:	ist hoch, wenn viele wiederverwendbare Software-Komponenten entstehen oder verbessert werden.
Know-how-Gewinn:	ist hoch, wenn die beteiligten Mitarbeiter viele neue Kenntnisse und Erfahrungen mit Anwendungen, Methoden und Werkzeugen erwerben.
Projektklima:	ist gut, wenn die Mitarbeiter ihre Zusammenarbeit als angenehm empfinden und gern wieder ein ähnliches Projekt durchführen wollen.

Tab. 5–1 *Atomare Merkmale der Prozessqualität*

Korrektheit:	ist hoch, wenn die Spezifikation zutreffend und die übrige Software korrekt in Bezug auf die Spezifikation ist.
Ausfallsicherheit:	ist hoch, wenn die Software nur sehr selten die erwartete Funktion nicht erbringt.
Genauigkeit:	ist hoch, wenn die Resultate vom mathematisch korrekten Resultat nur wenig abweichen.
Effizienz:	ist hoch, wenn die Software kaum mehr Rechenzeit benötigt, als minimal erforderlich wäre.
Sparsamkeit:	ist hoch, wenn die Software kaum mehr Speicherplatz und andere Betriebsmittel benötigt, als minimal erforderlich wäre.
Leistungs-vollständigkeit:	ist hoch, wenn die Software alle geforderten Leistungen tatsächlich erbringt.
Handbuch-vollständigkeit:	ist hoch, wenn die Handbücher erschöpfend Auskunft auf alle sinnvollen Fragen des Benutzers geben.
Konsistenz:	ist hoch, wenn die Software sich gegen den Benutzer in ähnlichen Situationen ähnlich verhält. Das betrifft die Bedienung, Fehlermeldungen, auch Datenformate usw.
Verständlichkeit:	ist hoch, wenn der Benutzer rasch versteht, wie er mit der Software umgehen muss.
Einfachheit:	ist hoch, wenn die Software dem Benutzer konzeptionell einfach erscheint.

Tab. 5–2 *Atomare Merkmale der Produktqualität – Brauchbarkeit*

Spezifikations-vollständigkeit:	ist hoch, wenn die Spezifikation die tatsächlichen Anforderungen und nur diese vollständig angibt.
Lokalität der Software:	ist hoch, wenn Fernwirkungen in der Software (Wirkungen über die Grenzen der Software-Komponenten hinweg) vermieden sind.
Testbarkeit der Software:	ist hoch, wenn die Programme unter definierten Bedingungen ausgeführt und die relevanten Resultate vollständig erfasst werden können. Die Ausführung ist damit reproduzierbar.
Strukturiertheit:	ist hoch, wenn die Software in logisch abgeschlossene Einheiten mit hohem Zusammenhalt und geringer Kopplung gegliedert ist.
Simplizität:	ist hoch, wenn in der Software nur wenige schwer verständliche Konstruktionen enthalten sind.
Knappheit der Software:	ist hoch, wenn ihr Umfang durch Vermeidung von Redundanz aller Art gering gehalten wurde.
Lesbarkeit der Software:	ist hoch, wenn ein (fremder) Leser in der Lage ist, mit minimalem Aufwand den Inhalt korrekt zu erfassen.
Geräteunabhängigkeit:	ist hoch, wenn Merkmale spezieller Geräte darin eine geringe Rolle spielen.
Abgeschlossenheit:	ist hoch, wenn die Software eine gut abgegrenzte Leistung erbringt und damit kaum Schnittstellen zu anderen Systemen hat.

Tab. 5–3 *Atomare Merkmale der Produktqualität – Wartbarkeit*

5.2.2 Einstufung verschiedener Produktqualitäten

In aller Regel werden die einzelnen Aspekte der Qualität nicht bewusst differenziert und nach Prioritäten geordnet. Stattdessen folgen die Entwickler ihren Gefühlen und Gewohnheiten. Praktisch heißt das meist: Sie bewerten die Effizienz weit höher als alle anderen Eigenschaften. Dies führt zu einer Fehlinvestition von Mühe und Arbeitszeit. Denn ein Programm, das unter dem Diktat der Performanz entwickelt wurde, ist in der Regel weder zuverlässig noch gut wartbar. In Wahrheit ist die Effizienz aber nur bei einem Bruchteil der Programme wirklich wichtig, während Zuverlässigkeit und Wartbarkeit (neben anderen Merkmalen) extrem wichtig sind. Die Entwickler arbeiten also mit den falschen Prioritäten. (Die Neigung, Programme zu »optimieren«, ist in Abschnitt 18.2.2 unter dem Stichwort »Don't suboptimize« näher behandelt.)

Vielen Entwicklern ist auch nicht klar, wie sich ihr Verhalten auf die Qualität auswirkt. So ist ein völlig unbegründetes Vertrauen in den Programmtest weit verbreitet. Alle Erfahrungen zeigen aber, dass im Test nur ein Teil der Fehler entdeckt wird, Inspektionen (Abschnitt 13.4.5) sind deutlich wirksamer. Wirklich professionelle Entwickler wissen das, haben es verstanden und verhalten sich entsprechend.

Teil II

Menschen und Prozesse

6 Menschen im Software Engineering

In vielen Bereichen der Technik kommen Menschen vor allem als Kunden, Abnehmer vor, die Produktion und selbst der Entwurf der Systeme werden automatisiert und benötigen nur noch wenige Spezialisten. Software Engineering ist davon weit entfernt, denn es findet im Kopf von Menschen statt, die Software haben wollen oder entwickeln. Der Mensch steht im Mittelpunkt; das ist für uns keine Floskel, sondern eine sachliche Feststellung. Die einzelnen Menschen, ihre Rollen, Leistungen, Motive und Wertvorstellungen sind Gegenstand dieses Kapitels.

6.1 Software-Leute und Klienten

Sowohl der *Software-Hersteller* als auch der *Kunde* sind meist juristische Personen. Konkret sind an einem Software-Projekt Mitarbeiter des Herstellers und des Kunden beteiligt. Wir bezeichnen die Menschen, die im Auftrag eines Kunden auf der Seite des Software-Herstellers in einem Software-Projekt arbeiten, als *Software-Leute*; das sind vor allem Entwickler und Manager. Wir fassen die Personen, die den Kunden repräsentieren (z.B. Fachexperten), mit dem Wort *Klienten* zusammen (siehe Abschnitt 6.2.3).

Die Software-Leute, so unterschiedlich sie sind, bilden eine spezielle soziale Gruppe, die sich durch ihre Denkweise und ihre Sprache von anderen Gruppen unterscheidet. Auch zwischen den Klienten gibt es große Unterschiede; wir unterscheiden zunächst trotzdem nur diese beiden einfachen Kategorien.

Auch diese Unterscheidung ist nicht immer möglich: Fälle, in denen Entwickler zugleich Kunden sind, lassen sich drei (überlappenden) Gruppen zuordnen:

- Menschen, die Programmieren als Hobby pflegen,
- Software-Leute, die sich selbst Werkzeuge schaffen,
- Menschen, die, geographisch verteilt, gemeinsam an Software-Systemen arbeiten.

Bei der dritten Gruppe (Linux, Free Software usw.) ist es nicht zwingend, dass der Hersteller die Software auch verwendet, dies ist aber der Regelfall.

6.2 Rollen und Verantwortlichkeiten

Auf beiden Seiten gibt es eine Reihe verschiedener Rollen. In vielen Fällen übernimmt eine Person genau eine Rolle, in vielen anderen Fällen hat eine Person mehrere Rollen; eine Rolle kann auch von mehreren Personen gemeinschaftlich übernommen werden. Beispielsweise kann in einem kleinen Projekt eine Person die beiden Rollen Konfigurationsverwalter und Qualitätssicherer übernehmen, während im großen Projekt mehrere Leute ausschließlich für die Qualitätssicherung arbeiten. Wir machen hier keine Aussagen über die Abbildung zwischen Personen und Rollen. Daher hat die Entscheidung für Singular- oder Pluralformen hier keine Bedeutung.

In der Praxis finden sich viele sinnvolle und noch mehr andere Rollenverteilungen. Die nachfolgend genannten Rollen sind sinnvoll und weithin üblich.

6.2.1 Der Entwickler und seine Spezialisierungen

Die Aufgabe des *Entwicklers* ist durch seine Bezeichnung beschrieben: Er entwickelt Software. Da wir von einem weiten Software-Begriff ausgehen (Abschnitt 2.3.1), gibt es eine Reihe von Tätigkeiten, die dieser Rolle zugeordnet sind: Spezifizieren, Entwerfen, Testen, auch Prüfen und Verwalten. Entsprechende Spezialisierungen können definiert werden. So wurde beispielsweise für den *Tester* eine spezielle Ausbildung und Zertifizierung eingeführt (Spillner, Linz, 2005).

Das Erheben der Anforderungen, die Analyse, ist in vielen Organisationen Sache der *Analytiker*, die sich nicht als Entwickler sehen. Sind die Aufgaben der Entwickler auf Feinentwurf, Codierung und Test eingeengt, so werden sie als *Programmierer* bezeichnet; oft (aber nicht in diesem Buch) wird Programmierer aber auch als Synonym für Entwickler verwendet.

Eine weitere Spezialisierung ist die des (Software-)*Architekten*. Der Architekt hat im Software-Projekt eine ähnliche Rolle wie der Architekt auf dem Bau, er entwirft nicht nur die Struktur des zu Schaffenden, sondern leitet und überwacht auch die Realisierung. Allerdings ist mit dem Begriff des Architekten auch die Konnotation des Künstlers verbunden, die hier ausdrücklich nicht übernommen wird.

Bislang gibt es keine berufliche Spezialisierung für die Software-Wartung. Wir sprechen hier von *Wartungsingenieuren* (Abschnitt 22.4.3), die nach ihrer Ausbildung und Qualifikation nicht von den Entwicklern zu unterscheiden sind. In vielen Organisationen ist es üblich, dass die Entwickler zugleich die Rolle des Wartungsingenieurs übernehmen.

Ein Arbeitskreis des BMBF (Bundesministerium für Bildung und Forschung) hat für die Weiterbildung einen umfassenden Katalog von Informatik-Berufen vorgelegt (Altmann, Feuerstein, 2002), dessen praktische Relevanz angezweifelt werden darf, denn die Spezialisierung ist darin so weit getrieben, dass man Berufsanfänger eher davor warnen muss. In jedem Falle ist die Entscheidung für englische Bezeichnungen wie *Business Systems Advisor* und *IT Quality Management Coordinator*, die zudem alles andere als eingängig sind, zu bedauern.

6.2.2 Projektleiter und Gruppenleiter

Der (Software-)*Projektleiter* (synonym: *Projektmanager*) leitet das Projekt und fungiert als Mittler und Übermittler zwischen dem (oberen und) mittleren Management der Herstellerfirma und den Entwicklern. Je nach Organisationsform (siehe Abschnitt 7.5) kann er auch in der Linienorganisation des Unternehmens als Gruppenleiter der Vorgesetzte der Entwickler sein. Weil die Rolle des Projektleiters besonders wichtig ist, gehen wir in Kapitel 8 detailliert auf seine Aufgaben ein.

In der Praxis findet man – ohne formale Unterschiede – zwei sehr verschiedene Interpretationen der Rolle eines Vorgesetzten: Der eine sieht sich in einer Stabsfunktion; er versteht sich als Repräsentant der Geschäftsleitung gegenüber den Mitarbeitern, d. h., er wirkt wie der Statthalter des Königs von oben nach unten. Der andere lebt seine Linienfunktion, sieht sich als »Räuberhauptmann«, der »seine Leute« gegenüber den Vorgesetzten vertritt. Kaum ein Mensch wird sich bewusst für das eine oder das andere Rollenverständnis entscheiden; aber natürlich gehört unsere Sympathie dem, der sich vor allem als Vertreter der Gruppe versteht.

6.2.3 Der Kunde, die Anwender und andere Betroffene

Software wird im Allgemeinen für einen Auftraggeber, den *Kunden*, entwickelt. In Ausnahmefällen ist dieser Kunde eine natürliche Person, die später auch das System benutzt; in der Regel ist der Kunde eine Firma, eine Behörde oder sonst eine juristische Person. In diesem Fall gibt es dort *Fachleute* für die Anwendung; ist das System fertiggestellt, so wird es von *Anwendern* benutzt. Schließlich sind von vielen Systemen indirekt auch Menschen *betroffen*, die zu keiner der genannten Gruppen gehören.

Wir betrachten als Beispiel ein Auskunftssystem der Bahn. Kunde ist in diesem Fall die Bahngesellschaft, praktisch ein hoher Manager; er unterschreibt den Auftrag und gibt damit den Preis und die Termine vor. Fahrplan-Experten tragen die zahlreichen Details bei. Bahnbenutzer sind die Anwender des Systems; auch die Fahrplan-Macher sind Anwender, weil sie Daten einfüttern. Die Betreiber anderer Verkehrsmittel sind Betroffene, weil das Auskunftssystem ihre Angebote berücksichtigt oder nicht. Die Klienten bilden also eine im Allgemeinen große und sehr heterogene Gruppe.

In vielen Fällen gibt es neben den genannten auch noch unsichtbare Klienten, nämlich den Gesetzgeber oder Kontrollgremien. Sie wirken durch Gesetze, Vorschriften und Normen auf die Arbeit der Software-Leute ein.

6.3 Die Produktivität des Projekts

Für die Produktivität eines Software-Projekts gibt es einige grobe Anhaltspunkte (siehe Abschnitt 14.2.3). In Modellen zur Kostenschätzung wie COCOMO (siehe Abschnitt 8.4.3) sind solche Erfahrungswerte eingearbeitet, aber auch andere Effekte werden berücksichtigt, insbesondere die Komplexität der Software und die Kompetenzen derer, die sie entwickeln.

Manche Zahlen in den folgenden Abschnitten beruhen auf Angaben, die schon in den Sechzigerjahren publiziert wurden; wir müssen darum vermuten, dass sie nicht mehr aktuell sind. Aber es handelt sich nicht um technische Daten, sondern um Eigenschaften von Menschen, die sich in wenigen Jahrzehnten kaum ändern. Natürlich ist die Ausbildung besser geworden, aber auch im 21. Jahrhundert fehlt vielen Software-Leuten eine einschlägige Ausbildung. Wir stützen uns also mangels neuerer Daten mit den gebotenen Vorbehalten auf die alten Zahlen.

6.3.1 Einflussfaktoren der Produktivität

Die Leistung der Entwickler in einem Software-Projekt wird von vielen verschiedenen Faktoren bestimmt; da die Abgrenzung der Begriffe willkürlich ist, kann eine Liste der Faktoren nur den Charakter eines Vorschlags haben. Auch die Gruppierung ist willkürlich: Ist beispielsweise die Motivation des Entwicklers ihm persönlich zuzuordnen, oder hängt sie davon ab, wie gut Entwickler und Projekt zueinander passen?

Wir kommen auf Basis der expliziten und impliziten Aussagen in den Büchern von Fairley (1985) und Boehm (Boehm, 1981; Boehm et al., 2000) zur Tabelle 6–1. Offensichtlich ist es ideal, wenn

- versierte, teamfähige Leute unter kompetenter Leitung räumlich eng zusammenarbeiten,
- der Kunde, der aus demselben Kulturkreis stammt, vollständige und stabile Anforderungen liefert,
- das Projektteam bereits in gleicher Technologie ähnliche Systeme erfolgreich erstellt hat.

Viel schwieriger ist es, unter den realen, leider nie idealen Bedingungen eines Projekts den besten Kompromiss zu finden: Ist es sinnvoller, das Werkzeug zu wechseln, weil ein anderes für diese Aufgabe besser geeignet ist, oder überwiegen die Vorteile der Kontinuität? Sollte der Star unter den Entwicklern möglichst vielen Projekten nützen, oder sollte er sich auf ein einziges konzentrieren? Wiegen die firmenpolitischen Vorteile einer verteilten Entwicklung die Kommunikationsprobleme auf? Auf Fragen dieser Art gibt es keine einfachen Antworten. Wenigstens sollten sie aber (vor allem im Zuge der Risikoanalyse) gestellt und diskutiert werden. Eine schnelle Antwort »aus dem Bauch« ist sehr wahrscheinlich falsch.

Faktoren	Merkmale
Arbeitsbedingungen	– Technische Ausstattung (Hardware und Software) – Störungen – Vielfalt der Aufgaben (Zersplitterung der Arbeitsleistung)
Schwierigkeiten der Aufgabe	– Neuigkeitsgrad der Aufgabe, Verfügbarkeit von Lösungen – Komplexität des Zielsystems – Spezielle Anforderungen wie hohe Zuverlässigkeit, extreme Anforderungen zur Datensicherheit oder zur Rechengenauigkeit – Verfügbarkeit klarer und stabiler Anforderungen
Rahmenbedingungen des Projekts	– Personelle Kontinuität – Arbeitsklima – Verteilung der Aufgaben und Kompetenzen – Kommunikationswege und -hindernisse (inkl. räumlich verteilte Entwicklung, Kulturbrüche) – Stabilität und Zuverlässigkeit der Führung – Zeit- und Kostendruck
Eignung der Entwickler für das Projekt	– Verständnis für den Kunden, Kulturbarrieren – Erfahrung im Anwendungsgebiet, Problemverständnis – Erfahrung in der verwendeten Technologie (Vorgehensmodell, Werkzeuge, Programmierparadigma, Programmiersprache, Methoden)
Individuelle Faktoren	– Fähigkeiten als Entwickler – Fähigkeiten zur Arbeit im Team – Disziplin – Motivation

Tab. 6–1 *Produktivitätsfaktoren*

6.3.2 Die Variationsbreite der Entwickler-Produktivität

Wenn es um die Variationsbreite der Produktivität geht, werden noch immer die Resultate einer Untersuchung von Sackman, Erikson und Grant (1968) zitiert. Dabei wurde die gleiche Aufgabe von verschiedenen Programmierern bearbeitet. Die Tabelle 6–2 zeigt jeweils das Verhältnis zwischen maximalem und minimalem Zeitbedarf. Man sieht, dass die Unterschiede dramatisch sind: Das Zahlenverhältnis 1 zu 25 beim Codieraufwand im zweiten Versuch bedeutet, wenn es denn stimmt und extrapoliert werden kann, dass der extrem langsame Programmierer fünf Wochen für eine Aufgabe braucht, die der sehr schnelle an einem einzigen Tag erledigt.

Performance Measure	Ratio (#1)	Ratio (#2)
Debugging hours	28 : 1	26 : 1
Coding hours	16 : 1	25 : 1

Tab. 6–2 *Leistung verschiedener Programmierer nach Sackman, Erikson, Grant (1968)*

Diese Untersuchung wurde später oft zitiert, aber auch kritisiert. Nach Prechelt (1999), der auf die frühere Arbeit von Grant und Sackman (1966) mit den Rohdaten zurückgegriffen hat, ist die Streuung tatsächlich nur etwa halb so groß wie von Sackman behauptet, aber auch das bedeutet eine volle Größenordnung. Experimente an der Universität Stuttgart (Wetzel, 2007) liefern Aussagen, die mit denen von Prechelt zusammenpassen. Allerdings erweist es sich als fast unmöglich, ein wirklich sauberes Experiment mit allgemeingültigen Resultaten durchzuführen: Man müsste entweder sehr spezielle Gruppen bilden, also z. B. nur Studenten der Softwaretechnik im 4. Semester, die alle Prüfungen des ersten Studienjahres bestanden haben (was die Zahl der möglichen Probanden drastisch reduziert und die Allgemeingültigkeit der Resultate stark einschränkt) oder sehr viele Probanden heranziehen (was den Aufwand und je nach Probanden auch die Kosten in die Höhe treibt).

Jeder, der die Praxis kennt, hat überraschende Leistungsunterschiede gesehen. Wir können also annehmen, dass die *qualitative* Aussage, die sich aus den Daten von Sackman, Erikson und Grant ergibt, weiterhin gilt: Kein anderer Faktor im Software Engineering streut so stark wie die individuelle Leistung. Beobachtungen in studentischen Projekten und auch in Firmen legen aber die Vermutung nahe, dass die Variationsbreite innerhalb einer bestimmten Arbeitsumgebung deutlich kleiner ist, als Sackmans Zahlen vermuten lassen (höchstens 1 zu 3). Der Grund könnte sein, dass sich Gruppen aus ähnlichen Individuen bilden und dass sich die Individuen der Gruppe anpassen, positiv oder negativ. Nimmt man diese Vermutung als Tatsache, dann erhält die Erkennung und Förderung schwächerer Mitarbeiter ein wesentlich höheres Gewicht: Sie hat einen günstigen Einfluss auf die Arbeit der ganzen Gruppe.

6.3.3 Die Messung der individuellen Produktivität

Gerade angesichts der großen Unterschiede zwischen den Leistungen der einzelnen Programmierer erscheint es sehr attraktiv, die Leistungen zu messen. Dazu bietet sich die Zählung der codierten Zeilen an. Auf diese Weise kommt man zu einer Angabe der Form »Programmierer X schreibt y Zeilen Code pro Stunde« (LOC/h). Eine solche Aussage ist aus mehreren Gründen problematisch und meist schädlich:

- Programmierer verbringen nur einen kleinen Teil ihrer Zeit mit Codierung im engeren Sinne. Fairley (1985) zitiert eine Untersuchung bei Bell Labs, nach der 13 % der Zeit wirklich dem Programmieren gewidmet sind. Damit haben kleine Änderungen bei den übrigen Tätigkeiten, beispielsweise eine verstärkte Unterstützung anderer, unerfahrener Programmierer, eine erhebliche Wirkung auf die Programmierleistung. Aber nur die Programmierleistung wird gemessen, nicht die höchst sinnvolle Unterstützung anderer.

- Unterschiedliche Programmiersprachen erfordern unterschiedlich viele Code-Zeilen für die gleiche Funktionalität. Wer in primitiven Sprachen codiert, schreibt in der gleichen Zeit mehr Zeilen, löst dabei aber weniger Probleme als ein gleich guter Programmierer in einer hohen Sprache.
- Die Bewertung der Code-Zeilen, die durch Vererbung in einem objektorientierten Programm integriert werden, ist noch immer unklar. Offensichtlich erfordern auch sie Aufwand, aber weniger als neu entwickelte.
- Wo nicht Richtlinien die Formatierung der Programme sehr strikt regeln, wirkt sich der individuelle Programmierstil auf die für ein bestimmtes Programm erforderliche Zeilenzahl aus.
- Wenn die Produktivität gemessen wird, stellen sich die Programmierer darauf ein, indem sie die Zeilenzahl mit wenig Aufwand in die Höhe treiben; sie unterlaufen die Metrik. Wer eine mehrfach benötigte Sequenz kopiert, statt daraus ein Unterprogramm zu machen, hat mit gleichem Aufwand mehr Code produziert. Die Programme werden dadurch nicht besser, sondern unübersichtlicher, und die gemessenen Zahlen sind wertlos.

Aus diesen Gründen ist von einer Leistungsbewertung der Entwickler durch Erhebung der codierten Zeilen dringend abzuraten. Code-Zeilen sind als Metrik nicht so schlecht, wie oft behauptet wird, aber sie sollten nur zur Charakterisierung der Produkte, niemals zur Bewertung der Entwickler verwendet werden.

Ganz allgemein gilt, dass Metriken nicht geeignet sind, Daten für die Leistungsbewertung zu liefern. Darum sollte man zwischen diesen beiden Themenkreisen eine organisatorische Brandmauer errichten, ohne Lücken und Löcher, und dies auch allen Beteiligten nachdrücklich klarmachen.

6.4 Motivation und Qualifikation

6.4.1 Die übliche Programmiererkarriere

Software-Leute werden zwar je nach Konjunktur mehr oder minder intensiv gesucht und relativ gut bezahlt; damit endet aber in vielen Organisationen bereits die Fürsorge. Den Entwicklern und Projektleitern wird stillschweigend unterstellt, dass sie mit ihren Problemen, dem chronischen Mangel an Information und Motivation, allein fertig werden und auch rechtzeitig reagieren, wenn ihre Qualifikation den Anforderungen ihrer Arbeit nicht mehr genügt. Auch in anderen Berufen gibt es dieses Problem. Aber die Zahl der Quereinsteiger ist nirgends so hoch wie in der Informatik. Betrachten wir den Programmierer P. als Muster:

- P. kommt aus der Elektronik, er ist durch die Änderungen an seinem Arbeitsplatz langsam in die Software hineingerutscht. P. hat darum auch Programmierkurse besucht.

- Die Leute um P., auch sein Chef, sind ähnlich zur Informatik gekommen.
- P. kann leidlich C++ programmieren und kennt sich mit dem Prozessor aus, der in seiner Arbeit regelmäßig eingesetzt wird.
- Von Zeit zu Zeit erreichen P. sensationelle Ankündigungen (AI, Objektorientierung, Windows-XX, Extreme Programming) und Verheißungen (zehnfache Produktivität, fehlerfrei usw.).

Was können wir über P. vermuten?

- P. hat Angst vor Veränderungen, bekämpft sie, vor allem, wenn sie die Transparenz verbessern. Denn P. fürchtet mit gutem Grund, dass jede Änderung das Risiko birgt, ihn zu überfordern.
- P. glaubt nichts. Insbesondere glaubt er seinem Chef nichts.
- P. wünscht sich größere Sicherheit bei seiner Arbeit. Er hat aber selbst keine Idee, wie diese aussehen könnte.
- P. vermutet, dass die Situation in seiner Firma besonders ungünstig ist.
- P. wird an seinem Arbeitsplatz vermutlich nicht das Pensionsalter erreichen.

Diese Geschichte ist nicht nur für P. traurig, auch seine Firma nimmt Schaden, wenn er zunächst innerlich und ein paar Jahre später auch offiziell in den Vorruhestand geht. Denn P. hat viel Erfahrung und möchte eigentlich nützliche Arbeit leisten. Er könnte, angemessene Förderung vorausgesetzt, seiner Firma noch viel geben, und sie ihm.

6.4.2 Ein Modell der Motivation

Zur Diskussion der Motivation betrachten wir jeden Punkt der Ebene als eine spezielle Tätigkeit. Dann gibt es eine Teilmenge A der Punkte, die alle Tätigkeiten umfasst, die eine bestimmte Person beherrscht. Abbildung 6–1 zeigt als Teilmenge von A die Menge B. B enthält die Tätigkeiten, die der Entwickler nicht ungern tut. Darin steckt die These, dass kein Mensch gern tut, was er nicht kann, und umgekehrt im Allgemeinen kein Problem damit hat, zu tun, was er kann.

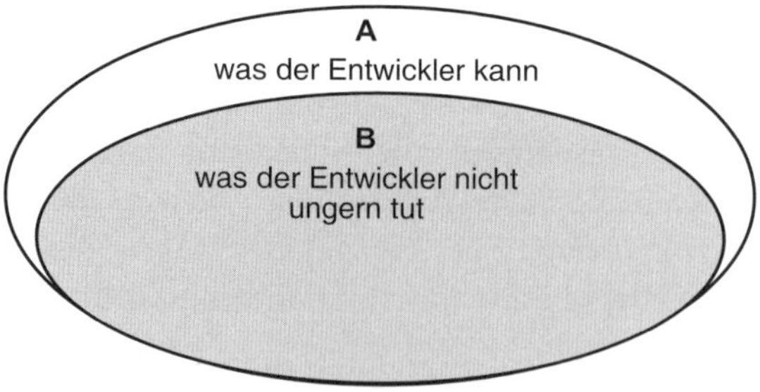

Abb. 6–1 *Was der Entwickler kann und was er nicht ungern tut*

Jeder Mensch braucht für seine Arbeit eine Bestätigung von außen, es sei denn, sie macht ihm einfach Spaß. Darum zeigt Abbildung 6–2 auch die Tätigkeiten, die Spaß machen (C), und diejenigen, die von der Umgebung anerkannt werden (D). Natürlich gilt: $C \subseteq B \subseteq A$. (Davon gibt es Ausnahmen. Manche Leute halten beispielsweise gern Reden, obwohl sie das nicht können.)

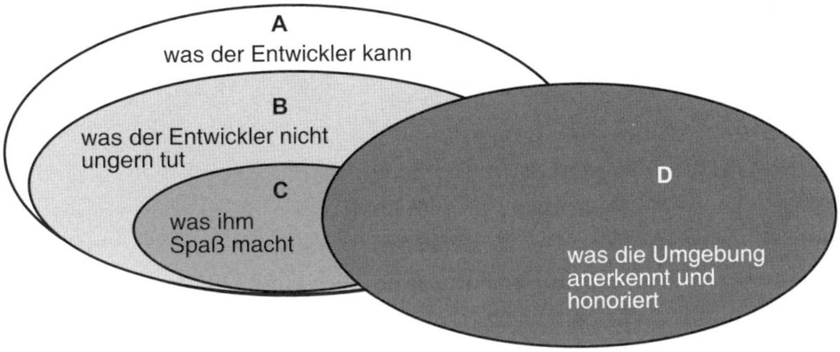

Abb. 6–2 *Was dem Entwickler Spaß macht und was seine Umgebung anerkennt*

Die Folgerung aus dieser Betrachtung ist simpel: Der Entwickler wird in aller Regel tun, was in C oder in der Schnittmenge von B und D liegt, mit anderen Worten: was ihm Spaß macht oder was er sowohl nicht ungern tut als auch von der Umgebung honoriert bekommt. Das ist also die Menge $C \cup (B \cap D)$. Sie ist in Abbildung 6–3 mit »was der Entwickler wirklich tut« bezeichnet.

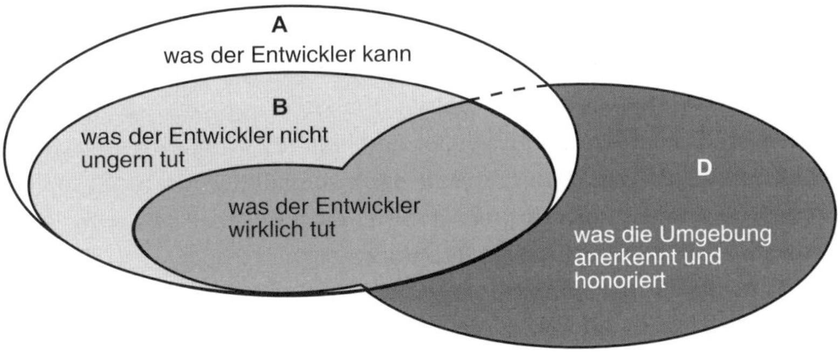

Abb. 6–3 *Was der Entwickler tatsächlich tut*

Mit diesen Diagrammen lassen sich einige bekannte Typen leicht charakterisieren:

- Der »Workaholic« ist einer, bei dem C in der sehr großen Schnittmenge $B \cap D$ liegt. Was ihm Spaß macht, ist auch anerkannt. Warum sollte er etwas anderes tun als zu arbeiten? Sein Gegenstück ist ein Mitarbeiter, der nichts zustande bringt, nach üblichem Urteil eine Niete: Bei ihm ist $B \cap D$ sehr klein oder leer. Sehr problematisch ist die Situation, in der C anders als hier angenommen nicht (vollständig) in A liegt. Das ist bei Leuten der Fall, die sich einer Selbsttäuschung über ihre Arbeit hingeben. Beispielsweise programmieren manche Leute gern, aber schlecht. Natürlich erwarten auch sie Anerkennung für ihre Leistung

6.4.3 Folgerungen für das Management

Was kann das Management aus dieser Betrachtung lernen? Damit jeder Mitarbeiter leistet, was er im Interesse der Firma leisten *kann*, sollte zunächst die Menge D mit den Interessen der Firma zur Deckung gebracht werden. In vielen Firmen ist ein Verhalten hoch geachtet, das durchaus schädlich ist, vor allem das sogenannte *Fire fighting*, also die Rettung eines Projekts in letzter Minute. Man sollte nicht vergessen, dass eine solche Rettung nur notwendig ist, wenn das Projekt zuvor in die Krise geführt wurde. Wer stattdessen sein Projekt sicher steuert und gar nicht erst in eine Krisensituation gerät, bekommt deutlich weniger Anerkennung. Das ist falsch!

Ähnlich verhält es sich mit der Dokumentation: Viele Manager beklagen, dass nicht oder schlecht dokumentiert wird. Sie haben aber weder dafür gesorgt, dass die Mitarbeiter gut dokumentieren können (dazu sind Ausbildung und Vorbilder nötig), noch erhalten Leute, die sich um gute Dokumentation bemühen, die verdiente Anerkennung. Diese Tätigkeit liegt also im Sinne des Diagramms im Niemandsland, weder in C noch in D.

Dann sollte sichergestellt werden, dass D den Mitarbeitern bekannt ist und auch sichtbar wird, z. B. durch die Belohnung derer, die sich entsprechend verhalten. Welchen Charakter diese Belohnung hat (Prämie, Beförderung, Mitarbeiter des Monats oder was auch immer), ist zweitrangig. Auch die soziale Anerkennung, die der kompetente Entwickler in regelmäßigen Review-Sitzungen von seinen Kollegen bekommt, darf man nicht unterschätzen.

Und schließlich sollte die gezielte und individuell ausgewählte Weiterbildung der Entwickler die Schnittmenge $B \cap D$ vergrößern, sodass es für alle Entwickler attraktive Arbeiten gibt, die in ihrer Kompetenz liegen. Wenn es dem Management sogar gelingt, das Ziel innerhalb von C zu platzieren (oder C so zu beeinflussen, dass es das Ziel einschließt), dann hat es gewonnen!

6.4.4 Veränderungen und persönliche Interessen

Wo immer Probleme, Fehlentwicklungen und Mängel erkannt werden, sind Veränderungen erforderlich. In einem technischen Prozess können sie darin bestehen, dass Maschinen ausgewechselt oder Parameter anders eingestellt werden, wovon die Arbeit der Menschen kaum betroffen ist. Bei der Software-Bearbeitung spielen solche rein technischen Änderungen nur eine untergeordnete Rolle; dann und wann kann ein Problem durch ein Hilfsprogramm oder durch den Übergang auf die neue Version eines Werkzeugs gelöst oder entschärft werden. In fast allen Fällen kommt die Veränderung dadurch zustande, dass Menschen anders arbeiten als zuvor, dass sie also *sich* ändern. Lehnen sie die Veränderung ab oder sabotieren diese gar, so wird sie nicht gelingen. Beispiele aus dem Bereich der Werkzeugeinführung oder der Prozessverbesserung sind Legion: Formal kann man vieles durchsetzen, aber praktisch ergibt sich daraus kein Nutzen, wenn die Betroffenen nicht kooperieren. Dass sie dies in der Regel nicht offen sagen, sondern oft sogar ihre positive Einstellung betonen, macht die Situation keineswegs einfacher.

Darum ist es die Aufgabe derer, die über Veränderungen entscheiden, dafür zu sorgen, dass jeder einzelne Beteiligte davon profitiert, dass also zwischen der Organisation und den Mitarbeitern eine Win-win-Situation entsteht. Der Nutzen für die Organisation reicht nicht aus, das Argument, das Wohl der Firma sei auch das Wohl der Mitarbeiter, ist allzu abstrakt – und in der Praxis auch oft falsch, wenn beispielsweise eine Rationalisierung zum Personalabbau führt.

Der individuelle Nutzen kann ganz unterschiedlich aussehen, er reicht von einer simplen Prämie oder Gehaltserhöhung über bessere Arbeitsbedingungen und den Erwerb neuer Kenntnisse bis hin zur öffentlichen Auszeichnung und einem Sprung auf der Karriereleiter. Dabei hat ein junger, hoch qualifizierter Mitarbeiter völlig andere Wünsche als einer, der sich auf seinen nahen Ruhestand freut. Die unterschiedlichen Interessen wahrzunehmen und bei allen Veränderungen zu berücksichtigen, ist eine Schlüsselqualifikation jedes guten Managers.

6.5 The Personal Software Process

Software wird überwiegend von Gruppen entwickelt, nicht von »Einzelkämpfern« (vgl. Abschnitt 7.4.1). Das gilt natürlich verstärkt für große Systeme. Darum setzen die meisten Versuche, den Entwicklungsprozess zu verbessern, an den Gruppen an, nicht an den Individuen. Solche Versuche werden ausführlich in Kapitel 11 vorgestellt.

Andererseits gibt es auch kleine Projekte, die von Einzelnen oder von Gruppen aus zwei oder drei Personen bearbeitet werden. Das gilt für die Industrie und mehr noch für die Hochschulen, wo Studenten oft allein Übungsaufgaben bearbeiten, Praktika absolvieren oder Diplomarbeit schreiben. Hier greifen Regelungen für Organisationen nicht.

Darum hat Watts Humphrey ein Regelwerk geschaffen, das er unter der Bezeichnung »Personal Software Process« (PSP) erprobt und publiziert hat (Humphrey, 1997, 2005). Die erste Zielgruppe des PSP waren 1993 die Studenten, denen Humphrey die Ideen des Capability Maturity Models (CMM/CMMI, siehe Abschnitt 11.2) nahe bringen wollte.

Die Grundidee des PSP kann wie folgt ausgedrückt werden: Ein Entwickler, der mit möglichst geringem Aufwand gute Arbeit leisten will, sollte planmäßig vorgehen und wissen, wie sich sein Vorgehen auf die Resultate auswirkt. Darum sollte er verschiedene Vorgehensweisen erproben und dabei seinen Aufwand, sein Vorgehen und seinen Erfolg präzise dokumentieren. Auf diese Weise wird er unvermeidlich erkennen, dass bestimmte Techniken erfolgreicher sind als andere, und dann die erfolgreichen Techniken bevorzugt einsetzen. Er wird also besser arbeiten. Die Abbildung 6–4 zeigt die Darstellung des PSP von Humphrey. Die Teilung jeder Stufe (außer PSP3) in zwei Schritte ist wohl durch die Anlehnung an die CMM-Stufen begründet.

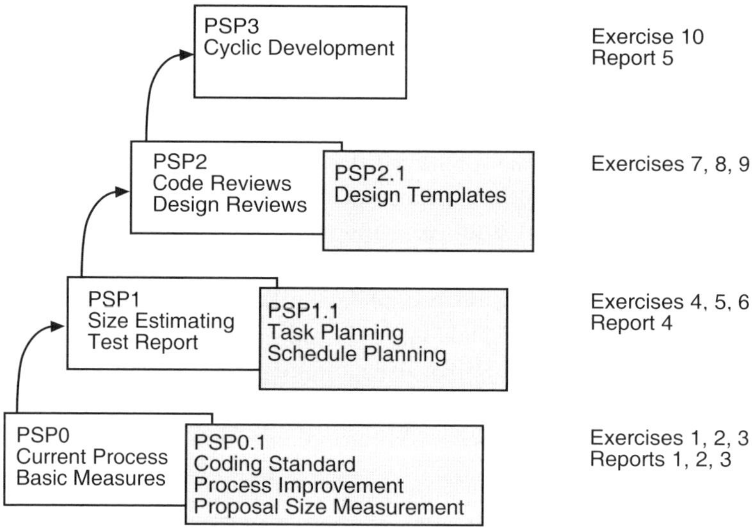

Abb. 6–4 *Der Personal Software Process nach Humphrey*

Humphrey vermittelt den PSP durch Unterricht einzelner Software-Engineering-Themen, z. B. Planung, Messen und Schätzen, Design and Code Reviews, Software-Qualitätsmanagement, Software-Entwurf, Ausweitung des Ansatzes für größere Systeme. Die Studenten wenden das Gehörte Woche für Woche in Übungen an, die zuerst sehr klein sind und von Woche zu Woche größer werden. Dabei steigen sie von Ebene zu Ebene durch die Stufen des PSP auf (Tab. 6–3).

Der PSP ist relativ bürokratisch und allzu sehr auf die Codierung fixiert. Es erscheint darum zweifelhaft, ob man ihn allgemein in die Hochschullehre übernehmen sollte. Völlig unstrittig ist die Grundidee: Jeder Student sollte sich daran gewöhnen, seine Aufwände und deren Wirkungen zu notieren und daraus zu lernen. Fast jeder Student zweifelt an der Botschaft, dass Code-Lesen mehr bringt als Testen. Wer es selbst ausprobiert hat, zweifelt nicht mehr.

Humphrey hat unter der Bezeichnung »Team Software Process« (TSP) einen ähnlichen Ansatz für Entwicklergruppen vorgelegt (Humphrey, 2000).

PSP-Stufe	PSP-Schritt	Eingesetzte Formulare und Metriken
Baseline Personal Process	PSP 0	– Project Plan Summary (Übersetzungs- und Testzeit, Fehler entdeckt / behoben) – Time Recording Log – Defect Recording Log
	PSP 0.1	– Project Plan Summary (Änderungen in LOC real)
Personal Planning Process	PSP 1	– Project Plan Summary (Schätzungen für LOC) – Size Estimating Template
	PSP 1.1	– Project Plan Summary (Planeinhaltung, Wiederverwendung) – Task and Schedule Planning Templates
Personal Quality Management	PSP 2	– Project Plan Summary (Fehler und Aufwand)
	PSP 2.1	– Project Plan Summary (Qualitätsaufwand und -kosten) – State Specification Template
Cyclic Personal Process	PSP 3	– Cycle Summary (Metriken-Übersicht für jedes Inkrement) – Issue Tracking Log (Verfolgung von Problemen über die Inkremente hinweg)

Tab. 6–3 *Stufen und eingesetzte Metriken des PSP, stark vergröbert*

6.6 Moralische und ethische Aspekte

Jedes Artefakt verändert die Welt, in der wir leben. Software tut dies in erheblichem Maße. Die Wirkungen sind vielfältig und vielfach auch ambivalent; nur in speziellen Fällen, etwa bei einem Programm zur Steuerung eines Herzschrittmachers oder bei einem Computervirus, kann man Software uneingeschränkt als gut oder böse einstufen. (Aber selbst in diesen Fällen gibt es Szenarien, die eine andere Wertung nahe legen, beispielsweise, wenn ein Computervirus bewirkt, dass sich die Mitglieder eines Tauschrings für Kinderpornografie quasi selbst bei der Staatsanwaltschaft melden.)

Die Zersplitterung unserer Arbeit in viele Teile trägt wesentlich zur hohen Produktivität in den Industriegesellschaften bei, sie hat aber auch zur Folge, dass die einzelnen Teile in der Regel nicht mehr separat zu bewerten sind. Wer einen Compiler schreibt, hat keine Kenntnis der Ziele, die später die Anwender des Compilers verfolgen werden; typischerweise realisieren auch diese ein Werkzeug (z. B. ein Datenbanksystem), das wiederum den Zielen anderer Menschen dienen wird. Die Forderung, beim Software Engineering ethische Prinzipien zu beachten, läuft also hinsichtlich der Software-Verwendung in vielen Fällen ins Leere.

Damit ist das Thema aber nicht erledigt. Denn zum einen gibt es neben den erwähnten Basissystemen viel Software, deren Sinn und Anwendung klar sind und die daher auch bewertet werden können. Wer an Schießspielen arbeitet oder an einem Programm, das die Angestellten einer Firma ausspioniert, weiß genau, was er tut. Und auch in vielen nicht ganz so klaren Fällen hat der Entwickler durchaus die Möglichkeit, die Implikationen seiner Arbeit abzuschätzen.

Zum anderen gelten die Regeln der Moral auch für die Arbeit selbst; die Beachtung der Urheberrechte, der Respekt vor der Intimsphäre der Kollegen und Kunden, die Fairness gegenüber einem Partner: Dies alles sind Forderungen, die täglich an uns gestellt sind.

Die Diskussion über ethische Aspekte unserer Arbeit hat in den Neunzigerjahren in den Berufsverbänden dazu geführt, dass ethische Leitlinien aufgestellt wurden (so von der Gesellschaft für Informatik (GI, 2004) wie auch von der IEEE-Computer Society und der ACM, IEEE-CS/ACM, 1999). Wir respektieren den Versuch, sehen aber im Resultat keine erhebliche Verbesserung. Die Leitlinien sind nicht Fisch noch Fleisch: Einerseits setzen sie erkennbar auf die Codifizierung der Verhaltensregeln. Das leisten auch Gesetze. Aber die Formulierungen sind zu unbestimmt, um im konkreten Fall eine klare Richtung vorzugeben. Andererseits schrecken sie vor Sanktionen zurück. Wir haben damit Regeln, die nichts Genaues sagen und auch niemals durch eine Jury, ein Schiedsgericht, konkretisiert und angewendet werden.

Diese Kritik gilt nicht für alle Leitlinien in gleichem Maße. Ausgesprochen rührend lesen sich die Regeln im Australian Computer Society Code of Ethics (Australian Comp. Society, 2004); man hat den Eindruck, sie seien aus einem Pfadfinder-Buch entlehnt. Zitat:

- *4.3.1 Priorities: I must place the interests of the community above those of personal or sectional interests.*
- *4.3.2 Competence: I must work competently and diligently for my clients and employers.*
- *4.3.3 Honesty: I must be honest in my representations of skills, knowledge, services and products.*

Besonders ergreifend ist die Regel 4.10.6:

- *I must take appropriate action if I discover a member, or a person who could potentially be a member, of the Society engaging in unethical behaviour.*

Da haben unsere Kollegen *down under* ja eine Menge zu tun!

Die deutschen Leitlinien gehören zu den besseren, weil sie gar nicht erst den Anspruch erheben, ihren Lesern einen Verhaltenskatechismus zu liefern. Zitate:

- *Art. 8 Lehre: Vom Mitglied, das Informatik lehrt, wird zusätzlich erwartet, dass es die Lernenden auf deren individuelle und gemeinschaftliche Verantwortung vorbereitet und selbst hierbei Vorbild ist.*
- *Art. 10 Zivilcourage: Die GI ermutigt ihre Mitglieder in Situationen, in denen ihre Pflichten gegenüber Arbeitgebern oder Kundenorganisationen in Konflikt mit der Verantwortung gegenüber anderweitig Betroffenen stehen, mit Zivilcourage zu handeln.*

Jeder, der Informatik treibt, sollte sich diese Leitlinien ansehen. Vermutlich wird kaum einer dadurch zu einem besseren Menschen; aber vielleicht erkennt mancher kritische Punkte, die er bislang übersehen hatte.

Der britische Philosoph Bertrand Russell (1872–1970) hat geschrieben, dass wir Liebe und Wissen brauchen, um gut miteinander leben zu können (Russell, 1925: »The good life is inspired by love and guided by knowledge.«). Das ist unmittelbar auf das Software Engineering anwendbar: Wir müssen die Folgen unserer Handlungen überblicken. Dazu brauchen wir gute fachliche Kenntnisse. Und wir sollten uns bemühen, unsere Handlungen so auszurichten, dass wir damit uns und anderen nützen, nicht schaden. Dazu brauchen wir die Liebe zu unseren Mitmenschen und zu uns selbst.

7 Das Software-Projekt – Begriffe und Organisation

Software wird in aller Regel im Rahmen eines Projekts entwickelt und bearbeitet. Dieses Kapitel befasst sich mit den begrifflichen Grundlagen und mit der statischen Struktur von Projekten; das folgende Kapitel 8 behandelt den Ablauf und die Leitung des Projekts. Grundsätzliche Fragen der Anlage und Strukturierung von Projekten werden dann in den Kapiteln 9 (*Vorgehensmodelle*) und 10 (*Prozessmodelle*) behandelt.

7.1 Begriffsbildung

7.1.1 Die Entdeckung der Software-Prozesse

Eine triviale Aufgabe, beispielsweise eine einfache Handreichung (Kauf einer Zeitung, Anschließen eines Rechners an das vorhandene Stromnetz), ist schnell und leicht lösbar; es wäre unsinnig, sie als Folge einzelner Aktionen zu beschreiben und dafür organisatorischen Aufwand zu betreiben. In der Frühzeit der Informatik (in den Fünfzigerjahren) wurde die Programmierung der Rechner als eine solche für Fachleute triviale Aufgabe betrachtet. Die Programme entstanden in den Köpfen der Programmierer und wurden direkt codiert, meist auf Papierformulare, die anschließend von Schreibkräften, den »Locherinnen«, auf Lochkarten übertragen wurden. Kleine Schwierigkeiten wie Programmierfehler und Inkonsistenzen wurden als unvermeidlich und beherrschbar beurteilt.

Etwa ab 1960 nahmen die Probleme der Software-Entwicklung zu und drangen ins Bewusstsein der Betroffenen. Die Entwicklung wurde gegliedert und modelliert, es entstanden mehr oder minder detaillierte Arbeitsanleitungen (z. B. für die Programmierung mit HIPO, »hierarchy plus input, process, output«; Überblick in Yau, Tsai, 1986). Die Systematik und die Dokumentation sollten dafür sorgen, dass mit akzeptablem Aufwand gute, fehlerarme Software entsteht. Auch mit den seit Mitte der Fünfzigerjahre entstandenen »höheren Programmiersprachen« (FORTRAN, ALGOL, COBOL, PL/I) wurde dieses Ziel verfolgt. Ohnehin vertraten viele Fachleute im akademischen Bereich die Meinung, dass alle Software-

Probleme technische Probleme seien, dass man also mit der richtigen Programmiersprache und einigen elementaren Programmierregeln (»structured programming«, vgl. das Buch mit diesem Titel von Dahl, Dijkstra, Hoare, 1972) alle Probleme lösen könne.

Für einen einzelnen Entwickler reichen diese Regeln aus; wenn er sie beachtet, kann er überschaubare Aufgaben systematisch mit gutem Erfolg bearbeiten. In größeren Projekten, in denen einige oder viele Leute arbeiten, klappt die Abstimmung und die Zusammenarbeit keineswegs von selbst. Neben dem Programmieren im Kleinen (*programming in the small*) auf Code-Ebene gewann das Programmieren im Großen (*programming in the large*) an Bedeutung und an Beachtung. Der viel zitierte Artikel von DeRemer und Kron (1976, tatsächlich zuerst 1974 erschienen) signalisiert diese damals neue Sicht.

Um sicherzustellen, dass alle erforderlichen Schritte wirklich durchgeführt werden, wurden *Vorgehens-* oder *Prozessmodelle* (Kapitel 9 und 10) formuliert und eingeführt. Aber auch ein solches Modell ist noch kein Garant dafür, dass es – sinnvoll – umgesetzt wird. Darum machte man sich in den Achtzigerjahren daran, die Qualität der Prozesse systematisch zu beurteilen und zu verbessern (siehe Kap. 11).

7.1.2 Prozess, Projekt und Vorgehensmodell

Leider sind auf diesem Gebiet keine befriedigend klaren Begriffe entstanden. Das Allerweltswort »Prozess« (von lat. *procedere*, fortschreiten) scheint auf den ersten Blick auszureichen; eine Verwechslung mit dem »Rechenprozess« droht kaum.

process — (1) A sequence of steps performed for a given purpose; for example, the software development process.

(2) See also: task; job.

(3) To perform operations on data.

software development process — The process by which user needs are translated into a software product. The process involves translating user needs into software requirements, transforming the software requirements into design, implementing the design in code, testing the code, and sometimes, installing and checking out the software for operational use.

Note: These activities may overlap or be performed iteratively.

IEEE Std 610.12 (1990)

Aber in diesen Definitionen stecken zwei unterschiedliche Interpretationen, die eine auf der Modellebene, die andere auf der Ebene konkreter Gegenstände: Ein Prozess ist danach

- die konkrete (d. h. real ausgeführte) Folge von Schritten, die ein bestimmtes, konkretes Ergebnis haben. Wir sprechen hier von einem *Projekt*.
- eine abstrakte Folge von Schritten, die beliebig vielen Projekten zu Grunde liegt, ihnen als *Muster*, also *Modell*, dienen kann.

Es geht hier – wie an vielen Stellen der Informatik – um die Unterscheidung zwischen Modell und Gegenstand. Weil diese Unterscheidung vielen Menschen Schwierigkeiten macht, soll sie in Tabelle 7–1 ganz deutlich werden.

Modell	Gegenstand
Theaterstück	Aufführung
Schallplatte, Musik-CD	einmalige Wiedergabe des Inhalts
Programm	Programmausführung
Klasse	Objekt
Vorgehensmodell	Projektablauf
Prozessmodell	Projekt (inkl. Organisation)

Tab. 7–1 *Modell und Gegenstand*

7.1.3 Abgrenzung der Begriffe

Jedem Projekt liegt unvermeidlich ein Prozess zu Grunde, also eine Vorstellung, wie ein Projekt ablaufen soll und kann. In vielen Fällen ist dieser Prozess weder bewusst gewählt noch niedergeschrieben oder sonst wie explizit formuliert. Das Projekt wird so durchgeführt, *wie Projekte immer durchgeführt werden.* Wenn aber ausdrücklich vorgegeben ist, wie Projekte ablaufen sollen, dann haben wir ein Vorgehens- oder Prozess*modell* vor uns.

Die meisten Autoren verwenden die Wörter *Prozessmodell* und *Vorgehensmodell* als Synonyme. Wir gebrauchen sie in unterschiedlicher Bedeutung: So, wie das Wort »Prozess« mehr Aspekte einschließt als das »Vorgehen«, so gehören zum Prozessmodell neben einem Vorgehensmodell, das seinen Kern bildet, auch die Organisationsstrukturen, die Vorgaben für das Projektmanagement und die Qualitätssicherung, die Dokumentation und die Konfigurationsverwaltung. In der Analogie der Tabelle 7–1 kann man sagen, dass ein Theaterstück, ergänzt um alle Angaben zu den Rollen, den Kostümen und dem Bühnenbild, auch zur äußeren Form der Aufführung, dem Prozessmodell entspricht; die Reclam-Ausgabe des Stücks entspricht dem Vorgehensmodell.

Diese Deutung steckt implizit im Wort »Prozessverbesserung« (*process improvement*). Dabei geht es vor allem gerade um diejenigen Punkte, die im Vorgehensmodell *nicht* angesprochen werden. Auch die historische Entwicklung lässt die Unterscheidung sinnvoll erscheinen: Nachdem in den Siebziger- und den frühen Achtzigerjahren zunächst die Vorgehensmodelle (Wasserfallmodell und andere) entstanden waren, wurde deutlich, dass ohne Verbesserung der Strukturen, ohne Qualitätssicherung usw., der Projekterfolg Glückssache bleibt. Darum werden in den jüngeren Prozessmodellen (Unified Process, Extreme Programming usw.) auch diese Aspekte behandelt.

Wir versuchen darum, die Wörter Projekt, Vorgehen und Prozess, Vorgehens- und Prozessmodell konsequent in ihren präzisen Bedeutungen zu verwenden. Die Literatur und der Sprachgebrauch, auch die Zweifelsfälle, werden aber verhindern, dass die Abgrenzung perfekt gelingt.

Dieses Kapitel ist dem Software-Projekt gewidmet, das folgende dem Projektleiter. Vorgehensmodelle werden in Kapitel 9, Prozessmodelle in Kapitel 10 behandelt.

7.2 Software-Projekte

Viele Regeln und Erfahrungen sind für *alle* technischen Entwicklungsprojekte gültig, es spielt keine Rolle, ob es um die Entwicklung einer Elektronik, einer Maschine oder einer Software geht. In allen Fällen kommt es darauf an, die Zusammenarbeit der Menschen so zu organisieren und die Bedingungen so zu beeinflussen, dass die Ziele des Projekts sicher erreicht werden können. Einige Besonderheiten der Software-Projekte sind auf die speziellen Eigenschaften der Software zurückzuführen (siehe Abschnitt 2.3.2), vor allem auf die Unsichtbarkeit des Produkts. Thayer (1997) definiert:

project — A temporary activity that is characterized by having a start date, specific objectives and constraints, established responsibilities, a budget and schedule, and a completion date. If the objective of the project is to develop a software system, then it is sometimes called a software development or software engineering project.

Diese Definition ist uns zu eng, denn kaum ein Projekt hat stabile Ziele und Randbedingungen. Man kann geradezu das Gegenteil feststellen, also dass fast jedes Projekt instabilen Rahmenbedingungen unterworfen ist. Was lässt sich über (Software-)Projekte wirklich Allgemeingültiges aussagen? Wir stellen im Einzelnen fest:

- Die Laufzeit jedes Projekts ist begrenzt.
- Jedes Projekt hat einen »Erzeuger« (= eine Person oder Institution, die es initiiert hat, typischerweise das höhere Management). Der *Projekteigentümer* ist der Erzeuger oder vertritt dessen Interessen. Ihm ist der Projektleiter verantwortlich.
- Jedes Projekt hat einen Zweck, verfolgt also ein Bündel von Zielen. Das wichtigste Ziel ist in der Regel, eine Software herzustellen oder zu verändern; diese Software ist also das Resultat des Projekts, das *Produkt*. Andere wichtige Ziele sind die Erweiterung des Know-hows, die Bereitstellung von Bausteinen für spätere Projekte oder die Auslastung der Mitarbeiter.

  Werden die Ziele in hohem Maße erreicht, so ist das Projekt *erfolgreich*.
- Das Produkt hat einen Abnehmer oder wird (hoffentlich) einen haben. Dieser Abnehmer ist der *Kunde*. Die späteren *Anwender* gehören zum Kunden.

- Das Projekt verbindet Menschen, Resultate (*Zwischen- und Endprodukte*) und Hilfsmittel (*Ressourcen*). Die Organisation bestimmt deren Rollen und Beziehungen und die Schnittstellen des Projekts nach außen.

7.3 Projekttypen

Projekte unterscheiden sich formal durch die Art der Auftragsbeziehung und der Abrechnung. Auch wenn diese Merkmale prinzipiell nichts mit dem Gegenstand des Projekts zu tun haben, sind doch bestimmte Inhalte für bestimmte Projektarten typisch. Wir unterscheiden darum die in Tabelle 7–2 aufgeführten vier Projekttypen; auf diese nehmen wir Bezug, wenn wir Aussagen auf Projekte bestimmten Typs einschränken. Natürlich gibt es auch hier gleitende Übergänge, Mischungen und Grenzfälle.

Projektart	Ergebnis	Auftraggeber			
		internes Marketing	externer Kunde	internes Management	Verkauf / ext. Kunde
Entwicklungsprojekt	Produkte, Systeme für den Markt	x	(x)	(x)	
Auftragsprojekt	Kundenspezifisches Software-System		x		
EDV-Projekt	Datenverwaltung, Informationssysteme		(x)	x	
Systemprojekt	Industrieanlagen, technische Systeme			(x)	x

Tab. 7–2 *Typische Projektkonstellationen*

Wir verwenden nachfolgend das Wort »Hersteller« als Oberbegriff für alle Organisationen, die irgendetwas, insbesondere Software, produzieren. Auch Dienstleistungen sind eingeschlossen. Damit können auch Behörden, Universitäten und Einzelpersonen unter den Begriff des Herstellers fallen.

7.3.1 Das Entwicklungsprojekt

Ein Software-Produkt wird entwickelt, damit es später auf dem Markt angeboten werden kann. Auftraggeber (und damit quasi Kunde) ist in diesem Fall die Marketingabteilung des Herstellers, das Geld kommt aus dem Entwicklungsbudget.

Typische Produkte sind Programmpakete, die ein in der Anwendung oft vorkommendes Problem lösen (»Standard-Software«, »Shrinkware« wegen der Schrumpffolie, in die die Kartons mit CD/DVD und Handbuch verpackt sind).

7.3.2 Das Auftragsprojekt

Ein Hersteller entwickelt die Software nach den Wünschen eines externen Auftraggebers. Die Rollen sind klar verteilt, zwischen dem Hersteller und dem Auftraggeber besteht ein Vertrag, in dem im Allgemeinen Lieferungen mit Zahlungen verknüpft sind. Da es sich um eine Spezialanfertigung handelt, werden viele Merkmale des Projekts, z. B. die eingesetzten Programmiersprachen oder der Stil der Dokumentation, vom Kunden vorgegeben.

7.3.3 Das EDV-Projekt

Im Hause wird Software für den eigenen Bedarf entwickelt. Hersteller und Auftraggeber sind in derselben Organisation, die Bezahlung erfolgt mit »Papiergeld«, die Kosten werden also zwischen Abteilungen verrechnet, es gibt keinen echten Geldfluss. Konflikte werden durch den gemeinsamen Vorgesetzten gelöst.

Hier geht es meist um Informationssysteme im weitesten Sinne, also um Datenverwaltung oder »IT« (»EDV«), das Resultat dient der Rationalisierung interner Abläufe. In Banken und Versicherungen dominieren solche Projekte.

7.3.4 Das Systemprojekt

Ein Kunde bestellt ein komplexes System, z. B. eine Industrieanlage oder ein Navigationssystem für den Einsatz im Auto. Das System enthält mehr oder minder viel Software. Die Software-Leute erbringen ihre Leistung also zusammen mit den übrigen Ingenieuren des Herstellers. Der Kunde kann entweder das ganze System als »Black Box« einkaufen oder auf die Struktur und damit auf die Abgrenzung zwischen Hard- und Software Einfluss nehmen. Im ersten Fall funktioniert die Kommunikation ähnlich wie bei einem EDV-Projekt, denn die Vorgaben kommen aus dem eigenen Hause, im zweiten Fall sind die Beziehungen zum Kunden wie bei Auftragsprojekten.

Entwickelt ein Hersteller ein Produkt aus Hard- und Software, z. B. ein Radio, dann mischen sich Merkmale der Entwicklungsprojekte und der Systemprojekte.

7.3.5 Vergleich der Projekttypen

Für die Behandlung im Lehrbuch eignen sich die Auftragsprojekte am besten, denn die Positionen und Interessen der Beteiligten sind offensichtlich; auf der Herstellerseite geht es ausschließlich um Software. Mit dem Trend zur Ausgliederung der Infrastruktur, von der Kantine bis zur IT, sinkt die Zahl der EDV-Projekte im Sinne der Definition oben. Die großen Software-Hersteller wie Microsoft oder Rechnersystemanbieter wie Apple führen reine Entwicklungsprojekte durch; bei den kleineren Herstellern gehen die Entwicklungsprojekte oft aus Auftragsprojekten hervor; was für einen einzigen Kunden entwickelt wurde, lässt sich eventuell generalisieren und damit auf dem Markt verkaufen. In Systemprojekten sind die Anforderungen bezüglich der Software-Qualität typischerweise am höchsten, denn bei einem »Embedded System«, z. B. einem Lift oder einer Fahrzeugstabilisierung, ist die Toleranz gegenüber Ausfall und Fehlfunktion wesentlich geringer als bei einem Textsystem, dessen Versagen dann und wann einen Neustart des PCs erfordert.

7.4 Formen der Teamorganisation

Software-Entwicklung ist ein arbeitsteiliger Prozess, an dem viele Personen in unterschiedlichen Rollen beteiligt sind. Eine wichtige Aufgabe des Projektmanagements besteht darin, die am Projekt beteiligten Personen – das Projektteam – zu organisieren. Je nach Größe des Projekts kann das Projektteam in mehrere Teams unterteilt werden. Ein Team sollte einen definierten Bereich bearbeiten und aus höchstens fünf bis sieben Personen bestehen.

Im Folgenden werden einige typische Organisationsformen für Teams vorgestellt. Diese Übersicht ist natürlich holzschnittartig vereinfacht, in der Praxis gibt es alle möglichen Mischformen.

7.4.1 Kleine Teams und »Einzelkämpfer«

Wer allein an einer Aufgabe arbeitet, bildet quasi ein »Ein-Personen-Team«. In der Praxis gibt es viele der sogenannten Einzelkämpfer, weil bei der Wartung und Weiterentwicklung von Produkten oder Produktvarianten Aufgabenpakete entstehen, die sich nicht mehr sinnvoll über mehrere Personen verteilen lassen. Zudem hat ein Einzelkämpfer in seiner »Gruppe« keinen Kommunikationsaufwand.

Aber die Nachteile überwiegen deutlich: Dem Einzelkämpfer fehlen Gesprächspartner, die eine Diskussion möglich machen und Mängel, insbesondere das Fehlen der Dokumentation, kritisieren. Wenn er ausfällt, ist die Einarbeitung eines Nachfolgers zeitraubend und mühsam. Man sollte darum einen gewissen Mehraufwand in Kauf nehmen, um mehrere Einzelkämpfer so in Gruppen zu organisieren, dass jeder die Arbeiten seiner Kollegen kommentieren und unterstützen, notfalls auch übernehmen kann.

Eine Gruppe aus zwei Personen entsteht entweder durch den freien Beschluss der Beteiligten oder durch die Weisung an einen »Sherpa«, einen zuvor allein arbeitenden Spezialisten zu unterstützen. Im ersten Fall entsteht ein »Doppel«, im zweiten ein »Tandem«, das ja bekanntlich nur dem vorderen Fahrer erlaubt, die Richtung zu bestimmen.

Die Tandem-Lösung kann auch den Zweck haben, das Wissen des Spezialisten auf zwei Köpfe zu verteilen; dann ist der Juniorpartner kein Sherpa, sondern ein

Schüler. Im Tandem ist die Führungsaufgabe auf die Delegation von Aufgaben und ggf. auf die (Mit-)Teilung des Wissens beschränkt. Beim »Extreme Programming« (siehe Abschnitt 10.6) entstehen durch das Pair Programming Doppel (oder auch Tandems); sie sollen für eine kontinuierliche Qualitätssicherung sorgen.

Im Doppel gibt es keine Führung, sondern (hoffentlich) Einvernehmen.

7.4.2 Anarchische Teams

In einem anarchischen Team (Jones, 1990) arbeiten die Entwickler im Wesentlichen autonom, nach eigenen Vorgaben und Maßstäben. Hierarchische Beziehungen fehlen oder werden faktisch ignoriert, weil der Wille, die Zeit oder die Fähigkeit zur Führung fehlt.

- **Vorteile**
  Die Entwickler arbeiten selbstbestimmt, es gibt keine Hierarchie-Probleme und kaum bürokratische Hindernisse.
- **Nachteile**
  Standards und Normen lassen sich nicht durchsetzen und werden dementsprechend auch nicht eingehalten. Ob die erforderlichen Resultate entstehen, ist Glückssache (d. h., gewisse Dokumente entstehen in aller Regel nicht). Planung und Abstimmung sowie die Einführung neuer Methoden und Werkzeuge sind von der Laune der Mitarbeiter abhängig. Die Organisation insgesamt ist nicht lernfähig.

Anarchisch organisierte, d. h. praktisch *nicht* organisierte Teams, sind typischerweise in Organisationen mit schwacher Führungsstruktur anzutreffen, also in Behörden, Forschungseinrichtungen und auch in vielen Firmen. Klein- und Kleinstgruppen (Einzelkämpfer) können in der Regel als anarchisch eingestuft werden.

Offiziell gibt es diese Organisationsform natürlich nicht; sie ist als demokratisches oder hierarchisches Team getarnt.

7.4.3 Demokratische Teams

Das demokratische Team ist ähnlich aufgebaut wie das anarchische Team. Demokratisch bedeutet in diesem Zusammenhang, dass alle Mitglieder gemeinsam verabredete Ziele verfolgen. Dies setzt natürlich ein diszipliniertes Verhalten bei allen Beteiligten voraus. Da es trotzdem Situationen geben kann, in denen kein Konsens gefunden oder keine Entscheidung getroffen werden kann, gibt es im demokratischen Team eine ausgezeichnete Person (primus inter pares), die, wenn nötig, Entscheidungen fällt oder Ziele und Vorgaben festlegt.

- **Vorteile**
  Die Fähigkeiten der Teammitglieder werden optimal genutzt, alle sind an Entscheidungen beteiligt. Probleme, die auftreten, werden frühzeitig erkannt und nach Absprache gemeinsam bekämpft.
- **Nachteile**
  Da sich das Team häufig absprechen muss, ist der Kommunikationsaufwand hoch. Das kann zur Lähmung führen, wenn die gemeinsamen Ziele nicht ausreichen, um bestimmte Entscheidungen zu treffen, und Fraktionen entstehen.

Diese Organisationsform gibt es (unter günstigen Umständen) in Forschungsgruppen. Auch in kleineren Software-Unternehmen findet man demokratische Teams; sie bleiben dann meist über mehrere Projekte zusammen. Die demokratische Struktur schwindet, wenn die Gruppe später wächst; dann sind die ursprünglichen Mitglieder unvermeidlich »more equal than the others« (Orwell).

7.4.4 Hierarchische Teams

Ein hierarchisch organisiertes Team steht unter der Leitung einer Person. Sie ist als *Projektleiter* (oder *Projektmanager*) für das Projekt verantwortlich. Der Projektleiter kann auch der Linienvorgesetzte der Mitarbeiter sein (siehe Projektorganisation in Abschnitt 7.5).

Der Projektleiter plant und verteilt die durchzuführenden Aufgaben, kontrolliert den Fortschritt und ist an qualitätssichernden Maßnahmen sowie an technischen Entscheidungen beteiligt. In sehr großen Projekten wird das Projektteam in weitere hierarchisch organisierte Teams unterteilt. So entsteht eine baumartige Organisationsstruktur mit klar definierten Kompetenzen und Pflichten.

- **Vorteile**
  Die Kommunikationsstrukturen sind einfach, die Zuständigkeiten und Pflichten klar verteilt, und auf Mitarbeiterebene können die Mitglieder des Teams verhältnismäßig leicht ausgetauscht werden. Die baumartige Struktur schafft gute Übersicht.
- **Nachteile**
  Wenn ein großes Projekt über mehrere Stufen in Teams unterteilt wird, werden die Kommunikationswege vom Gesamtprojektleiter bis zur Mitarbeiterebene lang. Dadurch kommen wichtige Informationen spät, unvollständig oder gar nicht bei den Mitarbeitern an. Ist der Projektleiter seiner Aufgabe nicht gewachsen, so wird das Projekt wahrscheinlich scheitern, selbst dann, wenn die Entwickler gute Arbeit leisten. Die »kleinen Indianer« sind oft mit der Information, die sie bekommen, und mit ihrer Beteiligung an Entscheidungen unzufrieden und entsprechend wenig zur Kooperation motiviert.

  Hierarchisch organisierte Teams sind die traditionelle Organisationsform vieler Unternehmen und Behörden.

7.4.5 Chief-Programmer-Teams

Dies ist eine spezielle Form des hierarchischen Teams. Sie unterscheidet sich vom oben beschriebenen hierarchischen Team im Wesentlichen dadurch, dass der Leiter (der *Chief Programmer*) auch oder vor allem technisch-konstruktiv führt und dass die Rollen im Projektteam differenziert werden. Der Chief Programmer ist zentral in alle Entwicklungsaktivitäten eingebunden. So entwirft er die Architektur des Systems, implementiert zentrale und wichtige Komponenten und prüft die Implementierungen der anderen Mitglieder. Darum kann diese Funktion nicht mit Chef-Programmierer übersetzt werden (die Konnotation des Wortes »Chef« ist irreführend), es handelt sich vielmehr um einen Vorarbeiter im Projekt.

Der Chief Programmer hat einen Stellvertreter (*Backup Programmer*), der ihn unterstützt und wenn nötig ersetzt. Der Bibliothekar (*Librarian*) übernimmt alle Verwaltungsfunktionen, die Programmierer, häufig Spezialisten (z. B. für die Datenbankprogrammierung), entwickeln nach den Vorgaben des Chief Programmers Komponenten. Zusätzlich kann es weitere Spezialisten geben, z. B. Dokumentierer oder Tester.

- **Vorteile**
  Das Team kann – wie ein Operationsteam in der Chirurgie, das das Vorbild dieser Struktur war – außerordentlich effizient arbeiten, die Kommunikations- und Entscheidungswege sind kurz.
- **Nachteile**
  An den Chief Programmer werden hohe Ansprüche in technischer, organisatorischer und sozialer Hinsicht gestellt. Darum ist diese Rolle auch mit einem hohen Risiko behaftet. Wird die Rolle durch eine entsprechend kompetente Person besetzt, dann kann das Team hervorragende Leistungen erbringen; ist der Chief Programmer seiner Aufgabe nicht gewachsen, dann ist der Misserfolg garantiert.

H.D. Mills (IBM, Federal Systems Division) hat diese Organisationsform erfunden (Baker, 1972). Es ist unklar, wo und mit welchem Erfolg sie sonst eingesetzt wurde. Uns ist keine Organisation bekannt, die für ihre Projekte Chief-Programmer-Teams bildet.

Trotzdem kann man nicht behaupten, dass die dem Chief-Programmer-Team zu Grunde liegende Idee keine Rolle spielt. Ein Projektleiter im hierarchischen Team (Abschnitt 7.4.4) war oft ein guter Entwickler, bevor ihm die Projektleitung übertragen wurde (siehe Abschnitt 8.7.1). Nun fällt es ihm schwer, seinen Mitarbeitern nur zuzusehen, wie sie Software entwickeln, also tun, was er selbst gern täte. Wenn dann auch noch Entwickler fehlen, mogelt er sich gern in die (hier gar nicht vorgesehene) Rolle des Chief Programmers und vernachlässigt seine Führungsaufgabe. Das schadet in der Regel dem Projekt. Wenn der Kapitän Kohlen in den Kessel schaufelt, ist niemand auf der Brücke, um Eisberge rechtzeitig zu entdecken.

7.5 Die interne Organisation der Software-Hersteller

Alle Hersteller haben Organisationsstrukturen, die die Aufgabenverteilung und die Beziehungen der Mitarbeiter untereinander vorgeben. Diese Strukturen bezeichnet man als *Primärorganisation.* Mit der Einstellung bei einem Hersteller wird der neue Angestellte Teil der Primärorganisation. Durch diese Organisation ist alles festgelegt, was grundsätzlich statischer Natur ist. In den meisten Fällen bekommt der Mitarbeiter einen bestimmten Platz in der *Linienorganisation* des Herstellers, also innerhalb der Hierarchie.

Zusätzlich kann es eine *Sekundärorganisation* geben, beispielsweise die Zusammenfassung von Mitarbeitern in einer Projektgruppe, die in der Primärorganisation nicht existiert. Je nach Gewicht und Art der Primär- und Sekundärorganisation unterscheidet man verschiedene Organisationsformen. Natürlich geht es hier stets um die Organisation von Software-Herstellern.

7.5.1 Die funktionale Organisation

Wenn ein Hersteller nur und immer wieder ähnliche Aufgaben zu lösen hat, beispielsweise die Ausrüstung von Arztpraxen mit Rechnern und Software oder die Implementierung von Compilern für verschiedene Sprachen und Plattformen, dann können für die einzelnen Teilaufgaben Gruppen oder Abteilungen geschaffen werden, in denen die jeweiligen Spezialisten arbeiten. Das Produkt entsteht durch das Zusammenwirken aller oder vieler Abteilungen.

Dazu reicht die Linienorganisation aus, eine Sekundärorganisation ist nicht erforderlich. So, wie es am Fließband einen Arbeiter gibt, der nur die Räder auf der linken Fahrzeugseite montiert, so gibt es bei einem funktional organisierten Software-Hersteller Rollen, die jeweils für einen bestimmten Schritt der Konstruktion oder Prüfung zuständig sind.

- **Vorteile**
  Die funktionale Organisation arbeitet wie das Räderwerk einer Uhr. In den Abteilungen oder Gruppen sitzen die Spezialisten für die einzelnen Aufgaben. Es gibt keine Konflikte um Zuordnungen und Prioritäten. Die Zuordnung der Personen ist stabil, die Nachteile der reinen Projektorganisation (siehe Abschnitt 7.5.2) gibt es nicht.
- **Nachteile**
  Die funktionale Organisation ist starr, unflexibel und kaum in der Lage, auf Änderungen der Umgebung zu reagieren. Da die Leistung, wie oben gesagt, durch das Zusammenwirken vieler erbracht wird, gibt es kein Projekt und damit auch keine Identifikation mit dem Projekt; wenn etwas schiefgeht, ist niemand zuständig. Behörden, Musterbeispiele dieser Organisationsform, sind für solche Schwächen bekannt.

7.5.2 Die reine Projektorganisation

Bei der reinen Projektorganisation wird das Projektteam als eine temporäre Struktur in die Firmenorganisation eingebunden. Dieses Team wird vom Projektleiter geführt. Alle Mitglieder treten zu Beginn ihres Einsatzes in die Organisation des Projekts über und verlassen sie wieder, nachdem ihre Aufgabe erfüllt ist. Mit dem Abschluss des Projekts wird die Struktur aufgelöst.

Wir sehen hier eine ausgeprägte Sekundärorganisation (die Projektgruppen), die Primärorganisation ist schwach. Im Extremfall kann sie ganz fehlen, wenn nämlich die Mitarbeiter von Fall zu Fall nur für ein einziges Projekt eingestellt werden.

- **Vorteile**
  Auf Änderungen der Aufgabe und der Umgebungsbedingungen kann ein Projekt sehr rasch reagieren, die Kompetenzen des Projektleiters sind umfassend und klar. Das Projektteam ist auf das Projekt zugeschnitten, und seine Mitglieder identifizieren sich mit dem Projekt. Erfolg oder Misserfolg sind leicht zuzuordnen, die Mitarbeiter sind darum hoch motiviert, Schwierigkeiten zu vermeiden oder zu überwinden.
- **Nachteile**
  Beginn und Ende des Projekts sind mit vielen Veränderungen für die beteiligten Personen verbunden, darum auch mit Unsicherheit, Leerlauf und Frustration. Der Projektleiter steht vor dem Dilemma, dass er nur zu Beginn des Projekts in einer Position ist, in der er Bedingungen stellen kann. Er wird darum versuchen, gleich zu Anfang ausreichend viele qualifizierte Leute für sein Projekt zu bekommen (und damit oft genug anderen Projekten zu entziehen). Andererseits sind nicht alle Leute dauernd sinnvoll einzusetzen, vor allem nicht am Projektbeginn. Eine fatale Folge ist oft der rasche Eintritt in die Implementierung, die alle freien Kapazitäten bindet, aber erhebliche Risiken schafft, wenn die Konzeption des Systems noch nicht abgeschlossen war. So kommt es zu dem gefürchteten »Code now, think later«. Oft ist es auch unsinnig, Spezialisten für die gesamte Projektdauer zu binden.

Die reine Projektorganisation ist bei großen und schwierigen Projekten, die erhebliche Risiken bergen, die einzig mögliche Organisationsform, da sie es erlaubt, die passenden Mitarbeiter auszuwählen oder einzustellen und im Projekt straff zu führen. Das berühmte Manhattan-Projekt zeigt die Stärken der Projektorganisation: Nur die totale Ausrichtung aller verfügbaren Experten auf das Projektziel machte es möglich, in drei Kriegsjahren (ab 1942) die Atombombe zu entwickeln.

7.5.3 Die Matrixorganisation

Da sowohl die funktionale Organisation als auch die reine Projektorganisation große, komplementäre Vor- und Nachteile haben, lag es nahe, eine Synthese zu versuchen. Das Resultat ist die Matrixorganisation. Darin sind Primär- und Sekundärorganisation gleich gewichtet, jeder Mitarbeiter hat also seinen festen Platz in der Linie und gleichzeitig seine Rolle in einem Projekt oder in mehreren Projekten. Die Abbildung 7–1 zeigt die Situation, dass ein Mitarbeiter M der Abteilung Z in zwei Projekten (X und Y) arbeitet und entsprechend zwei Projektleiter und einen Linienvorgesetzten hat.

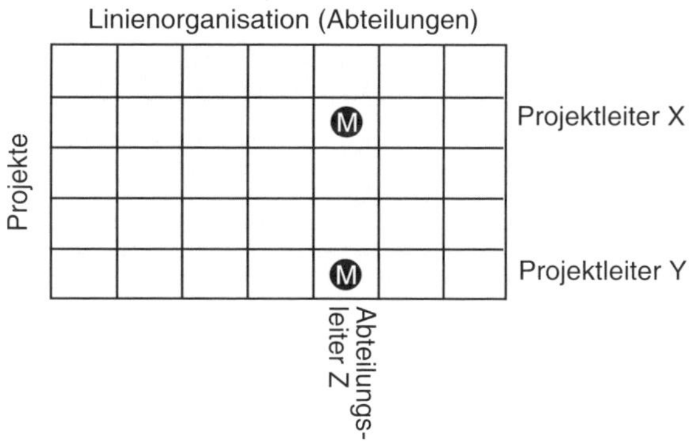

Abb. 7–1 *Matrixorganisation*

Damit kann man sich die Gesamtorganisation als Matrix vorstellen, wobei die Spalten die Organisationseinheiten (Linienstruktur), die Zeilen die Projekte darstellen. Theoretisch sind Projektleitung und Linie gleichberechtigt, de facto erweist sich aber meistens eine der beiden Parteien als stärker und trifft Entscheidungen, die ihren definierten Kompetenzbereich überschreiten.

- **Vorteile**
  Die Mitarbeiter können den Projekten flexibel zugeordnet werden, ohne dass sie auf die feste Zuordnung zu einem bestimmten Linienvorgesetzten und seiner Abteilung verzichten müssten. Da es Projekte und Projektleiter gibt, ist das Problem der mangelnden Identifikation gegenüber der funktionalen Projektorganisation entschärft.
- **Nachteile**
  Jeder Mitarbeiter bekommt durch die Matrixorganisation (mindestens) zwei Chefs, den einen auf unbegrenzte Zeit, den anderen für die Dauer eines Projekts. Das schafft Probleme, wenn es Konflikte gibt, weil die beiden Vorgesetzten unterschiedliche Ziele verfolgen. Der Projektleiter will sein Projekt erfolgreich abschließen und braucht dazu den Mitarbeiter; der Linienvorge-

setzte hat ihn für eine Schulung freigestellt oder einem anderen Projekt zugesagt. Meist ist die Linie stärker, weil ein Projekt langfristig keine Sicherheit bieten kann. Die Projektleiter verlieren weiter an Einfluss, wenn die Mitarbeiter in mehr als einem Projekt stecken und Prioritäten setzen müssen.

Fast alle großen Firmen wenden die Matrixorganisation an; denn anders lässt sich eine Personalführung und -entwicklung nicht realisieren. Wie gut die Sache funktioniert, hängt letztlich aber von der Firmenkultur ab. Günstig ist eine Atmosphäre der Kooperation und des Vertrauens. Wenn die Manager gegeneinander Stellungskriege führen und keine Skrupel haben, Projektleiter zu ernennen, ohne ihnen ein Mindestmaß an Kompetenzen einzuräumen, wird die Matrixorganisation zur Geisterbahn.

8 Projektleitung und Projektleiter

Nachdem in Kapitel 7 die statischen Strukturen betrachtet wurden, die in Software-Projekten vorkommen, geht es in diesem Kapitel um die Durchführung der Projekte und damit auch um die Rolle, die der Projektleiter spielt. Wir gehen nachfolgend von einem starken Projektleiter aus, wie er vor allem in der reinen Projektorganisation auftritt.

8.1 Ziele und Schwerpunkte des Projektmanagements

Projektmanagement hat immer zum Ziel, das Projekt erfolgreich durchzuführen und abzuschließen. »Erfolgreich« bedeutet, dass das Projekt die definierten Resultate in der geforderten Qualität innerhalb der vorgegebenen Zeit und mit den vorgesehenen Mitteln erzielt. Weitere sekundäre Ziele sind in der Regel

- der Aufbau oder die Verstärkung eines guten Rufs durch einen positiven Eindruck auf den Kunden und auf den Markt,
- die Aneignung von Kenntnissen, die zukünftig benötigt werden,
- die Entwicklung wiederverwendbarer Komponenten,
- die Wahrung eines attraktiven Arbeitsklimas für die Mitarbeiter.

Damit diese Ziele erreicht werden, muss das Projekt aktiv geleitet werden. Die Aktivitäten des Projektmanagements haben folgende Schwerpunkte:

- *Planen*
  Ohne Pläne kann ein Projekt nicht geführt werden; Planungsfehler lassen sich später selbst durch hochklassige Technik nicht kompensieren.
- *Bewerten und kontrollieren*
  Die Arbeitsergebnisse und der Projektfortschritt müssen bewertet werden; es muss überwacht werden, ob sich die Beteiligten an Vereinbarungen und Absprachen halten.
- *Kommunizieren*
  Der Projektleiter steht zwischen dem Management, dem Kunden oder dem Marketing und den Mitarbeitern. Für das Management repräsentiert er das

Projekt, für den Kunden die Herstellerfirma, für das Marketing die Technik, für die Mitarbeiter die Leitung der Firma. Entsprechend unterschiedlich sind die Erwartungen, denen er genügen soll. Nur wenn er auf allen Seiten zuhört und nach allen Seiten Informationen weitergibt, hat er eine Chance.

- *Günstige Rahmenbedingungen schaffen und erhalten*
  Ein Projekt gedeiht am besten, wenn die Mitarbeiter, ausgestattet mit der notwendigen Infrastruktur, konzentriert und ungestört stabile Ziele verfolgen können. Aber um das Projekt herum gibt es wankelmütige Kunden, unklare Zielsetzungen, Restrukturierungen, Sparmaßnahmen, enge Büros, lange Wege und andere Projektleiter, die versuchen, Mitarbeiter zu »stehlen«. Es ist Aufgabe des Projektleiters, das Projekt vor diesen störenden Einflüssen zu schützen.
- *Mitarbeiter führen und motivieren*
  Führen heißt: vorangehen, den Weg zeigen, auch die Gruppe mitziehen. Die meisten Entwickler wollen gute Leistungen erbringen, brauchen aber auch Orientierung und Bestätigung.
- *Schwierigkeiten möglichst früh erkennen und bekämpfen*
  Unvorhergesehene Schwierigkeiten und Probleme sind im Projekt nicht die Ausnahme, sondern die Regel. Darum muss der Projektleiter den Horizont regelmäßig nach Eisbergen absuchen und, wenn er einen entdeckt hat, rasch und wirksam reagieren. Er muss also systematisches Risikomanagement betreiben.

8.2 Das Vorprojekt

Manche Software-Projekte sind von Beginn an scharf konturiert. Das ist bei Systemprojekten (siehe Abschnitt 7.3.4) der Fall, wenn die Software Bestandteil eines größeren Systems sein wird, über dessen Entwicklung schon entschieden wurde. Ist zudem klar, dass man die benötigte Software nicht einkaufen kann, so gibt es an der Durchführung des Software-Projekts keine Zweifel. Meist ist dann nur noch zu entscheiden, ob die Arbeit nach außen vergeben oder im eigenen Hause durchgeführt werden soll.

In sehr vielen Fällen gibt es aber zu Beginn weit mehr Unklarheiten, auch die, ob das Projekt überhaupt zustande kommt. Typisch sind folgende Situationen:

- Ein Software-Haus bemüht sich in Konkurrenz mit anderen Anbietern, einen Auftrag zu erhalten.
- Software-Entwickler schlagen vor, ein Werkzeug zu entwickeln, das bestimmte oft durchzuführende Arbeiten erheblich erleichtern würde.
- Die Marketing-Abteilung weist auf einen Trend hin, durch den der Bedarf an bestimmten Software-Produkten erheblich steigen wird, und schlägt vor, rechtzeitig ein solches Produkt zu entwickeln.

- Mitarbeiter einer Bank wünschen eine neue Software für die Kundenberatung, weil die vorhandene veraltet und unflexibel ist.
- Die mit der Software-Wartung befassten Mitarbeiter schaffen es kaum noch, die notwendigen Anpassungen vorzunehmen, und drängen darauf, die alte Software nicht weiter zu flicken, sondern durch eine neue zu ersetzen.

Allen diesen Situationen ist gemeinsam, dass zunächst niemand wirklich weiß, welche Entscheidung richtig ist.

- Natürlich müssen Aufträge akquiriert werden, aber durch ein zu billiges Angebot kann sich der Anbieter ruinieren; ein zu teures Angebot hat keine Chance.
- Wird der Nutzen des Werkzeugs die Kosten übersteigen? Ist überhaupt die personelle Kapazität für eine Werkzeugentwicklung verfügbar?
- Haben wir das Know-how, um das neue Produkt zu entwickeln, und können wir es rechtzeitig auf den Markt bringen?
- Liegt das Problem wirklich in der Software, oder brauchen die Mitarbeiter einfach neue Rechner, moderne Bildschirme oder eine bessere Vernetzung?
- Könnte man die Probleme der Wartung auch dadurch entschärfen, dass man Änderungswünsche der Anwender sachlich prüft, statt sie grundsätzlich zu akzeptieren?

Wie man sieht, ist die Vorstellung, dass ein Projekt einfach beschlossen und begonnen werden könnte, allzu naiv. Meist brauchen wir ein *Vorprojekt.*

Das Vorprojekt führt von der Projektidee (»Wir könnten dieses Projekt machen«) zum Beschluss oder zur Feststellung über das Projekt (»Wir machen dieses Projekt« oder »Wir machen es nicht«).

Das Projektmanagement erfordert immer wieder Kompromisse, weil sich keines der Projektziele in reiner Form verwirklichen lässt. Das gilt ganz besonders für das Vorprojekt. Wenn am Ende eine negative Entscheidung steht, ist der investierte Aufwand verloren. Das spricht für eine enge Begrenzung des Aufwands.

Andererseits ist es notwendig, alle Informationen zu beschaffen und zu verarbeiten, die für eine leidlich zuverlässige Aufwandsschätzung benötigt werden. Eine zu hohe Schätzung kann eine in Wahrheit sinnvolle, rentable Entwicklung verhindern. Eine zu niedrige Schätzung ist noch schlimmer: Die personelle Kapazität wird länger gebunden, als vertretbar ist, die Kosten werden durch den zu niedrig angesetzten Preis nicht hereingeholt, und im Fall eines Auftragsprojekts wird der Ruf des Anbieters beschädigt.

8.2.1 Die Organisation des Vorprojekts

Im (nicht erreichbaren) Idealfall hat man am Ende des Vorprojekts alle Informationen, die für die Entscheidung über das Projekt benötigt werden. Bei einem Auftragsprojekt weiß man, wie weit man sich bei den Terminen und beim Preis aus dem Fenster lehnen darf, beim EDV-Projekt kennt man die Kosten und die Dauer des Projekts, und bei einem Entwicklungsprojekt kann man vorhersagen, wann und in welchen Schritten die Markteinführung möglich und welcher Erfolg zu erwarten ist.

Dazu ist vor allem eine Aufwandsschätzung nötig, verbunden mit der Analyse, ob die richtigen Leute zum richtigen Zeitpunkt verfügbar sein werden. Das erfordert eine ungefähre Vorstellung von der Struktur des Systems und der eingesetzten Technologie, und diese hängen wiederum von den Anforderungen ab. Wir benötigen also:

- einen Überblick über die wichtigsten Anforderungen, vor allem solche, die den Aufwand erheblich beeinflussen,
- eine Konzeption, die Architektur des Systems, freilich ohne Details, aber mit den wichtigsten Entscheidungen über die einzusetzende Technologie,
- einen Entwicklungsplan,
- eine Aufwandsschätzung.

Es hat sich bewährt, das Vorprojekt in einer kleinen Gruppe (das sind bei einem kleinen bis mittelgroßen Projekt zwei bis fünf Leute) durchzuführen, in der sowohl Kenntnisse des Anwendungsbereichs als auch der Technik vertreten sind. Die Zusammenarbeit ist eng und kaum reglementiert. Der insgesamt investierte Aufwand liegt typischerweise bei wenigen Prozent der Entwicklungskosten.

8.2.2 Das Angebot

Soll ein Auftrag akquiriert werden, dann ist das Ergebnis des Vorprojekts das *Angebot*. Darin beschreibt der Anbieter, was er wann zu welchem Preis liefern kann. Ein Angebot enthält also:

- eine Beschreibung des zu liefernden Systems,
- Alleinstellungsmerkmale des Angebots,
- einen Plan mit den externen Meilensteinen des Projekts (Abschnitt 8.3.3),
- Hinweise zum weiteren Vorgehen (Kontaktpersonen).

Das zu liefernde System sollte so beschrieben werden, dass sich der Auftraggeber darin wiederfindet. Das schließt in der Regel eine rein technische Beschreibung aus. Stattdessen sollte der Auftraggeber erkennen, wie er später das System benutzen und von diesem profitieren kann. Der Anbieter muss dazu die Perspektive des Auftraggebers einnehmen. Ein guter Prototyp ist in vielen Fällen ein überzeugendes Argument.

Das bedeutet: Es ist falsch, das System als Maschine zu beschreiben. (»Wir liefern Ihnen eine Software auf der Basis der Technologie XYZ mit den folgenden technischen Merkmalen: ...«) Viel besser ist es, ein Szenario zu entwerfen, in dem der Auftraggeber vorkommt. (»Sie können auf diese Weise Ihre alten Kundendaten ohne weitere Bearbeitung übernehmen und an dieser Bedienschnittstelle jederzeit abfragen, wo sich eine bestimmte Lieferung gerade befindet.«)

Die Alleinstellungsmerkmale können ganz unterschiedlicher Art sein. Es kann sich um eine besonders elegante Bedienung handeln, um die garantierte Zuverlässigkeit oder um die sehr bescheidene Inanspruchnahme der Ressourcen, z. B. des Speichers. Auch die Art der Projektdurchführung kann ein Alleinstellungsmerkmal sein. In jedem Falle muss es sich um Merkmale handeln, die über die Anforderungen hinausgehen, für den Auftraggeber attraktiv erscheinen und für den Anbieter keinen erheblichen Mehraufwand verursachen.

Bei der Akquise eines Auftrags spielt natürlich auch die Erwartung eine Rolle, ob und in welchem Maße man sich bei der Wartung der zu entwickelnden Software schadlos halten kann. Es ist offensichtlich, dass in dieser Phase oft mehr gepokert als technisch argumentiert wird.

8.2.3 Weitere Ergebnisse des Vorprojekts

Das Vorprojekt schafft die Grundlagen für die Entscheidung über das Projekt. Kommt das Projekt tatsächlich zustande, sollte der im Vorprojekt eingesetzte Aufwand weiter genutzt werden, denn es sind ja bereits einige Dokumente entstanden – natürlich nur rudimentär:

- Anforderungen wurden erhoben.
- Die Architektur ist wenigstens grob entworfen.
- Eine erste Aufwands- und Kostenschätzung wurde angefertigt.
- Ein Plan für die Durchführung wurde erstellt.

Alle diese Dokumente sind für die weitere Entwicklung nützlich, wenn sie ausreichend strukturiert, nachvollziehbar formuliert und verfügbar sind. Besonders wichtig ist es, die Quellen aller Anforderungen zu notieren; in vielen Fällen ist es später nötig, Quellen zu überprüfen, bei den Gesprächspartnern nachzufassen oder mit ihnen über Alternativen zu verhandeln.

Vor allem, wenn kein externer Auftraggeber beteiligt ist, besteht eine starke Neigung, das Vorprojekt gleitend ins Projekt übergehen zu lassen. Da das eigentliche Projekt wesentlich weiter gehenden Regeln unterliegt, sollte sein Beginn (und damit das Ende des Vorprojekts) sehr deutlich signalisiert werden. Eine Vermischung der Phasen beschädigt den Entwicklungsprozess.

8.3 Start des Projekts, Planung

Ein Software-Projekt konkretisiert sich in einem Zeitraum zwischen zwei Ereignissen: der Entscheidung des Auftraggebers, ein Software-System entwickeln zu lassen, und dem eigentlichen Startschuss des Projekts. Dieser fällt, wenn der Projektplan in Kraft gesetzt wird. Dazwischen liegt die Definition des Projekts, die sogenannte *Startphase*. In dieser Phase wird der Projektleiter ernannt. Er verkörpert das Projekt, vertritt es nach außen und innen und bildet die Keimzelle des Projektteams.

Seine erste und wichtigste Aufgabe ist es, auf der Grundlage eines mehr oder weniger klar und vollständig formulierten Projektauftrags einen Vorgehensplan zu erstellen und die Rahmenbedingungen zu gestalten, unter denen das Projekt durchgeführt wird. Wichtige Teilaufgaben der Planung sind:

- Abgrenzen des Liefer- und Leistungsumfangs
- Definieren und Gliedern der Aufgaben
- Festlegen des Berichtswesens innerhalb des Projektteams sowie an der Schnittstelle zum Auftraggeber
- Abschätzen des Personalbedarfs (Anzahl und Qualifikation der benötigten Mitarbeiter)
- Erstellen des Budgets und der Terminpläne
- Verteilen der Aufgaben über die Rollen
- Bereitstellen der notwendigen Unterstützung (Dienstleistungen)
- Identifizieren von Risiken

Das Resultat dieser Tätigkeiten ist der Projektplan (siehe Abschnitt 8.3.3). Darin beschreibt der Projektleiter, wie das Projekt durchgeführt werden soll. Nachdem der Projektplan durch den Projekteigentümer und den Auftraggeber bestätigt und in Kraft gesetzt wurde, beginnt der produktive Teil des Projekts, die *Durchführungsphase*.

Ein Plan ist die geistige Vorwegnahme des zukünftigen Handelns. Wenn wir ein Projekt planen, dann legen wir auf der Basis des aktuellen Wissensstandes fest, wie und mit welchen Mitteln wir das Projekt durchführen wollen. Da wir das nicht exakt tun können, stimmen die Pläne nie exakt mit dem realen Verlauf überein. Eine gewisse Spannung zwischen Soll und Ist lässt sich nicht vermeiden. Das gilt insbesondere, wenn weit in die Zukunft geplant werden muss.

Diese Schwierigkeit ist aber kein Grund, eine brauchbare Planung als Utopie abzutun. Indem wir Risiken und Schwankungen der Bedingungen bereits in der Planung berücksichtigen, sorgen wir dafür, dass wir insgesamt im Plan bleiben. Ein Forschungsreisender, der Probleme mit dem Kompass hat, sollte den Kompass nicht wegwerfen, sondern ihn mit mehr Bedacht gebrauchen.

8.3.1 Planungsaspekte

Planung ist die zentrale Aktivität in der Startphase, zudem ist sie Bestandteil des Regelkreises der Projektdurchführung (siehe Abschnitt 8.5.1). Weil sich Pläne von der Realität lösen können, muss während der Projektdurchführung kontinuierlich geprüft werden, inwieweit der Stand des Projekts (Ist-Werte) mit der Planung (Soll-Werte) übereinstimmt. Wird eine erhebliche Abweichung festgestellt, dann müssen Korrekturmaßnahmen ergriffen werden. Möglicherweise muss auch die Planung korrigiert werden. In Abschnitt 8.5 stellen wir einige Ansätze vor, um den Projektstand zu bestimmen. Prinzipiell muss die Planung die folgenden Aspekte abdecken:

- *Planung der Aufgaben*
  Dabei wird festgelegt, was zu tun ist, um die Projektziele und Projektleistungen zu erreichen. Das Ergebnis der Aufgabenplanung sind Arbeitspakete. Die Aufgabenplanung ist eine Voraussetzung, um Termine und Ressourcen planen zu können.
- *Planung der Termine*
  Es ist festzulegen, wann welche Resultate verfügbar sein sollen. Dazu gehört die Terminplanung für die Meilensteine und die Releases, wenn das System in Ausbaustufen entwickelt wird. Natürlich ist auch der Endtermin anzugeben.
- *Planung der Ressourcen*
  Um die definierten Arbeitspakete zu bearbeiten, werden Ressourcen (im weitesten Sinne) benötigt, vor allem der Aufwand der Mitarbeiter (in Personentagen). In Abschnitt 8.4 gehen wir näher darauf ein, wie dieser Aufwand geschätzt werden kann. Auf der Basis dieser Schätzungen kann geplant werden, wann wie viele Mitarbeiter mit welchen Qualifikationen benötigt werden. Weiterhin müssen die Kosten für Hardware, Software und andere Investitionen eingeplant werden, die das Projekt benötigt. Sind alle diese Zahlen ermittelt, kann geplant werden, welches Budget zu welchem Zeitpunkt im Projekt sinnvoll und erforderlich ist.

Die Planung der Aufgaben: Arbeitspakete

Bevor Termine, Zeiten und Aufwände geplant werden können, müssen die Aufgaben identifiziert werden, die zu lösen sind, um die Projektziele zu erreichen. Dies geschieht natürlich auf verschiedenen Granularitätsstufen. Zuerst werden die großen Aufgabenbereiche ermittelt, dann werden sie verfeinert. Die Aufgaben werden folgendermaßen identifiziert: Die Gesamtaufgabe wird so lange baumartig in Unteraufgaben zerlegt, bis die Blätter des so entstehenden Aufgabenbaums nicht weiter aufgeteilt werden müssen, weil sie Arbeitspakete definieren, die jeweils separat geplant, durchgeführt und kontrolliert werden können.

Ein Arbeitspaket ist eine Aufgabe, die ein Entwickler oder ein kleines Team in überschaubarer Zeit, höchstens einem Monat, mit gut planbarem Aufwand lösen kann. Die Arbeitspakete sind die Atome der Projektplanung, eine weitere Verfeinerung ist aus Sicht der Planung weder sinnvoll noch notwendig.

Eine Aufgabe ist als Arbeitspaket geeignet, wenn

- sie durchgängig erledigt werden kann, ohne dass es Koordinationszwänge gibt,
- der Fortschritt und das Ende objektiv feststellbar (messbar) sind,
- es Ereignisse gibt, die Anfang und Ende bestimmen, und

- der Aufwand und die Termine schätzbar sind.

Auch wenn diese Kriterien in der Praxis nicht immer zu erfüllen sind, sollte man sich von ihnen leiten lassen. Das Ergebnis der Aufgabenplanung ist immer eine Liste von Arbeitspaketen. Es hat sich bewährt, die Gliederung der Aufgaben in einer grafischen Baumdarstellung oder in einer strukturierten Liste zu visualisieren (siehe Abb. 8–1). Als Ergebnis erhalten wir den sogenannten *Projektstrukturplan* (engl. *work breakdown structure*).

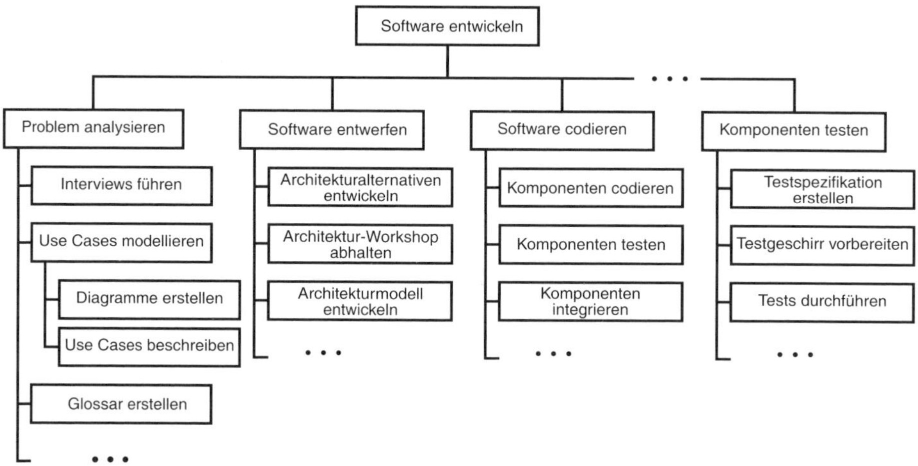

Abb. 8–1 *Beispiel eines Projektstrukturplans*

Prozessmodelle wie das V-Modell (Abschnitt 10.3) oder der Unified Process (Abschnitt 10.4) erleichtern die Aufgabenplanung, da sie Phasen und die durchzuführenden Entwicklungsaktivitäten vorgeben und somit eine generische Struktur für die Aufgabenplanung bieten.

8.3.2 Projektphasen

Eine *Phase* ist ein zusammenhängender, also nicht unterbrochener Zeitraum, in dem bestimmte Arbeiten durchgeführt und abgeschlossen werden. Am Ende der Phase steht ein *Meilenstein*. Die Phase ist erfolgreich beendet, wenn die Kriterien, die der Meilenstein vorgibt, erfüllt sind. Typischerweise beginnt dann die nächste Phase. Die Phasen überlappen sich also nicht; allerdings kann es in größeren Projekten verschiedene Entwicklungsstränge geben, die parallel ablaufen und durch unterschiedliche Meilensteine gegliedert sind.

Die Aufteilung eines Projekts in Phasen erleichtert die Kontrolle, da nicht das gesamte Projekt auf einmal betrachtet und finanziert werden muss, sondern jeweils nur ein einzelner Abschnitt. Am Meilenstein, d. h. an der Prüfung der Zwischenergebnisse, ist der Kunde beteiligt.

Die Granularität der Phasengliederung ist kritisch; sind die Phasen sehr kurz, so wird der Kunde laufend in Anspruch genommen, und es gibt keine Freiräume für eine ruhige Entwicklung. Sind die Phasen zu lang, so kann es innerhalb der Phasen zu erheblichen Verzögerungen kommen, die erst am Ende der Phase auffallen. Darum werden, wenn nötig, neben den oben beschriebenen externen Meilensteinen interne Meilensteine eingeführt, an denen der Kunde nicht beteiligt ist.

- *Externe Meilensteine* definieren Ergebnisse, die aus Sicht des Auftraggebers von Bedeutung sind, z. B. das Vorliegen bestimmter Dokumente, eines Prototyps oder einer ersten Ausbaustufe. Bei externen Meilensteinen entscheidet der Auftraggeber nach Bewertung der erzielten Ergebnisse, ob die Arbeitspakete der nächsten Phase in Angriff genommen werden dürfen. Je nach Vertrag können mit dem Erreichen von Meilensteinen auch Zahlungen des Auftraggebers verbunden sein.
- *Interne Meilensteine* sind dann sinnvoll, wenn der Zeitraum zwischen zwei externen Meilensteinen so groß ist, dass Zwischenkontrollpunkte eingeführt werden sollten. Diese müssen aus Sicht des Projektleiters geeignet sein, den Fortschritt des Projekts sichtbar und messbar zu machen.

Wichtig ist, dass es für das Erreichen eines Meilensteins Kriterien gibt, die keinen Raum für Subjektivität (und damit Willkür) lassen. Es muss sich also objektiv feststellen lassen, ob alle Voraussetzungen zum Erreichen eines Meilensteins erfüllt sind. Zur Definition eines Meilensteins gehören demnach

- die Definition der Ergebnisse, die vorliegen müssen,
- die geforderten Qualitätseigenschaften dieser Ergebnisse,
- die Instanz (Person oder Gremium), die entscheidet, ob der Meilenstein erreicht ist, und
- der vorgesehene Zeitpunkt für das Erreichen des Meilensteins.

Damit die in einem größeren Unternehmen durchgeführten Projekte nach einem einheitlichen Schema organisiert und durchgeführt werden, verwenden diese Unternehmen oft eigene Prozessmodelle, die allen Projekten Standardphasen und Meilensteine vorgeben.

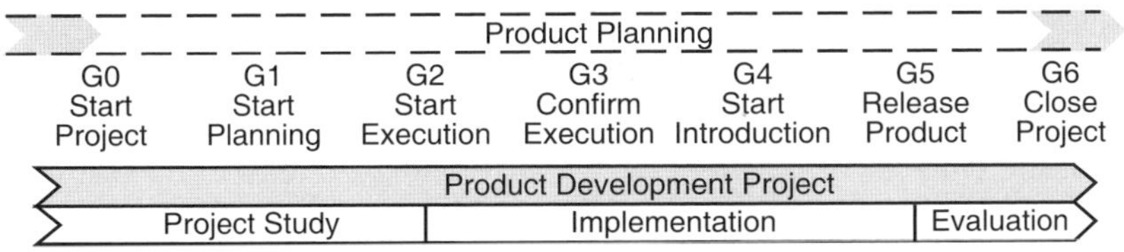

Abb. 8–2 *Das ABB-Gate-Modell (aus Fröhlich, Lichter, Zeller, 2001)*

Abbildung 8–2 zeigt ein solches Beispiel: Das Prozessmodell definiert drei Projektphasen und sieben externe Meilensteine, die *Gates* genannt werden (Cooper, 2001). An jedem dieser Meilensteine sind spezifische Ergebnisse vorzulegen; dann wird entschieden, ob das Projekt weitergeführt werden kann oder abgebrochen werden muss.

Damit die definierten Arbeitspakete zeitlich sinnvoll angeordnet werden können, müssen die folgenden Einflüsse berücksichtigt werden:

- *Logische Abhängigkeiten zwischen Arbeitspaketen*
  So muss der Entwurf eines Moduls vorliegen, bevor es codiert werden kann.
- *Aufwand für die Arbeitspakete*
- *Einflüsse von außen*
  Lieferungen der Hardware und zugekaufter Software, Bereitstellung von Daten, Algorithmen usw. durch den Auftraggeber sowie die Bestätigung der Abnahme von Zwischenresultaten sind wichtige Ereignisse, die der Projektleiter nicht direkt beeinflussen kann.
- *Verfügbarkeit von Mitarbeitern und Betriebsmitteln*
  Die Verfügbarkeit von Spezialisten, der Zugriff zu Rechen- oder Testeinrichtungen, eventuell konkurrierend mit anderen Projekten, schaffen zusätzliche Einschränkungen.

Werden die logischen Abhängigkeiten zwischen den Arbeitspaketen und den externen Ereignissen ermittelt und dargestellt, dann wird ersichtlich, welche Arbeitspakete von der Sache her nur nacheinander und welche auch gleichzeitig ausgeführt werden können. Es gibt in der Praxis die folgenden drei Anordnungsbeziehungen zwischen Arbeitspaketen:

- *Normalfolge* (Ende-Anfang-Beziehung)
  Das Ende eines Arbeitspakets ist Voraussetzung für den Anfang eines anderen Arbeitspakets. Beispiel: Die Testumgebung muss installiert sein, bevor mit dem Test begonnen werden kann.
- *Anfangsfolge* (Anfang-Anfang-Beziehung)
  Der Anfang eines Arbeitspakets ist Voraussetzung für den Anfang eines anderen Arbeitspakets. Beispiel: Die Codierung muss begonnen haben, bevor mit der externen Code-Dokumentation begonnen werden kann.
- *Endfolge* (Ende-Ende-Beziehung)
  Das Ende eines Arbeitspakets ist Voraussetzung für das Ende eines anderen Arbeitspakets. Beispiel: Die Evaluierung des Prototyps muss abgeschlossen sein, bevor die Anforderungsanalyse abgeschlossen werden kann.

Terminpläne werden mit Balkendiagrammen (Gantt-Charts) und Netzplänen (PERT-Charts) dargestellt. Die Gantt-Charts sind nach dem amerikanischen Ingenieur Henry L. Gantt benannt, der sie 1917 eingeführt hat (Abb. 8–3). PERT steht für Program Evaluation Review Technique; diese Netzpläne sind in den Fünfzigerjahren in der US-Militärindustrie entstanden. In Netzplänen werden im Unterschied zu Balkendiagrammen die Abhängigkeiten zwischen den Arbeitspaketen explizit dargestellt. Wenn zusätzlich deren Dauer und der Starttermin des Projekts bekannt ist, kann für jedes Arbeitspaket ermittelt werden,

- wann es frühestens begonnen und frühestens beendet werden kann,
- wann es im Hinblick auf den Endtermin des Projekts spätestens begonnen und beendet werden muss.

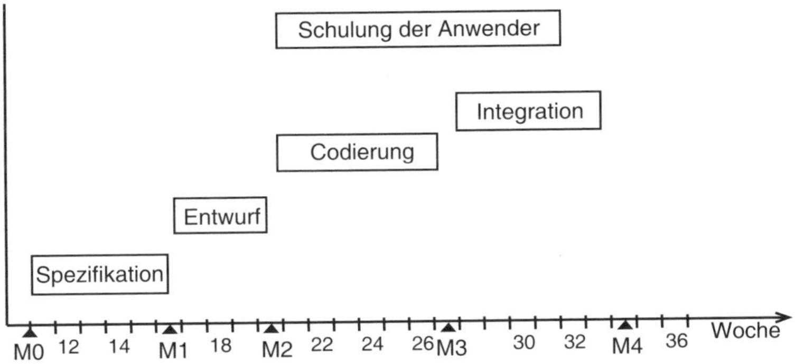

Abb. 8–3 *Gantt-Chart mit Meilensteinen*

Arbeitspakete, deren Dauer (d. h. auch: deren Verzögerung) direkt auf den Endtermin durchschlägt, werden *kritische Arbeitspakete* genannt. Sie bilden den *kritischen Pfad*, der besonders überwacht werden muss. Im Beispiel in Abbildung 8–4 sind die Arbeitspakete auf dem kritischen Pfad farblich hervorgehoben.

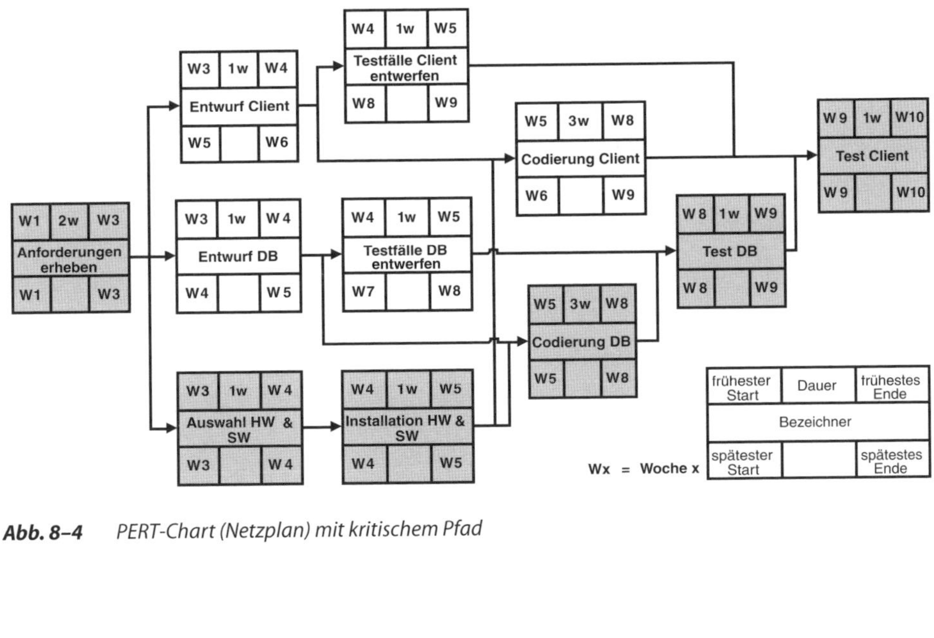

Abb. 8–4 *PERT-Chart (Netzplan) mit kritischem Pfad*

Die Erstellung und Nachführung von Netzplänen wird durch Planungswerkzeuge unterstützt, die in steigender Zahl angeboten werden. Sie erleichtern dem Projektleiter die Arbeit, bergen aber zwei Gefahren: Je ansprechender, »fertiger«, die Darstellung erscheint, umso eher ist man geneigt, sie leichtfertig für sinnvoll zu halten (der bekannte Hochglanzeffekt). Und Abweichungen vom Plan lassen sich mit Werkzeugunterstützung leicht beseitigen, indem man die Pläne laufend der Realität anpasst. Da wedelt der Schwanz mit dem Hund. Das ist natürlich nicht sinnvoll.

Die Netzplantechnik wird z. B. in Kerzner (2003) eingehend beschrieben.

8.3.3 Der Projektplan

Die vorangehenden Abschnitte haben gezeigt, dass es eine Reihe von Plänen gibt (oder geben sollte), die zusammen die Planung bilden. Offensichtlich ist es sinnvoll, alle zum Projekt gehörenden Teilpläne in einem Dokument (oder Dokumentensystem), dem *Projektplan*, zusammenzuführen.

Abbildung 8–5 auf Seite 115 zeigt ein Muster für Projektpläne. Natürlich kann ein Projektplan auch anders strukturiert werden. In jedem Falle ist es aber sinnvoll, bei der Planung von einem Muster auszugehen, das dann an die spezielle Situation angepasst wird. Dabei werden vor allem solche Punkte weggelassen, die für das konkrete Projekt keine Bedeutung haben.

8.4 Aufwand, Kosten, Risiken

Könnte der Projektleiter in die Zukunft sehen, so wüsste er schon vor Projektbeginn, welche Aufwände und damit, welche Kosten entstehen werden, und alle im Laufe des Projekts auftretenden Probleme könnte er schon im Voraus berücksichtigen und durch Gegenmaßnahmen abmildern.

Da die meisten Projektleiter nicht hellsehen können, bleibt ihnen nur die Möglichkeit, durch Aufwandsschätzung und Risikomanagement die Unsicherheit der Zukunft in den Griff zu bekommen.

8.4.1 Aufwandsschätzung

Eine der wichtigsten Fragen bei der Vorbereitung einer Software-Entwicklung lautet: Wie hoch wird der Aufwand sein? Sie ist eng verbunden (aber nicht gleichbedeutend) mit den Fragen:

- Wie lange wird die Entwicklung dauern?
- Wie viele Leute werden benötigt?

1. Einleitung
- 1.1 Zweck, Abgrenzung
- 1.2 Projektüberblick, Motivation

2. Formale Grundlagen
- 2.1 Vertragliche Anforderungen an die Projektdurchführung
- 2.2 Vertragliche Anforderungen an das Produkt
- 2.3 Vertragliche Anforderungen an die Konformität mit Normen
- 2.4 Gesetzliche Auflagen

3. Leistungen der Vertragspartner
- 3.1 Lieferumfang (Software, Dienstleistungen, ...)
- 3.2 Resultate, die nicht zum Lieferumfang gehören
- 3.3 Leistungen des Auftraggebers (Beistellungen)
- 3.4 Externe Meilensteine
- 3.5 Abnahmeprozedur
- 3.6 Änderungsverfahren

4. Entwicklungsprozess
- 4.1 Strategie für die Entwicklung und Integration
- 4.2 Projektspezifische Abweichungen vom Standardprozess
- 4.3 Phasen der Entwicklung
- 4.4 Dokumentationsplan
- 4.5 Prüfungen (Reviews und Tests)

5. Risiken
- 5.1 Risiken und ihre Bewertung
- 5.2 Maßnahmen zur Reduktion der Risiken
- 5.3 Notfallpläne

6. Richtlinien für die Entwicklung
- 6.1 Konfigurationsmanagement
- 6.2 Design- und Programmierrichtlinien
- 6.3 Einsatz von Werkzeugen

7. Anforderungen an die Umgebung
- 7.1 Infrastruktur (Büros, Rechnersysteme, Software)
- 7.2 Leistungen Dritter im Unternehmen
- 7.3 Leistungen externer Lieferanten

8. Projektorganisation
- 8.1 Schnittstelle zum Auftraggeber
- 8.2 Schnittstellen zur eigenen Organisation
- 8.3 Schnittstellen zu anderen Projekten
- 8.4 Schlüsselpersonen
- 8.5 Organisation (differenziert für die einzelnen Projektphasen)
- 8.6 Berichtswesen

9. Entwicklungsplan
- 9.1 Projektstrukturplan (Arbeitsgliederung)
- 9.2 Terminplan
- 9.3 Kostenplan

Abb. 8–5 *Muster für einen Projektplan (nach Frühauf, Ludewig, Sandmayr, 2002, modifiziert)*

Aufwands- oder Kostenschätzverfahren zielen darauf ab, möglichst frühzeitig Antworten auf diese Fragen zu liefern. Die Resultate werden benötigt für die

- Kalkulation und Angebotserstellung,
- Personalplanung und mittelfristige Disposition,
- Vorbereitung einer Entscheidung »make or buy«,
- Nachkalkulation.

Zunächst ist festzustellen, dass es auf keinem Gebiet eine Möglichkeit gibt, *wirklich neue* Projekte präzise abzuschätzen; das unerwartet teure Münchner Olympiadach und das Opernhaus von Sydney (Gesamtkosten von 102 statt der geschätzten 7 Mio. AUS-$) sind zwei spektakuläre Beispiele, das Grimm'sche Wörterbuch (von den Gebrüdern Grimm als Arbeit für einige Jahre bei A begonnen, aber erst Generationen später mit Z abgeschlossen) ist als eigentliches Software-Projekt ebenfalls typisch. Da in der jungen Informatik neue Anwendungen noch viel öfter vorkommen als auf anderen Gebieten, ist die Zahl der unplanbaren Projekte besonders hoch. Der Trend geht jedoch in Richtung Routine-Entwicklung.

Aber auch wenn wir nichts völlig Neues planen, bleibt eine Schätzung eine Schätzung, wir kennen den tatsächlich benötigten Aufwand erst dann (oder könnten ihn kennen), wenn wir das Projekt abgeschlossen haben. Je früher wir schätzen, desto mehr Unsicherheit müssen wir in Kauf nehmen, weil vor uns entsprechend viele Unsicherheiten und Unklarheiten liegen. Je weiter das Projekt fortgeschritten ist, desto sicherer können wir schätzen, weil wir den Aufwand für die bereits abgeschlossenen Arbeitspakete kennen und auf das Fehlende hochrechnen können.

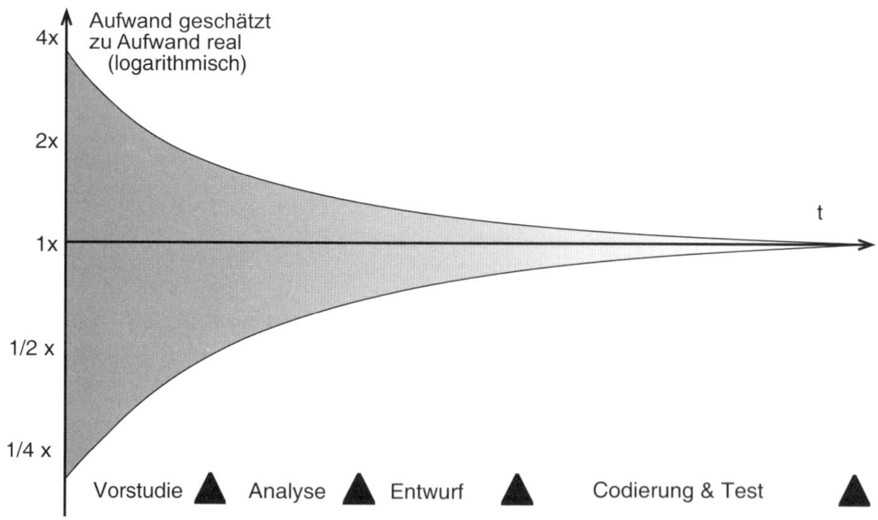

Abb. 8–6 *Der Schätztrichter, die Unsicherheit beim Schätzen (nach Boehm et al., 2000, S. 10)*

Abbildung 8–6 zeigt die abnehmende Unsicherheit im Projektverlauf. Da wir gerade auf Grund dieser Unsicherheit bei einer Schätzung nie wissen können, ob wir zu hoch oder zu niedrig schätzen, hilft uns der »Schätztrichter« nicht für die konkrete Prognose. Aber er macht deutlich, dass es sinnvoll ist, immer wieder zu schätzen. Sollte das Projekt mehr Aufwand benötigen als zu Beginn erwartet, muss der Projektleiter das so früh wie möglich erkennen.

Der Aufwand für kleine Einheiten lässt sich genauer schätzen als der für große, die nicht auf erkennbare Weise aus kleinen zusammengesetzt sind. Darum kann man erst brauchbare Schätzungen erwarten, wenn die Grobstruktur des Systems festgelegt ist. Vorher hat man nicht mehr als eine Daumenpeilung.

8.4.2 Ansätze der Aufwandsschätzung

Für die Aufwandsschätzung gibt es zwei grundsätzlich verschiedene Ansätze:

1. *Expertenschätzung*
   Fachleute nutzen ihre Erfahrung, um den Aufwand zu schätzen.
2. *Algorithmische Schätzung*
   Kosten werden aus Größen berechnet, die frühzeitig bekannt sind oder leichter und genauer als der Aufwand geschätzt werden können.

Diese Ansätze werden nachfolgend separat besprochen; in der Praxis werden sie sinnvollerweise kombiniert, zumindest durch eine Kontrollschätzung mit dem komplementären Ansatz.

In der Literatur findet man auch die Begriffe »top-down-« und »bottom-up-Schätzung«. Leider ist der Gebrauch dieser Wörter völlig uneinheitlich. Vom Wortsinn her liegt es nahe, die algorithmische Schätzung als Bottom-up-Verfahren zu bezeichnen, denn sie geht von elementaren Programmbestandteilen wie Code-Zeilen aus. (*Was kostet ein Abendessen aus diesen einzelnen Bestandteilen?*)

Umgekehrt wäre ein Vorgehen, das von den vorgegebenen Gesamtkosten auf die erreichbare Funktionalität und Qualität schließt, ein Top-down-Verfahren. (*Was alles kann ich für diesen Betrag essen?*) Aber der tatsächliche Sprachgebrauch ist meist anders.

Der alte, aber durchaus erhellende Artikel von Wolverton (1974) bietet eine Taxonomie der Ansätze.

Die Expertenschätzung

Die Kosten eines Projekts durch einen oder besser mehrere Experten schätzen zu lassen, ist ein naheliegender, bewährter Ansatz. Er wird oft angewendet, allerdings meist nicht ausreichend systematisch; die präzise Dokumentation der Daten unterbleibt, sodass am Ende oft der schwarze Peter herumgeschoben wird: *»Du hast mit deinen Zahlen weit danebengelegen.« »Als ich geschätzt habe, sah die Planung noch völlig anders aus.« »Das war ja nur die Schätzung für ein Teil-*

projekt.« Damit haben die Schätzungen kaum Nutzen. Jede Schätzung sollte mit den Voraussetzungen, dem Zeitpunkt, den Personen und allen Vorbehalten und Einschränkungen dokumentiert werden. Das wirkt auch allzu leichtfertigen Prognosen entgegen.

In den Sechzigerjahren entstand in der RAND Corporation (Santa Monica, CA) das *Delphi-Verfahren* als Methode der Zukunftsforschung. Es handelt sich um eine verfeinerte Variante der Expertenschätzung, die den Zweck hat, einerseits soziale Effekte der gegenseitigen Beeinflussung auszuschließen, andererseits Schätzergebnisse rückzukoppeln und die Gelegenheit zu Korrekturen zu bieten. Dazu wird eine moderierte Sitzung mit den Experten abgehalten. Der Moderator erläutert zu Beginn die Aufgabenstellungen, die abgeschätzt werden sollen, und verteilt, wenn sinnvoll, begleitende Unterlagen. Die Experten schätzen anschließend getrennt und geben ihre Schätzungen dem Moderator. Dieser fasst die Schätzungen zusammen und anonymisiert damit die Aussagen und Zahlen, die Ergebnisse teilt er den Experten mit. Diese können nun – weiterhin separat – ihre Schätzungen, vor allem die Abweichungen von den anderen Schätzungen, begründen oder korrigieren. Dieser Prozess wird wiederholt, bis die Abweichungen nach Meinung der Experten akzeptabel sind. Das Ergebnis der Schätzung ist der Median der Einzelschätzungen. Fairley (1985) beschreibt die Anwendung des Delphi Verfahrens zur Aufwandsschätzung.

Algorithmische Verfahren

Unter den algorithmischen, also den auf Berechnungen basierenden Verfahren zur Kostenschätzung sind vor allem zwei (und eine Reihe von Varianten) bekannt: COCOMO und das Function-Point-Verfahren. Diese werden nachfolgend näher beschrieben.

8.4.3 COCOMO

COCOMO (Constructive Cost Model) ist ein algorithmisches Verfahren zur Kostenschätzung von Barry W. Boehm (Boehm, 1981). Allen Rechnungen liegt die geschätzte Programmgröße S, angegeben in DSI oder KDSI (Thousands of Delivered Source Instructions), zu Grunde. Mit Formeln, die Boehm aus großen Mengen archivierter Projektdaten abgeleitet hat, können daraus der Aufwand und die Entwicklungsdauer errechnet werden. Spezielle günstige oder ungünstige Umstände, z.B. extreme Sicherheitsanforderungen oder ein überdurchschnittlich erfahrenes Projektteam, können durch Einflussfaktoren berücksichtigt werden, deren Werte man umfangreichen Tabellen entnimmt. Wir stellen zunächst das alte COCOMO vor (»COCOMO 81«); es ist im Nachfolger COCOMO II (Boehm et al., 2000) mit kleinen Modernisierungen, aber konzeptionell unverändert enthalten.

COCOMO 81 bietet drei Stufen der Präzision an; die höheren Stufen verlangen mehr Informationen zu Projekt und Produkt und höheren Aufwand, liefern dafür aber genauere Schätzungen.

- *Basic COCOMO*
  Die Bestimmung der Werte basiert lediglich auf der global geschätzten Programmgröße. Basic COCOMO kann verwendet werden, wenn man eine erste sehr grobe Schätzung erhalten möchte.
- *Intermediate COCOMO*
  Die Programmgröße wird teilweise auf der Ebene der Subsysteme geschätzt, nicht nur global. Zusätzlich werden 15 förderliche oder hemmende Einflüsse (spezielle Merkmale des Projekts und des Produkts) durch Kostenfaktoren berücksichtigt. Diese setzen teilweise beim Gesamtsystem, teilweise bei den Subsystemen an. Intermediate COCOMO eignet sich für die Gesamteinschätzung zu Projektbeginn und für Schätzungen auf Subsystem-Ebene.
- *Detailed COCOMO*
  Die Berechnung von Aufwand und Dauer geschieht wie bei Intermediate COCOMO, allerdings werden die Kostenfaktoren weiter heruntergebrochen und die Entwicklungsphasen einzeln betrachtet.

Durchführung der COCOMO-Schätzung

Zuerst wird das Projekt einer von drei Schwierigkeitsklassen zugeordnet (Tab. 8–1). Diese Zuordnung ist nicht mit der Wahl der Präzisionsstufe zu verwechseln!

Entwicklungsart	Merkmale
Organic	– relativ kleine Projektgröße (S < 50 KDSI) – stabile Entwicklungsumgebung – jeder Mitarbeiter kennt das gesamte Projekt – fast keine Entwicklung von neuen, nichttrivialen Algorithmen
Semidetached	– Projektgröße S < 300 KDSI – Projektteam besteht aus erfahrenen und unerfahrenen Mitarbeitern – jeder Mitarbeiter besitzt Spezialwissen bzgl. der Entwicklung
Embedded	– Entwicklung für einen neuen Einsatzbereich – das Projekt wird von einer relativ kleinen Anzahl von Analytikern definiert – ein relativ großes Projektteam realisiert anschließend die Entwürfe

Tab. 8–1 *Projektklassifikationen nach COCOMO 81*

Die Tabelle 8–2 zeigt die Formeln für Basic und für Intermediate COCOMO, mit denen der Aufwand E (gemessen in Personenmonaten, PM) und die Projektdauer T (gemessen in Kalendermonaten, CM) bestimmt wird.

Entwicklungsart	Aufwand E / PM (Basic COCOMO)	Aufwand E / PM (Intermediate COCOMO)	Dauer T / CM
Organic	$2{,}4\ (S/KDSI)^{1,05}$	$M \cdot 3{,}2\ (S/KDSI)^{1,05}$	$2{,}5\ (E/PM)^{0,38}$
Semidetached	$3{,}0\ (S/KDSI)^{1,12}$	$M \cdot 3{,}0\ (S/KDSI)^{1,12}$	$2{,}5\ (E/PM)^{0,35}$
Embedded	$3{,}6\ (S/KDSI)^{1,20}$	$M \cdot 2{,}8\ (S/KDSI)^{1,20}$	$2{,}5\ (E/PM)^{0,32}$

Tab. 8–2 *Grundgleichungen für COCOMO 81*

Der Faktor M in den Aufwandsformeln ist das Produkt der Kostenfaktoren, die die fördernden und hemmenden Projektmerkmale repräsentieren (Tab. 8–3). Kostenfaktoren, die als neutral (*nominal*) bewertet werden, haben den Wert 1.

Faktor	very low	low	nom.	high	very high	extra high
RELY Required software reliability	0,75	0,88	**1**	1,15	1,40	
CPLX Product complexity	0,70	0,85	**1**	1,15	1,30	1,65
TIME Execution time constraint			**1**	1,11	1,30	1,66
ACAP Analyst capability	1,46	1,19	**1**	0,86	0,71	
PCAP Programmer capability	1,42	1,17	**1**	0,86	0,70	
LEXP Programming language experience	1,14	1,07	**1**	0,95		
TOOL Use of software tools	1,24	1,10	**1**	0,91	0,83	
SCED Required development schedule	1,23	1,08	**1**	1,04	1,10	

Tab. 8–3 *Werte einiger Kostenfaktoren für Intermediate COCOMO*

Die Faktoren hinter M unterscheiden sich von den entsprechenden Faktoren für Basic COCOMO, weil M bei Projekten des Typs Organic typischerweise unter 1, bei Projekten des Typs Embedded über 1 liegt.

Die Vorgehensweise bei Intermediate COCOMO verdeutlicht das folgende Beispiel: Es soll ein Informationssystem entwickelt werden, als Entwicklungsart wird Organic angenommen. Das System soll aus drei Subsystemen – Kernsystem, Datenimport und Report-Generator – bestehen. Die Größe der Subsysteme wird wie folgt abgeschätzt:

a) Kernsystem 2100 DSI
b) Datenimport 900 DSI
c) Report-Generator 600 DSI

Die Verarbeitungsgeschwindigkeit muss sehr hoch sein. Es wird eine neue Programmiersprache eingesetzt, für die kaum Entwicklungswerkzeuge zur Verfügung stehen. Mit diesen Informationen werden aus der Tabelle 8–3 folgende Koeffizienten entnommen (alle anderen sind neutral, d. h. gleich 1):

TIME (Execution time constraint)	sehr hoch:	Faktor 1,30
LEXP (Progr. language experience)	niedrig:	Faktor 1,07
TOOL (Use of software tools)	sehr niedrig:	Faktor 1,24

Auf Basis dieser Einschätzungen können nun Aufwand und Dauer bestimmt werden.

Aufwand: $E = 3{,}2 \cdot 3{,}6^{1{,}05} \cdot (1{,}30 \cdot 1{,}07 \cdot 1{,}24)\ PM = 21{,}18\ PM$
Dauer: $T = 2{,}5 \cdot 21{,}18^{0{,}38}\ CM = 7{,}98\ CM$

Intermediate COCOMO liefert also für den Aufwand etwa 21,2 PM, die in etwa 8 Kalendermonaten zu erbringen sind. Mit Hilfe dieser Schätzwerte können nun die benötigten Mitarbeiter, hier als Headcount mit H bezeichnet, und deren Produktivität P bestimmt werden. H hat die Einheit FTE (für Full Time Employee), P die Einheit DSI/PM.

Headcount: $H = E / T = 21{,}18\ PM / 7{,}98\ CM = 2{,}65\ FTE$
Produktivität: $P = S / E = 3\,600\ DSI / 21{,}18\ PM = 170\ DSI/PM$

Tatsächlich dürften E, T und H etwas niedriger, P entsprechend höher liegen. Die Zahlenwerte in COCOMO 81 beruhen auf sehr umfangreichen Daten, die in den späten Siebzigerjahren erhoben wurden. In den folgenden zwei Jahrzehnten ist die Produktivität etwa auf das Doppelte gewachsen. Wer COCOMO 81 anwenden will, sollte zunächst alte Projekte nachkalkulieren und auf diese Weise einen zusätzlichen Korrekturfaktor bestimmen, der wie M in die Aufwandsgleichungen eingefügt wird. Dieser Faktor spiegelt auch Einflüsse der eingesetzten Programmiersprache und andere spezielle Vor- oder Nachteile der konkreten Umgebung wider. Dieser Faktor liegt meist im Bereich 0,4 bis 0,7.

Eine komplette Aufwandsberechnung nach COCOMO 81 für ein ungewöhnlich großes Beispiel, nämlich den Linux-Kernel, findet sich im Web (Wheeler, 2006).

8.4.4 COCOMO II

COCOMO 81 war Ende des 20. Jahrhunderts in zweierlei Hinsicht veraltet: Zum einen stimmten die Parameter nicht mehr, zum anderen waren einige Faktoren bedeutungslos geworden, während andere fehlten. Ein Beispiel für einen obsoleten Faktor ist die *turn around time*, die Wartezeit, bis ein Programm im Batch-Betrieb ausgeführt wird; dagegen war 1981 an Projekte, die an mehreren Standorten kooperativ durchgeführt werden (*multi-site development*), nicht zu denken. Neu war auch die Vielfalt der Vorgehensmodelle und die Idee der Prozessbewertung und -verbesserung. Zusammen mit einer langen Reihe von Koautoren hat Boehm das ursprüngliche COCOMO revidiert, aktualisiert und erweitert (Boehm et al., 2000). Das Ergebnis nannte er COCOMO II.

COCOMO II definiert drei verschiedene Modelle zur Aufwandsabschätzung, die in unterschiedlichen Entwicklungssituationen und zu unterschiedlichen Zeitpunkten im Projekt eingesetzt werden können:

- das *Application Composition Model* für Systeme, die weniger programmiert als konfiguriert oder – etwa mit Hilfe eines GUI-Builders – generiert werden,
- das *Early Design Model* als Adaption des Function-Point-Verfahrens (Abschnitt 8.4.5), das sich bereits deutlich früher als COCOMO 81 einsetzen lässt, nämlich dann, wenn die Anforderungen geklärt sind,
- das *Post-Architecture Model* als modernisierte Fassung des COCOMO 81. Dieses Modell erfordert, dass die Software-Architektur definiert ist und dass der Umfang der Software-Komponenten abgeschätzt werden kann.

COCOMO II basiert wie COCOMO 81 auf einer Schätzung des Programmumfangs, jetzt gemessen in SLOC (Source Lines of Code), das sind alle Zeilen bis auf solche, die leer sind oder nur Kommentar enthalten. Alternativ können auch Function Points[1] verwendet werden; sie werden mittels Tabelle 8–4 in SLOC umgerechnet.

Sprache	SLOC/FP
C	128
COBOL	95
C++	55
JAVA	53
ADA 95	49

Tab. 8–4 *SLOC/FP-Umrechnungsfaktoren (nach Boehm et al., 2000, S. 20)*

COCOMO II berücksichtigt bei der Abschätzung der Programmgröße das Maß der Code-Wiederverwendung und den Stabilitätsgrad der Anforderungen. Wiederverwendung ist im Allgemeinen billiger als Neuentwicklung. Deshalb wird der Code-Anteil, der übernommen und adaptiert werden muss, in eine äquivalente Menge neu zu entwickelnden Codes umgerechnet. Ändern sich die Anforderungen während der Entwicklung, dann müssen unter Umständen bereits erstellte Programmteile überarbeitet werden. Dieser Effekt geht ebenfalls in die Bestimmung der Programmgröße ein, indem der angenommene Ersetzungsgrad (*requirements volatility*, REVL) prozentual in die Größenbestimmung einfließt. Wenn neue Anforderungen 10 % des Codes unbrauchbar machen, dann ist REVL 10 % = 0,1. Die Grundformel zur Berechnung der Programmgröße ist damit[2]:

1 Die Methode zur Berechnung der Function Points unterscheidet sich von dem in Abschnitt 8.4.5 beschriebenen Verfahren. Sie wird in Boehm et al. (2000) beschrieben.

2 Achtung, viele Schriften geben REVL/100 an, weil sie eine Angabe in Prozent unterstellen. Das ist falsch, weil »%« selbst bereits »pro 100«, also geteilt durch 100, bedeutet.

$$S = (1 + REVL) \cdot (S_{neu} + S_{äquivalent})$$

$S_{äquivalent}$ ist eine rechnerische Größe. Ist die Erstellung einer Software um einen Faktor q aufwändiger als die Wiederverwendung, dann ergibt sich $S_{äquivalent}$ für w LOC, die wiederverwendet werden, zu w/q. Die detaillierten Formeln zur Umrechnung des adaptierten Codes in äquivalenten neu entwickelten Code sind in Boehm et al. (2000) angegeben.

In unserem Beispiel hatten wir den Programmumfang mit 3 600 DSI geschätzt. Wir unterstellen SLOC = DSI, also die gleiche Definition der Zeilenzahl. Nehmen wir an, dass sich 10 % der Anforderungen verändern werden und dass 1 000 LOC wiederverwendet werden können, die einem Aufwand von 200 LOC neuen Codes entsprechen, dann ergibt sich folgende Programmgröße:

$$S = (1 + 0{,}1) \cdot (2\,600 + 200)\ \text{SLOC} = 3\,080\ \text{SLOC}$$

Zur Bestimmung des Aufwands nutzt COCOMO II dieselbe Beziehung zwischen Programmgröße und Kostenfaktoren wie schon Intermediate COCOMO.

$$E = 2{,}94 \cdot \left(\frac{S}{KSLOC}\right)^X \cdot M$$

In COCOMO 81 war der Exponent X für jede der drei Projektarten fest vorgegeben. In COCOMO II sind die Projektarten weggefallen, stattdessen wird X nun aus fünf sogenannten *Skalierungsfaktoren* berechnet. Die Bezeichnung ist unglücklich, denn es geht *nicht* um Faktoren, sondern um Einflüsse, die als Summanden im Exponenten stehen und damit umso stärker wirken, je größer das System ist. Abbildung 8–7 zeigt, wie der Aufwand pro Code-Zeile in Abhängigkeit von X und von der (logarithmisch skalierten) Größe des Systems steigt.

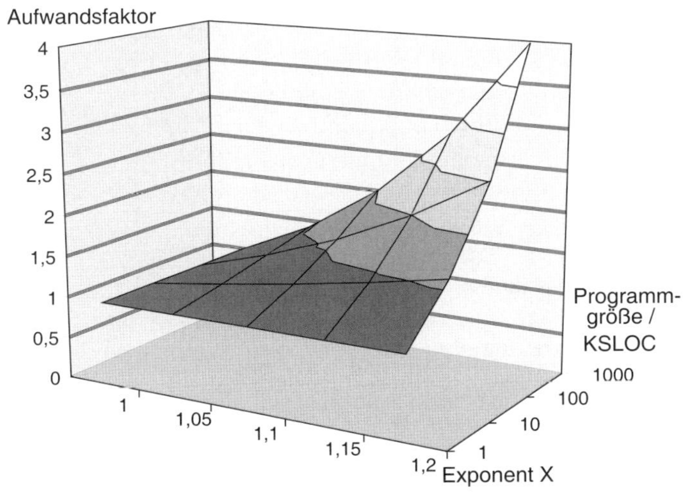

Abb. 8–7 *Einfluss der Größe S und des Exponenten X auf den relativen Aufwand*

Folgende Skalierungsfaktoren werden in COCOMO II verwendet:

- *Precedentedness (PREC)*
  Dieser Faktor berücksichtigt die Erfahrung mit ähnlichen Projekten. Je mehr Erfahrung vorliegt, desto besser kann das Projekt mit der Größe umgehen.
- *Development flexibility (FLEX)*
  Dadurch wird berücksichtigt, inwieweit der Entwicklungsprozess durch den Kunden vorgegeben ist, d. h., wie flexibel der Prozess gewählt werden kann. Hohe Flexibilität, also geringe Festlegung, erlaubt es dem Projekt, sich auf die Größe optimal einzustellen.
- *Architecture/risk resolution (RESL)*
  Wenn Risikomanagement systematisch durchgeführt wird und hohe Kompetenzen im Bereich des Architekturentwurfs zur Verfügung stehen, dann ist die Größe des Projekts weniger bedrohlich.
- *Team cohesion (TEAM)*
  Größe schlägt sich vor allem in Kommunikationsaufwand nieder. Ein gut harmonierendes Projektteam braucht wenig Kommunikation und bewältigt dadurch große Systeme besser.
- *Process maturity (PMAT)*
  Hier dient die Einstufung des Entwicklungsprozesses nach CMM (Abschnitt 11.2) als Bewertungsgrundlage. Je besser der Entwicklungsprozess verstanden und umgesetzt wird, desto positiver wirkt sich das auf den Aufwand aus.

Tabelle 8–5 zeigt die Werte für die Skalierungsfaktoren. Man beachte, dass hier anders als sonst *nominal* nicht »neutral, keine Änderung« bedeutet. Wenn alle Skalierungsfaktoren Nominalwerte haben, hat der Exponent X den Standardwert 1,1.

Faktor	very low	low	nominal	high	very high	extra high
PREC	6,20	4,96	**3,72**	2,48	1,24	0,00
FLEX	5,07	4,05	**3,04**	2,03	1,01	0,00
RESL	7,07	5,65	**4,24**	2,83	1,41	0,00
TEAM	5,48	4,38	**3,29**	2,19	1,10	0,00
PMAT	7,80	6,24	**4,69**	3,12	1,56	0,00

Tab. 8–5 *Werte der Skalierungsfaktoren*

Die Zuordnung der Prozessreife (PMAT) zu den Stufen ist so definiert, dass eine schwache Stufe 1 (keine Ansätze für definierte Prozesse) als *very low*, eine Stufe 1 mit Tendenz nach 2 (Bemühungen um Prozessverbesserung) als *low* gewertet wird. Die Stufen 2 bis 5 verteilen sich dann auf *nominal* bis *extra high*.

Die der Tabelle entnommenen Werte werden addiert. Die Summe (zwischen 0 und 31,62) wird durch 100 geteilt, das Ergebnis ist δ. Vermehrt um $\omega = 0{,}91$ wird daraus der Exponent X. Werte unter 1 sind nicht plausibel; sie bedeuten, dass Größe zum Vorteil wird (eine Art Mengenrabatt). Allerdings besteht diese Möglichkeit praktisch kaum, denn dazu müssen die Skalierungsfaktoren im Schnitt unter 2, also auf Stufe *very high* sein.

$$\delta = 0,01 \cdot \sum_{j=1}^{5} SF_j$$

$$X = \delta + \omega \qquad \text{mit} \quad \omega = 0,91$$

In den Aufwand geht wie bei Intermediate COCOMO 81 das Produkt vordefinierter Kostenfaktoren ein, die die speziellen Randbedingungen des Produkts, des Projekts, der Entwicklungsumgebung und des Projektteams berücksichtigen. Im Early Design Model werden sieben, im Post-Architecture Model 17 Kostenfaktoren verwendet (siehe Tab. 8–6 und 8–7).

Gruppe	Faktor	Beschreibung
Produktfaktoren	RELY	erforderliche Zuverlässigkeit des Systems
	DATA	Größe der Datenbank
	CPLX	Komplexität des Systems
	RUSE	Grad der Entwicklung von wiederverwendbaren Komponenten
	DOCU	Umfang der geforderten Dokumentation
Plattformfaktoren	TIME	Forderungen an die Ausführungszeit
	STOR	Forderungen an den Speicherverbrauch
	PVOL	Stabilität der Entwicklungsumgebung
Teamfaktoren	ACAP	Fähigkeiten der Analytiker
	PCAP	Fähigkeiten der Programmierer
	PCON	Kontinuität der eingesetzten Mitarbeiter
	APEX	Erfahrungen im Anwendungsbereich
	PLEX	Erfahrungen mit der Entwicklungsumgebung
	LTEX	Erfahrungen mit Programmiersprache(n) und Werkzeugen
Projektfaktoren	TOOL	Einsatz von Werkzeugen
	SITE	Grad der Verteiltheit der Entwicklungsstandorte
	SCED	Bedingungen an die Entwicklungsdauer

Tab. 8–6 *Kostenfaktoren im Post-Architecture Model*

Im Early Design Model werden diese Faktoren teilweise zusammengefasst, um der Tatsache Rechnung zu tragen, dass zu einem frühen Zeitpunkt weniger Wissen über das zu entwickelnde System vorhanden ist.

Die in den COCOMO II-Formeln benutzten Konstanten sowie die Werte der Skalierungs- und Kostenfaktoren wurden von Boehm empirisch auf der Basis vorhandener Projektdaten ermittelt. Sie können an die eigenen Gegebenheiten angepasst werden. Ausführungen zur Kalibrierung sind in Boehm et al. (2000) zu finden.

Faktor	very low	low	nominal	high	very high	extra high
RELY	0,82	0,92	1,00	1,10	1,26	
DATA		0,90	1,00	1,14	1,28	
CPLX	0,73	0,87	1,00	1,17	1,34	1,74
RUSE		0,95	1,00	1,07	1,15	1,24
DOCU	0,81	0,91	1,00	1,11	1,23	
TIME			1,00	1,11	1,29	1,63
STOR			1,00	1,05	1,17	1,46
PVOL		0,87	1,00	1,15	1,30	
ACAP	1,42	1,19	1,00	0,85	0,71	
PCAP	1,34	1,15	1,00	0,88	0,76	
PCON	1,29	1,12	1,00	0,90	0,81	
APEX	1,22	1,10	1,00	0,88	0,81	
PLEX	1,19	1,09	1,00	0,91	0,85	
LTEX	1,20	1,09	1,00	0,91	0,85	
TOOL	1,17	1,09	1,00	0,91	0,84	
SITE	1,22	1,09	1,00	0,93	0,86	0,80
SCED	1,43	1,14	1,00	1,00	1,00	

Tab. 8–7 *Werte der Kostenfaktoren im Post-Architecture Model*

Nun wollen wir den Aufwand für unser Beispielprojekt gemäß COCOMO II bestimmen. Die Programmgröße hatten wir zu Beginn mit 3 600 DSI abgeschätzt, diese wurde unter Berücksichtigung der Effekte der Wiederverwendung und der Stabilität der Anforderungen auf 3 080 LOC korrigiert. Um den Exponenten X für unsere Schätzung zu berechnen, bewerten wir die Skalierungsfaktoren wie folgt (vgl. Tab. 8–5):

Faktor	Bewertung	Stufe	Wert
PREC	Es wurden bereits ähnliche Projekte erfolgreich durchgeführt.	high	2,48
FLEX	Der Kunde schreibt große Teile des Prozesses vor.	low	4,05
RESL	Risikomanagement und Architekturdesign werden beherrscht.	nominal	4,24
TEAM	Das Team arbeitet schon lange zusammen.	very high	1,10
PMAT	CMM Level 2 ist erreicht.	nominal	4,69
Summe			**16,56**

Demnach gilt:

$$\delta = 0{,}01 \cdot 16{,}56 = 0{,}1656$$
$$X = \delta + \omega = 0{,}1656 + 0{,}91 = 1{,}0756$$

Wenn wir das Post-Architecture Model verwenden, dann müssen wir die oben beschriebenen Kostenfaktoren berücksichtigen. In unserem Beispiel wirken sich nur die folgenden Faktoren aus, alle anderen haben den Nominalwert 1.

Faktor	Bewertung	Stufe	Wert
TIME	hohe Anforderungen an die Ausführungsgeschwindigkeit	very high	1,29
PLEX	keine Erfahrungen mit der Plattform	very low	1,19
LTEX	wenig Erfahrungen mit Sprachen und Werkzeugen	low	1,09
Produkt			**1,67**

Als Aufwand erhalten wir nun:

$$\begin{aligned} E &= 2{,}94 \cdot 3{,}08^{1{,}0756} \cdot (1{,}29 \cdot 1{,}19 \cdot 1{,}09)\ PM \\ &= 2{,}94 \cdot 3{,}35 \cdot 1{,}67\ PM \\ &= 16{,}5\ PM \end{aligned}$$

COCOMO II definiert wie die Vorgängerversion ebenfalls eine Formel, um auf Basis des Aufwandes die Entwicklungsdauer T zu bestimmen.

$$T_{nom} = 3,67 \cdot E^{\frac{\delta + 1,4}{5}}$$

Wenn geplant ist, das Projekt in kürzerer als der nominalen Zeit durchzuführen, muss in der Aufwandsberechnung der Kostenfaktor SCED entsprechend gesetzt werden; der Gesamtaufwand steigt also, und zwar um bis zu 43 %. Trotzdem kann die Verkürzung nach Boehm nicht dazu führen, dass das Projekt in weniger als 75 % der nominalen Dauer durchgeführt wird. Das heißt praktisch: Wenn das Projekt in 12 Monaten mit 10 Mitarbeitern zu schaffen ist, sind 19 Leute nötig, um es in 9 Monaten zu beenden.

Für unser Beispiel (nominale Dauer ist vorgesehen) können wir die Entwicklungsdauer folgendermaßen bestimmen:

$$\begin{aligned} T &= 3{,}67 \cdot 16{,}5^{(0{,}1656+1{,}4)/5}\ CM \\ &= 3{,}67 \cdot 16{,}5^{0{,}313}\ CM \\ &= 3{,}67 \cdot 2{,}40\ CM \\ &= 8{,}8\ CM \end{aligned}$$

Wir werden also etwa knapp 9 Monate lang im Mittel knapp zwei Leute mit diesem Projekt beschäftigen.

Vergleichen wir die Resultate mit denen von COCOMO 81, so stellen wir zunächst eine große Ähnlichkeit fest. Der geschätzte Aufwand ist mit COCOMO II dank der Wiederverwendung um etwa 4,5 PM gesunken. Der etwas größere Exponent spielt im Beispiel wegen des sehr geringen Umfangs keine Rolle. Die geschätzte Dauer ist nicht gesunken, sondern leicht gestiegen. COCOMO II legt uns also nahe, mit weniger Leuten etwas länger zu arbeiten.

COCOMO II bietet ein umfangreiches Rüstzeug für die Schätzung von Aufwand und Dauer. Zurzeit liegen noch keine größeren Studien vor, die zeigen, wie gut die Modelle sind und in welchen Bereichen sie noch kalibriert werden müssen.

8.4.5 Das Function-Point-Verfahren

Die Idee der Function Points wurde 1979 von A. Albrecht, IBM, publiziert (Albrecht, 1979) und seitdem von verschiedenen Autoren und Institutionen weiterentwickelt (z. B. Albrecht, Gaffney, 1983). Das Verfahren unterscheidet sich von COCOMO prinzipiell wie folgt:

- Basis der Schätzung ist nicht die Zahl der Code-Zeilen, sondern der Umfang des Programms, ausgedrückt in den zu implementierenden Funktionen. Die Software wird also nicht aus der Sicht der Implementierung, sondern aus der des Benutzers gesehen.
- Da die Software-Architektur nicht vorausgesetzt wird, können die Einflussfaktoren nur global, nicht nach Modulen differenziert berücksichtigt werden.
- Das Verfahren ist arithmetisch einfacher, ein exponentieller Zusammenhang wie in COCOMO kommt nicht vor; stattdessen muss eine progressive Kennlinie (Aufwand über FPs) experimentell ermittelt werden.

Vereinfacht geht man dabei wie folgt vor: Alle für das Problem relevanten Daten, d. h. die logischen Datenbestände (Dateien) und alle Ein- und Ausgaben der zu realisierenden Vorgänge, werden erfasst und den folgenden Kategorien zugeordnet:

- Externe Eingabe
- Externe Ausgabe
- Externe Abfrage
- Interne Anwenderdaten
- Externe Referenzdaten

Eine Eingabe kann von der Tastatur, von einem Datenträger oder aus einer anderen Quelle kommen. Entsprechend gehen Ausgaben auf den Bildschirm, auf einen Drucker oder an ein anderes Gerät. Abfragen sind spezielle Ausgaben, die keine weitere Bearbeitung (z. B. eine Mittelwertbildung) der gespeicherten Informationen erfordern und diese auch nicht verändern.

Anschließend wird der Schwierigkeitsgrad jedes Datums als niedrig, mittel oder hoch bewertet. Durch Tabellen ist für jeden Typ und für jede Schwierigkeitsstufe (z. B. für »externe Eingabe, mittel«) eine Punktzahl gegeben. Diese Punkte werden addiert; das Ergebnis liefert die sogenannten *Unadjusted Function Points* (siehe Abb. 8–8).

Nun werden 14 Einflussfaktoren (General System Characteristic, GSC) wie Verflechtung mit anderen Projekten, dezentrale Datenverwaltung, Transaktionsrate, komplexe Verarbeitungslogik, Wiederverwendbarkeit, Konvertierungen oder Benutzerfreundlichkeit betrachtet und mit 0 bis 5 bewertet (0 = kein Einfluss, 5 = starker Einfluss), um einen Korrekturfaktor (Value Adjustment Factor, VAF) zu bestimmen. Dieser wird wie folgt berechnet:

$$VAF = 0,65 + \frac{\sum_{i=1}^{14} GSC_i}{100}$$

Dadurch ergibt sich ein Wert zwischen 0,65 und 1,35, der zu einer Korrektur von -35 % bis +35 % führt.

Typ	Komplexität: niedrig	Komplexität: mittel	Komplexität: hoch	Summe
Eingabe	___ · 3 =	___ · 4 =	___ · 6 =	
Ausgabe	___ · 4 =	___ · 5 =	___ · 7 =	
Abfrage	___ · 3 =	___ · 4 =	___ · 6 =	
Anwenderdaten	___ · 7 =	___ · 10 =	___ · 15 =	
Referenzdaten	___ · 5 =	___ · 7 =	___ · 10 =	
Unadjusted Function Points		UFP		
Value Adjustment Factor		VAF		
Adjusted Function Points		AFP = UFP · VAF		

Abb. 8–8 *Function-Point-Berechnungsschema*

Das Produkt aus Unadjusted Function Points und Korrekturfaktor liefert die *Adjusted Function Points*. Tabelle 8–8 zeigt ein einfaches Schema, um nach dieser Vorgehensweise die Function Points zu bestimmen.

Der so ermittelte Function-Point-Wert wird schließlich mit Hilfe einer Kurve oder Tabelle, deren Grundlage die Nachkalkulation alter Projekte bildet, in Personenmonate umgesetzt (siehe Abb. 8–9).

Auf Basis der gemachten Erfahrungen mit neuen Projekten wird die Umrechnungstabelle stetig aktualisiert. Dazu können die neuen Wertepaare (FP/PM) zusätzlich in die Tabelle aufgenommen oder gegen die ältesten Wertepaare ausgetauscht werden.

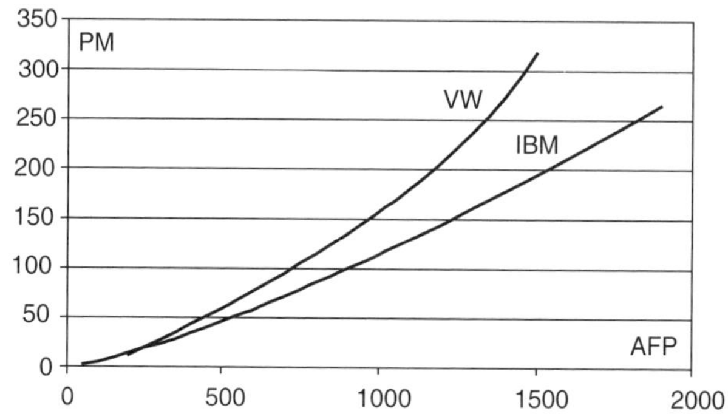

Abb. 8–9 *IBM- und VW-Kurve für die Umrechnung von AFPs in PM gemäß Noth, Kretzschmar (1984) und Knöll, Busse (1991)*

Das Function-Point-Verfahren ist in der Praxis heute am weitesten verbreitet, vor allem im Bereich der kommerziellen Software. Entsprechend ist es in der Literatur (z. B. Poensgen, Bock, 2005) und im Web sehr präsent. Es ist aber auch auf diesen Bereich beschränkt: Für technisch-wissenschaftliche Software ist es kaum zu gebrauchen, weil deren algorithmischer Anteil deutlich höher ist als bei der Software, die in Banken und Versicherungen läuft. Umgekehrt taugt COCOMO nicht für die kommerzielle Software, wenigstens nicht ohne eine spezielle Korrektur, denn bei unveränderter Anwendung fallen die Schätzungen in diesem Bereich deutlich zu hoch aus.

Aufwandsschätzung ist – und bleibt auch mit den vorgestellten Verfahren – schwierig. Aber der Projektleiter hat keine Alternative! Schätzen, dokumentieren, besser schätzen, das ist der einzige Weg zu brauchbaren Prognosen. Nur wenn wir die Erfahrungen machen, aufzeichnen und für künftige Projekte zur Verfügung stellen, können wir aus den unvermeidbaren Fehlern lernen und die Qualität unserer Schätzungen über die Zeit verbessern. Mängel der verfügbaren Methoden (die es zweifellos gibt) sind kein Alibi für den Verzicht auf die systematische Kostenschätzung.

Die Suche nach einem Standard für die funktionale Größe

Schon in den Neunzigerjahren wurde das Function-Point-Verfahren weiterentwickelt und modifiziert, um den Anwendungsbereich zu erweitern (von Informationssystemen auf Echtzeitsysteme und technisch-wissenschaftliche Software) und um die Genauigkeit der Schätzungen zu verbessern.

Inzwischen ist eine ganze Reihe von Varianten entstanden. Einige, z. B. die »feature points«, die »full function points«, die »Mark II function points« und die »3D function points«, werden in der neueren Literatur[3] kaum noch erwähnt, sind also mutmaßlich ohne Bedeutung. Andere genießen einige Aufmerksamkeit und haben auch namhafte Vertreter. Die ursprüngliche Idee wird vor allem von der IFPUG vertreten, der International Function Point Users Group. Das oben zitierte Buch (Poensgen, Bock, 2005) basiert auf dieser Sichtweise.

Gleichzeitig hat sich der Schwerpunkt der Methoden von der Kostenschätzung zur Größenbeschreibung (»*Sizing*«) verschoben. Nun geht es darum, ein Verfahren zu definieren, das eine neutrale, objektive Charakterisierung des Software-Umfangs (*functional size*) liefert; die Kostenschätzung wird nur noch als Zusatzfunktion betrachtet. Natürlich wäre eine allgemein anerkannte Metrik der Software-Größe außerordentlich nützlich.

Das zuständige Normungskomitee der ISO hat 1998 einen (Meta-)Standard für die Größenbeschreibung verabschiedet, ISO 14143 *Functional Size Measurement* mit sechs Teilen (*Functional Size Measurement Concepts*, *Compliance*, *Verification*, *Reference Model*, *Software Domains* und *Guide to 14143 & related standards*). Dieser Standard legt fest, welche Anforderungen ein Verfahren zur Größenmessung erfüllen muss. Eine ganze Reihe von Vorschlägen wurde dann als kompatibel mit ISO 14143 ebenfalls standardisiert:

- ISO/IEC 19761, die COSMIC-Methode (Common Software Measurement International Consortium)
- ISO/IEC 20926, die IFPUG-Methode
- ISO/IEC 20968, die Mark-II-Methode (MkII)
- ISO/IEC 24570, die Methode der Nesma (Nederlandse Software Metrieken Associatie)

Bei Verfahren, die (wie die IFPUG-Methode) auch die Kostenschätzung einschließen, erfasst die Normung nur den Teil, der den funktionalen Umfang betrifft.

Offensichtlich sind wir von einem einzigen allgemein akzeptierten Standard für die Beschreibung der funktionalen Größe noch weit entfernt.

Verfahren mit abweichender Grundlage der Schätzung

Das Function-Point-Verfahren beruht auf der einfachen Idee, Bestandteile der geplanten Software zu identifizieren und zu zählen. Unterschiede zwischen den Bestandteilen, im Prozess und in den Rahmenbedingungen des Projekts werden durch Gewichte und Einflussfaktoren berücksichtigt.

Es liegt daher nahe, auch andere Bestandteile als die Ein- und Ausgaben heranzuziehen. So entstanden die Object Points und die Use Case Points. Das Prinzip, andere Einflüsse durch Faktoren darzustellen, bleibt grundsätzlich unverändert.

Die Bezeichnung »Object Points« wurde zweimal in unterschiedlicher Bedeutung eingeführt: Banker, Kauffman und Kumar (1991) haben eine sehr früh ein-

---

3 Die unbefriedigende Literaturlage veranlasst uns, hier in der Regel keine einzelnen Quellen anzugeben. Denn vielfach sind Urheberschaft und Status unklar. Auch ist kaum erkennbar, wie weit es wirklich unterschiedliche Konzepte gibt oder nur Konkurrenz zur Abgrenzung führt. Bei Bedarf findet man im Web mehr oder minder viele Spuren der Verfahren.

setzbare Metrik entwickelt, die die Zahl und Komplexität von Bildschirm-Masken, zu erzeugenden Ausgaben und Programmeinheiten verwendet. (»*Objects include screens, reports and modules in third generation programming languages.*«) Wie auch bei Sneed (siehe unten) wird die Wiederverwendung eingerechnet. Nach Angaben der Autoren gelangt man so mit weniger Aufwand zu besseren Resultaten als mit den Function Points. Diese Methode wurde später in COCOMO II (Abschnitt 8.4.4) integriert.

Sneed hat kurz darauf – vermutlich in Unkenntnis der älteren Arbeit – unter demselben Namen eine Bewertung speziell für objektorientierte Programme vorgeschlagen (Sneed, 1996). Dabei werden Klassendiagramme (Klassen, Attribute, Methoden, Klassenassoziation), Sequenzdiagramme (Nachrichten, Parameter, Sender und potenzielle Empfänger) und Use-Case-Diagramme (Online-, Batch- und System-Anwendungsfälle, jeweils gewichtet mit der Zahl der Ausgänge) herangezogen. Sneed verwendet diese Metrik vor allem, um existierende Software zu charakterisieren, die verändert oder modernisiert werden soll.

Die Use Case Points haben eine vorwiegend akademische Karriere gemacht. Sie wurden in einer schwedischen Diplomarbeit vorgeschlagen (Karner, 1993), später in einer norwegischen Master-Thesis weiterentwickelt (Ribu, 2001) und in jüngster Zeit in einer deutschen Dissertation erneut verbessert (Frohnhoff, 2009). Bei dieser Methode werden die Akteure und die Anwendungsfälle gezählt und gewichtet. Da in vielen Projekten Anwendungsfälle für die Spezifikation verwendet werden, sind entsprechende Daten oft und bald nach Beginn der Entwicklung verfügbar. Frohnhoff setzt noch früher ein, indem er aus den Beschreibungen der Geschäftsprozesse auf die Anwendungsfälle schließt. Unsicherheiten entstehen vor allem durch die individuellen Unterschiede bei der Strukturierung und Detaillierung der Anwendungsfälle; dasselbe Szenario wird von verschiedenen Entwicklern keineswegs durch gleich viele, gleich große Anwendungsfälle beschrieben. Entsprechend zählen sie auch unterschiedlich viele Use Case Points.

8.4.6 Risikomanagement

In jedem Projekt treten Probleme auf, die das Projekt behindern, verzögern oder im schlimmsten Falle scheitern lassen. Mit dem Risikomanagement verfolgen wir das Ziel, möglichst frühzeitig denkbare Probleme zu identifizieren, um geeignete Gegenmaßnahmen einzuleiten, damit diese Probleme entweder gar nicht erst entstehen oder das Projekt nicht ernsthaft bedrohen. Risikomanagement ist eine kontinuierliche Tätigkeit, die in der Startphase besonders wichtig ist, aber danach, bis zum Projektende, systematisch fortgesetzt werden muss.

Präzises Risikomanagement ist notwendig, um Projekte erfolgreich abzuschließen. Umso erstaunlicher ist es, dass es in der Praxis oft vernachlässigt wird oder ganz fehlt (oder, was die gleiche Wirkung hat, zu einer Formalübung wird). Denkbare Gründe dafür sind, dass der Begriff Risiko vorbelastet ist, dass man nicht gerne über Risiken spricht, weil man alles »im Griff hat« oder glaubt, haben zu müssen. Außerdem sind die Verfahren für ein systematisches Risikomanagement oft nicht bekannt.

Definition und Beschreibung der Risiken

Was ist ein Risiko? In Anlehnung an Hindel et al. (2004) definieren wir:

Risiko — Ein Problem, das noch nicht eingetreten ist, aber wichtige Projektziele oder Projektergebnisse gefährdet, falls es eintritt. Ob es eintreten wird, kann nicht sicher vorausgesagt werden.

Risikomanagement umfasst alle Aktivitäten, die darauf abzielen, dass aus einem Risiko kein schweres Problem für das Projekt wird. Im Einzelnen zählen dazu:

- Identifikation von Risiken
- Analyse und Bewertung der Risiken
- Planung von Gegenmaßnahmen
- Verfolgen der Risiken und der gewählten Gegenmaßnahmen

Wichtig ist, dass Risiken explizit dargestellt und kommuniziert und dass geeignete Gegenmaßnahmen frühzeitig eingeleitet werden.

Um Projektrisiken zu identifizieren, hat es sich bewährt, Checklisten für Risikoquellen zu benutzen. Sie stellen sicher, dass die erfahrungsgemäß kritischen Themenfelder betrachtet und die identifizierten Risiken dokumentiert werden. Ziel ist es, eine möglichst vollständige Sicht auf die Projektrisiken zu erhalten. Beispiele für solche Themenfelder sind die verwendete Technik, die Beziehungen zum Kunden, die Verfügbarkeit von Mitarbeitern und Ressourcen und die Stabilität der Anforderungen. Carr et al. (1993) geben eine Taxonomie für Risikoquellen und Themen vor, die als Grundlage für Checklisten verwendet werden kann. Um eine möglichst vollständige Liste der Projektrisiken zu erhalten, müssen alle Experten beteiligt werden. In der Praxis haben sich dazu moderierte Workshops bewährt. Es liegt aber in der Natur der Risiken, dass wir nicht sicher sein können, alle Risiken entdeckt zu haben. Umso wichtiger ist es, dass gesammelte Erfahrungen verfügbar sind, die zum Beispiel in Form von Abschlussberichten anderer Projekte vorliegen.

Risikobewertung

Nachdem die Risiken identifiziert und beschrieben sind, müssen sie analysiert und bewertet werden. Dazu werden für jedes betrachtete Risiko die *Eintrittswahrscheinlichkeit* (p) und die im Schadensfall entstehenden Kosten (K) für das Projekt abgeschätzt. Das Produkt dieser beiden Werte ergibt den *Risikowert*, der für die weitere Analyse benutzt wird.

$$\text{Risikowert} = p \cdot K$$

Natürlich sind die Schätzwerte für die Eintrittswahrscheinlichkeit und den verursachten Schaden immer mit erheblicher Unsicherheit behaftet. Trotzdem sollte man versuchen, p und K für jedes Risiko abzuschätzen; es wird sich später zeigen, dass Fehler, die dabei unvermeidlich sind, keine schlimmen Folgen haben. Mit p und K kann man jedes Risiko als Punkt in einer doppelt logarithmischen Darstellung eintragen (Abb. 8–10). Geraden von links oben nach rechts unten kennzeichnen einen bestimmten Risikowert, der rechts abgelesen werden kann. In der Abbildung ist unterstellt, dass Risikowerte bis 10000 € akzeptabel sind; das ist natürlich von der jeweiligen Umgebung abhängig, in einer kleinen Firma dürfte dieser Wert niedriger sein. Für Punkte, die unter der Diagonalen liegen, sind keine Aktionen erforderlich.

Punkte über der Diagonalen müssen nach links oder nach unten bewegt werden. Eine Senkung der im Problemfall entstehenden Kosten verschiebt den Punkt nach unten (Pfeil a), eine Senkung der Wahrscheinlichkeit verschiebt ihn nach links (Pfeil b). In der Praxis haben alle Maßnahmen zur Folge, dass zusätzliche, sichere Kosten entstehen, die aber wesentlich geringer sind als der mögliche Schaden.

Zwei Bereiche (oben und rechts) sind von besonderer Bedeutung: Oben liegen extreme Risiken. Wenn ein solches Risiko eintritt, ist der Schaden nicht mehr zu beherrschen (z. B. ein Bankrott der Firma). In diesem Falle ist zu erwägen, ob eine Versicherung abgeschlossen werden kann. Versicherungen senken den Risikowert nicht, sondern machen aus einem wenig wahrscheinlichen sehr hohen Schaden eine sichere kleine Zahlung (Pfeil c).

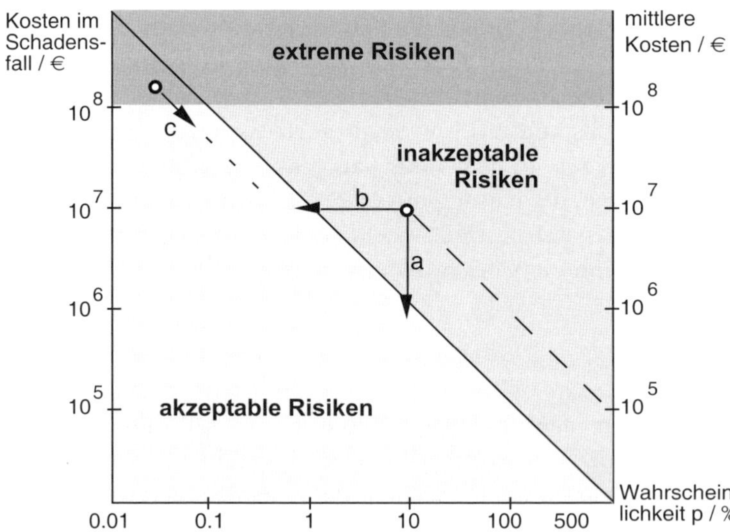

Abb. 8–10 *Risikodiagramm*

Risiken mit einer Eintrittswahrscheinlichkeit über 50 % sollten als sichere Ereignisse behandelt werden. Dass der Kunde seine Anforderungen ändert, dass auch nach dem Test noch Fehler im Programm sind, dass es Änderungen im Personal geben wird, das ist so sicher wie der Schneefall im kommenden Winter. Wir wissen noch nicht, wann und wie viel Schnee fällt, aber wir können sicher damit rechnen, *dass* er fällt.

Alle geschätzten Werte sind unvermeidlich vage; die doppelt logarithmische Darstellung mildert aber den Effekt der Fehler ganz erheblich. Und wir erleben hier ähnlich wie bei der Aufwandsschätzung, dass die Zahlen genauer werden, wenn wir das Verfahren einige Male angewandt haben: Wer ein Instrument spielen will, muss es schlecht gespielt haben, um es eines Tages gut spielen zu können.

Wer die Abschätzung der Werte scheut, kann eine vereinfachte Variante des Verfahrens anwenden. Tabelle 8–8 zeigt eine dreiwertige Skala für die beiden zu schätzenden Werte. Die Produkte der beiden Werte (1, 2, 3, 4, 6 oder 9) kennzeichnen das Risiko.

Wert	Eintrittswahrscheinlichkeit	Schadensausmaß
1	Es ist wenig wahrscheinlich, dass das Risiko eintritt.	Der Schaden wird für das Projekt kaum merklich sein: – geringe Einschränkung der Leistungen – geringe Zeitverzögerung – geringe Überschreitung der Kosten
2	Es wäre nicht überraschend, wenn das Risiko eintritt.	Der Schaden ist beträchtlich: – merkliche Einschränkung der Leistung – merkliche Zeitverzögerung – merkliche Überschreitung der Kosten
3	Es ist damit zu rechnen, dass das Risiko eintritt.	Der Schaden für das Projekt ist groß: – zentrale Funktionen sind betroffen – lange Zeitverzögerung – starke Überschreitung der Kosten

Tab. 8–8 *Eine dreiwertige Skala für die Risikobewertung*

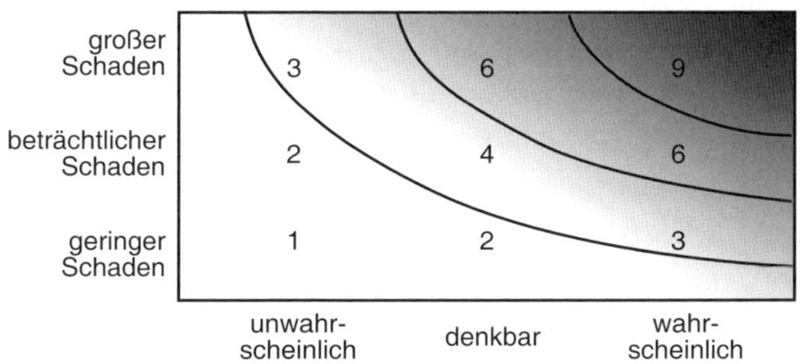

Abb. 8–11 *Klassifikation von Risiken*

Prävention und Notfallmaßnahmen

Präventivmaßnahmen sollen die Eintrittswahrscheinlichkeit eines Risikos senken (im günstigsten Fall auf null) oder die Bedingungen so verändern, dass der eintretende Schaden erträglich bleibt. Beispielsweise könnte das Risiko darin bestehen, dass ein für das Projekt sehr wichtiger Mitarbeiter die Firma verlässt. Indem man ihm eine Erfolgsprämie oder eine andere Belohnung für den erfolgreichen Abschluss in Aussicht stellt, kann man die Wahrscheinlichkeit, dass er geht, senken. Indem man ihm einen Kollegen zur Seite stellt, der in der Zusammenarbeit wichtige Kenntnisse aufnimmt, verringert man den Schaden, der eintreten kann. Natürlich schließen sich die beiden Strategien nicht gegenseitig aus.

Notfallmaßnahmen werden reaktiv ergriffen, sie dienen dazu, den Schaden zu begrenzen, wenn ein Schadensfall eingetreten ist. Auch solche Maßnahmen können geplant werden. Beispielsweise könnte man sich im Falle des Mitarbeiters, dessen Firmentreue unsicher ist, frühzeitig vergewissern, wo und wie ggf. ein Nachfolger gefunden werden kann. Auf diese Weise hat man eine Problemlösung in der Schublade, wenn sie gebraucht wird.

Gegenmaßnahmen müssen, seien sie nun präventiv oder reaktiv, in den Projektplan aufgenommen werden, denn sie müssen – mehr als alle anderen Maßnahmen – überwacht werden, damit sie sicher zum Erfolg führen. Wenn nötig muss die Maßnahme abgeändert oder durch weitere Maßnahmen verstärkt werden. Da die Gegenmaßnahmen Kosten verursachen, müssen diese im Projektbudget eingeplant werden.

Risikoüberwachung

Da sich die Risiken während der Projektdurchführung verändern – vorhandene Risiken schwächen sich ab oder verstärken sich, neue Risiken kommen hinzu –, muss die Risikosituation eines Projekts während der gesamten Laufzeit immer wieder bewertet werden. Dies geschieht häufig in Form regelmäßiger Projektsitzungen. Es hat sich bewährt, die Risikosituation kondensiert darzustellen, sodass sie von den Managern schnell eingeschätzt werden kann. Häufig werden deshalb die zehn wichtigsten Risiken zusammen mit den Gegenmaßnahmen aufgelistet, und die Gesamtbewertung wird in Form einer Ampelskala visualisiert (mit Grün für alles, was glatt läuft, Gelb für drohende Probleme und Rot für dringenden Handlungsbedarf).

Ein solches systematisches Risikomanagement hat folgende Vorteile:

- Risiken werden frühzeitig identifiziert und für alle Beteiligten sichtbar gemacht.
- Risiken werden nicht verschwiegen, sondern offen kommuniziert.

- Gegenmaßnahmen können frühzeitig geplant und durchgeführt werden. Es wird nicht erst dann gehandelt, wenn das Kind bereits in den Brunnen gefallen ist, d. h., wenn die Risiken zu Problemen geworden sind.
- Die Kosten und der Nutzen von Gegenmaßnahmen können bewertet werden.
- Das Ergebnis der Risikobewertung fließt in die Termin- und Kostenplanung ein.
- Auf die sich verändernde Risikosituation kann angemessen reagiert werden, weil die Risiken kontinuierlich neu bewertet werden.
- Die Fähigkeiten zur Risikobewertung werden laufend verbessert, weil die Risikodaten gesammelt, analysiert und in Folgeprojekten genutzt werden.

Auch hier gilt, was in vielen Bereichen des Software Engineerings gilt: Es kommt vor allem darauf an, dass man das Risikomanagement ernsthaft, systematisch und projektbegleitend betreibt und laufend verbessert. Welche Techniken und Werkzeuge verwendet werden, ist sekundär.

8.5 Projektkontrolle und -steuerung

Die Projektkontrolle und -steuerung hat die Aufgabe, den Fortschritt eines Projekts zu beobachten und steuernd einzugreifen, wenn Abweichungen festgestellt werden, die durch Störungen verschiedenster Art verursacht sein können.

Für eine wirksame Projektkontrolle eignen sich solche Maßnahmen am besten, die Abweichungen vom Plan oder andere Probleme möglichst früh anzeigen. Nur dann können Korrekturen so früh eingeleitet werden (auch Korrekturen des Plans, wenn er ungeeignet war), dass noch Mittel für Maßnahmen bereitstehen und Zeit bleibt, damit die Maßnahmen wirken können.

8.5.1 Der Regelkreis der Projektdurchführung

Die Projektkontrolle und -steuerung kann als eine Art Regelkreis modelliert werden. Damit er nicht nur intuitiv, sondern explizit umgesetzt wird, ist es erforderlich, dass

a) Vorgaben und Erwartungen festgehalten werden: das Soll, der Plan,
b) erfasst und bewertet wird, was im Projektverlauf erreicht wird: das Ist,
c) Erwartungen und Bewertungen verglichen werden: Soll-Ist-Vergleich,
d) aus allen Abweichungen Konsequenzen gezogen, also korrigierende Maßnahmen eingeleitet werden.

Wird eine dieser Tätigkeiten nicht ausgeführt, so ist der Regelkreis nicht geschlossen, und das Projekt wird nicht geführt, sondern entwickelt sich nach seinen eigenen Gesetzen. Abbildung 8–12 zeigt, wie diese Tätigkeiten zusammenhängen.

Der Ist-Zustand wird anhand der bearbeiteten oder fertiggestellten Arbeitspakete festgestellt. Darauf gehen wir im nächsten Abschnitt genauer ein. Zeigt

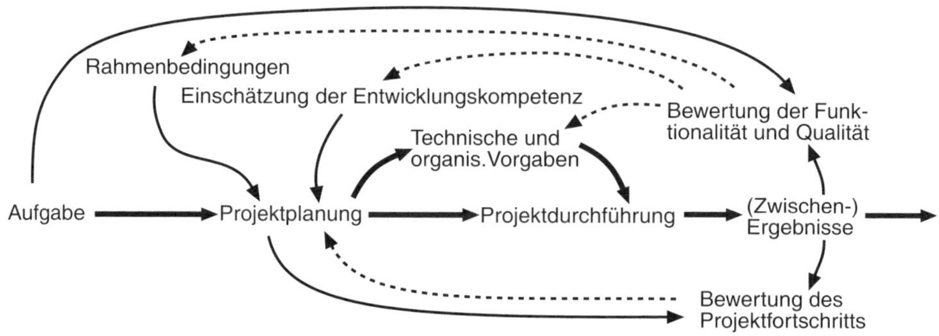

Abb. 8–12 *Projektkontrolle und -steuerung als Regelkreis; fette Pfeile kennzeichnen die konstruktive Entwicklung, punktierte Pfeile korrigierende Eingriffe. Die übrigen Pfeile dienen der Projektplanung und -verfolgung*

der anschließende Soll-Ist-Vergleich (Bewertung des Projektfortschritts) Abweichungen von der Planung, dann ist zu entscheiden, ob mit Hilfe geeigneter korrektiver Steuerungsmaßnahmen das Ist wieder an das Soll herangeführt werden kann oder die Planung geändert werden muss, also der Plan der korrigierten Einschätzung der Gegebenheiten angepasst werden muss. Bei der Auswahl von Steuerungsmaßnahmen muss immer berücksichtigt werden, welche Auswirkungen die erkannten Abweichungen auf die Projektziele haben; Leistungen, Kosten und Termine sind dabei zu unterscheiden. Steuerungsmaßnahmen (technische und organisatorische Maßnahmen) sind in vielen Fällen, Planänderungen unbedingt mit dem Auftraggeber abzustimmen.

Die Abbildung 8–12 ist, mag sie auch auf den ersten Blick kompliziert erscheinen, vereinfacht; die Bewertung des Projektfortschritts hat in vielen Fällen zusätzlich die Wirkungen, die bei der Bewertung der Funktionalität und der Qualität eingezeichnet sind. Zudem ist die Spezifikation, die aus der Aufgabe folgt, nicht explizit dargestellt.

8.5.2 Die Bewertung des Erreichten

Im Mittelpunkt der Projektkontrolle steht das Arbeitspaket. Jeder Mitarbeiter ordnet seine Arbeitsstunden den Arbeitspaketen zu, mit denen er sich befasst hat. Dieser Ist-Aufwand wird dem Soll, der Aufwandsschätzung für das Arbeitspaket, gegenübergestellt. Abweichungen entstehen,

- wenn die Schätzung falsch war,
- wenn die Arbeit ineffizient durchgeführt wurde,
- wenn tatsächlich eine andere oder größere Aufgabe gelöst wurde, als im Arbeitspaket vereinbart war,
- wenn die Arbeitszeit falsch verbucht wurde.

Zeiterfassung

Die Zeiterfassung wird in der Regel auch in Bezug auf die einzelnen Mitarbeiter ausgewertet. Wer für 40 h pro Woche bezahlt wird, sollte auch 40 h Arbeit nachweisen. Durch einige Stunden Toleranz berücksichtigt man die Tatsache, dass es Zeiten gibt, die nicht sinnvoll zugeordnet werden können. Trotzdem entstehen scheinbare Fehlzeiten, wenn bestimmte notwendige Arbeiten nicht in den Arbeitspaketen berücksichtigt waren, weil sie in der Planung vergessen wurden oder weil sie *gar nicht auftreten dürfen.* (Ein Beispiel sind in vielen Unternehmen die zusätzlichen Arbeiten, die entstehen, wenn die Projekte international durchgeführt werden. Das Management, das mit dieser Entscheidung seinen Willen zur Kostensenkung demonstriert, kann nicht zugeben, dass dadurch Kosten entstehen.)

Die Mitarbeiter reagieren darauf, indem sie die Zeiten *irgendwo* buchen. Ein ähnlicher, weit verbreiteter Effekt ist zu beobachten, wo die Budgets der einzelnen Projekte oder Projektphasen hart beschränkt sind, die Mitarbeiter aber typischerweise in mehreren Projekten arbeiten. Dann gilt das Prinzip: Dieser Topf ist leer, also esse ich aus einem anderen. Damit verliert die Aufwandserfassung natürlich ihren Sinn und Nutzen. Nachfolgend unterstellen wir, dass wir korrekte Zahlen für den erbrachten Aufwand haben.

Fertigstellungsgrad

In einer idealen Welt könnte man (wenn es dort nicht ganz überflüssig wäre) den Fertigstellungsgrad nach der folgenden Formel ermitteln:

$$\text{Fertigstellungsgrad} = \frac{\text{Ist-Aufwand}}{\text{Geschätzter Gesamtaufwand}}$$

Sie entspricht dem optimistischen Prinzip: »Mein Geld ist fast alle. Also ist heute der 28.« Selbst wenn die Aufwandsschätzung relativ gut war, ist der entstehende Fehler gegen Ende des Projekts groß. Betrachten wir ein Beispiel: Nach neun Monaten eines Projekts sind etwa 90 % des geschätzten Aufwands erbracht. Wir folgern, dass der Fertigstellungsgrad 90 % ist, nach einem weiteren Monat werden wir vermutlich fertig sein. Wenn aber die Schätzung um (nur) 11 % zu niedrig lag, haben wir tatsächlich noch zwei Monate vor uns; wir werden also von der Verzögerung überrascht.

Um den Fertigstellungsgrad einer Software zu beurteilen, sollten wir nicht den geschätzten Gesamtaufwand, sondern den Restaufwand, den noch notwendigen Aufwand bis zur Fertigstellung, zu Grunde legen. Mit anderen Worten: Wir verwenden nicht die ursprüngliche, sondern die aktuelle Aufwandsschätzung.

Diese ergibt sich als Summe des bereits erbrachten Aufwands und des Restaufwands:

$$\text{Fertigstellungsgrad} = \frac{\text{Ist-Aufwand}}{\text{Ist-Aufwand} + \text{Restaufwand}}$$

Diese Größe hat den Vorteil, dass eine Übertreibung in irgendeine Richtung dem Mitarbeiter schadet: Ist der prognostizierte Restaufwand zu groß, wird die bereits geleistete Arbeit abgewertet, ist der Restaufwand zu klein, sind Probleme bei den nächsten Fortschrittskontrollen programmiert.

Auf ein mögliches Missverständnis sei hier vorsorglich hingewiesen: Der prognostizierte Restaufwand oder der prognostizierte Gesamtaufwand wird nicht automatisch zum neuen geplanten Aufwand und somit zu einer neuen Zielgröße. Der Planwert gilt weiterhin, und eine abweichende Prognose ist eine Aufforderung, Maßnahmen zur Beseitigung dieser Abweichung zu ergreifen.

In Organisationen, in denen der erfasste Ist-Aufwand erst nach Wochen zur Verfügung steht, kann diese Größe nicht zur Vorhersage des Restaufwands herangezogen werden, denn sonst liegt die Bewertung des Fertigstellungsgrads erst zu einem Zeitpunkt vor, zu dem sie bereits überholt ist.

Ein anderer Ansatz umgeht dieses Problem, indem der Ist-Aufwand gar nicht verwendet wird. Als Referenz dient nicht der prognostizierte Gesamtaufwand, sondern der geplante Aufwand. Dabei wird der *erarbeitete Wert* nach folgender Gleichung bestimmt:

$$\text{Erarbeiteter Wert} = \text{Geplanter Aufwand - Prognostizierter Restaufwand}$$

Der Fertigstellungsgrad lässt sich auf dieser Basis durch folgende Formel berechnen:

$$\text{Fertigstellungsgrad} = \frac{\text{Erarbeiteter Wert}}{\text{Geplanter Aufwand}}$$

Achtung, der erarbeitete Wert und damit der Restaufwand kann negativ werden, wenn das Projekt sehr sorglos geplant worden war, sodass während der Durchführung der Restaufwand höher ist als der zu Beginn geschätzte Gesamtaufwand.

Kennt man auch den Ist-Aufwand, so erlaubt der erarbeitete Wert Aussagen wie: »Wir haben 90 % des budgetierten Aufwands geleistet, aber erst 80 % der Aufgabe erledigt.«

Den Fertigstellungsgrad des gesamten Projekts kann man sehr einfach auf Basis der bereits abgeschlossenen Arbeitspakete nach folgender Beziehung ermitteln:

$$\text{Fertigstellungsgrad} = \frac{\text{Anzahl abgeschlossener Arbeitspakete}}{\text{Anzahl der Arbeitspakete}}$$

In diese Rechnung gehen die gerade bearbeiteten Arbeitspakete nicht ein. Das liefert Ergebnisse, die etwas zu niedrig sind. Bei einer geringen Gesamtzahl ist dieser Fehler möglicherweise inakzeptabel hoch; dann kann man Pakete, die gerade in Arbeit sind, mit 0,5 oder einem noch genauer abgeschätzten Gewicht berücksichtigen.

Earned Value Analysis

Das bisher beschriebene Verfahren ist für kleinere Projekte angemessen. Bei größeren und großen Projekten reicht es jedoch nicht aus. In solchen Projekten wird oft die sogenannte Earned Value Analysis (EV-Analyse) genutzt, ein vom US-Verteidigungsministerium entwickeltes Verfahren, um den Fortschritt eines Projekts zu bewerten und um Prognosen über den voraussichtlichen Endtermin und die zu erwartenden Gesamtkosten zu erhalten. Als Ergebnis der Analyse erhält die Projektleitung eine kleine Menge von Kennzahlen, die sie als Steuerungsgrößen nutzen kann.

Als Datenlieferanten der EV-Analyse dienen die Kostenplanung durch Angabe der geplanten Kosten über die Projektlaufzeit und der geschätzten Gesamtkosten (Budget At Completion, BAC) sowie die Buchhaltung, die die bis zum Berichtszeitpunkt aufgelaufenen Projektkosten kennt. Natürlich stützt sich die EV-Analyse auch auf die Bewertung der einzelnen Arbeitspakete. Für diese müssen die folgenden Werte ermittelt werden, die dann auf Projektebene zusammengefasst werden:

1. *Geplante Kosten (Planned Value, PV)*
   Das sind die bis zum Berichtszeitpunkt laut Planung vorgesehenen Kosten für ein Arbeitspaket.
2. *Tatsächliche Kosten (Actual Cost, AC)*
   Das sind die bis zum Berichtszeitpunkt tatsächlich entstandenen Kosten für ein Arbeitspaket.
3. *Erarbeiteter Wert (Earned Value, EV)*
   Das sind die geplanten Kosten für den Wert der bis zum Berichtszeitpunkt geleisteten Arbeit. EV gibt also die geplanten Kosten für ein Arbeitspaket an, gemessen am tatsächlichen Fertigstellungsgrad.

Betrachten wir dazu das folgende sehr einfache Beispiel: Ein Arbeitspaket soll mit der Kalenderwoche 37 beginnen und fünf Arbeitstage erfordern; jeder Arbeitstag kostet 1000 € (1 k€). Die geplanten Kosten sind somit 5 k€. Zum Berichtszeitpunkt am Ende der KW37 stellt sich die Situation so dar: Das Arbeitspaket konnte nicht wie geplant am Montag, sondern erst am Dienstagmittag in Angriff genommen werden; damit sind Kosten in Höhe von 3,5 k€ entstanden. Durch unerwartete Probleme wurde in diesen dreieinhalb Tagen nur die Arbeit geschafft, für die drei Tage (entsprechend 3 k€) vorgesehen waren. Wir haben damit als Kennwerte PV = 5 k€, AC = 3,5 k€, EV = 3 k€.

Mit Hilfe dieser Basisgrößen lassen sich nun die Kosten- und die Zeitabweichung relativ zur Planung bestimmen.

- *Kostenabweichung (Cost Variance, CV = EV - AC)*
  Sie ergibt sich aus der Differenz zwischen erarbeitetem Wert und tatsächlichen Kosten. Ist sie negativ, dann hat die Arbeit nicht so viele Werte geschaffen, wie sie gekostet hat.
- *Planabweichung (Schedule Variance, SV = EV - PV)*
  Sie berechnet sich aus der Differenz von erarbeitetem Wert und den zum Berichtszeitpunkt geplanten Kosten. Die Planabweichung wird also durch die finanzielle Differenz zur Planung ausgedrückt. Ist der SV-Wert negativ, dann liegt das Projekt gegenüber der Planung zurück, und zwar um Arbeit im Umfang des SV-Wertes.

In unserem Beispiel erhalten wir die folgende Werte:

$$CV = 3\,k€ - 3{,}5\,k€ = -0{,}5\,k€$$
$$SV = 3\,k€ - 5\,k€ = -2\,k€$$

Sie bedeuten, dass das, was bisher erarbeitet wurde, 500 € teurer war als geplant und dass wir einen Arbeitsrückstand äquivalent zum Wert von 2000 € haben.

Wie bereits erwähnt, wird die EV-Analyse auf Projektebene durchgeführt. Die PV-Werte aus der Kostenplanung kann man in einem Diagramm über der Zeit auftragen. Fügt man regelmäßig die ermittelten EV-Werte und die aktuellen AC-Werte aus der Buchhaltung hinzu, dann entspricht der vertikale Abstand der EV-Kurve von den PV- und AC-Kurven den Größen SV und CV (Abb. 8–13).

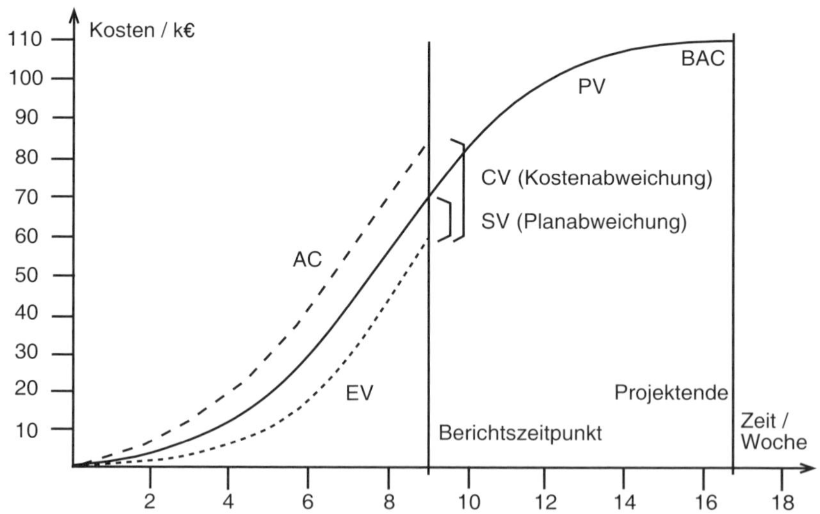

Abb. 8–13 *Darstellung von Kosten- und Planabweichung*

Die EV-Analyse kann auch genutzt werden, um die Gesamtkosten und den Fertigstellungstermin vorherzusagen. Dazu dienen zwei Leistungskennzahlen:

- *Cost Performance Index (CPI = EV / AC)*
  Dieser setzt den Wert der tatsächlich geleisteten Arbeit ins Verhältnis zu den tatsächlichen Kosten. Ist der Quotient größer als eins, dann war die geleistete Arbeit günstiger als geplant; ist er kleiner, dann war sie teurer.
- *Schedule Performance Index (SPI = EV / PV)*
  Hier wird die tatsächlich geleistete Arbeit zu den geplanten Kosten ins Verhältnis gesetzt. Ist der Wert größer als eins, dann konnte mehr erreicht werden als geplant. Ist er kleiner als eins, dann ist der Arbeitsfortschritt geringer als angenommen.

Dementsprechend sollten die Werte für CPI und SPI in einem gut geführten Projekt nur in einem schmalen (und definierten) Intervall um 1 liegen.

Unser Beispielprojekt liefert für den Berichtszeitpunkt nach Woche 9 folgende Werte: PV = 70 k €, AC = 85 k€, EV = 60 k€ (Abb. 8–13). Daraus berechnen wir als Kennzahlen CPI = 0,71 und SPI = 0,86. Sie bedeuten, dass wir bis jetzt 14 % weniger Leistung erbracht haben als geplant. Da wir gleichzeitig mehr Aufwand hatten, als vorgesehen war, liegen wir sogar 29 % unter der Leistung, die nach den Kosten zu erwarten wäre. Das Projekt erfordert also massive Eingriffe oder gar den Abbruch.

Wenn aufgrund von Erfahrungen angenommen werden kann, dass die ermittelten Leistungskennzahlen typisch sind und sich im weiteren Projektverlauf nicht wesentlich ändern werden, dann können Prognosen gestellt werden:

- *Wie viel wird das Projekt am Ende kosten?*
  Die auf Basis der aktuellen Bewertung prognostizierten Projektkosten (Independent Estimate At Completion, IEAC) berechnen sich als Verhältnis vom anfangs geschätzten Gesamtaufwand (BAC) zum Cost Performance Index.

  IEAC = BAC / CPI
- *Wie viel Zeit werden wir für das Projekt benötigen?*
  Die voraussichtliche Projektdauer (Independent Schedule At Completion, ISAC) kann auf Basis der geplanten Dauer und des Schedule Performance Index bestimmt werden.

  ISAC = Geplante Dauer / SPI

Statt nach einer Prognose können wir auch fragen, ob es durch höhere Leistung möglich ist, das Projekt noch zu den geplanten Kosten fertigzustellen. Über das ganze Projekt hinweg hätte ein CPI = 1 ausgereicht. Bislang wurden aber nur 71 % (CPI) der erwarteten Leistung erreicht.

Die noch ausstehende Arbeit ist BAC - EV, das noch verfügbare Budget BAC - AC. Bis zum Projektabschluss müsste also der To Complete Performance Index (TCPI) gelten:

TCPI = (BAC - EV) / (BAC - AC)

Mit den bereits ermittelten Kennzahlen erhalten wir für unser Beispielprojekt die folgenden Prognosen:

IEAC	=	110 k€ / 0,71 = 155 k€	41 % Mehrkosten!
ISAC	=	17 Wochen / 0,86 = 19,8 Wochen	16 % Zeitüberschreitung!

Die Frage nach dem erforderlichen TCPI ergibt:

TCPI = (110 k€ - 60 k€) / (110 k€ - 85 k€) = 50/25 = 2

Ein TCPI von 2 bedeutet, dass das Projektteam ab dem Berichtszeitpunkt 200 % der Leistung bringen müsste, die ursprünglich gefordert war, um das Projekt zu den geplanten Kosten abzuschließen. Gegenüber der bisherigen Leistung (71 %) ist fast eine Verdreifachung notwendig. Das ist offensichtlich irreal. Selbst ein wesentlich kleineres »Über-Soll« wie 120 % ist nur schwer und nicht auf Dauer zu schaffen.

8.5.3 Termindrift-Diagramme (Meilenstein-Trend-Analyse)

Durch die Projektverfolgung, wie sie im vorigen Abschnitt beschrieben ist, werden Daten gesammelt, die den Stand des Projekts charakterisieren und später die Chance bieten, Schwächen des Projekts zu erkennen, sodass sie bei weiteren Projekten vermindert oder vermieden werden können. Dazu müssen die Informationen möglichst anschaulich visualisiert werden; eine simple Tabelle reicht nicht aus, auch wenn sie rein formal alle Informationen enthält.

Eine besonders eingängige Darstellung des Projektverlaufs und der aufgetretenen Abweichungen von der Planung erhält man durch das Termindrift-Diagramm. In der Literatur wird es meist als *Meilenstein-Trend-Analyse* bezeichnet, das suggeriert aber eine Methode, wo es sich nur um eine einfache Darstellungstechnik handelt. Leider finden wir nirgends eine Angabe, die den Urheber würdigt.

Die Grundidee besteht darin, in einem Koordinatensystem aus zwei Zeitachsen einzutragen, wie sich die Termine für das Erreichen bestimmter Meilensteine im Laufe des Projekts verändern (oder nicht verändern). Prinzipiell ist es natürlich gleichgültig, ob man die vertikale Achse nach oben oder nach unten zeigen lässt; wir ziehen (wegen der Schreib- und Leserichtung von links nach rechts und von oben nach unten) die hier gezeigte Form vor.

Die Abbildung 8–14 zeigt ein einfaches (und untypisches) Beispiel. Zum Anfang des Projekts (links) gibt die Planung die vertikale Achse mit den geplanten Meilensteinen vor. Mit fortschreitender Zeit wächst das Diagramm von links

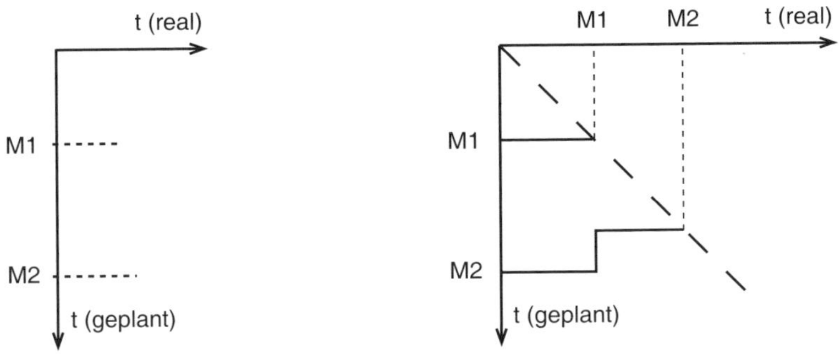

Abb. 8–14 *Termindrift-Diagramm zu Beginn und nach Ende des Projekts*

nach rechts. Immer, wenn der Stand des Projekts neu eingeschätzt und die Planung eventuell verändert wird, können unter dem entsprechenden Punkt der horizontalen Achse die geplanten Meilensteine markiert werden. Im Beispiel wird M1 planmäßig erreicht, und zum selben Zeitpunkt stellt sich heraus, dass M2 früher als ursprünglich erwartet erreicht werden kann. Dadurch entsteht die Stufe nach oben. Wenn die Meilenstein-Linie die Diagonale trifft, ist der Meilenstein erreicht; das Gebiet rechts über der Diagonalen ist Vergangenheit, es hat keinen Sinn, die Linien dort weiterzuführen.

Offensichtlich werden in einem perfekt geplanten Projekt die Meilensteine genau zum geplanten Zeitpunkt erreicht (M1 in Abb. 8–14). War die Planung allzu ängstlich oder wurde der Aufwand überschätzt, so werden Meilensteine früher erreicht, als geplant war (M2); im sehr viel häufigeren Fall einer allzu sorglosen Planung ist das Gegenteil der Fall (alle Meilensteine in Abb. 8–15).

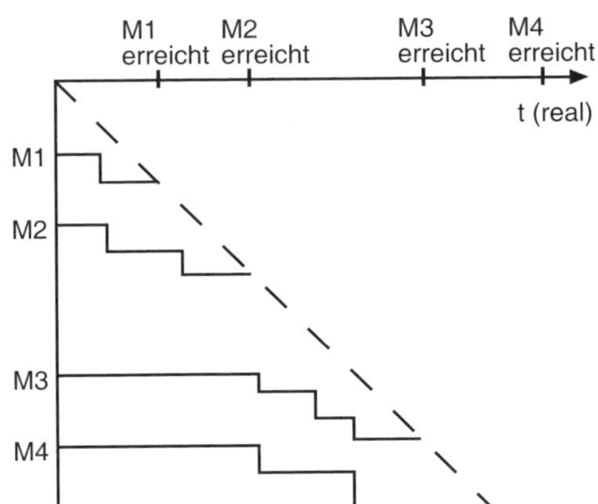

Abb. 8–15 *Termindrift-Diagramm, Beispiel mit Verzug beim Erreichen aller Meilensteine*

Man sieht auf einen Blick,

- wie die ursprüngliche Planung war (die Zieltermine der Meilensteine),
- wann die Planung korrigiert wurde,
- wann die Meilensteine tatsächlich erreicht wurden.

Am Ende eines schlecht geplanten und entsprechend schlecht gelaufenen Projekts ähnelt das Diagramm den Schleuderspuren eines Autos, dessen Fahrer die Schwierigkeiten und Risiken der Fahrt unterschätzt hatte. So erkennt man in Abbildung 8–15, dass sich der Projektleiter auch nach frühen Anzeichen für Planungsfehler nicht zu einer Totalrevision entschließen konnte. Stattdessen hat er wider besseres Wissen angekündigt, die späteren Meilensteine wie geplant zu erreichen, und an der falschen Prognose festgehalten, bis die Termine jeweils kurz bevorstanden.

8.6 Der Projektabschluss

Oft enden Projekte ohne eigentlichen Abschluss. Viele Mitarbeiter verlassen das Projekt schon vor der Auslieferung, andere haben noch darüber hinaus mit Nacharbeiten zu tun. Auf diese Weise fehlen sowohl die objektive Dokumentation der mit diesem Projekt erreichten Erfolge und Misserfolge als auch das subjektive Bewusstsein der Beteiligten, auf etwas Abgeschlossenes zurückblicken zu können.

8.6.1 Abschlussarbeiten

Zu den administrativen Arbeiten gehört zunächst die Archivierung der Projektresultate und aller Projektunterlagen.

Organisatorisch ist es notwendig, die Projektorganisation aufzulösen und alle Projektmitarbeiter in neuen Aufgaben unterzubringen. Dies macht vor allem bei einer reinen Projektorganisation Arbeit. Oft müssen noch einige Restarbeiten erledigt werden, auch wenn das Projekt schon abgeschlossen ist. Diese müssen identifiziert und Personen zugewiesen werden.

Der Abschluss eines Projekts bietet wie kein anderer Moment die Möglichkeit, durch Aufzeichnung von Projektkennzahlen aus verschiedener Sicht ein plastisches Bild des Projekts festzuhalten, das für die Planung weiterer Projekte benutzt werden kann. Es sind mindestens die Standpunkte des Projektleiters, eines erfahrenen Entwicklers und der Kosten-/Terminplanstelle zu berücksichtigen.

8.6.2 Rituale

Traditionell vollziehen die Menschen Rituale, wenn eine größere Veränderung stattgefunden hat. Meist sind diese Rituale religiös geprägt. Typische Beispiele sind die Begrüßung eines Neugeborenen, die Aufnahme in den Kreis der Erwachsenen, die Heirat oder die Totenfeier. Auch im Beruf gibt es eine Reihe solcher Rituale, beispielsweise die Aufnahme unter den Handwerksgesellen oder die Priesterweihe. Offensichtlich ist der wesentliche Zweck des Rituals, die Veränderung für alle Menschen deutlich zu machen.

Auch Projekte durchlaufen verschiedene Zustände. Auf dem Bau kennen wir die Grundsteinlegung, das Richtfest und die Schlüsselübergabe. Mehr noch als bei einem Haus, das gut sichtbar aus dem Fundament wächst, sind bei der Entwicklung eines Software-Systems Rituale extrem nützlich. Mindestens die drei Meilensteine Projektstart, Fertigstellung der Konzeption und Abschluss sollten Anlass sein, die Veränderung durch ein Fest im Bewusstsein der Beteiligten (Projektleiter und Mitarbeiter, Kunden, Projekteigentümer, Management) zu verankern.

8.6.3 Die Dokumentation der Erfahrungen

Die Rückschau wird am besten in einem Dokument mit einer dem Projektplan ähnlichen Gliederung zusammengefasst (Abb. 8–16).

Die ersten vier Kapitel dienen einer kompakten Darstellung der gesammelten Informationen. Die beiden letzten Kapitel sollen Interpretation und Umsetzung in Maßnahmen enthalten.

Um vergleichbare Erfahrungswerte zu bekommen, insbesondere Werte, die für die Planung des nächsten Projekts nützlich sind, ist es wichtig, die wesentlichen Projektstrukturen, z. B. die Phasenfestlegung oder die Gliederung in Arbeitspakete, über einen längeren Zeitraum konstant zu halten.

1. Einführung, Überblick
- 1.1 Zweck
- 1.2 Projektbeschreibung
- 1.3 Hintergrundinformation
- 1.4 Quellen

2. Auswertungen des Projektplans
- 2.1 Budgetierte und tatsächliche Kosten
- 2.2 Aufgabendefinitionen
- 2.3 Projektunterstützung
- 2.4 Aufwandsschätzungen für Arbeitspakete
- 2.5 Terminplan

3. Managementaspekte
- 3.1 Koordination mit Auftraggeber
- 3.2 Terminplanung
- 3.3 Einsatz von Mitarbeitern und Hilfsmitteln
- 3.4 Aufgabenkontrolle
- 3.5 Analyse des Fortschritts

4. Entwicklungstechniken
- 4.1 Anforderungsanalyse
- 4.2 Grobdesign
- 4.3 Design
- 4.4 Codierung und Test
- 4.5 Installation
- 4.6 Abnahme

5. Folgerungen

6. Empfehlungen

Abb. 8–16 *Inhaltsverzeichnis der Projektgeschichte*

8.7 Projektmanagement als Führungsaufgabe

Projektmanagement ist und bleibt eine sehr komplexe Aufgabe, die sich nicht durch einige einfache Regeln beschreiben oder verbessern lässt. Aber in der Praxis sieht man immer wieder, dass sehr simple Fehler gemacht werden. Zumindest diese kann man durch Beachtung einiger Regeln vermeiden. Besonders kritisch ist die Besetzung der Projektleiter-Rolle.

8.7.1 Die Wahl des Projektleiters

Die Wahl des Projektleiters ist von großer Bedeutung, denn nur, wenn der Projektleiter das ihm übertragene Projekt angemessen leiten kann, hat es eine Erfolgschance. Ein geeigneter Projektleiter ist eine notwendige Voraussetzung für ein erfolgreiches Projekt.

Natürlich gibt es den idealen Projektleiter nicht. Bei der Auswahl sollte jedoch immer beachtet werden, dass jedes Projekt individuelle Randbedingungen und Probleme hat, denen die Qualifikationen und Fähigkeiten des Projektleiters entsprechen sollten. Je größer ein Projekt ist, desto mehr Management- und Organisationstalent ist gefragt. Technisches Verständnis ist hier weniger wichtig, dies kann von einem Mitglied des Projektteams ergänzt werden.

In der Praxis beginnt die typische Projektleiterlaufbahn damit, dass jemand auf Grund guter technischer Leistungen zum Projektleiter ernannt wird. Diese Person kann und will einen solchen Karriereschritt in der Regel nicht ablehnen, auch wenn die neue Rolle nicht unbedingt den eigenen Neigungen und persönlichen Zielen entspricht. Eine Absage würde in vielen Fällen das Ende der Karriere bedeuten, da Karriere oft ausschließlich über Projekt- und Mitarbeiterverantwortung definiert ist. Eine technische Karriere (zum Chef-Entwickler oder Senior Software Engineer) gibt es nur selten.

Als Konsequenz dieser Karrierepolitik leiten Mitarbeiter Projekte, obwohl sie in technischen Bereichen viel bessere Leistungen erzielen könnten. Andere arbeiten technisch, obwohl sie in organisatorischen Bereichen deutlich mehr Erfolg hätten.

Auf Grund der zentralen Rolle im Projekt und der vielseitigen Tätigkeiten, die er durchführen muss, werden von einem guten Projektleiter viele Qualifikationen und Fähigkeiten gefordert. Dazu zählen:

- *Fachliche Qualifikation*
  Der Projektleiter benötigt kaufmännisches Know-how, Wissen über die Anwendung, die erstellt werden soll, und natürlich auch Software-technisches Wissen.
- *Projektmanagement-Qualifikationen*
  Der Projektleiter muss gängige Techniken der Planung, der Schätzung, der Planverfolgung und des Zeitmanagements beherrschen. Aber auch Verhand-

lungsgeschick im Umgang mit dem Auftraggeber und dem eigenen Management ist gefragt.

- *Führungsfähigkeiten*
  Als Leiter des Entwicklungsteams benötigt der Projektleiter Offenheit, Kommunikations- und Entscheidungsfähigkeit, Bereitschaft zum Delegieren, Fähigkeit zur Motivation und zur Vermittlung zwischen den beteiligten Personen.
- *Persönliche Fähigkeiten*
  Dazu zählen beispielsweise Verantwortungswille, Belastbarkeit, Beharrlichkeit, Teamgeist, Geduld, Fähigkeit zum Umgang mit unterschiedlichen Typen von Menschen und Konfliktfähigkeit.

8.7.2 Woran scheitern Projekte?

Es gibt zahlreiche Studien über den Projekterfolg oder -misserfolg und über die Gründe dafür. Am weitaus häufigsten wird der sogenannte »Chaos-Report« zitiert, den die Standish Group regelmäßig veröffentlicht. Allerdings sind die Zahlen darin zwar spektakulär, aber nicht seriös begründet, sodass man sie nicht zitieren sollte; der Artikel von Bob Glass (2005) setzt sich kritisch mit diesen Zahlen auseinander. Wir sind – anders als der Standish-Report – überzeugt, dass die meisten Software-Projekte insgesamt erfolgreich abgeschlossen werden. Aber es gibt auch – nicht nur in den gescheiterten Projekten – schwere Probleme; die Ergebnisse der Studie von Mandl-Striegnitz und Lichter (1999) belegen das. Wir sehen dafür vor allem die folgenden Gründe:

- *Mangelnde Ausbildung*
  In vielen Fällen übernehmen Personen die Leitung eines Projekts, ohne vorher die notwendigen Managementkonzepte, Methoden und Techniken zu erlernen. Lernen durch Fehlermachen ist die logische Konsequenz. Das funktioniert aber bei weitem weniger gut als allgemein angenommen. Denn es setzt voraus, dass der Lernende die Möglichkeit hat, Fehler zu erkennen, zu reflektieren und zu korrigieren. In einem Projekt mit hartem Termindruck und reichlich Problemen hat er diese Möglichkeit kaum.
- *Unrealistische Erwartungen des oberen Managements*
  Oft werden von Seiten des oberen Managements ungünstige Randbedingungen für Projekte vorgegeben. Trotzdem sollen die Projekte erfolgreich durchgeführt werden. So ist es beispielsweise unmöglich, hochqualitative Software zu entwickeln, wenn die Termine viel zu eng sind und zu wenig und häufig noch unzureichend geschultes Personal zur Verfügung steht.
- *Implizite Kundenerwartungen*
  Der Kunde erwartet, dass das Projekt Anforderungen realisieren soll, die nie klar formuliert wurden.

- *Verhalten der Mitarbeiter*
  Sie erwarten Informationen vom Projektleiter, geben aber eigene Informationen, z. B. über den bereits geleisteten Aufwand, selbst nicht korrekt weiter.
- *Eigener Anspruch*
  Übernimmt der Projektleiter zusätzlich auch noch technische Aufgaben, so wird ab einer bestimmten Belastung einer der beiden Bereiche darunter leiden. Da die Ergebnisse der technischen Aktivitäten besser sichtbar und bewertbar sind als die Management-Aufgaben, werden die technischen Aktivitäten vorgezogen.

Aus diesen Feststellungen folgern wir speziell für die Projektleiter:

- Projektleiter müssen ausgebildet sein! Wie jedes andere Teammitglied muss auch der Projektleiter die notwendigen Fähigkeiten mitbringen.
- Projektleiter müssen ernst genommen werden! Dies gilt insbesondere für die vom Projektleiter erstellten Planungen, Schätzungen und Risikobetrachtungen.
- Die Zusammenarbeit mit dem Management muss reibungslos funktionieren. Nur dann können die notwendigen Entscheidungen im Projekt abgestimmt und zielführend getroffen werden.
- Die Auftraggeber müssen erkennen, dass ohne ihre eigene intensive Beteiligung keine brauchbaren Systeme entstehen können.
- Die Mitarbeiter müssen lernen, systematisch und nach Vorgaben zu arbeiten und ihre Ergebnisse angemessen zu dokumentieren.
- Die Projektleiter müssen sich auf die Aufgaben des Projektmanagements konzentrieren.

8.7.3 Führungsprobleme

Bei Entwicklungsprojekten treten immer wieder Führungsprobleme auf. Aus der Sicht des Projektleiters (Manager-Perspektive) sind mögliche Ursachen dafür:

- Die Mitarbeiter sind nicht zielstrebig.
- Die Eigeninitiative der Mitarbeiter ist unzureichend, sie lassen sich kaum fördern.
- Die Mitarbeiter haben kein Verständnis oder gar Interesse für »höhere« Ziele, also die Ziele der Organisation oder Firma.
- Den Mitarbeitern fehlt bei ihren Entscheidungen das Kostenbewusstsein.
- Die Spezialisten genießen ihre Macht und sind entsprechend arrogant.

Aus Sicht der Mitarbeiter (Frosch-Perspektive) stellt sich das natürlich anders dar. Als Ursachen werden hier gesehen:

- Die Mitarbeiter erhalten keine Informationen über den Projektstand, über Änderungen der Rahmenbedingungen und über Entscheidungen, die das Projekt betreffen.

- Den Mitarbeitern werden keine Anreize geboten, sie werden nicht motiviert.
- Die persönlichen Interessen der Mitarbeiter werden ignoriert.
- Aufgabe, Vollmachten und Verantwortung werden voneinander getrennt.
- Die Führung fehlt; Zielvorgabe, Kontrolle, Beurteilung und Entscheidung werden voneinander getrennt.
- Die Manager sind fachlich inkompetent, treffen aber dennoch fachliche Entscheidungen.
- Die Beurteilung der erzielten Ergebnisse fehlt oder bleibt ohne Konsequenzen.
- Die Rahmenbedingungen sind schlecht und werden nicht verbessert.
- Das Management und – vor allem – der Verkauf treffen ohne Rücksprache Entscheidungen, die den Projekterfolg gefährden.

Die häufigsten Fehler des Projektleiters sind:

- *Keine Führung*
  Der Projektleiter ist nicht präsent, er kommuniziert nicht oder zu wenig.
- *Keine Beobachtung*
  Der Projektleiter nimmt die Arbeit der Mitarbeiter nicht wahr.
- *Keine Bewertung*
  Der Projektleiter bewertet die Arbeitsergebnisse nicht und bildet sich kein Urteil.
- *Keine Konsequenzen*
  Der Projektleiter trifft keine Entscheidungen als Folge von Bewertungen.
- *Technokratisches Verhalten*
  Der Projektleiter respektiert nicht das Bedürfnis der Mitarbeiter nach Information, Bewertung und Anerkennung; er berücksichtigt die persönlichen Interessen, z. B. nach Fortbildung, nicht oder zu wenig.

8.7.4 Regeln für das Projektmanagement

Auswahl und Tätigkeit der Projektleiter

- Projektleiter müssen so ausgewählt werden, dass sie auf Grund ihrer Fähigkeiten in der Lage sind, das Projekt zu leiten. Gute Entwickler sind nicht immer auch gute Projektleiter; wenn auch eine technische Karriere angeboten wird, sinkt der Druck, etwas zu tun, was manchem nicht liegt.
- Projektleiter müssen geschult, ernst genommen und kontrolliert werden.

Kompetenz und Verteilung

- Aufgabe, Vollmacht, Verantwortung und Erfolg dürfen niemals voneinander getrennt werden.
- Bei der Arbeitsteilung müssen die Zuständigkeiten für beide Seiten immer klar geregelt sein; es gilt das Vertragsprinzip.
- Die Ziele bzgl. Terminen, Kosten, Ergebnissen und deren Qualität müssen klar definiert sein.

Kontrolle und Beurteilung

- Die erreichten Zwischen- und Endergebnisse, auch der festgestellte Projektfortschritt, müssen laufend gegen die definierten Ziele kontrolliert werden.
- Zuerst müssen die Ergebnisse beurteilt werden, dann sind die Mitarbeiter darüber zu informieren, anschließend müssen die notwendigen Konsequenzen (Belohnung, Schulung oder sonstige Änderung) daraus gezogen werden.

Zeitlos gültige Regeln

Metzger (1981) gibt in seinem Buch die folgenden Regeln an, um ein Projekt erfolgreich abzuschließen.

Rules of behavior for successful project management

1. *Think people first, the business second. All a business is, is its people. Take care of them.*
2. *Establish a clear definition of your project's development cycle and stick to it.*
3. *Emphasize the front-end of the project so that the rear-end won't be dragging.*
4. *Establish baselines early and protect them from uncontrolled change.*
5. *State clearly the responsibilities of each person on the project.*
6. *Define a system of documents clearly and early.*
7. *Never give an estimate or an answer you don't believe in.*
8. *Never forget Rule 1.*

9 Vorgehensmodelle

In Abschnitt 7.1.3 wurde die Abgrenzung zwischen Projekt und Prozess, Vorgehens- und Prozessmodell erläutert und begründet. Dieses Kapitel ist den Vorgehensmodellen gewidmet. Da das V-Modell, das offiziell als Vorgehensmodell bezeichnet wird, nach unserem Verständnis ein Prozessmodell ist, wird es im Kapitel 10 behandelt.

9.1 Code and Fix und der Software Life Cycle

9.1.1 Code and Fix

There is always an easy solution to every human problem –
neat, plausible and wrong[1].

H.L. Mencken (1880–1956)

Wer ohne Spezifikation und ohne soliden Entwurf Programmcode eintippt, dann testet und korrigiert, bis das Programm ein Verhalten zeigt, das ihm richtig erscheint, wendet – meist unbewusst – das Vorgehensmodell *Code and Fix* an. Wir definieren es wie folgt:

Code and Fix bezeichnet ein Vorgehen, bei dem Codierung oder Korrektur im Wechsel mit Ad-hoc-Tests die einzigen bewusst ausgeführten Tätigkeiten der Software-Entwicklung sind.

Code and Fix hat drei wichtige Vorteile:

- Das Vorgehen entspricht unserem Drang, schnell voranzukommen und das uns gestellte Problem zu lösen.
- Die Arbeit liefert schnell ein lauffähiges Programm.
- Die auszuführenden Tätigkeiten, Codieren und spontan Testen, sind relativ einfach.

---

1 »The Divine Afflatus«, New York Evening Mail (November 16, 1917).

Diesen sehr vordergründigen Vorteilen stehen aber erhebliche Nachteile gegenüber:

- Das Projekt ist nicht planbar, weil nie rational entschieden wurde, was in welcher Qualität hergestellt werden soll.
- Die Arbeiten können nicht über mehrere Personen oder Gruppen verteilt werden.
- Da die Anforderungen nicht systematisch erhoben worden sind, werden sie vom Resultat in der Regel nicht erfüllt.
- Allen Prüfungen fehlen die Soll-Vorgaben.
- Die entstehenden Programme sind meist schlecht strukturiert und nur mit größtem Aufwand wartbar.
- Der Aufwand für Korrekturen ist unangemessen hoch, da Mängel erst spät (nämlich im Einsatz) entdeckt werden und bekämpft werden können.
- Wichtige Konzepte und Entscheidungen sind nicht dokumentiert, sondern lediglich in den Köpfen der Entwickler vorhanden. Dieses Wissen kann kaum transferiert werden.

Code and Fix sabotiert also die Qualität und ist insgesamt einfach zu teuer. Darum ist seit den Sechzigerjahren eine Reihe besserer Vorgehensmodelle entstanden, beginnend mit dem Wasserfallmodell.

Die Gründe, warum Code and Fix trotzdem vielerorts angewendet wird, liegen in den oben genannten Vorteilen. Sie geben den Ausschlag, wenn die beteiligten Entwickler und Manager keine ausreichende Kompetenz im Software Engineering haben. Wer nur für Wochen oder Monate plant, begreift nicht, dass man sein Saatgut besser nicht aufessen sollte.

Während die Kritik an den Entwicklern nahe liegt, bleibt die negative Rolle der Manager oft verborgen. Aber es gibt in dieser Gruppe sehr viele Leute, die weiterhin Software und Code gleichsetzen und nur dann einen Fortschritt registrieren, wenn sie sehen, dass »etwas läuft«. *Wer etwas zum Laufen bringt, macht seine Sache gut, wer beklagt, dass Dokumente und eine gründliche Qualitätssicherung fehlen, ist ein Querulant. Schwierigkeiten sind grundsätzlich den Entwicklern anzulasten; durch den Einsatz von Werkzeugen oder die Verlagerung der Codierung in ein Land mit niedrigen Gehältern kann man alle Probleme lösen.* Wer so denkt, sollte sich nicht wundern, wenn selbst Entwickler, die es besser wissen, diesen Erwartungen entsprechen.

Software-Entwicklung ist eine komplexe und schwierige Aufgabe, für die eine tiefe Kenntnis von Konzepten, Methoden, Sprachen und Vorgehensweisen notwendig ist. Dazu bedarf es hoch qualifizierter Entwickler. Werkzeuge sind wichtig und notwendig, sie müssen jedoch auf die verwendeten Vorgehensweisen, Methoden und Sprachen abgestimmt sein. Überall auf der Welt gibt es begabte Programmierer, die Programmierung ist aber nur ein kleiner Teil der Software-Entwicklung. Die umfassende Analyse der Bedürfnisse eines mittelständischen Unternehmens auf der Schwäbischen Alb kann nicht in den Mittleren Osten verlagert werden.

9.1.2 Der Software-Lebenslauf

Jede Produktentwicklung erfolgt in bestimmten Schritten, die kaum von der Art des Produkts abhängen: Man muss zunächst klären, was gebraucht wird, dann werden die Strukturen der Lösung festgelegt, bevor die Komponenten des Produkts angefertigt und zusammengefügt werden. Ist die Prüfung des Resultats zur Zufriedenheit des Kunden ausgefallen, wird das Produkt in Gebrauch genommen. In der folgenden Zeit wird es benutzt und gewartet, bis es schließlich ausgemustert und in der Regel durch ein anderes Produkt ersetzt wird. Für diesen Ablauf ist im Englischen die Bezeichnung »Life Cycle« üblich.

Ein sehr naiver Betrachter einer Baustelle könnte einwenden, dass die Planung, die Prüfung durch die Behörden, die Organisation, die statische Berechnung, die Auslegung der Wärmedämmung und die Bauabnahme eines Gebäudes lauter unproduktive Tätigkeiten sind; offenkundig produktiv sind nur die Maurer, die Zimmerleute, die Dachdecker und andere Handwerker. Das ist natürlich Unsinn; eine akzeptable Qualität kommt nur zustande, wenn die vorbereitenden Tätigkeiten und die Prüfungen seriös und systematisch durchgeführt wurden. Die Bauwerke der Antike belegen, dass diese Zusammenhänge seit langer Zeit bekannt sind.

Die Software-Leute haben dieses Prinzip nicht entdeckt, bis in der Software-Krise (siehe Abschnitt 3.1.2) große Projekte scheiterten, weil sich die Entwickler nur auf die Codierung konzentrierten. Die Darstellung der Entwicklung durch den *software life cycle* repräsentierte die veränderte Sicht.

Der Ausdruck »Life Cycle« ist jedoch wenig hilfreich. Weder »lebt« Software, noch verspricht sie die Wiedergeburt (oder droht sie an). Hier wurde ein Wort aus der Biologie, in der es gute Gründe gibt, von einem Lebenszyklus zu sprechen, unreflektiert entlehnt. Da auch wir keine bessere Metapher als »Leben« wissen, um die Geschichte eines Gegenstands von seiner Herstellung bis zu seiner Zerstörung (»Verschrottung«) zu bezeichnen, sprechen wir nachfolgend vom *Software-Lebenslauf*.

Am Anfang des Software-Lebenslaufs steht ein Plan oder Wunsch, der in der Analyse konkretisiert und in der Spezifikation dokumentiert wird. Dann wird die Struktur festgelegt und das Produkt angefertigt. Besteht es aus mehreren Teilen, so werden diese einzeln geprüft, montiert und als Ganzes erneut geprüft. Schließlich wird das Produkt an den Kunden übergeben und in Betrieb genommen. Solange es eingesetzt wird, werden immer wieder Korrekturen und Modifikationen notwendig.

In der üblichen Gliederung und Terminologie des Software Engineerings wird daraus die in Abbildung 9–1 gezeigte Sequenz.

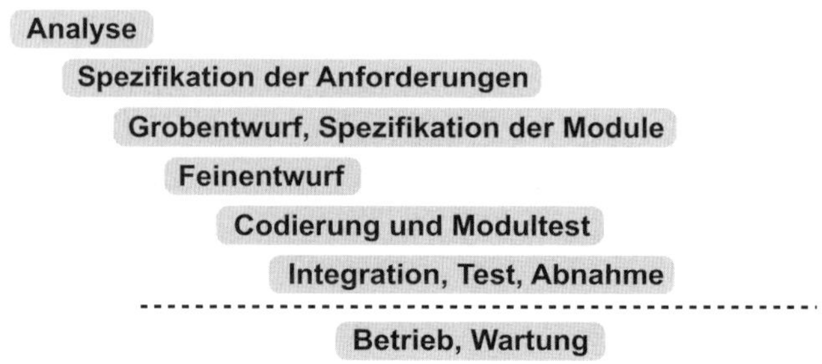

Abb. 9–1 *Die Schritte der Software-Entwicklung*

Alle einschlägigen Begriffe sind im IEEE-Glossar definiert:

cycle — (1) A period of time during which a set of events is completed. See also: ...

software life cycle — The period of time that begins when a software product is conceived and ends when the software is no longer available for use. The software life cycle typically includes a concept phase, requirements phase, design phase, implementation phase, test phase, installation and checkout phase, operation and maintenance phase, and, sometimes, retirement phase.

Note: These phases may overlap or be performed iteratively.

software development cycle — The period of time that begins with the decision to develop a software product and ends when the software is delivered. This cycle typically includes a requirements phase, design phase, implementation phase, test phase, and sometimes, installation and checkout phase.

Notes: (1) The phases listed above may overlap or be performed iteratively, depending upon the software development approach used.

(2) This term is sometimes used to mean a longer period of time, either the period that ends when the software is no longer being enhanced by the developer, or the entire software life cycle.

system life cycle — The period of time that begins when a system is conceived and ends when the system is no longer available for use.

IEEE Std 610.12 (1990)

9.1.3 Das Wasserfallmodell

Royce (1970) hat den Software-Lebenslauf, als dessen Urheber Rosove (1967) gilt, in der Form des sogenannten *Wasserfallmodells* populär gemacht (Abb. 9–2).

Das Wasserfallmodell kann als Darstellung der Tätigkeiten bei der Software-Entwicklung interpretiert werden. Man beginnt links oben und arbeitet sich nach rechts unten vor. Da man in jeder Tätigkeit, die auf die Analyse folgt, auf Fehler einer früheren Tätigkeit stoßen kann, muss auch die Möglichkeit bestehen, in eine frühere Tätigkeit zurückzukehren. Diese sogenannten *Zyklen* machen (als Wirbel) das Bild des Wasserfalls komplett.

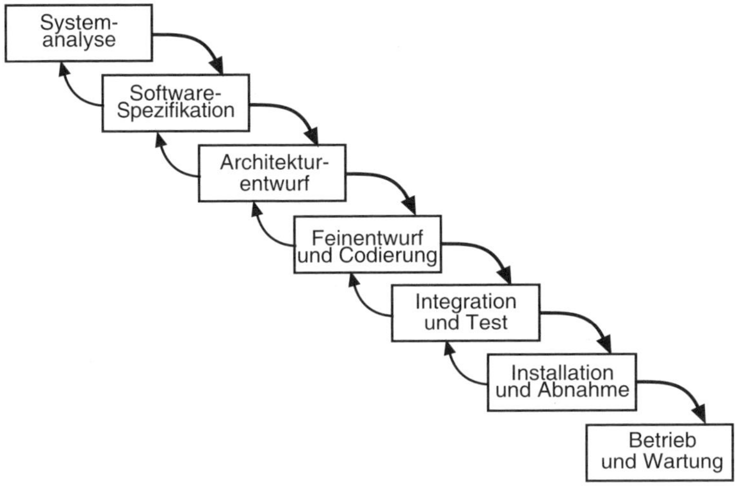

Abb. 9–2 *Das Wasserfallmodell*

Beim Wasserfallmodell geht es also primär um Aktivitäten. Jede Aktivität produziert ein Ergebnis oder mehrere Teilergebnisse, die immer Dokumente sind. Dementsprechend kann dieses Modell auch als *Dokumentenmodell* bezeichnet werden.

Auch das Wasserfallmodell ist im IEEE-Glossar aufgeführt:

waterfall model — A model of the software development process in which the constituent activities, typically a concept phase, requirements phase, design phase, implementation phase, test phase, and installation and checkout phase, are performed in that order, possibly with overlap but with little or no iteration.

IEEE Std 610.12 (1990)

Leider vermischt diese Definition des Wasserfallmodells Aktivitäten und Phasen. Uns scheint eine klare Unterscheidung dieser Begriffe notwendig: Eine Phase ist zeitlich begrenzt, in einer Phase können u. U. verschiedene Tätigkeiten ausgeführt werden (z. B. im Unified Process, Abschnitt 10.4). Wir definieren darum wie folgt:

Wasserfall- oder Dokumentenmodell — Die Software-Entwicklung wird als Folge von Aktivitäten betrachtet, die durch Teilergebnisse (Dokumente) gekoppelt sind. Diese Aktivitäten können auch gleichzeitig oder iterativ ausgeführt werden. Davon abgesehen ist die Reihenfolge der Aktivitäten fest definiert, nämlich (sinngemäß) Analysieren, Spezifizieren, Entwerfen, Codieren, Testen, Installieren und Warten.

Wenn eine Software erfolgreich und darum lange im Einsatz ist, stehen einer Entwicklungszeit von einigen Monaten viele Jahre Einsatzzeit gegenüber. Diese Einsatzzeit ist aber aus Sicht des Software Engineerings weniger interessant; vor allem die Themen Wartung und Reengineering haben mit dieser Phase zu tun. Darum erscheint die Betriebs- oder Einsatzzeit in den üblichen Darstellungen nur als ein Schritt, der am Ende einer Reihe von Entwicklungsschritten steht.

9.1.4 Gliederung der Aktivitäten

Die Aktivitäten können weiter in Teilaktivitäten untergliedert werden. Ein aktivitätsorientiertes Vorgehensmodell gibt für jede Aktivität an, was das Ziel der Aktivität ist, welche Resultate dabei erarbeitet werden sollen und wer (im Sinne einer Rolle, nicht einer Person) die Aktivität ausführen soll.

Betrachten wir beispielsweise die Aktivität »Test des Gesamtsystems«. Sie könnte in einem aktivitätsorientierten Vorgehensmodell wie folgt definiert sein (Tab. 9–1).

Aktivität	Systemtest
Ziele	Systematische Prüfung des Systems auf der Basis der Testspezifikation
Teilaktivitäten	1. Herstellen der Testumgebung. 2. Installation des Prüflings in der Testumgebung gemäß Installationsbeschreibung. 3. Durchführung der Tests gemäß Testspezifikation. 4. Notieren aller entdeckten Fehler mit Hilfe des Problemmeldungsformulars. 5. Prüfen, ob durchgeführte Korrekturen erfolgreich waren. 6. Schreiben des Testberichts.
Ergebnisse	1. Beta-Release des Systems 2. Testbericht 3. Liste der entdeckten Fehler
Beteiligte	Test-Ingenieur

Tab. 9–1 *Beschreibung der Aktivität Systemtest*

9.2 Schwierigkeiten mit dem Wasserfallmodell

9.2.1 Die Interpretation des Wasserfallmodells

Die Interpretation des Wasserfallmodells ist scheinbar einfach; tatsächlich birgt das Modell einige Fallen und Probleme. Was steckt an expliziten Aussagen und an impliziten Botschaften in dieser Darstellung?

Zunächst ist zu klären, welche Bedeutung die grafischen Elemente in Abbildung 9–2 haben. Hier stehen die Rechtecke für Aktivitäten, die Pfeile also für den Übergang von einer Aktivität zur anderen. Die Pfeile von oben nach unten sind dicker als die von unten nach oben, weil der Weg von links oben nach rechts unten der erwünschte, der »richtige« ist. Den Weg zurück muss man zulassen, weil kein Projekt ideal verläuft: In praktisch allen Fällen ändern sich die Anforderungen noch, wenn die Spezifikation bereits abgeschlossen ist, und ebenso werden Änderungen der Spezifikation und des Entwurfs nötig, wenn sich die ursprünglichen Vorgaben als nicht implementierbar erweisen. Um die im Test aufgefallenen

Mängel zu beheben, ist mindestens ein Rücksprung zur Codierung notwendig. Es gibt also viele Gründe für die sogenannten Zyklen, die Rücksprünge im Wasserfallmodell.

Dass der Start oben links erfolgt, ist nicht eindeutig gesagt, aber gemeint. Dass es aus dem Einsatz, dem Betrieb, keinen Weg zurück in die Entwicklung gibt, ist dagegen klar ausgedrückt.

9.2.2 Kritik am Wasserfallmodell

Gegen Ende der Siebzigerjahre wurde das Wasserfallmodell als das korrekte, weil rational begründete Modell nicht nur für das Vorgehen, sondern auch für das Projektmanagement betrachtet. Die Zyklen wurden damit praktisch per Beschluss für überflüssig erklärt, sodass das *Einbahnstraßenmodell* entstand. Wir definieren es wie folgt:

Strenges Wasserfall- oder Einbahnstraßenmodell — Jeder Aktivität im aktivitätsorientierten Wasserfallmodell ist eine spezielle Phase zugeordnet.

Abbildung 9–3 zeigt links die Dokumente, rechts die Phasen, die den Aktivitäten des Wasserfallmodells eins zu eins zugeordnet sind.

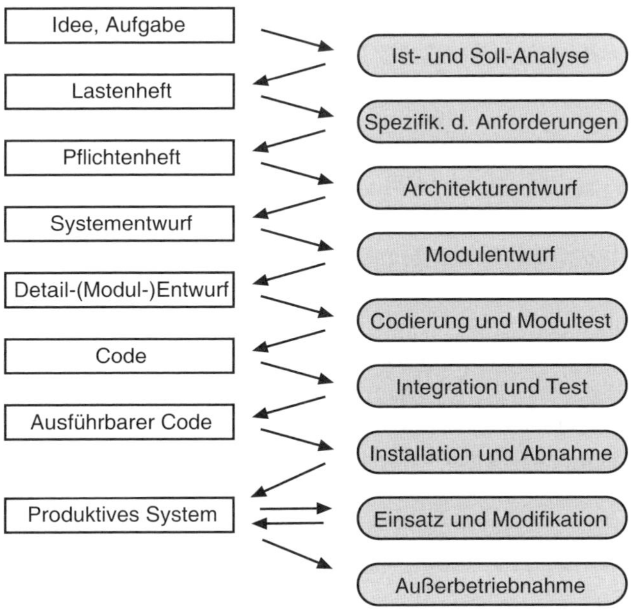

Abb. 9–3 *Das Einbahnstraßenmodell (links Dokumente, rechts Phasen)*

Dieses Konzept führte zu heftigen Auseinandersetzungen. Während von akademischer Seite der (begründete) Vorwurf gemacht wurde, die Praktiker seien einfach zu undiszipliniert, entgegneten Leute, die nicht nur über Software-Entwicklung reden, sondern sie auch durchführen, dass der Ansatz absolut ungeeignet sei. Die konträren Standpunkte können etwa wie folgt charakterisiert werden:

- *Position A*
  Das Einbahnstraßenmodell zeigt das sinnvolle systematische Vorgehen bei der Software-Entwicklung. Selbst wenn es sich nicht exakt umsetzen lässt, ist es doch die beste Vorgabe, die zur Verfügung steht.
- *Position B*
  Das Einbahnstraßenmodell fordert Unmögliches von den Entwicklern. Es raubt ihnen die notwendige Flexibilität, beispielsweise für das frühe Erkunden kritischer Aspekte oder die explorative, d. h. tastende Entwicklung einer Lösung ohne eine weitgehend vollständige Spezifikation. In diese Richtung gingen Diskussionsbeiträge wie »stop the life cycle« von Gladden (1982).

Durch einige Publikationen (Swartout, Balzer, 1982; Ludewig, 1982) wurde die Auseinandersetzung vom Glaubenskrieg auf die rationale Ebene zurückgeholt; die puristische Position A erwies sich als unhaltbar, zumal die Beiträge von Lehman (siehe Abschnitt 9.3) Zweifel begründet hatten, ob die »endgültige Spezifikation« überhaupt möglich sei. Das Einbahnstraßenmodell war widerlegt.

Auch in den beiden folgenden Jahrzehnten ging die Diskussion weiter, vor allem in Zusammenhang mit der objektorientierten Programmierung.

Mehr als drei Jahrzehnte Distanz, aus der wir heute auf den Software-Lebenslauf blicken, erlauben uns einen entspannten Umgang damit. Der Widerspruch zwischen den Positionen A und B verschwindet, wenn man nicht mehr in das Modell hineininterpretiert, als es sagt: Zur Software-Entwicklung gehören neben der Codierung viele andere Tätigkeiten. Werden sie vernachlässigt, so hat das für das Projekt fatale Folgen. Man muss nicht unbedingt die gesamte Software in einem einzigen Durchlauf entwickeln, und man kann auch, wenn der weitere Weg unklar ist, vorwärts springen, quasi einen Spähtrupp vorausschicken, sofern man nur später wieder am Ausgangspunkt weitermacht. Das ist beim Prototyping der Fall.

Als Modell für das Projektmanagement aber ist das Wasserfallmodell ungeeignet, denn die Zyklen verhindern, dass der Projektleiter den Fortschritt des Projekts objektiv beurteilen kann. Wer heute die Codierung erreicht hat, kann übermorgen wieder an der Spezifikation arbeiten. Darum sind weiter gehende Gliederungen der Arbeit sinnvoll. Vor allem der Begriff des Meilensteins spielt dabei eine wesentliche Rolle. Er führt uns zum Konzept des Phasenmodells (siehe Abschnitt 10.2).

9.3 Die Klassifikation der Programme nach Lehman

Die Kritik am Wasserfallmodell ist meist pragmatisch, etwa im Sinne von: »Wir schaffen es nicht, so systematisch vorzugehen, wie es das Wasserfallmodell erfordert.« Lehman hat Anfang der Achtzigerjahre Zusammenhänge erkannt und beschrieben, die ein *grundsätzliches* Problem erkennen lassen, eines, das wir niemals beseitigen können (Lehman, 1980; Lehman, Ramil, 2001).

9.3.1 S-, P- und E-Programme

Lehman hat alle Programme und damit auch alle Software-Systeme in drei Gruppen eingeteilt.

1. *S-Programme* sind solche Programme, die exakt (auch formal) spezifiziert werden können. Die Entwicklung eines S-Programms ist abgeschlossen, wenn das Programm die Spezifikation erfüllt. Da sich die Spezifikation nicht mehr ändert, sind spätere Anpassungen nicht mehr nötig. S-Programme sind typischerweise klein. Beispiele sind Lehrbuchaufgaben, mathematische Funktionen oder Sortieralgorithmen.
2. *P-Programme* lösen Probleme der realen Welt. Bevor ein P-Programm entwickelt werden kann, muss zuerst ein geeignetes Modell des betrachteten Problembereichs der realen Welt geschaffen werden. Ist die entwickelte Lösung nicht angemessen, dann muss das zu Grunde liegende Modell so lange verbessert werden, bis eine akzeptable Lösung entstanden ist. Beispiele sind Schachprogramme, Programme zur Wettervorhersage oder Ampelsteuerungen.
3. *E-Programme* sind Programme, die in größere soziotechnische Systeme eingebettet sind. Zwischen den einzelnen Elementen dieser Systeme gibt es Wechselwirkungen, die sich auf die Anforderungen an die Programme auswirken. Werden die Anforderungen durch eine neue Software erfüllt, ändert sich die Situation, und die Anforderungen ändern sich auch. Folglich erfüllt die neue Software die Anforderungen nicht mehr. E-Programme müssen also stetig an die sich ändernden Anforderungen angepasst werden, damit sie brauchbar bleiben. Und genau dadurch sorgen sie für die weiteren Änderungen.

In Abbildung 9–4 sind die Zusammenhänge dargestellt. Bei einem S-Programm gibt es nur die Kausalverkettung 3, d. h., die Realisierung basiert einzig auf dem Modell, der stabilen Spezifikation. Bei P-Programmen gibt es zusätzlich die Beziehungen 1 und 2; die reale Welt, beispielsweise die Erfahrung der Zeit, schafft Bedürfnisse (die Zeit zu benennen oder zu messen) und führt zu einem Modell (Charakterisierung der Zeit durch Stunden und Tage). Entsprechend diesem Modell kann eine Uhr, z. B. eine Sonnenuhr, oder ein Kalender realisiert werden.

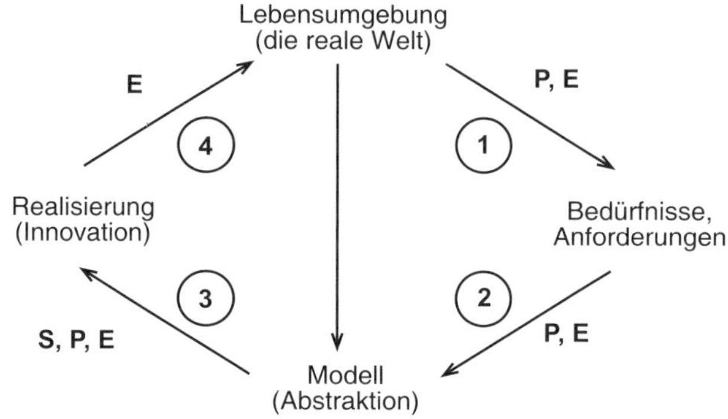

Abb. 9–4 *Programmtypen und Wechselwirkungen nach Lehman*

E-Programme sind durch die zusätzliche Beziehung 4 gekennzeichnet; die Innovation wirkt auf die Umgebung zurück. Dadurch entsteht ein Zyklus: Die Welt, aus der Anforderungen und Modelle stammen, wird durch die Innovation verändert, sodass die ursprünglichen Anforderungen obsolet werden.

9.3.2 Zusammenhänge zwischen den Programmtypen und Folgerungen

Schaut man sich die S-Programme genauer an, so erkennt man, dass sie Probleme lösen, die aus Problemen der realen Welt durch Abstraktion entstanden sind. Niemand (außerhalb des Lehrbetriebs) hat das Bedürfnis, Zahlen zu sortieren oder die Oberfläche eines Toroids zu bestimmen. Diese Aufgaben entstehen erst dadurch, dass wir *reale* Probleme (etwa die Erstellung einer Telefonliste für eine Firma, die Gewichtsberechnung für einen neuen Fahrradschlauch) auf Problem-Archetypen zurückführen (sortiere eine Menge, berechne den Kreisumfang usw.). Diese Abstraktionen sind uns so geläufig, dass wir nicht mehr darüber nachdenken, sie sind Teil unserer Kultur (mindestens der Ingenieur-Kultur). S-Programme sind also vorgefertigte Bausteine zur Problemlösung.

P-Programme sind gar nicht leicht zu finden: Wer eins entdeckt hat, stellt meist bei genauerer Betrachtung fest, dass es in Wahrheit ein E-Programm ist. Nur in der Astronomie gibt es ganz sicher P-Programme: Wenn wir eine Theorie (also ein Modell) für die Entstehung schwarzer Löcher entwickeln und ein Messprogramm realisieren, das diesem Modell folgt, hat es keine Rückwirkungen auf den beobachteten Gegenstand. Wenn wir dagegen eine Wettervorhersage implementieren, könnte die Warnung vor einem Hagelschauer Anlass geben, ein Flugzeug zu starten, das die Hagelwolke »abschießt«. Die Prognose wird falsch, weil sie (solange sie keine Rückwirkung hatte) richtig war; wir haben ein E-Programm vor uns. Die allermeisten Programme sind darauf abgestimmt, wie sich Menschen (oder allgemeiner Systeme) verhalten. Durch die Programme ändert sich das Verhalten, und die ursprünglich zutreffenden Anforderungen gelten nicht mehr.

Das folgende Beispiel zeigt, wie sich die Welt durch eine Innovation verändert und damit der Innovation selbst die Grundlage entzieht: Als man begann, Börsenmakler durch Software nachzubilden, also auf den sogenannten Computerhandel umzustellen, gab es noch keinen Computerhandel, die Wertpapiere wurden von Menschen gehandelt. Die ersten Programme waren auf diese Situation abgestimmt. Aber ihr Erfolg führte dazu, dass immer weniger Händler aus Fleisch und Blut beteiligt waren. Die Software konnte wesentlich schneller reagieren; sie war aber nicht auf eine Börse eingestellt, in der die Händler extrem schnell reagieren. Am »Schwarzen Montag« (29. Oktober 1987) gab es an der Wallstreet erhebliche Kursverluste, die sich durch die Fehlreaktionen der Programme verstärkten und zu einem echten Börsencrash führten.

Es wäre ein Irrtum zu glauben, dass die beschriebenen Effekte nur bei Software auftreten, sie sind grundsätzlich bei jeder Innovation zu beobachten. Als die ersten Zeitungen erschienen, verbreiteten sie Nachrichten. Sehr bald wurden aber politische (und andere) Entscheidungen auf die Zeitungen zugeschnitten. Aus der Beobachtung der Ereignisse wurde eine Veränderung der Ereignisse. Der Effekt ist umso deutlicher, je größer der Innovationshub ist. Die Informatik ist, da sie erst nach Mitte des 20. Jahrhunderts entstanden ist, noch sehr innovativ.

S-Programme sind, wie oben festgestellt wurde, typischerweise klein. Eine Ausnahme stellen Compiler dar, die, was ihre Übersetzungsfunktion angeht, bei stabilen Sprachen exakt spezifiziert werden können, trotzdem aber je nach Sprache recht groß sind. Dies ist der Grund, warum Compiler als Beispiele für Software, wie wir sie in den allermeisten Anwendungen sehen, völlig ungeeignet sind.

9.4 Prototyping

Die Diskussion über das Wasserfallmodell machte ein Dilemma deutlich: In der strengen Interpretation, als Einbahnstraßenmodell, ist es nicht durchzuhalten. In seiner großzügigen Deutung, d. h. bei freier Anwendung der Zyklen, hat es keine Aussagekraft, die für die Planung und Projektgestaltung hilfreich wäre. Es liegt darum nahe, die Zyklen zuzulassen, aber auf spezielle Sequenzen einzuschränken. Wir bezeichnen alle Vorgehensmodelle, die spezielle Zyklen vorsehen, als *nichtlineare Vorgehensmodelle*. Vor allem die Idee, früh im Projekt ein Resultat zu erreichen, das es gestattet, die Anforderungen und Lösungsideen kritisch zu bewerten und zu verbessern, ist fast ebenso alt wie das Life-Cycle-Konzept (Abb. 9–5).

Dieser Ansatz ist eine Konsequenz der Erfahrung, dass viele Anforderungen erst erkannt werden, wenn das System vorhanden ist und eingesetzt wird (vgl. die E-Programme in Abschnitt 9.3.1). Wenn zunächst ein System entsteht, das dem geplanten in irgendeiner Weise ähnlich ist, aber wesentliche Anforderungen *nicht* erfüllt, spricht man heute von Prototyping. Prototyping ist Bestandteil vieler Prozessmodelle (siehe Kap. 10).

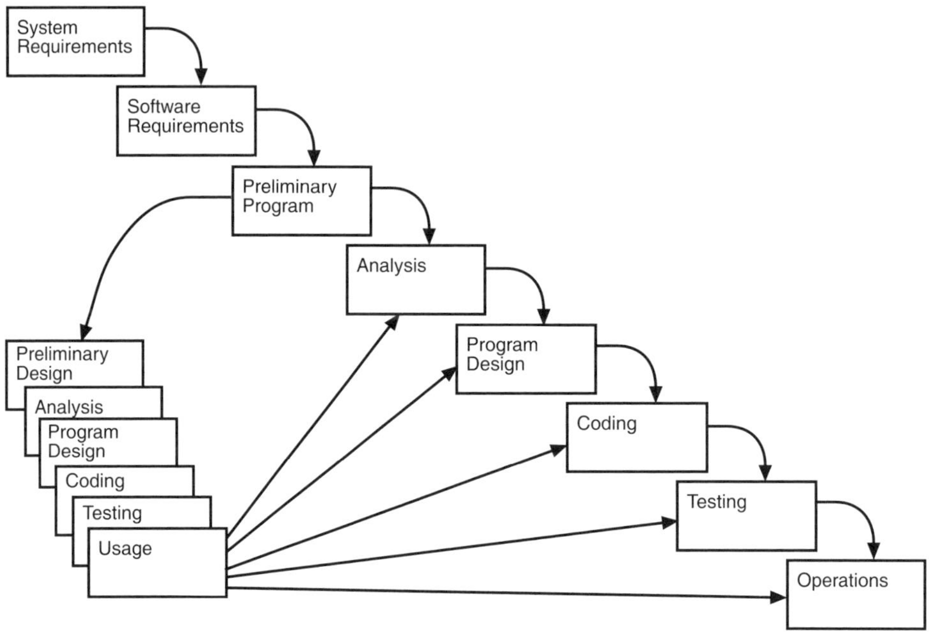

Abb. 9–5 *Attempt to do the job twice – the first result provides an early simulation of the final product (aus Royce, 1970)*

Wir führen nachfolgend zunächst die zentralen Begriffe Prototyp und Prototyping ein. Dann stellen wir die unterschiedlichen Arten von Prototypen und Prototyping vor. Dabei stützen wir uns weitgehend auf die Arbeiten von Floyd (1984), Kieback et al. (1992) und Lichter, Schneider-Hufschmidt, Züllighoven (1994).

9.4.1 Der Begriff des Prototyps

Im Maschinenbau ist es üblich, neue Geräte, Autos usw. zu erproben, bevor man sie in einer Großserie fertigt. Man baut, wenn die eigentliche Entwicklung weitgehend abgeschlossen ist, darum zunächst einen Prototyp, also ein einzelnes Exemplar, das – vor allem in den kritischen Merkmalen – dem geplanten Massenprodukt entspricht. Die Vorteile sind offensichtlich: Würde man gleich nach der Konstruktion die sehr teure Fertigungsanlage aufbauen, so müsste diese nach Erprobung der ersten Produkte und der folgenden Verbesserung des Entwurfs mit hohem Aufwand verändert werden. Würde die Konzeption nach der Erprobung ganz verworfen, so wäre die Anlage nahezu wertlos. Ein Prototyp gestattet es, die Fertigung nur dann und nur so aufzubauen, wenn sie und wie sie wirklich gebraucht wird.

Dieser Gedanke wurde im Software Engineering übernommen. Allerdings hat die immaterielle Natur der Software zur Folge, dass die Verhältnisse ganz anders liegen als im Maschinenbau: Eine aufwändige Fertigung gibt es bei Software nicht. Wenn wir am Ende der Entwicklung einen voll funktionsfähigen Prototyp haben, ist der Rest der Arbeit trivial, wir müssen nur Kopien in der gewünschten Zahl anfertigen und diese verteilen oder verkaufen. Darum hat das Wort Prototyp bei uns eine ganz andere Bedeutung als beispielsweise im Autobau: Was wir herstellen, ist ein *Mock-up*, eine *Attrappe*. Das Wort »Attrappe« (von französisch attrape = Falle) lässt erkennen, dass es sich ursprünglich um einen Lockvogel handelt, der die echten Vögel in die Falle locken sollte. Wir alle kennen Attrappen aus den Möbelläden, wo in den Regalen Gegenstände stehen, die aus leichtem Kunststoff hergestellt sind und nur eine äußere Ähnlichkeit mit den Dingen haben, die sich die Kunden später ins Regal stellen werden. Software-Prototypen weisen typischerweise nur eine sehr rudimentäre Funktionalität auf. In den meisten Fällen zeigen sie die Oberfläche des (vermuteten) Zielsystems.

Kurz: Wir bezeichnen mit dem Wort »Prototyping« eine Vorgehensweise der Software-Entwicklung, bei der Attrappen, die wir Prototypen nennen, entworfen, konstruiert, bewertet und revidiert werden. Der Zweck des Software-Prototypings ist, die Anforderungen zu klären und damit eine lange und teure Entwicklung zu vermeiden, die am Ende ein Produkt liefert, das der Kunde so nicht haben will.

Das IEEE-Glossar liefert uns folgende Definitionen:

prototype — A preliminary type, form, or instance of a system that serves as a model for later stages or for the final, complete version of the system.

prototyping — A hardware and software development technique in which a preliminary version of part or all of the hardware or software is developed to permit user feedback, determine feasibility, or investigate timing or other issues in support of the development process.

rapid prototyping — A type of prototyping in which emphasis is placed on developing prototypes early in the development process to permit early feedback and analysis in support of the development process.

IEEE Std 610.12 (1990)

Hinter dem Prototyping stehen folgende Überlegungen und Absichten:

- Wenn wir einen gewünschten Gegenstand beschreiben, halten wir uns, wenn es geht, an Vorbilder, wir sagen etwa: »Ich hätte gern einen Koffer, wie er im Schaufenster steht, aber ein bisschen größer und mit einem speziellen Fach für meinen Laptop.« Wir gehen also von einem Muster aus und korrigieren nur einzelne Attribute. Wenn wir kein Muster haben, weil es nicht einmal einen *ähnlichen* Gegenstand gibt, werden wir sehr wahrscheinlich keine sinnvollen Anforderungen formulieren, zumindest werden wir wichtige Anforderungen vergessen. Im Software Engineering sind wir oft, fast regelmäßig, in der Situation, dass es bislang kein ähnliches System gibt. Wir schaffen es selbst in Form des Prototyps, der einen Teil der Anforderungen realisiert. Er ermöglicht uns nicht nur die Überprüfung dieser Anforderungen, sondern dient gleichzeitig als

Bezugspunkt zur Formulierung neuer und abweichender Anforderungen. Besonders schwierig ist erfahrungsgemäß die abstrakte Beschreibung einer Bedienoberfläche. Darum haben die meisten Prototypen hier ihren Schwerpunkt.
- In den meisten Fällen lässt sich eine Aufgabe auf sehr unterschiedliche Weisen lösen. Die Erfahrungen bei der Realisierung des Prototyps geben Hinweise, ob ein bestimmter Lösungsansatz geeignet ist. Natürlich ist die Aussagekraft dazu beschränkt, weil der Prototyp die gewünschte Funktionalität nicht oder nur sehr rudimentär zeigt.

Daraus lassen sich folgende allgemeine Aussagen zu Software-Prototypen ableiten:

- *Ein Prototyp ist lauffähig.*
  Eine reine Bildschirmmaske, die mit einem Grafikeditor erstellt wurde, ist kein Prototyp.
- *Ein Prototyp realisiert ausgewählte Aspekte des Zielsystems.*
  Welche Aspekte in einem Prototyp umgesetzt werden, richtet sich nach den speziellen Fragen, die zu klären sind. Wichtig ist, dass die Aspekte, die ein Prototyp realisieren soll, *vor* seiner Entwicklung festgelegt werden, weil diese die Konstruktion maßgeblich beeinflussen. Außerdem bestimmen sie, welche Fragen von einem Prototyp beantwortet werden können, und damit auch, welche nicht an ihn gestellt werden sollten. Zumeist, insbesondere bei interaktiven Anwendungen, werden sich diese Fragen auf die Bedienoberfläche beziehen. Allerdings ist das nicht zwingend. Ein Prototyp kann sehr wohl modellieren, wie eine Anwendung mit einer Datenbank zusammenarbeitet, während von der Darstellung der späteren Oberfläche weitgehend abgesehen wird.
- *Ein Prototyp wird von Klienten geprüft und detailliert bewertet.*
  Zeigt sich dabei, dass der Prototyp stark vom gewünschten System abweicht, so wird er modifiziert, bis die Klienten im Wesentlichen einverstanden sind.

Ein Prototyp, den der Klient akzeptiert hat, ist somit ein Bestandteil der Anforderungsspezifikation.

9.4.2 Prototypentwicklung

Prototypen sollten immer dann entwickelt werden, wenn wichtige Anforderungen fehlen oder nur vage und unvollständig formuliert werden können. Ein Prototyp kann helfen, diese Situation zu verbessern. Damit ein Prototyp zielgerichtet entwickelt und bewertet werden kann, müssen die folgenden Fragen im Vorfeld beantwortet werden:

- Welche Aufgabe, welchen Zweck hat der Prototyp, wie lauten also die offenen Fragen?

- Welche Personengruppen sind an der Entwicklung und insbesondere an der Bewertung des Prototyps beteiligt?
- Wie lange darf die Prototypentwicklung dauern und welche Kosten dürfen entstehen?

Auf dieser Basis wird der Prototyp entwickelt. Dazu werden spezielle Entwicklungsumgebungen eingesetzt, die es erlauben, den Prototyp möglichst schnell und kostengünstig zu realisieren. Anschließend beginnt der Zyklus, in dem der Prototyp benutzt, bewertet und modifiziert wird. Abbildung 9–6 zeigt den Prototyp-Entwicklungsprozess (angelehnt an Lichter, 1993).

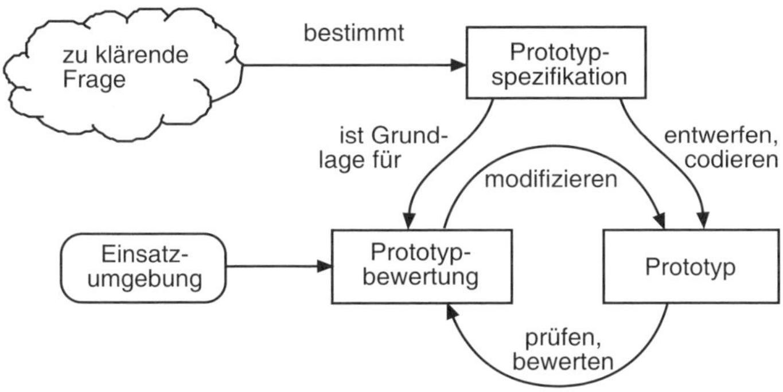

Abb. 9–6 *Allgemeine Vorgehensweise beim Prototyping*

Der Zyklus rechts unten in der Grafik wird so lange durchlaufen, bis der untersuchte Aspekt zufriedenstellend im Prototyp modelliert ist. Der Prototyp, der zuerst ein deskriptives Modell und damit ein Abbild der ursprünglich vermuteten Anforderungen war, wird durch den Zyklus von Prüfung und Modifikation zu einem präskriptiven Modell, einer Vorgabe für das Zielsystem. Wir haben also ein exploratives Modell vor uns (Abschnitt 1.3.4).

9.4.3 Spezielle Prototypen und verwandte Begriffe

Das Gebiet des Prototypings ist durch eine verwirrende Vielfalt von Begriffen gekennzeichnet, die sich nicht in ein übersichtliches Schema bringen lassen. Wir erläutern nachfolgend einige gängige Begriffe. Es ist nicht zu vermeiden, dass wir dabei im Zweifel unserem Verständnis folgen, ohne dafür Literatur-Autoritäten anführen oder gar einen Konsens der Fachleute präsentieren zu können.

Nach der Art, wie die Prototypen im Entwicklungsprozess eingesetzt werden, unterscheiden wir in Anlehnung an Kieback et al. (1992) die folgenden Konzepte:

- Ein *Demonstrationsprototyp* zeigt die prinzipiellen Einsatzmöglichkeiten, die mögliche Handhabung des künftigen Systems. Demonstrationsprototypen helfen besonders in der Start- oder Akquisitionsphase eines Projekts, Entscheidungen vorzubereiten und eine Vision des zukünftigen Systems zu entwickeln. Sie sind daher »Wegwerfprodukte«, die schnell und einfach gebaut werden. (Natürlich werden sie nicht wirklich weggeworfen, sie werden nur nicht Teil des Zielsystems.) Ihre fachliche Detailtreue und ihr softwaretechnischer Standard spielen keine Rolle. Demonstrationsprototypen vermitteln den Klienten einen ersten Eindruck davon, wie ihr System aussehen könnte. Sie sind noch ausreichend weit vom Zielsystem entfernt, um daran auch die Einschränkungen eines Prototyps zu zeigen und damit falschen Erwartungen vorzubeugen.

- *Funktionale Prototypen* modellieren in der Regel Ausschnitte der Bedienoberfläche und Teile der Funktionalität. Diese Prototypen werden parallel zur Analyse des Anwendungsbereichs erstellt und unterstützen die Anforderungsanalyse. Sie können in ihrer Architektur bereits dem Zielsystem entsprechen. Falls die Fragen an den Prototyp inhomogen und offen sind, ist es zweckmäßiger, mehrere kleine Prototypen für einzelne Fragen zu konstruieren, als einen einzigen sehr umfangreichen Prototyp zu bauen.
- Ein *Labormuster* modelliert einen technischen Aspekt des Zielsystems. Dieser Aspekt kann sich je nach der zu klärenden Frage auf die Architektur oder auf die Funktionalität beziehen. Labormuster sind für die Entwickler ein Experimentalsystem und eine Form von Machbarkeitsstudie. Sie müssen daher nicht zwingend in das Zielsystem eingehen.
- Ein *Pilotsystem* ist ein Prototyp, dessen Funktionalität und Qualität mindestens für einen vorübergehenden echten Einsatz ausreichen. Er realisiert einen abgeschlossenen Teil des Zielsystems und wird schrittweise ausgebaut. Auch seine komfortable und sichere Bedienbarkeit und ein Mindestmaß an Benutzungsdokumentation unterscheiden ihn qualitativ von anderen Prototypen.

Man beachte den großen Unterschied zwischen einem Wegwerfprototyp und Prototypen, die später Teil des Produkts werden: Nur was nicht ins Produkt gelangt, darf nach dem Prinzip »quick and dirty« entwickelt werden. Darum ist die Entscheidung für oder gegen Wegwerfen zu Beginn der Prototypentwicklung zu treffen.

9.4.4 Die Taxonomie von Floyd

Floyd (1984) klassifiziert Prototyping nach dem angestrebten Ziel in drei Arten:

- *Exploratives Prototyping*
  Der Prototyp wird mit dem Ziel erstellt, die Analyse zu unterstützen und zu ergänzen. Dazu werden ggf. alternative Prototypen konstruiert. Als Prototyparten kommen meist Demonstrationsprototypen und funktionale Prototypen in Frage. Exploratives Prototyping eignet sich am ehesten zur Integration in ein konventionelles Vorgehensmodell. In der Literatur findet man für diese Art des Prototypings häufig die Bezeichnung *Rapid Prototyping* (Abschnitt 9.5.1).

- *Experimentelles Prototyping*
  Die Betonung bei dieser Form des Prototypings liegt auf der technischen Umsetzung eines Entwicklungsziels. Einerseits sollen die Benutzer im Experiment ihre Vorstellungen vom Zielsystem weiter detaillieren, andererseits können die Entwickler dadurch besser einschätzen, ob das geplante System realisierbar und zweckmäßig ist. Die Kommunikation zwischen Benutzern und Entwicklern über technische und software-ergonomische Fragen steht dabei im Vordergrund: Neben funktionalen Prototypen werden auch Labormuster zur Klärung technischer Fragen konstruiert.
- *Evolutionäres Prototyping*
  Prototyping wird nicht nur als Hilfsmittel innerhalb eines einzelnen Entwicklungsprojektes eingesetzt, sondern kann auch ein Prozess sein, um ein System den sich rasch verändernden Randbedingungen anzupassen. Damit verliert die Software-Entwicklung den Charakter eines abgeschlossenen Projekts und wird zu einem evolutionären Prozess, der die Anwendung ständig begleitet. Wenn kurze Entwicklungszyklen angestrebt werden, ist es sinnvoll, den Unterschied zwischen Prototyp und Zielsystem aufzuheben und Pilotsysteme zu entwickeln. Der Begriff der evolutionären Entwicklung (Abschnitt 9.5.2) ist mit diesem evolutionären Prototyping eng verwandt.

Es sollte klar sein, dass sich die genannten Kategorien überlappen, dass es also keine scharfe Abgrenzung zwischen ihnen gibt.

9.5 Nichtlineare Vorgehensmodelle

In diesem Abschnitt werden das Rapid Prototyping und einige andere nichtlineare Vorgehensmodelle näher betrachtet. Das Spiralmodell wird als Metamodell separat in Abschnitt 9.6 behandelt. Abbildung 9–7 zeigt die Gemeinsamkeiten und Unterschiede der fünf betrachteten Ansätze.

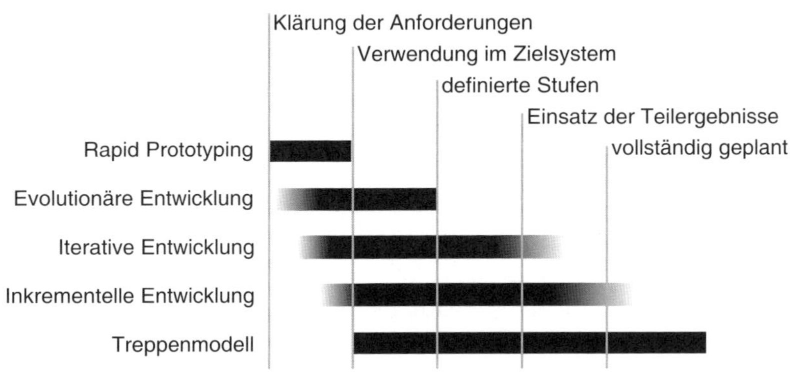

Abb. 9–7 *Merkmale der nichtlinearen Vorgehensmodelle*

Wie man sieht, gibt es zwischen den beiden Extremen (Rapid Prototyping und Treppenmodell) keine Überlappung. Es ist darum sicher nicht sinnvoll, für alle Ansätze dasselbe Wort »Prototyping« zu verwenden, wie es immer wieder geschieht.

Häufig werden Begriffe wie Prototyping, evolutionäre oder inkrementelle Entwicklung missbraucht, um ein planloses Vorgehen (Aktivitäten werden in irgendeiner Reihenfolge durchgeführt) mit einer wohlklingenden Bezeichnung zu kaschieren und zu rechtfertigen. Das ist natürlich Etikettenschwindel; jedes Vorgehensmodell erfordert Planung und Kontrolle. Goldberg und Rubin (1995) vergleichen das chaotische Vorgehen mit der Taktik, wie man ein Puzzle zusammenbauen kann: mal hier ein wenig, mal dort ein wenig. Sie sprechen in einem solchen Fall von einem opportunistischen Vorgehensmodell.

9.5.1 Rapid Prototyping

Wenn im Software Engineering von *Rapid Prototyping* die Rede ist, dann ist die Entwicklung von Software-Attrappen gemeint, die dazu dienen, Anforderungen zu klären, die sich abstrakt, also durch Text oder formale Modelle, kaum klären lassen. Ein Klient wünscht vielleicht, viele Messdaten zugleich auf dem Bildschirm zu sehen; ein Prototyp, der ihm die unübersichtliche Datenflut demonstriert, wird ihn wahrscheinlich veranlassen, Alternativen in Erwägung zu ziehen. In der Terminologie von Lehman (Abschnitt 9.3.1) sorgen wir dafür, dass (mindestens) ein Innovationszyklus durchlaufen ist, bevor wir großen Aufwand in eine Implementierung stecken.

Zwei populäre Missverständnisse müssen vermieden werden: Ein Prototyp ersetzt nicht die Spezifikation, und ein Prototyp darf auch nicht in beliebig schlechter Qualität realisiert sein.

Die Spezifikation ist auch mit einem Prototyp unentbehrlich, weil man ja auch den Prototyp nicht ins Blaue hinein entwickeln kann; man braucht Vorgaben, die nur in der Spezifikation zu finden sind. Diese Vorgaben können natürlich dort weniger detailliert sein, wo der Prototyp die Klärung bringt. Zum anderen ist der Prototyp nur teilweise Vorbild für das Produkt. All die Merkmale, die nicht demonstriert werden, in der Regel fast die ganze Funktionalität, deckt der Prototyp nicht ab. Schließlich ist nicht immer klar, wo die Grenze zwischen Vorbild und Versuchsaufbau liegt: Die Spezifikation muss präzise definieren, welche Merkmale des Prototyps ins Zielsystem übernommen werden sollen.

Ein Prototyp ist dort nützlich, wo die Anforderungen nicht durch Beobachtungen und Fragen erhoben werden können. Wir müssen also damit rechnen, dass die Klienten mit der ersten Version nicht einverstanden sind, sondern Änderungswünsche haben. Diese sollten im Prototyp umgesetzt werden; andernfalls führt das Prototyping nur zu einer Aussage, was die Klienten *nicht* wünschen. Die Änderung setzt aber eine minimale Wartbarkeit des Prototyps voraus. Er muss weder portabel noch perfekt kommentiert sein, aber er muss sauber genug strukturiert sein, dass notwendige Änderungen mit geringem Aufwand möglich sind.

Der Prototyp ist Teil der Anforderungsspezifikation, er wird nicht Teil des Produkts, andernfalls handelt es sich um eine evolutionäre Entwicklung (siehe unten). In der Praxis wird diese Regel sehr oft außer Kraft gesetzt, die Entwickler werden von ignoranten Vorgesetzten praktisch gezwungen, den Prototyp zum Produkt auszubauen. Wer diese Gefahr sieht und keine Möglichkeit hat, sie zu bannen, sollte sich nicht auf das Rapid Prototyping einlassen. Wer zu einem Spaziergang aufbricht, ist einfach nicht dafür gerüstet, ein paar Stunden später in der Steilwand zu klettern.

9.5.2 Evolutionäre Entwicklung

Mit dem Begriff der Evolution verbinden die meisten Menschen den Namen des Naturforschers Charles Robert Darwin (1809 bis 1882), der mit seiner Theorie der Evolution (*On the Origin of Species by Means of Natural Selection*, 1859) ein neues Weltbild schuf.

Wenn im Software Engineering von Evolution die Rede ist, meint man aber in der Regel nicht die Evolution einer Art, sondern die eines Individuums, nämlich eines Software-Systems. Die *evolutionäre Entwicklung* (*iterative enhancement*) ist dem Prototyping in manchen Punkten ähnlich, unterscheidet sich aber in anderen Punkten deutlich. Auch hier ist die Ausgangssituation, dass die Anforderungsanalyse keine für die Entwicklung ausreichenden Resultate liefert. Anders als das Prototyping zielt diese Strategie aber darauf ab, durch Zyklen aus Erprobung und Verbesserung das Produkt so oft zu verändern und zu erweitern, bis es sich als brauchbar erweist. In Anlehnung an Züllighoven (2005) definieren wir:

Evolutionäre Software-Entwicklung — Vorgehensweise, die eine Evolution der Software unter dem Einfluss ihrer praktischen Erprobung einschließt. Neue und veränderte Anforderungen werden dadurch berücksichtigt, dass die Software in sequenziellen Evolutionsstufen entwickelt wird.

Das Resultat zeigt typischerweise die gewünschte Funktionalität, ist aber strukturell in schlechtem Zustand. Denn die Architektur wurde für den ersten Versuch entworfen, sie ist für das Endprodukt weniger gut geeignet; zudem führen Änderungen zu einer Korrosion der Strukturen. Darum gibt es gute Gründe, das Resultat der evolutionären Entwicklung nur kurze Zeit zu verwenden und bald durch eine Neuimplementierung zu ersetzen. Brooks (1975) hat das ausgedrückt durch die Regel: »Plan to throw one away, you have to do it anyway.« (»Planen Sie ein, dass Sie die erste Fassung bald wegwerfen; es wird Ihnen gar nichts anderes übrig bleiben.«)

In der Praxis ist die evolutionäre Entwicklung, unter welcher Bezeichnung auch immer, sehr populär. Der wichtigste Grund für ihre Beliebtheit ist allerdings von zweifelhafter Güte: »Wir entwickeln evolutionär« kann in vielen Fällen übersetzt werden in »Wir haben keine Lust oder sind nicht in der Lage, das System zu spezifizieren. Also probieren wir einfach etwas aus.« Natürlich ist das nicht sinnvoll. Es gibt aber Situationen, in denen keine andere Möglichkeit gegeben ist. Wenn die Klienten nicht in der Lage sind, Anforderungen zu nennen, oder wenn völlig unklar ist, welchen Effekt der Rechnereinsatz hat, dann ist die evolutionäre Entwicklung das gebotene Vorgehensmodell. Wenn beispielsweise ein System durch optische und akustische Maßnahmen die Zahl der Wildunfälle vermindern soll, dann kann man weder die Rehe nach ihren Anforderungen fragen noch mit irgendeinem mathematischen Modell die Effekte des Systems zuverlässig voraussagen. Man muss es (auf der Basis von Hypothesen) realisieren, installieren und dann so lange modifizieren, bis es befriedigend funktioniert oder als untauglicher Versuch verworfen wird.

Die evolutionäre Entwicklung ist besonders populär, wenn objektorientiert modelliert und programmiert wird, sie ist darum auch ein Kernpunkt aller agilen Prozesse (siehe Abschnitt 10.6). In diesen wird die Tendenz einer strukturellen Korrosion auf Grund häufiger Änderungen durch das *Refactoring* (siehe Abschnitt 23.3), quasi das Aufräumen der Strukturen, bekämpft.

9.5.3 Iterative Software-Entwicklung

Je größer ein Projekt ist, desto schwieriger wird es, zu Beginn eine realistische Planung vorzugeben. Zudem ist kaum vorherzusehen, welche Anforderungen die Klienten haben, wenn das Projekt abgeschlossen ist – weil die Entwicklung lange dauert und weil das System die typischen Merkmale eines E-Programms hat (Abschnitt 9.3.1).

Die iterative Entwicklung wirkt dem entgegen, weil sie ein großes Projekt in eine Folge kleiner Projekte gliedert. In das Endprodukt gehen also alle Erfahrungen aus dem ersten Durchgang ein und auch neuere Entwicklungen (auf dem Markt, in der Technik).

Wir definieren die iterative Software-Entwicklung folgendermaßen:

Iterative Software-Entwicklung — Software wird in mehreren geplanten und kontrolliert durchgeführten Iterationsschritten entwickelt. Ziel dabei ist, dass in jedem Iterationsschritt – beginnend bei der zweiten Iteration – das vorhandene System auf der Basis der im Einsatz erkannten Mängel korrigiert und verbessert wird. Bei jedem Iterationsschritt werden die charakteristischen Tätigkeiten Analysieren, Entwerfen, Codieren und Testen durchgeführt.

Vom Wortsinn her (lateinisch iteratio: Wiederholung) wäre es logisch, bei zwei Durchgängen vom ersten Durchgang, gefolgt von *einer* Iteration, zu reden. Es ist aber heute allgemein üblich, in diesem Falle einfach von *zwei* Iterationen zu sprechen. Wir passen uns diesem Sprachgebrauch an.

Hinter diesem Vorgehensmodell stehen zwei Erkenntnisse:

- Auch mit einer sehr aufwändigen Analyse ist es in vielen Fällen nicht möglich, im ersten Wurf ein den tatsächlichen Anforderungen genügendes System zu erstellen. Dies soll die Abbildung 9–8 illustrieren.
- Die Existenz und der Einsatz eines Systems verändern die Anforderungen an das System (wie in Abschnitt 9.3.2 beschrieben).

In Cockburn (1993) wird der Grundgedanke der iterativen Entwicklung, der auf McMenamin (1992) zurückgeht, sehr knapp und treffend formuliert:

> *We get things wrong before we get them right.*
> *We make things badly before we make them well.*

In jeder Iteration werden die Tätigkeiten Analysieren, Entwerfen, Codieren und Testen ausgeführt, und das resultierende System wird erprobt. Das Ergebnis des Iterationsschritts n ist die Basis für den darauffolgenden Iterationsschritt n+1. In jedem Schritt wird das vorhandene System auf Basis der gewonnenen Erfahrungen und der gefundenen Mängel systematisch überarbeitet mit dem Ziel, Fehler zu beheben und Verbesserungen einzuarbeiten.

Ob ein iteratives Vorgehen sinnvoll ist oder nicht, hängt von den Randbedingungen des Projekts ab. Soll beispielsweise ein System in einem Anwendungsfeld entwickelt werden, in dem noch keine Erfahrungen vorliegen, dann sollten Iterationsschritte eingeplant werden, da mit hoher Wahrscheinlichkeit die erste Lösung nicht alle Anforderungen erfüllt und überarbeitet werden muss.

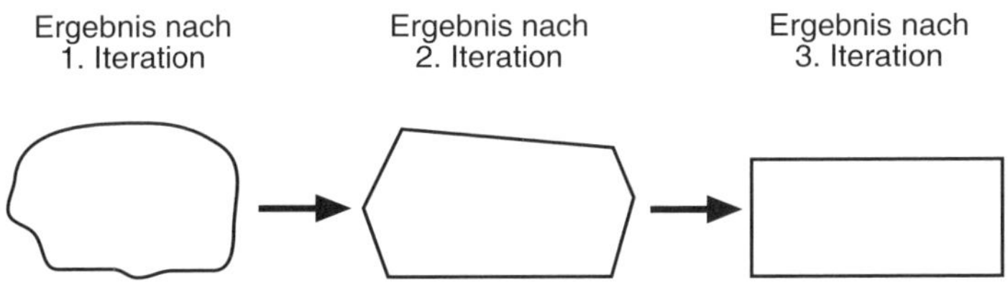

Abb. 9–8 *Annäherung durch iterative Entwicklung*

Eine schwierige Frage in diesem Zusammenhang ist, wie viele Iterationen notwendig sein werden. Dies kann nicht generell beantwortet werden. Wichtig ist jedoch, dass die explizite Durchführung von Iterationsschritten allen Projektbeteiligten bekannt sein muss, insbesondere auch dem Klienten, und dass dies in der Vertragsgestaltung und der Projektfinanzierung angemessen berücksichtigt wird.

Beispielsweise hat sich gezeigt, dass große studentische Projekte mit einem Gesamtaufwand von einigen Entwicklerjahren erfolgreicher laufen, wenn sie in mindestens zwei Schritte gegliedert sind: In etwa 60 % der Zeit, die für das Projekt insgesamt zur Verfügung steht, wird ein System mit beschränkter Funktionalität realisiert. Der zweite Durchgang wird erst im Detail geplant, wenn sich herausgestellt hat, wie lange der erste Durchgang wirklich gebraucht hat und was der Kunde zum Zwischenresultat sagt.

Die Teilergebnisse, also die Dokumente, werden bei der iterativen Entwicklung immer wieder bearbeitet. Das setzt natürlich eine entsprechende Organisation und Werkzeugunterstützung voraus. Wie an vielen Stellen des Software Engineerings ist auch hier die Konfigurationsverwaltung gefordert (siehe Kap. 21).

9.5.4 Inkrementelle Software-Entwicklung

Bei der inkrementellen Entwicklung wird das zu entwickelnde System nicht in einem Zug konstruiert, sondern in einer Reihe von aufeinander aufbauenden, jeweils funktional erweiterten Ausbaustufen. Jede Ausbaustufe wird in einem eigenen Projekt erstellt, in der Regel auch ausgeliefert und eingesetzt.

Inkrementelle Software-Entwicklung — Das zu entwickelnde System bleibt in seinem Gesamtumfang offen; es wird in Ausbaustufen realisiert. Die erste Stufe ist das Kernsystem. Jede Ausbaustufe erweitert das vorhandene System und wird in einem eigenen Projekt erstellt. Mit der Bereitstellung einer Erweiterung ist in aller Regel auch (wie bei der iterativen Entwicklung) eine Verbesserung der alten Komponenten verbunden.

Bei dieser Vorgehensweise wird also explizit darauf verzichtet, das komplette System in einem einzigen Projekt herzustellen, sondern das System wird schrittweise realisiert, wobei es typischerweise keinen definierten Endzustand gibt. Betriebssysteme wie Linux, Windows oder Mac OS werden inkrementell entwickelt. Nach einigen Jahren ist die Architektur des Systems zerrüttet, überholt. Dann wird, bei Wiederverwendung vieler Komponenten, ein völlig neues System mit neuer Architektur geschaffen.

Die Begriffe »iterativ« und »inkrementell« werden oft verwechselt oder als Synonyme verwendet. Betrachten wir beispielsweise die IEEE-Definition der inkrementellen Software-Entwicklung:

incremental development — A software development technique in which requirements definition, design, implementation, and testing occur in an overlapping, iterative (rather than sequential) manner, resulting in incremental completion of the overall software product.

IEEE Std 610.12 (1990)

Das entspricht weitgehend unserer Definition der iterativen Entwicklung; diese unterscheidet sich aber von der inkrementellen Entwicklung dadurch, dass mit ihr ein bestimmtes Ziel verfolgt und von Iteration zu Iteration besser erreicht wird. Bei der inkrementellen Entwicklung dagegen wird das Ziel mit jedem Zyklus weiter gesteckt, vor allem durch funktionale Erweiterungen des Systems.

Zu Beginn einer inkrementellen Entwicklung muss sichergestellt sein, dass in der ersten Ausbaustufe, dem *Kernsystem*, ein zentraler, funktional nutzbringend einsetzbarer Ausschnitt des gesamten Systems realisiert ist. Handelt es sich um den Nachfolger einer älteren Linie, so muss außerdem die Aufwärtskompatibilität garantiert sein, was erhebliche Probleme schafft und meist nur durch spezielle Bausteine erreicht werden kann, die die neuen auf die alten Schnittstellen abbilden, also das alte System emulieren.

Nachdem das Kernsystem realisiert ist, kann das System im Anwendungsbereich eingesetzt werden. Die Inkremente werden anschließend nacheinander entwickelt, in das vorhandene System integriert, ausgeliefert, benutzt und bewertet. Abbildung 9–9 zeigt schematisch die Vorgehensweise bei der inkrementellen Entwicklung.

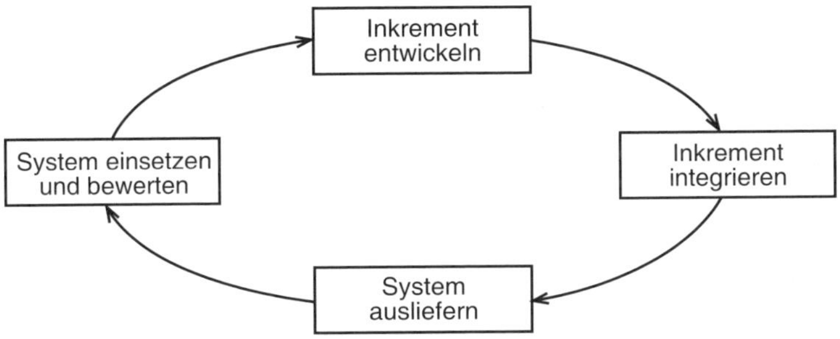

Abb. 9–9 *Vorgehensweise beim inkrementellen Entwickeln*

Die inkrementelle Vorgehensweise hat folgende Vorteile:

- Bereits sehr früh wird das System (Kernsystem oder Ausbaustufe des Systems) eingesetzt und kann von den Anwendern bewertet werden. Schwachstellen und Probleme fachlicher oder auch technischer Art werden dabei erfasst und können behoben werden.
- Die Entwicklungszeiten der einzelnen Ausbaustufen sind in Relation zur Gesamtentwicklungszeit kurz. Werden Fehler entdeckt, können sie kostengünstig korrigiert werden.

Die inkrementelle Software-Entwicklung ist besonders attraktiv, wenn einerseits die Zeit drängt, ein Produkt abzuliefern, anderseits periphere Details des Produkts noch nicht geklärt sind, womöglich noch nicht geklärt werden können. Wer eine Software zur Verwaltung von Digitalfotos auf den Markt bringen will, wird zunächst ein Kernsystem entwickeln, das die Speicherung und Wiedergabe von Fotos erlaubt. Welche weiteren Komponenten gewünscht werden, zeigt sich erst, wenn dieses Kernsystem fertig ist. Sind inzwischen viele Kameras auf dem Markt, die neben Fotos auch Video-Sequenzen aufzeichnen können, so gibt es Bedarf für eine entsprechende Erweiterung.

9.5.5 Das Treppenmodell

Ein weiteres Vorgehensmodell, bei dem zunächst nur ein Teilprodukt entsteht, ist das *Treppenmodell*. Es ist der inkrementellen Entwicklung sehr ähnlich, unterscheidet sich aber durch die überlappende Bearbeitung der Ausbaustufen.

Software-Entwicklung nach dem Treppenmodell — Das zu entwickelnde System wird in definierten Ausbaustufen realisiert und ausgeliefert. Die erste Stufe ist das Kernsystem. Jede weitere Ausbaustufe erweitert das vorhandene System um Leistungen und Merkmale, die überwiegend bereits zu Beginn des Gesamtprojekts geplant worden sind.

Beim Treppenmodell liegt das Problem nicht in unklaren Anforderungen oder in Planungsproblemen, sondern in einem Konflikt zwischen Termindruck und angestrebtem Funktionsumfang. Das Produkt muss bald auf den Markt, oder der Kunde drängt, das System möglichst rasch einführen zu können. Andererseits kann der gewünschte Umfang unmöglich in kurzer Zeit realisiert werden. Der Ausweg ist ein Kompromiss: Ein zentraler Teil des Systems, der minimale Funktionalität bietet, wird in kurzer Zeit fertiggestellt. Weitere Teile folgen in Abständen von einigen Monaten. Auf diese Weise wird nicht nur der Konflikt zwischen Termin und Umfang entschärft, es besteht auch die Möglichkeit, die Entwickler nach dem Eimerketten-Prinzip arbeiten zu lassen: Nachdem die Planer und Architekten ein Teilprodukt an die Implementierer übergeben haben, wenden sie sich der nächsten Ausbaustufe zu. Das Gleiche geschieht bei der Übergabe von den Implementierern an die Integrierer und Tester. Auf diese Weise können spezialisierte Entwickler praktisch kontinuierlich beschäftigt werden (Abb. 9–10).

Das Treppenmodell wird also immer dann angewendet, wenn die Einführung auf dem Markt oder die Installation beim Kunden drängt, wenn also die »Time to Market« so kurz wie möglich sein soll. Voraussetzung ist, dass die Anforderungen klar sind. Dann muss eine präzise Planung dafür sorgen, dass alle Teilprojekte pünktlich abgeschlossen werden, sodass kein Leerlauf entsteht. Die Anforderungen an die Qualität vor allem der ersten Teilsysteme sind wie bei der inkrementellen Entwicklung hoch.

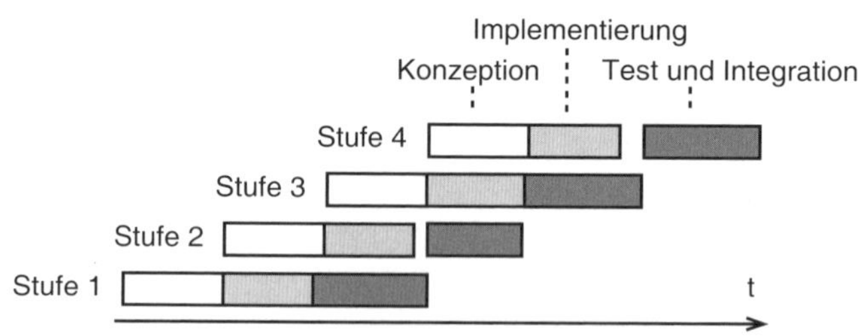

Abb. 9–10 *Das Treppenmodell mit überlappender Bearbeitung*

Das Treppenmodell kann natürlich nur dort eingesetzt werden, wo das zu entwickelnde System auch sinnvoll in ein Kernsystem und darauf basierende Ausbaustufen unterteilt werden kann. Dies ist beispielsweise bei einem System für die Kontoführung im Internet möglich: Das Kernsystem realisiert den technischen Anschluss und die sichere und geschützte Übertragung der Daten. Weiterhin erlaubt es, dass der Benutzer einfache Aktionen an einem Girokonto durchführen kann, beispielsweise kann er den Kontostand abfragen und Überweisungen veranlassen. Die zweite Ausbaustufe erweitert das Kernsystem um die Möglichkeit, Daueraufträge einzurichten, Formulare anzufordern und mit der Bank zu korrespondieren. Die nächste Ausbaustufe erlaubt die Führung eines Wertpapierdepots.

Abbildung 9–11 zeigt schematisch die Situation, bei der die Ausbaustufen 1 bis 3 abgeschlossen sind. Stufe 4 steht kurz vor dem Abschluss, Stufe 5 wurde begonnen.

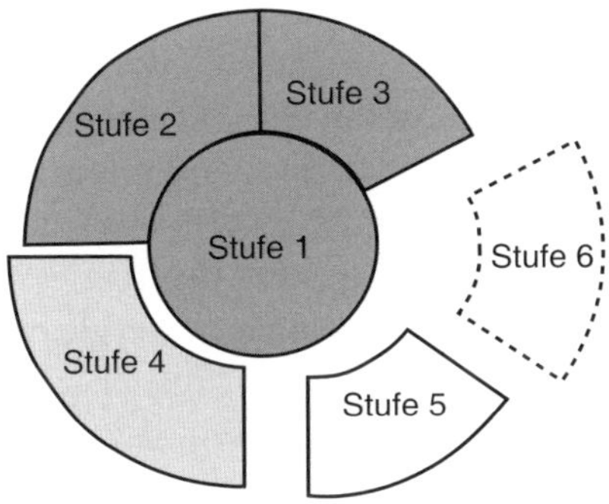

Abb. 9–11 *Momentaufnahme der Entwicklung nach dem Treppenmodell*

Bei einer Kraftwerksteuerung oder einem Navigationssystem für Flugzeuge ist diese Art der Systementwicklung nicht möglich, da nur das komplette System eingesetzt werden kann.

9.6 Das Spiralmodell

Auf die Diskussionen über das Wasserfallmodell reagierte Boehm einige Jahre später mit einem neuen Vorschlag, der als *Spiral Model* bekannt wurde (Boehm, 1988). Dabei handelt es sich eigentlich nicht um ein konkretes, sondern um ein generisches Vorgehensmodell, das eine Anleitung zur konkreten Ausprägung eines Vorgehensmodells liefert.

In Abbildung 9–12 ist die Darstellung, die den Namen des Modells begründet, mit unserer Übersetzung wiedergegeben. Viele Diskussionen haben aber gezeigt, dass die Grafik das Verständnis nicht erleichtert, sondern eher erschwert. Wir erklären das Modell darum zunächst, ohne auf die Abbildung Bezug zu nehmen.

Fundamental für das Spiralmodell ist der Begriff des *Risikos*. Ein Vorgehensmodell sollte sicherstellen, dass Risiken erkannt und möglichst früh im Projekt bekämpft werden. Daraus leitet Boehm folgendes einfache Rezept für das Vorgehen ab:

Wiederhole den folgenden Zyklus bis zum erfolgreichen Abschluss oder bis zum Scheitern des Projekts:

1. Suche alle Risiken, von denen das Projekt bedroht ist. Wenn es keine Risiken mehr gibt, ist es erfolgreich abgeschlossen.
2. Bewerte die erkannten Risiken, um das größte Risiko zu identifizieren.
3. Suche einen Weg, um das größte Risiko zu beseitigen, und gehe diesen Weg. Wenn sich das größte Risiko nicht beseitigen lässt, ist das Projekt gescheitert.

Dieses risikogetriebene Vorgehen hat zwei wichtige Vorteile:

- Falls das Problem unlösbar ist, stellt sich dies in der Regel rasch heraus. Denn sehr wahrscheinlich scheitert die Lösung am größten Risiko. Nehmen wir beispielsweise an, dass eine Entwicklung durch extreme Speicherknappheit gekennzeichnet ist. Bei einem Vorgehen nach dem Wasserfallmodell werden alle Teile implementiert, getestet und integriert. Dann endlich stellt sich heraus, dass der Speicher nicht ausreicht. Bei Anwendung des Spiralmodells wird dieses Risiko, wenn es als das größte identifiziert worden ist, als erstes bekämpft. Vielleicht kann durch Analysen, Vergleiche mit älteren Systemen oder durch partielle Implementierung der Speicherbedarf ausreichend genau ermittelt werden. Das Projekt wird in diesem Falle abgebrochen, bevor großer Aufwand erbracht wurde.
- Ist das größte Risiko entschärft, so kommt das Projekt bald in ruhiges Fahrwasser, denn die Beteiligten wissen, dass nur noch kleinere Risiken folgen. Sollten in einem der ersten Zyklen noch Fragen offen geblieben sein, so steht zur Klärung die ganze verbliebene Projektdauer zur Verfügung. Im Beispiel oben könnte etwa untersucht werden, ob eine sehr umfangreiche Komponente reduziert werden kann oder ganz entbehrlich ist.

Boehm schränkt die Art der Risiken nicht ein; es können also auch Risiken außerhalb des Entwicklungsprozesses berücksichtigt werden, z. B. die Gefahr, dass ein wichtiger Mitarbeiter die Firma verlässt, bevor das Projekt abgeschlossen ist, oder die Möglichkeit, dass es am Markt für das entwickelte Produkt keine Nachfrage gibt. Das Spektrum der Gegenmaßnahmen ist entsprechend breit. In vielen Fällen ist es notwendig, die offenen Fragen durch Analysen, Simulationen oder Prototypen zu klären. Viele Exegeten des Spiralmodells haben daraus die falsche Annahme abgeleitet, dass die Prototypen das wesentliche Merkmal des Modells seien. Boehm selbst bestätigt aber, dass die Orientierung an den Risiken der entscheidende Punkt ist.

Das Spiralmodell wurde oben als generisches Modell bezeichnet, weil darin alle eigentlichen Vorgehensmodelle enthalten sind. Bei einem Routine-Projekt sind die Risiken der Reihe nach ein Scheitern der Spezifikation, des Architekturentwurfs, der Implementierung, der Integration und der Inbetriebnahme: Wir haben das Wasserfallmodell vor uns. Sind die Risiken anders gelagert, so entstehen andere Modelle, z. B. die iterative oder die evolutionäre Entwicklung oder auch ganz neue Modelle.

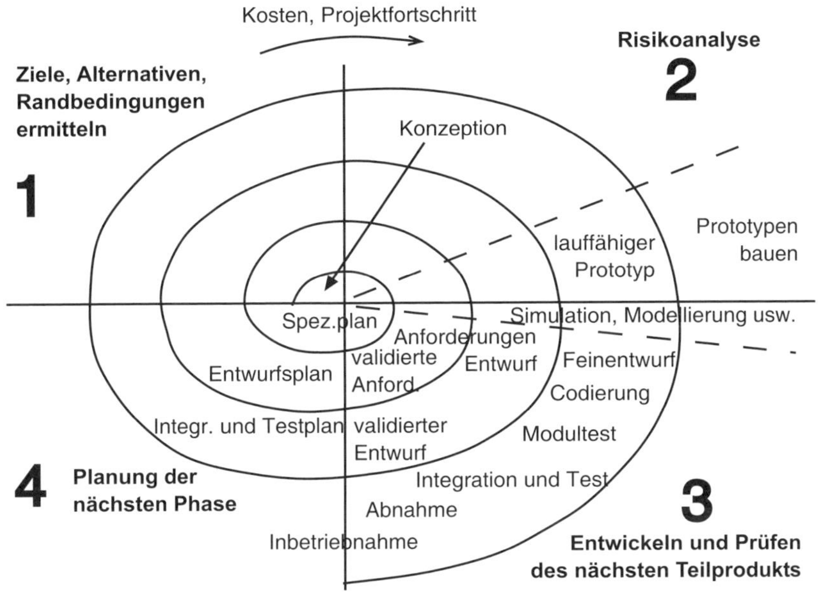

Abb. 9–12 *Spiralmodell nach B. W. Boehm*

Der durch die Schritte 1 bis 3 beschriebene Zyklus ist in der Grafik (Abb. 9–12) durch einen Umlauf in der Schnecke dargestellt. Das Projekt beginnt im Zentrum. Die Quadranten mit den Nummern 1 und 4 tragen nicht viel zur Aussage bei, wesentlich sind die Quadranten 2 und 3.

Die Beschriftung ist irreführend, weil sie suggeriert, dass es im Spiralmodell eine feste, vorgegebene Planung gäbe. Tatsächlich erstreckt sich die Planung aber nur jeweils über einen Zyklus. Dass ein Projekt nach dem Spiralmodell nicht vollständig geplant werden kann, ist gerade eines der Probleme.

In der Praxis wird weit öfter vom Spiralmodell gesprochen, als es wirklich angewendet wird; viele Menschen verwechseln es mit dem iterativen Vorgehen. Eine strenge Anwendung wäre auch nur in wenigen Fällen möglich, denn sie setzt große Flexibilität sowohl beim Software-Hersteller (Personalbedarf) als auch beim Klienten (Liefertermin, Preis) voraus. Aber die Grundidee, sich an den Risiken zu orientieren, sollte jeder im Kopf haben, der ein Projekt plant und durchführt.

10 Prozessmodelle

Die Vorgehensmodelle (siehe Kap. 9) sind geeignet, dem Projektleiter und den Entwicklern Hinweise zu geben, welche Tätigkeit als nächste auszuführen ist. Sie machen aber keine Aussagen über

- die personelle Organisation,
- die Gliederung der Dokumentation,
- die Verantwortlichkeiten für Aktivitäten und Dokumente.

Nimmt man diese Punkte zur Vorgabe des Ablaufs hinzu, so entsteht aus dem Vorgehensmodell ein Prozessmodell. Wenn dieses für eine Firma oder eine Abteilung verbindlich vorgegeben, also standardisiert ist, wird es möglich,

- Planungen (halbfertig) »von der Stange« zu verwenden,
- Werkzeuge und Methoden gemeinsam einzuführen,
- Resultate zu vergleichen und auszutauschen,
- Schwachstellen zu erkennen und aus Erfahrungen zu lernen.

Die Literatur bietet eine Reihe sehr unterschiedlicher Prozessmodelle an. Bevor man eines davon übernimmt, sollte man aber in jedem Falle den Prozess, wie er bisher verstanden und gelebt wird, feststellen und analysieren, um seine Stärken und Schwächen zu erkennen, damit man nicht am Ende den Spatzen in der Hand preisgegeben hat, um – mit unsicherem Ausgang – die Taube auf dem Dach zu jagen. Änderungen des Prozesses sind mühsam und riskant. Wenn man sich darauf einlässt, sollte man genau wissen, was man erreichen will und was man verlieren kann.

In der öffentlichen Diskussion ist das Thema der Prozesse – ähnlich wie früher, manchmal auch heute noch, das Thema der Programmiersprachen – durch Heilslehren, Glaubenskriege und Lagerdenken geprägt. Das macht eine rationale Auseinandersetzung mit den Konzepten schwierig und eine Synthese nahezu unmöglich. Natürlich sind auch die Verfasser dieses Buches nicht frei von Emotionen. Aber wir bemühen uns um eine rationale Wertung.

10.1 Begriffe und Definitionen

10.1.1 Das Prozessmodell und seine Ausprägung im Prozess

Ein (Software-)Prozessmodell ist die Beschreibung eines Software-Prozesses als präskriptives Modell für die Durchführung der Projekte. Da ein solches Modell nicht alle Details vorgeben kann, weil sie nach den konkreten Bedingungen der speziellen Projekte unterschiedlich ausgeprägt werden müssen, lässt es mehr oder minder große Spielräume für die konkrete Ausgestaltung. Entsprechend kann ein Prozessmodell sehr karg sein, also nur einige zentrale Punkte vorgeben, oder sehr detailliert, sodass die Projekte kaum Unterschiede aufweisen.

Überall, wo das Prozessmodell keine (genauen) Vorgaben macht, müssen sie für jedes Projekt oder für eine Gruppe sehr ähnlicher Projekte hinzugefügt werden. Diesen Vorgang bezeichnet man als *Prozessausprägung* (*Tailoring*). Durch die Prozessausprägung wird aus dem generischen Prozessmodell ein konkreter Prozess, der im Idealfall eins zu eins im Projekt umgesetzt wird. Natürlich muss dieser konkrete Prozess geprüft und abgenommen werden, bevor er zum Einsatz kommt.

Ob es sinnvoll ist, mit den Vorgaben sehr weit zu gehen, hängt von den Rahmenbedingungen ab: Ein Software-Haus, das für eine heterogene Kundschaft arbeitet, braucht große Freiheit bei der Ausprägung der Prozesse, weil der eine Kunde verlangt, was der andere auf keinen Fall haben will. Dagegen profitiert eine Bank, die ein riesiges Software-System einsetzt, von einer weit reichenden Standardisierung. Auch die Kultur der Firma spielt eine wichtige Rolle: Entwickler mit Cowboy-Mentalität lassen sich kaum auf einen rigiden Prozess ein, während viele disziplinierte Programmierer einen solchen Prozess begrüßen.

Es ist daher nicht möglich, eine allgemeingültige Festlegung zu treffen, was alles zu einem Prozessmodell gehört. In der Regel finden sich darin Aussagen zu folgenden Punkten:

- Organisation und Verantwortlichkeiten, Rollenverteilung
- Struktur und Merkmale der Dokumente
- einzusetzende Verfahren, z. B. für die Erhebung der Anforderungen oder für die Prüfung der Zwischenergebnisse
- die auszuführenden Schritte der Entwicklung, ihre Reihenfolge und ihre Abhängigkeiten (das Vorgehensmodell)
- Projektphasen und Meilensteine, Prüfkriterien
- Notationen und Sprachen
- Werkzeuge

Mindestens implizit ist durch das Prozessmodell auch eine bestimmte Terminologie vorgegeben, beispielsweise für die Rollen und die Dokumente im Projekt.

Das Feld der Prozessmodelle ist unübersichtlich und nicht abgegrenzt. Täglich werden neue erdacht, vielleicht ausprobiert und meist verworfen; nur gelegentlich schafft eines den Sprung in die Fachwelt, wird Gegenstand von Publikationen und Kursen und schließlich auch eingesetzt. Aber nur ganz selten sind die neuen Prozessmodelle wirklich neu. In der Regel werden bekannte Konzepte neu kombiniert, neu etikettiert – und als Wundermittel angeboten.

10.1.2 Leichte und schwere Prozesse

Im Zusammenhang mit den sogenannten *agilen Prozessen* ist die Unterscheidung zwischen *leichten* und *schweren* Prozessmodellen aufgekommen. Leider ist unklar, worauf sich diese Attribute beziehen. Ganz offensichtlich sind alle Prozessmodelle, die von ihren Verfassern als leicht eingestuft werden, durch einen geringen Aufwand für die Dokumentation gekennzeichnet. Das ist natürlich kein Wert an sich. Wer bei schönem Wetter durch Kalifornien fährt, fühlt sich in einem leichten, womöglich offenen Wagen sehr wohl; wer eine Expedition durch die Wüste Taklamakan unternimmt, braucht ein sehr stabiles Fahrzeug mit Allradantrieb, das große Mengen an Lebensmitteln, Zelten, Treibstoff, Werkzeug und Ersatzteilen befördern kann. Die Entscheidung, welche Dokumentation erforderlich ist, muss also unter dem Gesichtspunkt getroffen werden, welche später mutmaßlich benötigt wird.

Weit verbreitet ist auch die Vorstellung, dass »schwere Prozesse« eigentlich schwerfällige, wenig flexible Prozesse sind. Natürlich ist ein Prozessmodell, das eine vollständige Planung zu Beginn des Projekts vorsieht, hinderlich, wenn der Projektverlauf immer wieder Änderungen des Plans erfordert. Aber auch für die Flexibilität gilt, was oben zur Dokumentation gesagt wurde: Wenn es darum geht, einen wankelmütigen Kunden zu bedienen, ist Flexibilität notwendig; wenn aber ein komplexes System aus Hardware, Software und nicht zuletzt menschlicher Organisation entstehen soll, ist die Stabilität und Zuverlässigkeit der Arbeiten, die getrennt ausgeführt werden, vorrangig.

Eine weitere Interpretation des Wortes »leicht« bezieht sich auf die Menge der Regeln. Allerdings zeigt sich, dass die »leichten Prozesse« keineswegs besonders wenige Regeln haben, sie haben nur andere als die vermeintlich schweren Prozesse.

Schließlich gibt es – beim V-Modell, siehe Abschnitt 10.3 – die verwirrende Situation, dass ein nach landläufiger Einschätzung schweres Prozessmodell als eine von mehreren Möglichkeiten das Vorgehen nach dem Konzept der leichten Modelle anbietet. Die Situation ist also alles andere als klar. Wir machen darum keinen Versuch, die Prozesse in das Schema »leicht – schwer« einzuordnen.

10.2 Das Phasenmodell

In Abschnitt 8.3.2 haben wir bereits beschrieben, dass Phasen und Meilensteine wichtige Elemente der Projektplanung sind. Nachfolgend gehen wir auf diese für die Prozessmodelle wichtigen Konzepte genauer ein.

10.2.1 Phasen und Meilensteine

Eng mit dem Software-Lebenslauf verbunden ist die Vorstellung, dass er in Abschnitte, sogenannte *Phasen,* gegliedert ist, an deren Grenzen wesentliche Änderungen eintreten. Am auffälligsten ist eine solche Änderung, wenn sie als sichtbare Metamorphose verläuft wie bei einer Libelle, die sich aus einer Larve befreit. Phasen sind also Abschnitte des Lebenslaufs, die Anfang und Ende haben, nicht unterbrochen werden können und nicht überlappen.

Auch eine längere Wanderung ist in Etappen (= Phasen) gegliedert. Wenn ein *Meilenstein* (allgemeiner ein markanter Punkt mit bekannter Position) erreicht ist, endet die eine und beginnt die nächste Etappe. Bei der Planung der Wanderung schätzen wir ab, wie viel Zeit und wie viel Wegzehrung wir für jede Etappe brauchen werden. Sicher vorhersagen können wir aber weder das eine noch das andere. Der Weg kann weit schwieriger sein als erwartet, oder wir verlaufen uns. Dann erreichen wir den Meilenstein mit Verspätung und haben bereits die Vorräte für die nächste Etappe verzehrt. Der Meilenstein steht, wo er steht, er kommt uns nicht entgegen, wenn wir langsam gehen. Darum ist die Phase der Weg bis zu einem bestimmten Ziel. Wie viel Zeit dieser Weg benötigt, ist im Allgemeinen erst klar, wenn das Ziel erreicht ist.

Die Gliederung einer Wanderung in Etappen hat einige Vorteile:

- Wir stellen fest, ob unsere Zeitschätzung realistisch war. Bei großer Abweichung korrigieren wir die Planung für die folgenden Etappen.
- Wir stellen fest, dass wir noch auf dem richtigen Weg sind.
- Wir teilen uns die Wegzehrung sinnvoll ein.
- Wenn wir langsamer vorankommen, als geplant war, können wir eventuell eine Abkürzung nehmen oder einen Teil des Weges fahren statt gehen.
- Wenn wir schon bis zum ersten oder zweiten Meilenstein viel zu lange brauchen, brechen wir die Wanderung ab, bevor wir in große Schwierigkeiten geraten.

10.2.2 Phasen und Meilensteine im Software-Projekt

Das Bild der in Etappen gegliederten Wanderung können wir komplett in das Projektmanagement übernehmen. Wir legen Zwischenziele, *Meilensteine,* fest, und schätzen ab, wie viel Zeit und welche Mittel wir für jede Phase brauchen. Dann führen wir das Projekt entsprechend der Planung durch und verfolgen dabei, ob wir planmäßig vorankommen. Bei kleinen Verzögerungen versuchen wir in der Regel, die Leistung zu erhöhen, sodass wir den Rückstand aufholen. Bei großen Abweichungen müssen wir mehr Zeit vorsehen (also die Termine verschieben) oder die Projektziele reduzieren oder das Projekt abbrechen.

Auch im Software-Projekt gilt für die Meilensteine, dass sie durch die Ziele, nicht durch den Termin definiert sind. Ein Meilenstein »Spezifikation fertig« mag für den 31. Oktober geplant sein; erreicht ist er nicht am 31. Oktober, sondern erst, wenn die Spezifikation fertig ist. Dazu sind klare Kriterien anzugeben; es reicht nicht aus, wenn die Entwickler versichern, dass alle Ziele erreicht sind. Erst wenn alle Teilresultate vorliegen und abgenommen sind, kann der Meilenstein gefeiert werden.

Wir folgen bei der Definition des Meilensteins Wallin et al. (2002):

A **milestone** is defined as a scheduled event that marks the completion of one or more important tasks, and it is used to measure achievements and development progress. At a milestone, a predefined set of deliverables should have reached a predefined state to enable a review.

Wir stellen aber klar, dass das Review oder allgemeiner die (bestandene) Prüfung eine Voraussetzung, keine Folge des Meilensteins ist. Für jeden Meilenstein wird definiert,

- welche Ergebnisse (Dokumente) vorliegen müssen,
- wer nach welchen Kriterien welche Prüfung vornimmt und
- wer schließlich entscheidet, ob der Meilenstein erreicht ist.

Die Definition der *Phase* ist unmittelbar an die des Meilensteins geknüpft: Eine Phase ist der Zeitraum zwischen zwei Meilensteinen. Zwischen Beginn und Ende der Phase werden die Arbeiten durchgeführt, deren Ergebnisse vor dem Meilenstein geprüft werden. Am Meilenstein »Spezifikation fertig« (das könnte der Meilenstein M1 in Abb. 10–1 sein) muss die Spezifikation geprüft sein. Also ist die Phase 1 die Spezifikationsphase.

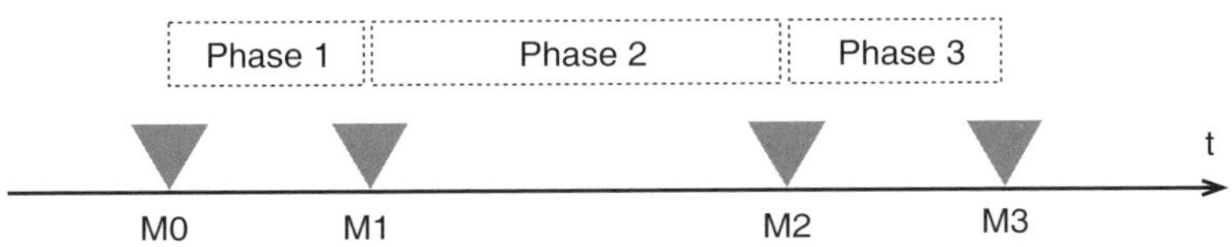

Abb. 10–1 *Das Konzept der Phasen und Meilensteine*

Das Phasenmodell kann damit wie folgt charakterisiert werden:

Die Software-Entwicklung wird vor Beginn in Phasen gegliedert, die streng sequenziell durchlaufen werden. Für jede Phase gibt es ein eigenes Budget; dieses Budget wird erst freigegeben, wenn der vorangehende Meilenstein erreicht ist. Dann kann die nächste Phase beginnen.

Wegen der strikten Verknüpfung der Phasen mit den Budgets wird das Phasenmodell auch *Kostenmodell* genannt. In der Planung werden die Phasen durch Arbeitspakete (siehe Abschnitt 8.3.1) verfeinert; das kann teilweise erst im Projektverlauf geschehen, wenn die Strukturen des Systems geklärt sind.

Mit dem Begriff des Phasenmodells ist keine Festlegung auf eine bestimmte Definition oder Reihenfolge der Phasen verbunden. Ausprägungen des Phasenmodells können also sehr unterschiedlich aussehen.

Die logische Sequenz Phasenanfang – Entwicklung – Prüfung – Phasenende suggeriert, dass die Prüfungen – wie eine Abiturprüfung am Ende einer langen Schulzeit – jeweils unmittelbar vor dem Meilenstein stattfinden. Das ist falsch. Auch innerhalb einer Phase gibt es Teilergebnisse, die sofort geprüft werden sollten. Am Ende müssen alle Prüfungen abgeschlossen sein, sie können aber bereits weit früher durchgeführt werden.

10.2.3 Abgrenzung zum Wasserfallmodell

Im Beispiel oben war von der Spezifikationsphase die Rede. Haben wir also einfach das Wasserfallmodell mit Meilensteinen garniert, aber im Übrigen unverändert übernommen? In Abschnitt 9.2.1 hatten wir bereits festgestellt, dass das nicht funktioniert. Tatsächlich gibt es zwei wesentliche Unterschiede zwischen dem Phasenmodell und dem Wasserfallmodell:

- Im Phasenmodell gibt es keine Zyklen. Eine abgeschlossene Phase kann nicht wieder geöffnet werden, sie ist Vergangenheit. Darum dokumentiert das Erreichen eines Meilensteins einen Fortschritt des Projekts.
- Da kein Prozessmodell der Welt verhindern kann, dass Fehler gemacht werden, die erst später auffallen, oder dass der Kunde neue Anforderungen vorträgt, obwohl die Analyse längst abgeschlossen ist, oder dass auf Grund neuer Einsichten frühere Entscheidungen revidiert werden müssen, kann das Phasenmodell die Rückkehr in frühere *Tätigkeiten* nicht verbieten. Nur finden diese Tätigkeiten im Budget und unter den Bedingungen der gerade laufenden Phase statt. Das bedeutet: Sie werden sehr strikt überwacht, der Entwickler arbeitet quasi unter Aufsicht.

Auf den ersten Blick erscheint das wie ein Etikettenschwindel: Wir dürfen zwar nicht die Zyklen des Wasserfallmodells durchlaufen, sondern müssen in der Phase bleiben, in der wir sind. Aber wir können trotzdem die früheren Tätigkeiten fortsetzen. Dieser Eindruck täuscht. Wenn ein Entwickler bei der Arbeit an der Spezifikation einen Fehler im entstehenden Dokument bemerkt, klärt er die Sache auf und beseitigt den Fehler. Ganz anders sieht es aus, wenn sich erst bei der Codierung ein Fehler der Spezifikation zeigt. Die Entwickler können die Spezifikation nicht einfach korrigieren, auch dann nicht, wenn sie selbst die Verfasser sind. Der Fehler wird dokumentiert, und der Verantwortliche muss entscheiden, ob er behoben werden soll. (Manchmal ist es sinnvoller, eine bestimmte Funktion abzuschalten oder eine Warnung ins Handbuch zu drucken.) War die Entscheidung positiv, so wird die Spezifikation geändert. Dann wird sie nach den gleichen Kriterien geprüft, die am Meilenstein am Ende der Spezifikationsphase gültig waren. Alle, die auf der Basis der fehlerhaften Spezifikation gearbeitet hatten, z. B. die Codierer, die Tester, die Verfasser des Handbuchs, werden über die Änderung informiert, damit sie prüfen können, ob ihre Ergebnisse davon betroffen sind. Schließlich ersetzt die neue Version der Spezifikation die alte. Die Änderung eines bereits geprüften Dokuments ist also wesentlich aufwändiger. Der Mehraufwand ist durch die großen Risiken gerechtfertigt, die mit einer unkontrollierten Änderung verbunden sind.

Natürlich spielt aus den genannten Gründen die Konfigurationsverwaltung (siehe Kap. 21) im Phasenmodell eine wichtige Rolle. Sie garantiert, dass das *Baselining* zuverlässig funktioniert, also das »Einfrieren« der Dokumente, die gerade geprüft werden oder bereits geprüft und abgenommen sind.

10.2.4 Vor- und Nachteile des Phasenmodells

Das Phasenmodell bringt erheblichen Aufwand für die Organisation und für die Prüfungen mit sich. Dafür gibt es eine Reihe von Vorteilen:

- Das Projekt ist präzise geplant und organisiert. Abweichungen von der Planung sind leicht erkennbar, weil sie sich spätestens dann zeigen, wenn ein Meilenstein nicht wie geplant erreicht wird.
- Die Dokumente, deren Erstellung geplant wurde, werden geprüft; entsprechen sie nicht den Anforderungen, ist der Meilenstein noch nicht erreicht. Damit ist sichergestellt, dass die Dokumente nach dem Meilenstein vorhanden sind und den Anforderungen genügen. Das ist in weniger systematisch geführten Projekten keineswegs selbstverständlich.
- Der Personalbedarf ist ebenfalls frühzeitig geklärt. Damit kann sichergestellt werden, dass die Entwickler zur richtigen Zeit verfügbar sind und später auch wieder rechtzeitig an andere Projekte abgegeben werden können.
- Die Durchführung der Prüfungen ist gewährleistet. Damit ist das Risiko, am Projektende zu erkennen, dass in die falsche Richtung gearbeitet wurde oder dass eine Komponente viel zu spät fertig wird, ganz erheblich reduziert.
- Das *90 %-fertig-Syndrom* ist ausgeschlossen. In Projekten ohne Meilensteine neigen die Entwickler dazu, den Entwicklungsstand als »zu 90 % fertig« zu charakterisieren. Rückblickend erkennt man, dass diese Aussage über lange Zeit unverändert bleibt (Abb. 10–2). Der Grund ist, dass zu Beginn die leichteren Aufgaben gelöst werden. Am Ende bleiben die schwierigen übrig; durch die Restriktionen, die alle bereits realisierten Teile schaffen, wird die Schwierigkeit erhöht. Dieses seit langem bekannte Phänomen ist treffend durch den Satz beschrieben: *Die ersten 90 % des Projekts brauchen 90 % der Zeit. Die*

letzten 10 % des Projekts brauchen die anderen 90 % der Zeit. Meilensteine können diese Neigung der Entwickler nicht beseitigen, aber auf die einzelnen Phasen begrenzen.

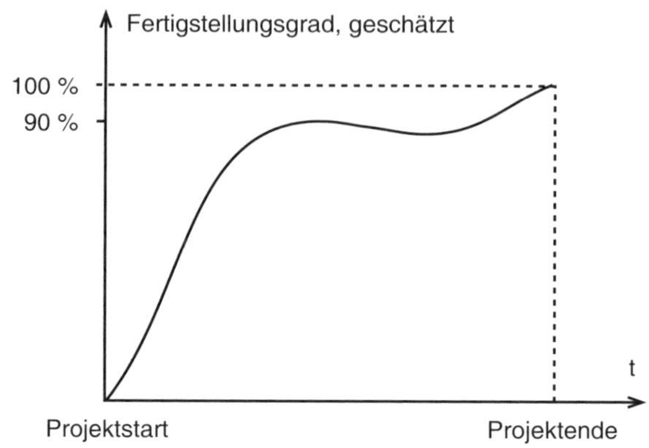

Abb. 10–2 *Das 90 %-fertig-Syndrom*

Die Vorteile sind so gewichtig, dass man eine Entwicklung ohne Phasenmodell als ausgesprochen riskant einstufen muss. Die Festlegung auf ein Phasenmodell klärt allerdings noch nicht viel; es schafft nur einen weiten Rahmen, innerhalb dessen noch sehr viele Festlegungen zu treffen sind. Ausgeschlossen sind damit nur die optimistischen Ansätze nach dem Beckenbauer-Prinzip (»*Schaun mer mal*«).

10.2.5 Überlappende Phasen

In einem Software-Projekt werden je nach Einteilung bis zu acht Phasen durchlaufen, von der Anforderungsanalyse bis zum Betrieb. Da die den Phasen zugeordneten Tätigkeiten aufeinander aufbauen, liegt es nahe zu verlangen, dass sie strikt sequenziell, eine nach der anderen, durchgeführt werden. Praktisch sprechen drei Gründe gegen diesen »strengen« Ansatz:

1. Oft stehen notwendige Informationen nicht zur richtigen Zeit zur Verfügung (z. B. werden Anforderungen spät im Projekt zugefügt oder geändert).
2. Vor einem Meilenstein sind die meisten Beteiligten bereits mit ihren Arbeiten fertig und müssen warten, bis alle anderen ebenfalls den Meilenstein erreicht haben, bevor sie weiterarbeiten können.
3. In vielen Fällen ist es vorteilhaft, möglichst rasch Teilergebnisse zur Verfügung zu stellen.

Darum wird das Phasenmodell – viele sprechen ungenau vom Wasserfallmodell – »aufgeweicht«. Dies kann in unterschiedlicher Weise geschehen:

a) Wenn sich das geplante System aufspalten lässt in unbedingt notwendige und nicht unbedingt notwendige Teile, dann kann inkrementell entwickelt werden (siehe Abschnitt 9.5.4).
b) Teile, die keine oder nur geringe Abhängigkeiten aufweisen, können asynchron entwickelt werden, also je nach verfügbarem Personal gleichzeitig oder in beliebiger Reihenfolge.
c) Dokumente werden bereits verwendet, obwohl sie noch nicht als vollständig einzustufen sind. Dies wird als *Überlappung* bezeichnet.
d) Die Arbeiten werden ohne Rücksicht auf logische Abhängigkeiten nach Verfügbarkeit der Bearbeiter in beliebiger Reihenfolge ausgeführt.

Natürlich ist Vorgehen d inakzeptabel, weil es jegliche Qualitätssicherung konterkariert. (Tatsächlich wird diese Strategie *offiziell* nirgends angewendet, aber praktisch ist sie nicht selten zu beobachten.)

Das Vorgehen a ist sehr sinnvoll, weil es zu kürzeren Entwicklungszyklen führt und die Möglichkeit bietet, die Erfahrungen der Klienten in den späteren Inkrementen zu berücksichtigen. Allerdings setzt das inkrementelle Vorgehen eine präzisere Planung voraus, denn die Schnittstellen zu den später entwickelten Teilen sollten bereits beim Kernsystem stabil sein.

Das Vorgehen b ist sinnvoll und wird in aller Regel angewendet. Natürlich gewinnt dadurch die Integration an Bedeutung: Missverständnisse und Fehler der Komponentenentwicklung verursachen Integrationsprobleme. Da eine seriöse Bearbeitung dieser Probleme nur durch die Entwickler erfolgen kann, entstehen zeitraubende Nacharbeitszyklen. Alternativ werden Inkonsistenzen durch Bastelei (*scheinbar*) kompensiert.

Beim Vorgehen c ist weiter zu differenzieren: Die Überlappung muss durch definierte Änderungsprozesse abgepolstert sein, damit sichergestellt ist, dass späte Änderungen der bereits verwendeten Dokumente nicht ignoriert werden, sondern ins Endprodukt eingehen. Wird beispielsweise die Spezifikation verändert, während bereits auf Basis einer früheren Version implementiert wurde, so muss der Prozess sicherstellen, dass

- die Spezifikation erneut validiert wird,
- alle Entwickler über die Änderung informiert werden,
- Auswirkungen auf alle bereits fertiggestellten Teile geprüft werden.

Eine Überlappung ist nicht an allen Phasengrenzen möglich und zulässig: Während beispielsweise Spezifikation und Implementierung überlappen können (auch wenn das keineswegs unproblematisch ist), ist der Eintritt in die Prüfung völlig unsinnig, solange die Spezifikation nicht vollständig vorliegt. Einer Prüfung, die sich nicht auf die gültige Spezifikation abstützt, fehlt einfach die Basis. Es können aber Teile geprüft werden, deren Spezifikation bereits stabil ist.

10.3 Das V-Modell

10.3.1 Hintergrund und Geschichte

Das V-Modell ist Teil des Entwicklungsstandards für IT-Systeme des Bundes. »V« hat anscheinend eine doppelte Bedeutung: Einerseits steht es für »Vorgehen«; tatsächlich ist aber durch das V-Modell weit mehr als das Vorgehen geregelt, es handelt sich um ein ausgewachsenes Prozessmodell. Zum anderen hatte in der ersten Fassung des V-Modells die V-förmige Darstellung des Entwicklungsganges zentrale Bedeutung; sie ist noch immer zu erkennen (siehe Abb. 10–7; zum »V« vgl. die Fußnote zur Badewannenkurve in Abschnitt 4.4, S. 63).

Das Interesse öffentlicher Auftraggeber an Prozess-Standards ist leicht zu verstehen: Die Ministerien, allen voran das Verteidigungsministerium, geben Entwicklungen in Auftrag. Dabei müssen sie einerseits die Kosten im Auge behalten, streng genommen also stets den billigsten Anbieter wählen, andererseits sicherstellen, dass sie Waren und Dienstleistungen in angemessener Qualität erhalten. Schließlich müssen sie die Entscheidung für einen Anbieter nach objektiven Kriterien fällen, die notfalls auch vor einem Verwaltungsgericht Bestand haben. Darum suchen sie nach klaren Vorgaben und Kriterien für ihre Zulieferer. In den USA ist aus den gleichen Gründen das CMM entstanden (siehe Kap. 11).

Das V-Modell wurde im Auftrag des Bundesministeriums für Verteidigung entwickelt und ist dort seit 1992 verbindlich vorgeschrieben (Bröhl, Dröschel, 1995). Im Sommer 1996 wurde es auch für den Einsatz im zivilen Verwaltungsbereich der Bundesbehörden empfohlen. Damit sind auch die Lieferanten in der Regel an das V-Modell gebunden. Da es öffentlich zugänglich ist, haben auch andere Unternehmen das V-Modell erprobt und eingesetzt. Die damit gemachten Erfahrungen wurden systematisch gesammelt. Auf dieser Basis wurde es überarbeitet und unter der Bezeichnung V-Modell 97 publiziert (V-Modell, 1997). Zu den Verbesserungen dieser Version zählten die Unterstützung der inkrementellen Entwicklung, die koordinierte Entwicklung von Hard- und Software und die objektorientierte Entwicklung. Dröschel, Heuser und Midderhoff (1998) haben die wesentlichen neuen Elemente des V-Modells 97 beschrieben. 2004 wurde als Ergebnis einer weiteren Revision das V-Modell XT vorgestellt. XT steht hier für »extreme Tailoring«. Das drückt zum einen die Flexibilität beim Tailoring (Abschnitt 10.1.1) aus, die im neuen Modell angestrebt wurde; Rausch und Niebur (2005) nennen als erstes von vier Zielen »Verbesserung der Unterstützung von Anpassbarkeit, Anwendbarkeit, Skalierbarkeit und Änder- und Erweiterbarkeit des V-Modells«. Zum anderen war es wohl das Bestreben der gewiss nicht extremistischen Urheber, am modischen Trend zum »X« teilzuhaben. Das V-Modell XT ist durch ein sehr reiches Informationsangebot im Web gut zugänglich (V-Modell XT, o.J.).

Da es beim V-Modell auch um die Absicherung eines System- oder Software-Bestellers geht, sind darin die Beziehungen zwischen Auftraggeber (AG) und Auftragnehmer (AN) besonders wichtig.

10.3.2 Eigenschaften des Modells

Die folgenden Merkmale charakterisieren das V-Modell:

- Das V-Modell ist in allen seinen Versionen als Weiterentwicklung des Standard-Phasenmodells ein aktivitätsorientiertes Modell. Ein logisch verknüpftes Netz von Aktivitäten und Produkten bildet den Kern des Modells.
- Das V-Modell XT teilt ein Projekt in Projektabschnitte, also in Phasen, ein. Am Ende jedes Projektabschnitts steht ein Meilenstein, der *Entscheidungspunkt* genannt wird.
- Das V-Modell kann für verschiedene Projektarten genutzt werden. Während sich das V-Modell in der Fassung von 1992 darauf beschränkte, die Software-Entwicklung zu beschreiben, schließt es seit der Version 97 auch die Hardware-Entwicklung mit ein. Das V-Modell XT geht sogar noch einen Schritt weiter; es kann nicht nur für Entwicklungsprojekte genutzt werden, sondern auch für »Metaprojekte«, also für Projekte, die ein Vorgehensmodell in eine Organisation einführen oder pflegen.
- Das V-Modell deckt nicht nur die technische Systementwicklung ab. Die wesentliche Neuerung, die das V-Modell vom Wasserfallmodell unterscheidet, ist die Integration projektbegleitender Tätigkeiten, insbesondere der Qualitätssicherung, der Konfigurationsverwaltung und des Projektmanagements.
- Das V-Modell XT unterstützt neben der inkrementellen und komponentenbasierten auch die prototypische Entwicklung. Das traditionelle Wasserfall-Modell wird als Sonderfall der inkrementellen Entwicklung betrachtet.
- Das V-Modell lässt sich – besonders in seiner neuesten Fassung – in weitem Rahmen anpassen und erweitern.
- Das V-Modell XT trennt zwischen Auftraggeber- und Auftragnehmerprojekten. Es ist aber auch möglich (und natürlich sinnvoll), beide Rollen in einem Projekt zusammenzubringen.

Die Terminologie des V-Modells XT ist gewöhnungsbedürftig; das beginnt schon mit der »Empfehlung« zur Anwendung. (Zitat: »... *wird nunmehr die Anwendung des weiterentwickelten Entwicklungsstandards – V-Modell XT – in der vom IMKA*[1] *verabschiedeten Fassung für die Planung und Durchführung von IT-Verfahren in der Bundesverwaltung empfohlen.*« An anderer Stelle wird deutlich, dass es sich um eine bindende Vorschrift handelt.)

Viele bereits breit akzeptierte Begriffe wurden im V-Modell XT durch neue ersetzt (so wird der Begriff »Phase« nicht verwendet, stattdessen wird der Begriff »Projektabschnitt« eingeführt), andere Begriffe werden mit veränderter Semantik benutzt. So bedeutet zum Beispiel der Begriff »Projekttyp« nicht das, was man naiv dahinter vermutet.

---

1 IMKA = Interministerieller Koordinierungsausschuss

10.3.3 Projekttypen

Das V-Modell XT soll für unterschiedliche Projektkonstellationen nutzbar sein. Dazu definiert es vier Projekttypen:

- PT1
  Ein *Systementwicklungsprojekt (AG)* ist ein Entwicklungsprojekt, wie es sich aus der Sicht des Auftraggebers darstellt. Im Rahmen eines solchen Projekts erstellt der Auftraggeber eine Ausschreibung und wählt den Auftragnehmer aus den Angeboten aus. Ist das System fertig, nimmt es der Auftraggeber ab.
- PT2
  Ein *Systementwicklungsprojekt (AN)* ist ein Entwicklungsprojekt aus der Perspektive des Auftragnehmers. Nachdem auf der Basis einer Ausschreibung ein Angebot erstellt wurde und ein Auftrag erteilt ist, entwickelt der Auftragnehmer das System gemäß festgelegten Projektdurchführungsstrategien und übergibt es an den Auftraggeber.
- PT3
  Ein *Systementwicklungsprojekt (AG/AN)* liegt dann vor, wenn keine separaten Projekte auf der Auftraggeber- und Auftragnehmerseite notwendig sind. Dies kann beispielsweise der Fall sein, wenn Auftraggeber und Auftragnehmer aus derselben Organisation kommen.
- PT4
  Der Projekttyp *Einführung und Pflege eines organisationsspezifischen Vorgehensmodells* regelt, wie in einer Organisation ein Vorgehensmodell eingeführt oder ein vorhandenes Vorgehensmodell verbessert werden soll.

Der Gegenstand von Projekten der Typen PT1 bis PT3 kann ein Hardware-System, ein Software-System, ein eingebettetes System, ein komplexes System, das Hardware-, Software- und eingebettete Anteile hat, oder eine Systemintegration sein. Für jeden Projekttyp bietet das V-Modell XT angepasste Varianten an. So gibt es beispielsweise für den Projekttyp PT3 zwei Varianten, eine für die Neu- bzw. Weiterentwicklung (»AG-AN-Projekt mit Entwicklung, Weiterentwicklung oder Migration) und eine für ein Wartungsprojekt (»AG-AN-Projekt mit Wartung und Pflege«). Die Einordnung eines Projekts in diese Klassifikation bildet die Grundlage für das projektspezifische Tailoring des V-Modells XT (Abschnitt 10.3.6).

10.3.4 Elemente des Modells

Aktivitäten, Produkte und Rollen

Produkte werden in *Aktivitäten* erstellt oder bearbeitet; eine Aktivität kann in *Arbeitsschritte* gegliedert sein. Aktivitäten, die nicht weiter aufgeteilt sind, und Arbeitsschritte werden typischerweise en bloc durchgeführt.

Als *Produkte* werden die Ergebnisse und Zwischenergebnisse eines Projekts bezeichnet. Produkte können ebenfalls gegliedert sein, das V-Modell XT spricht dann von einem *Thema*. Inhaltlich zusammengehörende Produkte und die Aktivitäten, die sie erstellen, werden gruppiert und als *Disziplin* bezeichnet. Das V-Modell-XT definiert 13 Disziplinen und gruppiert diese in die Bereiche Entwicklung, Projekt und Organisation.

Betrachten wir beispielsweise die Disziplin »Konfigurations- und Änderungsmanagement« aus dem Bereich Projekt. Abbildung 10–3 zeigt die entsprechenden Produkte und Aktivitäten in der Notation des V-Modells XT. Die (leider ungerichteten) Kanten zwischen den Aktivitäten und den Produkten bedeuten: In jeder Aktivität entsteht ein Produkt.

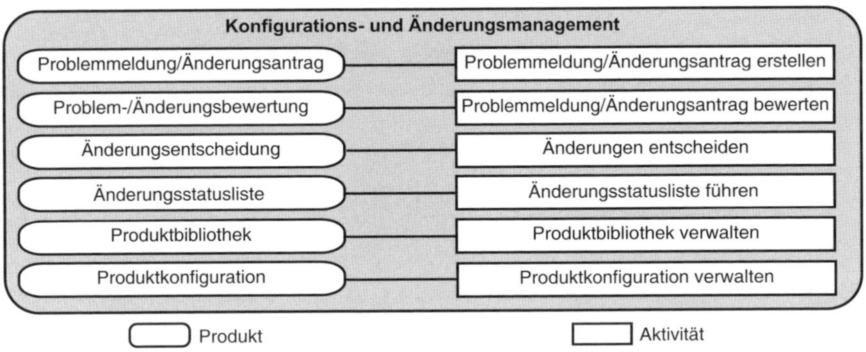

Abb. 10–3 *Produkte und Aktivitäten der Disziplin »Konfigurations- und Änderungsmanagement«*

Produkte können voneinander abhängen. So hängt das Produkt »Änderungsentscheidung« unter anderem von den Produkten »Problemmeldung/Änderungsantrag« und »Problem-/Änderungsbewertung« ab.

Rollen beschreiben zusammengehörende Aufgaben und Verantwortlichkeiten sowie die dazu notwendigen Fähigkeiten. Jedem Produkt ist genau eine dafür verantwortliche Rolle zugeordnet. Zusätzlich können Produkten weitere Rollen zugeordnet sein, die am Produkt mitwirken. So ist beispielsweise die Rolle »Change Control Board« verantwortlich für das Produkt »Änderungsentscheidung«; die Rollen »KM-Verantwortlicher« und »QS-Verantwortlicher« wirken mit. Insgesamt sind im V-Modell XT mehr als 30 verschiedene Rollen definiert.

Vorgehensbausteine

Vorgehensbausteine sind die zentralen Einheiten des V-Modells XT. Ein Vorgehensbaustein fasst Disziplinen oder Teile davon zusammen, die inhaltlich zusammengehören und für eine Aufgabe, z. B. für das Änderungsmanagement, relevant sind. Das V-Modell XT definiert für alle Projekte vier obligatorische Vorgehensbausteine (der sogenannte V-Modell Kern):

1. Projektmanagement
2. Qualitätssicherung
3. Problem- und Änderungsmanagement
4. Konfigurationsmanagement

Je nach Ausprägung spezieller Projektmerkmale kommen im Tailoring (Abschnitt 10.3.6) weitere Vorgehensbausteine hinzu. Vorgehensbausteine bauen aufeinander auf; diese Abhängigkeiten sind im Tailoring zu berücksichtigen.

Als Beispiel betrachten wir den Vorgehensbaustein »Problem- und Änderungsmanagement«. Abbildung 10–4 zeigt die Produkte, Tätigkeiten und Rollen der Disziplin »Konfigurations- und Änderungsmanagement«, die das V-Modell XT dazu vorsieht.

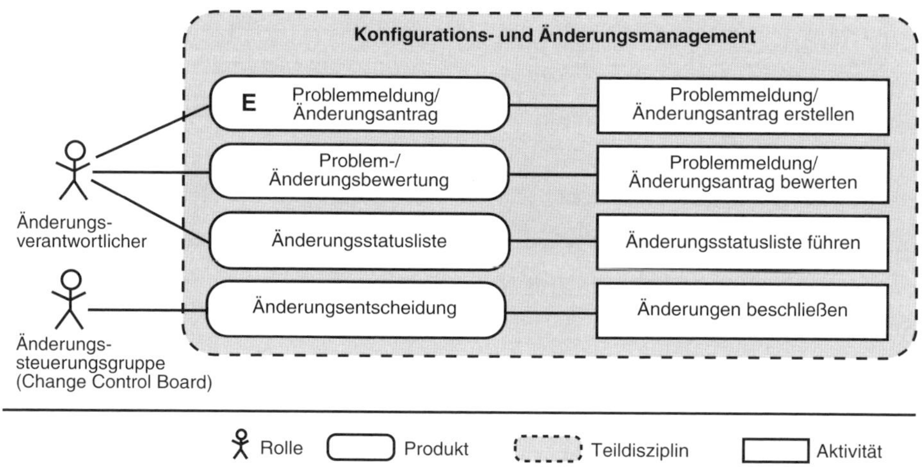

Abb. 10–4 *Vorgehensbaustein »Problem- und Änderungsmanagement«*

Wie man sieht, sind nicht alle Produkte und Aktivitäten dieser Disziplin diesem Vorgehensbaustein zugeordnet (z. B. die Produktbibliothek). Diese und andere sind Teil des Vorgehensbausteins »Konfigurationsmanagement«. Das V-Modell XT gibt nicht vor, wie der konkrete Prozess des Änderungsmanagements aussehen soll. Dafür ist die Rolle »Änderungsverantwortlicher« zuständig. Diese Rolle ist zudem verantwortlich für zwei Produkte, die »Problem-/Änderungsbewertung« und die »Änderungsstatusliste«. Bindende Entscheidungen über Änderungen trifft das Change Control Board. Das mit einem »E« gekennzeichnete Produkt »Problemmeldung/Änderungsantrag« ist ein externes Produkt; es wird nicht im Projekt erstellt, sondern kommt von außen.

Entscheidungspunkte und Projektdurchführungsstrategien

Das V-Modell XT führt den Begriff *Entscheidungspunkt* ein. Entscheidungspunkte entsprechen etwa dem Konzept des Meilensteins (Abschnitt 10.2.1). Sie teilen das Projekt in Projektabschnitte (Phasen) ein. Ein Entscheidungspunkt ist ein Zeitpunkt im Projekt, an dem entschieden wird, ob der nächste Projektabschnitt begonnen werden kann. Dazu definiert jeder Entscheidungspunkt die Produkte, die am Entscheidungspunkt erstellt sein müssen und deren Bewertung die Grundlage der Entscheidung ist. Das V-Modell XT definiert 21 Entscheidungspunkte.

Eine *Projektdurchführungsstrategie* ordnet eine Menge von zusammengehörenden Entscheidungspunkten und gibt deren zeitliche Reihenfolge vor. Sie schafft den Rahmen, um ein Projekt geordnet und nachvollziehbar durchzuführen. Die gewählte Projektdurchführungsstrategie liefert die Grundlage für die Projektplanung. Der Projekttyp (inklusive der gewählten Variante) legt die Projektdurchführungsstrategie fest. Abbildung 10–5 zeigt am Beispiel des Projekttyps »AG-AN-Projekt mit Entwicklung, Weiterentwicklung oder Migration« die zeitliche Anordnung der dafür definierten Entscheidungspunkte, dargestellt durch die beschrifteten Knoten.

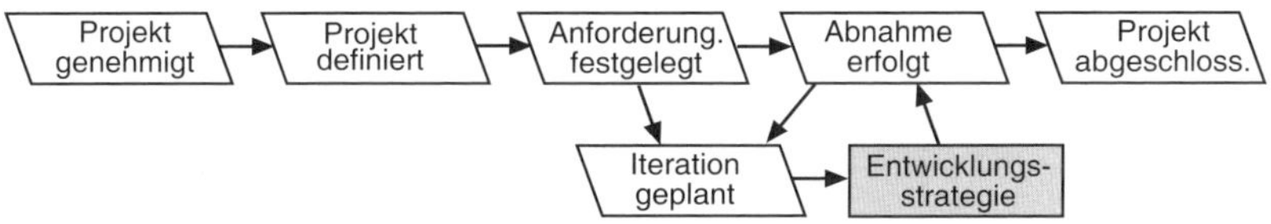

Abb. 10–5 *Entscheidungspunkte und Ablauf der Strategie für die Projekttypvariante: AG-AN-Projekt mit Entwicklung, Weiterentwicklung oder Migration*

Wie zu erkennen ist, werden Entwicklungsprojekte immer in Iterationen durchgeführt. Für jede Iteration muss entschieden werden, welche *Entwicklungsstrategie* angewendet werden soll. Eine Entwicklungsstrategie ordnet ebenfalls eine Menge von Entscheidungspunkten, die erreicht werden müssen.

Das V-Modell XT unterstützt die folgenden drei Entwicklungsstrategien:

1. Inkrementelle Entwicklung
2. Komponentenbasierte Entwicklung
3. Prototypische Entwicklung

Wir betrachten diese im Abschnitt 10.3.5 genauer.

Zusammenfassung

Abbildung 10–6 zeigt die beschriebenen zentralen Elemente des V-Modells XT und deren Zusammenhänge in der Notation der UML-Klassendiagramme.

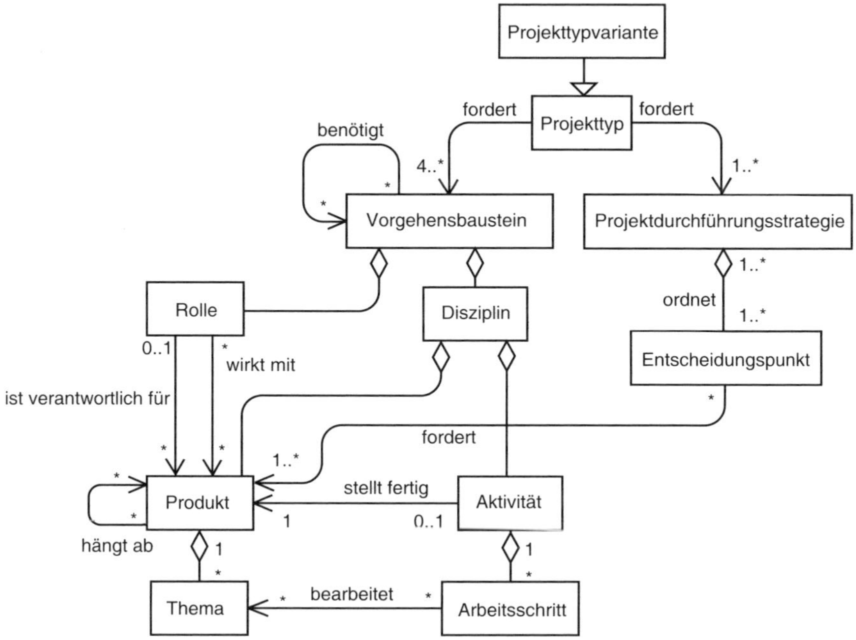

Abb. 10–6 *Struktur des V-Modells XT (vereinfacht)*

Die Struktur des V-Modells XT kann folgendermaßen (vereinfacht) dargestellt werden:

- Für jeden Projekttyp bzw. für jede Projekttypvariante sind Vorgehensbausteine und Projektdurchführungsstrategien festgelegt. Die vier Kern-Vorgehensbausteine sind obligatorisch, andere sind optional.
- Eine Projektdurchführungsstrategie gibt Entscheidungspunkte vor, die erreicht werden müssen. An jedem Entscheidungspunkt müssen definierte Produkte fertiggestellt sein.
- Ein Vorgehensbaustein fasst alle Rollen, Produkte und Aktivitäten (die Disziplinen) zusammen, die notwendig sind, um eine zentrale Projektaufgabe zu lösen. Vorgehensbausteine bauen aufeinander auf.
- Produkte und Aktivitäten sind in Disziplinen gruppiert und können gegliedert sein. Jedes Produkt wird durch genau eine Aktivität fertiggestellt. Produkte hängen voneinander ab.
- Rollen sind für Produkte verantwortlich und wirken an der Erstellung von Produkten mit.

10.3.5 Entwicklungsstrategien

Das V-Modell XT unterstützt drei Strategien, um ein System zu entwickeln (inkrementell, komponentenbasiert, prototypisch). Die zentralen Entscheidungspunkte dieser Strategien sind in Abbildung 10–7 in der typischen V-Anordnung dargestellt.

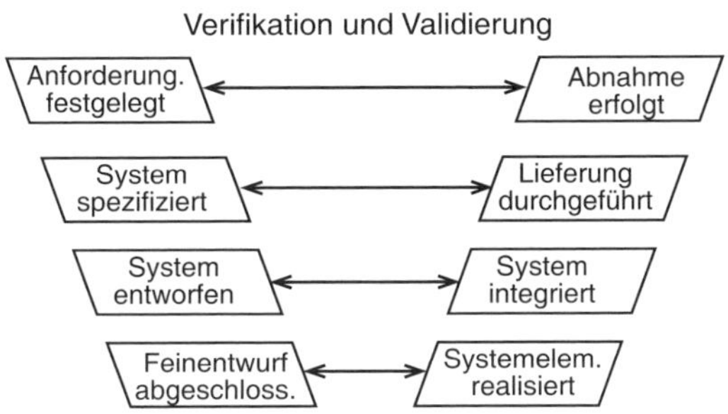

Abb. 10–7 *Zentrale Entscheidungspunkte der Systementwicklung*

Die Sequenz zwischen den Entscheidungspunkten und damit die Reihenfolge, in der diese erreicht werden müssen, variiert zwischen den unterschiedlichen Strategien (Abb. 10–8).

Bei der inkrementellen Entwicklung erkennen wir den typischen Zyklus: In jeder Iteration wird ein Inkrement entwickelt, ausgeliefert und abgenommen.

Die komponentenbasierte Entwicklung wird ebenfalls in Iterationen durchgeführt, die je ein Ergebnis abliefern. Zusätzlich können jedoch interne Iterationen durchlaufen werden. Diese Strategie sieht vor, dass auf Basis der Spezifikation und der vorhandenen Komponenten gleichzeitig top-down und bottom-up entworfen wird, um die Komponenten in die Architektur einzubinden.

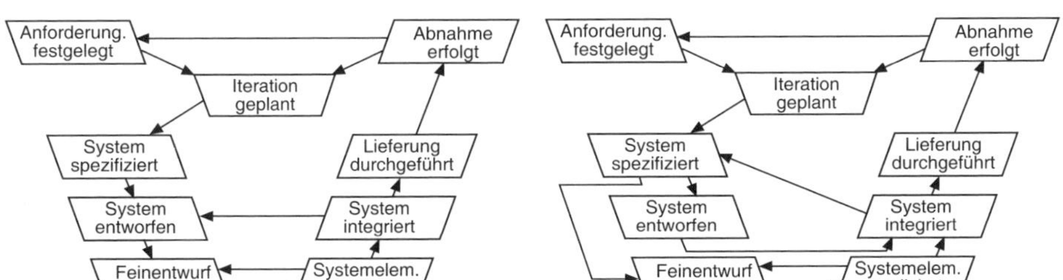

Abb. 10–8 *Ablauf der inkrementellen und der komponentenbasierten Entwicklung (vereinfacht)*

In Abschnitt 9.4 hatten wir Prototyping als eine wichtige Vorgehensweise eingeführt, um die Anforderungen zu klären und damit eine lange und teure Entwicklung zu vermeiden, die ein unbrauchbares System liefert.

Das V-Modell XT sieht dafür die Entwicklungsstrategie »prototypische Entwicklung« vor. Dabei wird das V praktisch aufgebrochen und zerfleddert: Die Sequenz der zentralen Entscheidungspunkte ist hier (1) Anforderungen festgelegt, (2) Systemelemente realisiert, (3) Feinentwurf abgeschlossen, (4) System integriert, (5) System entworfen, (6) System spezifiziert, (7) Lieferung durchgeführt, (8) Abnahme erfolgt (Abb. 10–9).

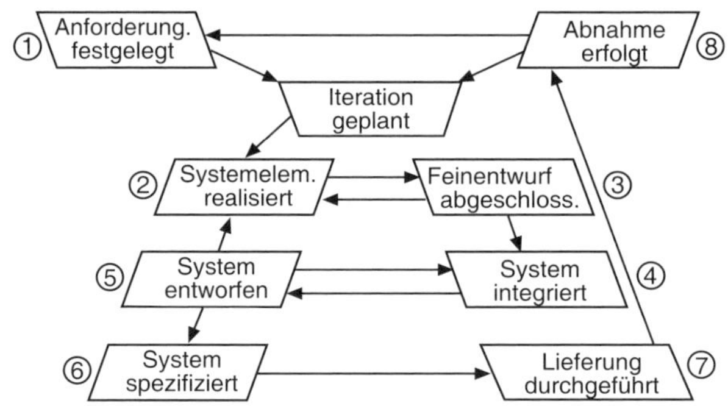

Abb. 10–9 *Ablauf der prototypischen Entwicklung (vereinfacht)*

Prototypen sollten immer dann entwickelt werden, wenn Risiken und Unklarheiten dadurch beseitigt werden können. Das V-Modell XT erlaubt aber (wie das folgende Zitat zeigt), dass die gesamte Systementwicklung auf Prototypen aufgebaut wird. Das erscheint uns zweifelhaft, ja, fahrlässig, da Prototypen nicht die Qualitätsanforderungen erfüllen (sollen), die an das Zielsystem gestellt werden.

> *Die prototypische Entwicklungsstrategie basiert auf der Erkenntnis, dass es oft nicht möglich ist, die Anforderungen an ein System vorab zu definieren. Außerdem stellt sie sicher, dass nichts spezifiziert wird, was sich als nicht realisierbar herausstellt. Somit wird diese Strategie insbesondere verwendet, wenn Realisierungsrisiken im Projekt vorhanden sind. Änderungen an den Anforderungen werden über das Problem- und Änderungsmanagement verwaltet. Typisch für diese Entwicklungsstrategie ist darüber hinaus die Präsenz des Auftraggebers auf der Auftragnehmerseite während der Entwicklung. Dadurch kann der Auftraggeber Änderungswünsche sehr direkt übermitteln. Der Auftragnehmer entwirft, realisiert und liefert das System dann ähnlich wie bei der Entwicklungsstrategie inkrementelle Entwicklung in einzelnen Stufen. Diese Stufen werden jede für sich vom Auftraggeber abgenommen. Für den Auftraggeber hat diese Vorgehensweise den Vorteil, dass er bereits frühzeitig in den Besitz eines lauffähigen Systems gelangt, das die wichtigsten Grundfunktionalitäten realisiert. Ferner ermöglicht sie eine frühzeitige Rückmeldung durch den Auftraggeber, die die Entwicklungsrisiken des Auftragnehmers minimiert.*

Das liest sich überraschend naiv. Die Aussagen schlachten nicht nur ein paar heilige Kühe des Software Engineerings (allen voran die Spezifikation als wichtigstes Dokument), sondern gehen auch von einer Bilderbuchwelt aus, in der der Auftraggeber (beim V-Modell meist die öffentliche Hand!) im Projekt präsent ist und sowohl die fachliche als auch die juristische Kompetenz hat, um die Resultate kontinuierlich abzunehmen. Hier wird anscheinend der Versuch unternommen, eine Artistengruppe als militärischen Verband zu organisieren.

Insgesamt ist nicht nachvollziehbar, warum es sinnvoll sein soll, die zahlreichen Optionen der Entwickler gerade auf die drei Modelle inkrementell, komponentenbasiert und prototypisch zu reduzieren.

10.3.6 Tailoring

Ging man beim V-Modell 97 von der Gesamtmenge der Aktivitäten aus, die durch Streichungen eingeschränkt wurde, so beginnt man im V-Modell XT umgekehrt. Die Anpassung des V-Modells XT für ein konkretes Projekt geschieht dadurch, dass auf Basis des gewählten Projekttyps und der gewählten Projekttypvariante die Vorgehensbausteine bestimmt werden, die minimal erforderlich sind. Weitere Vorgehensbausteine können hinzukommen, indem die Projektmerkmale bewertet werden. Dazu zählt neben dem Projektgegenstand (z. B. Hard- oder Software-System) beispielsweise der Einsatz von Fertigprodukten oder das Vorhandensein einer Bedienoberfläche. Einzelne Aktivitäten oder Produkte werden beim Tailoring nicht betrachtet, da sie immer Bestandteil eines Vorgehensbausteins sind.

Die folgende Tabelle 10–1 zeigt die Zuordnung von Vorgehensbausteinen zu den Projekttypen (X = verpflichtend, O = optional). Die obligatorischen Vorgehensbausteine, die jedes Projekt haben muss, sind nicht aufgeführt.

Für das V-Modell XT gibt es den sogenannten *Projektassistenten*, ein Werkzeug, das das Tailoring unterstützt. Der Projektassistent erhält als Eingaben den Projekttyp und die Werte für die Projektmerkmale, und bestimmt damit die Vorgehensbausteine. Mit dem Projektassistenten können nun die Projektdurchführungsstrategie (also die Reihenfolge der Entscheidungspunkte) geplant und die projektspezifische V-Modell-Dokumentation sowie die Vorlagen (Templates) für die zu erstellenden Produkte erzeugt werden.

10.3.7 Projektdurchführung

Durch das projektspezifische Tailoring werden die Vorgehensbausteine festgelegt und die Projektdurchführungsstrategie, die alle Entscheidungspunkte und deren Reihenfolge definiert.

Projekttyp	PT1	PT2	PT3	PT4
Lieferung und Abnahme (AG)	X	O	X	
Vertragsschluss (AG)	X	O	O	
Lieferung und Abnahme (AN)		X	X	
Vertragsschluss (AN)		X		
Kaufmännisches Projektmanagement	O	O	O	O
Messung und Analyse	O	O	O	O
Anforderungsfestlegung	X		X	
Evaluierung von Fertigprodukten	O	O	O	
Systemerstellung		X	X	
Hardware-Entwicklung		O	O	
Software-Entwicklung		O	O	
Logistikkonzeption			O	
Benutzbarkeit und Ergonomie		O	O	
Systemsicherheit	O	O	O	
Weiterentwicklung und Migration von Altsystemen		O	O	
Einführung und Pflege eines organisationsspez. Vorgehensmodells				X
Multi-Projektmanagement	O			

Tab. 10–1 *Zuordnung von Vorgehensbausteinen zu Projekttypen*

Weil jeder Entscheidungspunkt die Produkte definiert, die fertiggestellt sein müssen, bevor der nächste Projektabschnitt beginnen kann, können nun die Tätigkeiten geplant werden, um die Produkte für die Entscheidungspunkte zu erstellen. Dabei sind natürlich die im V-Modell XT festgelegten Produktabhängigkeiten zu berücksichtigen. Die Entscheidungspunkte dienen als zentrale Bezugspunkte für die Projektfortschrittskontrolle. An jedem Entscheidungspunkt wird entschieden, ob das Projekt fortgesetzt werden kann (gegebenenfalls, nachdem Nacharbeiten durchgeführt wurden) oder abgebrochen werden muss. Die getroffene Entscheidung wird in einer sogenannten *Projektfortschrittsentscheidung* dokumentiert.

Mit dem Projektassistenten kann auf Basis der gewählten Projektdurchführungsstrategien eine erste Planung erstellt werden, die die Termine aller Entscheidungspunkte festlegt. Das Werkzeug erzeugt mit dieser Information einen Vorschlag für die Planung der Aktivitäten, die auf Grund der Vorgehensbausteine und Entscheidungspunkte notwendig sind. Diese Information kann dann in ein Projektmanagement-Werkzeug übernommen und dort angepasst werden.

10.3.8 Bewertung des V-Modells

Für die Anwendung des V-Modells XT liegen im Gegensatz zur Vorgängerversion V-Modell 97 bislang erst wenige dokumentierte Erfahrungen vor. Folgende Vorteile sehen wir in diesem Prozessmodell:

- Dadurch, dass das Modell im Kern vier Vorgehensbausteine definiert, die Bestandteil jedes Projekts sind, erhalten diese im Bewusstsein des Managements und der Entwickler denselben Stellenwert wie sogenannte konstruktive Tätigkeiten (also Spezifizieren oder Codieren).
- Das Modell ist öffentlich zugänglich und kann ohne Lizenzkosten benutzt werden.
- Das Modell ist generisch und bietet Unterstützung, um es unternehmens- und projektspezifisch anzupassen. Das V-Modell XT ist im Sinne eines Baukastens immer ein sinnvoller Ausgangspunkt, wenn ein unternehmensspezifisches Prozessmodell erstellt werden soll. Es senkt das Risiko, dass Wichtiges vergessen wird.

Als problematisch sehen wir die folgenden Aspekte:

- Mit dem V-Modell wird angestrebt, die Tätigkeiten, Arbeitsergebnisse und Abläufe vollständig festzulegen. Daraus ergibt sich ein großer Umfang, erkennbar an der enormen Menge von Produkten, Aktivitäten und Rollen, die das Modell definiert. Damit scheint es für kleinere und mittlere Projekte nicht ohne weiteres geeignet zu sein. Notwendige Anpassungen werden zwar durch das Modell unterstützt, die Erfahrung zeigt aber, dass der Anpassungsprozess viel Zeit und Aufwand erfordert. Die (nachvollziehbare) Tendenz, lieber zu viel als zu wenig zu fordern, hat zur Folge, dass auch nach dem Tailoring noch ein sehr umfangreiches Gerüst übrig bleibt.
- Wird das V-Modell ohne erhebliche Anpassungen verwendet (das kann nur bei sehr großen Projekten sinnvoll sein), dann ist es auf Grund seiner Größe schwerfällig in der Anwendung. Die Menge der zu erstellenden Produkte (Dokumente) ist auch nach einem Tailoring für ein kleines Entwicklungsprojekt erheblich; die Wirtschaftlichkeit vieler Dokumente muss bezweifelt werden.
- Die Beschreibungen und die in den Projektdurchführungsstrategien modellierten Abläufe der Entwicklungsstrategien sind zum Teil mehr als diskutabel (z. B. die prototypische Systementwicklung).

Nach unserem Eindruck ist die neue Version des V-Modells noch nicht ausgereift. Es ist daher abzuwarten, ob das V-Modell XT nicht nur bei großen, sondern auch bei mittleren und kleinen Projekten anwendbar ist (oder durch Weiterentwicklung anwendbar wird).

10.4 Der Unified Process

Die objektorientierte Programmierung verbreitete sich ab 1980 mit der Sprache SMALLTALK. Nur wenige Jahre später standen weitere Programmiersprachen zur Verfügung, die nicht wie SMALLTALK genuin objektorientiert sind, sondern durch Erweiterung älterer Sprachen um die Konzepte der Objektorientierung (siehe Abschnitt 17.4) geschaffen wurden. Insbesondere C++ spielte wegen der Kompatibilität mit der bereits weit verbreiteten Sprache C eine wichtige Rolle.

Die objektorientierte Programmierung wurde gegen Ende der Achtzigerjahre rasch populär, denn sie hatte neben dem Reiz des Neuen offensichtliche Vorteile: schnelle Entwicklung komplexer Systeme, vor allem ansprechender Bedienoberflächen, leichte (feingranulare) Wiederverwendung des Codes. Bald zeigten sich aber auch neue Probleme, am schnellsten bei den SMALLTALK-Projekten: Für die neuen Konzepte taugten die alten, auf rein imperative Sprachen zugeschnittenen Methoden für Analyse und Entwurf, Qualitätssicherung und Test nicht. Auch die konventionellen Prozessmodelle erwiesen sich als wenig geeignet für die objektorientierte Software-Entwicklung.

Ivar Jacobson entwickelte und publizierte zwischen 1987 und 1992 einen Ansatz, der zunächst *Objectory* (Object Factory for Software Development) genannt wurde. Hierbei handelte es sich um eine auf die Objektorientierung abgestimmte Entwurfsmethode. Jacobson erkannte aber, dass auch neue Prozesskomponenten benötigt wurden. So entstand der *Objectory-Prozess*. Als neues Element führte Jacobson den sogenannten *Anwendungsfall* (*Use Case*) ein und machte ihn zur Grundlage des Objectory-Prozesses. In Jacobson et al. (1992) werden die Konzepte und die Grundelemente des Objectory-Prozesses detailliert beschrieben.

1995 schlossen sich die Firmen Objectory AB von Ivar Jacobson und die Rational Software Corporation zusammen. Die Konzepte des Objectory-Prozesses in der Version 3.8 und die bei Rational entwickelten Ansätze zur Software-Entwicklung, die maßgeblich durch G. Booch, J. Rumbaugh und P. Kruchten geprägt wurden, verschmolzen. Sie wurden zuerst als *Rational Objectory Process*, ab 1998 als *Rational Unified Process* (RUP) bezeichnet.

1999 wurde der »Unified Software Development Process« (kurz: Unified Process) veröffentlicht (Jacobson, Booch, Rumbaugh, 1999), der von den Spezifika des RUP abstrahiert. Der RUP ist eine konkrete Ausprägung des Unified Process. Nachfolgend stellen wir die zentralen Konzepte und Elemente des Unified Process vor, anschließend betrachten wir den RUP.

10.4.1 Eigenschaften des Unified Process

Der Unified Process (UP) soll die Vorteile von Phasenmodellen und nichtlinearen Prozessmodellen vereinen: Phasen erleichtern die Planung und das Management von Entwicklungsprojekten, Iterationen und inkrementelles Entwickeln helfen, Risiken frühzeitig zu erkennen und zu beseitigen. Der Unified Process kann durch die folgenden Merkmale charakterisiert werden:

- *Der UP ist ein Phasenmodell*
  Er gibt vier Phasen vor, an deren Ende jeweils ein Meilenstein passiert werden muss. In jeder einzelnen Phase werden alle definierten Arbeitsabläufe durchgeführt, jedoch in unterschiedlicher Intensität. Der Durchlauf durch die vier vorgegebenen Phasen wird als Zyklus bezeichnet. Das Ergebnis eines Zyklus ist immer ein Release, das entweder intern oder an den Kunden ausgeliefert wird.
- *Der UP ist iterativ, ein Release entsteht inkrementell*
  Während Phasen die Managementsicht eines Projektes bilden, läuft die technische Realisierung in Iterationen ab. Jede Phase kann mehrere Iterationen enthalten. In jeder Iteration werden alle im Prozess definierten Arbeitsabläufe durchgeführt und die zu erstellenden Arbeitsergebnisse inkrementell weiterentwickelt. Das Ergebnis einer Iteration ist immer eine ausführbare Systemkonfiguration. Die Schwerpunkte der Iterationen sind unterschiedlich. In den Iterationen der frühen Phasen entstehen oft Prototypen. Der Test (hier im Sinne von Prüfung) verteilt sich auf die Iterationen aller Phasen, da in jeder Iteration geprüft werden muss (siehe dazu auch Abb. 10–11).
- *Die Produktentwicklung kann inkrementell erfolgen*
  Soll ein Produkt in Ausbaustufen entwickelt werden, dann werden mehrere Zyklen durchlaufen, in denen das Produkt inkrementell entwickelt wird. Am Ende des letzten Zyklus ist das Produkt fertig.
- *Der UP basiert auf der Verwendung von Anwendungsfällen (Use Cases)*
  Die Identifikation und Modellierung von Anwendungsfällen ist ein zentraler Bestandteil des Ansatzes. Anwendungsfälle dienen dazu, die funktionalen Anforderungen zu beschreiben. Die dabei erstellten Modelle bilden die Grundlage für viele andere Tätigkeiten (z. B. Entwerfen der Architektur, Auswahl von Testfällen, Planung von Ausbaustufen) und deren Ergebnisse.
- *Der UP ist architekturzentriert*
  Die Architektur bildet neben Anwendungsfällen die Basis für die Entwicklung. Die Architektur wird frühzeitig, parallel zu den Anwendungsfällen, entworfen und stetig weiterentwickelt.

10.4.2 Die Struktur des Unified Process

Rollen, Aktivitäten und Artefakte

Der UP benutzt nicht, wie sonst üblich, den Begriff »*Rolle*«, um zusammengehörende Aufgaben, Verantwortlichkeiten und Fähigkeiten zu bezeichnen, sondern führt dazu den Begriff »*Worker*« ein. Dies hat zwei Gründe: Zum einen ist der Begriff »Rolle« im Kontext von UML definiert, hier wollte man keine Verwirrung stiften, zum anderen nehmen »Worker« in den vorgesehenen Arbeitsabläufen unterschiedliche Rollen ein. Wir nutzen in diesem Abschnitt jedoch weiterhin den Begriff »Rolle«.

Der UP versteht unter einer *Aktivität* eine zusammenhängende Tätigkeit, die von einer Rolle in einem Arbeitsablauf ausgeführt wird. Eine Aktivität liefert ein definiertes Ergebnis (eine Menge von Artefakten, die erstellt oder modifiziert werden) und hat eine Menge von Artefakten als Eingabe. Die Rolle »System Analyst« führt beispielsweise die Aktivität »Find Actors and Use Cases« durch.

Mit dem Begriff »*Artefakt*« bezeichnet der UP jede explizit formulierte Information; dabei wird zwischen Dokumenten und Modellen (z. B. einem Use-Case-Modell) unterschieden. Artefakte werden im Rahmen von Aktivitäten durch Rollen erstellt, benutzt oder modifiziert. So nutzt die Rolle »System Analyst« in der Tätigkeit »Find Actors and Use Cases« z. B. das Artefakt »Business Model« und produziert oder erweitert die Artefakte »Use Case Model« und »Glossary«. Arbeitsergebnisse unterliegen der Konfigurations- und Änderungsverwaltung.

Der UP beschreibt lediglich die zentralen Rollen, Aktivitäten und Artefakte. Diese können (und müssen) für ein konkretes Prozessmodell angepasst und erweitert werden.

Phasen

Als Phasenmodell definiert der UP die folgenden vier Phasen:

- *Inception*
  Das Ziel dieser Phase ist, die Produktidee und die Anforderungen an das zukünftige System so weit zu verstehen, dass auf der Basis von wirtschaftlichen Betrachtungen ein Entwicklungsprojekt gestartet werden kann. Dazu werden die zentralen Anwendungsfälle identifiziert und modelliert, die Risikosituation des Projekts wird bewertet, erste Fassungen der Architektur und des Projektplans werden erstellt. Wenn notwendig, werden erste Prototypen gebaut, um risikoreiche Aspekte zu untersuchen.
- *Elaboration*
  In dieser Phase werden alle noch fehlenden Anforderungen identifiziert. Ferner werden die grundlegenden Architekturentscheidungen getroffen und in der Systemarchitektur formuliert. Der Bau eines ersten Prototyps, der den

Architekturkern und dessen Funktionalitäten zeigt, findet in dieser Phase statt. Aus Managementsicht gilt es, die größten Risiken zu identifizieren, zu bewerten und geeignete Gegenmaßnahmen zu planen sowie die Planung für die folgenden Phasen zu erstellen.

- *Construction*
  In dieser Phase wird das System auf der Basis der vorhandenen Systemarchitektur implementiert, integriert und getestet. Noch unvollständige Dokumente, wie die Benutzerdokumentation, werden fertiggestellt. Am Ende dieser Phase steht ein einsetzbares System in der Qualität einer Beta-Version zur Verfügung.
- *Transition*
  Das bereits einsetzbare System wird in dieser Phase so lange verbessert, bis sein Zustand stabil ist. Dabei spielen die Erfahrungen und die Rückmeldungen der Anwender eine zentrale Rolle. Das übergeordnete Ziel dieser Phase ist, das System mit allen dazugehörenden Dokumenten so weit zu vervollständigen, dass es Produktqualität erreicht, ausgeliefert und ohne Einschränkung eingesetzt werden kann. Diese Phase endet, wenn der Kunde mit dem gelieferten Ergebnis zufrieden ist. Das Projekt wird abgeschlossen und die Ergebnisse werden archiviert. Gegebenenfalls muss entschieden werden, ob ein weiterer Zyklus, d. h. eine weitere Ausbaustufe, geplant und realisiert werden soll.

Arbeitsabläufe

Ein Arbeitsablauf (Workflow) fasst zusammengehörende Aktivitäten, die ausführenden Rollen sowie die benötigten und produzierten Artefakte zusammen. Der UP definiert fünf Kern-Arbeitsabläufe (Core Workflows): »Requirements«, »Analysis«, »Design«, »Implementation« und »Test«. Diese werden in allen Projektphasen ausgeführt. Abbildung 10–10 zeigt in der Notation des UP die Rollen und Aktivitäten des Workflows »Requirements«.

Iterationen

Wie bereits erwähnt, ist der UP ein iterativer Prozess. Jede Phase kann in mehrere Iterationen aufgeteilt werden. In einer Iteration werden die für die Phase relevanten Artefakte inkrementell weiterentwickelt. Jede Iteration wird durch einen (internen) Meilenstein abgeschlossen. Da alle Kern-Arbeitsabläufe in jeder Phase durchgeführt werden, sind sie immer auch Teil jeder Iteration. Der UP nennt diese dann »Iteration Workflows«. Abbildung 10–11 zeigt die Zusammenhänge zwischen Phasen, Arbeitsabläufen und Iterationen.

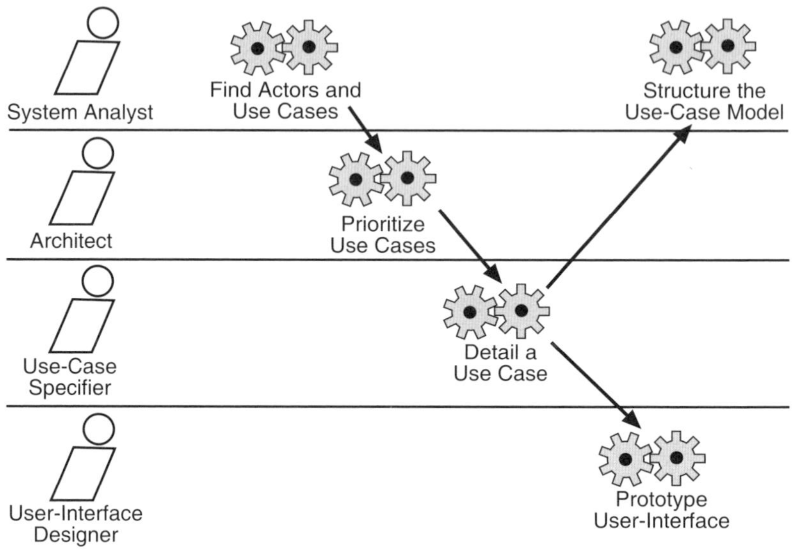

Abb. 10–10 *Der Workflow »Requirements« (Jacobson, Booch, Rumbaugh, 1999, S. 143)*

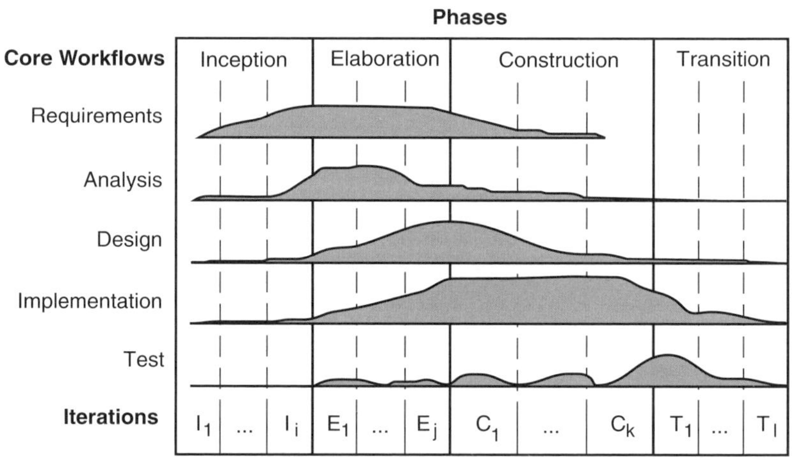

Abb. 10–11 *Phasen, Iterationen und Arbeitsabläufe (Jacobson, Booch, Rumbaugh, 1999)*

In jeder Phase werden die Arbeitsabläufe in unterschiedlicher Intensität durchgeführt. Während in den ersten Phasen die Tätigkeiten zur Anforderungsermittlung und zum Systementwurf dominieren, überwiegen in den späteren Phasen Codier- und Testaktivitäten.

10.4.3 Der Rational Unified Process

Der Rational Unified Process (RUP) prägt den generischen Unified Process zu einem konkreten Prozessmodell aus. Dabei bleiben natürlich die Grundideen und Konzepte des UP erhalten. Die zentralen Elemente des UP – also Rollen, Aktivitäten und Artefakte – werden jedoch erweitert und konkretisiert. Der RUP wird von der Firma IBM/Rational vermarktet; seine Anwendung erfordert eine Lizenz. Er wurde bereits in mehreren Entwicklungsstadien publiziert und wird kontinuierlich weiterentwickelt. Der RUP ist gut dokumentiert; mit der Lizenz erhält man eine vollständige HTML-basierte Dokumentation. Aber auch die öffentlich zugängliche Literatur zum RUP ist umfangreich, eine gute Einführung gibt beispielsweise Kruchten (2003).

Leider verändert der RUP die Terminologie des UP an einigen Stellen, so wird der Begriff »Workflow« durch »Discipline« ersetzt. Als Workflow bezeichnet RUP die Anordnung und den Ablauf der Aktivitäten einer Disziplin. Wir benutzen weiterhin den Begriff »Arbeitsablauf«; ein Arbeitsablauf wird durch einen Workflow beschrieben. Neben neuen Rollen, Aktivitäten und Artefakten modifiziert und erweitert der RUP die fünf Kern-Arbeitsabläufe des UP. Insgesamt gibt es die in der folgenden Tabelle aufgeführten neun Arbeitsabläufe.

Arbeitsablauf	Zweck des Arbeitsablaufs
Business Modelling	die Strukturen und die Abläufe in der Auftraggeber-Organisation verstehen, eine gemeinsame Sprache etablieren
Requirements	die Anforderungen an das zu entwickelnde System erheben und bearbeiten
Analysis and Design	aus den Anforderungen ein Entwurfsmodell und die Systemarchitektur gewinnen
Implementation	die Teile der Architektur codieren und integrieren
Test	Prüfungen verschiedener Arten durchführen, prüfen, ob das entwickelte System die Anforderungen erfüllt
Deployment	das System zusammenstellen, geordnet an den Auftraggeber übergeben und dort in Betrieb nehmen
Configuration and Change Management	die erstellten Arbeitsergebnisse systematisch verwalten und Änderungen daran geordnet durchführen
Project Management	ein Projekt und seine Iterationen planen und kontrollieren (einschließlich Risikomanagement)
Environment	das Entwicklungsprojekt unterstützen (z. B. durch die Auswahl von Entwicklungswerkzeugen, die Administration von Rechnern oder das Erstellen von Backups)

Tab. 10–2 *Arbeitsabläufe (Disciplines) des RUP*

Jeder Arbeitsablauf wird auf der oberen Ebene durch einen Workflow in Form eines UML-Aktivitätsdiagramms beschrieben. Damit wird versucht, die Reihenfolge und die Abhängigkeiten der einzelnen Aktivitäten eines Workflows zweidimensional zu visualisieren. Jeder Workflow hat einen Ein- und einen Austrittspunkt. Neben Aktivitätssymbolen kann ein solches Diagramm auch Entscheidungsaktivitäten enthalten, die mit Bedingungen versehen sind. An diesen Punkten verzweigt sich der Arbeitsablauf. Außerdem kann durch sogenannte Synchronisationsbalken Parallelität modelliert werden. Wenn die auf einen Synchronisationsbalken führenden Aktivitäten abgeschlossen sind, können alle Aktivitäten, die vom Synchronisationsbalken ausgehen, parallel ausgeführt werden. Abbildung 10–12 zeigt den Workflow des Arbeitsablaufs »Requirements«. Man erkennt, dass der Detaillierungsgrad im Vergleich zum generischen Ablauf im UP (Abb. 10–10 auf S. 206) gestiegen ist.

Die Aktivitätssymbole fassen in der Regel eine Gruppe von Aktivitäten zusammen. Auf der darunterliegenden Ebene, die »Workflow Detail« genannt wird, werden die Gruppen ebenfalls in einer grafischen Notation aufgelöst. Abbildung 10–13 zeigt exemplarisch die im Workflow »Requirements« (Abb. 10–12) definierte Aktivität »Analyze the Problem«.

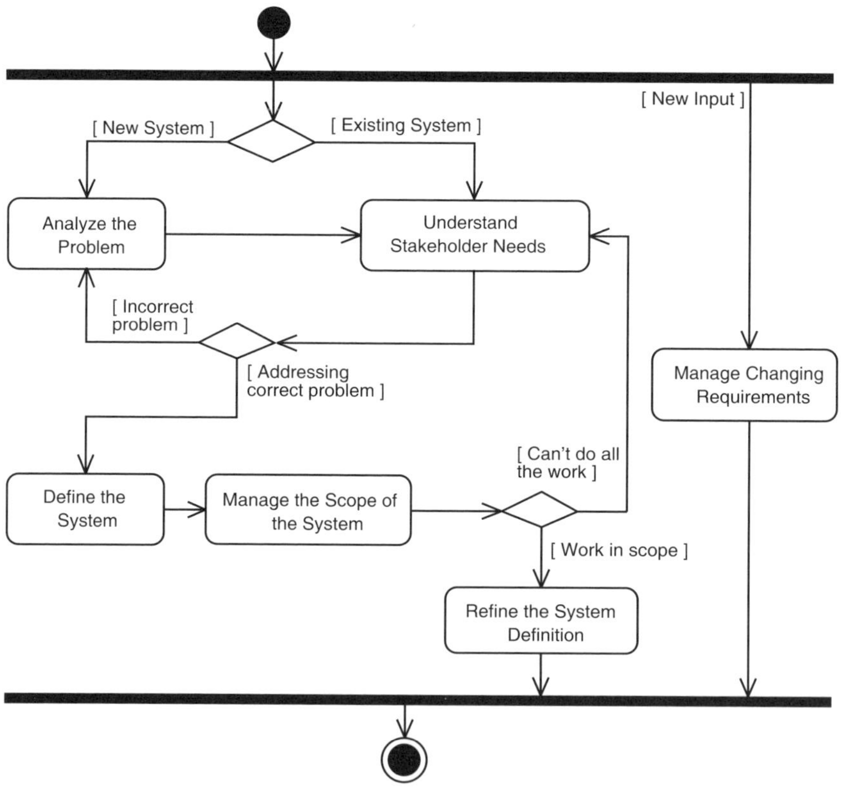

Abb. 10–12 Workflow des Arbeitsablaufs »Requirements«, © IBM Corp

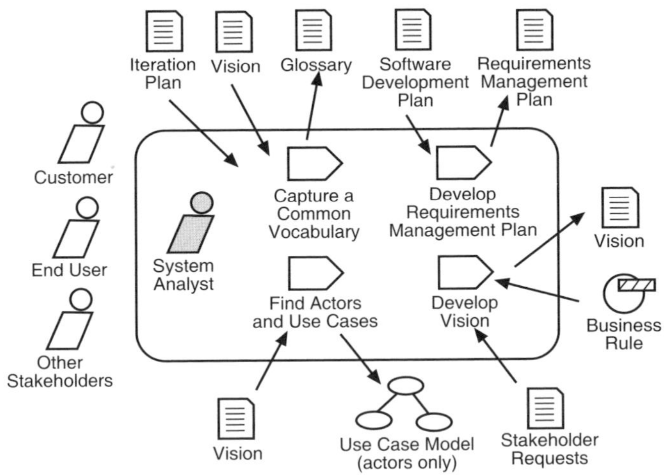

Abb. 10–13 *Darstellung der Aktivitätsgruppe »Analyze the Problem«, © IBM Corp.*

Auf dieser Ebene werden die Beziehungen zwischen Aktivitäten, Rollen und den wichtigsten Artefakten sichtbar. So führt die Rolle »System Analyst« die vier gezeigten Aktivitäten durch. Die am Rand platzierten Rollen sind an den gezeigten Aktivitäten beteiligt, indem sie notwendige Informationen beisteuern. Die Aktivitäten produzieren oder verändern Artefakte; diese sind ebenfalls dargestellt.

Der RUP beschreibt jede atomare Aktivität detailliert durch einen Text, der die auszuführenden Schritte angibt. Für die Artefakte wird die Gliederung vorgegeben, der Inhalt wird umrissen.

10.4.4 Bewertung des Rational Unified Process

Damit der Rational Unified Process eingesetzt werden kann, muss die Entwicklungsorganisation folgende Voraussetzungen erfüllen:

- *Ausgezeichnete Konfigurations- und Änderungsverwaltung*
  Die iterative und inkrementelle Entwicklung führt dazu, dass sich die Arbeitsergebnisse in jeder Iteration verändern. Damit dies nicht ins Chaos führt, muss die Konfigurations- und Änderungsverwaltung ausgereift und mit geeigneten Werkzeugen ausgerüstet sein.
- *Gute Projektmanagement-Fertigkeiten*
  Auch wenn die definierten Phasen auf der oberen Ebene die Struktur eines Projekts klar vorgeben, bleibt bei diesem Prozessmodell doch die Schwierigkeit bestehen, die Anzahl und die Dauer der einzelnen Iterationen zu planen, die in den Phasen durchgeführt werden müssen. Dies ist nicht einfach und erfordert entsprechende Erfahrung.

- *Kenntnis objektorientierter Konzepte und Notationen*
  Der RUP ist für die objektorientierte Systementwicklung konzipiert. Daher muss das dazu notwendige Know-how bereits vorhanden sein, es entsteht nicht durch Einführung des Prozesses. Insbesondere muss das für diesen Prozess essenzielle Konzept der Anwendungsfälle verstanden sein und beherrscht werden.

Das Prozessmodell hat unseres Erachtens seine Stärken in den folgenden Bereichen:

- *Gute Darstellung des Prozesses*
  Da der RUP in einer HTML-Fassung zur Verfügung steht, können seine Anwender einfach durch den Prozess navigieren und Informationen finden. Die Prozessbeschreibung ist jedem Mitarbeiter am Arbeitsplatz direkt zugänglich und erhöht damit die Bereitschaft, darin zu lesen und in Zweifelsfällen in der Prozessbeschreibung nachzuschauen.
- *Hoher Detaillierungsgrad*
  Der Prozess ist sehr detailliert beschrieben. So werden zu den Aktivitäten nicht nur die einzelnen Arbeitsschritte aufgelistet, sondern auch Arbeitsanleitungen mitgeliefert. Die Arbeitsergebnisse werden inhaltlich beschrieben, und zu jedem Arbeitsergebnis gibt es ein Musterdokument, das die Struktur des zu erstellenden Dokuments aufweist. Dieser feine Detaillierungsgrad ist ein Vorteil, weil die Prozessbeschreibung meist ausreichend Information enthält, damit der Ablauf und die definierten Tätigkeiten zu verstehen sind.

Daneben sehen wir die folgenden Problembereiche:

- *Schwierige Anpassung*
  Der RUP muss in der Regel an die speziellen Gegebenheiten einer Entwicklungsorganisation angepasst werden. Dies betrifft mindestens die Tätigkeiten der notwendigen Rollen und die geforderten Arbeitsergebnisse. Da der Prozess sehr detailliert beschrieben ist und dadurch die Prozesselemente sehr stark miteinander vernetzt sind, ist die Anpassung nicht einfach und nur mit erheblichem Aufwand möglich. Der RUP selbst gibt nur wenig Hilfestellung für das projektspezifische Tailoring.
- *Instabile Prozessdefinition*
  Der RUP ist ein Produkt und wird entsprechend vermarktet und weiterentwickelt. Dies führt unweigerlich dazu, dass immer wieder geänderte Fassungen des Prozesses entstehen. Damit wird die Definition des eigenen organisationsspezifischen Entwicklungsprozesses abhängig von der Weiterentwicklung dieses Produkts. Werden in kurzer Folge neue Fassungen des Prozesses erstellt, dann muss der eigene Prozess laufend angepasst werden. Dies ist schwierig, teuer und nicht immer gewünscht. Die Alternative ist, sich von der Weiterent-

wicklung des RUP abzukoppeln. Das kann aber andere Nachteile haben (Kompatibilität mit Werkzeugen, erschwerter Austausch mit Leuten, die an die neue Fassung gewöhnt sind).

- *Der Prozess täuscht vor, dass die Software-Entwicklung algorithmisch durchgeführt werden kann*
  Die mit Hilfe von Aktivitätsdiagrammen modellierten Arbeitsabläufe können den Eindruck erwecken, dass eine Durchführung der Tätigkeiten in der vorgeschriebenen Reihenfolge garantiert zu einem guten Ergebnis führt. Diese Sicherheit besteht tatsächlich nicht. Es genügt nicht, nur formal nach der Prozessvorgabe zu arbeiten. Viel wichtiger ist, dass die in den Aktivitäten erzielten Arbeitsergebnisse brauchbar und von ausreichender Qualität sind.

Offenkundig werden durch den Rational Unified Process viele Aspekte der Entwicklung sinnvoll identifiziert und geregelt. Besonders wichtig ist, dass man die Vorteile der phasenorientierten Entwicklung erhält, ohne auf die iterative Entwicklung verzichten zu müssen. Die Erfahrungen mit diesem Ansatz sind (2006) noch begrenzt. Es ist jedoch klar, dass seine Anpassung an die spezifischen Gegebenheiten einer Entwicklungsorganisation schwierig ist und dass die Voraussetzungen, die eine Entwicklungsorganisation erfüllen muss, erheblich sind.

10.5 Cleanroom Development

10.5.1 Der Hintergrund des Cleanroom Development Process

In der traditionellen industriellen Fertigung entstehen unvermeidlich auch fehlerhafte Produkte. Darum werden die Resultate geprüft. Wo ein defektes Produkt entdeckt wird, kann man es wegwerfen oder, soweit dies möglich und rentabel ist, reparieren. In jedem Falle versucht man sicherzustellen, dass nur ein kleiner Teil der Produkte betroffen ist. Beispielsweise sind einige der produzierten Glühlampen Ausschuss, und bei Autos sind nicht selten Nachbesserungen nötig.

Bei der Fertigung hochintegrierter Schaltungen (Prozessor- und Speicher-Chips) ließ sich dieser Ansatz nicht ohne weiteres übernehmen: Nur ein kleiner Bruchteil der Chips war in Ordnung; die übrigen konnten aber nicht repariert werden, denn die Strukturen lassen sich selbst im Mikroskop nicht mehr betrachten, geschweige denn reparieren. Die Ausbeute war also extrem gering.

Ein beträchtlicher Teil der Defekte entsteht durch Verunreinigungen. Jedes noch so kleine Staubkorn, das sich auf den Wafer setzt, bedeutet einen Defekt. Darum wurden die Räume, in denen Chips produziert werden, mit großem Aufwand vor Staub geschützt. Durch Filter, Schleusentüren usw. wurde die Wahrscheinlichkeit einer Verunreinigung drastisch gesenkt und die Ausbeute entsprechend erhöht. Im *Reinstraum* (*Cleanroom*) wird also dafür gesorgt, dass nicht

Fehler gemacht und dann beseitigt, sondern von Beginn an vermieden werden. Der erforderliche Aufwand ist groß, aber die Einsparung ist größer.

Software lässt sich – anders als die Chips – reparieren. Aber der Aufwand dafür ist sehr hoch, und der Erfolg ist höchst ungewiss, zumal bei einer Reparatur mit beträchtlicher Wahrscheinlichkeit neue Fehler entstehen. Forscher in der IBM Federal Systems Division hatten darum die Idee, das Konzept des Cleanrooms zu übernehmen, also Software so zu entwickeln, dass sie *gleich richtig* ist. Dieses Vorgehen führte zum *Cleanroom Development Process* (CDP).

Der CDP ist in der Literatur gut dokumentiert (beispielsweise in Mills, Dyer, Linger, 1987; Baker, Basili, Selby, 1987; Dyer, 1992; Linger, Trammell, 1996; Linger, 1993; Poore, Trammell, 1996; Prowell et al., 1999). Trotzdem ist nicht klar, welche Elemente genau den CDP definieren. Viele Nachahmer verwenden die Bezeichnung, obwohl sie kaum mehr als eine normale Qualitätssicherung zu bieten haben. Die Urheber selbst bieten drei verschiedene Stufen der Cleanroom-Implementierung an (Hausler, Linger, Trammell, 1994), nämlich die Basisimplementierung (introductory), die vollständige (full) und die fortgeschrittene Implementierung (advanced). Am klarsten sind die Aussagen zur mittleren Stufe: Daran orientieren sich die folgenden Aussagen. Auf der ersten Stufe sind vor allem die Grundideen verwirklicht, nicht die speziellen Techniken. Die dritte Stufe erlaubt und fordert die Adaption strenger, formaler Verfahren, die über die zweite Stufe hinausgehen.

10.5.2 Merkmale und Eigenschaften des Cleanroom Development Process

Die Situation vor dem Cleanroom-Ansatz

Nach den Erfahrungen und Untersuchungen in den Siebzigerjahren können folgende Feststellungen als gesichert gelten:

- Projekte begrenzter Größe und Laufzeit haben weit bessere Chancen als langlaufende Großprojekte.
- Eine gründliche Analyse und Spezifikation (siehe Kap. 16) ist die wichtigste technische Voraussetzung für den Erfolg.
- Inspektionen sind geeignet, Fehler frühzeitig, womöglich vor der Implementierung, zu entdecken. Das gilt sowohl für die Reviews (siehe Abschnitt 13.5) als auch – mit den entsprechenden Einschränkungen – für das gründliche Lesen durch den Verfasser selbst (vgl. Abschnitt 6.5). Aber auch beim Code ist die Inspektion wirksamer als der Test.
- Hinter syntaktischen Fehlern verbergen sich oft semantische Probleme. Ein Bezeichner, zu dem es keine Deklaration gibt, kann durch einen Tippfehler entstanden sein, aber ebenso durch das Versäumnis, eine weitere Variable ein-

zuführen. Die Unterscheidung zwischen syntaktischen und semantischen Fehlern ist oft spekulativ.
- Nachbesserungen sind, wie oben festgestellt wurde, mit hohen Kosten und beträchtlichen Risiken behaftet.
- Testdaten, die einzeln »von Hand geschnitzt« werden, lassen sich wegen des großen Aufwands nur in geringer Zahl bereitstellen, sie liefern keine Aussagen über die Zuverlässigkeit des Systems.

Cleanroom-Konzepte

Aus diesen Feststellungen wurden die Regeln des CDP abgeleitet:

- Ein großes Projekt wird durch ein inkrementelles Vorgehen (Abschnitt 9.5.4) aufgeteilt, also durch eine Serie kleiner Projekte ersetzt. Jedes dieser kleinen Projekte kann mit einigen (etwa fünf bis acht) Entwicklern in einigen Monaten durchgeführt und abgeschlossen werden.
- Der Aufwand für Analyse und Spezifikation ist weit höher als üblich. Der CDP schreibt keine spezielle Methode oder Notation vor, je nach Problem verwendet man die besten Verfahren und Darstellungen, die in Frage kommen, also auch formale Techniken. Die Spezifikationen werden sehr gründlich inspiziert.
- Den Entwicklern wird keine Möglichkeit gegeben, den Code zu compilieren und zu testen. Von ihnen wird erwartet, dass sie Programme liefern, die nicht nur semantisch, sondern auch syntaktisch fehlerfrei sind.
- Auf einen Test der einzelnen Komponenten wird ganz verzichtet. Stattdessen werden sie integriert und insgesamt getestet (siehe unten *Der statistische Test*).
- Fehler werden nur in sehr geringem Umfang akzeptiert und nicht von den Testern, sondern von den Entwicklern behoben. Zeigen sich in einer Komponente zu viele Fehler, wird sie nicht geflickt, sondern verworfen, also neu implementiert.

Linger (1993) gibt für den Verzicht auf den Modultest eine interessante Begründung: Testet man die Komponenten einzeln und entdeckt dabei Abweichungen von der Spezifikation, so erhält man oft kein vollständiges Bild des Problems. Denn viele Fehler entstehen durch subtile Inkompatibilitäten zwischen den Modulen. Die Korrektur beseitigt dann nicht den Fehler, sondern nur seine Symptome. Auf diese Weise wird die spätere Entdeckung und Beseitigung des Fehlers im Systemtest weniger wahrscheinlich, der Fehler mogelt sich durch die Prüfungen und bleibt im System. Wird der Fehler dagegen erst im Systemtest angezeigt, sind seine Wirkungen offensichtlich, der Fehler kann »enttarnt« und behoben werden.

Linger nennt als Fehlerrate 3 bis 4 Fehler pro KLOC (bei Eintritt in den ersten Test überhaupt) gegenüber ca. 25/KLOC bei traditioneller Codierung. Oft wurde beobachtet, dass bereits die allererste Übersetzung des Codes keine Fehler meldete. Die Publikationen sprechen von außerordentlich erfolgreichen Projekten verschiedenster Arten (Software-Komponente für einen Hubschrauber, COBOL Structuring Facility) und drastisch gesenkten Kosten für spätere Korrekturen.

Spezifikation und Entwurf mit Black, State und Clear Boxes

Eine Black-Box-Spezifikation beschreibt eine Software-Einheit (unabhängig von ihrer Größe) durch den Zusammenhang zwischen Ein- und Ausgaben. Da die Systeme zustandsbehaftet sind, genügt es nicht, nur die aktuelle Eingabe zu betrachten, es muss jeweils auch die Eingabe-Historie, die Sequenz der früheren Eingaben, berücksichtigt werden. Wir sind damit auf der Ebene der Abstrakten Datentypen, wie sie in reiner Form mit der algebraischen Spezifikation definiert werden. Im CDP wird aber keine strikt mathematische Formalisierung verlangt, man verwendet Tabellen und präzise (natürliche) Sprache. Beispielsweise kann man die Reaktion eines Editors auf einen Befehl »speichern« etwa wie folgt beschreiben:

- Wenn keine Datei geöffnet ist, wird eine Fehlermeldung erzeugt.
- Wenn eine Datei geöffnet ist, seit dem Öffnen aber keine Veränderung daran vorgenommen wurde, hat der Befehl keinen Effekt.
- Wenn eine Datei geöffnet ist und verändert wurde, wird die Datei in der aktuellen Form abgespeichert.

Aus der Black-Box-Darstellung wird die State Box entwickelt: An die Stelle der Vorgeschichte tritt der Systemzustand. Im Beispiel oben bedeutet das: Der Editor ist in einem von drei Zuständen (plus dem Zustand, bevor er gestartet wird): Diese Zustände können als »keine Datei«, »unveränderte Datei« und »veränderte Datei« bezeichnet werden. Durch den Befehl »speichern« wird im Zustand »keine Datei« eine Fehlermeldung hervorgerufen, der Zustand bleibt gleich; im Zustand »unveränderte Datei« hat »speichern« gar keine Wirkung. Im Zustand »veränderte Datei« wird gespeichert, und der Zustand wird auf »unveränderte Datei« gesetzt.

Die Clear-Box-Darstellung schließlich liegt auf der Ebene des Programmcodes, sie implementiert die State Box durch Datenstrukturen und den Ablauf durch Ablaufstrukturen. Damit liegt ein Feinentwurf vor, die Implementierung des Systems ergibt sich durch Komposition der Clear Boxes.

Die Clear Box wird gegen die State Box verifiziert, die State Box gegen die Black Box. Da die Darstellungen nicht streng formal sind, handelt es sich um eine Inspektion. Jeder im Projekt muss zustimmen, dass die Umsetzung korrekt ist.

Im Zuge der Entwicklung können gleichzeitig Boxes in verschiedenen Stadien vorliegen; typischerweise verwendet eine State Box oder eine Clear Box Verfeinerungen, die noch im Zustand der Black Box sind.

Der statistische Test

Testen dient dazu, Fehler zu entdecken; das wird in Kapitel 19 ausführlich dargestellt. Natürlich gilt das grundsätzlich auch für den Test im CDP. Aber ein Test hat auch stets eine andere Seite: Wir schließen – in aller Regel ohne große Überlegung – aus dem im Test beobachteten Verhalten auf den Einsatz: Hat ein Programm im Test völlig zuverlässig funktioniert, dann rechnen wir auch mit einem problemlosen Einsatz.

Im CDP wird dieser zweite Aspekt in den Vordergrund gerückt. Der Test ist so angelegt, dass man nicht nur »aus dem Bauch«, sondern mit guten Gründen daraus Prognosen der Zuverlässigkeit ableiten kann. Überspitzt könnte man sagen: Da die Fehler durch die Entwicklung vermieden werden, brauchen sie im Test nicht gesucht zu werden. Vielmehr zeigt der Test, ob die geforderte Zuverlässigkeit erreicht ist. Linger (1993, S. 11) formuliert das so:

> *The role of a Cleanroom certification team is not to debug software, but rather to certify its quality through statistical testing techniques. The certification may show adequate quality, but if not, the software will be returned to the development team for rework.*

Dazu sind zwei Voraussetzungen zu erfüllen:

- Die statistische Aussage zur Zuverlässigkeit erfordert große Mengen von Testdaten, also nicht zehn oder hundert, sondern viele Tausend. So viele Testdaten kann man sich nicht einzeln ausdenken, sie müssen automatisch erzeugt werden. Darum werden Zufallsdaten verwendet.
- Die Testdaten müssen für die im späteren Betrieb anfallenden Daten repräsentativ sein. Betrachten wir dazu die Verwendung eines Editors. Hier treten bestimmte Aktionen und Sequenzen der Bedienung (z. B. die Sequenz »speichern« und »schließen«) sehr oft auf, während andere, selten ausgeführte Aktionen oder unsinnige Sequenzen nur sehr selten auftreten (z. B. die mehrfache Wiederholung des Speicherns ohne weitere Aktionen). Ebenso sind bestimmte Zeichen und Zeichenfolgen sehr viel häufiger als andere. Kennt man solche Abweichungen von einer rein zufälligen Verteilung, dann kann man Benutzungsprofile entwickeln (in Form von Häufigkeiten oder Markov-Ketten) und die Zufallsdaten entsprechend realistisch auswählen. Whittaker und Thomason (1994) haben diese Art der Testdatengenerierung beschrieben.

Im CDP werden darum Zufallsdaten verwendet, die nach Maßgabe der Benutzungsprofile ausgewählt sind. Treten dabei dann und wann Fehler des Programms auf, so können die Abstände gemittelt werden (als MTBF, Mean Time Between Failure) und zur Prognose der Zuverlässigkeit dienen. Natürlich hängen die Abstände von der Intensität der Benutzung ab; versagt das System mit automatisch erzeugten Daten etwa einmal in drei Stunden, so kann man in der Praxis, wenn die Aktionen hundertmal langsamer erfolgen, mit einer MTBF von dreihundert Stunden rechnen.

Der statistische Test gehört zu den umstrittenen Ideen des Cleanroom-Ansatzes (vgl. Abschnitt 19.7). Linger behauptet, dass der statistische Test wesentlich effektiver ist als der Test mit Überdeckungsmaßen: *Statistical usage testing is more than 20 times more effective at extending MTBF than is coverage testing.* Beizer (1997) hat dagegen plausibel dargelegt, dass diese Aussagen sowohl der Theorie als auch der praktischen Vernunft widersprechen, und darauf hingewiesen, dass nie ein seriöser Vergleich mit soliden Testtechniken angestellt wurde. Außerdem besteht bei einem Test mit Zufallsdaten immer das Problem, dass man die Soll-Resultate (siehe Abschnitt 19.1.2) nicht oder nur vage kennt.

10.5.3 Die Struktur des Modells

Der CDP besteht aus 14 Aktivitäten, die zu vier Teilprozessen zusammengefasst sind. Diese Teilprozesse und ihre Aktivitäten sind, wie in Abbildung 10–14 gezeigt, miteinander vernetzt.

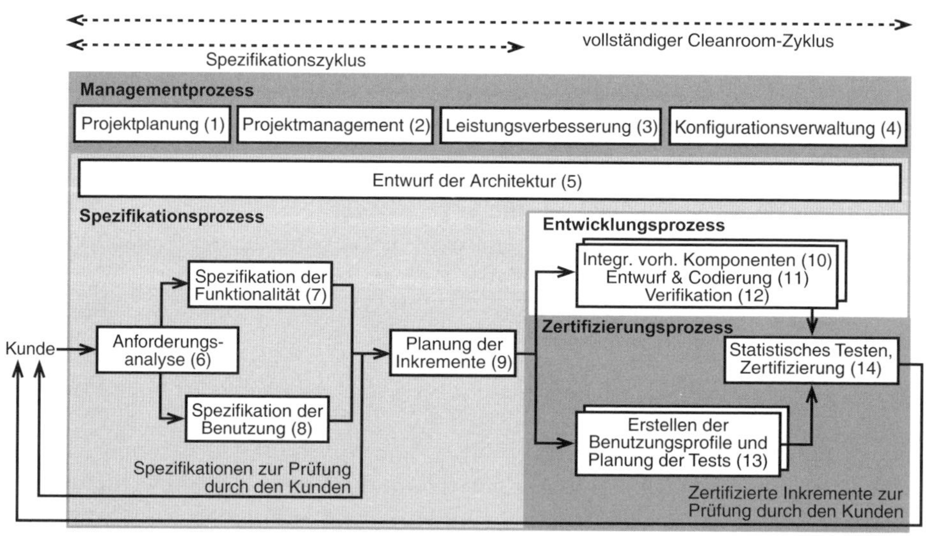

Abb. 10–14 *Cleanroom Development Process (nach Linger, Trammell, 1996, S. 16)*

Die vier Managementaktivitäten wirken sich auf alle anderen Teilprozesse und deren Aktivitäten aus. Das gilt insbesondere für die Leistungsverbesserung, die darauf abzielt, die eingesetzten Methoden, Techniken und Abläufe stetig zu verbessern. Auch der Entwurf der Architektur ist als dauernde Aktivität angelegt.

Die übrigen drei Teilprozesse (Spezifikation, Entwicklung und Zertifizierung) werden in bestimmter Reihenfolge durchlaufen: Auf die Spezifikation folgen parallel die Entwicklung und die Erstellung der Benutzungsprofile. Der statistische

Test führt die beiden Abläufe wieder zusammen. Die Entwicklung schließt die Integration vorhandener Komponenten ein, die in der Regel nicht nach CDP entwickelt wurden. In diesem Fall müssen diese Komponenten zuerst so weit verbessert werden, dass sie den angestrebten Qualitätskriterien genügen.

Da inkrementell entwickelt wird, bildet der gesamte Ablauf einen Zyklus, der im Allgemeinen mehrfach durchlaufen wird. In den Zyklus eingebettet ist ein weiterer Zyklus für die Spezifikation, die mit dem Kunden abgestimmt, ergänzt und korrigiert wird, bis sie als vollständig und korrekt beurteilt wird.

Die einzelnen Aktivitäten sind beschrieben durch ihre Ziele, die Beteiligten, die Eintrittsbedingungen, die zu erledigenden Aufgaben, die Verifikationsmaßnahmen, die durchzuführenden Messungen und die Abschlusskriterien.

10.5.4 Bewertung des Cleanroom Development Process

Cleanroom Development wurde in mehreren industriellen Projekten erfolgreich eingesetzt (Hausler, Linger, Trammell, 1994, S. 92; Linger, 1994). Die publizierten Ergebnisse, insbesondere die geringe Zahl der Fehler, die erst im Betrieb entdeckt wurden, sind beeindruckend. Viele der publizierten und nach dem Cleanroom-Ansatz durchgeführten Projekte haben eingebettete Systeme realisiert, deren Zuverlässigkeit besonders kritisch ist.

Die Vorteile lassen sich wie folgt zusammenfassen:

- Durch den systematischen Einsatz rigider, auch mathematischer Modellierungs- und Verifikationstechniken und durch den Test mit Zufallsdaten, die dem Benutzungsprofil entsprechen, entstehen Systeme, die ungewöhnlich fehlerarm sind und deren Zuverlässigkeit im Einsatz prognostiziert werden kann.
- Da die (Teil-)Ergebnisse einer statistischen Kontrolle unterliegen, ist jederzeit klar, ob der Entwicklungsprozess den Vorgaben entspricht. Damit ist die Prozessverbesserung ein Nebeneffekt des Prozesses.

Eigentliche Nachteile sehen wir nicht, wohl aber Voraussetzungen, die in der Praxis oft nicht erfüllbar sind:

- Die Anforderungen an die Entwickler sind hoch. Sie müssen in der Lage und bereit sein, nach den strengen Prinzipien des Prozesses zu arbeiten. Insbesondere müssen sie mit den formalen Techniken vertraut sein und sich auf die ungewohnte Herausforderung einstellen, hochwertige Programme abzuliefern, ohne sie getestet zu haben.
- Die Organisation muss bereits an das methodische Arbeiten und an die iterative Entwicklung gewöhnt sein. Da die Entwickler ohnehin mit vielen neuen Anforderungen umgehen müssen, können nicht zugleich auch noch neue Vorgehensweisen vermittelt werden.

- Dem Cleanroom-Ansatz liegt – wenigstens für jede Iteration – eine streng sequenzielle Vorgehensweise zu Grunde. Was nicht spezifiziert ist, kann nicht entwickelt werden. Bei vielen eingebetteten Systemen ist diese Voraussetzung gegeben; die technischen Randbedingungen sind relativ stabil. Dagegen entsteht Software mit komplexer Bedienoberfläche und viel Interaktion in der Regel nicht auf der Basis einer stabilen Spezifikation, sondern explorativ, nach dem Trial-and-Error-Prinzip. Darum sind solche Projekte für den Cleanroom-Ansatz nicht geeignet; sie lassen sich dagegen erfolgreich nach dem in vieler Hinsicht komplementären Konzept der sogenannten agilen Prozesse entwickeln (siehe Abschnitt 10.6).

Ein echtes Problem, das den Cleanroom-Ansatz mit den agilen Prozessen verbindet, ist der Mangel an neutralen Bewertungen: Hier wie dort (und auf vielen anderen Baustellen des Software Engineerings) gibt es reichlich viele positive Darstellungen und Kommentare, aber kaum distanzierte, für alle Ergebnisse offene Untersuchungen. Darum bleibt es schwierig, ohne eigene Erfahrungen Aussagen über den wahren Wert der Konzepte zu machen.

10.6 Agile Prozesse

10.6.1 Die agile Bewegung

Was der Kunde haben und der Hersteller liefern will, ist funktionierende Software. Das war schon so, bevor der Begriff »Software Engineering« entstand, und es ist auch heute noch so. Aber wir haben gelernt, dass – wie in jeder Disziplin – Umwege nötig sind, um das Ziel sicher und insgesamt zu vertretbaren Kosten zu erreichen. Wenn man sich im Auto anschnallt oder gelegentlich Wartungsarbeiten am Auto machen lässt, dient das nicht direkt dem schnellen Transport von A nach B; die meisten Menschen haben aber verstanden, dass das Anschnallen trotzdem sinnvoll ist und regelmäßige Ölwechsel billiger sind als der Verzicht darauf.

Entsprechend ist auch das »Drauflos-Programmieren« (Code and Fix, siehe Abschnitt 9.1.1) weder sicher noch rentabel. Planung, Spezifikation, Architekturentwurf, Qualitätssicherung und Projektverfolgung sind die Schlüsselwörter der systematischen Software-Bearbeitung.

Allerdings tun sich viele Menschen mit diesen Umwegen schwer. Darum wurden Prozesse definiert, die die Entwickler führen. Diese Prozesse können vom Entwickler als Gängelung erlebt werden, besonders dann, wenn sie bürokratisch formuliert sind und durchgesetzt werden. Ein Prozess, der sich selbst dient und nicht dem übergeordneten Ziel, mit minimalem Aufwand qualitativ ausreichende Software bereitzustellen, hat mehr mit Kafka als mit den traditionellen Ingenieurprinzipien zu tun.

Die Neigung, solche bürokratischen Prozesse zu installieren, scheint in den USA besonders ausgeprägt zu sein. Sie provozierte eine Gegenbewegung: Entwickler, die ihre Situation erlebten, als sei sie die Vorlage zu den Dilbert-Cartoons, beschlossen gegen Ende der Neunzigerjahre, den Ballast der »schweren Prozesse« (siehe Abschnitt 10.1.2) abzuwerfen und sich auf die ursprüngliche Zielsetzung zu konzentrieren. Diese Tendenz wurde unterstützt durch die rasch wachsende Bedeutung, die zwei neue Anwendungsgebiete der Informatik gewannen, das Internet und die mobile Kommunikation. Auf beiden Gebieten hat die Fähigkeit, rasch auf die Wünsche der Kunden oder des Marktes zu reagieren, ein deutlich größeres Gewicht als die Existenz einer Dokumentation, die eine lange Lebensdauer möglich macht. Und auch wenn ein Fehler in der Software eines Mobiltelefons für den Hersteller schmerzhaft sein mag, so sind die Risiken doch nicht mit denen eines fehlerhaften Airbags vergleichbar.

Es entstand eine Reihe von »Anti-Prozessen« (Extreme Programming, Adaptive Software Development, Crystal, Scrum), die unter der Sammelbezeichnung »agile Prozesse« bekannt wurden. Abrahamsson et al. (2002) haben die Ziele im Abstract griffig formuliert:

> *Agile – denoting »the quality of being agile; readiness for motion; nimbleness, activity, dexterity in motion« – software development methods are attempting to offer an answer to the eager business community asking for lighter weight along with faster and nimbler software development processes. This is especially the case with the rapidly growing and volatile Internet software industry as well as for the emerging mobile application environment.*

10.6.2 Das »Agile Manifesto«

2001 haben sich die Protagonisten der agilen Prozesse in Utah getroffen und ein *Agile Manifesto* verfasst (Abb. 10–15).

Manifesto for Agile Software Development

We are uncovering better ways of developing software by doing it and helping others do it. Through this work we have come to value:

Individuals and interactions	over	processes and tools
Working software	over	comprehensive documentation
Customer collaboration	over	contract negotiation
Responding to change	over	following a plan

that is, while there is value in the items on the right, we value the items on the left more.

Abb. 10–15 *The Agile Manifesto (2001)*

Manifest: Wem fällt bei diesem Wort nicht das kommunistische Manifest von 1848 ein? Mancher kennt auch das GNU-Manifest, das Dadaistische Manifest oder das Bauhaus-Manifest. Im »object-oriented database manifesto« (Atkinson et al., 1989) wurde den traditionellen Datenbanken die objektorientierte Alternative gegenübergestellt.

Alle diese Manifeste sind Streitschriften, in denen eine Minderheit, die Helden eines kleinen Dorfes in Gallien, der feindlichen Übermacht mit moralischen oder ästhetischen Argumenten den Krieg erklärt: So auch das »Manifest für die agile Software-Entwicklung«.

Seine Verfasser haben sich auf die folgenden Prinzipien geeinigt:

- *Our highest priority is to satisfy the customer through early and continuous delivery of valuable software.*
- *Welcome changing requirements, even late in development. Agile processes harness change for the customer's competitive advantage.*
- *Deliver working software frequently, from a couple of weeks to a couple of months, with a preference to the shorter timescale.*
- *Business people and developers must work together daily throughout the project.*
- *Build projects around motivated individuals. Give them the environment and support they need, and trust them to get the job done.*
- *The most efficient and effective method of conveying information to and within a development team is face-to-face conversation.*
- *Working software is the primary measure of progress.*
- *Agile processes promote sustainable development. The sponsors, developers, and users should be able to maintain a constant pace indefinitely.*
- *Continuous attention to technical excellence and good design enhances agility.*
- *Simplicity – the art of maximizing the amount of work not done – is essential.*
- *The best architectures, requirements, and designs emerge from self-organizing teams.*
- *At regular intervals, the team reflects on how to become more effective, then tunes and adjusts its behavior accordingly.*

10.6.3 Gemeinsamkeiten der agilen Prozesse

Das Manifest drückt die Ablehnung bestimmter Positionen und die Präferenz für andere aus. Viel weiter reichen die Gemeinsamkeiten nicht. Wenn wenigstens klar wäre, was ein typischer nichtagiler Prozess ist, dann wären die agilen Ansätze durch seine Negation definiert. In Deutschland würde sich dafür das V-Modell anbieten, ein Prozessmodell, das die Eleganz und Wendigkeit eines Armee-Lastwagens hat. Aber die Fronten sind verwischt: Das V-Modell bietet die agile Entwicklung als eine von mehreren Möglichkeiten an (siehe Abschnitt 10.3.5).

Schon ein zutreffender Sammelbegriff fehlt: Wir verwenden durchgehend das Wort »Prozessmodell«, auch wenn in manchen Fällen eher von Arbeitsprinzipien oder Organisationsgrundsätzen zu sprechen wäre. Mit diesen Einschränkungen kann man sagen, dass alle agilen Prozesse

- iterativ angelegt sind; die Zyklen sind meist einige Wochen lang, höchstens drei Monate,
- die Arbeit in einer kleinen Gruppe verlangen, meist aus sechs bis acht Leuten, die gemeinsam in einem großen Raum arbeiten (in Crystal, siehe Abschnitt 10.6.5, gibt es auch Konzepte für größere Gruppen),
- die Idee einer großen, reichlichen Dokumentation ablehnen, radikal oder mit Einschränkungen,
- den Kunden sehr wichtig nehmen und seine Präsenz im Projekt empfehlen oder verlangen,
- dogmatische Regelungen ablehnen (auch wenn das beim Extreme Programming, siehe Abschnitt 10.6.4, manchmal anders klingt).

Die Modelle lassen sich nicht überlappungsfrei nebeneinander legen; beispielsweise erlaubt Crystal (Abschnitt 10.6.5), nach den Regeln von Extreme Programming oder Scrum zu arbeiten.

Nachfolgend betrachten wir Extreme Programming und die in gewissem Sinne komplementäre Crystal-Familie etwas näher. Zu allen anderen agilen Prozessmodellen (und natürlich auch zu den hier behandelten) empfehlen wir die Übersicht von Abrahamsson et al. (2002).

Allgemein ist die Literaturlage unbefriedigend. Zwar gibt es im Web sehr viele Beiträge dazu, doch sind diese ganz überwiegend parteiisch. Eine neutrale Literatur ist – außer zu Teilaspekten, etwa zum Paar-Programmieren – kaum zu finden.

10.6.4 Extreme Programming

Von allen agilen Prozessen hat das *Extreme Programming* (XP) die mit Abstand größte Aufmerksamkeit erreicht. Dies liegt auch daran, dass Kent Beck, der Urheber, keine Scheu vor plakativen Aussagen hat, die gut ankommen.

XP ist gut dokumentiert, viele Quellen sind im Internet verfügbar (z. B. Wells, o.J.). Neben dem Buch von Kent Beck (1999) gibt das Buch von Wolf, Roock, Lippert (2005) einen guten Einstieg in XP und beschreibt Erfahrungen beim Einsatz von XP in Entwicklungsprojekten.

Grundlagen

Die zentralen Elemente von XP sind die sogenannten XP-Werte (*values*), die XP-Prinzipien (*basic principles*) und die XP-Konzepte (*practices*). Kent Beck hat diese zentralen Elemente in der zweiten Auflage seines Buches (Beck, Andres, 2004) von Grund auf überarbeitet und erweitert. Wir beziehen uns hier jedoch auf die erste Fassung, die auch Grundlage der meisten Arbeiten über die Anwendung und die Erfahrungen mit XP war.

XP stellt als agiles Prozessmodell die Menschen, d. h. alle Projektbeteiligten, und nicht Dokumente, Werkzeuge oder Prozesse in den Mittelpunkt. Dies spiegelt sich in den vier Werten, auf denen XP basiert:

- *Einfachheit*
  Es sollen möglichst einfache Lösungen erstellt und möglichst einfache Prozesse genutzt werden. Einfache Lösungen sind leichter herzustellen und schneller zu verstehen als komplexe.
- *Feedback*
  Das Projektteam soll so schnell und so oft wie möglich Feedback über die erzielten Ergebnisse erhalten. Rückmeldungen sind Teil der Qualitätssicherung; sie kommen von den Anwendern, aber auch von den Kollegen im Team.
- *Kommunikation*
  Hier steht die persönliche und direkte Kommunikation zwischen den Projektbeteiligten im Vordergrund. Dies verlangt, dass das Projektteam nicht räumlich getrennt arbeitet und dass Kunde und Anwender in hohem Maße verfügbar sind. Dokumente als Mittel zur Kommunikation sind zweitrangig; sie ergänzen die direkte Kommunikation, wenn dies nötig ist.
- *Mut*
  XP betrachtet Mut als eine wichtige Voraussetzung, um die oben beschriebenen Werte im Projekt auch zu leben.

XP leitet aus diesen Werten Prinzipien ab. Diese sind, wie beispielsweise die Prinzipien »Ehrliches Messen« oder »Verantwortung übernehmen«, offensichtlich vernünftig.

XP-Konzepte

Wir stellen nachfolgend die XP-Konzepte vor, da diese sich auf die konkrete Projektarbeit auswirken und helfen, die Werte und Prinzipien im Projekt umzusetzen. XP definiert 14 Konzepte, die in Management-, Team- und Programmierkonzepte gruppiert werden können (Wolf, Roock, Lippert, 2005). Abbildung 10–16 zeigt diese Gruppierungen von außen nach innen. Die Konzepte und die Regeln dazu erscheinen auf den ersten Blick einfach. XP ist (anders als Crystal, siehe Abschnitt 10.6.5) nicht von irgendwelchen Differenzierungen angekränkelt.

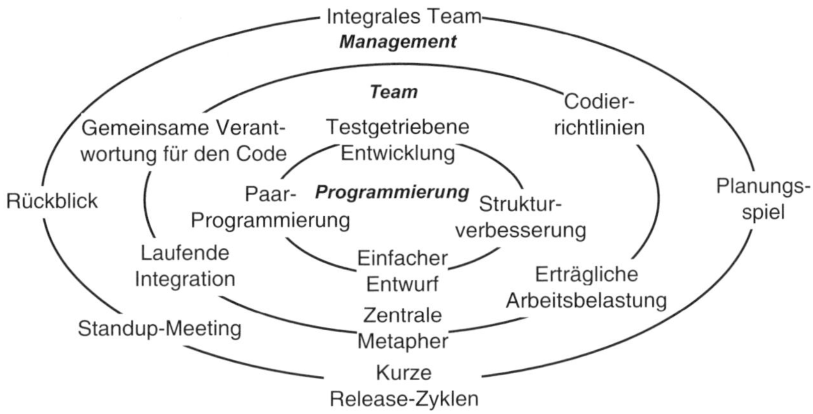

Abb. 10–16 *XP-Konzepte (nach Wolf, Roock, Lippert, 2005)*

Managementkonzepte

- *Integrales Team*
  Ein XP-Projekt verlangt zwingend den Kunden im Projekt, weil nur dieser die fachlichen Anforderungen kennt und nach seinen Prioritäten ordnen kann. Der Kunde muss jederzeit für Fragen und Diskussionen zur Verfügung stehen (on-site customer).
- *Planungsspiel* (oder Planungssitzung)
  XP ist ein iterativer und inkrementeller Prozess. Jedes Inkrement wird gemeinsam durch das Projektteam im sogenannten Planungsspiel festgelegt. Der Kunde gibt die zu realisierenden Anforderungen vor, die Entwickler schätzen die dafür benötigte Zeit sowie den Aufwand. Natürlich können hier die Vorstellungen beider Seiten weit auseinander liegen. Dann ist es Aufgabe der Entwickler, die Planungssitzung so lange zu moderieren, bis eine gemeinsame Basis für das nächste Inkrement gefunden ist.
- *Kurze Release-Zyklen*
  Damit die Anwender möglichst schnell und oft Feedback geben können, darf die Zeit zwischen den Releases nicht zu groß sein (im Bereich weniger Wochen).
- *Standup-Meeting*
  Die »Sitzungen« des (einzigen) Teams, das keine ausgeprägte Hierarchie aufweist, finden täglich im Stehen statt und sind kurz (ca. 15 min). Sie dienen dazu, die Aufgaben zu verteilen und sich über den Fortgang des Projekts, über Probleme usw. auszutauschen.

- *Rückblick*
  In längeren Abständen werden spezielle Sitzungen mit ausgewählten Personen durchgeführt, in denen das Projekt rückblickend bewertet wird. Ziel ist es, Fehler und Schwächen zu identifizieren, um daraus für kommende Projektabschnitte oder neue Projekte zu lernen.

- **Teamkonzepte**
  - *Gemeinsame Verantwortung für den Code*
    Der Code gehört allen, und alle haben das Recht und die Pflicht, ihn weiterzuentwickeln und zu verbessern (Refactoring).
  - *Codierrichtlinien*
    Alle schreiben Code gemäß gemeinsam vereinbarten Richtlinien.
  - *Erträgliche Arbeitsbelastung*
    Überstunden gibt es höchstens ausnahmsweise, besser gar nicht. Damit soll vermieden werden, dass die Teilnehmer im Projekt verschlissen werden.
  - *Zentrale Metapher*
    Metaphern (vgl. Abschnitt 2.5) in der Software-Entwicklung helfen, den Anwendungsbereich und die Architektur zu strukturieren. Jedes XP-Projekt soll sich an einer Metapher orientieren, die vor allem dem fachlichen Entwurf zu Grunde liegt. Bekannte und erprobte Metaphern sind beispielsweise »Desktop« oder »Werkzeug-Automat-Material« (Züllighoven, 2005).
  - *Laufende Integration*
    Die Ergebnisse werden laufend in einer speziellen Umgebung (im Integrationsrechner) integriert. So werden Änderungen am System sofort allen Entwicklern zur Verfügung gestellt. Nach jeder Integration müssen alle für das Gesamtsystem vorhandenen Tests ohne Fehler ablaufen. Nur dann verbleibt der neu integrierte Code im Gesamtsystem.

- **Programmierkonzepte**
  - *Testgetriebene Entwicklung*
    Testen geht vor Implementieren, d. h., jede Implementierung einer neuen Funktion beginnt mit der Implementierung der entsprechenden Tests (Unit-Tests), die automatisch ausgeführt werden. Akzeptanztests dienen dazu, implementierte fachliche Anforderungen abzunehmen.
  - *Strukturverbesserung (Refactoring)*
    Werden Schwächen im Code oder im Entwurf entdeckt, dann werden sie beseitigt, bevor neue Funktionen realisiert werden (zum Refactoring siehe Abschnitt 23.3).
  - *Einfacher Entwurf*
    Die gewählten Entwürfe sollen die zu realisierenden Anforderungen möglichst einfach umsetzen. Im Wechsel mit den Strukturverbesserungen wird die Architektur inkrementell erweitert.

- *Paar-Programmierung*
  Die Codierung wird grundsätzlich durch Programmierer im Doppelpack geleistet; einer codiert, der andere schaut zu, prüft und hinterfragt den erstellten Code. Diese Rollen wechseln ständig. Dadurch wird die Qualität des Codes erhöht, und das Wissen ist über mehrere Personen verteilt. Die Paare sind nicht stabil, sie wechseln ebenfalls.

Viele dieser Konzepte können nicht einzeln umgesetzt werden, da sie vielfache Bezüge untereinander haben; so bedingen sich beispielsweise die Konzepte »Planungsspiel« und »Integrales Team«. Trotzdem ist es möglich, die XP-Konzepte in sinnvoll zugeschnittenen Gruppen schrittweise einzuführen.

Bewertung des Extreme Programming

Die XP-Konzepte befreien die Entwickler von einigen Mühen und Lasten, die traditionell auf ihren Schultern liegen, vor allem von der Dokumentation, auch von einem mühsamen Prozess der Anforderungserhebung, von Review-Sitzungen, vom Ausfüllen der Stundenzettel und vom Kampf mit einer Planung, die am grünen Tisch gemacht wurde. Die Befreiung ist aber keineswegs total; tatsächlich ist XP weder chaotisch noch anarchisch, es erfordert im Gegenteil große Disziplin. Wer beispielsweise die gemeinsame Verantwortung für den gesamten Code so interpretiert, dass er nach Belieben darin herumflicken darf, wird sehr rasch zurückgepfiffen; aber das wird schon daran scheitern, dass natürlich auch das Refactoring in Zweiergruppen geschieht. (Zitat: *Any pair of programmers can improve any code at any time.*) Die Einfachheit der Konzepte ist teilweise vordergründig. Eine zentrale Metapher, das klingt plausibel und ist für die Kommunikation mit dem Kunden vorteilhaft. Beck spricht aber von einer Metapher, die nicht nur für den Kunden (zur Erklärung), sondern auch für die Entwickler (als Architekturvorgabe) verbindlich ist. Das kann im Allgemeinen nicht funktionieren und funktioniert auch nicht. Die Metapher taugt als Leitbild, nicht als Entwurf. Beck selbst hat nach viel Kritik die Bedeutung der Metapher in der zweiten Auflage seines Buches erheblich reduziert.

Wer aus Erfahrung skeptisch ist und Kent Beck fragt, wie er die Konzepte im Detail umsetzt, stellt überrascht fest, dass die Realität nicht ganz den klaren Regeln entspricht. *Natürlich* denkt er vor Beginn des eigentlichen XP-Projekts über die Konzeption nach, und zwar weder im Zweierteam noch in Anwesenheit des Kunden. *Natürlich* setzt man sich bei den Besprechungen (»ist bequemer«). Und *natürlich* ist keineswegs immer ein Kunde verfügbar, der anwesend ist, testen kann und Entscheidungsbefugnis hat. Ein XP-Projekt wird auch nicht abgebrochen, wenn sich eine ungerade Anzahl verfügbarer Mitarbeiter ergibt, die sich nicht mehr ohne Rest auf Entwickler-Paare verteilen lässt. Kurz: Der lautstarke Protest gegen die »schweren« Prozessmodelle ist ein wesentlicher Teil des Programms.

10.6.5 Crystal

Alistaire Cockburn (der Wert auf die korrekte schottische Aussprache seines Namens wie »Coburn« legt) hat unter dem Fantasienamen Crystal eine Familie von Prozessmodellen vorgeschlagen. Welches dieser Modelle im Einzelfall anzuwenden ist, hängt von der Projektgröße (Zahl der Mitarbeiter, MA) und von den Risiken ab, die durch Software-Fehler entstehen. Die Projektgröße ist durch eine Farbe ausgedrückt: Clear (bis 8 MA), Yellow (bis 20 MA), Orange (bis 50 MA), Red (bis 100 MA), Maroon (bis 200 MA), Blue (bis 500 MA) und Violet darüber. Allerdings hat er die drei letzten Gruppen überhaupt nicht näher betrachtet. Da Cockburn für die Risikoeinschätzung vier Stufen vorsieht, entsteht eine Matrix von vier mal vier Modellen (Abb. 10–17).

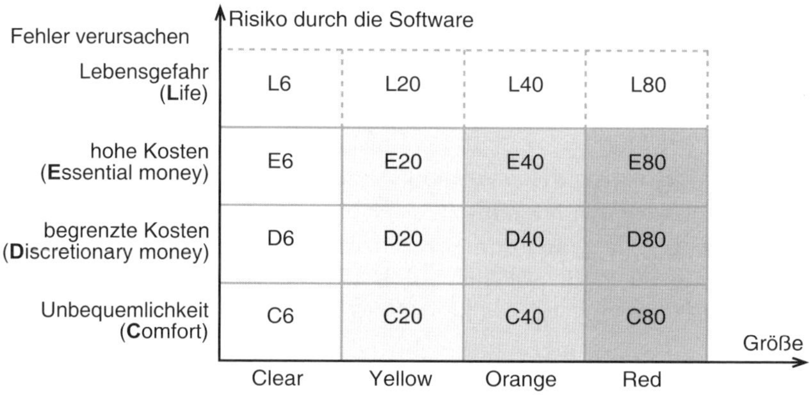

Abb. 10–17 *Die Crystal-Familie*

Auch diese Matrix hat Cockburn nicht vollständig ausgefüllt: Die Ebene der höchsten Risiken hat er komplett ausgeblendet, und von den übrigen hat er sich vorwiegend mit den kleineren Projekten befasst (Clear bis Orange). Links unten (bei D6) fühlt er sich offenbar am sichersten; *Crystal Clear* hat er durch ein Buch dokumentiert (Cockburn, 2004).

Insgesamt handelt es sich eher um einen konzeptionellen Rahmen als um konkrete Prozessmodelle.

Vorgehensweise, Regeln und Rollen in Crystal

Crystal kümmert sich vor allem um den Managementaspekt des Projekts, besonders um die Kommunikation und den Prozess der Prozessverbesserung. Zu den Grundsätzen gehören die folgenden Punkte:

- Das Produkt wird inkrementell, in regelmäßigen Schritten, entwickelt und ausgeliefert.

- Meilensteine sind durch Entscheidungen und Lieferungen definiert, nicht durch Dokumente.
- Der Benutzer ist direkt beteiligt.
- Muster (Templates) werden in der Codierung und auch sonst verwendet.
- Die Funktionalität wird durch automatisierte Regressionstests geprüft.
- Jedes Release wird von mindestens zwei Benutzern geprüft.
- Zu Beginn und in der Mitte jedes Auslieferungszyklus findet ein Workshop statt, um die Details des Produkts und der Entwicklungsverfahren festzulegen. Die lokalen Regeln (local matters), z. B. die Dokumentation des Projekts, sind nicht durch Crystal vorgegeben.
- Einige Werkzeuge und Hilfsmittel sind erforderlich, beispielsweise eine Software zur Versionsverwaltung, auch eine elektronische Tafel (printing whiteboard), um die Ergebnisse der Besprechungen zu dokumentieren.

In Crystal Orange sind die Strukturen und Fristen dem größeren Projektvolumen angepasst (mehrere Teams, längere Zyklen).

In Crystal werden vier Personengruppen unterschieden: Sponsor, Senior-Entwickler, Entwickler, Benutzer. Diese Gruppen, insbesondere die Gruppe der Entwickler, sind weiter gegliedert.

In Crystal Orange gibt es darüber hinaus eine Reihe von Spezialisten, z. B. für den Entwurf der Bedienschnittstelle und der Datenbank, für die Architektur und für den Test, auch eine Person, die sich (unter anderem) um die Wiederverwendung kümmert. Jede der Gruppen enthält die wichtigsten Rollen, damit die Probleme lokal gelöst werden können.

In Crystal sind einige Aktivitäten vorgegeben:

- *Staging*
  Das Team wählt die Anforderungen aus, die im nächsten Inkrement realisiert werden sollen.
- *Revision and review*
  Die Inkremente werden iterativ entwickelt. Jede Iteration besteht aus den Schritten Konstruktion, Demonstration und Überprüfung der Ziele.
- *Monitoring*
  Fortschritt und Qualität (stability) der Arbeitsergebnisse werden überwacht. Wenn das Teilziel erreicht ist (»stable enough to review«), können die Entwickler bereits den nächsten Schritt beginnen.
- *Interviews and workshops*
  Sowohl die Technik als auch die Arbeitsweise und Organisation sind in Crystal immer wieder Gegenstand der Diskussion. Dazu sind verschiedene Maßnahmen im Prozess vorgesehen (Methodology Tuning, Reflection Workshops).

Bewertung von Crystal

Crystal ist zwar auf vielen Webseiten präsent, aber Erfahrungen scheint es kaum zu geben. Abrahamsson et al. (2002) haben nur die beiden von Cockburn beschriebenen Projekte zitiert. Vergleicht man die beiden darin angewendeten Ansätze Crystal Clear und Crystal Orange mit den 16 (oder gar 28) Parzellen, die Cockburn skizziert hatte (Abb. 10–17 auf S. 226), dann wirkt das Vorhandene wie eine Vorübung zu dem, was noch kommen soll.

Viele Äußerungen und Kommentare im Web legen die Vermutung nahe, dass Cockburns Kunden und Fans mehr Interesse an seinen Ideen und Vorstellungen von der Kommunikation im Projekt als am konkreten Prozess haben; vielleicht ist es gerade die Ablehnung eines Prozesses, die Crystal kennzeichnet. Neben den beiden Zielen Sicherheit und Effizienz ist die »Bewohnbarkeit« (habitability) des Verfahrens wichtig, also die Verträglichkeit für die Beteiligten, vor allem für die Entwickler. Darum spielt die Anpassung des Vorgehens an die speziellen Bedingungen, unter denen das Projekt durchgeführt wird, eine wichtige Rolle. In diesem Punkt unterscheidet sich Crystal sehr erheblich von XP, das auf die Bedingungen keine Rücksicht nimmt.

Wir sehen zwei positive Beiträge durch Crystal:

- Die Differenzierung der Prozesse in Abhängigkeit von Größe und Risiko des Projekts ist zweifellos sinnvoll und längst überfällig. Ein Software Engineering, das nach dem Prinzip »One size fits for all« gelehrt und angewendet wird, taugt nicht für die Praxis, denn viele Merkmale lassen sich nicht beliebig skalieren.
- Die besondere Aufmerksamkeit für die Kommunikation, allgemeiner für das Wohlbefinden der Beteiligten, und die Flexibilisierung des Prozesses zu Gunsten dieses Wohlbefindens sind unabhängig vom Prozessmodell in jedem Falle sinnvoll.

10.6.6 Scrum

Scrum ist ein agiler Ansatz zum Management von Software-Entwicklungsprojekten. Er wurde von Jeff Sutherland, Ken Schwaber und Mike Beedle Mitte der Neunzigerjahre entwickelt und erstmals 1995 publiziert (Schwaber, 1995). Scrum basiert auf Ideen, die Takeuchi und Nonaka (1986) im Kontext der *Lean Production* entwickelt haben, um industrielle Produktionsverfahren den sich immer schneller ändernden Anforderungen anzupassen. Im Kern ihrer Ideen steht das sich selbst organisierende Team, bestehend aus verschiedenen Spezialisten, die nicht streng arbeitsteilig, sondern kooperativ die Entwicklung vorantreiben und auch den Erfolg oder Misserfolg kollektiv verantworten. Takeuchi und Nonaka vergleichen diesen Organisationsansatz mit dem Verhalten einer Rugby-Mannschaft, die nach jeder Unterbrechung ein Gedränge bildet (englisch:

Scrum), das den Ball zu erobern versucht. Ist das gelungen, so folgt ein schneller *Sprint* mit dem Ball, der möglichst viel Raumgewinn bringen soll.

Scrum definiert einen rollenbasierten iterativen und inkrementellen Prozess zur Software-Entwicklung. Scrum beschränkt sich im Gegensatz zu XP auf das Management agil durchgeführter Projekte, es werden keine Techniken vorgeschlagen, die zu nutzen sind. Dementsprechend kann Scrum selbst schnell erlernt und auch schnell eingeführt werden. Scrum ist gut dokumentiert – wir stützen uns auf die Bücher von Schwaber und Beedle (2001) und Pichler (2008) – und wird erfolgreich in vielen Unternehmen eingesetzt.

Rollen in Scrum

Scrum definiert drei Rollen, die in jedem Scrum-Projekt wahrgenommen werden müssen:

- Der *Produktverantwortliche* (Product Owner) vertritt die Interessengruppen außerhalb des Projektteams, insbesondere die des Auftraggebers. Er kennt die fachlichen und technischen Anforderungen an das zu entwickelnde System und sammelt und pflegt diese im *Product Backlog*. Der Produktverantwortliche plant und entscheidet, welche Anforderungen in der nächsten Iteration (dem sogenannten *Sprint*) realisiert werden. Dadurch hat er maßgeblichen Einfluss auf das Projektergebnis. Der Produktverantwortliche arbeitet eng mit dem Projektteam zusammen, um die Anforderungen zu klären. Er sollte, wenn möglich, (passiv) an den täglichen Projekttreffen (*Daily Scrum*) teilnehmen, damit er stets über Fortschritt und Probleme informiert ist. Der Produktverantwortliche muss in der Lage sein, am Ende jedes Sprints die Umsetzung der Anforderungen zu beurteilen.
- Ein *Scrum-Team* muss so zusammengestellt sein, dass seine Mitglieder in der Lage sind, alle Entwicklungstätigkeiten autonom durchzuführen. Das Team entscheidet auf Basis der Priorisierung der Anforderungen durch den Produktverantwortlichen, wie viele Anforderungen im nächsten Sprint realisiert werden und welche Arbeitsschritte dafür benötigt werden. Ein Scrum-Team organisiert sich selbst; es gibt keinen Teamleiter, der die Aufgaben verteilt. Das Team entscheidet, welche Aufgaben durchzuführen sind und wer wann welche Aufgaben übernimmt. Dies ist insbesondere bei neuen Teams nicht leicht. Hilfe kann das Scrum-Team vom Scrum-Master bekommen (siehe unten). Zusätzlich stehen Dokumente zur Verfügung, die das Team bei der Planung und Fortschrittskontrolle des Projekts unterstützen. Weil die Mitglieder eines Scrum-Teams sehr intensiv kommunizieren und miteinander arbeiten, müssen ihre Arbeitsplätze nahe beieinander liegen (am besten im selben Raum).
- Scrum führt mit dem *Scrum-Master* eine völlig neue Rolle für Entwicklungsprojekte ein. Die übergeordnete Aufgabe des Scrum-Masters besteht darin,

dem Team und der Organisation zu helfen, Scrum-Projekte richtig durchzuführen. Er sorgt dafür, dass der Prozess und die Regeln eingehalten und die definierten Verantwortlichkeiten auch wahrgenommen werden. Der Scrum-Master unterstützt das Team und den Produktverantwortlichen und kümmert sich darum, dass Hindernisse beseitigt werden, die den erfolgreichen Einsatz von Scrum gefährden. Weiterhin stellt er sicher, dass das Team direkt mit dem Produktverantwortlichen zusammenarbeiten kann und dass es während eines Sprints nicht durch ungerechtfertigte Eingriffe gestört wird. Der Scrum-Master moderiert die Daily Scrums und sorgt dafür, dass die zentralen Scrum-Dokumente (wie das Product Backlog) aktuell sind. Neben diesen eher organisatorischen Aufgaben sollte ein kompetenter Scrum-Master auch in der Lage sein, die Arbeitstechniken und Vorgehensweisen zu bewerten und auch zu verbessern. Scrum-Master ist also die wichtigste Rolle im Scrum-Projekt. Ob die Einführung von Scrum gelingt, hängt vor allem vom Scrum-Master ab.

Dokumente

Scrum definiert als agiler Prozess nur wenige, dafür aber für den Erfolg wichtige Dokumente, die in jedem Scrum-Projekt zu erstellen und zu pflegen sind. Diese Dokumente unterstützen vor allem die Planung von Scrum-Projekten und dienen der Fortschrittskontrolle.

Das wichtigste Dokument eines Scrum-Projekts ist das Product Backlog. Es enthält alle Anforderungen, die im Projekt umgesetzt werden sollen. Zusätzlich werden im Product Backlog alle Aufgaben aufgeführt, die erledigt werden müssen. Der Produktverantwortliche erstellt und aktualisiert das Product Backlog. Ausgangsbasis für die erste Version des Product Backlogs ist das Produktkonzept oder die Sammlung der Anforderungen, die in einem Anforderungsworkshop (siehe Abschnitt 16.2.8) erhoben werden.

Die Einträge im Product Backlog sind priorisiert, den erforderlichen Aufwand hat das Team geschätzt. Als Schätzgröße werden in der Regel nicht Personentage, sondern Punkte (*Story Points*) verwendet. Diese werden bei der Planung eines Sprints in Personentage umgerechnet. Die Aufwandsbewertung der Anforderungen findet in Schätzklausuren statt, an denen das Team, der Produktverantwortliche und in der Regel auch der Scrum-Master teilnehmen.

Alle Anforderungen, die im nächsten Sprint umgesetzt werden sollen, werden aus dem Product Backlog in das *Sprint Backlog* übernommen. Dieses Dokument beschreibt somit die Ziele, die ein Sprint erreichen soll, und dient dem Team zur Organisation der Arbeit während eines Sprints. Die Einträge im Sprint Backlog sind möglichst präzise beschrieben und in Personenstunden oder Personentagen abgeschätzt. Welche Anforderungen in einem Sprint umgesetzt werden, wird in der Sprint-Planungssitzung festgelegt. Das Sprint Backlog wird täglich aktualisiert, d. h., es werden umgesetzte Anforderungen als erledigt markiert, die Aufwände dafür werden dokumentiert, und eventuelle Restaufwände und neue Aktivitäten und deren Aufwände werden eingetragen.

Um den Arbeitsfortschritt während eines Sprints zu dokumentieren, kennt Scrum den sogenannten *Sprint-Burndown-Bericht*. Dieser zeigt, typischerweise grafisch, über die Laufzeit des Sprints die Höhe der Aufwände, die im Sprint Backlog enthalten oder noch zu erbringen sind. Im Idealfall nehmen die Aufwände stetig und etwa linear ab. Natürlich können aber auch neue nicht vorhergesehene Tätigkeiten dazukommen, geplante Aufwände können sich als ungenügend erweisen. Durch den Sprint-Burndown-Bericht wird frühzeitig sichtbar, ob die im Sprint zur Implementierung vorgesehenen Anforderungen mit den geplanten Aufwänden realisiert werden können; andernfalls müssen Gegenmaßnahmen ergriffen werden. Beispielsweise kann der Produktverantwortliche Anforderungen aus dem Sprint Backlog streichen. Der Sprint-Burndown-Bericht wird täglich aktualisiert, meist ist der Scrum-Master dafür verantwortlich.

Am Ende jedes Sprints wird ein Sprint-Endebericht erstellt, der insbesondere dokumentiert, welche Anforderungen umgesetzt wurden und welche nicht realisiert werden konnten. Zudem werden etwaige Hindernisse, die im Sprint aufgetreten sind und zu Problemen geführt haben, beschrieben.

Natürlich muss bei einem größeren System geplant werden, in welchen Schritten (Ausbaustufen) das System realisiert (und wenn möglich auch eingesetzt) werden soll. Dazu wird auf Basis der initialen Version des Product Backlogs ein *Release-Plan* erstellt. Dieser legt fest, wie viele Sprints durchzuführen sind, um das Produkt zu erstellen, und welche zentralen Anforderungen in den einzelnen Sprints umgesetzt werden. Nach jedem Sprint wird der Release-Plan auf Basis der neuen Erfahrungen und Erkenntnisse aktualisiert. Analog zur Sprint-Fortschrittskontrolle wird auf Basis des Release-Plans ein *Release-Burndown-Bericht* erstellt und gepflegt.

Der Scrum-Prozess

Scrum verlangt einen iterativen Prozess, das Produkt entsteht inkrementell. Abbildung 10–18 zeigt die zentralen Elemente des Scrum-Prozesses, erweitert um Elemente der Release-Planung. Am Anfang müssen wie üblich Anforderungen gesammelt, priorisiert und bewertet werden. Dazu kann ein Anforderungsworkshop durchgeführt werden. Die gesammelten Anforderungen werden im Product Backlog festgehalten, das als Basis dient, um die Releases und die einzelnen Inkremententwicklungen, die Sprints, zu planen. Die Anforderungen, die in einem Sprint umgesetzt werden sollen, werden aus dem Product Backlog in das Sprint Backlog übernommen. Im Sprint werden alle Entwicklungstätigkeiten durchgeführt, die notwendig sind, um das Ziel des Sprints zu erreichen.

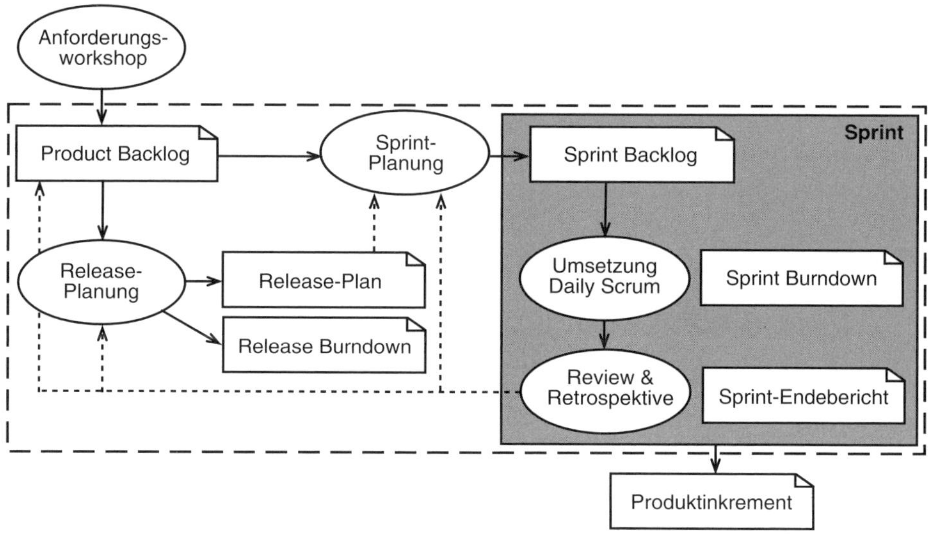

Abb. 10–18 *Elemente des Scrum-Prozesses*

Ein wesentliches Element des Sprints ist das sogenannte Daily Scrum, ein tägliches Treffen, nur eine Viertelstunde lang. Alle Teammitglieder berichten über ihre Fortschritte und stimmen die Planung des Tages ab. Neue Hindernisse werden besprochen und dokumentiert. So kennen alle den Stand des Projekts. Damit 15 Minuten ausreichen, muss das Treffen vorbereitet sein, das Sprint Backlog und der Sprint-Burndown-Bericht müssen aktualisiert vorliegen. Am Daily Scrum nehmen das Team, der Scrum-Master und, wenn möglich, der Produktverantwortliche teil.

Ein Sprint sollte nicht länger als 30 Tage dauern, kürzere Sprints sind die Regel. Am Ende jedes Sprints muss ein ausführbares und auslieferbares Produktinkrement vorliegen. Das ist jedoch, insbesondere bei den ersten Sprints, nicht immer sinnvoll. Pichler (2008) unterscheidet darum zwischen Explorations-, Standard- und Releasesprints. Explorationssprints dienen dazu, problematische und riskante Bereiche zu untersuchen und Lösungsalternativen zu erproben; das Ergebnis ist in der Regel ein Prototyp. Explorationssprints ähneln somit dem explorativen Prototyping (Abschnitt 9.4.4) oder einem Zyklus im Spiralmodell (Abschnitt 9.6). Während das Ergebnis eines Standardsprints ein Produktinkrement ist, das nicht unbedingt freigegeben und ausgeliefert wird, entsteht bei einem Releasesprint immer ein auslieferbares Produktinkrement.

Am Ende jedes Sprints finden zwei Bewertungssitzungen statt. Im *Sprint-Review* wird festgestellt, ob das Team alle Anforderungen vollständig und in der geforderten Qualität umgesetzt hat. Dazu präsentiert das Team die Ergebnisse und diskutiert sie mit dem Produktverantwortlichen. Der Produktverantwortliche nimmt die Implementierung ab, die erledigten wie auch die unerledigten Anforderungen werden im Sprint-Endebericht dokumentiert. In der *Sprint-Retrospektive* wird bewertet, wie gut der Scrum-Prozess im betrachteten Sprint umgesetzt werden konnte. Falls möglich, werden Verbesserungsmaßnahmen für kommende Sprints identifiziert. So wird der Scrum-Prozess stetig verbessert.

Die Ergebnisse des Sprints, des Sprint-Reviews und der Retrospektive fließen in die weitere Projektplanung ein, d. h., Product Backlog und Release-Plan müssen entsprechend aktualisiert werden, bevor ein neuer Sprint geplant werden kann.

Bewertung von Scrum

Scrum wurde in vielen Projekten eingesetzt, die Erfahrungen sind mehrheitlich positiv. Jedoch ist Scrum nicht immer geeignet. So sollte die Teamgröße fünf bis zehn Personen nicht überschreiten, das Team muss am selben Ort arbeiten, und das Produkt muss sich inkrementell entwickeln lassen. Ist das Projektteam größer und soll das Projekt verteilt durchgeführt werden, dann müssen zusätzliche Organisationselemente eingeführt werden, da gleichzeitig mehrere Scrum-Teilprojekte koordiniert werden müssen. Dies wird als *Scrum of Scrums* bezeichnet. Generell sollte aber nur dann verteilt entwickelt werden, wenn dies unumgänglich ist.

Wie XP funktioniert auch Scrum nur dann, wenn ein kompetenter Produktverantwortlicher (entsprechend dem on-site customer in XP) in das Entwicklungsteam integriert werden kann. Der Erfolg oder der Misserfolg hängt, wie bei agilen Prozessen üblich, in besonderem Maße von der Motivation, der Kompetenz und der Kommunikationsfähigkeit der Teammitglieder ab. Diese müssen die Entwicklungstätigkeiten selbst organisieren und dafür sorgen, dass der Prozess und seine Regeln eingehalten werden. Das erfordert einen intensiven Lern- und Erfahrungsprozess, der maßgeblich vom Scrum-Master gestaltet werden muss. Natürlich verlaufen auch Scrum-Projekte nicht immer wie geplant, so können Sprints frühzeitig abgebrochen werden, wenn sich herausstellt, dass das Ziel nicht erreichbar ist. Scrum als Managementansatz kann offensichtlich gut mit agilen Techniken, wie sie beispielsweise XP vorgibt, kombiniert werden.

10.6.7 Zusammenfassung der agilen Prozesse

> *Now, a bigger gathering of organizational anarchists would be hard to find …*
>
> aus der »History of the Agile Manifesto«

Die agilen Methoden können nicht pauschal charakterisiert oder bewertet werden; ihre Ähnlichkeit besteht vor allem in der Ablehnung der bürokratischen Prozesse. Weder das »Manifesto« noch die Prinzipien taugen als Definition eines Prozesses. Die hier behandelten Repräsentanten, Extreme Programming, Crystal und Scrum, unterscheiden sich erheblich; während XP durch eine oft irrationale

Begeisterung für das »Anders-Arbeiten« geprägt ist und damit seinem Etikett »extrem« gerecht wird, erscheint Crystal als ein Ansatz, der speziell für kleine Projekte (Crystal Clear) einen vernünftigen Kompromiss zwischen den alten und den neuen Konzepten sucht. Scrum erweist sich als ein in vielen Situationen angemessenes Managementkonzept. Die Tatsache, dass XP große Aufmerksamkeit genießt, liegt vermutlich genau an seiner modischen Verpackung als Weltanschauung. Die im Manifesto demonstrierte Eintracht ist kein Bund fürs Leben; der Vater von Crystal stichelt auf seiner Webseite mit einer Abwandlung von Munchs »Schrei« zum »X-scream programming«.

Die Ablehnung einer bürokratischen Verkrustung der Prozesse ist nachvollziehbar und erfreulich; wer ein Webportal oder ein Spiel für das Mobiltelefon entwickelt, ist gut beraten, nicht monatelang nach einer umfassenden Spezifikation zu streben, sondern sich in einem evolutionären Ansatz mit kurzen Zyklen an eine Lösung heranzutasten, die dem Kunden gefällt. Dies sind typische Einsatzgebiete für die agilen Prozesse.

Wer aber die Software für ein Fly-by-Wire-System im Verkehrsflugzeug oder für die Datenübertragung einer Großbank entwickelt, wird (hoffentlich) nicht auf die Sicherheit und Solidität verzichten, die die traditionellen Ansätze bieten. Bei solchen Projekten gibt es keinen einzelnen Kunden, sondern Experten und Benutzer, deren Anforderungen sehr systematisch erhoben werden müssen. Und es ist zu erwarten, dass das System über Jahrzehnte eingesetzt und gewartet wird.

Wir rechnen damit, dass sich das religiöse Fieber legt und dass Ansätze wie XP und Crystal in einigen Jahren vergessen sein werden. Dagegen wird es weiterhin – und hoffentlich durch solide empirische Daten unterstützt – Versuche geben, für jede Klasse von Projekten den angemessenen Prozess zu finden. Bis jetzt (2010) können wir die Behauptung von Cockburn weder bestätigen noch bestreiten, dass große Projekte nicht agil durchgeführt werden können, in kleinen und mittelgroßen aber durch agiles Vorgehen erheblich bessere Effizienz erzielt wird.

11 Bewertung und Verbesserung des Software-Prozesses

Spätestens seit Beginn des 20. Jahrhunderts, als die Automobilindustrie entstand, werden die industriellen Fertigungsprozesse beobachtet, analysiert und optimiert, weil sie großen Einfluss auf die Produktivität und auf die Qualität der Produkte haben.

Da Software nur entwickelt, nicht gefertigt wird (siehe Abschnitt 2.3.2), lässt sich die Prozessoptimierung nicht einfach übernehmen. Man kann aber die Grundideen auf die Software-Entwicklung übertragen. Seit den Achtzigerjahren entstanden verschiedene Ansätze zur Bewertung und Verbesserung der Software-Prozesse. Bekannt und weit verbreitet sind die ISO-9000-Normenfamilie (insbesondere die Norm ISO 9000-3) und das Reifegradmodell für Entwicklungsprozesse CMM (*Capability Maturity Model*). In den letzten Jahren hat SPICE an Bedeutung gewonnen. In diesem Kapitel werden CMM/CMMI (Abschnitt 11.2) und SPICE (Abschnitt 11.3) vorgestellt.

Wir verzichten auf eine Behandlung der ISO-9000-Normen; sie sind bis auf wenige Teile nicht softwarespezifisch. Erfahrungen mit ISO 9000 für Software-Projekte sind negativ (Bellin, Stelzer, Mellis, 1996). Durch CMMI und SPICE hat ISO 9000 für Software-Projekte weiter an Bedeutung verloren.

11.1 Voraussetzungen hoher Software-Qualität

Natürlich ist der Prozess nicht der einzige Faktor, der sich auf die Qualität der erstellten Software auswirkt. Insbesondere die Fähigkeiten der Mitarbeiter, aber auch die eingesetzten Techniken haben erheblichen Einfluss. Darum darf nicht nur der Prozess betrachtet werden, will man die Software-Entwicklung als Ganzes verbessern. Außerdem ist zu beachten, dass wir uns in der Software-Entwicklung – anders als bei der Herstellung eines industriellen Massenprodukts, z. B. einer elektrischen Handbohrmaschine – mit dem *Entwicklungsprozess* befassen, nicht mit dem *Fertigungsprozess*. Während der Fertigungsprozess unmittelbare Auswirkungen auf das Produkt hat, steht zwischen dem Entwicklungsprozess und dem Produkt das Projekt. Selbst dort, wo der Prozess nicht einmal ansatzweise definiert ist, kann das Projekt ein ordentliches Produkt hervorbringen; umgekehrt ist ein perfekter Prozess keineswegs eine Garantie für eine gute Entwicklung. Wir sehen folgenden Zusammenhang:

- Der *Entwicklungsprozess* muss so gestaltet sein, dass er das Projekt in allen Punkten, die einheitlich organisiert und durchgeführt werden sollten, festlegt. In allen Punkten, die nur auf der Ebene des Projekts entschieden werden können, sollte der Prozess generisch bleiben, d. h. eine projektspezifische Ausprägung erlauben oder keine Vorgaben machen. Der Prozess kann nur nützen, wenn ihn alle Beteiligten, Manager wie Entwickler, akzeptieren; dazu sollte sein Nutzen messbar sein.
- Die *Techniken* (Sprachen, Methoden, Werkzeuge) müssen so ausgewählt werden, dass sie die durchzuführenden Tätigkeiten möglichst gut unterstützen.
- Die *Mitarbeiter* müssen so gut ausgebildet sein, dass sie den Entwicklungsprozess umsetzen und die gewählten Techniken anwenden können.

Alle drei Faktoren müssen aufeinander abgestimmt sein. Ein guter Software-Entwicklungsprozess allein garantiert nicht, dass auch die Ergebnisse der Entwicklung gut sind.

11.2 CMMI, das Reifegradmodell für Software-Prozesse

Das US-Verteidigungsministerium (DoD) ist der weltweit größte Auftraggeber für Software. Die Software ist in der Regel Teil eines (Waffen-)Systems, z. B. eines Kampfflugzeugs. Wird sie nicht termingerecht und in der geforderten Qualität geliefert, ist das gesamte System unbrauchbar.

Darum hat das DoD ein starkes Interesse daran, mögliche Software-Lieferanten *vor* Erteilung eines Auftrags bewerten und vergleichen zu können. 1987 finanzierte es den Aufbau des *Software Engineering Institute* (SEI) auf dem Gelände der Carnegie Mellon University in Pittsburgh, Pennsylvania, mit der das SEI auch organisatorisch verbunden ist. Die erste und bis heute wichtigste Aufgabe des SEI bestand darin, ein Verfahren zur Durchführung einer solchen Bewertung zu entwickeln und zu verbreiten. Das Ergebnis war das *Capability Maturity Model* (CMM), das 1991 vorgestellt wurde.

CMM ist im Kern ein detaillierter Katalog von Anforderungen (Kriterien), eine Art Checkliste in fünf Stufen. Eigentlich sind es nur vier; für die Eintrittsstufe 1 gibt es keine Kriterien. Somit bleibt eine Organisation[1], die nicht allen Kriterien der Stufe 2 genügt, auf Stufe 1 oder wird dorthin zurückgestuft. Erfüllt die Organisation alle Kriterien, so steht sie auf Stufe 5, dem höchsten Reifegrad. Damit wird ihr bescheinigt, dass ihre Prozesse organisatorisch optimale Voraussetzungen für erfolgreiche Software-Projekte bieten. Technische Aspekte werden dabei

1 Der Begriff »Organisation« wird als Oberbegriff für alle Organisationseinheiten verwendet, die Software entwickeln (eine Abteilung in einem Unternehmen, ein Software-Haus o. Ä.).

aber ebenso wenig berücksichtigt wie die Kompetenz der Entwickler. Auf CMM basierend entstanden Bewertungsmodelle für verschiedene Bereiche (z. B. für die Systementwicklung oder für die integrierte Produktentwicklung).

1997 wurde ein Nachfolgeprojekt gestartet, das die CMM-Varianten, die es auch für Hardware- und Systemprojekte gab, zusammenführen und nach den Erfahrungen mit CMM verbessern sollte. So entstand CMMI *(Capability Maturity Model Integration)*, das seit August 2006 in der Version 1.2 vorliegt; die Version 1.3 ist für 2010 angekündigt. CMMI ist modular aufgebaut, damit bereichsspezifische Varianten – sogenannte Konstellationen – auf einer gemeinsamen Basis erstellt werden können. Die aktuelle Version bietet Konstellationen für die Produktentwicklung (CMMI-DEV), für die Akquisition (CMMI-ACQ) und für Dienstleistungen (CMMI-SVC). Jede Konstellation enthält ein angepasstes CMMI-Modell, dazu die Schulungsunterlagen und Begutachtungsverfahren. Wir stellen nachfolgend CMMI für die Software-Entwicklung, also CMMI-DEV, vor. Dabei stützen wir uns auf den technischen Bericht des SEI (CMMI, 2006a) sowie auf die Bücher von Kneuper (2007) und Ahern, Clouse, Turner (2008).

11.2.1 Ziele und Annahmen des CMMI

Bevor wir auf die Details des CMMI eingehen, betrachten wir die angestrebten Ziele und die Annahmen, die der Bewertung zu Grunde liegen. Folgende Ziele sollen mit dem Reifegradmodell erreicht werden:

- Das Modell soll sich auf alle Organisationen, in denen Software bearbeitet wird, anwenden lassen und ein Bild der aktuellen Prozessqualität liefern.
- Die Schwächen, aber auch die Stärken des realen, also praktisch gelebten Prozesses sollen durch die Begutachtung klar sichtbar werden, damit daraus eine Anleitung zur Prozessverbesserung abgeleitet werden kann.
- Die Prozessbewertung soll neutral sein gegenüber der eingesetzten Technik. Beispielsweise hat CMMI keine Präferenz für die objektorientierte gegenüber einer konventionellen Entwicklung.
- Die Reifegrade sollen aufeinander aufbauen; eine höhere Stufe setzt alle niedrigeren Stufen voraus. Der Übergang auf die nächsthöhere Stufe soll durch systematische Verbesserungen erreichbar sein, sodass man systematisch von Stufe zu Stufe aufsteigen kann.
- Das Modell soll konsistent zum ISO-Standard 15504 (SPICE) sein (siehe 11.3).

CMMI beruht auf folgenden Annahmen:

- Die Reife eines Software-Prozesses ist umso höher, je besser die benutzten Prozesse definiert, beschrieben und geplant sind und je genauer sie beobachtet und gesteuert werden.
- Hohe Prozessreife erfordert statistische Kontrolle. Die Erfassung von Kennzahlen und ihre statistische Auswertung unterstützen eine kontinuierliche Verbesserung.

- Je höher der Reifegrad ist, desto genauer können Termine, Kosten und Qualität prognostiziert werden; das Risiko, die Projektziele zu verfehlen, sinkt, die Qualität der entwickelten Produkte steigt.

11.2.2 Prozessbereiche

CMMI nutzt als oberstes Strukturierungselement sogenannte *Prozessbereiche*. Jeder Prozessbereich (*process area*) wird durch Ziele beschrieben, die erreicht werden müssen, sowie durch Aufgaben (*practices*), die eine Organisation beherrschen muss, um die Ziele zu erreichen. CMMI unterscheidet zwischen *spezifischen Zielen*, die genau einen Prozessbereich betreffen, und *generischen Zielen*, die beschreiben, was eine Organisation tun muss, damit die spezifischen Ziele auch dauerhaft erfüllt werden. Diese gelten naturgemäß für mehrere Prozessbereiche. Die gleiche Unterscheidung gibt es auch für die Aufgaben. Tabelle 11–1 nennt und beschreibt die Prozessbereiche, die CMMI definiert; wir verwenden die englischen Originalbegriffe, auf denen auch die Abkürzungen beruhen.

Prozessbereich	Der Prozessbereich umfasst alle Tätigkeiten, um ...
Requirements Management (REQM)	... die Anforderungen an die zu entwickelnden Produkte und Komponenten zu verwalten und Inkonsistenzen zwischen den Anforderunge, den Projektplänen und den Arbeitsergebnissen zu erkennen.
Project Planning (PP)	... alle Pläne zu erstellen und zu pflegen, die die Projektaktivitäten festlegen.
Project Monitoring and Control (PMC)	... den Projektfortschritt festzustellen, damit angemessene Korrekturmaßnahmen ergriffen werden können, wenn der Fortschritt des Projekts wesentlich vom Projektplan abweicht.
Measurement and Analysis (MA)	... die Organisation in die Lage zu versetzen, Messungen durchzuführen.
Process and Product Quality Assurance (PPQA)	... Mitarbeitern und Management einen objektiven Einblick in die Qualität der Prozesse und der Arbeitsergebnisse zu liefern.
Configuration Management (CM)	... die Integrität von Arbeitsergebnissen zu sichern und zu wahren. Dazu werden Konfigurationen identifiziert und überwacht und auf der Basis von Konfigurationsaudits Berichte über den Status der Konfigurationen erstellt.
Supplier Agreement Management (SAM)	... den Einkauf von Produkten zu steuern, mit deren Lieferanten eine formelle Vereinbarung besteht.
Requirements Development (RD)	... die Kundenanforderungen an Produkte und Produktkomponenten zu erfassen, zu analysieren und zu validieren.
Technical Solution (TS)	... zu den Anforderungen Lösungen (Produktkomponenten) zu entwerfen und zu implementieren.
Product Integration (PI)	... das Produkt aus den Produktkomponenten zusammenzubauen. Dabei muss sichergestellt werden, dass es funktioniert wie in den Anforderungen gefordert. →

Prozessbereich	Der Prozessbereich umfasst alle Tätigkeiten, um ...
Verification (VER)	... sicherzustellen, dass die Arbeitsergebnisse die spezifizierten Anforderungen erfüllen.
Validation (VAL)	... sicherzustellen, dass ein Produkt den geplanten Zweck erfüllt, wenn es in der Einsatzumgebung betrieben wird.
Organizational Process Focus (OPF)	... die organisationsweite Prozessverbesserung zu planen und durchzuführen. Dazu müssen die Schwächen und Stärken der Prozesse und der Prozessdokumentation bekannt sein.
Organizational Process Definition (OPD)	... die Prozesse zu definieren und die Prozessdokumente zu erstellen und zu pflegen, die in der Organisation genutzt werden.
Organizational Training (OT)	... die Mitarbeiter so auszubilden, dass sie in der Lage sind, ihre Rollen effektiv und effizient auszufüllen.
Integrated Project Management (IPM)	... ein Projekt nach einem definierten Prozess aufzusetzen und durchzuführen. Dieser Prozess wird aus dem Standardprozess der Organisation hergeleitet, indem dieser projektspezifisch angepasst wird.
Risk Management (RSKM)	... Risiken zu identifizieren, Maßnahmen zur Risikobehandlung zu planen und, falls notwendig, durchzuführen.
Decision Analysis and Resolution (DAR)	... notwendige Entscheidungen in einem formalen Prozess vorzubereiten. Dabei werden Alternativen nach festgelegten Kriterien bewertet.
Organizational Process Performance (OPP)	... auf quantitativer Basis (also aus im Prozess erhobenen Daten) festzustellen, wie gut der eingesetzte Standardprozess ist.
Quantitative Project Management (QPM)	... ein Projekt entsprechend dem definierten Prozess auf der Basis von Kennzahlen zu führen.
Organizational Innovation and Deployment (OID)	... organisatorische und technische Maßnahmen auszuwählen und in der Organisation durchzuführen, die die Prozesse und die angestrebten Qualitätsziele messbar verbessern.
Causal Analysis and Resolution (CAR)	... die Ursachen von Fehlern und anderen Problemen zu identifizieren und zukünftig zu vermeiden.

Tab. 11–1 *Kurzbeschreibung der CMMI-Prozessbereiche*

Die Tabelle zeigt: CMMI definiert nichts Neues oder gar Revolutionäres, sondern fasst in den einzelnen Prozessbereichen Aufgaben und Tätigkeiten zusammen, die nach allgemeinen Erfahrungen notwendig sind, um Entwicklungsprojekte erfolgreich durchzuführen.

11.2.3 Varianten des Reifegradmodells

Mittels CMMI soll die Reife einer Organisation, die Software entwickelt, ermittelt und der Organisation ein Weg gewiesen werden, um die Prozessreife schrittweise zu verbessern. Dazu bietet das CMMI zwei Varianten an, die stufenförmige und die kontinuierliche.

Die stufenförmige Variante

Diese CMMI-Variante definiert eine Skala von fünf aufeinander aufbauenden *Reifegraden* (Abb. 11–1). Um einen Reifegrad zu erreichen, muss die Organisation alle Anforderungen dieser Stufe und aller darunterliegenden Stufen erfüllen.

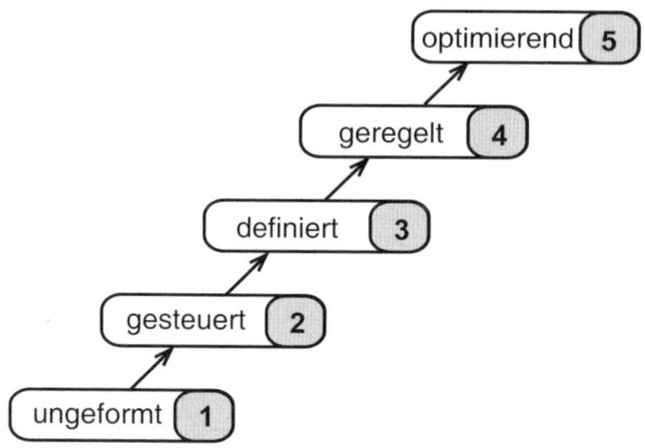

Abb. 11–1 *Die Reifegrade des CMMI in der stufenförmigen Variante*

Alle Reifegrade – bis auf Stufe 1 – werden durch Prozessbereiche beschrieben. Jeder Prozessbereich ist genau einem Reifegrad zugeordnet (Tab. 11–2). Eine Organisation, die nach dem gestuften Reifegradmodell bewertet wird, muss alle Prozessbereiche einer Stufe beherrschen, um diese Stufe zu erreichen. Es handelt sich also um K.-o.-Kriterien: Defizite in irgendeinem Prozessbereich können nicht durch Stärken in anderen Bereichen ausgeglichen werden.

Stufe 1 – Der ungeformte Prozess (initial)

Der Prozess ist nicht bewusst gestaltet, sondern hat sich mehr oder minder zufällig entwickelt. Das ist nicht zwingend schlecht; aber in der Praxis bedeutet es doch meist, dass die Planung unzulänglich und der Projektverlauf chaotisch ist und dass Kostenvorgaben und Termine meist erheblich überschritten werden. Wenn Projekte trotzdem leidlich erfolgreich abgeschlossen werden, so haben einzelne Mitarbeiter weit mehr geleistet, als ihnen zuzumuten ist. Kurz: Der Erfolg hängt an Einzelkämpfern, den »Helden«, und ist darum nicht planbar.

Stufe 2 – Der gesteuerte Prozess (managed)

Diese Stufe ist dadurch charakterisiert, dass wichtige Bereiche der Software-Entwicklung organisiert und den Beteiligten vorgegeben sind (z. B. die Verwaltung der Anforderungen, die Qualitätssicherung und insbesondere das Projektmanagement). Obwohl es keinen organisationsweit definierten Software-Prozess gibt, sondern jedes Projekt einem eigenen, speziellen Prozess folgen kann, ist eine minimale Prozessdisziplin gewährleistet. Damit ist sichergestellt, dass der Erfolg in einem früheren Projekt in weiteren, ähnlichen Projekten wiederholt wird, wie es die alte CMM-Bezeichnung der Stufe 2 »repeatable« andeutet.

Stufe 3 – Der definierte Prozess (defined)

Auf dieser Stufe wird nicht mehr das einzelne Projekt betrachtet, sondern es geht darum, dass alle Projekte einer Organisation einem einheitlichen Schema folgen. Dazu muss ein organisationsweiter Standardprozess definiert, dokumentiert und angewendet werden. Der Standardprozess lässt einige Freiheiten für die Projekte; darum beginnt jedes Projekt mit der projektabhängigen Anpassung des Standardprozesses.

Stufe 4 – Der geregelte Prozess (quantitatively managed)

Die auf Stufe 3 erreichte Standardisierung des Prozesses erlaubt, für alle Projekte einheitliche Metriken einzuführen. Die Beteiligten erhalten auf diese Weise Kennzahlen, die sie in die Lage versetzen, Probleme frühzeitig zu erkennen und Korrekturmaßnahmen zu ergreifen. Damit findet das Prinzip der Regelschleife Anwendung (Abschnitt 8.5.1).

Reifegrad			Abk.	Prozessbereiche
1	ungeformt	(initial)		–
2	gesteuert	(managed)	REQM PP PMC MA PPQA CM SAM	Requirements Management Project Planning Project Monitoring and Control Measurement and Analysis Process and Product Quality Assurance Configuration Management Supplier Agreement Management
3	definiert	(defined)	RD TS PI VER VAL OPF OPD OT IPM RSKM DAR	Requirements Development Technical Solution Product Integration Verification Validation Organizational Process Focus Organizational Process Definition Organizational Training Integrated Project Management Risk Management Decision Analysis and Resolution
4	geregelt	(quantitatively managed)	OPP QPM	Organizational Process Performance Quantitative Project Management
5	optimierend	(optimizing)	OID CAR	Organizational Innovation and Deployment Causal Analysis and Resolution

Tab. 11–2 Prozessbereiche der Reifegrade

Stufe 5 – Der optimierende Prozess (optimizing)

In einer sich ändernden Welt können die Prozesse nicht statisch sein, sie bedürfen der Verbesserung und Anpassung. Auf Stufe 5 werden wie auf Stufe 4 die Prozesse routinemäßig in den Projekten angewendet. Auf Basis der erhobenen Prozess- und Produktmetriken werden die Prozesse organisatorisch und technisch laufend den sich ändernden Randbedingungen angepasst. Fehler und Probleme werden systematisch analysiert, damit sie in Zukunft vermieden werden.

Einstufung

Die Einstufung einer Organisation basiert darauf, inwieweit sie die spezifischen und generischen Ziele erfüllt und die damit verbundenen spezifischen und generischen Aufgaben beherrscht, die den Prozessbereichen zugeordnet sind.

Die folgenden drei generischen Ziele (GZ) mit den dazugehörenden generischen Aufgaben (GA) sind für die ersten drei Stufen definiert (Tab. 11–3).

GZ 1	**Erfülle die spezifischen Ziele**
GA 1.1	Beherrsche die spezifischen Aufgaben
GZ 2	**Institutionalisiere einen gesteuerten Prozess**
GA 2.1	Erstelle eine organisationsweite Strategie für die Planung und Umsetzung des Prozesses
GA 2.2	Plane den Prozess
GA 2.3	Stelle Ressourcen bereit
GA 2.4	Weise Verantwortlichkeiten zu
GA 2.5	Schule die am Prozess beteiligten Personen
GA 2.6	Verwalte die Konfigurationen der Arbeitsergebnisse des Prozesses
GA 2.7	Ermittle und beteilige die betroffenen Personen
GA 2.8	Überwache und steuere den Prozess
GA 2.9	Bewerte objektiv die Einhaltung des Prozesses
GA 2.10	Prüfe den Status und die Ergebnisse des Prozesses mit dem Management
GZ 3	**Institutionalisiere einen definierten Prozess**
GA 3.1	Beschreibe und pflege einen definierten Prozess
GA 3.2	Sammle Verbesserungsinformationen
zusätzlich	alle Aufgaben des generischen Ziels GZ 2

Tab. 11–3 *Generische Ziele und Aufgaben der stufenförmigen CMMI-Variante*

Als Beispiel für spezifische Ziele und Aufgaben wählen wir den Prozessbereich Requirements Management der Stufe 2. Für diesen Bereich gibt CMMI nur das spezifische Ziel *Verwalte die Anforderungen* an, das erfüllt ist, wenn die folgenden spezifischen Aufgaben beherrscht sind:

1. Verstehe die Anforderungen
2. Lege die Anforderungen fest
3. Verwalte Änderungen an den Anforderungen
4. Stelle die birektionale Nachverfolgbarkeit der Anforderungen sicher (das sogenannte *Tracing*)
5. Stelle Inkonsistenzen zwischen der Projektarbeit und den definierten Anforderungen fest

GZ 1 fordert, dass für jeden Reifegrad (größer 1) alle spezifischen Aufgaben der Prozessbereiche beherrscht sein müssen. Erfüllt beispielsweise eine Organisation die generischen Ziele GZ 1 und GZ 2 für alle sieben Prozessbereiche der Stufe 2 (beherrscht also alle spezifischen Aufgaben der einzelnen Prozessbereiche und die GZ-2-Aufgaben im Kontext jedes Prozessbereichs), dann befindet sie sich auf Stufe 2.

Allgemein gilt: Eine Organisation erhält dann den Reifegrad X, wenn für alle Prozessbereiche der Stufe X die generischen Ziele GZ 1 bis GZ X erfüllt sind.

Die kontinuierliche Variante

Mit der kontinuierlichen CMMI-Variante können die spezifischen Stärken und Schwächen einer Organisation besser als in der stufenförmigen identifiziert werden, da jeder Prozessbereich einzeln betrachtet und bewertet werden kann. Dazu legt CMMI fünf generische Ziele fest. Diese gelten für alle Prozessbereiche, bauen aufeinander auf und definieren dadurch jeweils einen *Fähigkeitsgrad* für die Prozessbereiche. In Tabelle 11–4 ist dargestellt, wie die generischen Ziele und die Fähigkeitsgrade zusammenhängen.

Generisches Ziel		Fähigkeitsgrad
	–	0: unvollständig
GZ 1	Erfülle alle spezifischen Ziele des Prozessbereichs	1: durchgeführt
GZ 2	Institutionalisiere einen **gesteuerten** Prozess	2: gesteuert
GZ 3	Institutionalisiere einen **definierten** Prozess	3: definiert
GZ 4	Institutionalisiere einen **geregelten** Prozess GA 4.1 Lege quantitative Prozessziele fest GA 4.2 Stabilisiere die Leistungsfähigkeit von Teilprozessen	4: geregelt
GZ 5	Institutionalisiere einen **optimierenden** Prozess GA 5.1 Stelle die kontinuierliche Prozessverbesserung sicher GA 5.2 Behebe die Ursache von Problemen	5: optimierend

Tab. 11–4 *Ziele und Fähigkeitsgrade der kontinuierlichen CMMI-Variante*

Ein Prozessbereich wird mit dem Fähigkeitsgrad x bewertet, wenn das generische Ziel x erfüllt ist. Wird keines der Ziele erfüllt, dann ist der Fähigkeitsgrad in diesem Prozessbereich 0.

Wird eine Organisation nach der kontinuierlichen Variante bewertet, dann kann ein Profil der Fähigkeitsgrade für die betrachteten Prozessbereiche erstellt werden (siehe Abb. 11–2). Dieses zeigt, wie gut die Bereiche beherrscht werden, und bildet die Basis für gezielte Verbesserungen bestimmter Prozessbereiche.

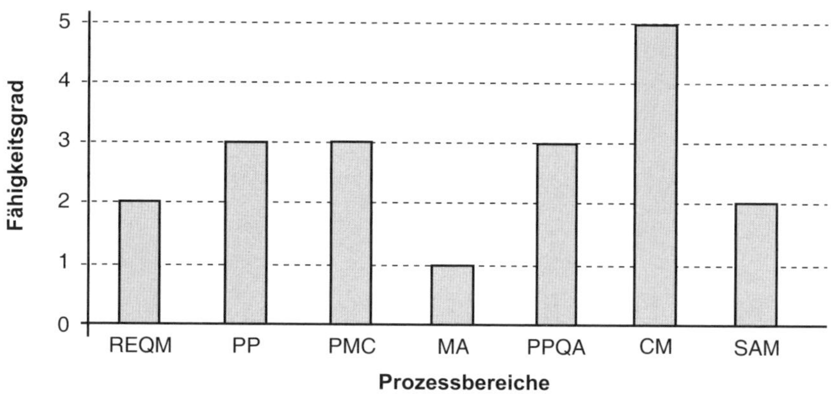

Abb. 11–2 *Beispiel für ein Fähigkeitsgradprofil von Prozessbereichen*

11.2.4 Prozessbewertung

Eine Organisation kann CMMI für verschiedene Ziele nutzen:

- Nach einer *offiziellen Begutachtung* (Appraisal) bekommt die Organisation ein quasi amtliches Zeugnis ihrer Prozessqualität. Je höher die Einstufung ist, desto besser ist das Zeugnis für die Außendarstellung geeignet. Firmen, die für US-Bundesbehörden, vor allem für das Militär und die NASA, arbeiten wollen, haben ohne eine respektable Einstufung kaum eine Chance, Aufträge zu erhalten. Darum sind diese Firmen auf den oberen Stufen (4 und 5) stark vertreten. Eine zweite Gruppe sind Firmen in Indien (und neu auch in China), die ohne gewachsene Klientel auf dem Weltmarkt nach Aufträgen und Partnern suchen. Da ein Auftraggeber in Amerika oder Europa in der Regel gar nichts über die potenziellen Partner in Asien weiß, ist eine gute Einstufung im CMMI ein starkes Werbeargument.
- Eine *interne Begutachtung* wird durchgeführt, um Hinweise auf Schwachstellen zu erhalten, damit der Prozess verbessert werden kann. Außerdem erhält die Organisation dadurch ein leidlich objektives Bild ihrer Kompetenz im (organisatorischen) Software Engineering. Natürlich ist die interne Begutachtung auch ein sinnvoller und in der Regel notwendiger Schritt auf dem Weg zu einer offiziellen Einstufung.

In den *Appraisal Requirements for CMMI* (ARC) werden Mindestanforderungen beschrieben, die eine Begutachtungsmethode erfüllen muss (CMMI, 2006b). Die Methoden werden in drei Stufen klassifiziert (siehe auch Tab. 11–5):

- Methoden der Stufe A sind die aufwändigsten. Sie müssen so beschaffen sein, dass das Ergebnis einer Begutachtung zuverlässig und nachvollziehbar ist. Nur mit Begutachtungsmethoden dieser Stufe dürfen Reife- oder Fähigkeitsgrade ermittelt werden.
- Die Methoden der Stufe B stellen geringere Anforderungen an die Zuverlässigkeit der Ergebnisse; so müssen nicht mehr alle Informationen durch mehrere Quellen belegt sein. Das senkt die Kosten des Gutachtens.
- In die Stufe C fallen alle Methoden, deren Ziel es ist, eine Organisation schnell und mit geringem Aufwand zu begutachten. Die Anforderungen an die Zuverlässigkeit werden dazu noch weiter reduziert.

Mittlerweile liegen mit SCAMPI (*Standard CMMI Appraisal Method for Process Improvement*) standardisierte Begutachtungsmethoden für alle Stufen vor (SCAMPI, 2005; SCAMPI, 2006). Jedoch können insbesondere für die Stufen B und C unternehmensspezifische Begutachtungsmethoden definiert werden; diese müssen aber den entsprechenden ARC-Anforderungen genügen.

Begutachtungsstufe	Merkmale
Stufe A	– zuverlässige und korrekte Ergebnisse – Interviews und Dokumenten-Reviews – zertifizierter Leiter – hoher Aufwand – SEI-Methode SCAMPI A – Einstufung in die Reifegrade/Fähigkeitsgrade
Stufe B	– geringere Ansprüche an die Zuverlässigkeit der Ergebnisse – Interviews oder Dokumenten-Reviews – geschulter und erfahrener Leiter – mittlerer Aufwand – SEI-Methode SCAMPI B oder eine unternehmenspezifische Methode – keine Einstufung in die Reifegrade/Fähigkeitsgrade, die Ergebnisse werden durch Ampelfarben visualisiert
Stufe C	– schnelle und häufige Überprüfungen – Interviews oder Dokumenten-Reviews oder Fragebögen – geschulter und erfahrener Leiter – geringer Aufwand – SEI-Methode SCAMPI C oder eine unternehmenspezifische Methode – keine Einstufung in die Reifegrade/Fähigkeitsgrade, die Ergebnisse können mit den Werten »low, medium, high« bewertet werden

Tab. 11–5 *Merkmale der CMMI-Begutachtungsstufen*

Das Ziel, das mit einer Begutachtung angestrebt wird, bestimmt die Begutachtungsstufe. Geht es darum, einem potenziellen Auftraggeber darzulegen, dass die Organisation einen bestimmten CMMI-Reifegrad erreicht hat, dann muss eine

Begutachtung der Stufe A durchgeführt werden. Soll jedoch immer wieder ohne großen Aufwand festgestellt werden, wo die Schwächen der Prozesse liegen, dann kann das mit Begutachtungen der Stufe C geschehen.

Je nach Begutachtungsstufe werden verschiedene Hilfsmittel eingesetzt, um die Informationen zu erheben, die für die Bewertung benötigt werden: Es werden Interviews durchgeführt, Fragebögen ausgewertet und existierende Dokumente gesichtet.

Vorgehen bei der Begutachtung

Begutachtungen werden immer von einem Team mit einem Leiter durchgeführt. Damit die Begutachtungen auch in der Art und Weise, wie sie durchgeführt werden, weltweit vergleichbar sind, legt SCAMPI einen Prozess fest, der bei allen Begutachtungen einzuhalten ist (SCAMPI, 2006). Dieser Begutachtungsprozess definiert die folgenden drei Phasen:

1. *Planung und Vorbereitung (Plan and Prepare for Appraisal)*
   Nachdem die Ziele der Begutachtung mit dem Management abgestimmt sind, wird eine erste Planung für die Begutachtung erstellt, die insbesondere auch Angaben über die Begutachtungsmethode und die geschätzten Kosten und Zeiten enthält. Anschließend wird der Leiter bestimmt und das Team, das die Begutachtung durchführen wird, zusammengestellt. Neben Projektleitern und Mitgliedern des Managements kommen erfahrene Entwickler in Frage. Diese Mitarbeiter werden, falls notwendig, durch eine gemeinsame Schulung mit CMMI und der anzuwendenden Begutachtungsmethode vertraut gemacht. Abschließend werden schon vorhandene Dokumente und andere Daten gesammelt, die für die Begutachtung benötigt werden. Diese Informationen werden auf Vollständigkeit geprüft, und es wird festgelegt und geplant, welche weiteren Informationen noch gesammelt und ausgewertet werden müssen.
2. *Durchführung (Conduct Appraisal)*
   Auf Basis dieser Planung und der Prüfung der schon vorhandenen Dokumente werden die noch fehlenden Informationen durch Fragebögen, Interviews oder durch weitere Dokumente erhoben. Die Gutachter werten anschließend alle Informationen aus und versuchen herauszufinden, wie der Software-Prozess in den Projekten umgesetzt wird. Sie bewerten dazu jeden untersuchten Prozessbereich und identifizieren Diskrepanzen zwischen den Zielen und dem aktuellen Zustand des Prozesses. Auf dieser Basis wird eine Liste von detaillierten Befunden erstellt und zusammen mit den Teilnehmern der Begutachtung validiert. Abschließend wird das Ergebnis der Begutachtung festgelegt. Das Resultat kann, je nach Begutachtungsmethode, die

Bewertung mit einem Reifegrad und/oder einem Stärken-Schwächen-Profil sein, das die Fähigkeitsgrade der betrachteten Prozessbereiche zeigt.

3. *Präsentation der Ergebnisse (Report Results)*
Das Ergebnis der Begutachtung wird dokumentiert und den Beteiligten in geeigneter Art und Weise präsentiert. Alle erhobenen Informationen und erstellten Dokumente werden abschließend geordnet und archiviert.

11.2.5 Die Prozessreife-Profile des SEI

Zu der Frage, wie Unternehmen bewertet werden, gibt es Angaben in einer Publikationsreihe des SEI, in der die Ergebnisse der durchgeführten Begutachtungen, soweit das SEI darüber informiert ist, erfasst und statistisch ausgewertet werden. Diese Publikationsreihe wird als »Process Maturity Profile« (SEI, o.J.) bezeichnet und halbjährlich fortgeschrieben. Abbildung 11–3 ist diesem Dokument (Stand Herbst 2009) entnommen. In der ersten Rubrik »Not Given« werden die Begutachtungen zusammengefasst, bei denen kein Reifegrad vergeben wurde (vermutlich, weil das nicht angestrebt oder weil Stufe 2 offensichtlich unerreichbar war).

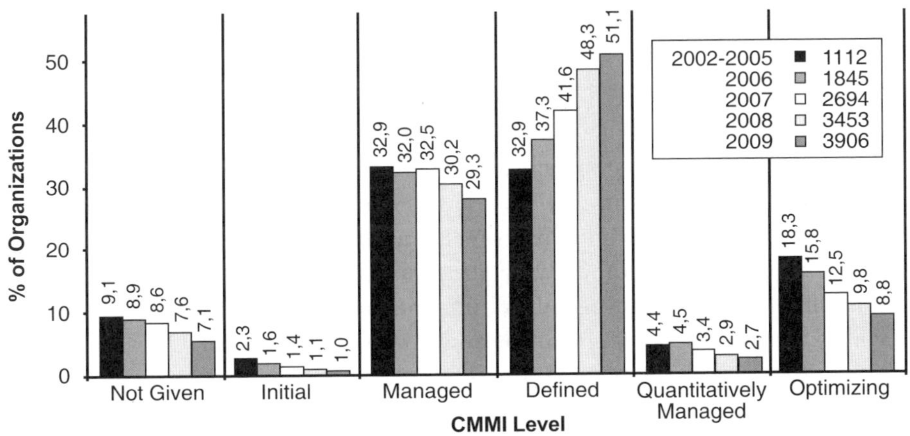

Abb. 11–3 *Statistik der erzielten CMMI-Reifegrade (nach SEI, o.J., Stand Herbst 2009)*

Neben den Jahresangaben sind oben rechts die kumulierten Zahlen der begutachteten Organisationen angegeben. Die fallenden Werte in den Stufen *Initial* und *Managed* sowie die steigenden Werte für die Stufe *Defined* zeigen, dass die durchschnittliche Höhe der Einstufungen, also die Prozessbewertung, in diesen Stufen Jahr für Jahr steigen. Natürlich ist diese Entwicklung auch darauf zurückzuführen, dass durch CMMI explizit definiert ist, was eine Organisation beherrschen muss, um eine gewisse Stufe zu erreichen; darauf können sich die Organisationen vor einer Begutachtung einstellen. Auffällig ist weiterhin ein Trend, der in den hohen Stufen *Quantitatively Managed* und *Optimizing* zu beobachten ist und gegenläufig zu den entsprechenden CMM-Statistiken für den Zeitraum 1987-2005 ist. Während dort die Zahl der Einstufungen auch in diesen Stufen stetig zunahm (SEI, o.J., Stand 2005), nimmt die Zahl der Einstufungen nun über die Jahre ab. Das kann daran liegen, dass die Investitionen, die notwendig sind, um dauerhaft diese Stufen zu halten, von den Organisationen nicht mehr geleistet werden (weil sich diese möglicherweise nicht auszahlen).

CMM und CMMI haben sich jedoch als Verfahren etabliert, mit denen man Software-Entwicklungsprozesse bewerten und verbessern kann. Da CMMI noch recht jung ist und erst wenige Erfahrungen dazu vorliegen, beziehen wir uns in diesem Abschnitt auf die Erfahrungen, die mit CMM gewonnen wurden. Vieles davon lässt sich auf CMMI übertragen.

Untersuchungen und Kritik

Es gibt viele Studien, die über die Erfahrungen mit der CMM-Prozessbewertung und -verbesserung berichten (z. B. Wohlwend, Rosenbaum, 1994; Welsch, Lichter, Zeller, 1995; Komiyama, Sunazuka, Koyama, 2000). Hier überwiegen natürlich die positiven Erfahrungen, die sich in verbesserter Produktqualität und gesteigerter Produktivität ausdrücken. Es gibt aber auch kritische Stimmen, die die Grundannahmen von CMM und damit auch seine Anwendung in Frage stellen (siehe Bach, 1994; Mellis, Stelzer, 1999). Folgende Kritikpunkte werden genannt:

- Die Basis von CMM bildet das Erfahrungswissen einer bestimmten Personengruppe. Ihr Erfahrungshintergrund ist geprägt von Software-Entwicklungsprojekten im Umfeld des US-Verteidigungsministeriums. Diese Erfahrungen sind nicht repräsentativ für die große Masse der Software-Projekte.
- CMM berücksichtigt die Veränderungen organisatorischer und technischer Randbedingungen nur ungenügend. Es bietet eine statische Sicht auf die Entwicklungsprozesse und institutionalisiert diese Sicht in der Organisation. In diesem Sinn verhindert CMM Innovationen.
- Die Einordnung der Prozessbereiche in die Reifegrade ist willkürlich und diskutabel. So ist ein systematisches Trainingsprogramm auch bereits auf Stufe 2 sinnvoll; Maßnahmen zur Fehlerverhütung sind auf allen Stufen geboten.

Schwächen der Prozessreife-Profile

Auch die vom SEI publizierten Prozessreife-Profile, die den großen Erfolg von CMMI untermauern sollen, müssen aus unserer Sicht mit zwei wichtigen Warnungen versehen werden:

- Die wenigsten Organisationen unterwerfen sich einer Bewertung nach CMMI; wir sehen in den Statistiken also nur eine kleine Minderheit, die nicht repräsentativ für die Gesamtheit ist. Ganz sicher würden die allermeisten Organisationen Stufe 2 in CMMI nicht erreichen.

Dieser Effekt ist nicht in allen Staaten gleich. Die Profile erwecken den Eindruck, dass die Prozessreife außerhalb der USA im Durchschnitt besser ist. Tatsächlich dürfte aber der erhebliche Druck auf viele amerikanische Firmen, eine Prozessbewertung vorzuweisen, dazu führen, dass der Anteil der bewerteten Organisationen größer ist, was zu einem schlechteren Durchschnitt führt.

- Die Statistiken beruhen auf freiwilligen Meldungen. Darum muss vermutet werden, dass die Daten nicht nur unvollständig, sondern auch verfälscht sind. Vermutlich ist es in manchen totalitären Staaten lebensgefährlich, schwache Resultate nach Pittsburgh zu melden. Und selbst dort, wo keine Repressionen zu befürchten sind, werden firmeninterne Bewertungen mit unerfreulichem Resultat nur selten den Weg in eine Statistik finden.

Es wäre darum tollkühn, die absoluten Zahlen und die Verteilungen aus den Profilen für bare Münze zu nehmen; zuverlässiger dürften die Trends sein, die man aus dem Vergleich über mehrere Jahre ablesen kann.

Negative Prozessreife

Wie in Abschnitt 10.6.1 geschildert wurde, können Prozesse sehr bürokratisch verstanden und durchgesetzt werden. Das gilt natürlich auch für die Prozessbewertung und -verbesserung; aus einer sinnvollen Maßnahme wird dann eine Dressurnummer. Solche Erfahrungen haben zur Satire provoziert. In seinem *Capability Im-Maturity Model* (CIMM) hat Thomas M. Schorsch (1996) die CMM-Skala nach unten verlängert und die Stufen 0 bis -3 eingeführt. Sie können auf Deutsch mit den Begriffen *nachlässig*, *hemmend*, *hochmütig* und *destruktiv* bezeichnet werden. Wer die Realität mit offenen Augen wahrnimmt, wird zugeben, dass Schorsch kaum übertrieben hat.

- ***Level 0: Negligent (Indifference)***
  Failure to allow successful development process to succeed. All problems are perceived to be technical problems. Managerial and quality assurance activities are deemed to be overhead and superfluous to the task of software development process. Reliance on silver pellets.
- ***Level -1: Obstructive (Counter Productive)***
  Counterproductive processes are imposed. Processes are rigidly defined and adherence to the form is stressed. Ritualistic ceremonies abound. Collective management precludes assigning responsibility. Status quo über alles.
- ***Level -2: Contemptuous (Arrogance)***
  Disregard for good software engineering institutionalized. Complete schism between software development activities and software process improvement activities. Complete lack of a training program.

- *Level -3: Undermining (Sabotage)*
  Total neglect of own charter, conscious discrediting of peer organization's software process improvement efforts. Rewarding failure and poor performance.

Fazit

Trotz aller Kritik hat CMM/CMMI ohne Zweifel einen wesentlichen Beitrag dazu geleistet, dass die Art und Weise der Software-Entwicklung, d. h. der im Projekt gelebte Prozess, den angemessenen Stellenwert bekommen hat. Gute, zielorientierte Prozesse sind eine notwendige Voraussetzung, um langfristig erfolgreich Software zu entwickeln. Das lässt sich wie folgt zusammenfassen:

- Die Reifegrade 2 und 3 definieren zentrale Voraussetzungen und Kompetenzen für die Software-Entwicklung. Sie sollten von jedem Software-Hersteller beherrscht werden. Allerdings gilt die Stufe 2, auf der der Prozess nur partiell definiert ist, als instabil; wer nicht zügig weiter zur Stufe 3 aufsteigt, wird auch Stufe 2 nicht lange behaupten können.
- Durch eine Begutachtung lassen sich wichtige Mängel des Entwicklungsprozesses identifizieren. Diese Diagnose bildet eine gute Ausgangsbasis, um den Prozess gezielt zu verbessern.
- Die Durchführung von Verbesserungsmaßnahmen verursacht erheblichen Aufwand. Sie greifen nur, wenn sie von den Entwicklern und vom Management gewünscht sind. Ihr Erfolg wird oft nicht sofort, sondern erst mittelfristig sichtbar. Teilweise ist er auch schwer nachweisbar (messbar).

11.3 SPICE / ISO 15504

Als europäische Reaktion auf das amerikanische CMM wurde in den Neunzigerjahren ein EU-Projekt zur Entwicklung eines Bewertungsverfahrens initiiert, das besser an die europäischen Gegebenheiten angepasst ist. Das entstandene Verfahren trägt den Namen *Bootstrap* (Bicego, Khurana, Kuvaja, 1998). Es wurde vom Bootstrap-Institute – einem Zusammenschluss verschiedener IT-Firmen – in einer Reihe von Versionen weiterentwickelt. Bootstrap wurde erfolgreich eingesetzt, hat aber nie große Verbreitung erreicht. Inzwischen ist es vom Markt verschwunden.

Basierend auf den Erfahrungen mit CMM, Bootstrap und anderen Ansätzen wurde auf internationaler Ebene durch die ISO das Bewertungsverfahren SPICE (*Software Process Improvement and Capability dEtermination*) entwickelt. SPICE harmonisiert die bestehenden Ansätze und definiert einen Standard für Bewertungsverfahren. SPICE liegt seit 2003 in der fünfteiligen internationalen Norm ISO/IEC 15504 vor. Einen guten Einstieg in diese umfangreiche Norm zur

Prozessbewertung geben Hörmann et al. (2006); die folgenden Aussagen stützen sich auf diese Quelle.

11.3.1 Die SPICE-Reifegrade

Wie CMMI definiert auch SPICE Reifegrade, jedoch sechs, beginnend mit der Eintrittsstufe 0, die der CMMI-Stufe 1 entspricht. Stufe 1 ist erreicht, wenn tatsächlich ein Prozess existiert. Die Reifegrade von SPICE können folgendermaßen charakterisiert werden:

- *Stufe 0 – Der unvollständige Prozess (incomplete)*
  Es gibt keinen Prozess, oder der Prozess wird nicht gelebt oder erfüllt seinen Zweck nicht.
- *Stufe 1 – Der ausgeführte Prozess (performed)*
  Es existiert ein Prozess, der angewendet wird und die geforderten Ergebnisse liefert.
- *Stufe 2 – Der gesteuerte Prozess (managed)*
  Diese Stufe erfordert, dass der Prozess systematisch umgesetzt wird: Er wird geplant, überwacht und angepasst. Die Anforderungen an die Arbeitsergebnisse des Prozesses sind klar beschrieben; es ist definiert, wie die Arbeitsergebnisse zu dokumentieren sind, wie sie zusammenhängen und wie sie gepflegt werden.
- *Stufe 3 – Der etablierte Prozess (established)*
  Im gesamten Unternehmen wird ein einheitlicher, definierter und dokumentierter Prozess verwendet, der durch »Tailoring« an die speziellen Eigenschaften der einzelnen Projekte angepasst wird. Durch geeignete Maßnahmen wird sichergestellt, dass dieser Prozess erfolgreich eingesetzt werden kann.
- *Stufe 4 – Der vorhersagbare Prozess (predictable)*
  Die Qualität des Prozesses und der erstellten Produkte wird kontinuierlich ermittelt und analysiert. Damit wird festgestellt, ob die Vorgaben erfüllt wurden.
- *Stufe 5 – Der optimierende Prozess (optimizing)*
  Da die Qualität des Prozesses und der Produkte laufend ermittelt und analysiert wird, können bei den ersten Anzeichen für eine Verschlechterung (z. B. eine Verzögerung oder steigende Fehlerzahlen) Gegenmaßnahmen ausgewählt und ergriffen werden.

11.3.2 Die Bewertung der Prozesse

Die Prozesse, die für eine Organisation relevant sind und bewertet werden sollen, werden in *Prozessreferenzmodellen* festgelegt, die branchenspezifisch sein können. Beispiele für branchenspezifische Prozessreferenzmodelle sind Automotive SPICE^{TM} (Höhn et al., 2009) oder »SPICE for SPACE« der Luft- und Raumfahrtindustrie (Cass et al., 2001). SPICE definiert auf Basis der in der Norm ISO/IEC 12207 (Prozesse im Lebenszyklus von Software) beschriebenen Prozesse ein Referenzmodell, das aus drei Prozesskategorien (»Prozessdimensionen«) besteht:

- *Primary Life Cyle Processes*
  Diese Kategorie enthält Prozesse aus den Bereichen Akquisition, Engineering (also Analyse, Entwurf, Test etc.), Lieferung und Betrieb.
- *Organizational Life Cycle Processes*
  Darin sind alle Prozesse aus den Bereichen Management, Prozessverbesserung, Wiederverwendung, Ressourcen und Infrastruktur zusammengefasst.
- *Supporting Life Cycle Processes*
  Hier finden sich Prozesse wie Qualitätssicherung, Konfigurations- und Änderungsverwaltung oder Dokumentation.

Aus einem Prozessreferenzmodell können einzelne Prozesse für eine Begutachtung ausgewählt werden; es entsteht das Prozessbegutachtungsmodell. SPICE bewertet die Prozesse nicht summarisch; jeder Prozess wird einzeln bewertet und eingestuft. Dazu definiert dieses Verfahren für die Reifegrade 1 bis 5 die sogenannten *Prozessattribute* (Tab. 11–6).

Stufe	Das Prozessattribut	bewertet, inwieweit ...
1	*Prozessdurchführung*	... der Prozess zweckmäßig ist und die geforderten Ergebnisse erzielt.
2	*Management der Prozessdurchführung*	... die Ausführung des Prozesses geplant und überwacht wird.
	Management der Arbeitsergebnisse	... die Arbeitsergebnisse definiert, dokumentiert und geprüft werden.
3	*Prozessdefinition*	... der Standardprozess definiert, gepflegt und angepasst wird.
	Prozessanwendung	... der Standardprozess in den Projekten umgesetzt wird.
4	*Prozessmessung*	... der Prozess gemessen wird und die dabei gewonnenen Ergebnisse verwendet werden.
	Prozesssteuerung	... Analyse- und Steuerungstechniken eingesetzt werden, um den Prozess zu korrigieren, damit die Ergebnisse innerhalb definierter Grenzen bleiben.
5	*Prozessinnovation*	... der Prozess systematisch verbessert und veränderten Geschäftszielen angepasst wird.
	Prozessoptimierung	... die Auswirkungen von potenziellen Prozessänderungen analysiert und die Umsetzung genehmigter Änderungen gesteuert wird.

Tab. 11–6 *SPICE-Prozessattribute*

Im Prozessbegutachtungsmodell werden die Prozessattribute ausgewählt, die bewertet werden sollen (z. B. die der Stufen 1 bis 3). In einer Begutachtung werden diese dann für jeden Prozess betrachtet, und es wird überprüft, ob diese Prozessattribute auch tatsächlich in den realen Prozessen vorhanden sind. Die Bewertung der Prozessattribute geschieht auf einer Ordinalskala mit den vier Werten *nicht*, *teilweise*, *überwiegend* oder *vollständig erfüllt*. Damit ein Prozess in den Reifegrad R eingestuft werden kann, müssen alle Prozessattribute der darunterliegenden Stufen 1 bis R-1 als *vollständig erfüllt*, die Attribute der Stufe R mindestens als *überwiegend erfüllt* bewertet werden.

SPICE bietet verschiedene Begutachtungsarten (z. B. Selbstbegutachtung, externe Zertifizierungsbegutachtung), gibt detaillierte Anweisungen, wie eine Begutachtung durchzuführen ist, und enthält auch ein generisches Modell zur Prozessverbesserung (Abschnitt 11.4).

Da SPICE als Norm eine breite Basis hat und sich viele Industriezweige für SPICE entschieden haben, wird SPICE in Zukunft der maßgebliche Rahmen für Prozessbewertungen und -verbesserungen sein. Weitere Informationen zu diesem Thema findet man auf den Webseiten der SPICE User Group (SPICE, o.J.).

11.4 Prozessverbesserung

CMMI und SPICE sind keine Prozessmodelle und auch keine Programme zur Prozessverbesserung; die Resultate einer Bewertung mit CMMI oder SPICE weisen aber den Weg, wie die Fähigkeiten einer Organisation und ihre Entwicklungsprozesse verbessert werden können. Prozessverbesserung wird dabei als fortlaufender, niemals abgeschlossener Prozess gesehen.

Damit die für die Umsetzung der Verbesserungsmaßnahmen notwendigen Ressourcen zur Verfügung gestellt werden, muss es in der Organisation eine Stelle mit entsprechenden Kompetenzen geben: die SEPG (*Software Engineering Process Group*). Der Leiter dieser Gruppe sorgt dafür, dass die Entwicklungsprozesse weiterentwickelt und verbessert werden. Die SEPG sollte nicht in die Linienorganisation eingebunden, sondern als Stabsstelle direkt dem Management unterstellt sein. Die SEPG organisiert die Verbesserungsmaßnahmen in Form eines Projekts.

Auch für Projekte zur Prozessverbesserung wurden Vorgehensweisen entwickelt. SPICE beschreibt im vierten Teil der Norm ein generisches, zyklisches Modell zur Prozessverbesserung; es definiert dafür acht Schritte (Abb. 11–4).

1. *Geschäftsziele klären*
   Damit die für die Verbesserungsmaßnahmen benötigten Mittel sinnvoll eingesetzt werden, müssen die Maßnahmen auf die mittel- und langfristigen Ziele der Organisation abgestimmt sein. Die Ziele der Verbesserungsmaßnahmen sind zu definieren.

2. *Verbesserungszyklus initiieren*
   Die notwendigen organisatorischen Voraussetzungen für die Prozessverbesserung werden geschaffen, die Verantwortlichkeiten für die Prozessverbesserung werden definiert. Falls es noch keine SEPG gibt, wird sie eingerichtet.
3. *Aktuelle Prozesse bewerten*
   Der aktuelle Zustand der Entwicklungsprozesse wird aufgenommen und bewertet. Dies geschieht in der Regel durch eine interne Begutachtung.
4. *Verbesserungsmaßnahmen planen*
   Aus den Ergebnissen der Begutachtung werden Verbesserungsvorschläge abgeleitet, nach Prioritäten geordnet und geplant. Diese Planung muss auf die anderen Aktivitäten der Organisation abgestimmt sein.
5. *Verbesserungsmaßnahmen durchführen*
   Die geplanten Verbesserungsmaßnahmen werden meist zuerst in Pilotprojekten durchgeführt. Es wird geprüft, ob die Maßnahmen den gewünschten Effekt erzielen (z. B. durch Prüfung von Arbeitsergebnissen oder Sammeln und Analysieren entsprechender Daten). Ist dies der Fall, dann werden sie von der gesamten Organisation übernommen. Schulungen, die im Kontext der geplanten Verbesserungsmaßnahmen notwendig sind, werden organisiert und durchgeführt.
6. *Verbesserung überprüfen*
   In diesem Schritt wird festgestellt, ob oder inwieweit die Ziele der Verbesserungsmaßnahmen erreicht wurden. Dies kann durch Messungen und Bewertungen oder durch Begutachtung der verbesserten Prozesse geschehen.
7. *Verbesserung stabilisieren*
   Die Erfahrung zeigt, dass erreichte Verbesserungen leicht wieder verloren gehen (z. B. durch den üblichen Zeitdruck in Entwicklungsprojekten), wenn nicht ständig darauf geachtet wird, dass die eingeführten Verfahren auch (immer) angewendet werden. Dies ist Aufgabe der SEPG, die natürlich die entsprechenden Kompetenzen benötigt.
8. *Prozesse überwachen*
   Die Aktivitäten aus Schritt 7 werden in der Organisation institutionalisiert, d. h., die Prozesse werden systematisch überwacht. Dadurch werden Schwachstellen identifiziert, die durch Verbesserungsmaßnahmen beseitigt werden können.

Am SEI wurde schon 1996 im Kontext von CMM das sogenannte IDEAL-Modell entwickelt (McFeeley, 1996), um Prozesse systematisch und kontinuierlich zu verbessern. Es teilt ein Verbesserungsprojekt in fünf Phasen ein: **I**nitiating, **D**iagnosing, **E**stablishing, **A**cting und **L**earning. Es ist in die SPICE-Norm eingeflossen und kann als eine Ausprägung des SPICE-Modells zur Prozessverbesserung angesehen werden.

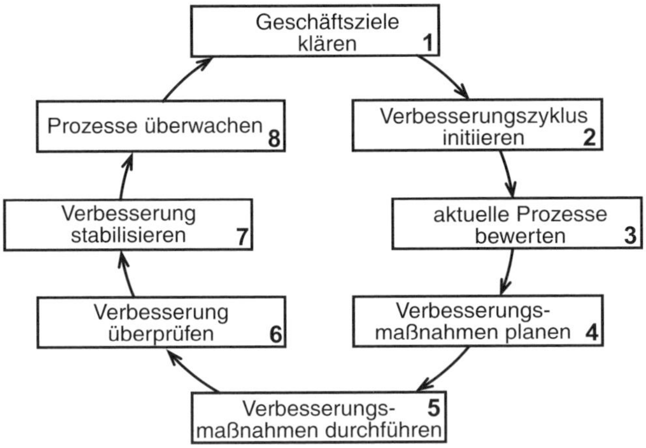

Abb. 11–4 *Schritte der Prozessverbesserung (gemäß SPICE)*

Der Aufwand, der in Verbesserungsmaßnahmen investiert werden muss, ist erheblich. Hörmann et al. (2006) geben an, dass im Mittel 5-10 % des Entwicklungsbudgets notwendig sind, um die Prozesse von einem Reifegrad auf den nächsten anzuheben. Gibson, Goldenson und Kost (2006) haben in einer Studie 35 CMMI-basierte Prozessverbesserungsprogramme, deren Ergebnisse publiziert wurden, ausgewertet. Sie haben ermittelt, dass der Median der erzielten Verbesserungen bei den Kosten 34%, bei der Qualität 48% und bei der Entwicklungsdauer 50% ist. Bei der Interpretation dieser Zahlen ist aber Vorsicht angebracht: Ähnlich wie bei den CMMI-Profilen liegt auch hier eine einseitige Auswahl zu Grunde; die zahlreichen gescheiterten Prozessverbesserungsprogramme sind von dieser Statistik nicht erfasst.

Das SEI verfolgt auch, wie lange Organisationen benötigen, um den nächsten Reifegrad zu erreichen. In SEI (o.J., Stand 2009) sind folgende Medianwerte (Angaben in Monaten) publiziert:

Stufe 1 – 4 → Stufe 2 – 18 → Stufe 3 – 19 → Stufe 4 – 13 → Stufe 5

Man erkennt, dass die Stufe 2 recht schnell erreicht werden kann und dass die beiden nächsten Schritte, nach Stufe 3 und nach Stufe 4, etwa gleich viel Zeit benötigen. Der Übergang zur Stufe 5 ist dann in kürzerer Zeit zu schaffen. Dies sind natürlich nur Erfahrungswerte, die im Einzelfall erheblich über-, aber auch unterschritten werden können. Pankaj Jalote hat (im privaten Gespräch) den Verdacht geäußert, dass die in der Regel beteiligten Berater kein großes Interesse daran haben, die Sache wesentlich schneller hinter sich zu bringen (was nach seiner Erfahrung ohne Probleme möglich wäre; vgl. Jalote, 1999).

Teil III

Daueraufgaben im Software-Projekt

12 Dokumentation in der Software-Entwicklung

Many software companies, about to ship a new product or update, realize too late that they're missing something vitally important – first class documentation.

(Aus der Werbung einer Dokumentationsfirma)

Die Dokumentation gilt als ewiges Sorgenkind der Software-Entwicklung. Sie müsste es nicht sein. In diesem Kapitel klären wir den Dokumentationsbegriff und diskutieren die Bestandteile und die Qualität einer Dokumentation.

12.1 Begriff und Einordnung

Dokumentieren ist eine Daueraufgabe. Das noch immer verbreitete Vorgehen, erst nach Ende der Codierung zu dokumentieren, führt zu schlechter Software-Qualität, denn die Information, die es aufzuzeichnen gilt, ist vergessen oder – mit der Person, die diese Information im Kopf hatte – verschwunden. Bei einer nachträglichen Dokumentation bestehen also, in milderer Form, die gleichen Probleme wie beim Reengineering (siehe Kap. 23).

Dokumentation tritt demnach im Software-Lebenslauf nicht als eigene Tätigkeit auf, weil das Dokumentieren wie Denken und Diskutieren zu allen konstruktiven Tätigkeiten gehört. Jeder Schritt liefert ein Dokument oder modifiziert es (siehe Abschnitt 9.1.3). Damit lassen sich Software-Entwickeln und Dokumentieren nicht trennen, das Resultat der Entwicklung *ist* die Dokumentation. Wir verwenden in diesem Kapitel folgende Begriffe:

- *Integrierte Dokumentation* ist gleichbedeutend mit den im Programm enthaltenen Kommentaren. Auch die Bezeichner der Variablen, die Verwendung von Leerzeilen usw. tragen zur integrierten Dokumentation bei. Die integrierte Dokumentation betrachten wir eingehend im Kapitel Codierung (siehe Abschnitt 18.3).
- *Separate Dokumentation* ist der Teil der Software, der nicht in den Programmen enthalten ist.

- *Dokumentation* steht für die Vereinigung von integrierter und separater Dokumentation.
- Jeder Teil einer Dokumentation, der separat erstellt, verwaltet und benutzt werden kann, ist ein *Dokument*.

Die konkrete Form der Dokumente ist damit nicht festgelegt, einzig Stabilität ist unbedingt gefordert. Es gibt also keine »Dokumentation im Kopf«, sondern nur auf Papier, auf elektronischen Datenträgern usw. Der Programmcode ist ein spezielles Dokument. Wenn von Dokumenten die Rede ist, schließt das den Code ein.

Wo man die Wahl hat, ist die integrierte Dokumentation vorzuziehen, denn sie ist leichter zu bearbeiten und hat bessere Chancen, nachgeführt zu werden. Sie reicht aber in keinem Falle aus, denn gerade bei einem systematischen Vorgehen sind mindestens 40 % des Aufwands geleistet und damit logisch auch 40 % der Software entstanden, bevor Code geschrieben wird (siehe Abschnitt 4.2). Einige Dokumente müssen unbedingt vorher entstehen: Zuallererst ist hier das Begriffslexikon zu nennen, dann die Spezifikation. Diese Dokumente müssen irgendwo abgelegt sein, aber sicher nicht in Code-Komponenten.

Die separate Dokumentation ist grundsätzlich gefährdet, sie kann nur funktionieren, wenn

- die Anforderungen an die Dokumente und die Verantwortlichkeiten für das Erstellen, Prüfen und Freigeben klar sind,
- Dokumentation hoch bewertet und anerkannt wird (vgl. Abschnitt 6.4.2),
- das Inhaltsverzeichnis (die Struktur) der Dokumente zu Beginn festgelegt ist,
- Werkzeugunterstützung verfügbar ist,
- jedes Dokument nach Fertigstellung und nach Änderungen geprüft wird und
- alle Dokumente einer effektiven Konfigurationsverwaltung unterstellt werden.

12.2 Ziele und Wirtschaftlichkeit der Dokumentation

Dokumentieren ist kein Selbstzweck; die erstellten Dokumente müssen einen Nutzen haben, der den Erstellungsaufwand übersteigt. Wir sehen die folgenden Ziele, die mit einer guten Dokumentation erreicht werden können:

- Dokumente sind ein Mittel zum *Know-how-Transfer* innerhalb des Entwicklungsteams und natürlich auch zur *Kommunikation* zwischen Auftraggeber und Auftragnehmer.
- In Dokumenten retten und bewahren wir das *Wissen* über Programme, auf das schon während der Entwicklung zurückgegriffen werden kann. Besonders wertvoll sind die Dokumente jedoch für die Personen, die die Software weiterentwickeln und warten müssen. Dazu müssen die Dokumente natürlich aktuell gehalten werden.

- Dokumente erlauben es, systematische *Prüfungen* durchzuführen. Nur so können wir unsere Arbeitsergebnisse selbst prüfen oder von anderen prüfen lassen (z. B. durch Reviews).
- Weil Dokumente »materielle« Arbeitsergebnisse sind, können wir sie heranziehen, um den *Projektfortschritt* festzustellen. Ob beispielsweise ein Programm fertig ist, kann nur beurteilen, wer die Möglichkeit hat, es auszuführen, und zudem weiß, was das Programm leisten sollte. Der Projektleiter muss sich auf die meist mündlichen und oft vagen Aussagen dieser Leute verlassen. Ob aber ein Testbericht zu dem Programm vorliegt, lässt sich sehr einfach feststellen und überprüfen, da kann es keine Missverständnisse geben.
- Dokumente können herangezogen werden, wenn *nachgewiesen* werden muss, dass systematisch und sorgfältig entwickelt wurde. Dies kann beispielsweise der Fall sein, wenn Standards einzuhalten sind oder Haftungsansprüche geltend gemacht werden. In bestimmten Anwendungsbereichen (Banken, Versicherungen, Verwaltungen) gelten strenge Regeln für die Revisionsfestigkeit einer Dokumentation.

Ohne Dokumente werden diese Ziele und der damit verbundene Nutzen nicht erreicht; welche Kosten und Probleme entstehen, wenn die Dokumentation schlecht ist oder fehlt, haben wir schon in vielen Projekten miterlebt (siehe Abschnitt 12.7). Leider können wir den Nutzen der Dokumente aber nicht quantitativ beziffern. Wir haben damit das traditionelle Dilemma des Software Engineerings vor uns: Die Kosten sind klar sichtbar, und sie entstehen an wenigen definierten Punkten. Der Nutzen ist unbestimmt, er entsteht an vielen Punkten und ist darum kaum sichtbar. Schlechte Dokumentation hat also einen ähnlichen Effekt wie eine Industrieanlage, deren Emissionen die Umwelt belasten: Die Kosten einer Rauchgasreinigung sind wohldefiniert, sehr erheblich und von dem Unternehmen zu tragen; die Schäden, die eintreten, wenn der Rauch ungereinigt über das Land zieht, sind wahrscheinlich sehr viel höher, aber kaum nachweisbar, und sie werden über die Menschen, die Kranken- und Rentenkassen verteilt. Dies ist eines von vielen Beispielen, die zeigen, warum wir so dringend mehr und bessere Metriken brauchen.

Nachfolgend geben wir eine grobe Abschätzung für die Erstellungskosten von Dokumenten an. Dabei nehmen wir an, dass

1. die durchschnittliche Produktivität vier Seiten pro Tag beträgt,
2. ein Personentag 1 000 € kostet.

Ein 40 Seiten starkes Dokument kostet demnach etwa 10 000 €. Dabei ist die angenommene Produktivität sehr hoch; wird an einem Dokument mehrfach »poliert«, dann kommen zwei Seiten pro Tag der Wahrheit näher. Das ist viel Geld, und der Aufwand ist sicher nicht gerechtfertigt, wenn es für das Dokument keinen echten Bedarf gibt. Wird das Dokument aber für den Gebrauch oder die

Wartung benötigt, dann steht den hohen Kosten ein hoher Nutzen gegenüber. Dazu gehört insbesondere, dass

- Dokumentation hilft, Fehler zu vermeiden oder sie wenigstens rasch zu finden,
- sich gut dokumentierte Software einfacher erweitern und wiederverwenden lässt.

Der Erstellungsaufwand für gute Dokumentation verursacht einen erheblichen Teil der Entwicklungskosten. Der Nutzen einer guten Dokumentation kommt aber erst im Betrieb und bei der Wartung der Software voll zum Tragen. Es ist darum verhängnisvoll, nur die reinen Entwicklungskosten zu betrachten. Insbesondere der Auftraggeber sollte daran interessiert sein, dass die *Gesamtkosten* – also Entwicklungs- und Wartungskosten – möglichst gering sind.

12.3 Taxonomie der Dokumente

Alle Dokumente, die bei der Software-Entwicklung erstellt und genutzt werden, gehören in Anlehnung an Frühauf, Ludewig, Sandmayr (2002) zu einer der folgenden vier Kategorien:

- *Systemdokumentation*
  Hierzu zählen alle Dokumente, die für die Konstruktion, den Betrieb und die Wartung der Software benötigt werden. Beispiele sind die Anforderungsspezifikation, die Systemarchitektur, die Abnahmespezifikation oder die Spezifikation der Systemtestfälle. Die gesamte Benutzungsdokumentation, beispielsweise Handbuch oder Installationsanleitung, aber auch der Programmcode gehören zur Systemdokumentation.
- *Projektdokumentation*
  In diese Kategorie fallen alle Dokumente, die benötigt werden, um das Entwicklungsprojekt zu planen, zu leiten und abzuschließen. Beispiele sind der Projektauftrag, der Projektplan, die Projektstatusberichte und der Projektabschlussbericht.
- *Qualitätsdokumentation*
  Dies sind alle Dokumente, in denen die Maßnahmen zur analytischen Qualitätssicherung dokumentiert sind. Beispiele sind Test- und Review-Berichte, der Abnahmebericht und Audit-Protokolle.
- *Prozessdokumentation*
  Diese Kategorie enthält die Dokumente, die den Entwicklungsprozess und seine konkrete Umsetzung im Projekt beschreiben. Beispiele sind Richtlinien, Handlungsanweisungen, Standards und Musterdokumente.

Durch die Einordnung eines Dokuments in dieser Taxonomie sind auch die folgenden Fragen beantwortet:

- Welchem Zweck dient das Dokument?
  - Damit auch: Was gehört hinein, was nicht?
- Wer wird es lesen, verwenden?
  - Damit auch: Welche Darstellungsform und welche Terminologie sind angemessen?
- Muss das Dokument nachgeführt, aktualisiert werden? Oder ist im Gegenteil eine Veränderung unzulässig?
- Wie lange muss das Dokument verfügbar bleiben?

Tabelle 12–1 zeigt diese Aspekte für die vier beschriebenen Kategorien im Überblick.

Dokumenten-kategorie	Zweck	Adressaten	Aktualisierung	Aufbewahrungsfrist
System-dokumentation	Erhaltung und Transfer des Know-hows, Einsatz des Systems	Entwickler, Wartungsingenieure, Tester, Kunden	erforderlich	bis Ende der Systemnutzung
Projekt-dokumentation	Führung des Projekts, Analyse nach Projektende	Linien- und Projektmanager, Kunden	unerwünscht	bis Projektende plus n Jahre
Qualitäts-dokumentation	Nachweis der Maßnahmen zur Qualitätssicherung	Linien- und Projektmanager, Kunden	verboten	bis Ende der Systemnutzung
Prozess-dokumentation	Beschreibung der Vorgehensweise, Unterstützung bei der Durchführung	alle, die aktiv am Projekt beteiligt sind	sinnvoll	bis Ende der Systemnutzung und so lange, wie der Hersteller existiert

Tab. 12–1 *Kategorien der Dokumente im Überblick*

Für alle Teile der Software und damit natürlich auch für alle Teile einer separaten Dokumentation müssen die Fragen der Konfigurationsverwaltung (siehe Kap. 21) geklärt sein:

- Wo und unter welcher Bezeichnung wird das Dokument aufbewahrt?
- Wer hat auf das Dokument lesenden Zugriff? Wer hat schreibenden Zugriff?
- Wessen Aufgabe ist die Prüfung und die Abnahme des Dokuments?

Bei den Zugriffsrechten ist natürlich vor allem wichtig, wer *keinen* Zugriff hat.

12.4 Die Benutzungsdokumentation

Damit Software eingesetzt werden kann, muss dokumentiert sein, wie sie installiert, betrieben und bedient wird. Diese Informationen werden zusammenfassend als Benutzungsdokumentation bezeichnet. Benutzungsdokumentation tritt in vielfältigen Ausprägungen auf; so sind beispielsweise das Benutzungshandbuch, ein Tutorial, das Administrations- und das Installationshandbuch, eine kontextsensitive Hilfe, aber auch Online-Informationen (z. B. FAQ- und Known-Bugs-Listen) Teile der Benutzungsdokumentation.

Diese Dokumente werden für verschiedene Adressaten (z. B. Anwender oder Administrator) erstellt, die sehr unterschiedliche Informationen benötigen. Tabelle 12–2 zeigt in Anlehnung an Sommerville (2001) eine Zuordnung einzelner Dokumente der Benutzungsdokumentation zu Adressaten.

Adressat	Zweck	Dokumente
Käufer	Kaufentscheidung treffen Leistet die Software das, was ich benötige?	Produktbeschreibung
Administrator	Installation der Software Wie wird die Software installiert und deinstalliert?	Installationsanweisung
	Betrieb der Software Was muss ich wissen, um die Software nach der Installation zu betreiben?	Administrationshandbuch Release-Notes
Unerfahrener Anwender	Bedienung kennenlernen Wie kann ich die Software starten und die wichtigsten Funktionen ausführen?	Erste-Schritte-Dokument Tutorial
Erfahrener Anwender	Nachschlagen Welche Funktionen und Einstellungen kann ich im Detail durchführen? Was tue ich, wenn ein Fehler auftritt?	Benutzungshandbuch FAQ-Liste

Tab. 12–2 *Zuordnung von Benutzungsdokumentation zu Adressaten*

Die Norm ISO/IEC 25051 (2006) definiert Anforderungen an Produkt- und Benutzungsdokumentation für Software, speziell für Massenware (Commercial Off-the-Shelf). Die Aussagen, die die Benutzungsdokumentation betreffen, lassen sich aber auch auf Individual-Software anwenden.

Die Norm fordert zuallererst, dass die Benutzungsdokumentation als Ganzes *vollständig* sein muss. Sie muss alle Funktionen, alle relevanten nichtfunktionalen Eigenschaften (z. B. Leistungsmerkmale), etwaige Einschränkungen, bekannte Fehler, die Installation und den Betrieb beschreiben. Ebenso muss die Benutzungsdokumentation *korrekt*, *genau*, in sich *konsistent* und *verständlich* sein. Insbesondere darf es keine Widersprüche zwischen der Dokumentation und dem installierten System geben; das System muss so funktionieren, wie es die Benutzungsdokumentation beschreibt.

Natürlich ist es nicht einfach, diese Anforderungen umzusetzen; jeder kennt eine Software, deren Handbuch nicht mit dem realen System übereinstimmt. Mag das bei einem Textverarbeitungssystem zwar störend, aber noch akzeptabel sein, dann ist es bei einem Steuerungssystem sicherlich nicht hinnehmbar. Weil die Benutzungsdokumentation ein wichtiger Teil der Software ist, sollte sie auch nach denselben Standards entwickelt und geprüft werden, die für die Programme gelten.

12.5 Die Qualität der Dokumente

Dokumente müssen so aufgebaut und geschrieben sein, dass wir sie sinnvoll nutzen können. Perfekte Dokumente wären formal und damit präzise, sie wären für die Adressaten verständlich und objektivierbar formuliert. Solche perfekten Dokumente gibt es nicht.

Das Ziel der Dokumentation muss es darum sein, *brauchbare* Dokumente zu erstellen. Dabei sollten wir die Eigenschaften perfekter Dokumente anstreben. Das Folgende sollte für alle Dokumente gelten:

- Dokumente sind *Verfassern* und *Prüfern* zugeordnet. Die Daten ihrer Erstellung, aller Änderungen und ihrer Prüfung(en) sind in den Dokumenten notiert.
- Dokumente sind *zweckmäßig strukturiert* und *geordnet*, nicht individuell vom Verfasser, sondern durch Richtlinien, Vorgaben und Templates für alle. Dann kann sich jeder schnell in eine fremde Dokumentation einarbeiten und muss nicht für jedes Projekt neue Regeln lernen. Außerdem garantieren die vorgegebenen Strukturen eine gewisse Vollständigkeit, denn alle wichtigen Themenkomplexe sind in der Standardstruktur enthalten und können nicht vergessen werden.
- Dokumente haben eine definierte *Syntax*. Damit ist hier allgemein die Form gemeint. Es sollte also klar sein, *was wo* steht und *wie* es dargestellt (repräsentiert) ist.
- Dokumente haben eine definierte *Semantik*. Das heißt, dass die Aussagen nicht schwammig und nebulös sind, sondern eindeutig und, wo sinnvoll, schematisch. Es ist kein Vorteil, wenn für die gleiche Aussage immer wieder andere Formulierungen gewählt werden. In allen Dokumenten gilt: Wenn zwei Informationen gleich sind, sollten auch die entsprechenden Aussagen gleich sein.
- Dokumente liegen in *elektronischer Form* vor.
- Dokumente sind der *Konfigurationsverwaltung* unterstellt.
- Dokumente sind untereinander voll *verzeigert*.

Durch die Standardisierung der Dokumentation (Abschnitt 12.3) wird die Arbeit wesentlich erleichtert, sowohl für die Ersteller, die sich nicht erst Struktur und Stil ausdenken müssen, als auch für die Verwender, die wissen, wo sie welche Information finden können.

Es gehört zu den Mysterien der menschlichen Natur, dass völlig normale Leute, die so reden wie alle anderen, schreckliche Dinge von sich geben, wenn sie schreiben. Die Unbeliebtheit der Dokumentation nicht nur bei den Verfassern, sondern auch bei den potenziellen Benutzern ist auch im Kanzleistil begründet, den viele Menschen bei der schriftlichen Kommunikation für erforderlich halten. Da wimmelt es von substantivierten Verben, falschen Genitiven und lächerlichen Worthülsen. Weg damit! Unser »Leitfaden« (Deininger et al., 2005) enthält eine ausführlichere Auseinandersetzung mit diesem unerfreulichen Phänomen.

Der bei technisch geprägten Menschen weitverbreitete Hochmut gegenüber Fragen des Stils trägt zweifellos erheblich zu diesen Problemen bei. Typische Kommentare sind: »*Ist doch egal, Hauptsache, das ist irgendwo dokumentiert.*« oder »*Ich bin doch kein Schriftsteller!*« Irrtum! Wer Software entwickelt, ist *natürlich* ein Schriftsteller! Aber leider oft ein schlechter.

12.6 Die Form der Dokumente, Normen

Damit Dokumente übersichtlich, leicht zu durchsuchen und zu bearbeiten sind, sollten sie nicht in freier Form verfasst werden, sondern einem vorgegebenen Schema folgen.

Die zahlreichen nationalen und internationalen Normen bieten Vorschläge in großer Zahl, oft auf spezielle Dokumente bezogen, z. B. IEEE Std 1058 (1998) »Standard for Software Project Management Plans« oder IEEE Std 1063 (2001) »Standard for Software User Documentation«. Die deutschen Normen zu diesem Thema sind relativ alt, werden aber nach wie vor in Richtlinien und Verträgen verwendet. Das sind vor allem die Normen DIN 66230 (1981), 66231 (1982), 66232 (1985) sowie 66270 (1998) für Programmdokumentation, Programmentwicklungsdokumentation, Datendokumentation und Bewerten von Softwaredokumenten. Die einschlägigen internationalen Normen werden übersetzt und übernommen, z. B. ISO/IEC 6592 (2000) »Leitfaden für die Dokumentation von computergestützten Anwendungssystemen« oder ISO/IEC 18019 (2004) »Richtlinien für die Gestaltung und Vorbereitung von Benutzerdokumentation für Anwendungssoftware«.

Eine weitere Quelle für Dokumentvorlagen sind Prozessmodelle. So stellen das V-Modell (Abschnitt 10.3) und der Rational Unified Process (Abschnitt 10.4.3) für jeden definierten Dokumenttyp ein Template zur Verfügung, das angepasst werden kann.

12.7 Dokumentation in der Praxis

In der Praxis gehört die Dokumentation meist zu den Problemzonen des Software Engineerings. Von der schritthaltenden Dokumentation, wie wir sie oben gefordert haben, kann häufig keine Rede sein. Vielmehr werden oft nur die vom Kunden verlangten Dokumente angefertigt, also Handbücher, Installationsanleitungen usw. Auch diese entstehen allzu oft erst gegen Ende des Projekts, vielfach verfasst von Leuten, die gerade verfügbar sind, ohne Rücksicht auf ihre Sachkenntnis.

Wir sehen zwei Gründe, warum die Dokumentation bei der Software-Entwicklung häufig vernachlässigt wird:

- Software-Entwickler haben während ihrer Ausbildung und anschließend in ihrer Berufspraxis zwar Programmieren gelernt, aber nicht, Konzepte, Ideen und Entscheidungen zu formulieren. Da sie nicht dokumentieren können, dokumentieren sie auch nicht gern (vgl. Abschnitt 6.4, S. 79), und wenn doch, dann mit schlechten Resultaten.
- Die Dokumentation wird zwar ständig und überall gepriesen, das sind aber vielfach nur Lippenbekenntnisse. Auf Priorität 1 steht die Einhaltung des Liefertermins, auf Priorität 2 und 3 auch. Da die Termine in fast allen Projekten so vorgegeben sind, dass selbst die Codierung kaum zu schaffen ist, werden Projektergebnisse, die gewünscht, aber nicht zwingend gefordert werden, nicht angefertigt. Dem fällt zuallererst die Dokumentation zum Opfer.

Die Forderung nach einer systematischen Dokumentation ist aber keine sinnlose Schikane. Findet die Dokumentation nicht statt, so sind dies die unvermeidlichen Folgen:

- Aufzeichnungen über die Überlegungen und Entscheidungen während der Entwicklung fehlen, und nach kurzer Zeit lassen sich diese Informationen nicht mehr beschaffen. Jeder, der später die Software ändern muss, ist in der Situation eines Archäologen, der sich mit versunkenen Kulturen befasst, die keine Schrift hatten. Er ist auf Spekulationen angewiesen und liegt damit oft falsch.
- Grundlagen für die Handbücher fehlen (siehe Abschnitt 16.1.2).
- Retrospektive Analysen, die sich auf die Dokumente stützen müssen, sind nicht möglich. Damit hat die Organisation keine Möglichkeit, aus dem Projekt zu lernen.

Die Zuversicht, die Dokumentation bei Bedarf später zu verbessern oder ganz zu rekonstruieren, ist unbegründet. Alle Versuche, durch Reverse Engineering (Abschnitt 23.2.1) aus dem Quellcode die Dokumente abzuleiten, haben gezeigt, dass der Aufwand riesig, der Erfolg aber sehr bescheiden ist. Der weitaus beste und billigste Weg zu einer brauchbaren Dokumentation ist der direkte. Das bedeutet: Bei der Software-Entwicklung muss schritthaltend dokumentiert werden. Dabei sollte nur das dokumentiert werden, was nötig ist, dies aber sorgfältig und konsequent.

12.8 Die gefälschte Entstehungsgeschichte

Es ist elend schwer zu lügen, wenn man die Wahrheit nicht kennt.
Peter Esterhazy, Harmonia Caelestis. Berlin-Verlag, 2001

Parnas und Clements (1986) haben unter dem provozierenden Titel »A rational design process – how and why to fake it« einen wichtigen Gedanken zur Dokumentation formuliert: Wenn wir auf komplizierte Weise, mit Irrtümern und Umwegen, zu einem Resultat gekommen sind, ist es nicht sinnvoll, alle, die das Resultat verstehen wollen, durch unsere Irrtümer und Umwege zu führen. Wir können und sollen stattdessen beschreiben, welcher *rationale* Weg zum selben Ergebnis geführt hätte, wenn wir schon zu Beginn gewusst hätten, was wir erst am Ende verstanden haben.

Wenn hier also von einer Fälschung die Rede ist, dann ist das eine bewusste Überspitzung. Es geht nicht darum, den Leser hinters Licht zu führen, sondern ihm Überlegungen zu ersparen, die sich als fruchtlos erwiesen haben. Die Dokumentation ist kein Protokoll der Entwicklung, sondern eine Hilfe zum Verständnis der Programme.

Diskussionen über dieses Konzept und Missverständnisse, die dabei sichtbar geworden sind, lassen es geboten erscheinen, die Anleitung von Parnas und Clements durch zwei Anmerkungen zu ergänzen:

- Die Aussagen beziehen sich auf die technische Dokumentation, nicht auf die Dokumentation des Projektverlaufs. Es geht also nicht darum, den Projektverlauf zu schönen. Wir müssen aus den Fehlern lernen. Dazu müssen sie dokumentiert sein.
- Möglicherweise stellt sich am Ende heraus, dass ein rationaler Entwicklungsprozess nicht zu diesem Resultat geführt hätte; der gewählte Weg war falsch, aber es ist – aus Zeit- und Aufwandsgründen – nicht mehr möglich, ihn zu korrigieren. Dann hat es natürlich keinen Sinn, falsche Entscheidungen als richtig darzustellen. Der einzige sinnvolle Weg, mit diesem Problem umzugehen, besteht darin, die Fehlentscheidung als Setzung in den Entwicklungsgang einzuführen. Das könnte beispielsweise die Form haben: »An diesem Punkt wurde entschieden, die Lösung A zu wählen. Nach heutiger Kenntnis wäre die Lösung B sinnvoller gewesen.« Wenn es dazu auch noch eine Begründung gibt, haben es Entwickler, die später über eine Verbesserung oder eine Neuimplementierung nachdenken, wesentlich leichter.

13 Software-Qualitätssicherung und -Prüfung

In Kapitel 5 haben wir den Qualitätsbegriff eingeführt und die relevanten Qualitätsmerkmale der Software und des Entwicklungsprozesses vorgestellt. Gute Qualität entsteht aber erfahrungsgemäß nicht ohne spezielle Anstrengungen und Vorkehrungen; alle Aktivitäten, die diesem Ziel dienen, werden mit dem Begriff »Qualitätssicherung« (*quality assurance*) bezeichnet.

Die Qualitätsbeurteilung passt gleichermaßen in dieses Kapitel wie in das folgende Kapitel 14 (*Metriken und Bewertungen*). Wir behandeln sie dort in Abschnitt 14.3.2.

13.1 Software-Qualitätssicherung

Die Software-Qualitätssicherung hat die Aufgabe, alle qualitätsrelevanten Aktivitäten und Prozesse zu gestalten, zu organisieren, abzustimmen und zu überwachen. Im IEEE-Standard finden wir folgende Definitionen:

software quality assurance — See: quality assurance.

quality assurance — (1) A planned and systematic pattern of all actions necessary to provide adequate confidence that an item or product conforms to established technical requirements.

(2) A set of activities designed to evaluate the process by which products are developed or manufactured.

IEEE Std 610.12 (1990)

Diese etwas wolkige Definition entspricht dem üblichen Verständnis von Software-Qualitätssicherung: Alles, was zu tun ist, damit man der Qualität eines Produkts trauen kann, gehört dazu. Die Bedeutung (2) wird dagegen heute kaum noch verwendet, denn die Prozessbewertung ist zu einem eigenen, von der Qualitätssicherung getrennten Thema geworden (siehe dazu Kap. 11).

Die Doppeldeutigkeit der Definition (1) ist sinnvoll: Damit man dem Produkt traut, kann man es gut *machen* oder nachweisen, dass es gut *ist*. Beides ist Qualitätssicherung.

Software-Qualitätssicherung hat unmittelbar zum Ziel, das Vertrauen in eine Software zu erhöhen; mittelbar wirkt sie sich, wie jede angekündigte Prüfung, auf das Qualitätsniveau aus, steigert also die Fähigkeit, qualitativ hochwertige Produkte zu entwickeln.

13.1.1 Maßnahmen zur Hebung der Qualität

Es gibt viele Maßnahmen, die nach allen Erfahrungen dazu beitragen, die Qualität zu heben (oder genauer: Qualitätsmängeln vorzubeugen). Die folgende Liste nennt einige Stichwörter, sie ist natürlich weit von jeder Vollständigkeit entfernt.

- Einen Projektplan erstellen
- Dabei nicht nur die Konstruktion, sondern auch Reviews, Tests und andere Prüfungen einplanen
- Die Dokumentation planen
- Identifikation und Verwaltung der Arbeitsergebnisse regeln (Konfigurationsverwaltung)
- Aufgaben erst stellen, dann lösen
- Resultate erst prüfen, dann verwenden
- Für alle wiederkehrenden Arbeiten Checklisten verwenden
- Hohe Programmiersprachen einsetzen
- Muster (Templates) und Codierrichtlinien vorgeben
- Fehler und Änderungswünsche kontrolliert bearbeiten
- Fehlerstatistiken führen
- Jedes abgeschlossene Projekt kritisch analysieren

In der Praxis werden solche Regeln oft durch Richtlinien kodifiziert. Fragt man die Verantwortlichen, ob dieses oder jenes sichergestellt sei, so wird auf diese Regeln verwiesen, anscheinend im Glauben, dass sie auch eingehalten würden, obwohl das oft nicht kontrolliert wird. Die Abbildung 13–1 zeigt, wie man der segensreichen Wirkung der Richtlinien blind vertraut.

Die Erfahrung zeigt jedoch, dass Regeln ohne Kontrollen wirkungslos sind. Der Grund ist einfach: Selbst wenn sich eine Mehrheit der Entwickler zunächst nach den Regeln richtet, bleibt ihr Effekt gering, solange sich einige *nicht* daran halten. Was nützt eine Fehlerstatistik, die unvollständig ist, was nützt die Prüfung *einiger* Ergebnisse, wenn der Abnehmer damit rechnen muss, auch ungeprüfte Module zu bekommen? Darum werden sich auch die Gutwilligen bald den Mehraufwand sparen, den systematisches Vorgehen kostet; die Richtlinien sind damit wirkungs- und wertlos geworden. Als einer der wichtigsten Effekte von Reviews wird immer wieder genannt, dass die Richtlinien gelebt werden. Man kann daraus schließen, dass sie vorher ohne Überprüfung eben *nicht* gelebt wurden.

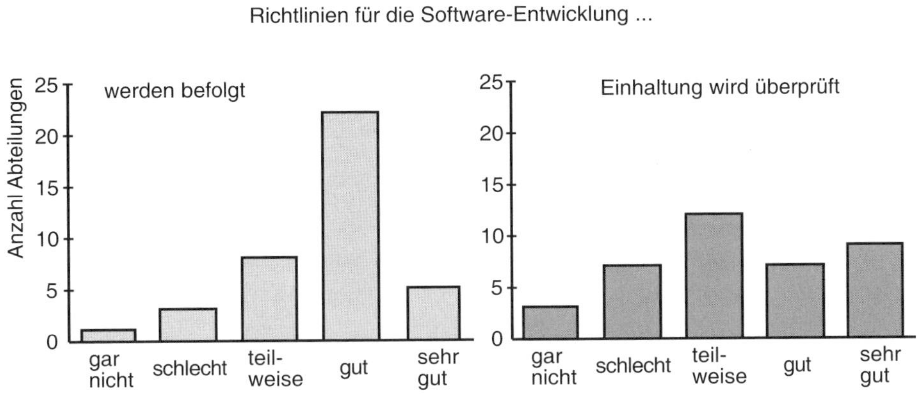

Abb. 13–1 *Befolgung / Überprüfung der Richtlinien (aus Dünki, Galasso, 1987, S. 37)*

13.1.2 Schwerpunkte der Software-Qualitätssicherung

Entgegen einem weitverbreiteten Vorurteil bedeutet Software-Qualitätssicherung nicht primär Prüfung. Organisatorische und konstruktive Maßnahmen sind wesentlich wichtiger, sie werden durch analytische Maßnahmen *ergänzt* (siehe Abb. 13–2).

Abb. 13–2 *Gliederung der Software-Qualitätssicherung*

- *Organisatorische Maßnahmen*
  Diese Maßnahmen zielen darauf ab, die Entwicklung und die Qualitätssicherung systematisch durchzuführen. Dazu gehören alle Formen der Planung und der Organisation, beispielsweise die gründliche Zeitplanung, die auch Prüfungen und Korrekturen berücksichtigt, und die Festlegung der Verantwortlichkeiten für Prüfungen.
- *Konstruktive Maßnahmen*
  Wie schon beim Cleanroom Development (Abschnitt 10.5) festgestellt wurde, ist es viel besser, Software-Mängeln konsequent aus dem Weg zu gehen, als sie leichtfertig zu verursachen, später nach ihnen zu suchen und sie, soweit sie entdeckt werden, zu beheben. Konstruktive Maßnahmen zielen darauf ab, Probleme zu vermeiden. Hier geht es also um den Einsatz geeigneter Methoden, Sprachen und Werkzeuge. Aber auch die Schulung von Mitarbeitern oder die Verwendung eines geeigneten Prozessmodells sind konstruktive Maßnahmen.
- *Analytische Maßnahmen*
  Darunter fallen alle Arten der Software-Prüfung. Mit ihnen verfolgen wir das Ziel, Fehler und Mängel in den Arbeitsergebnissen zu erkennen. Die wichtigsten Verfahren dieser Kategorie sind methodisch durchgeführte Reviews und alle Arten des Tests.

13.1.3 Aufgaben des Qualitätssicherungsingenieurs

Alle Aktivitäten der Qualitätssicherung werden definierten Rollen im Projekt (z. B. dem Tester) und in der Entwicklungsorganisation zugeordnet. Dabei bleibt zunächst offen, ob die Rolle einfach oder mehrfach besetzt ist; auch kann eine Person mehrere Rollen übernehmen. Eine besondere Stellung hat der QS-Ingenieur. (Die Bezeichnung dieser Rolle ist nicht einheitlich!) Der QS-Ingenieur ist insbesondere für die organisatorischen Qualitätssicherungsmaßnahmen verantwortlich. Zu den Aufgaben dieser Rolle zählen:

- Erstellen von Richtlinien, Musterdokumenten, Checklisten usw.
- Auswählen und Einführen von Werkzeugen
- Schulung und Beratung der Projektmitarbeiter in Methoden und Techniken der Qualitätssicherung
- Aufstellen von Plänen, insbesondere von Prüfplänen
- Mitwirkung oder Teilnahme an Prüfungen, vor allem an den formalen Prüfungen, die Meilensteinen zugeordnet sind
- Überwachen aller Maßnahmen, die im Interesse höherer Qualität durch Pläne, Richtlinien usw. vorgesehen sind

Der QS-Ingenieur sollte nicht dem Projektleiter unterstellt sein. Die Stellungnahmen des QS-Ingenieurs müssen der Ebene über dem Projektleiter zugehen. Es ist allerdings fraglich, ob der QS-Ingenieur bei der Auslieferung ein Vetorecht haben sollte, denn die Projektverantwortung sollte eindeutig beim Projektleiter liegen.

13.2 Prüfungen

Prüfungen haben den Zweck, die Qualität eines Prüflings festzustellen, insbesondere, ob er im Sinne der Anforderungen fehlerfrei ist. Die Begriffe »Qualität« (siehe Abschnitt 5.1) und »Fehler« (siehe Abschnitt 13.3.1) sind darum vom Begriff der Prüfung nicht zu trennen.

Mit Software-Prüfung ist hier eine systematische Suche nach Fehlern in der Software gemeint. Vor allem dort, wo aus gutem Grund nur von Programmen, nicht von Software gesprochen wird, besteht oft nicht der Wunsch oder die Möglichkeit, systematisch zu prüfen. Diese Entscheidung ist nicht mit quasimoralischen Argumenten zu werten (im Sinne eines Ehrenkodex oder einer Benimmregel wie der, Kartoffeln nicht mit dem Messer zu schneiden), sondern nur unter dem Aspekt, dass Software, die wirklich gebraucht wird, weniger Probleme und damit letztlich geringere Kosten verursacht, wenn sie geprüft und verbessert wurde. Die Prüfung der Software ist also – wie das ganze Software Engineering – nicht Selbstzweck, sondern wirtschaftlich geboten.

13.2.1 Sinn und Wirkung von Prüfungen

Bevor wir den Fehlerbegriff näher definieren, wollen wir den Nutzen und die Wirkungen von Prüfungen am Beispiel der Schule herausarbeiten.

- Anders als die expliziten, aber eher abstrakten Lehrpläne liefern Prüfungen eine implizite, sehr konkrete Definition der Leistungskriterien. Sie sagen damit den Schülern, welchen Stoff sie beherrschen sollten.
- Prüfungen zeigen kollektive und individuelle Schwächen und liefern den Lehrern eine Rückmeldung über den Erfolg ihres Unterrichts.
- Direkt erhöhen Prüfungen die Leistungen der Prüflinge nur in Ausnahmefällen (beispielsweise, wenn eine Aufgabe einen Aha-Effekt auslöst).
- Prüfungen schaffen die Möglichkeit, die extrem guten und die extrem schlechten Kandidaten zu erkennen; dann können die einen belohnt, die anderen gefördert oder in aussichtslosen Fällen ausgeschlossen werden. Durch eine Belohnung werden die Guten angespornt. Die Förderung der Schlechteren verringert die Gefahr, dass diese den Anschluss verlieren.
  Der Ausschluss als Ultima Ratio wirkt einerseits als Drohung, gibt andererseits den Lehrern ein Mittel, um zu verhindern, dass die Arbeit durch einzelne Schüler blockiert wird.
- Die Erwartung einer Prüfung beeinflusst das Verhalten der Schüler: Sie bemühen sich um besseres Verständnis, damit sie bessere Prüfungsresultate erzie-

len. Auf diesem Wege erhöht die Prüfung indirekt also auch die Leistung. (Das bestätigen auch alle Erfahrungen mit ungeprüften Lehrveranstaltungen.)
- Über die Prüfungsergebnisse werden auch die Lehrer – vor allem durch die Aufmerksamkeit der Schüler und ihrer Eltern – laufend geprüft, sodass ein grundsätzlicher Konflikt mit den Regeln des Unterrichts nicht unbemerkt bleibt.

Diese Beobachtungen lassen sich weitgehend auf das Thema »Prüfung von Software« übertragen; dabei ist die Leistung der Schüler durch die Qualität der Software zu ersetzen.

- Prüfungen liefern – als Ergänzung der oft unzureichenden Spezifikation – implizit eine simple Definition der Qualitätskriterien. Sie zeigen damit den Entwicklern, welchen konkreten Anforderungen ihre Produkte genügen sollen. Darum spielt der Test beim Extreme Programming (Abschnitt 10.6.4) eine besonders wichtige Rolle.
- Prüfungen zeigen kollektive und individuelle Schwächen der Prüflinge (also der Dokumente, Programme usw.). Sie geben damit den Entwicklern einen Eindruck von der Qualität ihrer Arbeit insgesamt, also Hinweise für das Software Engineering und für die Verbesserung der einzelnen Komponenten (auf Programmebene für die Fehlerbehebung).
- Direkt erhöhen sie die Qualität der Prüflinge nicht.
- Prüfungen machen die extrem guten und die extrem schlechten Prüflinge sichtbar; dann können die einen als Vorbilder gezeigt, die anderen verbessert oder in aussichtslosen Fällen verworfen werden. Eine solche Ablehnung kann verhindern, dass ein ganzes System durch eine unzureichende Komponente unbrauchbar wird.
- Die Erwartung einer Prüfung beeinflusst das Verhalten der Entwickler: Sie bemühen sich, Software zu liefern, die gute Prüfresultate erzielt. Auf diesem Wege erhöht die Prüfung die Qualität des Produkts.
- Durch Audits kann und muss überprüft werden, ob die festgelegten Regeln zur Durchführung des Projekts auch eingehalten werden. Damit wird auch die Qualität des Managements geprüft.

13.3 Mängel und Fehler

13.3.1 Definitionen

ISO 9000 (2005), die Norm, in der die Grundlagen und Begriffe für Qualitätsmanagementsysteme beschrieben sind, liefert uns Definitionen für *Fehler*, *Mangel* und *Anforderung*. Eine Anforderung ist definiert als *Erfordernis oder Erwartung, das oder die festgelegt, üblicherweise vorausgesetzt oder verpflichtend ist*; eine Anforderung muss demnach nicht unbedingt in der Spezifikation stehen. Ist irgendeine Anforderung durch das Produkt (die Software) nicht erfüllt, dann liegt ein *Fehler* vor. Ein Mangel ist die *Nichterfüllung einer Anforderung in Bezug auf einen beabsichtigten oder festgelegten Gebrauch*.

Der Unterschied zwischen »Fehler« und »Mangel« liegt also in der Perspektive: Geht es beim Fehler nur um die Frage, ob das Produkt die Anforderungen erfüllt, so schließt die Einstufung eines Fehlers als Mangel die Feststellung ein, dass der Gebrauch des Produkts beeinträchtigt ist. Wenn ein Fehler die Verwendbarkeit nicht beeinträchtigt, liegt kein Mangel vor. Ein Mangel kann juristische Folgen haben (z. B. die Forderung nach Schadensersatz).

Umgangssprachlich wird kaum zwischen Fehler und Mangel unterschieden; da jeder Mangel auch ein Fehler ist, reicht es aus, wenn wir nachfolgend von Fehlern sprechen.

Software Engineering zielt darauf ab, Fehler zu vermeiden oder, wo dies nicht gelungen ist, sie so früh wie möglich durch Prüfungen zu erkennen und zu beseitigen.

13.3.2 Kleine Theorie der Fehlersuche

Die Suche nach Fehlern wäre einfacher, wenn wir Genaues über sie wüssten. Das ist natürlich nicht der Fall, es sei denn, wir haben sie selbst bewusst eingebaut (was man beim sogenannten »error seeding« tatsächlich tut, um die Wirksamkeit der Fehlersuche festzustellen). Es gehört also zum Wesen der Fehler, dass wir sie suchen müssen, *ohne* Näheres über sie zu wissen. Insbesondere wissen wir auch nicht, ob es in irgendeinem betrachteten Ausschnitt der Software *überhaupt* einen Fehler gibt.

Wenigstens die letzte Frage wäre in Bezug auf ein Programm grundsätzlich leicht zu beantworten, wenn wir überprüfen könnten, dass es immer genau das Richtige tut. Dazu müssten zwei Bedingungen erfüllt sein:

1. Die Eigenschaften des Programms sind – i. Allg. durch die Spezifikation – eindeutig und vollständig festgelegt.
2. Die Eigenschaften lassen sich durch Prüfungen eindeutig und vollständig feststellen.

Die erste Bedingung ist in der Praxis so gut wie nie erfüllt. Sie kann jedoch für gewisse Aspekte, z. B. für die Funktionalität, bei manchen Systemen erfüllt werden. Dagegen stellen uns die meisten nichtfunktionalen Anforderungen vor unlösbare Probleme.

Die zweite Bedingung ist (außer bei einigen extrem primitiven Beispielen) nicht zu erfüllen, weil sich Software nicht stetig verhält und die Zahl der möglichen Zustände praktisch unendlich groß ist (Abschnitt 2.3.2). Vor allem aus diesem Grunde kann keine Prüfung zu einem Korrektheitsbeweis führen.

Wir suchen also bei der Prüfung nach Fehlern – ohne Chance, den Erfolg zu erzwingen. Auch hier gilt das Prinzip der Kostenminimierung, d. h., wir wollen mit minimalem Aufwand möglichst viele Fehler finden. Genau betrachtet ist das Kriterium nicht die Zahl der gefundenen Fehler, sondern der vermiedene Schaden, das Schadenspotenzial. Wenn eine Prüfung einen einzigen sehr kritischen Fehler aufdeckt, ist sie wirksamer als eine, die viele harmlose Fehler zeigt.

Jede Suche geht von Annahmen über das Gesuchte aus, jeder Prüfung liegt also eine Fehlertheorie zu Grunde. Wer kontrolliert, ob Schleifenrümpfe einmal zu oft oder einmal zu wenig durchlaufen werden, hat die Theorie im Kopf, dass diese Fehler (*off by 1 error*) mit einiger Wahrscheinlichkeit gemacht werden. Wer im Test (absichtlich!) ungültige Eingaben macht, rechnet mit Mängeln in der Fehlerbehandlung des Programms. Aber unsere Fantasie reicht nicht aus: Wenn sich ein Fehler besonders hartnäckig gegen seine Enttarnung gewehrt hat, bevor er uns endlich ins Netz geht, stellen wir meist fest, dass wir uns *diesen* Fehler einfach nicht haben vorstellen können.

13.4 Prüfungen im Überblick

Alle Prüfungen folgen grundsätzlich dem gleichen Schema. Neben dem eigentlichen Weg von einer Vorgabe zum Resultat (der *Produktion*) wird ein zweiter Weg durchlaufen, auf dem Anforderungen an das Resultat ausgewählt oder festgestellt werden (siehe Abb. 13–3). Auf diese Weise ist es möglich, das Resultat mit den Anforderungen an das Resultat zu vergleichen. Eine dabei festgestellte Diskrepanz weist auf einen Fehler hin.

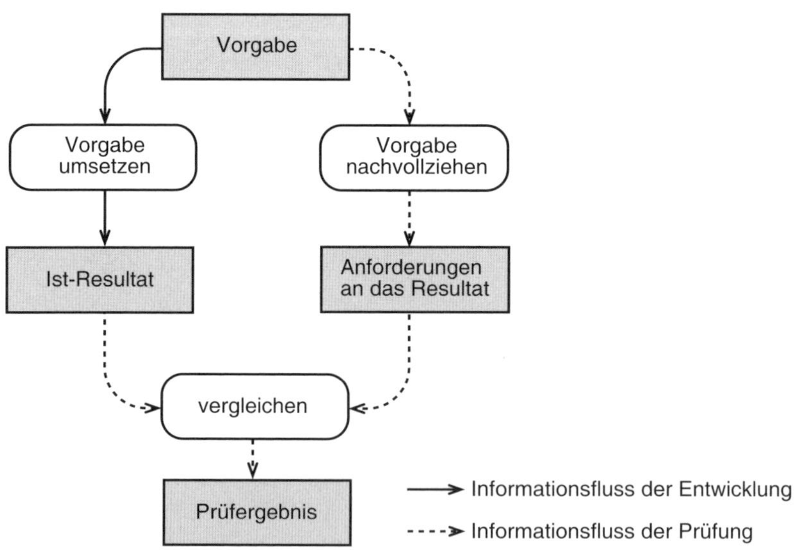

Abb. 13–3 *Grundprinzip der Prüfung*

Die Abbildung zeigt auch die Achillesferse jeder Prüfung: Was nicht in den parallelen Pfaden liegt, wird nicht geprüft. Das ist zum einen die Vorgabe, zum anderen der Vergleichsmechanismus. Der Vergleich gehört nicht zum zu entwickelnden Produkt und lässt sich in der Regel mit entsprechendem Aufwand (also durch konstruktive Qualitätssicherung) zuverlässig realisieren. Die Vorgabe aber, d. h. die Spezifikation, ist in aller Regel viel zu komplex, als dass wir uns darauf verlassen können, ihren Inhalt zu überblicken und zu verstehen; aber natürlich können wir sie nicht reduzieren oder vereinfachen. Nur die Klienten können (vielleicht!) erkennen, dass ihre Anforderungen nicht richtig oder nicht vollständig dargestellt sind. Hier zeichnet sich die große Bedeutung von Analyse und Spezifikation ab (siehe Kap. 16).

13.4.1 Verifikation und Validierung

Boehm (1979) unterscheidet zwei Arten von Prüfung:

- Verification: to establish the *truth* of the correspondence between a software product and its specification. »*Am I building the product right?*«
- Validation: to establish the *fitness* or *worth* of a software product for its operational mission. »*Am I building the right product?*«

Die Verifikation kontrolliert also, ob ein Verfahrensschritt richtig ausgeführt wurde; die Validierung beantwortet die Frage, ob das Resultat, unser Produkt, den Erwartungen der Klienten entspricht. Man kann das mit dem Versuch vergleichen, ein technisches Spielzeug, z. B. einen ferngelenkten Hubschrauber, nach einer Anleitung zusammenzusetzen und in Betrieb zu nehmen. Wenn er sich am Ende in die Luft erhebt und den Steuerbefehlen gehorcht, war der Zusammenbau erfolgreich: Er ist validiert, denn das Richtige ist entstanden. Aber zwischendurch entstehen oft Unsicherheiten; da das Zwischenresultat, der unvollständige Helikopter, nicht erprobt werden kann, bleibt uns nur die Möglichkeit, jeden Schritt genau zu überprüfen. (Habe ich den Akku so mit den Klemmen der Elektronik verbunden, wie es die Anleitung beschreibt?) Das ist Verifikation.

Für die Software-Entwicklung bedeutet das: Wir verifizieren, wenn wir prüfen, ob ein Schritt im Entwicklungsprozess, beispielsweise die Implementierung einer Klasse, den Regeln (der Programmierrichtlinie) folgt und das Ergebnis (der Code) konsistent mit den Vorgaben (der Beschreibung im Entwurf) ist.

Wichtiger ist zweifellos die Validierung; sie ist aber erst möglich, wenn das Produkt (oder ein selbständiges Teilprodukt oder ein Prototyp) fertig ist. Bis dahin können wir nur verifizieren.

Oft werden die Begriffe aber weniger präzise verwendet, als Boehm es vorschlägt. Von Verifikation spricht man vor allem dann, wenn *mit formalen Techniken* bewiesen wird, dass ein Programm seine (*formale*) Spezifikation korrekt implementiert (siehe Abschnitt 16.6.1).

13.4.2 Positive und negative Prüfresultate

Eine Welle aus Stahl, die Teil einer Maschine werden soll, wird durch eine technische Zeichnung spezifiziert. Der Dreher bearbeitet das Material gemäß Zeichnung. Ein Prüfer entnimmt der Zeichnung die Maße der Welle und ihre Toleranzen. Er prüft, ob die Maße der fertigen Welle im Rahmen der Toleranzen liegen. Ist das nicht der Fall, so liegt ein Fehler vor, das Prüfergebnis ist *positiv* (!). (Man vergleiche die ähnliche Terminologie in der Medizin, wo man von einem positiven oder negativen Befund spricht.)

Grundsätzlich ist bei positiven Ergebnissen nicht a priori klar, wo der Fehler liegt. In den meisten Fällen ist tatsächlich das Produkt fehlerhaft. Es kann aber auch sein, dass sich der Prüfer geirrt hat, dass ihm die falsche Vorgabe vorgelegen hatte (im Beispiel eine falsche Konstruktionszeichnung) oder dass er die falsche Welle geprüft hat. Er kann auch bei der Prüfung den Wert falsch abgelesen haben. Alle diese Fälle sind, wie man sagt, *falsch positiv.*

Auch bei der Software-Prüfung kann es – aus ganz ähnlichen Gründen – zu falsch positiven »Diagnosen« kommen. Der Prüfer versteht die Spezifikation falsch, oder er arbeitet mit einer obsoleten Gestaltungsrichtlinie.

Falsch positive Resultate machen unnötig Arbeit, sind aber sonst kein Problem, eine Nachprüfung zeigt, dass das Produkt in Ordnung ist. Viel schlimmer sind *falsch negative* Resultate, bei denen ein tatsächlich vorhandener Fehler übersehen wird, obwohl er eigentlich auffallen müsste. Daher ist es bei jeder Prüfung weit wichtiger, falsch negative als falsch positive Resultate zu vermeiden.

Im Beispiel der Prüfung einer Welle kann es zu einem falsch negativen Resultat kommen, wenn der Prüfer eine fehlerhafte Welle gegen eine falsche Zeichnung prüft, die der Welle zufällig gerade entspricht. Das ist natürlich sehr unwahrscheinlich. Viel öfter kommt es vor, dass es auf einer Zeichnung schlecht lesbare Zahlen gibt, die sowohl der Dreher als auch der Prüfer falsch, aber beide *gleich falsch*, lesen. In diesem Falle sind falsch negative Resultate sehr wahrscheinlich. In der Software ist das offensichtlich der Fall, wenn der Entwickler seine Produkte, z. B. den Programmcode, *selbst* prüft. Alle Missverständnisse, die Fehler im Code verursacht haben, liegen auch der Prüfung zu Grunde, werden also nicht aufgedeckt.

Falsch negative Prüfresultate sind natürlich nicht die einzige Ursache für unerkannte Fehler. Wo nicht gesucht wird, wird auch nicht gefunden. Das ist der Fall, wenn die Zeichnung der Welle eine bestimmte Materialhärte vorschreibt, die Härte aber nicht geprüft wird, oder wenn ein Programm mit einem bestimmten Hauptspeicherausbau laufen soll, aber nie auf einem entsprechenden Rechner getestet wurde.

Wir können daraus Feststellungen ableiten, die für alle Prüfungen gelten:

- Alles, was gefordert wurde, muss auch geprüft werden, sonst ist unsicher, ob die Anforderungen verstanden und umgesetzt wurden.

- In jeder Prüfung gibt es zwei Pfade von der Vorgabe zum Resultat, die eigentliche Produktion und den Prüfpfad.
- Die Prüfung kann nur Fehler aufdecken, die auf einem der beiden getrennten Pfade liegen, aber keine Fehler, die in den gemeinsamen Teilen liegen, also in der gemeinsamen Vorgabe oder im Vergleich zwischen Resultaten und Anforderungen an die Resultate. Diese beiden Teile sind also besonders kritisch, ihre Qualität muss auf andere Weise sichergestellt werden.
- Werden Fehler entdeckt, so ist das Prüfresultat positiv. Liegt der Fehler (nur) im Prüfzweig, so ist es falsch positiv.
- Werden Fehler *nicht* entdeckt, so wurde entweder nicht nach ihnen gesucht, oder das Prüfresultat war falsch negativ. Falsch negative Resultate entstehen entweder durch eine zufällige Kompensation mehrerer Fehler im produktiven Pfad *und* im Prüfpfad oder (sehr viel öfter) durch Fehler in den gemeinsamen Teilen, also in der Vorgabe und im Vergleich. Eine weitere wichtige Ursache für falsch negative Resultate ist die allzu großzügige Interpretation negativer Resultate. Beispielsweise wird aus einem oberflächlichen Test ohne Befund der Schluss gezogen, der Prüfling sei in Ordnung. Im (wahrscheinlichen) Fall, dass Fehler übersehen wurden, ist dieses Resultat falsch negativ.

Falsch negative Resultate sind schlimmer als keine Resultate: Sie vermitteln unbegründetes Vertrauen in ein Produkt und erschweren die Fehlersuche, wenn irgendwann auffällt, dass es einen Fehler gibt. Die Fehlerursache wird dann besonders leicht übersehen, weil jeder denkt: »Das haben wir ja schon geprüft!«

13.4.3 Möglichkeiten und Prinzipien der Software-Prüfung

Wie die Abbildung 13–2 zeigt, kann Software *ohne* oder *mit* Hilfe eines Rechners geprüft werden.

- *Prüfung ohne Rechner (»nichtmechanische Prüfung«)*
  Die Arbeitsergebnisse werden von Experten geprüft. Gängige Verfahren sind Durchsicht, Inspektion (Review) oder Walkthrough. Wo diese Prüfverfahren noch nicht angewandt werden, ist ihre Einführung die einfachste und billigste Möglichkeit, Fortschritte im Software Engineering zu erzielen, weil dadurch nicht nur die Ergebnisse geprüft werden, sondern auch das Wissen unter den Mitarbeitern verbreitet wird und ein gemeinsames Qualitätsverständnis im Projektteam entsteht. Wir behandeln diese Verfahren in Abschnitt 13.4.5.
- *Prüfung mit Rechner (»mechanische Prüfung«)*
  Hierzu zählen alle Testverfahren, aber auch die statische Analyse mit Hilfe spezieller Werkzeuge (z. B. CASE-Tools, siehe Abschnitt 15.2). Die Methoden zum Test werden im Kapitel 19 behandelt.

Es ist offensichtlich, dass nur Dokumente mit formalem Charakter (z. B. eine formale Spezifikation oder Programmcode) mit dem Rechner geprüft werden können. Da bei üblicher Entwicklung erst relativ spät formale Dokumente entstehen, ist die Prüfung durch Inspektion, also ohne Rechner, bei weitem wichtiger.

Für alle Software-Prüfungen gelten die folgenden Prinzipien:

- Nur gegen Vorgaben prüfen! Wir benötigen mindestens die Anforderungen oder Vergleichsresultate. Um die Anforderungen selbst zu prüfen, brauchen wir die Klienten, von denen die Anforderungen kommen.
- Prüfungen planen! Prüfungen benötigen Zeit und Ressourcen.
- Prüfverfahren präzise definieren! Nur dann liefern sie reproduzierbare Ergebnisse! Reproduzierbarkeit ist bei subjektiven Verfahren (z. B. bei Reviews) natürlich nicht absolut erreichbar, aber auch nicht so schlecht, wie viele Leute befürchten.
- Prüfergebnisse dokumentieren! Für die rasch wachsenden Datenmengen ist eine geordnete Ablage in der Konfigurationsverwaltung anzulegen.
- Beim Prüfen erkannte Fehler nach der Prüfung beheben! Die Korrektur ist eine notwendige Konsequenz, aber kein Teil der Prüfung.

13.4.4 Die Trennung der Korrektur von der Prüfung

Da eine Trennung von Prüfung und Korrektur in der Praxis nicht allgemein üblich ist, betonen wir sie hier ausdrücklich. Auf den ersten Blick scheint es allzu umständlich, die Prüfung nach der Erkennung eines Fehlers fortzusetzen, ohne den Fehler gleich zu beheben. Wenn ein Programm gleich zu Beginn eines Tests versagt, »abstürzt«, wenn also ein »blockierender Fehler« vorliegt, ist es gar nicht möglich, ohne Eingriff ins Programm fortzufahren. Diese Überlegung ist aber vordergründig:

- Erstens sollte es klar sein, dass Schrott nicht in die Prüfung kommt. Wer ein Programm abliefert, sollte sich selbst überzeugt haben, dass es in Ordnung ist. Dazu gehört in der Regel ein Versuch, das Programm auszuführen. Wenn sich am Ende des Fließbands zeigt, dass im Auto der Motor fehlt, sollte man nicht rasch einen einbauen, sondern den Fehler im Fertigungsprozess suchen und beheben.
- Zweitens haben Änderungen während der Prüfung den Effekt, dass am Ende nicht klar ist, was genau geprüft wurde; in der Regel ist nur klar, dass die Ergebnisse der Prüfung irgendwelche nicht dokumentierten Zwischenzustände betreffen, aber weder den Anfangs- noch den Endzustand. Die Prüfergebnisse kann man dann getrost wegwerfen.
- Drittens werden grundsätzliche Mängel oft erst durch die komplette Prüfung sichtbar, nicht durch einen einzelnen Prüfschritt. Wenn sich zu Beginn der Inspektion zeigt, dass die Reihenfolge der Verarbeitungsschritte falsch ist, sind die Zusammenhänge nicht sichtbar. Vielleicht erkennt man später, dass

in Wahrheit ein Missverständnis über die Funktion des Programms zu diesem Problem und zu weiteren Problemen geführt hat. Die Änderung der Verarbeitungsschritte hätte den Fehler verdeckt, nicht beseitigt. Und sie hätte wahrscheinlich weitere Änderungen und Änderungen der Änderungen nach sich gezogen (die gefürchteten *additiven Änderungen* an Stelle einer sinnvollen *kumulativen Änderung*).
- Viertens sind Änderungen besonders fehlerträchtig; sie sollten nicht en passant bei der Prüfung beschlossen und umgesetzt werden.
- Fünftens ist es so gut wie ausgeschlossen, dass über entdeckte Fehler, wenn sie sofort unter den Teppich gekehrt werden, eine brauchbare Statistik geführt wird.
- Sechstens sind die Rollen Entwickler und Prüfer getrennt oder sollten es sein. Wenn der Prüfer ändert, läuft er in Bezug auf sein Rollenverständnis zu den Entwicklern über und wird anschließend nicht mehr nach Fehlern suchen, sondern die Korrektheit seiner Entscheidung verteidigen.

Es gibt also mehr als genug gute Gründe, Prüfung und Korrektur zu trennen!

13.4.5 Inspektionsverfahren

Von den vielen möglichen Verfahren, Software zu inspizieren, sollen hier die folgenden vier weiter diskutiert werden:

1. die *Durchsicht* (der »Schreibtisch-Test«), eine informelle Prüfung ohne Verwendung des Rechners, vom Urheber selbst und allein durchgeführt,
2. die *Stellungnahme*, ein verbreitetes Vorgehen, um die Meinung anderer Entwickler einzuholen,
3. das *Technische Review*, ein wohldefiniertes, dokumentiertes Verfahren zur Bewertung eines Prüflings, und schließlich
4. der *Walkthrough*, ein Ansatz zwischen Technischem Review und Stellungnahme.

Im Mittelpunkt unserer Darstellung stehen die Reviews (Abschnitt 13.5). Die übrigen genannten Verfahren werden daran anschließend kurz vorgestellt (Abschnitt 13.6).

In vielen Firmen finden – vor allem zur Klärung der Anforderungen – halb- oder ganztägige Gesprächsrunden statt, die ebenfalls als Reviews bezeichnet werden. Solche Workshops (nach unserer Terminologie) können sehr sinnvoll sein, dienen aber nicht primär der Aufdeckung von Mängeln, die wir als wesentliches Ziel der Reviews betrachten. Wir behandeln solche Workshops im Abschnitt über die Analyse (Abschnitt 16.2.8).

13.5 Reviews

Nachfolgend wird als Standardform der Inspektion das Technische Review beschrieben. Dabei handelt es sich um ein Verfahren, das weit verbreitet ist und sehr oft angewendet wird. Wir haben das Technische Review sowohl in der Industrie als auch in der Hochschule gelehrt und damit sehr gute Erfahrungen gesammelt. Das bedeutet freilich nicht, dass seriöse Reviews nach anderen Regeln schlechter sind, solange einige zentrale Punkte (Prüfung eines definierten Dokuments nach rationalen Kriterien, Vorbereitung der Gutachter, Sitzung unter kompetenter Leitung, Dokumentation der Resultate) gewährleistet sind.

Als *Prüfling* kommt jeder in sich abgeschlossene, für Menschen lesbare Teil von Software in Betracht – ein einzelnes Dokument, ein Modul, ein Satz Testdaten, eine Installationsanleitung. Achtung, der Prüfling ist keine Person, sondern ein Stück Software! Es ist fatal, wenn Prüfling und Autor (Abschnitt 13.5.1) verwechselt werden.

Zur Prüfung sind *Referenzunterlagen* nötig, die eine Beurteilung ermöglichen. Dazu gehören als Basis eine Vorgabe oder Spezifikation sowie die Richtlinien, die zu beachten sind. Zusätzlich können *Fragenkataloge* verwendet werden, also Listen von Fragen, die im Review beantwortet werden sollen. So kann beispielsweise eine Entwurfsbeschreibung (der Prüfling) daraufhin überprüft werden, ob der Lösungsansatz die in der Spezifikation festgelegten Anforderungen erfüllt und die für Entwurfsbeschreibungen gültigen Richtlinien (z. B. für Kennzeichnung, Inhalt, Gestaltung, Darstellung) einhält.

13.5.1 Rollen im Technischen Review

Das Technische Review ist eine effektive und äußerst effiziente Art der Prüfung (siehe Porter, Votta, Basili, 1995). Sein wichtigster Vorteil ist, dass Zuständigkeiten und Verantwortlichkeiten im Review klar durch folgende Rollen definiert sind:

- Der *Moderator* leitet das Review, sorgt also für den ordnungsgemäßen Ablauf und ist dafür verantwortlich. Der Moderator muss eine Persönlichkeit sein, die mit den organisatorischen und auch den menschlichen Problemen des Reviews fertig wird. Er kann aus dem Kreis der Kollegen kommen oder als Externer seine spezielle Kompetenz einbringen.
- Der *Autor* ist der Urheber des Prüflings oder Repräsentant des Teams, das den Prüfling erstellt hat. Der Autor nimmt an der Review-Sitzung teil, um die Diskussion zu hören und um auf Befragen Unklarheiten zu beseitigen; er sollte nicht ungefragt das Wort ergreifen und quasi als Verteidiger des Prüflings agieren.
- Der *Gutachter* ist ein Kollege, der den Prüfling beurteilen kann. Sein Sachverstand kann sich auf verschiedene Aspekte beziehen, z. B. den technischen Inhalt oder die für die Erstellung eingesetzten Methoden. Vor allem sind es

aber der gesunde Menschenverstand und die Erfahrung mit Software, die eine Person befähigen, Inkonsistenzen oder Unvollständigkeiten zu erkennen, ohne Experte für den Prüfling zu sein.
- Der *Notar* ist ein Kollege, der in der Review-Sitzung das Protokoll erstellt. Diese Rolle kann, wenn die Reviews eingespielt sind, auch vom Autor übernommen werden.
- Das *Review-Team* bilden alle Teilnehmer des Reviews außer dem Autor.

Keine Rolle im Review hat der *Manager*, typischerweise ein Linienvorgesetzter oder Projektleiter, der den Auftrag zur Erstellung des Prüflings gegeben hat und somit auch die Verantwortung für die Freigabe des Prüflings trägt. Der Manager entscheidet, nimmt aber *nicht* am Review teil!

Beim Technischen Review werden Kollegen als Gutachter hinzugezogen. Natürlich kommen dafür vor allem andere Entwickler in Frage, aber in bestimmten Phasen sind Benutzer, Produktmanager oder Auftraggeber die Wissensträger, die zur Beurteilung eines Arbeitsresultats wichtige Beiträge liefern können. Die Gutachter erhalten im Technischen Review immer konkrete Aufträge, wie nachfolgend am Beispiel dargestellt ist (siehe Abb. 13–5 auf S. 284).

Diese Aufträge haben einen doppelten Sinn: Zum einen ist dadurch sichergestellt, dass Fehler, die immer wieder vorkommen, sehr wahrscheinlich entdeckt werden. Zum anderen ist ein Gutachter, der nach bestimmten Mängeln sucht, insgesamt aufmerksamer, er findet also allgemein mehr Fehler als ohne speziellen Prüfauftrag.

13.5.2 Organisation und Ablauf

Das Technische Review wird nach dem in Abbildung 13–4 dargestellten Schema organisiert und durchgeführt.

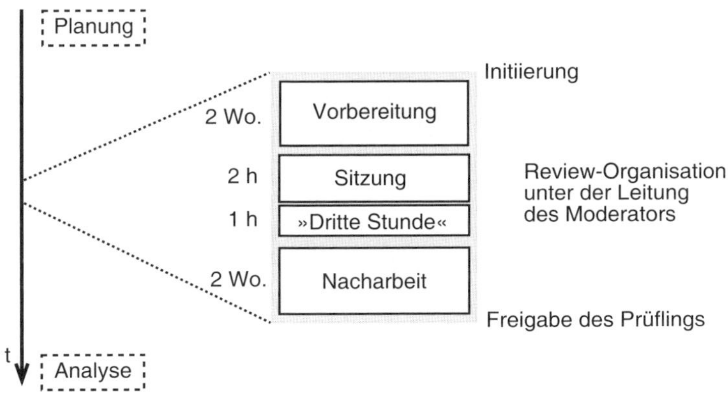

Abb. 13–4 *Organisation und Ablauf eines Reviews*

Fragenkatalog für Gutachter *Art des Dokuments: Spezifikation*

Bereiten Sie die Review-Sitzung vor, indem Sie den Prüfling speziell unter den Ihnen in der Einladung zugeordneten Aspekten aus der folgenden Liste prüfen:

- ***Aspekt »Form«:***
  Ist die Darstellung im Dokument sinnvoll?
  1. *Sind alle Anforderungen erkennbar, von Erklärungen unterscheidbar?*
  2. *Sind alle Anforderungen eindeutig referenzierbar?*
  3. *Ist die Spezifikation jeder Anforderung eindeutig?*
  4. *Sind alle Anforderungen überprüfbar formuliert?*
- ***Aspekt »Schnittstellen«:***
  Sind alle Schnittstellen eindeutig spezifiziert?
  5. *Sind alle Objekte der Umgebung (Benutzer, andere Systeme, Basis-Software etc.) sowie ihre Informationsflüsse spezifiziert?*
  6. *Sind alle Benutzerklassen des Systems (Dauerbenutzer, gelegentliche Benutzer, System-Administrator etc.) identifiziert?*
  7. *Ist die Bedienschnittstelle für jede der Benutzerklassen festgelegt?*
  8. *Ist die Bedienphilosophie einheitlich?*
  9. *Ist das Bedienkonzept den Vorkenntnissen der Benutzer angemessen?*
  10. *Ist die Schnittstelle zur Datenerfassung eindeutig festgelegt?*
  11. *Gibt es Vorgaben bezüglich Verwendung von Betriebssystem-Funktionen, Bibliotheken und Hilfsprogrammen?*
- ***Aspekt »Zustände und Ereignisse«:***
  Sind alle Zustände und Ereignisse eindeutig spezifiziert?
  12. *Sind alle möglichen Betriebsarten (offline, online etc.) definiert?*
  13. *Sind alle möglichen Betriebsmodi (Betrieb für die verschiedenen Benutzerklassen, Test, Wartung etc.) definiert?*
  14. *Sind alle möglichen Betriebszustände (Normalbetrieb, reduzierter Betrieb, Notbetrieb etc.) definiert?*
  15. *Sind alle Ereignisse spezifiziert, die zur Änderung des Betriebsmodus oder des Betriebszustands führen?*
- ***Aspekt »Vertraulichkeit«:***
  Sind Aspekte des Datenschutzes berücksichtigt?
  16. *Ist spezifiziert, welche Information zu schützen ist?*
  17. *Sind die Zugriffsrechte aller Benutzerklassen definiert?*
- …

Abb. 13–5 *Beispiel eines Fragenkatalogs (Auszug)*

- Der Anstoß zum Review kommt von der Konfigurationsverwaltung (siehe Kap. 21). Wenn ihr eine neue Einheit unterstellt wird, ist eine Prüfung fällig. Der vorgesehene Moderator wird informiert, er verteilt die Einladungen an die Gutachter; Prüfling und Prüfaufträge sind Teile der Einladung.
- Im ersten Schritt des Reviews, in der Vorbereitung, lesen die Gutachter das zu prüfende Dokument und prüfen es nach den ihnen individuell zugeteilten Gesichtspunkten.
- Den zweiten Schritt bildet die Review-Sitzung, in der die Gutachter die in der Vorbereitung entdeckten Mängel vortragen. Gemeinsam erheben, gewichten und protokollieren sie die Befunde. Der Auftrag für die Review-Sitzung lautet also, den Prüfling zu begutachten, nicht, ihn zu korrigieren. Die Sitzung liefert eine Liste der Schwächen mit einer Empfehlung, welche Mängel vor der Freigabe des Prüflings beseitigt werden sollten.
- Damit die Gutachter ihre im Review nicht gefragten Lösungsideen loswerden können, folgt die sogenannte *Dritte Stunde*. Dann reden die Gutachter und der Autor ohne Regeln und ohne Protokoll.
- Die Entscheidung über Art und Umfang der Nacharbeit trifft die zuständige Führungsinstanz im Projekt (in der Regel der Manager, der am Review nicht teilnimmt).
- Die Nacharbeit selbst ist Sache des Autors oder der Autoren. Die Gutachter kommen bei der Überprüfung der Nacharbeit evtl. nochmals zum Zuge. Bei umfangreichen Änderungen wird das überarbeitete Dokument einem weiteren Review unterzogen, einfachere Änderungen kann ein Gutachter oder der Moderator kontrollieren.
- Planung und Analyse finden lange vor bzw. nach dem Review statt. Durch die Planung wird sichergestellt, dass der notwendige Aufwand im Zeitplan berücksichtigt ist. Die Analyse dient dazu, Erfahrungen in weitere Entwicklungen, auch in die Verbesserung der Reviews selbst, einzuspeisen.

13.5.3 Review-Regeln

Damit in einem Technischen Review möglichst viele Mängel aufgedeckt werden, sollten die nachfolgenden Regeln beachtet werden:

1. *Der Moderator organisiert das Review, lädt dazu ein und führt es durch.*
   Das Review ist quasi ein kleines Projekt. Sein Projektleiter ist der Moderator. Er lädt zur Sitzung ein und leitet sie, im Normalfall überwacht er auch die Nacharbeiten.

   In der Praxis ist es schwierig bis unmöglich, einen Termin zu finden, an dem alle beteiligten Personen kommen können. Oft weicht man dann auf »asynchrone Reviews« aus, bei denen schriftliche Gutachten das Gespräch ersetzen. Dieses Verfahren hat aber erhebliche Nachteile, denn der sehr wichtige Schulungseffekt kommt dadurch nicht zustande. Viel besser ist es, einen festen Termin zu vereinbaren (beispielsweise den Donnerstagnachmittag), den sich alle potenziellen Review-Teilnehmer reservieren.

2. *Die Review-Sitzung ist auf zwei Stunden beschränkt. Falls nötig wird eine weitere Sitzung, frühestens am nächsten Tag, einberufen.*
   Wo Reviews neu eingeführt werden, sollte man mit kleinen Prüflingen (einige Seiten Text) beginnen und sich von unten an den Umfang herantasten, den man im Review bewältigen kann. Mit wachsender Routine bearbeitet man ohne Einbußen an Effektivität größere Prüflinge.
3. *Der Moderator sagt oder bricht die Sitzung ab, wenn sie nicht erfolgreich durchgeführt werden kann, weil Experten nicht erscheinen oder ungenügend vorbereitet sind oder andere Bedingungen dem Erfolg im Wege stehen. Der Grund des Abbruchs wird protokolliert.*
   Eine Review-Sitzung, die nur der Form halber durchgezogen wird, ist verlorene Zeit und verwässert das Konzept.
4. *Das Resultat, nicht der Autor steht zur Diskussion. Die Gutachter müssen auf ihre Sprache und Ausdrucksweise achten. Der Autor darf weder sich noch den Prüfling verteidigen.*
   Vor allem bei den ersten Reviews kommt es oft zur Konfrontation, und Konflikte, die die Beteiligten lange vorher hatten, finden in feindseligen Ausfällen ihren Ausdruck. Es ist die Aufgabe des Moderators, solche Tendenzen rasch zu erkennen und im Keim zu ersticken.
5. *Die Rollen werden nicht vermischt. Insbesondere darf der Moderator nicht gleichzeitig als Gutachter fungieren.*
   Der Moderator ist mit seiner eigenen Rolle völlig ausgelastet.
6. *Allgemeine Stilfragen außerhalb der Richtlinien dürfen nicht diskutiert werden.*
   Dieser scheinbar harmlose Punkt erweist sich als besonders schwierig, weil bei der Einführung von Reviews in aller Regel keine ausreichenden, sinnvollen Richtlinien vorliegen. Damit besteht die Gefahr, dass der individuelle Geschmack der Gutachter zum Maßstab wird. Das ist natürlich keine Lösung. Stattdessen sollte parallel zur Einführung von Reviews ein Prozess angestoßen werden, in dem die Richtlinien verbessert und komplettiert werden.
7. *Die Entwicklung oder Diskussion von Lösungen ist nicht Aufgabe des Review-Teams. Befunde werden nicht in Form von Anweisungen an den Autor protokolliert.*
   Die Gründe für diese Regel wurden in Abschnitt 13.4.4 ausführlich dargelegt.
8. *Jeder Gutachter erhält Gelegenheit, seine Befunde angemessen zu präsentieren.*
   Es ist sinnvoll, den Prüfling Abschnitt für Abschnitt zu diskutieren und jeweils die Befunde jedes einzelnen Gutachters abzufragen. Der Moderator muss Gutachter bremsen, wenn sie längere Monologe halten, aber auch Gut-

achter ins Gespräch (zurück-)holen, die allzu vorsichtig, beleidigt oder einfach träge sind.

9. *Der Konsens der Gutachter zu jedem Befund wird laufend protokolliert.*
Solange der Konsens nicht erzielt ist, darf der Moderator nicht fortfahren. Notfalls muss der Notar bremsen. Sein Protokoll muss für alle Beteiligten sichtbar sein (Laptop mit Beamer), sodass Unklarheiten sofort entdeckt und beseitigt werden.

10. *Die einzelnen Befunde werden gewichtet als:*
    - Kritischer Fehler
      Der Prüfling ist für den vorgesehenen Zweck unbrauchbar, ein kritischer Fehler muss unbedingt vor der Freigabe behoben werden.
    - Hauptfehler
      Die Nutzbarkeit des Prüflings wird merklich beeinträchtigt, der Fehler sollte vor der Freigabe behoben werden.
    - Nebenfehler
      Die Nutzbarkeit des Prüflings wird kaum beeinträchtigt. Der Fehler sollte bei Gelegenheit behoben werden.
    - Gut
      In diesem Abschnitt wurde kein Mangel festgestellt.

    Die Gewichtung wird für die Gesamtbewertung des Prüflings (Punkt 11) und für die Statistik benötigt. Die Kennzeichnung »gut« stellt klar, dass der Abschnitt wirklich geprüft wurde.

11. *Das Review-Team gibt eine der folgenden Empfehlungen über die Annahme des Prüflings ab:*
    - *Akzeptieren ohne Änderungen*
    - *Akzeptieren mit Änderungen*
    - *Nicht akzeptieren*

    »Akzeptieren mit Änderungen« ist der Normalfall. Auf ein weiteres Review kann damit verzichtet werden. Dagegen bedeutet »Nicht akzeptieren«, dass nach der Überarbeitung erneut ein Review angesetzt werden muss.

12. *Das Protokoll wird am Ende ausgedruckt und von allen Teilnehmern unterschrieben.*
Sie dokumentieren damit ihre Verantwortung für die Qualität des (korrigierten) Prüflings.

13.5.4 Das Review als soziales Experiment

Im Review arbeiten Leute eng zusammen, die sich sonst nur in der Kantine treffen. Und sie erhalten Einblick in die aktuelle Arbeit der anderen. Solange es keine Reviews gibt, ist ein solcher Blick in den Garten des Nachbarn nicht üblich, wird sogar als Verletzung der Intimsphäre empfunden. Darum stellt die Einführung von Reviews eine wesentlich größere Veränderung dar als die Einführung eines Werkzeugs oder einer neuen Programmiersprache.

Naturgemäß werden zuerst die negativen Folgen sichtbar: Ein Entwickler, der zum ersten Mal als Autor an einem Review teilnimmt, fühlt sich nackt vor eine Prüfungskommission gestellt. Die Tatsache, dass viele Entwickler als Autodidakten, also ohne einschlägige Berufsausbildung, in diese Tätigkeit hineingerutscht sind, verschärft ihre Angst.

Viele der oben aufgelisteten Regeln sollen dazu beitragen, dass diese Angst nicht in Panik umschlägt, sondern abgebaut wird und dem Gefühl Platz macht, als Kollege unter Kollegen anerkannt zu sein und Unterstützung zu bekommen. Dazu zählen

- der Ausschluss des Vorgesetzten, der in jedem Fall im Verdacht steht, die Kritik am Prüfling in eine Mitarbeiterbeurteilung umzudeuten,
- das Verbot, über Stilfragen zu diskutieren, denn die Beschränkung auf Regeln, die in Richtlinien dokumentiert sind, gibt dem Autor Sicherheit,
- die sachliche Leitung des Reviews durch den erfahrenen Moderator und sein rasches Einschreiten, wenn es zu persönlichen Auseinandersetzungen kommt,
- die Dritte Stunde, die den Emotionen Auslauf gibt,
- der regelmäßige Rollentausch, der verhindert, dass jemand immer Autor oder immer Gutachter ist,
- ein objektives, technisches Kriterium, welche Resultate einem Review unterzogen werden. Ohne ein solches Kriterium entsteht bei manchen Autoren der Verdacht, zu den »üblichen Verdächtigen« zu gehören.

Angesichts einer solchen Problemliste drängt sich die Frage auf, ob sich die Mühe lohnt. Die Antwort ist ein klares Ja. Sie lohnt sich nicht nur dadurch, dass nachweisbar viele Fehler zu insgesamt akzeptablen Kosten entdeckt werden, bevor sie Schaden anrichten; alle Statistiken belegen eindeutig, dass es weit teurer wäre, die Fehler *nicht* zu suchen. Vorteile, die vielleicht noch wichtiger sind, liegen dort, wo auch die Probleme liegen, nämlich in der Zusammenarbeit der Entwickler. Wo Reviews zur Routine geworden sind, ist das Vertrauen zwischen den Software-Leuten deutlich höher, die Richtlinien werden nicht verspottet und ignoriert, sondern gelebt, und niemand fürchtet sich davor, die anderen um Rat zu fragen. Nicht zuletzt entwickeln die Beteiligten ein sachlich fundiertes Selbstbewusstsein und einen begründeten Stolz auf ihre Arbeit. Wer einmal an Reviews gewöhnt ist, möchte auf keinen Fall mehr darauf verzichten.

13.5.5 Ein Erste-Hilfe-Kasten für die häufigsten Probleme mit Reviews

Reviews sind weltweit seit langem als wichtigste Technik der Software-Prüfung anerkannt, ihr Nutzen ist klar nachgewiesen und von allen, die regelmäßig und systematisch Reviews durchführen, bestätigt. Trotzdem gibt es viele Fälle, in denen die Einführung von Reviews gescheitert oder zu einer ohne Überzeugung betriebenen Formalübung degeneriert ist. In diesem Abschnitt werden die wichtigsten Schwierigkeiten diskutiert.

1. *Für die Vorbereitung oder sogar für die Review-Sitzung selbst fehlt die Zeit.* Reviews müssen in der Planung mit den dafür notwendigen erheblichen Aufwänden (je nach Qualitätsanforderungen zwischen 10 % und 50 % des Gesamtaufwands) berücksichtigt werden. Es ist sinnlos und kontraproduktiv, in ein allzu optimistisch geplantes, bereits angeschlagenes Projekt noch Reviews hineindrücken zu wollen, ohne die Planung erheblich zu verändern.
2. *Die Reviews finden in einer bis zur Unkenntlichkeit reduzierten Form statt.* Der Kostendruck ist überall hoch. Es liegt daher nahe, die Reviews, die ja erheblichen Aufwand verursachen, abzumagern. Dabei erreicht man aber rasch einen Punkt, an dem das Verhältnis zwischen Aufwand und Nutzen kippt. Zwei vorbereitete Gutachter, einen Moderator und eine ungestörte Sitzung braucht es unbedingt.
3. *Gute Moderatoren fehlen.* Die Rolle des Moderators ist anspruchsvoll. Wer sie übernimmt, sollte taktvoll und selbstbewusst sein und die Regeln des Reviews sicher beherrschen. Dazu bedarf es einer speziellen Ausbildung. Sie wird von verschiedenen Institutionen angeboten. Für eine Übergangszeit sind externe Moderatoren eine gute Lösung. Langfristig sollte dieses Know-how aber im eigenen Hause vorhanden sein.
4. *Bezugsdokumente fehlen.* Die ersten, unzureichend vorbereiteten Reviews scheitern oft an den Unzulänglichkeiten der Bezugsdokumente. Darum sollte schon zu Beginn ein Grundstock sinnvoller Richtlinien vorhanden sein. Dann sollten die Dokumente entsprechend ihrer Entstehungsreihenfolge Reviews unterzogen werden, also beginnend mit der Planung und der Spezifikation, sodass bei den weiteren Reviews die entsprechenden Bezugsdokumente sicher in geprüfter Qualität vorliegen.
5. *Entwickler haben Angst, wenn sie als Autoren an Reviews teilnehmen sollen.* Wer Jahre oder Jahrzehnte Software entwickelt, Programme geschrieben hat, ohne dass je ein Kollege oder ein Vorgesetzter die Ergebnisse kritisch untersucht hat, fürchtet sich vor dem Review. Die Tatsache, dass er diese Angst mehr oder minder überzeugend leugnet, macht die Sache nicht leichter. Volle Aufklärung über Prinzipien und Ziele, wechselnde Rollen (Gutachter/Autoren) und eine pannenfreie Durchführung der allerersten Reviews vermindern das Problem.

6. *Die Reviews beißen sich an Äußerlichkeiten fest.*
   In den ersten Reviews fällt vor allem auf, dass sich die Entwickler bislang nicht an die Richtlinien zur Formatierung und Gestaltung der Dokumente gehalten haben. Das sind meist relativ harmlose Nebenfehler, sodass sich die Teilnehmer der Reviews über die scheinbar sinnlos vertane Zeit ärgern. Aber die Äußerlichkeiten müssen in Ordnung sein, damit die inhaltlichen Fehler sichtbar werden. Darum darf der Moderator die formalen Fehler nicht bagatellisieren, er muss sie ernst nehmen und ihre Behebung durchsetzen. Dazu genügt aber ein einziger summarischer Eintrag im Protokoll. (Beispiel: »Die Formatierung des Programms entspricht nicht der Richtlinie XYZ« oder »Bei den Begriffen in der Spezifikation fehlt durchgängig der geforderte Bezug zum Begriffslexikon.«) Der Moderator stellt sicher, dass diese Mängel in der revidierten Fassung behoben sind. Damit ist den Entwicklern ganz klar, dass sie mit ihren kleinen Schlampereien (»Das habe ich immer so gemacht!«) nicht mehr durchkommen.
7. *Die Bezugsdokumente erweisen sich als unzulänglich.*
   Selbst wenn Richtlinien vorliegen, ist keineswegs sicher, dass sie auch anwendbar sind. In den ersten Reviews zeigt sich regelmäßig, dass die darin enthaltenen Vorschriften teilweise unsinnig rigide, teilweise lückenhaft, unklar oder schwammig sind. Darum muss sich ein schnell reagierender Kreis von Entwicklern und QS-Leuten mit der Verbesserung der Richtlinien befassen.
8. *Der Zeitdruck sabotiert die Prüfungen.*
   Termine haben in der Industrie in aller Regel deutlich höhere Priorität als die Produktqualität. Darum wächst in schlingernden Projekten der Druck, alle Kapazitäten einzusetzen, um den Liefertermin einzuhalten. Reviews werden dann nur noch pro forma inszeniert, damit kein Kreuz auf der Checkliste fehlt. Aber mangels Vor- und Nachbereitung ist der Nutzen sehr gering. Allgemein gilt: Wo keine seriösen Reviews möglich sind, sollte man ganz darauf verzichten.
9. *Dokumente werden verändert, während ihre Prüfung läuft.*
   Wenn der Entwickler weiter an der Komponente arbeitet, während bereits ein Review vorbereitet wird, betreffen die Hinweise der Gutachter in der Review-Sitzung bereits eine veraltete Fassung. Sie finden also Fehler, die der Autor schon behoben hat, können aber Fehler, die der Autor in seinen letzten »Verschlimmbesserungen« eingeschleppt hat, nicht entdecken. Das frustriert die Gutachter und mindert den Nutzen der Reviews erheblich. Geprüft wird nur, was der Konfigurationsverwaltung unterstellt ist, und das darf niemand, auch nicht der Autor, unkontrolliert verändern. Erst mit dem Auftrag zur Nacharbeit ist der Autor wieder am Zuge.
10. *Das Interesse an Reviews sinkt, wenn ihr Erfolg zur Routine geworden ist.*
    Ein typischer Kommentar lautet dann: »Ja, die Reviews haben viel gebracht,

die Entwickler arbeiten jetzt viel disziplinierter und halten sich an die Regeln, und die Qualität ist sicht- und zählbar gestiegen. Aber nun können wir eigentlich darauf verzichten.« Das ist sehr kurzsichtig. Ohne Reviews kommt es schnell zum Rückfall in alte (schlechte) Gewohnheiten. Tatsächlich sind die Reviews nach einigen Jahren sehr viel effizienter als zu Beginn, die Kosten pro gefundenem Fehler stabilisieren sich und bleiben auf Dauer deutlich unter den Kosten, die ein Fehler verursacht, der nicht vor der Auslieferung abgefangen wurde. Aber um diesen anhaltenden Vorteil nachzuweisen, müssen Statistiken geführt werden, die alle Kosten und alle Fehlerzahlen zeigen und anschaulich machen, am besten im Vergleich mit den Kosten von Feldfehlern, die erst im Einsatz aufgefallen sind.

Die Einführung der Reviews ist eine Durststrecke: Während der Nutzen noch nicht erkennbar ist, weil er sich erst einige Zeit später einstellt, sind die Probleme zu Beginn am größten, die Widerstände am stärksten. Trotzdem lohnt sich der Aufwand bereits nach wenigen Monaten, wenn die geprüften Dokumente ihre Vorzüge zeigen und die Angst der Entwickler vor dem vermeintlichen Spießrutenlaufen nachlässt.

Wer vor dem Erfolg aufgibt, hat eine große Chance verpasst. Die hohen Kosten der Reviews sind nicht nur durch die noch höheren Einsparungen gerechtfertigt, die dank der besseren Software-Komponenten über lange Zeit entstehen, sondern mit mindestens gleich hohem Gewicht durch den Schulungseffekt, den sie haben. In einer firmeninternen Untersuchung[1] wurden die Beteiligten nach dem wichtigsten Nutzen der Reviews gefragt; mit 58 % war die häufigste Nennung *Know-how-Transfer*, gefolgt von *Fehler (früh) finden* (46 %), *Mitarbeiter einarbeiten* (38 %) und *Qualitätsverbesserung* (33 %). Ein Viertel der Befragten bestätigt, dass die Richtlinien nun gelebt werden. Keine andere einzelne Maßnahme des Software Engineerings hat einen ähnlich großen Nutzen.

13.5.6 Gründe, die Einführung von Reviews zu verschieben

Nur in speziellen Situationen ist von der Review-Einführung abzuraten:

- Wenn ein Projekt praktisch bereits gescheitert ist und die Verantwortlichen nach einem Wunder Ausschau halten, ist der Griff nach den Reviews als Wunderwaffe sinnlos. Sie können nicht mehr seriös vorbereitet werden und haben keine Konsequenzen, aber am Ende wird das (ohnehin sichere) Scheitern des Projekts noch den Reviews angelastet.
- Wenn keinerlei Bezugsdokumente vorliegen, könnte in Reviews nur über Geschmacksfragen diskutiert werden.

1 Vertrauliche Unterlagen, 2000.

- Wenn die Entwickler (z. B. nach einer Firmenfusion) in mehr oder minder feindliche Lager gespalten sind, schaffen die Reviews nur einen weiteren Kriegsschauplatz.

In keiner der genannten Situationen muss man aber untätig bleiben: Auch in einem Projekt mit schwerer Schlagseite ist es sinnvoll zu retten, was zu retten ist. Beispielsweise kann man versuchen, wenigstens zentrale Dokumente (vor allem die Spezifikation und die Planung für die restliche Laufzeit des Projekts) in einen akzeptablen Zustand zu bringen. Wo Bezugsdokumente fehlen, kann man eine Art Versuchsreview durchführen, um die Defizite zu erkennen und die Arbeit an den Bezugsdokumenten anzustoßen. Wo unterschiedliche Unternehmenskulturen aufeinanderstoßen, kann man die Reviews zunächst separat weiterlaufen lassen, aber jeweils einen Gutachter der »Gegenseite« beiziehen, sodass sich die beiden Fraktionen kennenlernen und annähern können.

13.6 Varianten der Software-Inspektion

13.6.1 Durchsicht

Die Durchsicht führt der Entwickler allein durch. Es ist zweckmäßig, dazu den Bildschirm zu verlassen und das ausgedruckte (Teil-)Resultat in Ruhe, quasi aus einer gewissen Distanz, zu überprüfen.

Diese Durchsicht ist nicht die »Software-Qualitätssicherung des kleinen Mannes«, sondern eine Prüfung, die selbstverständlich und obligatorisch sein sollte. Sie wird durch Reviews o. Ä. nicht überflüssig: Es ist weder rücksichtsvoll noch effizient, wenn der Autor einen Prüfling weitergibt, den er selbst nicht kritisch betrachtet hat.

Als die Stapelverarbeitung noch jede Programmübersetzung und -ausführung mit einer Wartezeit von mehreren Stunden bestrafte, war die Durchsicht selbstverständlich. Heute ist sie es leider nicht mehr, obwohl wir – unter anderem durch die Arbeiten von Humphrey (1997) zum »Personal Software Process« (Abschnitt 6.5) – sicher wissen, dass die Durchsicht weit effizienter ist als jeder Test.

13.6.2 Stellungnahme

Bei diesem Verfahren entscheidet der Autor, dass andere Meinungen die Qualität seiner Arbeit verbessern könnten. Er gibt daher einem Kollegen oder mehreren Kollegen eine Kopie zum Lesen. Die Reaktionen sammelt er und wertet sie aus, um den Prüfling zu überarbeiten.

Das Verfahren hat den offensichtlichen Vorteil, dass der Organisationsaufwand gering ist. Dem stehen allerdings erhebliche Nachteile gegenüber:

- Ein Manager ist nicht beteiligt. Der Aufwand für die Stellungnahmen ist nicht geplant, die Gutachter arbeiten selbst an dringenden Aufgaben und haben eigentlich keine Zeit für die Prüfung.
- Der Autor ist gleichzeitig Moderator. Er wählt die Gutachter aus, deren Engagement ungewiss bleibt.
- Das Dokument ändert sich während der Ausarbeitung der Stellungnahmen, ein Teil der Kommentare geht darum ins Leere.
- Einen Notar gibt es nicht, und somit auch kein Protokoll über die Befunde. Die Nachbearbeitung geschieht nach Gutdünken des Autors und wird nicht kontrolliert.

13.6.3 Structured Walkthrough

In der Praxis ist es schwierig, Reviews, insbesondere Code-Reviews, in kleinen Teams (bis zu fünf Personen) durchzuführen. Es gibt zum einen zu wenige Entwickler, die in der Lage sind, ein fremdes Programm kritisch durchzusehen. Zum anderen erscheint der Aufwand eines Technischen Reviews zu hoch für Programme, an die keine hohen Anforderungen gestellt werden, d. h., bei denen einige Restfehler keine dramatischen Folgen haben.

Hier bewährt sich der Walkthrough, eine einfachere Variante des Reviews. Sie ist weniger streng definiert und kann mit geringerem Aufwand durchgeführt werden. Dafür ist aber der Nutzen auch geringer.

Im Mittelpunkt steht die Walkthrough-Sitzung, die der Autor moderiert. Er stellt sein Arbeitsergebnis Schritt für Schritt vor, die Gutachter werfen (vorbereitete oder spontane) Fragen auf und versuchen so, Probleme zu identifizieren. Die Probleme werden protokolliert. Es gibt zwei Varianten dieses Verfahrens:

- Mit Vorbereitung
  Die Gutachter erhalten den Prüfling vor der Sitzung und können Fragen vorbereiten.
- Ohne Vorbereitung
  Der Prüfling wird den Gutachtern erst zu Beginn der Sitzung ausgehändigt.

Das Verfahren bewahrt die meisten Vorteile des Technischen Reviews, weil der Autor durch seine Präsentation die fehlende oder geringere Vorbereitung der Gutachter teilweise kompensiert; während seiner Vorbereitung und seiner Präsentation entdeckt er selbst viele Fehler. Aber einige Nachteile bleiben:

- Es gibt keine klare Kompetenzregelung (z. B. Planung, Freigabe). Die Nacharbeit wird nicht kontrolliert, sie liegt im Ermessen des Autors.
- Die Sitzung wird zwar geplant, die Vorbereitungszeit muss aber meist gestohlen werden.

- Der Autor bestimmt den Gang der Dinge. Ist er ein guter »Verkäufer«, kann er unter Umständen die Gutachter blenden.
- Die Effizienz (die Zahl der gefundenen Fehler, bezogen auf den Prüfaufwand) ist niedriger als beim Review.

13.6.4 Design and Code Inspection

Während das Walkthrough als die Sparvariante des Reviews betrachtet werden kann, handelt es sich bei den Design and Code Inspections (DCIs), wie sie von Michael Fagan Mitte der Siebzigerjahre bei IBM Federal Systems Division eingeführt wurden (Fagan 1976, 1986), um die Edelvariante. Die zusätzlichen Elemente der DCIs sind:

- Der Prüfprozess beginnt mit einer Einführungssitzung. In dieser Sitzung werden der Prüfling und sein Umfeld vorgestellt, die Ziele der DCIs werden allen Beteiligten nochmals deutlich gemacht.
- Zu Beginn der Review-Sitzung geben die Gutachter ihre Notizen aus der Vorbereitung an den Moderator ab.
- In der Review-Sitzung gibt es einen Vorleser, der den Prüfling Seite für Seite vorliest, bevor dann zu dem vorgelesenen Teil die Befunde erfasst werden.
- Das Review-Team gibt nicht nur eine Empfehlung, sondern ist auch die Entscheidungsinstanz für die Freigabe des geprüften Arbeitsergebnisses.
- Der Review-Bericht ist stärker als beim Review formalisiert, die Fehler werden anders gewichtet (mit »major« oder »minor«).
- Es werden mehr Daten erfasst und viele Kennzahlen ermittelt.

Untersuchungen von Zopf (1996) haben gezeigt, dass die DCIs einen etwa 50 % höheren Aufwand verursachen – und etwa 50 % mehr Fehler aufdecken. »You get what you pay for!«: Das gilt auch für Inspektionen.

14 Metriken und Bewertungen

To measure is to know.

Sir William Thomson, 1824 – 1907, seit 1892 Lord Kelvin of Largs

Wenn wir industrielle Produkte systematisch vergleichen und verbessern wollen, müssen wir die Produkte und deren Herstellungsprozesse präzise beschreiben und bewerten können. Generell ist festzustellen, dass dies bei der Software-Entwicklung im Vergleich zur Herstellung anderer industrieller Produkte viel zu wenig geschieht und dass die Software-Hersteller, aber auch die Kunden zum eigenen Nachteil wenig Interesse daran zeigen. Gründe dafür sind, dass Software als immaterielles Gut nicht fassbar zu sein scheint und dass wir kaum Erfahrung mit quantifizierten Merkmalen haben: Sie sagen uns nichts, so wie uns viele medizinische Laborwerte nichts sagen, wenn wir dazu keine anschauliche Erklärung bekommen.

Während wir beispielsweise ganz selbstverständlich bei der Kaufentscheidung für ein Auto gemessene oder prognostizierte Werte heranziehen (Kraftstoffverbrauch, Größe des Kofferraums, Unterhaltskosten pro Jahr usw.), haben wir für Software solche Werte nicht, und wir rechnen auch nicht damit (!).

Ein Ziel der ingenieurmäßigen Herstellung von Software ist, dass Bewertungen und Messungen in der Software-Entwicklung selbstverständlich werden. Nachfolgend gehen wir auf die Grundlagen des Messens ein, zeigen aber auch, wie schwierig es ist, geeignete Kennzahlen für Software festzulegen.

Da Metriken Modelle sind und Skalen verwenden, ist dieses Kapitel sehr eng mit Kapitel 1, insbesondere mit den Abschnitten 1.8 (*Modellierung durch Zahlen: Skalen und Skalentypen*) und 1.9 (*Übergänge zwischen verschiedenen Skalentypen*), verbunden. Wir verzichten darauf, überall die entsprechenden Querverweise einzustreuen.

Im Buch von Fenton und Pfleeger (1997) werden die Grundlagen der Metriken vermittelt. Zur Anwendung, Interpretation und Kritik der Metriken ist das Buch von Kan (2003) eine ergiebige Quelle.

14.1 Metriken, Begriff und Taxonomie

14.1.1 Metrik

Wenn wir ein Merkmal eines Gegenstands knapp und präzise beschreiben wollen, tun wir das vorzugsweise mit einer Zahl. Die Aussage, dass eine Person 1,87 m groß ist, hat gegenüber allen verbalen Beschreibungen (z. B. »recht groß« oder »nicht so groß wie sein Bruder«) die Vorteile, dass sie kurz, präzise und vergleichbar ist.

Im Software Engineering bezeichnen wir quantifizierte Aussagen über Produkte oder Entwicklungsprozesse als *Metriken*[1]. Im IEEE-Glossar ist definiert:

metric — A quantitative measure of the degree to which a system, component, or process possesses a given attribute.
See also: quality metric.

quality metric — (1) A quantitative measure of the degree to which an item possesses a given quality attribute.
(2) A function whose inputs are software data and whose output is a single numerical value that can be interpreted as the degree to which the software possesses a given quality attribute.

IEEE Std 610.12 (1990)

Das Wort *Software-Engineering-Metrik* oder einfach *Metrik* bezeichnet also im Sinne der IEEE-Definition für »quality metric« die *Abbildung* einer Software oder eines Prozesses der Software-Bearbeitung auf eine skalare oder vektorielle Größe. In vielen Fällen ist mit einer Metrik eine bestimmte Vorstellung verbunden, wie die Metrik zu interpretieren ist.

14.1.2 Nutzen und Schaden durch Metriken

Die wichtigsten Motive und Ziele für den Einsatz von Metriken sind:

- *Bewerten der Qualität von Produkten und Prozessen*
  Indem wir messen, können wir zeigen, dass die geforderten (quantifizierten) Qualitäten erreicht wurden. Vor einer Kaufentscheidung können wir die gemessenen Merkmale der in Frage kommenden Produkte vergleichen.
- *Quantifizieren von Erfahrungen*
  Nur wenn wir messen, können wir das Erfahrungswissen, das wir in vielen Projekten erworben haben, auch quantitativ belegen.

---

1 Im Software Engineering wird das Wort Metrik nicht in seiner ursprünglichen mathematischen Bedeutung als Distanzfunktion verwendet, sondern in der umgangssprachlichen Bedeutung von »Maß«.

- *Prognosen*
  Vor allem an Kosten-, Termin- und Qualitätsprognosen besteht sehr großer Bedarf.
- *Unterstützen von Entscheidungen*
  Nur wenn wir immer wieder Kenndaten erheben, können wir kritische Veränderungen rechtzeitig erkennen und entscheiden, ob ein Reengineering von Komponenten notwendig ist oder eine Neuentwicklung angestoßen werden muss.

Man kann Metriken auch nach ihrem Anwendungsbereich ordnen; die vier wichtigsten sind:

- *Kostenmetriken* liefern Aussagen über Kosten, Personalbedarf und Entwicklungszeit für ein Projekt.
- *Fehlermetriken* liefern Aussagen über die Zahl der entdeckten oder zu erwartenden Fehler.
- *Volumens- oder Umfangsmetriken* geben einen Eindruck von der Größe einer Software-Einheit.
- *Qualitätsmetriken* liefern Aussagen über eine bestimmte Qualität der Software.

Viele Unternehmen haben in der Vergangenheit Projekte durchgeführt, deren Ziel es war, Metriken einzuführen, um diese dann laufend zu erheben. Der Aufwand für solche Metrik-Programme ist erheblich. Natürlich gibt es – wie immer – eine Vielzahl von Publikationen über erfolgreiche Metrik-Programme; Kilpi (2001) berichtet beispielsweise über die Einführung eines Metrik-Programms bei Nokia. Viele Metrik-Programme waren jedoch nicht erfolgreich oder wurden abgebrochen (Dekkers, McQuaid, 2002).

Tom DeMarco, selbst ein Protagonist der Metriken und Metrik-Programme, hat sich in seinem Buch »Why Does Software Cost So Much?« ebenfalls kritisch mit dem Thema Metriken und Metrik-Programme auseinandergesetzt (DeMarco, 1995). Er zeigt Beispiele, wie Metriken und die damit erhobenen Daten fehlinterpretiert wurden und zu falschen Aussagen und Schlüssen geführt haben (darunter auch eine viel zitierte Grafik, aus der geschlossen werden kann, dass etwa 75 % der vom DoD vergebenen Aufträge zu Software führte, die nie eingesetzt werden konnte; tatsächlich waren es aber nur 4 %).

Es gibt also gute Gründe, Metriken einzuführen, und ebenso gute Gründe, dabei behutsam und systematisch vorzugehen und die Ziele nicht zu hoch zu stecken, sondern nur wenige wichtige Metriken konsequent zu erheben und zu verwenden.

14.1.3 Anforderungen an Metriken

Wenn wir Software oder die Software-Entwicklung beurteilen wollen, so geht es letztlich um Fragen der Art:

- Wie gut ist die Software X? Ist sie besser als Software Y?
- Was wird die Entwicklung der Software Z kosten?
- Ist es sinnvoll, das Werkzeug T zur Entwicklung der Software Z einzusetzen?

Wir befinden uns hier in einem nicht vermeidbaren Dilemma: Einerseits wissen wir, dass wir eine sehr komplexe Materie vor uns haben. Jede seriöse Antwort setzt aufwändige Untersuchungen voraus und muss mit vielen Bedingungen und Vorbehalten verbunden werden. Andererseits müssen wir Entscheidungen treffen, also zum Kauf der Software, zur Erteilung oder Annahme des Auftrags, zum Einsatz des Werkzeugs »Ja« oder »Nein« sagen. Das ist eine Metrik des Typs Boolean; einfacher geht es nicht.

Bei der Entwicklung, Auswahl und Anwendung von Metriken geht es immer darum, solche Entscheidungen auf möglichst einfache, billige und nachvollziehbare Art zu unterstützen. Da wir die Beweggründe hinter unseren Entscheidungen nie vollständig formulieren können (und wollen), vollzieht keine Metrik den letzten Schritt und trifft selbst die Entscheidung (was möglich wäre und bei den Metriken im automatisierten Börsenhandel oder in Waffensystemen bereits realisiert ist). Stattdessen liefert sie ein kompaktes Bild, das uns hilft, die Entscheidung zu treffen.

Häufig müssen wir die Daten sammeln, bevor wir wissen, welche Fragen wir damit später klären wollen. In diesen Fällen ist eine Verdichtung der Daten kaum möglich, wir müssen die Rohdaten archivieren. Diese Problematik wird später im Zusammenhang mit der Sammlung von Basisdaten (Abschnitt 14.2.2) und mit GQM (Abschnitt 14.5.1) diskutiert.

Da wir Metriken sowohl auf Software-Komponenten, ganze Software-Systeme und auch auf Software-Projekte und -Prozesse anwenden, sprechen wir allgemein von den *Probanden* einer Metrik, wenn wir diese Fälle nicht unterscheiden wollen. Den konkreten Wert der Metrik für einen Probanden bezeichnen wir als seine *Bewertung*.

Eine ideale Metrik liefert uns ein exaktes Bild des Probanden, reduziert auf den Aspekt, den wir betrachten wollen, und genau in dem Maße verdichtet, wie wir es wünschen. Sie sagt uns beispielsweise genau, was die Entwicklung einer Software kosten wird (»Gesamtkosten 2 322 417,11 €«). Möglicherweise ist es uns aber lieber, statt der Gesamtkosten eine Liste einzelner Kostenanteile zu erhalten, weil wir noch erwägen, einen Teil des Systems nicht zu entwickeln, sondern zu kaufen usw. Die ideale Abstraktionsebene gibt es also nicht. Wir wünschen uns aber in jedem Fall, dass die Metriken *differenziert*, *vergleichbar*, *reproduzierbar*, *verfügbar*, *relevant*, *rentabel* und *plausibel* sind. Die Begriffe bedeuten im Einzelnen:

- *differenziert*
  Die Vielfalt möglicher Bewertungen ist groß genug, um Unterschiede der Probanden, die auf andere Weise erkennbar werden, auch in der Bewertung sichtbar zu machen. Empfindet man z. B. beim Durchlesen zweier Programme das eine als verständlicher, so sollte eine Metrik der Lesbarkeit auch unterschiedliche Werte liefern. Wenn viele oder alle Probanden denselben Wert liefern, ist die Metrik nicht differenziert.
- *vergleichbar*
  Die Bewertungen müssen sich vergleichen lassen. Dazu ist mindestens eine Ordinalskala nötig, besser eine Rationalskala, auf der wir Abstände und Verhältnisse bestimmen können. (Die Absolutskala kann wie die Rationalskala behandelt werden.) Die Vergleichbarkeit schließt die Exaktheit ein: Die Bewertung bezeichnet auf der Skala einen bestimmten Punkt, nicht ein Gebiet oder eine »Wolke«. Eine Bewertung sollte also z. B. »3,1« sein, nicht »zwischen 3 und 4« oder »ungefähr 3«; sonst ist sie nicht vergleichbar.
- *reproduzierbar*
  Derselbe Proband sollte, wenn er unter gleichen Bedingungen mehrmals bewertet wird, stets die gleiche Bewertung liefern.
- *verfügbar*
  Die Bewertungen müssen vorliegen, wenn wir sie brauchen.
- *relevant*
  Die Bewertung muss eine praktische Bedeutung, einen Nutzen haben (vgl. das pragmatische Modellmerkmal in Abschnitt 1.2.2). Dieser Nutzen kann aber eventuell erst später sichtbar werden.
- *rentabel*
  Die Erhebung der Metrik darf nicht mehr Aufwand erfordern, als nach ihrer Relevanz gerechtfertigt ist. Eine Metrik, die nicht relevant ist, kann also nicht rentabel sein.
- *plausibel*
  Wenn die Metrik eine bestimmte Interpretation der Bewertung impliziert (siehe Pseudometriken in Abschnitt 14.4), dann muss diese Interpretation plausibel sein, also mit unserer Beobachtung übereinstimmen. Eine Metrik, die ein schlechtes Programm als gut bewertet oder ein kurzes Dokument als sehr umfangreich, ist nicht zu gebrauchen. Schneidet Programm A bei der Bewertung der Wartungsfreundlichkeit wesentlich besser ab als die Programme B und C, deren Bewertungen sich kaum voneinander unterscheiden, so sollte dies – bei gleichen Bedingungen – auch für die tatsächlich entstehenden Wartungskosten gelten.

  Formal bedeutet die Plausibilität eine hohe Korrelation zwischen den Bewertungen und den Beobachtungen.

Tabelle 14–1 erläutert diese Begriffe an positiven und negativen Beispielen.

Merkmal	positives Beispiel	negatives Beispiel
differenziert	Programmlänge in LOC	CMM/CMMI für Organisationen, die nicht Stufe 2 erreichen
vergleichbar	zyklomatische Komplexität	Gutachten (Text)
reproduzierbar	Speicherbedarf	Benotung durch Prüfer
verfügbar	Zahl der Entwickler	Zahl der Fehler im Code
relevant	zu erwartende Entwicklungskosten	Metrik Number of Children (NOC)
rentabel	Zahl der entdeckten Fehler im Code	sehr detaillierte Arbeitszeiterfassung
plausibel	Kostenschätzung nach COCOMO	zyklomatische Komplexität eines Programms mit Zeigeroperationen

Tab. 14–1 *Beispiele für die geforderten Eigenschaften von Metriken*

14.1.4 Arten von Metriken

Metriken können nach verschiedenen Aspekten klassifiziert werden. Die Norm ISO/IEC 15939 (2007) (Systems and software engineering – Measurement process) unterscheidet zwischen *Basismetriken* (base metric) und *abgeleiteten Metriken* (derived metric). Eine Basismetrik bildet ein Attibut ab und kann unabhängig von anderen Metriken erhoben werden. Eine abgeleitete Metrik verknüpft wenigstens zwei Basismetriken, um ein Attribut zu bewerten, das nicht direkt gemessen werden kann.

Wir unterscheiden Metriken nach dem eingesetzten Messverfahren. Die (aktuelle) Körpergröße eines Menschen können wir durch eine *Messung* leicht feststellen. Andere Merkmale wie die Sprachkompetenz sind nicht messbar, weil uns die Messvorschrift fehlt. So können wir die Sprachkompetenz durch eine Prüfung *beurteilen*, aber nicht messen. Ebenso wenig lässt sich die Lebenserwartung eines Menschen messen. Hier brauchen wir eine Prognose; wir müssen die gesuchte Größe aus geeigneten Indikatoren *ableiten, hochrechnen, synthetisieren*.

Auch im Software Engineering setzen wir alle drei Verfahren ein, um Software, Software-Projekte oder Software-Prozesse zu beschreiben. Wir unterscheiden darum zwischen *objektiven* und *subjektiven Metriken* sowie *Pseudometriken* (Tab. 14–2).

	objektive Metrik	subjektive Metrik	Pseudometrik
Verfahren	Messung, Zählung, evtl. auch Normierung	Beurteilung durch Gutachter, verbal oder auf vorgegebener Skala	Berechnung (auf der Basis von Messungen und/oder Beurteilungen)
Vorteile	exakt, reproduzierbar, kann automatisch erhoben werden	nicht unterlaufbar, plausible Resultate, auch für komplexe Merkmale geeignet	liefert relevante, unmittelbar verwertbare Aussage über nicht sichtbares Merkmal
Nachteile	nicht sicher relevant, meist unterlaufbar, keine Interpretation	Erhebung aufwändig, Qualität der Resultate hängt stark von den Gutachtern ab	schwer nachvollziehbar, pseudoobjektiv
Beispiele allgemein	Körpergröße Luftdruck	Gesundheitszustand Wetterlage (z. B. »schönes Wetter«)	Body Mass Index (BMI) Wettervorhersage für den nächsten Tag
Beispiele im Software Engineering	Größe, angegeben in LOC oder NCSI; Zahl der Fehler	Benutzungsfreundlichkeit; Schwere eines Fehlers	Produktivität; Kostenschätzung nach COCOMO
Meistens angewendet für	Sammlung einfacher Basismetriken	Qualitätsbewertung, Fehlergewichtung	Prognosen (Kostenschätzung), Bewertungen

Tab. 14–2 *Arten von Metriken*

In den folgenden Abschnitten 14.2, 14.3 und 14.4 behandeln wir diese drei Arten und diskutieren die jeweiligen Probleme.

14.2 Objektive Metriken, Messung

In der Umgangssprache verbinden wir mit dem Begriff der Messung meist die Vorstellung, dass die Ergebnisse auf einer Rationalskala liegen. (Die Skalentypen waren in Abschnitt 1.8.1, S. 19, eingeführt worden.) Das trifft für Längen, Gewichte und Stromstärken gleichermaßen zu. Im Software Engineering messen wir in diesem Sinne kaum; nur die Zeit wird (z. B. als Entwicklungsdauer oder Antwortzeit) wirklich *gemessen*. Fast alle anderen Größen werden durch *Zählung* erfasst, sie liegen auf einer Absolutskala. Das gilt für die Anzahl der Code-Zeilen, für die Zahl der Fehler, für die Länge der Parameterlisten usw. Wenn wir von Messung sprechen, ist also die Zählung eingeschlossen. Wie in Abschnitt 1.8.1 beschrieben ist, behandeln wir die Resultate der Zählung oft als rationale Zahlen.

Da viele Informationen, die für die Software und für die Software-Projekte von Bedeutung sind, in digitaler Form vorliegen, ist es relativ einfach, sie zu erheben; wir müssen sie nur einsammeln. Das gilt vor allem für Kennzahlen wie die Programmlänge oder die Anzahl der gefundenen Fehler. Trotzdem ist die Sammlung solcher Daten weder trivial noch billig: Wir brauchen sinnvolle, standardisierte Definitionen und Verfahren, um sicherzustellen, dass wir nicht Daten anhäufen, die unterschiedliche Voraussetzungen haben und darum nicht vergleichbar sind.

14.2.1 Die Motivation zur Messung

In der Praxis werden mehr Metriken verwendet, als die Praktiker selbst bemerken; solche Angaben sind selbstverständlich und werden nicht als Metriken aufgefasst. Man vergleiche dazu die Liste der *top ten industrial software metrics* von B.W. Boehm (1987):

1. *Finding and fixing a software problem after delivery is 100 times more expensive than finding and fixing it during the requirements and early design phases.*
2. *You can compress a software development schedule up to 25 percent of nominal, but no more.*
3. *For every dollar you spend on software development you will spend two dollars on software maintenance.*
4. *Software development and maintenance costs are primarily a function of the number of source instructions in the product.*
5. *Variations between people account for the biggest differences in software productivity.*
6. *The overall ratio of computer software to hardware costs has gone from 15:85 in 1955 to 85:15 in 1985, and it is still growing.* (Wie wir heute wissen, ist diese Aussage falsch. Die Leistungserhöhung der Hardware führt nicht zur Kostenumverteilung, sondern zur Substitution, siehe dazu Abschnitt 3.1.1.)
7. *Only about 15 percent of software development effort is devoted to programming.* (Vgl. die Zahlenangaben in Abschnitt 4.2.)
8. *Software systems and software products each typically cost three times as much per instruction for fully developed software as does an individual software program. Software-system products cost nine times as much.*
9. *Walkthroughs catch 60 percent of the errors.*
10. *Many software phenomena follow a Pareto distribution: 80 percent of the contributions comes from 20 percent of the contributors.* (Wir sehen das Verhältnis 20 zu 80 beispielsweise bei den Paaren *modules/cost, modules/errors, errors/cost to fix, modules/execution time, tools/tool usage.*)

Diese Liste enthält tatsächlich keine Metriken, sondern Aussagen, die aus deren Anwendung folgen. Die wichtigsten Metriken sind daraus aber leicht abzulesen:

a) Umfang der Programme, angegeben in DLOC (delivered lines of code)
b) Erstellungsaufwand, in Personentagen, -stunden oder -wochen
c) Kosten (in einer Währung)
d) Fehlerzahl, Angaben absolut oder in Fehler pro tausend DLOC

Schon diese – scheinbar trivialen – Metriken machen erhebliche Probleme, denn der Teufel sitzt im Detail: Eine präzise Definition der Code-Zeile, die sich mit allen eingesetzten Programmiersprachen verträgt und international anwendbar ist, macht beträchtliche Schwierigkeiten (siehe Park, 1992). Das Buch von Grady und Caswell (1987) zeigt, welche Anstrengungen ein Konzern unternehmen muss, um nur bei den Metriken a und b Fortschritte zu erzielen.

Dass die Messungen sinnvoll sind (oder wären), zeigt sich immer dann, wenn über Verbesserungen des Software Engineerings gesprochen wird. In aller Regel stellt sich heraus, dass einfache Fragen nicht geklärt werden können, weil die Daten nicht erhoben und archiviert wurden. Selbst die Kosten eines abgeschlossenen Projekts sind oft nicht verfügbar, oder sie sind zwar verfügbar, werden aber mit Kommentaren versehen wie »Das waren natürlich nicht die wirklichen Kosten«. Nur in ganz wenigen Organisationen gibt es präzise Aufzeichnungen über Fehlerzahlen, Fehlerkosten und die Kosten der Software-Wartung. Ohne solche Daten sind aber Entscheidungen über Investitionen in besseres Software Engineering sehr riskant und werden kaum getroffen.

Wenn ein Patient im Krankenhaus plötzlich überraschende Symptome zeigt und in einen kritischen Zustand gerät, schaut der Arzt nach, ob die Daten, die über den Patienten gesammelt wurden, Hinweise auf die Gründe geben und damit einen Fingerzeig auf die gebotene Therapie. Die regelmäßige Erhebung dieser Daten (Körpertemperatur, Blutdruck, bestimmte Laborwerte) muss vorsorglich stattfinden, ohne speziellen Anlass; wenn sie benötigt werden, ist es zu spät, sie zu erheben. Das gilt analog in einem Software-Projekt.

14.2.2 Die Sammlung von Basisdaten

Aus diesem Grunde sollte man zur Erhebung objektiver Metriken Basisdaten definieren und Analysewerkzeuge bereitstellen, die die Basisdaten erheben und archivieren. Da es sich ganz überwiegend um Code-Metriken handelt, müssen die spezifischen Eigenschaften der Programmiersprachen berücksichtigt werden. Man sollte sich aber nicht auf Code-Metriken beschränken, nur weil sie so einfach zu messen sind. Informationen über die anderen Dokumente und über den Projektverlauf sind ebenfalls sehr nützlich.

Jede Verwendung einer Metrik erfordert einen Vergleich: Wenn ich wissen will, ob die Zahl der Fehler in den letzten Monaten gestiegen ist, muss ich wissen, wie hoch sie vorher war; wenn jemand vermutet, dass der Aufwand für Reviews zu groß ist, müssen die Aufwandszahlen anderer oder früherer Projekte bekannt sein. Allgemein können wir zwischen einem Längsvergleich jüngerer mit älteren Daten und einem Quervergleich der Daten aus mehreren Bereichen unterscheiden. Der Quervergleich hat den Vorteil, dass er nicht erst nach längerer Datensammlung möglich ist. Praktisch ist er aber kaum durchführbar, weil er voraussetzt, dass die Vergleichsdaten unter gleichen Bedingungen nach gleichen

Vorschriften erhoben werden. Das ist nur möglich, wenn die Prozesse sehr ähnlich sind. Aus diesem Grunde gibt es auch kaum Literatur, die brauchbare Vergleichsdaten zur Verfügung stellt; das nicht mehr ganz neue Buch von Capers Jones (1996) ist eine bekannte Ausnahme, die freilich auch die Grenzen des Quervergleichs zeigt. Der Längsvergleich ist dagegen eine sichere Strategie, vorausgesetzt, die Prozesse und die Metriken bleiben stabil.

Jede praktische Arbeit beginnt mit der Definition der Metriken. Auf den ersten Blick erscheint das sehr einfach. Man unterschätze dieses Problem nicht! In jeder Definition gibt es Fußangeln. Die folgenden Beispiele zeigen keine »endgültigen« Definitionen, sondern nur Ansätze, die in der Praxis als Vorlage dienen können.

Dimension	Bezeichnung	Einheit	Messvorschrift
Größe einer Gruppe, Abteilung usw.	Kopfzahl	–	Anzahl der besetzten Stellen, gerundet auf Zehntel; in der Rechnung werden Teilzeitstellen auf Promille gerundet
Programmumfang	–	LOC_{tot}	Anzahl der Zeilen insgesamt
Netto-Programmumfang	–	LOC_{ne}	Anzahl der nicht leeren Zeilen
Codeumfang	–	LOC_{pars}	Anzahl der Zeilen, die nicht (nur) nichtdruckbare Zeichen und Kommentare enthalten
Ausgelieferter Progammumfang	–	$DLOC_{tot}$ $DLOC_{ne}$ $DLOC_{pars}$	wie LOC, aber nur der Code, der (als Quelle oder nach Übersetzung) an den Kunden geht
Anzahl der Einheiten	Unit-Count	–	Anzahl der Einheiten, wie sie für die Konfigurationsverwaltung definiert sind

Tab. 14–3 *Beispiele für die Definition einfacher Metriken*

Eine wichtige Frage ist, *wer* die Metriken *wann* erhebt. Die Entwickler können viele Metriken ohne Mühe ermitteln und notieren; praktisch funktioniert das aber sehr oft nicht, weil der Zeitpunkt unklar ist: Nach einer Messung wird weiter am Dokument gearbeitet, die Versionsnummer oder das Datum zum Prüfling stimmen nicht, sodass später nicht klar ist, um welchen Prüfling es sich gehandelt hat. Darum ist es sehr viel sinnvoller, wenn die Messungen zu einem definierten Zeitpunkt erfolgen, nämlich bei Übergabe einer Software-Einheit an die Konfigurationsverwaltung (Abschnitt 21.4). Dort liegt auch die Verantwortung für die Erfassung der Daten.

Aufwandsdaten müssen regelmäßig aus der Zeitaufschreibung übernommen werden. Fehlerdaten sollten im Zuge der Prüfungen sofort erfasst werden (in den Reviews und Testauswertungen). Fehler, für die es eine Problemmeldung gibt (siehe Abschnitt 22.2.2), werden von der Konfigurationsverwaltung registriert.

14.2.3 Zusammenhänge zwischen den Basisdaten

Zwischen den Basisdaten bestehen einfache Zusammenhänge: Eine Arbeitsstunde kostet etwa 100 €, ein Projekt, das n Stunden Aufwand gebraucht hat, liefert ein System mit etwa 2n LOC. (Achtung, hier ist der Gesamtaufwand im Projekt gemeint, nicht der Codieraufwand!) Pro Code-Zeile kostet eine Software damit etwa 50 €. Tausend Zeilen Code enthalten etwa fünf Fehler (bei den besseren Projekten *vor* dem Test, bei den schlechteren *nach* dem Test).

Das sind nur ganz grobe Anhaltspunkte, und viele Projekte weichen davon erheblich nach oben oder unten ab. Die Faustformeln sind aber nützlich, wenn man einzelne Zahlen hört und daraus eine Vorstellung vom Projekt ableiten möchte. Wenn drei Leute ein Jahr lang gearbeitet haben, kann man das in etwa 6000 Arbeitsstunden übersetzen. 12000 LOC ist also ein Schätzwert für die Größe des entwickelten Systems. Wenn im Test 80 Fehler gefunden wurden (d. h. etwa 13 Fehler auf tausend Zeilen), waren die Leute entweder sehr viel produktiver als hier angenommen oder haben keine gute Qualität geliefert.

Man sollte bei diesen Formeln aber nicht den Hinweis von Boehm vergessen (Abschnitt 14.2.1, Punkt 8): Ein Programm, das unverbunden in der Landschaft steht, das nicht verkauft werden muss und nicht als Produkt an vielen Stellen im Einsatz ist, braucht sehr viel weniger Aufwand. Darum entsteht in studentischen Projekten meist viel mehr Code, als die Faustformeln erwarten lassen.

14.3 Subjektive Metriken, Beurteilung

Was sich überhaupt sagen lässt, lässt sich klar sagen;
und wovon man nicht reden kann, darüber muss man schweigen.
Ludwig Wittgenstein, Tractatus Logico-Philosophicus, 1921

Ludwig Wittgensteins *tertium non datur*[2] gilt in den exakten Wissenschaften bis heute als Dogma. Wo aber die volle Exaktheit nicht erreichbar ist, führt es in die Wittgenstein-Falle, weil es unsere vielen Möglichkeiten auf eine simple Alternative zwischen klar sprechen und schweigen reduziert. Tatsächlich gibt es ja viele Aussagen, die vage oder schwammig, aber dennoch nützlich sind. In diesen Fällen muss die Beurteilung an die Stelle der Messung treten.

14.3.1 Feststellung, Bewertung und Benotung

Explizite Beurteilungen gibt es, seit sich Menschen um ein Amt bewerben oder Handlungen von Gerichten bewertet werden. Dabei wird in der Regel keine Metrik im engeren Sinne verwendet, sondern ein Text verfasst, der das Urteil ausdrückt. Eine Mischung von Beurteilung und Messung ist die Benotung: Obwohl

---

2 auf Deutsch: Es gibt keine dritte Möglichkeit.

es sich um eine subjektive Einschätzung handelt, ist das Resultat eine Zahl. Bei näherer Betrachtung zeigt sich allerdings, dass wir damit nur auf einer Ordinalskala liegen. Denn die Note 5 (im deutschen Schulsystem) ist schlechter als die Note 4; niemand kann aber behaupten, dass der Unterschied zwischen 3 und 4 der gleiche ist wie zwischen 4 und 5. Wenn in der Schule die Noten der Klassenarbeiten am Jahresende durch das arithmetische Mittel zu einer Zeugnisnote verdichtet werden, ist das inkorrekt, denn die Bildung eines Mittelwerts setzt eine Intervallskala voraus. Zulässig (und vermutlich auch sinnvoller) wäre die Bildung des Medians.

Während praktisch alle objektiven Metriken (*Messungen*) Werte liefern, die differenziert, vergleichbar und reproduzierbar sind, haben die subjektiven Metriken (*Beurteilungen*) ihre Stärken bei der Relevanz und der Plausibilität. Verfügbarkeit ist meistens gegeben, es sei denn, die Zeit ist zu knapp. Die Rentabilität ist kritisch, weil eine Beurteilung unvermeidlich Zeit und damit Geld kostet.

Die Präzision von Beurteilungen kann wesentlich verbessert werden, indem man die Aussagen gewissen Regeln unterwirft und die zulässigen Bewertungen oder Noten möglichst genau definiert. Genau dieses Verfahren setzt Boehm (1981) erfolgreich ein, wenn er für die verschiedenen Projekttypen und Korrekturfaktoren für COCOMO genaue Charakteristika angibt.

Tabelle 14–4 zeigt drei Gruppen von Beurteilungen und Möglichkeiten, die Reproduzierbarkeit und Vergleichbarkeit der Resultate positiv zu beeinflussen.

Art der Bewertung	Beispiel	Probleme	Möglichkeiten zur Verbesserung
Feststellung	»Die Spezifikation liegt vor.«	Die Begriffe sind unklar, es sind kaum Folgerungen möglich.	Nur bestimmte Feststellungen zulassen und diese genau charakterisieren.
Bewertung	»Das Modul ist raffiniert codiert.«	Bietet keine Grundlage für einen Vergleich.	Nur bestimmte Aussagen anbieten und diese auf einer Skala anordnen, sodass ein Vergleich möglich ist.
Benotung	»Die Lesbarkeit erhält die Note 4.«	Die Beurteilung ist subjektiv, die Benotung nicht reproduzierbar.	Kriterien für jede Notenstufe definieren, Beispiele anbieten, die zeigen, wie benotet werden soll.

Tab. 14–4 *Vergleich einiger Bewertungsarten*

14.3.2 Die systematische Beurteilung der Qualität

Die Einsicht, dass sich manche Qualitätsmerkmale vermutlich auch in Zukunft nicht messen lassen (»transzendente Qualitäten« nach Kaposi, Kitchenham, 1987), braucht uns nicht von allen Versuchen abzubringen, Wertungen zu quantifizieren.

Das nachfolgende Beispiel ist – übersetzt und vereinfacht – einem Vortrag von Motoei Azuma, Waseda-Universität in Tokio, entnommen. Die Technik wurde auch publiziert (Sunazuka, Azuma, Yamagishi, 1985). Sie wurde bei NEC (Nippon Electric Company) eingesetzt, um die Qualität der Software systematisch zu beurteilen. Erfolgreiche Entwickler wurden durch Prämien belohnt.

Bevor die angestrebten Qualitäten bewertet werden können, müssen sie definiert und durch verschiedene Kriterien beschrieben sein. Abbildung 14–1 zeigt exemplarisch die Beschreibung des Qualitätsaspekts »Fehlerbehandlung« als Teil des Qualitätskriteriums »Konsistenz« und die Vorgehensweise für die Beurteilung.

DC040	Regeln zur Fehlerbehandlung	**Konsistenz**
Definition	Ist die Fehlerbehandlung definiert und eingehalten?	
Erklärung	Die Fehlerbehandlungsstrategie soll vor dem Entwurf festgelegt und dann konsequent verfolgt werden, damit es im Betrieb nicht zu inkonsistenten oder unverständlichen Reaktionen des Systems kommt.	
Einheit	Modul	
Vorgehen	1. Namen aller Module auf Formblatt notieren 2. Jedes Modul auf einer Skala von 1 bis 4 (sehr gut) bewerten 3. Resultate eintragen und auswerten	
Bemerkung		

Abb. 14–1 *Definition eines Qualitätsaspekts und seiner Bewertung*

Wie man im Formular (siehe Abb. 14–2) sieht, werden die Bewertungen der einzelnen Module summiert und auf den Bereich 0 bis 1 normiert. Bei einfacheren Varianten, in denen statt einer Note nur JA oder NEIN als Antwort zugelassen ist, ergibt der Anteil der positiven Antworten das Gesamtresultat.

Die Resultate für die einzelnen Kriterien werden dann, unter Berücksichtigung von Gewichtungen, zu komplexeren Qualitätswerten zusammengefügt. Diese können durch ein Balken- oder Kiviat-Diagramm[3] (siehe Abb. 14–3) visualisiert werden. Wenn man regelmäßig die gleiche Darstellung verwendet, kann man auf einen Blick das Qualitätsprofil eines Systems erkennen und einschätzen.

3 Nach dem US-Amerikaner Philip J. Kiviat, der sich in den Sechzigerjahren mit Simulationstechniken und -anwendungen befasst hat; später war er Berater der Regierung Carter.

Autor (Gutachter):	*B. Eckmesser*		Seite *89*
Qualitätsaspekt	Datum	Version	Visa
Regelung der Fehlerbehandlung	*05-07-22*	*17a*	
Kriterium	Phase		Auswertung
Konsistenz	O Definition O Entwurf ● Codierung		*6* mal Note 4 = *24* *1* mal Note 3 = *3* *1* mal Note 2 = *2* *2* mal Note 1 = *2*
Name, Kennzeichen des Systems/Progr.			$\sum$ m = *10* n = *31*
Modul XYZ			Gesamtnote = n/4m *0,78*

Einheit Modul	Bewertung 4	3	2	1	Kennzeichen des SPRs	Bemerkung
1 A	*x*					
1 B	*x*					
1 C		*x*				
1 D				*x*	*DC040 -2-1*	
1 E	*x*					
2 A	*x*					
2 B	*x*					
2 C			*x*			
2 D				*x*		
2 E	*x*					

Abb. 14–2 *Bewertungsformular nach Azuma (kursiv: Einträge des Gutachters)*

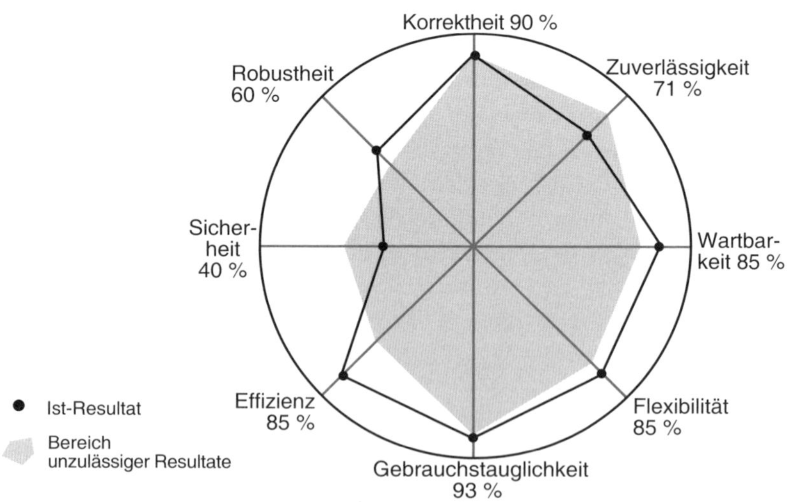

Abb. 14–3 *Kiviat-Diagramm*

14.3.3 Ein Beispiel für die Qualitätsbewertung

Die Qualität Wartbarkeit könnte beispielsweise anhand der Kriterien Normenkonformität, Lesbarkeit, Typkontrolle, Lokalität und Testbarkeit bewertet werden. Diese Kriterien müssen weiter differenziert werden, damit die wichtigsten Qualitätsaspekte berücksichtigt und angemessen gewichtet werden (siehe Tab. 14–5).

Normenkonformität	Lokalität
- Größe der Einheiten (Module etc.) - Kennzeichnung - Bezeichnerwahl - Gestaltung (Layout) - Separierung der Literale - Kommentierung	- Parameterverwendung - Information Hiding - Ablauflokalität - Gestaltung der Außenschnittstelle(n)
Lesbarkeit	**Testbarkeit**
- Datentypen - Ablaufstrukturen - Kommentierung	- Testrahmen - Testdaten - Vorbereitung zur Testauswertung - Diagnose-Komponenten - Dynamische Konsistenzprüfungen
Typkontrolle	
- Typdifferenzierung - Typbeschränkung	

Tab. 14–5 Tabelle der zu bewertenden Qualitätskriterien und Aspekte

Für alle Aspekte ist eine Skala anzugeben, beispielsweise 0 (extrem schlecht) bis 10 (extrem gut).

Die Bewertungen der einzelnen Kriterien ergeben sich dann als Mittel der Aspektbewertungen, die Gesamtbewertung ist das Mittel dieser Teilbewertungen. (Die Problematik einer solchen Rechnung wurde bereits im Abschnitt 1.9.4 diskutiert.) Natürlich können durch Gewichtungen Prioritäten gesetzt werden, die Mittelung muss dann diese Prioritäten berücksichtigen.

Seien m Einzelnoten n_i im Bereich 1 bis N vergeben worden, so ergibt sich das Mittel q als

$$q = \frac{1}{m} \cdot \sum_{i=1}^{m} n_i$$

Werden zusätzlich Gewichtungen berücksichtigt, so tritt an die Stelle von m die Summe der Gewichte M:

$$q_g = \frac{1}{M} \cdot \sum_{i=1}^{m} n_i \cdot g_i \quad \text{mit } M = \sum_{i=1}^{m} g_i$$

Tabelle 14–6 zeigt dieses Bewertungsverfahren am Beispiel der beiden ersten Kriterien für die Qualität Wartbarkeit.

Normenkonformität (Gewicht 5)	Gewicht g_i	Bewertung n_i	$g_i \cdot n_i$
Größe der Einheiten (Module etc.)	2	10	20
Kennzeichnung	1	8	8
Bezeichnerwahl	4	5	20
Gestaltung (Layout)	2	8	16
Separierung der Literale	1	0	0
Kommentierung	4	3	12
Summen normalisiert	14	**5,42**	76

Lesbarkeit (Gewicht 3)	Gewicht g_i	Bewertung n_i	$g_i \cdot n_i$
Datentypen	1	8	8
Ablaufstrukturen	1	10	10
Kommentierung	1	2	2
Summen normalisiert	3	**6,67**	20

Tab. 14–6 *Beispiel für die Auswertung einer Qualitätsbeurteilung*

Die Ergebnisse der Bewertungen werden nach folgender Formel normalisiert:

$$q_g = \left(\sum_i n_i \cdot g_i\right) / \left(\sum_i g_i\right)$$

Für die Gesamtbewertung Q folgt (nur aus diesen beiden Kriterien) ein Wert von

$$Q = ((5{,}42 \cdot 5) + (6{,}67 \cdot 3))/(5 + 3) = (27{,}1 + 20) / 8 = 47{,}1 / 8 = 5{,}89$$

14.3.4 Hinweise für die praktische Anwendung

Die hier gezeigte Qualitätsbewertung beruht darauf, dass Gutachter die Prüflinge untersuchen und anhand vorgegebener Maßstäbe Punkte vergeben. So erhält man zunächst eine Menge von Einzelbewertungen, die anschließend zusammengefasst werden.

Erste Voraussetzung für den Einsatz dieses Verfahrens sind Kriterien, wohldefiniert und gewichtet. Je klarer die Definitionen sind, umso kleiner wird die Streuung bei der Bewertung durch verschiedene Gutachter sein. Aber erst die Routine, also die wiederholte Anwendung der Kriterien und die Diskussion der Ergebnisse, schafft für alle Beteiligten Sicherheit und Vertrauen.

Die Kriterien und Gewichte müssen projektabhängig bestimmt werden. Dabei sollten allerdings die Kriterien selbst unverändert bleiben: Es geht also nur darum, das Gewicht festzusetzen, eventuell auch auf null, falls das Kriterium keine Rolle spielt.

Die Kriterien sollten untereinander möglichst unabhängig sein, sich also so wenig wie möglich gegenseitig beeinflussen. Die Literatur über Software-Qualitätssicherung, insbesondere der Bericht von McCall und Matsumoto (1980), enthält Hinweise auf geeignete Kriterien.

Das beschriebene Bewertungsverfahren lässt sich einführen, wenn folgende Bedingungen erfüllt sind:

- Die Ziele und ihre Prioritäten stehen fest und sind bekannt.
- Die Konsequenzen der Bewertung sind klar und bekannt.
- Allgemein akzeptierte Gutachter sind bestimmt.
- Die Gutachter haben an Spielmaterial geübt.
- Die Resultate der ersten Versuche werden nicht zu hoch bewertet, das Verfahren wird verbessert, bevor die Beurteilungen Wirkungen zeigen.
- Erfahrene Entwickler wirken auch selbst als Gutachter.
- Kriterienkataloge und Gewichte werden regelmäßig überprüft.

Die naheliegende Kritik an diesem Verfahren betrifft die Subjektivität der Bewertung: Dagegen hilft nur die Erfahrung. Es ist wichtig, die Resultate der ersten Versuche nicht zu hoch zu bewerten und das Verfahren zu verbessern, bevor die Entwickler mit handfesten Konsequenzen konfrontiert werden. Das Problem wird wie bei anderen Bewertungsverfahren (Reviews) entschärft, wenn die Spielregeln allen Beteiligten klar sind und eine koordinierende Stelle, die Software-Qualitätssicherung, Missbrauch verhindert.

14.4 Pseudometriken

Als Pseudometriken werden alle Metriken klassifiziert, die aus gemessenen oder geschätzten Werten berechnet werden, weil man sie nicht direkt messen kann. Die Metrik zeigt – das ist der Anspruch ihrer Urheber – eine relevante Eigenschaft der Software oder des Prozesses an. Praktisch handelt es sich entweder um Qualitätseigenschaften, denn diese lassen sich nicht direkt an der Software ablesen, oder um Prognosen, beispielsweise die zu erwartenden Entwicklungskosten oder die Zahl der Fehler, die voraussichtlich in den nächsten n Jahren entdeckt werden.

Die Relevanz ist damit für Pseudometriken in der Regel gegeben; sie sind ja dafür konstruiert. Dafür ist die Plausibilität grundsätzlich zu bezweifeln. Wir müssen also bei einer Pseudometrik zeigen, dass sie tatsächlich die relevante Eigenschaft widerspiegelt.

In jedem Fall besteht die Anwendung einer solchen Metrik aus drei Schritten:

1. Die Eingabegrößen der Metrik werden durch Zählung, Messung oder Schätzung bestimmt.
2. Entsprechend dem Modell, das der Metrik zu Grunde liegt, wird die Metrik berechnet.
3. Das Resultat wird so interpretiert, wie es die Urheber der Metrik vorgeschlagen haben.

14.4.1 Die Produktivität

Betrachten wir als sehr einfaches und populäres Beispiel einer Pseudometrik die Produktivität. Sie ist definiert als die Größe der geleisteten Arbeit, bezogen auf die Arbeitszeit. Wenn also eine Gruppe in 310 Arbeitsstunden eine Software entwickelt, deren Code einen Umfang von 817 LOC hat, dann ist die Produktivität der Gruppe etwa 2,64 LOC/h. Dabei sind der Code-Umfang und die Arbeitszeit die Eingabegrößen, die Division ist die Rechnung, die Aussage, dass das Resultat die Produktivität darstellt, ist die Interpretation.

Ob diese Interpretation wirklich sinnvoll ist, kann man nur feststellen, wenn man die Produktivität in verschiedenen Projekten berechnet, vergleicht und auf Plausibilität prüft. Dabei wird man auf Mitarbeiter stoßen, die nach dem Eindruck aller Kollegen intensiv und erfolgreich arbeiten, aber nach dieser Metrik nur geringe Produktivität zeigen, weil sie die schwierigsten Aufgaben bekommen und oft von anderen um Rat gefragt werden. Hier ist die Plausibilität der Metrik offensichtlich nicht gegeben.

Solange man nicht davon überzeugt ist, dass die vorgegebene Interpretation wirklich sinnvoll ist, sollte man sprachlich zwischen der *wirklichen* und der *berechneten* Qualität x unterscheiden.

14.4.2 Merkmale der Metriken

Die Metriken, insbesondere die Pseudometriken, können sich in verschiedenen Punkten unterscheiden.

- Eine Metrik ist *deskriptiv* oder *präskriptiv*, sie beschreibt also einen Zustand, wie er *ist*, oder gibt vor, wie er sein *soll*. Beispielsweise ist im Cleanroom-Prozess (Abschnitt 10.5) eine Obergrenze für die Zahl der im Test entdeckten Fehler vorgegeben. Auch die Kostengrenze ist eine präskriptive Metrik.
- Eine deskriptive Metrik kann *diagnostisch* oder *prognostisch* sein, also einen bestehenden oder einen zukünftigen Zustand beschreiben.
- Eine Metrik kann *robust* oder *unterlaufbar* sein; eine robuste Metrik ist dadurch gekennzeichnet, dass die Entwickler keine Möglichkeit haben, die Werte der Metrik willkürlich zu beeinflussen.

Achtung, »präskriptiv« und »prognostisch« sind keine Synonyme, sondern schließen sich gegenseitig aus. Prognostische Metriken sind nicht präskriptiv, sondern deskriptiv, denn sie sagen nicht, wie die Zukunft werden *soll*, sondern wie sie (vermutlich) *wird*. In der Praxis ermittelt man zuerst mit einer prognostischen Metrik die zu erwartenden Werte (z. B. die Kosten), legt dann präskriptiv eine Grenze fest (im Beispiel das Entwicklungsbudget) und ermittelt später, ob die diagnostische Metrik (hier die aufgelaufenen Projektkosten) im Rahmen der präskriptiven geblieben ist (Soll-Ist-Vergleich).

Leider gibt es keine robusten Metriken. Falls der Entwickler vermutet, dass er mehr Anerkennung erhält, wenn er mehr Kommentare schreibt, wird er große Mengen sinnloser Kommentare produzieren. Ähnliches gilt auch für fast alle anderen Metriken. Einzig der Aufwand kann kaum nach unten verfälscht werden, weil der Entwickler seine Arbeitsstunden nachweisen muss. Durch Trödeln oder »Vergolden« der Software kann er den Aufwand aber fast beliebig hoch treiben.

Daraus folgt, dass man Metriken nur erfolgreich einführen kann, wenn die Software-Entwickler gut informiert sind und nicht befürchten müssen, dass bestimmte Resultate für sie Nachteile haben. Andernfalls werden sie die Metriken unterlaufen.

14.4.3 Die Bestimmung der Komplexität nach McCabe

Die Komplexität eines Programms sollte im Interesse der Wartbarkeit so gering wie möglich sein. Aber was ist Komplexität?

complexity — (1) The degree to which a system or component has a design or implementation that is difficult to understand and verify.

Contrast with: simplicity.

(2) Pertaining to any of a set of structure-based metrics that measure the attribute in (1).

IEEE Std 610.12 (1990)

Für ein Programm bedeutet das, dass seine Komplexität als gering bewertet wird, wenn man es leicht verstehen und prüfen kann. Offenbar hat die Länge des Programms einen Einfluss darauf, aber sie ist, wie die beiden folgenden Auszüge eines in MODULA-2 formulierten Lehrbuchbeispiels (aus Appelrath, Ludewig, 2000) zeigen, keineswegs entscheidend:

```
(************************ A: DirektEinfuegen ************************)
  PROCEDURE DirektEinfuegen;
  VAR i, j              : IndexTyp;
      Zwischenspeicher : ElementTyp;
  BEGIN (* DirektEinfuegen *)
    FOR i := 2 TO MaxIndex DO
      Zwischenspeicher := Sortierfeld [i];
      Sortierfeld [0]  := Zwischenspeicher;
      j := i;
      WHILE Zwischenspeicher < Sortierfeld [j-1] DO
        Sortierfeld [j] := Sortierfeld [j-1];   DEC (j);
      END (* WHILE *);
      Sortierfeld [j] := Zwischenspeicher;
    END (* FOR *);
  END DirektEinfuegen;
(********************* B: Hauptprogramm ***************************)
BEGIN (* Sortieren *)
  Generate (Kopie); Out (Kopie);
  Erster := TRUE;
  Check ("Direkt Aussuchen", DirektAussuchen);
  Check ("Direkt Einfuegen", DirektEinfuegen);
  Check ("Binaer Einfuegen", BinaerEinfuegen);
  Check ("Bubble Sort",      BubbleSort);
  Check ("ShellSort",        ShellSort);
  Check ("HeapSort ",        HeapSort);
  Check ("QuickSort",        QuickSort);
END Sortieren.
```

Die Größe der beiden Programme ist ähnlich: A (DirektEinfuegen) enthält insgesamt 548 Zeichen, ohne Kommentare, Leerzeichen und Zeilenwechsel sind es 304. Für B (Hauptprogramm) sind die entsprechenden Zahlen 469 und 297, also etwas niedriger. Die Zahl der Anweisungen ist aber bei B mit 10 höher als bei A (8).

Man könnte auf Grund dieser Zahlen vermuten, dass die Mühe, A und B zu verstehen, ähnlich groß ist. Tatsächlich ist aber B (abgesehen von der nicht erkennbaren Funktion der aufgerufenen Unterprogramme) trivial, weil es sich um eine einfache Sequenz handelt.

In der Graphentheorie gibt es die *zyklomatische Zahl*. Sie ist für einen zusammenhängenden Graphen G mit n Knoten und e Kanten definiert durch $v(G) = e - n + 1$. Eine anschauliche Deutung dieser Zahl ergibt sich, wenn man sich überlegt, wie viele Kanten man in einem Graphen streichen kann, ohne dass er den Zusammenhang verliert. Wenn man beispielsweise drei Knoten hat, die durch drei Kanten ringförmig verbunden sind, dann ist $v(G) = 3 - 3 + 1 = 1$. Wenn man eine (beliebige) Kante entfernt, hängen die drei Knoten noch über die beiden verbleibenden Kanten zusammen; nach dieser Veränderung ist $v(G') = 0$, und es kann keine Kante mehr entfernt werden.

McCabe (1976) hat die zyklomatische Zahl als *zyklomatische Komplexität* für das Software Engineering entdeckt, indem er sie auf Flussdiagramme (Flussgraphen) anwandte. McCabes zyklomatische Komplexität ist wie folgt definiert:

$$v(G) = e - n + p$$

p ist darin die Zahl der Außenverbindungen. Im Standardfall eines Unterprogramms mit einem Ein- und einem Ausgang ist p also 2. Damit ist die Komplexität eines Programms minimal 1: e = 0, n = 1, p = 2. Zerlegt man einen Knoten in eine Sequenz, so ändert sich die Komplexität nicht, denn es kommen gleich viele Knoten wie Kanten hinzu.

Anschaulicher als die Formel ist die Vorstellung, dass eine lineare Verkettung von Anweisungen wie im Hauptprogramm B die Komplexität 1 hat; jede Verzweigung oder Schleife erhöht die Komplexität um 1. In der Flussdiagramm-Darstellung der Prozedur A (Abb. 14–4) sieht man die beiden Schleifen, die die Komplexität auf 3 steigen lassen.

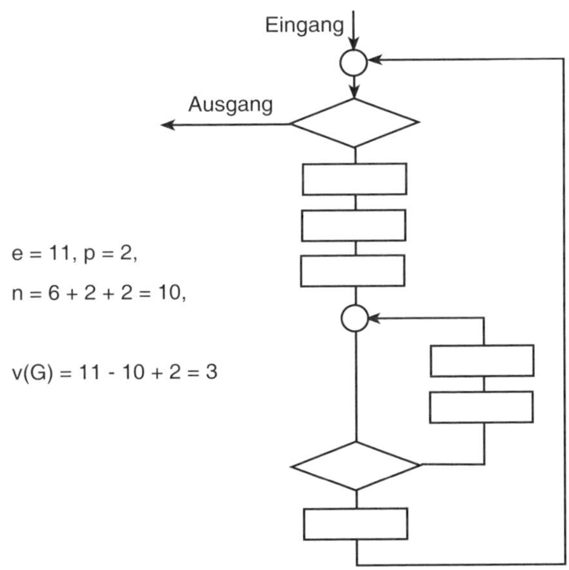

Abb. 14–4 *Beispiel für ein Flussdiagramm und dessen zyklomatische Zahl*

Wir können feststellen, dass die zyklomatische Komplexität – wenigstens für diese kleinen Beispiele – ein Ergebnis liefert (3 für A, 1 für B), das die Komplexität von A und B wesentlich besser repräsentiert, als dies die oben genannten Größenangaben leisten.

v(G) lässt sich sehr leicht messen, man braucht nur ein Werkzeug, das – hier auf MODULA-2 bezogen – die Zahl der IF-, FOR-, WHILE- und CASE-Anweisungen feststellt. Jede dieser Kontrollstrukturen erhöht die Komplexität um eins, nur

CASE um die Anzahl der Alternativen minus eins. Ein ELSE hinter IF und THEN hat keinen Einfluss. BEGIN wird als Eingang gezählt, AND und OR tragen als verkappte Bedingungsschachtelung jeweils 1 bei.

McCabe hat die Komplexität so definiert, dass er auch die – früher üblichen – Fälle von Programmen behandeln konnte, in denen das Prinzip »single entry, single exit« nicht eingehalten wurde. Heute können wir dieses Prinzip als verbindlich betrachten und haben damit in der Formel für v(G) immer p = 2. Das erweist sich als unglückliche Definition; es wäre sinnvoller gewesen, die 1 aus der Graphentheorie zu übernehmen, sodass ein unverzweigtes Programm die Komplexität null hat. Dann hätten wir eine normale Absolutskala vor uns und könnten beispielsweise bei der Verkettung von Programmen die Komplexitäten der Teilprogramme einfach addieren, um die Komplexität des Gesamtprogramms zu ermitteln.

Die zyklomatische Komplexität gehört zu den beliebtesten Metriken, vor allem, weil sie durch Zählung bestimmter Programmelemente wie IF und WHILE sehr einfach erhoben werden kann. Die für die Pseudometriken charakteristische Rechnung entfällt praktisch, es wird nur eine 1 addiert. Zudem ist die Metrik nicht (offensichtlich) von der Wahl der Programmiersprache beeinflusst. Diesen Vorteilen stehen allerdings auch einige Nachteile gegenüber: Die Metrik ist blind gegenüber den Daten, komplexe Datenstrukturen werden ignoriert. Damit hat ein Programm, in dem Zeiger verwendet und manipuliert werden, eventuell eine (scheinbar) geringe Komplexität, obwohl es sehr schwer zu verstehen ist. Zudem erschwert nicht jede Verzweigung das Verständnis in gleichem Maße, komplizierte Schachtelungen machen uns viel mehr Probleme als aufeinanderfolgende, aber jeweils abgeschlossene Alternativen; in der Metrik werden diese Fälle gleich gewichtet. Weyuker (1988) hat ebenfalls auf Mängel der Metrik hingewiesen.

Darum behauptet – vielleicht mit Ausnahme von Thomas McCabe – niemand, dass diese Metrik wirklich die Komplexität angibt. Vielmehr handelt es sich um eine einfache und einfach zu erhebende Volumensmetrik, die man an Stelle der LOC verwenden kann, beispielsweise, wenn man Systeme mit mehreren verschiedenen Programmiersprachen entwickelt; denn anders als die Zahl der Code-Zeilen ändert sich die zyklomatische Komplexität beim Wechsel zu einer anderen Programmiersprache kaum.

14.4.4 Software Science nach Halstead

Relativ einfache Metriken wie die Komplexität nach McCabe sind anschaulich und können – vor allem in Relation zu anderen Metriken – extreme Situationen anzeigen, beispielsweise, wenn die Kombination aus einer hohen Komplexität und einer großen Zeilenzahl auf einen Strukturierungsfehler hinweist. Eine große Zeilenzahl ist höchstens dann zulässig, wenn es sich um strikt sequenziellen Code handelt, beispielsweise zur Vorbesetzung vieler Variablen.

Weiter gehende Schlüsse lassen sich daraus nicht ziehen, wenigstens nicht mechanisch. Maurice Halstead versuchte daher Mitte der Siebzigerjahre, komplexere Metriken zu definieren. Sein Ansatz war ausgesprochen ehrgeizig, und entsprechend mutig war der Titel seines Buches (»Software Science«, Halstead, 1977).

Halsteads Modell beruht auf der Vorstellung, dass Operatoren (wie +, /, AND) und Operanden (vordefinierte und neue Bezeichner) die Software prägen und dass die Daten dieser beiden Mengen die Software insgesamt charakterisieren. Er arbeitet daher mit vier Basisgrößen:

- N_1 ist die Zahl *aller* Operatoren im Programm
- η_1 ist die Zahl der *verschiedenen* Operatoren
- N_2 ist die Zahl *aller* Operanden im Programm
- η_2 ist die Zahl der *verschiedenen* Operanden

$N = N_1 + N_2$ bezeichnet er als die *Länge des Programms* (natürlich nicht die physische, sondern die abstrakte Länge).

Halstead postuliert nun verschiedene Zusammenhänge zwischen den vier Basisgrößen und anderen Größen. So gibt er beispielsweise für die abstrakte Länge eines Programms folgenden Zusammenhang an:

$$\overline{N} = \eta_1 \,\mathrm{ld}\, \eta_1 + \eta_2 \,\mathrm{ld}\, \eta_2$$

(ld: logarithmus dualis, d. h. Logarithmus zur Basis 2)

Wir zählen die Elemente der Prozedur A `DirektEinfuegen` nach den Regeln in Conte, Dunsmore und Shen (1986), Seite 36 ff. Diese Regeln beziehen sich auf PASCAL; da MODULA-2 ähnlich ist, können wir sie hier mit geringen Anpassungen verwenden. Die Details sind der Tabelle 14–7 zu entnehmen. Man beachte, dass Halstead selbst

Anzahl	Operator
1	PROCEDURE
	VAR
1	BEGIN END
1	WHILE DO END
1	FOR DO END
1	TO
1	DEC
6	:=
1	,
2	-
2	:
12	;
1	<
1	()
6	[]
37	14 Operatoren (ohne VAR)

Anzahl	Operand
	DirektEinfuegen
1	ElementType
1	IndexType
1	0
2	1
1	2
4	i
7	j
1	MaxIndex
6	Sortierfeld
5	Zwischenspeicher
29	10 (ohne DirektEinfuegen)

Tab. 14–7 *Zählung der Elemente von DirektEinfuegen*

keine präzisen Angaben zur Zählung gemacht hat. Darum ist es sinnlos, nach den absolut richtigen Zählregeln zu suchen. Unsere Basisdaten sind damit:

$$\eta_1 = 14,\ \eta_2 = 10,\ N_1 = 37,\ N_2 = 29,\ N = N_1 + N_2 = 66$$

Diese Länge ist nicht wesentlich verschieden von der aus η_1 und η_2 berechneten, denn 14 ld 14 + 10 ld 10 = 53,3 + 33,2 = 86,5. Da wir hier nur den Ausschnitt eines Programms betrachten, müssen wir ohnehin mit gewissen Verzerrungen rechnen.

Ein anderes Beispiel ist der Programmieraufwand, den Halstead aus der Zahl der Elementarentscheidungen (E) ableitet, die ein Programmierer fällen muss. Diese gibt er an mit:

$$E = \frac{\eta_1 \cdot N_2 \cdot N \cdot \mathrm{ld}(\eta_1 + \eta_2)}{2 \cdot \eta_2}$$

Für unsere Prozedur `DirektEinfuegen` errechnet sich die Anzahl der Elementarentscheidungen durch

$$E = \frac{14 \cdot 29 \cdot 66 \cdot \mathrm{ld}24}{20} = 6143$$

Unter der Annahme, dass ein Programmierer etwa 18 Elementarentscheidungen pro Sekunde fällen kann[4], ergibt sich daraus ein Zeitbedarf von 341 s oder knapp 6 min. Das dürfte wohl nur für einen sehr guten Programmierer zu schaffen sein.

Rechnet man weitere Beispiele durch, dann stellt man immer wieder fest, dass die Zahlen, die aus Halsteads Formeln resultieren, meist in der richtigen Größenordnung liegen. Sie sind aber nicht genauer als andere Abschätzungen. Halstead hatte seine Formeln damals auch nicht seriös validiert, sodass es kaum Gründe gibt, warum man seinen Resultaten vertrauen sollte. Aus heutiger Sicht ist eher überraschend, dass sie überhaupt in der richtigen Größenordnung liegen. Halstead konnte seine Arbeiten nicht mehr fortsetzen, er starb 1979.

14.4.5 Metriken von Chidamber und Kemerer

Nachdem sich in den Achtzigerjahren die objektorientierten Programmiersprachen rasch verbreitet hatten, wurde in den Neunzigerjahren eine Reihe von Code-Metriken für objektorientierte Programme publiziert, die die neuen Programmierkonzepte berücksichtigen (z. B. Lorenz, Kidd, 1994; Henderson-Sellers, 1996).

Chidamber und Kemerer (1994) definieren in ihrer Arbeit sechs Metriken für objektorientierte Programme (siehe Tab. 14–8). Inzwischen gibt es sehr viele Werkzeuge, die diese Metriken ermitteln.

4 Der Psychologe John Stroud (1966) stellte fest, dass die Anzahl der von einem Menschen pro Sekunde gefällten Elementarentscheidungen zwischen 5 und 20 liegt. Halstead hat in seinen Studien den Wert 18 verwendet.

Metrik	Berechnungsvorschrift
weighted methods per class (WMC)	$\sum_{i=1}^{n} c_i$ mit n = Anzahl der Methoden; c_i = Kompexität der Methode m_i
depth of inheritance tree of a class (DIT)	Tiefe der Klasse im Vererbungsbaum
number of children of a class (NOC)	Anzahl der direkten Unterklassen der Klasse
coupling between object classes (CBO)	$\lvert K_o \cup K_i \rvert$ mit K_o = Menge der Klassen, die die Klasse selbst benutzt; K_i = Menge der Klassen, die diese Klasse benutzen
response for a class (RFC)	$\lvert M \cup_{\text{all } i} R_i \rvert$ mit M = Menge aller Methoden der Klasse; R_i = Menge der Methoden, die die Methode i aufruft
lack of cohesion in methods (LCOM)	$\lvert P \rvert - \lvert Q \rvert$ wenn $\lvert P \rvert > \lvert Q \rvert$ sonst 0; mit den Mengen P und Q von Methodenpaaren, die kein (P) bzw. mindestens ein (Q) gemeinsames Attribut benutzen

Tab. 14–8 *Metriken von Chidamber und Kemerer*

Basili, Briand und Melo (1996b) haben für einige dieser Metriken festgestellt, dass die Ergebnisse plausibel sind, dass also Programme, die auffällige Werte liefern, auch tatsächlich mehr Probleme machen als andere Programme. Man sollte diese Aussage aber nicht überschätzen. Die Erfahrung zeigt, dass schlechte Programme von sehr vielen verschiedenen Metriken erkannt werden. Wenn eine Klasse viel zu umfangreich ist, dann kann man das nicht nur leicht direkt sehen, sondern auch an fast jeder Zahl, die man erhebt, ablesen. El Emam et al. (2001) haben festgestellt, dass die Plausibilität der Metriken tatsächlich sehr gering ist, wenn der Einfluss der Klassengröße herausgerechnet wird. Insgesamt gibt es bei den Metriken für objektorientierte Programme noch eine Reihe von Unklarheiten. Einer der offenen Punkte ist, wie die Klassen zu behandeln sind, die als Rahmenwerke[5], Klassenbibliotheken usw. nicht entwickelt, sondern verwendet werden. Zählt beispielsweise die Vererbungstiefe, die in dieser Infrastruktur steckt, bei der Ermittlung der Metrik DIT mit? Für beide möglichen Antworten gibt es gute Argumente. Darum kommt Kan zu dem Resultat:

> *... there seems to be agreement that it is far more important to focus on empirical validation (or refutation) of the proposed metrics than to propose new ones, ...*
>
> Kan (2003, S. 342 f.)

Drei der Metriken (DIT, NOC, CBO) sind objektive Metriken. Die anderen drei (WMC, RFC, LCOM) sind Pseudometriken. Nur bei LCOM ist allerdings die

5 Wir verwenden »Rahmenwerk« für das englische »Framework«, weil diese Eindeutschung weit verbreitet, wenn auch nicht gut gelungen ist.

Interpretation wirklich klar: Ein Mangel an Zusammenhalt ist nicht erwünscht, der Zusammenhalt sollte so hoch wie möglich sein. Darum betrachten wir LCOM näher.

Eine Klasse hat einen hohen Zusammenhalt, wenn sie sinnvollerweise nicht aufgeteilt werden sollte, d. h., wenn ihre Attribute und Methoden einen einzigen zusammengehörenden Aspekt implementieren. (Den Zusammenhalt behandeln wir eingehend in Abschnitt 17.3.2.) Wie kann der Zusammenhalt einer Klasse auf Basis des Codes bestimmt werden?

Das der Metrik LCOM zu Grunde liegende Modell reduziert dazu eine Klasse darauf, inwieweit die Methoden die eigenen Attribute benutzen. Zuerst werden alle Methodenpaare gezählt, die kein gemeinsames Attribut verwenden. Von dieser Zahl wird dann die Anzahl der Methodenpaare abgezogen, die mindestens *ein* gemeinsames Attribut benutzen. Ist das Ergebnis negativ, dann liefert LCOM den Wert 0. Die Annahme hinter dieser Modellierung ist, dass Methoden, die keine gemeinsamen Variablen benutzen, möglicherweise einen unterschiedlichen Aspekt implementieren und nicht zur selben Klasse gehören sollten.

Kabaili et al. (2000) zeigen jedoch in einer Studie, dass aus dem mit LCOM errechneten Wert nicht auf den wirklichen Grad des Zusammenhalts geschlossen werden kann, die Metrik ist nicht plausibel. So gibt es Klassen mit einem hohen LCOM-Wert, deren Architektur gut ist. Auch liefert diese Metrik für Klassen, deren Zusammenhalt wir subjektiv ähnlich bewerten, sehr unterschiedliche Ergebnisse. Betrachten wir dazu das folgende Beispiel.

Die Klasse K_1 definiere die beiden Attribute a_1 und a_2 sowie vier Methoden. Die Methoden m_1 und m_2 benutzen das Attribut a_1, die Methoden m_3 und m_4 das Attribut a_2. Die Klasse K_2 sei ähnlich aufgebaut: Sie definiert ebenfalls zwei Attribute a_1 und a_2, jedoch zehn Methoden m_1 bis m_{10}. Die Methoden m_1 bis m_5 benutzen das Attribut a_1, die Methoden m_6 bis m_{10} das Attribut a_2.

Beide Klassen haben demnach zwei disjunkte Gruppen von Methoden, die, wenn man lediglich die Attributnutzung betrachtet, nicht zusammengehören. Möglicherweise könnte man beide Klassen in je zwei Klassen aufteilen. Das spricht dafür, den Zusammenhalt für beide Klassen etwa gleich (schlecht) zu bewerten.

Wenden wir jedoch die Metrik LCOM auf diese beiden Klassen an, dann erhalten wir für K_1: $4 - 2 = 2$, für K_2: $25 - 2 \cdot 10 = 5$. Das ist nicht plausibel.

Inzwischen wurde eine ganze Reihe von Vorschlägen publiziert, wie der Zusammenhalt von Klassen gemessen werden kann. Badri und Badri (2004) geben einen Überblick über diese Metriken und zeigen, dass neuere Metriken, die neben der Attributnutzung auch andere Aspekte berücksichtigen (z. B. inwieweit sich die Methoden einer Klasse gegenseitig nutzen), zu plausibleren Ergebnissen führen.

14.5 Die Suche nach der geeigneten Metrik

Bislang sind wir davon ausgegangen, dass der Anwender einer Metrik a priori weiß, welche Metriken er anwenden will. In diesem Abschnitt geht es darum, wie geeignete Metriken identifiziert und, wenn nötig, neu definiert werden können.

14.5.1 Der Goal-Question-Metric-Ansatz

Wenn im Software Engineering Entscheidungen zu treffen sind (beispielsweise über Werkzeuge, über Änderungen des Prozesses oder über die zukünftige Gestaltung bestimmter Prüfungen), möchte man auf eine Datensammlung zugreifen, die die notwendigen Informationen enthält, also auf geeignete Metriken.

Praktisch ist es aber nicht möglich, für alle denkbaren Fragen Metriken auf Vorrat zu erheben. Basili und Weiss (1984) haben darum ein Konzept entwickelt, wie man die zu erhebenden Metriken aus den Problemen, Zielen und Fragen ableiten kann. Dieser Ansatz wird als *Goal-Question-Metric-Approach* (GQM) bezeichnet; er wurde in den Folgejahren erprobt und weiterentwickelt (Basili, Rombach, 1988; Basili, Caldiera, Rombach, 1994). GQM besteht, wie der Name sagt, aus drei Schritten:

1. Definiere die für ein Projekt oder für eine Organisation relevanten Ziele.
2. Leite aus jedem Ziel Fragen ab, die geklärt werden müssen, um überprüfen zu können, ob das Ziel erreicht ist.
3. Lege für jede Frage Metriken fest, die dazu beitragen, die Antworten auf die Fragen zu finden.

Wir demonstrieren dieses Vorgehen an einem Beispiel (van Solingen, Berghout, 1999): Eine Organisation, die seit längerer Zeit Code-Inspektionen durchführt, will die Wirksamkeit der Code-Inspektionen erhöhen, das heißt ohne höheren Aufwand mehr Mängel entdecken. Zu diesem Ziel lassen sich beispielsweise die folgenden Fragen stellen:

F1 *Wie effektiv sind die Inspektionen?*
F2 *Welche Merkmale muss ein Prüfling haben, damit eine Inspektion möglichst erfolgreich ist?*
F3 *Welchen Qualitätskriterien soll ein Prüfling nach einer Inspektion genügen?*

Fragen auf dieser (oberen) Ebene sind noch zu komplex und abstrakt, als dass man ihnen direkt Metriken zuordnen könnte; sie müssen konkretisiert und verfeinert werden. Betrachten wir dazu die Frage F1; sie könnte folgendermaßen verfeinert werden:

F1.1 *Wie viel Aufwand pro Woche erfordern die Inspektionen?*
F1.2 *Wie viele Fehler werden in einer Inspektion entdeckt?*
F1.3 *Wie viele Fehler pro Fehlerklasse (leicht, mittel, schwer) werden entdeckt?*
F1.4 *Wie viel Aufwand ist erforderlich, um einen Prüfling einer gewissen Komplexität zu inspizieren?*
F1.5 *Wie viel Aufwand ist erforderlich, um einen Prüfling einer gewissen Größe zu inspizieren?*

Um diese Fragen zu beantworten, sind u. a. die folgenden einfachen Metriken hilfreich:

M1 *Anzahl der entdeckten Fehler pro Inspektion*
M2 *Anzahl der Inspektionen pro Woche*
M3 *Aufwand pro Inspektion in Stunden*
M4 *Anzahl der entdeckten Fehler pro Fehlerklasse pro Inspektion*
M5 *Komplexität des Prüflings (z. B. als zyklomatische Komplexität)*
M6 *Größe des Prüflings in LOC*

Diese Metriken können den Fragen zugeordnet werden; dadurch entsteht beispielsweise die in Abbildung 14–5 skizzierte Struktur.

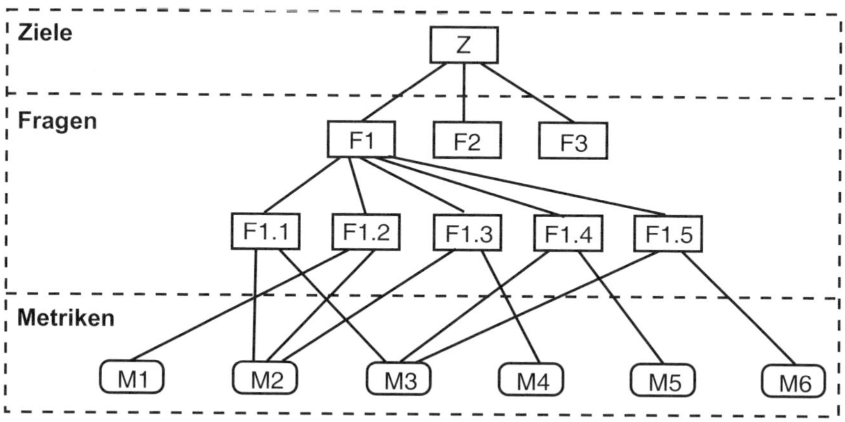

Abb. 14–5 *GQM: Zusammenhang von Zielen, Fragen und Metriken (Ausschnitt)*

Natürlich genügt es nicht, die Ziele, Fragen und Metriken zu definieren. Anschließend müssen die Daten systematisch erfasst und im Hinblick auf die Fragen ausgewertet werden.

Der GQM-Ansatz ist populär, weil er verhindert, dass unsinnig viele oder irrelevante Metriken erhoben werden. Durch die Orientierung an einem bestimmten Ziel ist sichergestellt, dass die Metriken benötigt werden.

Die pragmatische Ausrichtung an einer konkreten Fragestellung ist aber auch ein Nachteil dieses Konzepts: In vielen Fällen ist es vorteilhaft, bestimmte Basisdaten regelmäßig und über lange Zeit zu erfassen, auch wenn es gerade keinen konkreten Bedarf gibt. Nur so kann man langfristige Trends erkennen. GQM reicht also nicht aus, auch eine gewisse vorsorgliche Datensammlung ist sinnvoll.

14.5.2 Die Entwicklung einer Pseudometrik

Die Entwicklung einer Pseudometrik vollzieht sich in folgenden Schritten:

1. *Identifikation des darzustellenden Aspekts*
   Dieser Aspekt kann originär oder Teil eines übergeordneten Aspekts sein. Beispiele: Portabilität einer Software, das Betriebsklima im Projekt.
2. *Modellierung des darzustellenden Aspekts*
   Hierzu muss von der Software oder dem Entwicklungsprozess so abstrahiert werden, dass ein auf den gewünschten Aspekt reduziertes Modell übrig bleibt. Beispiele:
   - Für die Portabilität wird ein Programm so abstrahiert, dass nur noch zwei Arten von Anweisungen unterschieden werden, nämlich solche, die von der speziellen Plattform abhängig sind, und solche, die es nicht sind.
   - Für das Betriebsklima wird die Tätigkeit der Mitarbeiter auf Einstellung und Kündigung durch den Mitarbeiter reduziert. Wird einem Mitarbeiter von der Firma gekündigt, so wird seine Einstellung nicht berücksichtigt.
3. *Festlegung einer Skala für die Metrik*
   Der Skalentyp ist so zu wählen, dass er mit den im Modell verfügbaren Daten erreicht werden kann und den Aspekt ausreichend genau darstellt. In vielen Fällen genügt eine Ordinalskala. Beispiele:
   - Die Portabilität soll als reelle Zahl zwischen 0 und 1 dargestellt werden (Rationalskala).
   - Für das Betriebsklima wird eine Skala mit den Stufen *schlecht – mäßig – gut – sehr gut* definiert (Ordinalskala).
4. *Entwicklung einer Berechnungsvorschrift*
   Diese bildet die im Modell enthaltenen Größen auf die Metrik ab. Beispiele:
   - Die Portabilität ist (d. h. wird definiert als) das Verhältnis zwischen der Größe der plattformunabhängigen Anteile und der Programmgröße.
   - Das Betriebsklima ist schlecht, wenn mehr als x % der Arbeitsverhältnisse in der Firma nach weniger als einer Dauer t von den Mitarbeitern gekündigt werden. Analog werden die Grenzen für die übrigen Stufen festgelegt. Die Konstanten x und t müssen sinnvoll gewählt werden.
5. *Entwicklung der Messvorschriften für alle Größen, die in der Berechnungsvorschrift verwendet werden*
   Wenn subjektive Metriken verwendet werden, tritt an die Stelle der Messvorschrift die Anleitung zur Benotung. Beispiele:

- Die Zahl der Code-Zeilen (NCSI = non comment source instructions) wird als Maß der Größe verwendet.
- Das Maß für die Dauer eines Arbeitsverhältnisses ist die Zahl der vollen Beschäftigungsmonate. (Hier bleiben noch einige Sonderfälle zu klären ...)

6. *Anwendung und Verbesserung der Metrik*
   Die Resultate werden mit den auf anderem Wege oder intuitiv ermittelten Bewertungen verglichen. Wenn nötig, wird die Metrik kalibriert und verbessert. Beispiele:
   - Einige Wartungsprogrammierer benoten die Portabilität bestimmter Programme mit 0 bis 100 Punkten. Anschließend wird an diesen Programmen die Portabilitätsmetrik erhoben. Die Punkte werden in einem Koordinatensystem über den gemessenen Werten aufgetragen. Wenn die Punkte nicht nahe an einer Ursprungsgeraden liegen, ist die Metrik nicht plausibel.
   - Die Metrik wird in verschiedenen Abteilungen angewendet; die Ergebnisse einer Umfrage in diesen Abteilungen werden mit den Einstufungen verglichen, die die Metrik liefert.

Wenn der Zusammenhang zwischen Modell und Metrik nicht so einfach und gut verstanden ist, wie der Schritt 4 erfordert, kann durch empirische Daten ein Zusammenhang konstruiert werden. So wurden beispielsweise die vielen in COCOMO enthaltenen Konstanten ermittelt.

14.6 Ein Beispiel für die Entwicklung einer Metrik

In diesem Abschnitt wird gezeigt, wie aus allgemeinen Überlegungen die konkrete Definition einer Metrik abgeleitet werden kann. Als Beispiel wird eine Metrik für die Software-Zuverlässigkeit betrachtet. Dabei geht es nicht darum, einen Gegenvorschlag zu existierenden Metriken vorzulegen, sondern darum, die Schritte auf dem Weg zu einer Metrik zu zeigen und kritisch zu kommentieren.

14.6.1 Software-Zuverlässigkeit

Die Zuverlässigkeit ist ein besonders wichtiger Aspekt der Software, weil unzureichende Zuverlässigkeit extreme Kosten verursacht; nicht nur, wenn ein großes System spektakulär versagt, sondern auch, wenn viele kleine, billige Systeme nicht befriedigend funktionieren. Der Schnupfen ist keine schlimme Krankheit, aber er kostet die Volkswirtschaft trotzdem viel Geld, weil sehr viele Leute daran erkranken.

Es liegt daher nahe, absolute Zuverlässigkeit zu verlangen. Das ist ein verständlicher Wunsch, aber keine sinnvolle Forderung. Software wird von Menschen gemacht und ist daher niemals perfekt. Durch sehr hohen Aufwand kann die Zahl der unentdeckten Fehler immer weiter reduziert werden, es ist aber grundsätzlich unmöglich, Fehlerfreiheit zu garantieren. Zudem steigt mit höheren Anforderungen an die Zuverlässigkeit der Aufwand ins Unermessliche. Schließlich gibt es auch noch andere Komponenten, die versagen können, von der Rechner-Hardware über die Stromversorgung bis zum Kreislauf des Benutzers. Da keine dieser Komponenten absolut zuverlässig ist, wäre extreme Zuverlässigkeit der Software unwirtschaftlich.

14.6.2 Definition der Zuverlässigkeit

Um eine Zuverlässigkeitsmetrik zu definieren, müssen wir wissen, was Zuverlässigkeit ist. Dazu schauen wir in die verfügbare Literatur. Im IEEE-Glossar ist die folgende Definition angegeben:

reliability — The ability of a system or component to perform its required functions under stated conditions for a specified period of time.

IEEE Std 610.12 (1990)

Diese durchaus angemessene Definition bildet jedoch keine ausreichende Grundlage, um eine Metrik für die Zuverlässigkeit zu entwickeln. Deshalb betrachten wir den in Abbildung 5–2 auf Seite 68 gezeigten Qualitätenbaum. Hier wird Zuverlässigkeit mit Hilfe dreier atomarer Qualitätsmerkmale wie folgt definiert:

Zuverlässigkeit = Korrektheit + Ausfallsicherheit + Genauigkeit

Für diese atomaren Qualitätsmerkmale gilt gemäß Tabelle 5–2 auf S. 69, dass

- die *Korrektheit* hoch ist, wenn die Spezifikation zutreffend und die übrige Software korrekt in Bezug auf die Spezifikation ist,
- die *Ausfallsicherheit* hoch ist, wenn die Software nur sehr selten die erwartete Funktion nicht erbringt,
- die *Genauigkeit* hoch ist, wenn die Resultate vom mathematisch korrekten Resultat nur wenig abweichen.

Leider kommen wir auch mit diesen Begriffen einer Quantifizierung nicht näher. Wir beginnen also noch einmal ganz von vorn und überlegen, welche Bedeutung das Wort »zuverlässig« in unserer Alltagssprache hat.

Betrachten wir die folgende Liste von Gegenständen (im weitesten Sinne): Auto, Brieföffner, Briefpapier, Brille, Feuerzeug, Hammer, Handbohrmaschine, Hängebrücke, Lexikon, Mastkalb, Moskitonetz, Politiker, Telefon, Telefonbuch, Wettervorhersage, Ziegelstein.

Der Begriff Zuverlässigkeit lässt sich nicht auf alle genannten Gegenstände anwenden; er ist kaum anwendbar auf Brieföffner, Briefpapier, Brille, Hammer, Mastkalb und Ziegelstein. Wo er anwendbar ist, hat er nicht immer die gleiche Bedeutung. Für Lexikon, Politiker, Telefonbuch und Wettervorhersage bedeutet Zuverlässigkeit *Verlässlichkeit* und *Korrektheit*. Anders verhält es sich bei den Gegenständen Hängebrücke und Moskitonetz. Hier heißt Zuverlässigkeit

Brauchbarkeit in dem Sinne, dass der Gegenstand »in Ordnung« ist. Wenn wir diese Interpretationen für die Software verwerfen, bleiben nur Auto, Feuerzeug, Handbohrmaschine und Telefon übrig.

Wir stellen fest: Der Begriff Zuverlässigkeit wird im engeren Sinne auf komplette Systeme angewendet, die komplexer Natur sind, grundsätzlich immer wieder für die gleiche Aufgabe eingesetzt werden und subjektiv stochastisch, also aus Gründen, die aus Sicht des Benutzers nicht erkennbar und kaum beeinflussbar sind, funktionieren oder versagen.

Ein solches System ist umso zuverlässiger, je höher die Erwartung ist, dass es seine Aufgabe erfüllt. Man beachte den Unterschied zwischen Zuverlässigkeit und Sicherheit. Ein Flugzeug, dessen Motor sich dann und wann nicht starten lässt, ist nicht zuverlässig, aber (wenn es sonst keine Probleme gibt) sicher!

Um eine Aussage über die Zuverlässigkeit machen zu können, müssen wir also einen stochastischen Prozess haben, der den Wahrscheinlichkeitsgesetzen folgt. Es muss eine abschätzbare Wahrscheinlichkeit geben, dass das System funktioniert.

Nehmen wir an, dass ein Rechnersystem inklusive Software völlig deterministisch arbeitet, dann ist die Wahrscheinlichkeit, dass es eine bestimmte Leistung erbringt, genau null oder genau eins. Der Zuverlässigkeitsbegriff kann darum nicht angewendet werden. Gleiches gilt (nahezu) für eine Leuchtdiode oder eine Brücke.

Wir müssen also irgendwo den Zufall einführen, um von Zuverlässigkeit sprechen zu können. Möglichkeiten dazu bieten der Benutzungsmodus, die Daten, die Speicherbelegung oder die Ressourcenzuteilung.

14.6.3 Quantifizierung der Zuverlässigkeit

Wenn wir die Zuverlässigkeit eines Systems bewerten wollen, dann gehen wir eigentlich von der Unzuverlässigkeit des Systems aus, die wir beobachten können. Beispielsweise kann man die Abstände zwischen den Ausfällen messen. Wird ein Gegenstand immer in ähnlicher Weise eingesetzt (z. B. ein Telefon für bestimmte Verbindungen bestimmter Dauer), dann ist die mittlere Dauer zwischen zwei Defekten ein Maß seiner Zuverlässigkeit. Dieses Maß wird Mean Time Between Failure (MTBF) genannt und ist folgendermaßen definiert:

$$\text{MTBF} = \frac{\text{Betriebsdauer}}{\text{Fehleranzahl}}$$

(Achtung: Da es für die MTBF unterschiedliche Definitionen gibt, können die berechneten Werte nicht immer direkt miteinander verglichen werden.)

Dabei muss die Betriebsdauer bis zum letzten Defekt gemessen werden. Bei Software ist dieses Maß nur dann anwendbar, wenn

- die Fehler nicht korrigiert werden,
- Art und Intensität der Benutzung gleich bleiben,

- die Benutzer die Fehler weder provozieren noch vermeiden (d. h. faktisch, wenn die Benutzer die Fehler nicht kennen).

Eine wechselnde Intensität der Nutzung kann evtl. durch Normierung der Resultate berücksichtigt werden. Um die Unzuverlässigkeit der Software in den Griff zu bekommen, orientieren wir uns an der MTBF und definieren:

Unzuverlässigkeit ist die Zahl der Fehler, gewichtet mit der Häufigkeit ihres Auftretens und den Folgekosten, bezogen auf die Betriebsdauer.

Um die Unzuverlässigkeit bewerten zu können, benötigen wir also die Anzahl der Fehler, die Kosten, die die Fehler des betrachteten Systems verursachen, und die Betriebsdauer. Durch die Gewichtung mit den Kosten sorgen wir dafür, dass sich kleine und große Probleme unterschiedlich auf unsere Metrik auswirken. Wie aus diesen Angaben die Unzuverlässigkeit oder die Zuverlässigkeit bestimmt werden kann, zeigt das folgende Beispiel:

Eine Software S zeige während 2 h Benutzung im Mittel 10 Fehler zu je 0,40 € und einen Fehler zu 10 €. Die Unzuverlässigkeit der Software S ist dann:

$$U_S = \frac{\text{Fehlerkosten}_S}{\text{Betriebsdauer}_S} = \frac{10\,€ + 10 \cdot 0,4\,€}{2\text{ h}} = 7\,€/\text{h}$$

Die Zuverlässigkeit kann man nun beispielsweise als Kehrwert von U definieren:

$$Z_S = \frac{1}{U_S} = 0{,}14\text{ h}/€$$

Jegliche Normierung erfordert eine (sinnvolle) Beseitigung der Dimensionen (praktisch: der Einheiten). In unserem Beispiel müssen also für Kosten und Zeit allgemeingültige Bezugsgrößen gefunden werden. Für die Zeit bietet sich die tägliche Betriebsdauer an (Annahme: $D_S = 8$ h/d). Mehr Probleme machen die Kosten. Da wir die Unzuverlässigkeit als einen Teil der Kosten (im weitesten Sinne) empfinden, können wir die Betriebskosten des Systems als Bezugsgröße verwenden, wir rechnen mit Kosten von 100 € pro Tag ($B_S = 100$ €/d). Die normierte Unzuverlässigkeit lässt sich nun bestimmen durch:

$$\overline{U}_S = \frac{U'_S}{B_S + U'_S} = \frac{56}{156} = 0{,}36 \text{ mit } U'_S = U_S \cdot D_S = 56\,€/\text{d}$$

Das bedeutet: Die Unzuverlässigkeit der Software kostet uns 36 % der Betriebskosten, das sind 56 € pro Tag. Die normierte Zuverlässigkeit kann analog definiert werden durch:

$$\overline{Z}_S = \frac{B_S}{B_S + U'_S} = 1 - \overline{U}_S = 0{,}64$$

Wenn die Software S während der Betriebsdauer im Mittel nur einen Fehler zu 10 € zeigt, dann ist die normierte Zuverlässigkeit nach diesem Modell 0,71; zeigt sie im Mittel nur die zehn leichteren Fehler zu je 0,40 €, steigt die Zuverlässigkeit auf 0,86.

Damit haben wir eine Metrik; es ist offensichtlich, welche Daten erfasst und verarbeitet werden müssen, um die Metrik systematisch zu erheben. Ob die Definition aber (allgemein oder für eine spezielle Situation) *sinnvoll* ist, wissen wir noch nicht. Wenn wir einige Szenarien durchspielen, sehen wir, dass die Zuverlässigkeit steigt, wenn die Betriebskosten unseres Systems steigen. Ist das sinnvoll, plausibel? Oder deutet der Effekt auf eine unsinnige Normierung? Wir sehen: Die Definition einer Metrik ist schwierig und hat oft überraschende Konsequenzen.

14.7 Hinweise für die praktische Arbeit

Als in der Physik Begriffe wie »Kraft« und »Energie« definiert wurden, hatten sie noch keine allgemein anerkannte Bedeutung. Die sehr bequeme Situation, mit einem perfekt abgestimmten System von Größen und Einheiten arbeiten zu können, ist erst im Laufe der Zeit entstanden.

Im Software Engineering ist ein solcher Zustand noch nicht in Sicht. Wir sind noch auf der Suche nach den Größen und Einheiten, die sinnvoll definiert und verwendet werden können. Trotzdem gibt es in der Literatur bereits eine lange Liste von Metriken und sogar genormte Metriken.

14.7.1 Welche Metrik soll man einsetzen?

Wenn man von einem GQM-Ansatz ausgeht, ergibt sich die Antwort aus den Fragen, die man zu den Zielen formuliert; der verbleibende Spielraum ist gering, er sollte so genutzt werden, dass die Erhebung der Metriken möglichst einfach und sicher geschehen kann.

Hat man dagegen vor, Basisdaten auf Vorrat zu sammeln (siehe Abschnitt 14.2.2), ist die Auswahl größer. Es ist zweckmäßig, mit den drei allerwichtigsten Größen, nämlich Umfang, Aufwand und Fehlerzahlen, zu beginnen:

- *Umfang*
  In aller Regel wird der Umfang des Codes gemessen, weil dies viele Werkzeuge automatisch tun. Wie die Angaben in Tabelle 14–3 zeigen, gibt es jedoch sehr verschiedene Möglichkeiten, den Umfang von Programmen zu bestimmen. Wer vor der Wahl steht, sollte bedenken, dass die Entscheidung sehr wahrscheinlich Einfluss auf die Programmierung hat. Werden beispielsweise die NCSI gezählt, die *non-comment source instructions*, dann kommt bei vielen Entwicklern die Botschaft an: *Kommentare werden hier als wertlos*

betrachtet. Es spielt keine Rolle, ob das wirklich so ist! Darum ist die anzuwendende Definition des Umfangs mit Bedacht zu wählen.

- Bei Wartungsarbeiten sollte zusätzlich der *Umfang des geänderten Codes* gemessen werden.
- Metriken kann man nicht nur auf Programme anwenden. Auch der *Umfang der separaten Dokumentation* (siehe Abschnitt 12.1) sollte bestimmt werden. Als Maß kann beispielsweise die Zahl der Zeichen und Abbildungen oder die Zahl der Seiten verwendet werden.

- *Aufwand*
  Für jedes Projekt und für jedes Arbeitspaket sollte der geleistete Aufwand festgehalten werden. Dadurch ist u. a. auch der Aufwand für die Prüfungen dokumentiert. Ebenso sollte man den Aufwand für Wartungsarbeiten erfassen.
- *Fehlerzahlen*
  Hier sind wenigstens die Anzahl der durch Prüfungen gefundenen Fehler und die nach Auslieferung gemeldeten Fehler zu zählen.

Mit Hilfe dieser wenigen Basisdaten lassen sich beispielsweise die folgenden Metriken erheben:

- Fehlerrate pro Release
- Fehlerdichte
- Mittlerer Aufwand pro entdecktem Fehler im Test oder im Review
- Mittlerer Aufwand zur Fehlerkorrektur nach Auslieferung

Kommen mehrere Metriken in Frage, so sollte man die einfachste nehmen, beispielsweise für die Größe eines Programms die Angabe in LOC. Kompliziertere Metriken sollten die einfachen dann und nur dann verdrängen, wenn sie klare Vorteile haben; Lind und Vairavan (1989) haben aber in einem (noch immer aktuellen) Artikel gezeigt, dass die gängigen Metriken untereinander stark korreliert sind, also im Wesentlichen die gleichen Resultate liefern.

14.7.2 Standardisierte Metriken, Normen

Wenn es standardisierte Metriken gibt, sollten wir nicht ohne Not davon abweichen, denn sie sind sehr wahrscheinlich sinnvoll definiert und (anders als jede »private« Metrik) allgemein oder doch von vielen Menschen akzeptiert. Hier sind zwei Quellen zu nennen:

- In der Norm ISO/IEC 9126 (Software Engineering – Product quality) wird eine Reihe von Produktmetriken beschrieben, um die ebenfalls in der Norm definierten Produktmerkmale Funktionalität, Zuverlässigkeit, Bedienbarkeit, Effizienz, Wartbarkeit und Portabilität zu messen. Diese Metriken werden, weil sie standardisiert sind, auch häufig von Messwerkzeugen ermittelt.

- Der Standard IEEE Std 982.1 (1988) (Dictionary of Measures to Produce Reliable Software) enthält genaue Definitionen verschiedener Metriken, um die Zuverlässigkeit von Software zu messen; dazu zählen Fehlerdichte und MTBF (Mean Time Between Failure).

Sollen Metriken systematisch und organisationsweit erhoben werden, dann muss ein geeigneter Prozess definiert und angewendet werden. Die Normen ISO/IEC 15939 (2007) (Systems and software engineering - Measurement process) und IEEE Std 1061 (1998) (Standard for a Software Quality Metrics Methodology) können dabei hilfreich sein. Sie beschreiben recht detailliert einen generischen Prozess, um Metriken auszuwählen, Messungen durchzuführen und die erhobenen Daten auszuwerten. Der in der Norm ISO/IEC 15939 definierte Prozess sieht beispielsweise die folgenden Aktivitäten und Subaktivitäten vor:

- *Establish and sustain measurement commitment*
  - *Accept the requirements for measurement*
  - *Assign resources*
- *Plan the measurement process*
  - *Characterize organizational unit*
  - *Identify information needs*
  - *Select measures*
  - *Define data collection, analysis, and reporting procedures*
  - *Define criteria for evaluating the information products and the measurement process*
  - *Review, approve, and provide resources for measurement tasks*
  - *Acquire and deploy supporting technologies*
- *Perform the measurement process*
  - *Integrate procedures*
  - *Collect data*
  - *Analyze data and develop information products*
  - *Communicate results*
- *Evaluate measurement*
  - *Evaluate information products and the measurement process*
  - *Identify potential improvements*

Dieser Prozess kann als Vorlage verwendet werden, um Metriken und Messungen in einer Organisation einzuführen und zu etablieren. Insbesondere kann man Aktivitäten und Dokumente übernehmen.

Ein Blick in diese Normen lohnt sich praktisch immer und kann viel Aufwand sparen.

15 Werkzeuge und Entwicklungsumgebungen

A fool with a tool is still a fool.
Sprichwort

Wie alle Ingenieure verwenden auch Software-Ingenieure Werkzeuge, um ihre Arbeit besser und schneller zu leisten. Viele Aufgaben wären ohne Werkzeuge praktisch gar nicht zu lösen. Werkzeuge – wir haben diesen Begriff bereits in Abschnitt 2.5.2 definiert – können also unsere Leistung wesentlich erhöhen; sie können aber keine Defizite kompensieren, die im Bereich der Methoden oder Prozesse liegen. Mit einem Auto können wir unser Ziel meist schneller erreichen als zu Fuß; aber das Auto sagt uns nicht, wohin wir kommen wollen.

In diesem Kapitel zeigen wir die Landschaft der Werkzeuge und Entwicklungsumgebungen im Überblick; einzelne Werkzeuge stellen wir aber nicht vor. Zuerst diskutieren wir, wie unterschiedlich die Mitarbeiter und das Unternehmen den Wert von Werkzeugen, aber auch von Methoden bewerten (Abschnitt 15.1). Dann gehen wir auf das Thema CASE ein, das das Software Engineering seit den Achtzigerjahren begleitet (Abschnitt 15.2). Anschließend betrachten wir Architekturen für offene und integrierte Entwicklungsumgebungen (Abschnitt 15.3). Da das Thema »Model-Driven Architecture« einen sehr starken Werkzeugbezug hat, wird es in Abschnitt 15.4 behandelt. Empfehlungen zur Auswahl von Werkzeugen (Abschnitt 15.5) und zum Einsatz von Werkzeugen in der Praxis (Abschnitt 15.6) schließen das Kapitel ab.

15.1 Bewertung von Methoden und Werkzeugen

Früher war es durchaus üblich, dass sich einzelne Software-Entwickler Werkzeuge beschafften und diese bei ihrer Arbeit einsetzten. Heute werden diese Fragen auf höherer Ebene entschieden. Denn das Unternehmen, in dem die Arbeit stattfindet, hat ein Interesse daran, dass nicht irgendwelche, sondern geeignete, einheitliche und auf ausgewählte Methoden abgestimmte Werkzeuge verwendet werden.

Die Bewertung von Methoden und Werkzeugen ist je nach Perspektive – Unternehmen oder Mitarbeiter – unterschiedlich: Dem Unternehmen liegt vor allem an den Methoden. Diese steigern die Qualität und verbessern die Zusammenarbeit, senken also die Kosten. Der Schulungs- und Einführungsaufwand sowie das Risiko, dass die Einführung scheitert, sind dadurch in der Regel zu rechtfertigen. Für den Mitarbeiter ist eine neue Methode dagegen vor allem eine Bedrohung, denn sie bringt neue Anforderungen und die Gefahr des Versagens mit sich, die damit verbundene Verbesserung der Qualifikation wird selten gesehen. Daher stoßen neue Methoden in der Regel auf großen Widerstand, wenigstens bei den Mitarbeitern, die schon längere Zeit im Beruf stehen.

Bei den Werkzeugen verschiebt sich die Wertung: Hier hat nicht nur das Unternehmen Vorteile durch gesteigerte Produktivität, sondern – nachdem die unvermeidliche Schwellenangst überwunden ist – mindestens ebenso sehr der Mitarbeiter, der von banalen Aufgaben der Informationsverwaltung und -prüfung entlastet wird und ein interessantes »Spielzeug« bekommt. Jüngere Mitarbeiter haben auch bereits in ihrer Ausbildung die Arbeit mit Werkzeugen kennengelernt und möchten nicht darauf verzichten.

Bewertung		Methode	Werkzeug
Unternehmen	–	Schulungs- und Einführungsaufwand, Risiko des Scheiterns	Evaluations-, Beschaffungs- und Einführungskosten
	+	Steigerung verschiedener Qualitäten, Senkung der Kosten	Verbesserungen der Dokumentation, Kontrolle, Steigerung der Produktivität
Entwickler	–	Zwang zur Umstellung, Risiko des Versagens	Einarbeitung
	+	Verbesserung der Qualifikation	Entlastung von trivialen Arbeiten, Erfolgserlebnisse, bessere Sichtbarkeit der Leistungen

Tab. 15–1 *Bewertung von Methoden und Werkzeugen*

Die unterschiedliche Bewertung, die in den beiden Gegenüberstellungen in Tabelle 15–1 zum Ausdruck kommt, hat eine interessante Konsequenz, die sich in vielen Erfahrungsberichten etwa wie folgt niederschlägt: »Das Wichtigste war die Einführung des Werkzeugs; sie war mühsam. Sein Gebrauch hat dann aber zu Verhaltensänderungen geführt, die sich sehr vorteilhaft auswirken. Jetzt könnten wir eigentlich auf das Werkzeug verzichten.«

Daher sollten Werkzeuge und Methoden nicht nur gut aufeinander abgestimmt sein, sondern stets als Paketlösung ausgewählt und eingeführt werden (siehe auch Abschnitt 2.5.2).

15.2 Computer-Aided Software Engineering

Computer-Aided Software Engineering (CASE) wurde zu Beginn der Achtzigerjahre ein Schlagwort und steht seitdem dafür, dass wir Software nicht mehr ohne Werkzeuge, die selbst wiederum Software sind, erstellen und bearbeiten können. In diesem Abschnitt führen wir zunächst zentrale Begriffe ein, dann zeigen wir Entwicklungsschritte von CASE auf und geben eine Klassifikation für CASE-Systeme an.

15.2.1 Begriffe

Der Begriff »CASE« wird im IEEE-Glossar wie folgt definiert:

computer-aided software engineering (CASE) — The use of computers to aid in the software engineering process. May include the application of software tools to software design, requirements tracing, code production, testing, document generation, and other software engineering activities.

IEEE Std 610.12 (1990)

Mit dem Begriff »CASE« verwandt sind die folgenden Begriffe in derselben Norm:

program synthesis — The use of software tools to aid in the transformation of a program specification into a program that realizes that specification.

programming support environment — An integrated collection of software tools accessed via a single command language to provide programming support capabilities throughout the software life cycle. The environment typically includes tools for specifying, designing, editing, compiling, loading, testing, configuration management, & project management. Sometimes called integrated programming support environment.

software tool — A computer program used in the development, testing, analysis, or maintenance of a program or its documentation. Examples include comparator, cross-reference generator, decompiler, driver, editor, flowcharter, monitor, test case generator, timing analyzer.

IEEE Std 610.12 (1990)

Im Sprachgebrauch bezeichnet CASE oft nur diejenigen Werkzeuge, die die Aktivitäten der frühen Phasen (vor allem die Spezifikation) unterstützen. Wir fassen den Begriff CASE jedoch weiter und schlagen als pragmatische Definition vor:

CASE — Die Bearbeitung von Software mittels Werkzeugen (den CASE-Tools), die auf Rechnern realisiert sind und vom Menschen direkt gesteuert werden. Ausgenommen sind alle Werkzeuge, die seit langem bekannt und unentbehrlich sind, also einfache Texteditoren, Übersetzer, Binder.

CASE-Tools sind also Programme, mit denen Software bearbeitet wird. Beispiele sind Testmonitore, Spezifikationswerkzeuge und Dokumentationsgeneratoren.

15.2.2 Die Entwicklung von CASE

Software-Engineering-Werkzeuge hat es natürlich schon lange vor dem Wort CASE gegeben. Ein Beispiel ist das System PSL/PSA (Teichroew, Hershey, 1977), das bereits 1969 (!) konzipiert worden war. Anfang der Achtzigerjahre war »Software Engineering Environment« das Schlagwort. Für die damals vorherrschenden Methoden (z. B. Structured Analysis) wurden Werkzeuge entwickelt und mit mehr oder weniger Erfolg eingesetzt. Seit dieser Zeit hat sich aber einiges verändert:

- Die Bedienschnittstelle ist heute wesentlich komfortabler. Die zeilenorientierte Ein-/Ausgabe wurde ersetzt durch eine grafische Schnittstelle. Damit kann man heute Informationen nach freier Wahl in linearer Form (d. h. durch Text) oder in grafischer Form ein- und ausgeben. Intern wird sie als logisches Netz gespeichert, damit Prüfungen und Umformungen vorgenommen werden können.
- Es ist allgemein anerkannt, dass Werkzeuge für die verschiedenen Tätigkeiten und Phasen aufeinander abgestimmt und integriert sein müssen. Der Werbung zufolge ist diese Integration auch in vielen Umgebungen erreicht, doch leider bleibt die Realität dahinter zurück. Die Schwierigkeit liegt in der Integration der Daten (Abschnitt 15.3.2).
- Objektorientierte Modellierungs- und Entwicklungstechniken haben sich weit verbreitet und werden durch entsprechend viele Werkzeuge unterstützt.
- Neue Integrationstechniken (beispielsweise Plug-in-Architekturen, XMI-basierter Datenaustausch) werden genutzt, um offene und erweiterbare CASE-Systeme zu entwickeln (Abschnitt 15.3.1).
- Und natürlich ist der Werkzeugmarkt geradezu explodiert; die frei verfügbaren Systeme haben große Bedeutung erlangt.

15.2.3 Klassifikationen von CASE-Systemen

Die Klassifikation von CASE-Systemen ist durchaus problematisch und schwierig, weil sie in vielen Dimensionen geschehen kann.

Eine Unterscheidung von »Upper CASE« und »Lower CASE« (siehe Balzert, 1998) klingt auf den ersten Blick plausibel, wenn man damit die Werkzeuge für die frühen Phasen (Spezifikations- und Entwurfswerkzeuge) von denen für die Bearbeitung des Codes (Compiler, Linker, Loader, Debugger) unterscheidet. Unklar ist dann aber die Einordnung der Werkzeuge für die späteren Phasen, z. B. für die Integration. Im Sinne des Wasserfallmodells ist dies offenbar »Lower CASE«; auf die Abstraktionsebene bezogen (siehe Abb. 15–1) gehört die Integration aber zum »Upper CASE«.

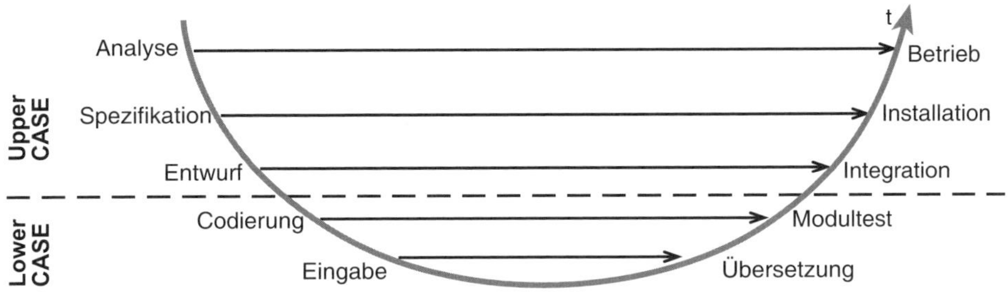

Abb. 15–1 *CASE und die Abstraktionsebenen bei der Software-Entwicklung*

Fuggetta (1993) schlägt eine Klassifikation von CASE-Systemen vor, die sich nicht am Software-Lebenslauf, sondern daran orientiert, wie groß das Einsatzspektrum ist. Er definiert drei Kategorien:

- *Einzelwerkzeuge* (tools) unterstützen eine einzige Tätigkeit. Sie können universell in verschiedenen Phasen einsetzbar (z. B. ein Werkzeug zur Verwaltung von Änderungen) oder sehr speziell sein (z. B. ein Code-Messwerkzeug); sie können separat nutzbar oder in einem Werkzeugkasten integriert sein.
- *Werkzeugkästen* (workbenches) enthalten eine Menge mehr oder weniger eng verbundener Werkzeuge. Sie unterstützen eine Reihe von zusammengehörenden Tätigkeiten (z. B. Werkzeuge zur Programmierung, Werkzeuge zum Projektmanagement).
- *Software-Engineering-Umgebungen* (environments) unterstützen alle oder doch sehr viele Tätigkeiten der Software-Entwicklung. Sie bestehen aus einer Menge von Werkzeugkästen und Einzelwerkzeugen, die integriert sind, also direkt miteinander kommunizieren können.

15.3 Offene integrierte Software-Engineering-Umgebungen

Sommerville (1995) nennt eine Reihe von Anforderungen an Software-Engineering-Umgebungen. Zentrale Anforderungen sind:

- Verschiedene Werkzeugfunktionen sollen zur Verfügung stehen, damit während der gesamten Entwicklung (oder doch wenigstens in mehreren Phasen) Unterstützung geboten werden kann. Die Menge dieser Funktionen muss offen bleiben, weil wir bislang nicht genug wissen, um eine abgeschlossene Umgebung zu definieren.
- Der Benutzer möchte nicht die Vielfalt dieser Teile, sondern eine einheitliche Bedienschnittstelle sehen.
- Die Werkzeuge müssen ohne weiteres Zutun der Benutzer direkt miteinander kommunizieren; sie müssen also auf einer gemeinsamen Datenbasis integriert sein.

Diese Anforderungen betreffen insbesondere die Architektur dieser Systeme.

15.3.1 Architekturen

In den Neunzigerjahren gab es verschiedene Bestrebungen, Referenzarchitekturen für Software-Engineering-Umgebungen zu entwickeln (siehe beispielsweise Chen und Norman, 1992). Abbildung 15–2 zeigt eine stark vereinfachte, auch als »Toaster-Modell« bezeichnete Architektur: Zwischen uniformer Bedienschnittstelle und gemeinsamer Datenhaltung liegen die verschiedenen Werkzeuge.

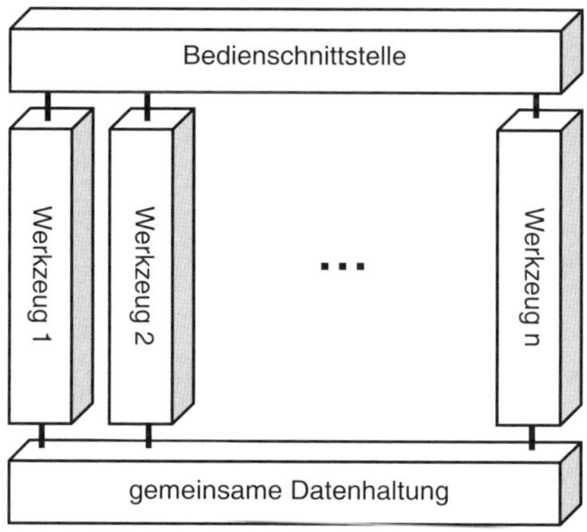

Abb. 15–2 *»Toaster«-Architektur von Software-Engineering-Umgebungen (nach Ludewig, 1991)*

Auf Basis dieses Architekturmodells entstanden viele CASE-Umgebungen. Sie erlaubten die Modellierung von Daten und Prozessen mit Chens ER-Modellen oder mit Modellen der »Strukturierten Analyse« nach DeMarco und Yourdon. Der Erfolg dieser Umgebungen war mäßig. Viele Erwartungen erfüllten sich nicht oder nur unzureichend. »Overselling«, also die Ankündigung von Auswirkungen, die nicht eintreten *konnten*, erzeugte Frustration und Ablehnung.

Die objektorientierte Programmierung und die Modellierung von Systemen mit UML führten zu einer zweiten Generation von CASE-Umgebungen, die die Modelltypen aus UML mehr oder weniger vollständig zur Verfügung stellen. Alle bieten die Möglichkeit, Code zu generieren, manche können auch aus Code UML-Modelle extrahieren; diese Fähigkeit wird als Roundtrip-Engineering bezeichnet. Solche Systeme sind heute wesentlich weiter verbreitet, als es die Umgebungen der ersten Generation waren, nicht zuletzt, weil einige in Open-Source-Projekten entwickelt werden und damit frei verfügbar sind. Die Umgebungen realisieren die gemeinsame Datenhaltung typischerweise in Form eines »Repository«, das meist ein proprietäres Format besitzt. Über Export- und Import-Schnittstellen können Informationen weitergegeben bzw. von anderen Werkzeugen geholt werden. Dazu wird in der Regel ein XML-basiertes Format genutzt.

Diese neuen Entwicklungsumgebungen haben eine ganz andere, sogenannte Plug-in-Achitektur (siehe Abschnitt 17.5.1). Sie erlaubt es, die Funktionalität der

Entwicklungsumgebung durch einen definierten, öffentlich dokumentierten Mechanismus um neue Werkzeuge zu erweitern (Abb. 15–3).

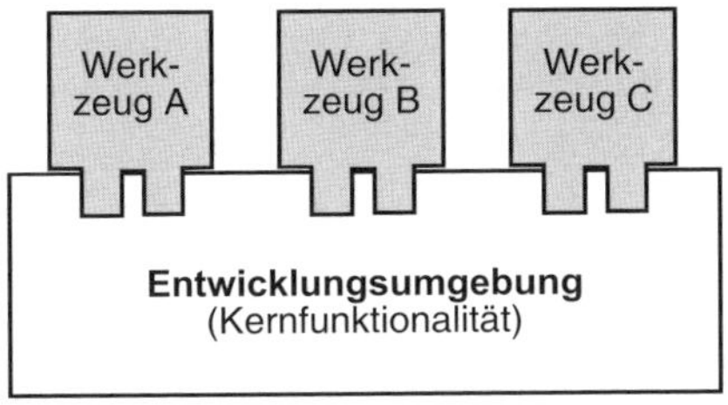

Abb. 15–3 *Plug-in-Architektur einer Entwicklungsumgebung*

Ein Beispiel für eine offene Entwicklungsumgebung auf Basis einer Plug-in-Architektur ist Eclipse (Eclipse, o.J.; Gamma, Beck, 2004). Der Kern von Eclipse realisiert eine Entwicklungsplattform, die für viele Anwendungen, nicht nur für Software-Entwicklungsumgebungen, genutzt werden kann (Abb. 15–4). Sie stellt eine Vielzahl universeller Funktionen zur Verfügung. Dazu gehören z. B. die Unterstützung der Entwicklung von Anwendungen mit und ohne Bedienoberfläche, die Bereitstellung einer generischen Onlinehilfe und die Datenhaltung in Dateien, die in einem sogenannten Workspace verwaltet werden. Zusätzlich definiert und realisiert die Eclipse-Plattform einen spezifischen Plug-in-Mechanismus.

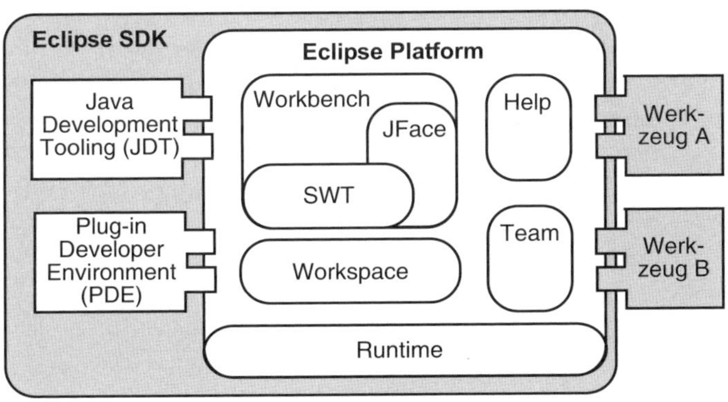

Abb. 15–4 *Struktur der Eclipse-Architektur (nach Eclipse, o.J.)*

Das Eclipse SDK (Software Development Kit) erweitert diese Plattform durch das JDT-Plug-in (JAVA Development Tooling) zu einer vollwertigen Entwicklungsumgebung für JAVA mit syntaxsensitivem Editor, Code-Browser, Compiler, Debugger, Build-Unterstützung, Anbindung an ein Versionsverwaltungssystem und vielem mehr. Zusätzlich enthält das Eclipse SDK ein Plug-in, das die Entwicklung neuer Plug-ins unterstützt (Plug-in Developer Environment). Da Eclipse ein Open-Source-Projekt ist und im Eclipse-Konsortium große Hersteller von Software-Werkzeugen zusammengeschlossen sind, hat sich diese Plattform sehr schnell verbreitet. Es gibt mittlerweile zahlreiche kommerzielle und nicht kommerzielle Plug-ins für das Eclipse SDK (z.B. Test- oder Messwerkzeuge). Auch viele UML-basierte Modellierungs- und Entwicklungsumgebungen sind auf der Eclipse-Plattform realisiert.

15.3.2 Anforderungen zur horizontalen Integration

Ein besonderes Problem bei der Entwicklung offener Umgebungen stellt die Integration der Werkzeuge dar. Sie ist notwendig, damit die Werkzeuge auf einem einzigen konsistenten Datenbestand arbeiten. Betrachten wir dazu, wie die Probleme beim Übergang von einfachen Einzelwerkzeugen zu integrierten Umgebungen wachsen:

- Simple Werkzeuge, die als Transformatoren arbeiten, machen keine Schwierigkeiten. Beispiel: Ein Dokumentationsgenerator liest Quellcode aus Dateien und erzeugt die formatierte Code-Dokumentation.
- Werkzeuge, die miteinander verkettet sind, erfordern dagegen bereits präzise Konventionen über die Form der zu übergebenden Information. Solche bilateralen Absprachen sind aber noch immer relativ leicht zu treffen. Beispiel: Ein Entwurfswerkzeug erzeugt Quellcode, der in die Programmierumgebung geladen werden kann.
- Die integrierte Entwicklungsumgebung stellt bezüglich Schnittstellen die höchsten Ansprüche, weil die Datenformate multilateral definiert und verstanden werden müssen. Dies ist wohl der Grund, warum die Entwicklung integrierter Umgebungen wesentlich langsamer verlaufen ist, als erwartet wurde.

Die Integration auf einer gemeinsamen Datenhaltung kann man als *horizontale Integration* charakterisieren: Die Werkzeuge stehen nebeneinander, nur durch ihren Zweck ist die Reihenfolge ihrer Anwendung teilweise vorgegeben.

15.3.3 Das Problem der vertikalen Integration

Als *vertikale Integration* bezeichnen wir die Herstellung eines logischen und damit auch von den Werkzeugen erkannten Zusammenhangs zwischen den verschiedenen Informationen und Dokumenten, die im Laufe der Entwicklung entstehen.

Schon die Generierung eines Dokuments aus einem logisch vorangehenden (also z. B. die Code-Erzeugung aus dem Entwurf) ist schwierig. Wo sie angeboten wird, handelt es sich entweder um eine Skelett-Generierung, bei der vom Programmierer auszufüllende Code-Rahmen entstehen, oder um eine Baustein-Konfiguration, bei der der Programmierer die Inhalte schon auf Entwurfsebene in Code-Form (oder in einer Code-nahen Form) vorgibt; dieser Code wird dann durch die Generierung konfiguriert. Natürlich kann in keinem Fall wirklich neue, relevante Information automatisch erzeugt werden, also Information, die weder in der Quelle enthalten war noch durch Normen, Regeln o. Ä. generell vorgegeben ist.

Weitaus schwieriger ist die Lage, wenn bereits mehrere Dokumente vorliegen und Änderungen durchzuführen sind. Dies kommt schon während der Entwicklung und dann laufend in der Wartung vor. Die Funktion, die man gern hätte, wird »Tracing« genannt: Wenn beispielsweise die Spezifikation geändert werden muss, nachdem bereits Code entwickelt wurde, sollte das Werkzeug die Anpassung des Codes möglichst gut unterstützen, im Idealfall den Code automatisch ändern oder wenigstens bei der Identifikation der zu ändernden Teile helfen.

Diese Schwierigkeit entsteht durch das Wesen der Software-Entwicklung, bei der die einzelnen Dokumente (Spezifikation, Entwurf, Code und andere) nicht durch mechanische Transformation auseinander hervorgehen, sondern durch einen – bislang nur teilweise und intuitiv verstandenen – Prozess, in dem gleichzeitig Information vermindert und angereichert wird (siehe Abb. 15–5).

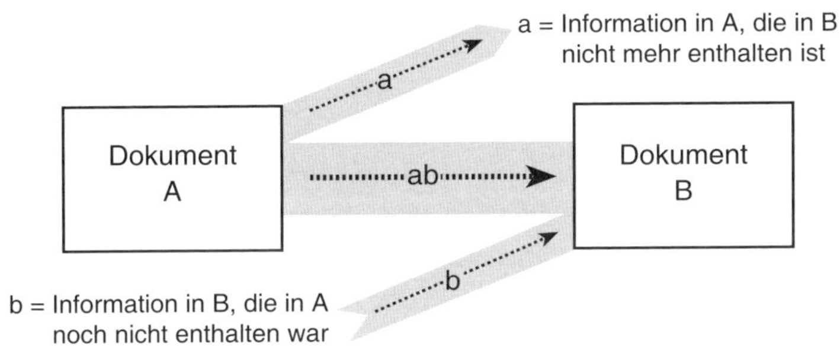

Abb. 15–5 *Die kreative Transformation*

Abbildung 15–5 zeigt schematisch, wie sich die Information von einem Dokument zum anderen verändert: Ein großer Teil (ab) bleibt erhalten, einige Informationen (a) fallen weg, andere (b) kommen hinzu. Wird etwa ein grafisch dargestellter Entwurf in Code umgesetzt, so entspricht die konkrete Grafik a, die im Entwurf nicht definierte Festlegung der Datentypen b.

Um den Übergang von A nach B vollständig zu automatisieren, darf die Generierung von B keine Mitwirkung des Entwicklers erfordern. An einigen Stellen ist dies tatsächlich möglich: Beispielsweise kann der Compiler das Quellprogramm (A) automatisch in ausführbaren Code (B) übersetzen; die konkreten Speicheradressen der Variablen (b) kann der Compiler ohne Mitwirkung des Programmierers festlegen, weil sie für diesen ohne Belang sind. Wenn aber die Transformation vom Entwickler durchgeführt wird – etwa bei der Umsetzung einer Spezifikation (A) in einen Entwurf (B) –, steckt in der Anreicherung (b) gerade die schöpferische Leistung des Entwicklers, sie entzieht sich der Automatisierung.

Das Problem wird noch einmal schwieriger, wenn auch der umgekehrte Weg beschritten werden soll, wenn also beispielsweise nach einer Änderung am Code die logisch vorgeordneten Dokumente angepasst werden sollen. Solche Abläufe sind zwar unerwünscht, aber in der Praxis nicht immer vermeidbar, denn gerade bei technischen Anwendungen steht oft die Entwicklungsumgebung nicht zur Verfügung, wenn die Software installiert oder adaptiert wird. (In Abschnitt 21.3.2 ist ein entsprechendes Szenario beschrieben.) In diesen Fällen bleibt nichts Anderes übrig, als direkt den Code zu ändern und nachher vom Code aus rückwärts die Dokumentenkette zu aktualisieren (*backward tracing*).

Der von der OMG propagierte Ansatz MDA (Model-Driven Architecture, modellgetriebene Software-Entwicklung) soll unter anderem auch dieses Problem lösen. Wir gehen darauf im nächsten Abschnitt ein.

15.4 Code-Generierung aus Modellen

The notion of automatic programming has fascinated our field since at least 1954 when the term was used to describe early FORTRAN compilers.

Robert Balzer (1985)

Die Idee, Code aus »frühen« Modellen – also Anforderungs- oder Architekturmodellen – zu generieren, ist nicht neu. Schon in den Siebzigerjahren gab es Versuche, auf Basis formaler Spezifikationen den Programmcode halbautomatisch, aber korrektheitserhaltend zu generieren (Bauer et al., 1987). Noch erheblich älter ist der Traum von der automatischen Programmierung (automatic programming, siehe Balzer, 1985).

15.4.1 Model-Driven Software Development

Bei der modellgetriebenen Software-Entwicklung (MDSD = Model Driven Software Development), deren Ziel ebenfalls die automatische Code-Generierung ist, sind formale Modelle und Modelltransformationen die zentralen Artefakte. Modelle werden dabei nicht nur zu Dokumentationszwecken verwendet, sondern bilden die Quelle, aus der große Teile des Systems automatisch generiert werden; Modelle stehen damit auf derselben Stufe wie der Programmcode.

MDSD ist als Reaktion auf zwei Entwicklungen entstanden (Stahl, Völter, 2005):

1. Mit Hilfe von Modellierungssprachen (insbesondere UML) können Entwickler bereits frühzeitig Modelle der zu entwickelnden Software erstellen. Diese sind jedoch in der Regel weder ausreichend präzise noch vollständig. Darum kann daraus kein erheblicher Anteil des Programmcodes generiert werden; es entstehen nur Code-Rümpfe, die noch ergänzt werden müssen. Da der Programmcode sehr bald nicht mehr konsistent mit den Modellen ist, verlieren sie an Wert und werden darum oft als überflüssig angesehen.

2. Heutige Implementierungsplattformen (z. B. J2EE, CORBA, .NET) sind umfangreich und komplex. Anwendungen, die Dienste dieser Plattformen nutzen, bestehen zu erheblichen Teilen aus Infrastrukturcode, der die Anbindung an die Plattformen realisiert. Dieser Infrastrukturcode sieht für die meisten Anwendungen ähnlich aus, weil ihm ein vorgegebenes Schema zu Grunde liegt.

MDSD soll darum auf der einen Seite den Wert der Modelle steigern, auf der anderen Seite die Entwickler von zeitaufwändigen plattformspezifischen Codierungsarbeiten befreien. MDSD wird in zwei Schritten angewendet:

- Die fachlichen (funktionalen) Anforderungen an eine Software werden vollständig in Modellen beschrieben, die von der Zieltechnologie unabhängig sind.
- Aus den Modellen wird durch automatische Transformationen Programmcode (oder ein erheblicher Teil des Programmcodes) generiert.

MDSD wurde durch die Initiative »Model-Driven Architecture« (MDA) der OMG populär (Miller, Mukerji, 2003; OMG-MDA, o.J.).

15.4.2 Model-Driven Architecture

MDA kann als eine Ausprägung der modellgetriebenen Software-Entwicklung angesehen werden. Der Schwerpunkt liegt dabei – wie der Name sagt – auf der Modellierung der Software-Architektur und deren Transformation in Code. Nachfolgend stellen wir die zentralen Ideen von MDA vor.

MDA definiert eine Plattform als eine Menge zusammengehörender Komponenten, Schnittstellen und Technologien, die im Sinne eines virtuellen Rechners Dienste bereitstellen (z. B. Persistenz oder Verteilung). Anwendungen können diese Dienste nutzen, ohne Kenntnis davon zu haben, wie die Dienste realisiert sind.

MDA unterscheidet vier Modellarten:

- Ein *Computation-Independent Model* (CIM) beschreibt eine Software auf fachlicher Ebene. Es muss in einer Sprache formuliert sein, die der Anwender versteht. Das CIM legt also fest, was die Software leisten soll. Der Begriff »CIM« ist irreführend, denn ein CIM ist nichts weiter als ein Teil der Anforderungsspezifikation.
- Ein *Platform-Independent Model* (PIM) repräsentiert die fachliche Funktionalität eines Programms oder einer Komponente unabhängig von den Details einer bestimmten technischen Plattform, abstrahiert also davon. Es wird in einer formalen Modellierungssprache notiert, die eine präzise Semantik hat und es erlaubt, die fachliche Funktionalität adäquat auszudrücken. Eine solche Sprache wird auch als *Domain Specific Language* (DSL) bezeichnet.
- Ein *Platform-Specific Model* (PSM) entsteht durch die Transformation eines PIMs. Es realisiert das PIM und benutzt dazu die spezifischen Eigenschaften der speziellen Plattform.

- Ein *Plattform-Modell* beschreibt eine Plattform. Plattform-Modelle werden benötigt, um Transformationen zu spezifizieren.

Natürlich können Plattformen hierarchisch aufeinander aufbauen; so baut die Plattform JDK auf einer Betriebssystemplattform auf. Die Begriffe »plattformunabhängig« und »plattformspezifisch« sind deshalb immer relativ zu verstehen; Modelle können gleichzeitig die Rollen »PIM« und »PSM« annehmen. Da letztlich Programmcode generiert werden muss, wird in der Literatur zwischen Modell-Modell- und Modell-Code-Transformationen unterschieden. Wir betrachten den Code aber ebenfalls als Modell. Abbildung 15–6 zeigt auf der linken Seite das Grundprinzip von MDA, rechts ein Beispiel: Aus dem Modell der fachlichen Funktionalität wird durch zwei Transformationsschritte Code für drei unterschiedliche Zielplattformen generiert. Das J2EE-Modell ist aus Sicht des erzeugten Java-Codes plattformunabhängig, aus Sicht des Modells der fachlichen Funktionalität jedoch plattformspezifisch.

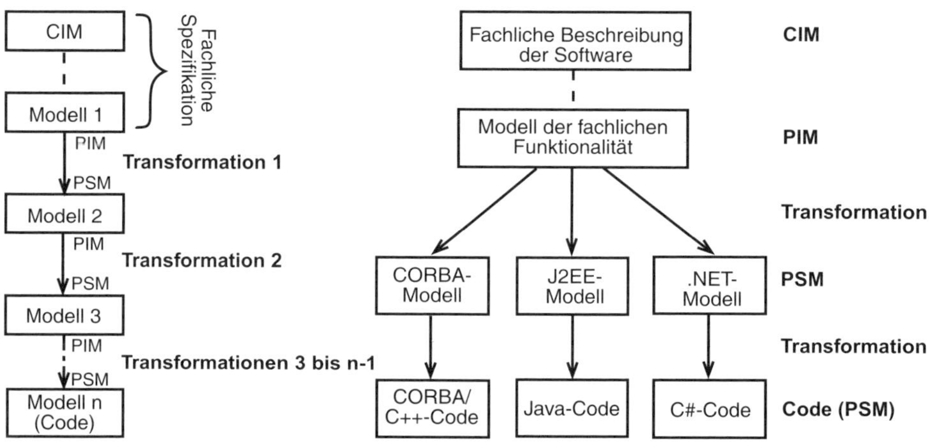

Abb. 15–6 *Grundprinzip und Beispiel der MDA*

Damit automatisierte Transformationen möglich sind, müssen die Modelle formalisiert, d.h. mit formalen Sprachen erstellt sein. Häufig wird dazu UML verwendet, die mit Hilfe sogenannter Profile präzisiert und an die Domäne angepasst wurde.

Aber nicht nur die Modelle, sondern auch die Transformationsschritte müssen formal beschrieben sein; die Basis bilden die Quell- und Zielmodelle der Transformation. Dazu müssen deren Metamodelle bekannt sein. In vielen Fällen benötigen Modelltransformationen zusätzlich zum Quellmodell weitere Informationen, um ein sinnvolles Zielmodell erzeugen zu können. Diese zusätzliche Transformationsinformation kann durch sogenannte *Marks* angegeben werden. Zusätzlich oder alternativ können die erzeugten Modelle manuell verfeinert und angepasst werden. Dies gilt insbesondere für den Code; hier wird typischerweise der plattformabhängige Infrastrukturcode erzeugt, der fachlich notwendige Code muss von Hand hinzugefügt werden.

15.4.3 Ein Beispiel für eine MDA

Das folgende kleine Beispiel aus Koch, Uhl und Weise (2001) verdeutlicht diesen Ansatz. Die fachliche Spezifikation einer Bankanwendung – in der MDA-Terminologie das CIM – enthalte folgende (stark vereinfachte) Anforderungen:

- Ein Kunde hat einen Vor- und Nachnamen und kann beliebig viele Konten besitzen.
- Ein Konto hat eine Kontonummer und einen Kontostand und muss mindestens einem Kunden gehören.
- Ein beliebiger Betrag kann von einem Konto auf ein anderes Konto überwiesen werden.

Mit dieser Information kann mit einer geeigneten Sprache ein erstes Modell erstellt werden, das diese Anforderungen umsetzt (Abb. 15–7). Im Beispiel verwenden wir eine grafische Modellierungssprache auf UML-Basis. Diese definiert spezielle Stereotypen (z.B. »`BusinessEntity`«), um die Bedeutung der damit annotierten Modellelemente zu präzisieren. Das erstellte Modell ist unabhängig von einer Implementierungsplattform formuliert, es handelt sich demnach um ein PIM.

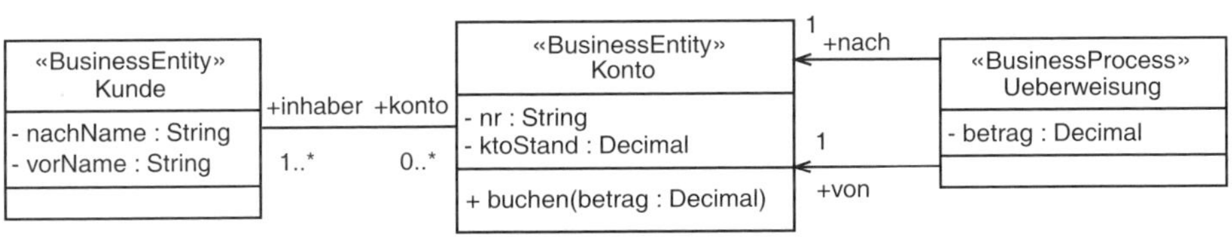

Abb. 15–7 *Beispiel für ein plattformunabhängiges Modell (PIM)*

Das Modell soll nun in ein Modell transformiert werden, das die spezifischen Eigenschaften einer konkreten Implementierungsplattform nutzt. Als Plattform soll die Enterprise-JavaBeans-Technologie (EJB) verwendet werden, die Teil der JAVA 2 Enterprise Edition (J2EE) ist. Die Transformationsvorschrift dazu könnte recht einfach sein: PIM-Modellelemente der Art `<<BusinessEntity>>` werden zu EntityBeans, Modellelemente der Art `<<BusinessProcess>>` zu SessionBeans. Die Information, ob eine zustandslose oder eine zustandsbehaftete SessionBean erzeugt werden soll, kann zum PIM mit Hilfe von Marks annotiert oder nach der Transformation durch den Modellierer festgelegt werden. Das Gleiche gilt auch für die Festlegung der Schlüsselattribute und anderer technischer Details. Abbildung 15–8 zeigt das resultierende Modell der Transformation, das EJB-, also plattformspezifisch ist.

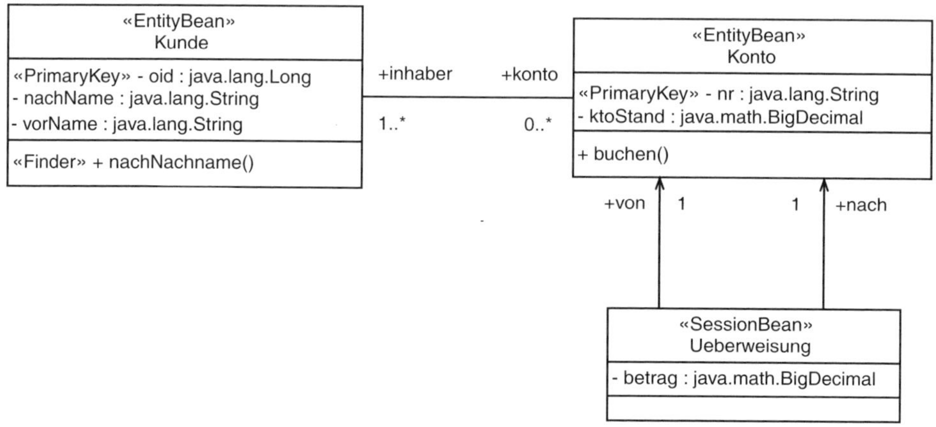

Abb. 15–8 *Generiertes EJB-spezifisches Modell (PSM)*

Ein weiterer Transformationsschritt generiert nun aus diesem Modell den Programm- und Infrastrukturcode, der für einen konkreten J2EE-konformen Applikationsserver ablauffähig ist. Dieser sei hier nur angedeutet:

```
public interface Kunde extends EJBObject {..}
public interface KundeHome extends EJBHome {..}
public abstract class KundeBean implements EntityBean {..}
public class KundePK implements Serializable {..}
...
public interface Ueberweisung extends EJBObject {..}
public interface UeberweisungHome extends EJBHome {..}
public class UeberweisungBean implements SessionBean {..}
```

Die Menge der in einem solchen Entwicklungsprozess verwendeten Modellierungssprachen und Transformationen bezeichnet man als MDA-Konfiguration. Die modellgetriebene Entwicklung ist nur möglich, wenn leistungsstarke und angepasste Werkzeuge für die Modellierung und für die Transformationen zur Verfügung stehen. Es gibt einige wenige Werkzeuge, die diesen Ansatz für gut verstandene Anwendungsbereiche und Technologien unterstützen.

Dieser Ansatz verspricht folgenden Nutzen:

- Da sich die Implementierungstechniken rasch ändern, können MDA-basierte Systeme kostengünstiger angepasst oder auf neue Plattformen portiert werden; die Investitionen gehen nicht (oder nur zu einem kleinen Teil) verloren.
- Dass ein großer Teil des Programmcodes generiert werden kann, verkürzt nicht nur die Entwicklungszeit, sondern verbessert auch die Qualität der Komponenten.

Natürlich gibt es auch Probleme. Dazu zählt insbesondere die Integration von manuell erstelltem Code in den generierten Code und die dadurch entstehende

Inkonsistenz. Aspekte wie Effizienz und Wartbarkeit werden ebenfalls skeptisch gesehen.

Obwohl es mittlerweile eine Reihe von Publikationen gibt, die über den erfolgreichen Einsatz berichten (z. B. in der Onlineausgabe der Zeitschrift Objekt-Spektrum zum Thema Model-driven Development, Objekt-Spektrum, 2005), bleibt abzuwarten, ob MDA die hochgesteckten Erwartungen erfüllen kann. Sicher ist auch MDA keine Silberkugel[1] der Software-Entwicklung, die in allen Bereichen nutzbringend eingesetzt werden kann.

Mellor et al. (2004) geben eine Einführung in MDA; zusätzliche Informationen bietet die OMG (OMG-MDA, o.J.). Stahl und Völter (2005) beschreiben ausführlich einen architekturzentrierten Ansatz der modellgetriebenen Software-Entwicklung.

15.5 Die Auswahl eines Werkzeugs

Natürlich ist die Werkzeugauswahl schwierig. Kaum jemand hat einschlägige Erfahrung, schon gar nicht mit mehreren der in Frage kommenden Werkzeuge. Wer aber dabei versagt, richtet dreifachen Schaden an:

1. Die Einführung eines letztlich unwirksamen Werkzeugs ist vergeblich, aber keineswegs umsonst, es entstehen beträchtliche Kosten, und zwar vor allem durch die Schulung der Mitarbeiter und durch die Unruhe im Unternehmen; der Kaufpreis ist noch das wenigste.
2. Die Einführung weiterer Werkzeuge ist blockiert, die Mitarbeiter und das Management sind für geraume Zeit nicht mehr dafür zu gewinnen.
3. Der Markt bekommt die falschen Signale: Das lahmende Pferd wird getätschelt, das gute hungert.

Man sollte daher beim Vergleich verschiedener Werkzeuge nicht sparen, indem man sich auf eine billige, aber oberflächliche Evaluation durch überforderte Mitarbeiter verlässt. Eine Tabelle, in der die Prospektangaben gegenübergestellt sind, ist nur ein Zeichen der Hilflosigkeit, sie lädt zum Etikettenschwindel ein.

Um zu einer seriösen Bewertung zu kommen, muss man die Werkzeuge von ihrer Architektur her analysieren und gegen die eigenen Anforderungen prüfen; diese können meist erst nach der Wahl der einzusetzenden Methoden und Sprachen formuliert werden. Wo die erforderliche Kompetenz dafür nicht im Unternehmen verfügbar ist, sollte man lieber externe Hilfe in Anspruch nehmen. Wenn über die Einführung eines Werkzeugs zu entscheiden ist, sind folgende Chancen und Probleme zu bedenken:

---

1 Die sagenhafte Silberkugel, mit der man einen Werwolf töten kann, steht im Englischen für das Wundermittel schlechthin. Brooks (1987) gab seiner ernüchternden Bilanz des Software Engineerings darum den Titel »No silver bullet«.

Chancen

- *Verbesserte Projekt- und Produktqualität*
  Alle Erfahrungen zeigen einheitlich, dass der Einsatz von Werkzeugen die Qualität positiv beeinflusst.
- *Gesteigerte Produktivität (integral)*
  Die Produktivität steigt, allerdings nur, wenn man auch die späten Phasen und vor allem die Wartung berücksichtigt.
- *Bessere Dokumentation*
  Mit einer geeigneten Werkzeugunterstützung entsteht in der Regel auch eine bessere Dokumentation.

Probleme

- *Schwierige Auswahl*
  Die Menge der angebotenen Werkzeuge ist oft nicht leicht überschaubar, und nur wenige kennen ein Werkzeug, fast niemand mehrere. Wer soll also aussuchen?
- *Schlechte Verfügbarkeit*
  Oft läuft das gewählte Werkzeug nicht in der vorgesehenen Umgebung (Betriebssystem, Datenbank) oder passt nicht zu den bereits genutzten Werkzeugen.
- *Hoher Preis*
  Die Werkzeuge sind sehr teuer (erklärbar durch den hohen Entwicklungsaufwand, aber oft nicht gerechtfertigt durch die Qualität).
- *Aufwand für die Einarbeitung*
  Der Schulungsaufwand im weiteren Sinne (d. h. der Zeitaufwand der Mitarbeiter, auch durch die vorübergehend sinkende Produktivität) ist erheblich und übersteigt in der Regel den Kaufpreis bei weitem.
- *Fehlende Akzeptanz*
  Jedes Werkzeug stößt auf Widerstand, teilweise rational begründet (siehe nächsten Punkt), teilweise irrational. (Programmierer sind innovationsfeindlich!)
- *Unzureichende Qualität*
  Verglichen mit wirklich ausgereiften Werkzeugen wie beispielsweise Compilern ist die Qualität vieler Werkzeuge unbefriedigend.
- *Fehlende Schnittstellen*
  Die Werkzeuge sind im Allgemeinen untereinander nicht kompatibel, die Anpassung ist schwierig oder unmöglich.

Die zahlreichen oben genannten Probleme wirken nicht gerade ermutigend. Zum Trost ist aber festzuhalten, dass die meisten Erfahrungen mit Werkzeugen positiv sind (und nicht nur die »Erfahrungen« der Hersteller). Als Faustregel kann man sagen: Die Wirkung von Werkzeugen ist bei weitem geringer, als die Werbung behauptet, aber deutlich stärker, als ihre mäßige Akzeptanz befürchten lässt.

Ob die Einführung eines Werkzeugs scheitert oder zum Erfolg führt, hängt wesentlich von zwei nichttechnischen Voraussetzungen ab:

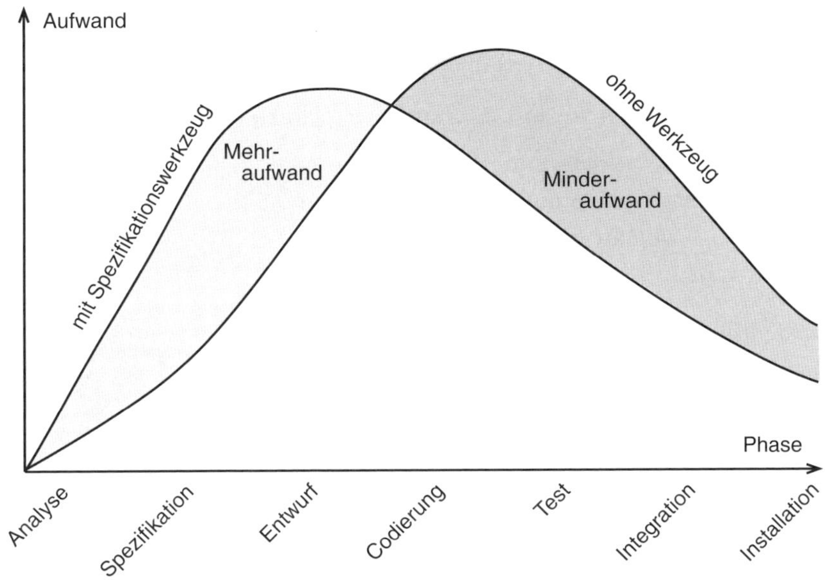

Abb. 15–9 *Verschiebung des Aufwands am Beispiel eines Spezifikationswerkzeugs*

1. Es muss mindestens einen Mitarbeiter geben (den »Bannerträger«), der selbst von dem Werkzeug begeistert ist und seinen Kollegen zeigt, wie technische Schwierigkeiten überwunden werden können.
2. Projektleitung und Management müssen klar und verlässlich hinter der Entscheidung zur Einführung stehen. Da Probleme bestimmt auftreten werden, muss das Management dann zu seiner Entscheidung für das Werkzeug stehen, sonst ist die Übung gescheitert. Man beachte (und bringe es dem Management rechtzeitig nahe), dass die Einführung von Werkzeugen in vielen Fällen die Entwicklung zu Beginn nicht beschleunigen, sondern verzögern wird; der Nutzen zeigt sich erst später (siehe Abb. 15–9).

Will man eine Kosten-Nutzen-Analyse für den Einsatz eines Werkzeugs erstellen, dann muss man – unter realistischen Annahmen – berechnen, wann der Break-even-Point erreicht wird. Wir wollen dies am Beispiel eines fiktiven Werkzeugs »CMT« zur Konfigurationsverwaltung (vgl. Kap. 21) zeigen. Dazu treffen wir die folgenden Annahmen:

a)	Wir beschäftigen:	60 Entwickler
b)	Jahresarbeitszeit pro Entwickler:	216 d · 8 h/d
c)	Personalkosten pro Entwickler:	140 000 €
d)	Aufwand pro Entwickler, der durch schlechte Konfigurationsverwaltung verursacht wird:	0,5 h/d
e)	Reduktion dieses Aufwands durch Werkzeugeinsatz:	60 %
f)	Kosten für Werkzeug und Schulung pro Mitarbeiter:	1 000 €
g)	Produktivitätsverlust in der Einführungsphase (2 Monate):	15 %

Auf dieser Basis können wir nun Folgendes berechnen (alle Werte gerundet):

Kosten pro Entwicklerstunde:	81 €
Kosten für Probleme ohne Werkzeug pro Tag:	2 431 €
Kosten für Probleme mit Werkzeug pro Tag:	972 €
Ersparnis pro Tag:	1 458 €
Kosten für Werkzeug und Schulung:	60 000 €
Kosten durch reduzierte Produktivität über 2 Monate:	210 000 €
Gesamtkosten der Werkzeugeinführung:	270 000 €
Break-even-Point = Gesamtkosten / Ersparnis pro Tag	185 d

Das bedeutet, dass wir von einem Werkzeug nach einem knappen Jahr profitieren werden (denn es handelt sich um Arbeits-, nicht um Kalendertage). Natürlich reagiert das Resultat extrem empfindlich auf Änderungen der Annahmen; wir haben diesen Zusammenhang bereits in Abschnitt 4.1 (siehe Abb. 4–2) diskutiert. Darum sollte man auch prüfen, ob sich das Resultat erheblich verschiebt, wenn man die Annahmen leicht verändert.

Trotzdem sind solche wirtschaftlichen Überlegungen sinnvoll und unterstützen die Entscheidung über den Einsatz eines Werkzeugs.

15.6 Ein Blick in die Praxis

Software-Entwicklung ohne Werkzeuge ist nicht mehr denkbar. Jeder Software-Hersteller setzt eine Reihe von Werkzeugen ein. Der Traum, nur eine einzige integrierte Software-Engineering-Umgebung nutzen zu können, die alle Tätigkeiten der Software-Entwicklung unterstützt, ist bislang nicht wahr geworden. Jedoch gibt es eine Vielzahl hochwertiger Einzelwerkzeuge und Umgebungen, insbesondere im Bereich der Programmierung. Die oft fehlende Integration zwischen den Einzelwerkzeugen wird vielfach durch eigene firmenspezifische Software gemildert, die Ausgaben eines Werkzeugs in Eingaben für ein anderes Werkzeug transformieren.

Wahl und Auswahl von Werkzeugen

Auf die Frage, welche Werkzeuge oder Werkzeugarten für die Bearbeitung von Software genutzt werden sollten, gibt es keine allgemeingültige Antwort. Tabelle 15–2 gibt einen Überblick, sie orientiert sich an den zentralen Tätigkeiten der Software-Entwicklung.

Tätigkeit	Werkzeug
Analysieren und spezifizieren	– Werkzeug für die Verwaltung von Anforderungen – Editoren für (grafische) Analysemodelle
Entwerfen	– Editoren für (grafische) Entwurfsmodelle – Code-Generator, Code-Parser – Werkzeug für den Datenbankentwurf
Codieren	– Programmierumgebung mit Editoren und Übersetzern – GUI-Designer – Prüfwerkzeug zur Einhaltung der Richtlinien – Code-Browser – Dokumentationsgenerator – Build-Werkzeug
Testen, Fehler suchen	– Werkzeug zur Testfallverwaltung – Testtreiber zur Testfallausführung – Werkzeug zur Messung der Testüberdeckung – Werkzeug für den Last- und Performance-Test – Debugger
Verwalten von Versionen und Änderungen	– Werkzeug zur Versionsverwaltung – Werkzeug zum Verwalten von Änderungsanträgen
Projekt leiten	– Planungswerkzeug – Kostenschätzwerkzeug – Werkzeug zur Erfassung von Aufwand und Kosten – Werkzeug zur Risikobewertung
Messen und bewerten	– Code-Messwerkzeug
Installieren	– Werkzeug zur automatischen Installation
Warten und verstehen	– Werkzeug zur statischen Analyse – Werkzeug zur Visualisierung von Code und Entwurf – Werkzeug zur Aktualisierung der Software

Tab. 15–2 *Tätigkeiten und Werkzeuge*

Wer Informationen über Werkzeuge sucht, findet eine recht ausführliche Übersicht in der Werkzeug-Datenbank, die das International Council of Systems Engineering zur Verfügung stellt (INCOSE, o.J.). Eine sehr gute Einführung in eine Vielzahl erprobter Open-Source-Programmierwerkzeuge geben Zeller und Krinke (2003).

Die Vorteile kleiner Werkzeuge

Ludewig (1996) nennt folgende Gründe, warum kleine Werkzeuge oft integrierten Software-Engineering-Umgebungen vorgezogen werden:

- Kleine Werkzeuge sind billig und erfordern keine Entscheidungen auf höheren Ebenen. Damit ist die Schwelle niedriger. Denn bei Software-Fragen stehen den Managern keine geeigneten Schätzmethoden zur Verfügung, um Kosten und Nutzen rational abzuwägen. Darum wenden sie eine simple Grenzwertregel an: Alles, was weniger als einen gewissen (lokal bestimmten) Betrag kostet, ist zulässig, auch wenn es sinnlos ist. Alles, was darüber liegt, ist unzulässig, auch wenn es sich gut zu verzinsen verspricht.
- In den meisten Firmen sind Merkmale und Leistungen der Rechner, Betriebssysteme und vor allem der Gruppen und der einzelnen Mitarbeiter sehr unterschiedlich. Kleine Werkzeuge können in solchen heterogenen Umgebungen individuell gewählt werden.
- Kleine Werkzeuge kommen dem Bedürfnis nach Kontinuität entgegen, denn sie verändern die Arbeitsumgebung nur wenig.

Seit für viele Bearbeitungsschritte Open-Source-Werkzeuge zur Verfügung stehen, hat sich der Einsatz von Werkzeugen dramatisch ausgeweitet.

Der Wert von Werkzeugen

Das traditionelle Dilemma des Software Engineerings liegt darin, dass der Weg des geringsten Widerstands leider auch der Holzweg der Software-Entwicklung ist (fehlende Planung, fehlende Dokumentation, fehlende Kontrolle). Jedes Werkzeug sollte dazu beitragen, diesen Widerspruch zu vermindern, weil mit einem geeigneten Werkzeug das richtige Verhalten auch einfacher wird.

Generell gilt: Gute Werkzeuge sind teuer, schlechte sind noch teurer – wenn man die Gesamtkosten betrachtet. Als professionelle Software-Entwickler sollten wir professionelle Werkzeuge nutzen, auch wenn die Lizenzen nicht billig sind; in der Regel sind die Folgekosten wie die für Schulung und Einführung ohnehin höher. Allerdings sind hohe Lizenzkosten auch kein Beweis für gute Qualität!

Teil IV

Techniken der Software-Bearbeitung

16 Analyse und Spezifikation

The hardest single part of building a software system is deciding precisely what to build. No other part of the conceptual work is as difficult as establishing the detailed technical requirements ... No other part of the work so cripples the resulting system if done wrong. No other part is as difficult to rectify later.

F.P. Brooks (1987)

Die Anforderungen des Kunden an die Software sind die wichtigste Information in einem Software-Projekt. Kein großartiger Entwurf, kein eleganter Code, keine komfortable Bedienoberfläche kann das Projekt retten, wenn die Anforderungen des Kunden nicht erfasst und verstanden wurden. Um diese Anforderungen, ihre Erhebung, Dokumentation und Prüfung, geht es in diesem Kapitel.

16.1 Die Bedeutung der Spezifikation im Entwicklungsprozess

Der Kunde, der eine Software kauft oder in Auftrag gibt, erwartet, dass sie ihm über einen gewissen Zeitraum hinweg als williger und billiger Diener zur Verfügung steht, ihm also bestimmte Leistungen erbringt, ohne von ihm umgekehrt erhebliche Leistungen (in Form von Kosten, Aufwand, Mühe, Ärger) zu fordern. Die Software soll ihm dienen, nicht umgekehrt.

Die Software-Entwickler, die diesen Diener realisieren sollen, müssen genau wissen, welche Erwartungen der Kunde hat. Dies betrifft die Funktionalität des Systems, aber auch zahlreiche nichtfunktionale Merkmale, beispielsweise die Effizienz, die Robustheit, die Portabilität. Werden die Erwartungen, die Anforderungen des Kunden, nicht vollständig und präzise erfasst, ist damit zu rechnen, dass das entwickelte Produkt die Anforderungen nicht (vollständig) erfüllt. Darum ist die vollständige und präzise Erfassung der Anforderungen die allerwichtigste technische Voraussetzung für eine erfolgreiche Software-Entwicklung. (In Abschnitt 8.1 war festgestellt worden, dass die Planung die wichtigste nichttechnische Voraussetzung ist.)

16.1.1 Analyse und Spezifikation im Überblick

Die Spezifikation definiert die Aufgabe der Entwickler. Jede weitere konstruktive Arbeit, jede Prüfung und nicht zuletzt die Klärung aller Streitigkeiten darüber, ob das Resultat den Abmachungen entspricht, stützt sich auf die Spezifikation. Die Spezifikation ist also *das* zentrale Dokument der Software-Entwicklung.

Traditionell werden in einem ersten Schritt die Anforderungen gesammelt. Diesen Schritt bezeichnet man als *Analyse*. Anschließend wird das Material in eine Form gebracht, die als Grundlage für die weitere Arbeit dienen kann; dieser Schritt wird – wie sein Resultat – als *Spezifikation* bezeichnet. Das Wort ist also doppeldeutig, wir gehen auf diesen Begriff detailliert in Abschnitt 16.5.1 ein. Wo ein Missverständnis möglich scheint, sprechen wir darum von der Anfertigung der Spezifikation bzw. vom Spezifikationsdokument. Die Schritte Analyse und Spezifikation werden aber nicht immer klar getrennt. Nachdem die Spezifikation (durch Reviews, evtl. auch durch Prototypen) geprüft ist, kann man mit dem Entwurf beginnen.

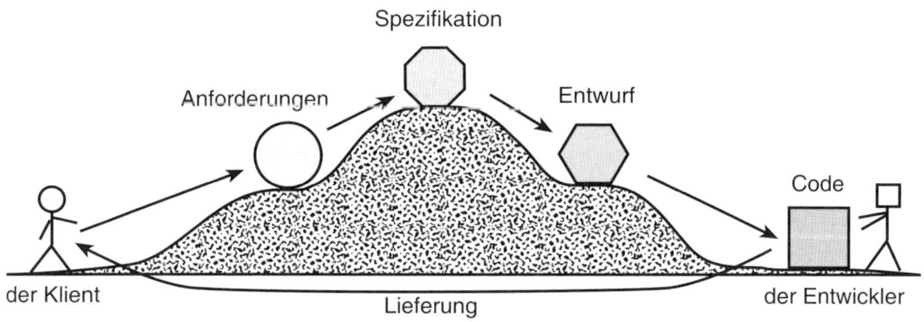

Abb. 16–1 *Der Weg der Anforderungen vom Klienten zum Entwickler*

Abbildung 16–1 zeigt den vollständigen Ablauf: Die Anforderungen werden erhoben, in der Spezifikation formuliert, geprüft und anschließend in den Entwurf umgesetzt. Schließlich wird implementiert, auf verschiedenen Ebenen geprüft und korrigiert. Das Resultat geht zurück an den Klienten. Offensichtlich bekommt der Klient nur dann, was er will, wenn seine Anforderungen sorgfältig erhoben und unterwegs nicht verfälscht wurden. Der Entwickler ist weit von ihm entfernt, er denkt und spricht ganz anders als der Klient; er erfährt also die Wünsche des Klienten aus der Spezifikation, oder er erfährt sie nicht – und erfüllt sie auch nicht.

Die Abbildung zeigt nur zwei Rollen, die in der Realität meist noch weiter aufgeteilt sind; an der Analyse sind unterschiedliche Klienten, also Fachexperten, Benutzer, aber auch Leute, die das System später warten sollen, beteiligt, von Seiten des Software-Herstellers spezialisierte Analytiker oder Entwickler, die auch die Analyse durchführen (siehe Abschnitt 6.2.1). In einer guten Analyse werden auch die Interessen solcher Klienten erfasst, die nicht im engeren Sinne zum Kunden gehören (siehe Abschnitt 6.2.3).

16.1.2 Der Nutzen der Spezifikation

Schaut man sich in der Praxis um, so stellt man überrascht fest, dass noch immer viel Software ohne (brauchbare) Spezifikation entwickelt wird. Man könnte daraus den falschen Schluss ziehen, dass die Spezifikation so wichtig nicht sein könne, scheinbar geht es ja auch ohne sie. Spricht man aber mit den Praktikern, so wird am lautesten beklagt, dass klare Vorgaben fehlen. Die folgende Liste soll den Unwilligen klar machen, was sie mit einer Entwicklung ohne Spezifikation anrichten, und die Verfechter einer systematischen Entwicklung mit Argumenten versorgen. Die Spezifikation ist notwendig für

- die Abstimmung mit dem Kunden bzw. mit dem Marketing,
- den Entwurf und die Implementierung,
- das Benutzungshandbuch,
- die Testvorbereitung,
- die Abnahme,
- die Wiederverwendung,
- die Klärung späterer Einwände, Regressansprüche usw.,
- eine spätere Re-Implementierung.

Welche Nachteile entstehen, wenn die Spezifikation fehlt?

1. Die Anforderungen bleiben ungeklärt, sie werden darum auch nicht erfüllt. Das fällt meist erst im Betrieb auf, wenn die Entwicklung abgeschlossen ist.
2. Den Entwicklern fehlt die Vorgabe, darum fragen sie »auf dem kurzen Dienstweg« Bekannte, die beim Kunden arbeiten, oder sie legen mangels Kontakten die eigenen Erfahrungen und Erwartungen zu Grunde. Beides führt zu zufälligen, undokumentierten und ungeprüften Anforderungen.
3. Die Basis für das Handbuch fehlt, es wird darum phänomenologisch, d. h. experimentell, verfasst. Ein Fachautor (*technical writer*) sitzt am Bildschirm, probiert das System aus und dokumentiert das Resultat als Benutzungshandbuch. Er kann also nicht sagen, wie man ein bestimmtes Ziel erreicht, sondern nur berichten, was passiert, wenn man die Menüs und Kommandos verwendet. Das ist die Karikatur eines Handbuchs.

   Ein gutes Handbuch ist nichts anderes als ein umformulierter Auszug aus der Spezifikation. Einige Unternehmen verzichten auf die Spezifikation und erstellen stattdessen zu Beginn das Handbuch. Das ist nicht der Lehrbuchansatz, aber weit besser als ein Verzicht auf jegliche Vorgabe.

4. Ein systematischer Test ist ohne Spezifikation unmöglich, denn es ist nicht definiert, welche Daten das System akzeptieren muss und welche Resultate es liefern soll. Trotzdem wird scheinbar getestet. Aber in Wahrheit können die Tester nur ausprobieren, ob das System abstürzt oder Resultate liefert, die sie nicht für plausibel halten; man kann das als einen oberflächlichen Glass-Box-Test (siehe Abschnitt 19.6) bezeichnen.
5. Wenn bei der Abnahme nicht entschieden werden kann, ob das System richtig (d. h. wie in der Spezifikation verlangt) arbeitet, wird die Korrektheit zur Glaubensfrage, und Streit zwischen Hersteller und Klienten ist angesagt. Oft zeigen sich echte oder vermeintliche Fehler der Software auch erst später. Ohne Spezifikation kann diese Unterscheidung aber nicht getroffen werden. Hersteller behaupten dann gern: *This is not a bug. It's a feature!*
6. Wer eine Software(-Komponente) wiederverwenden will, muss wissen, was sie leistet. Das ist in der Spezifikation dokumentiert. Durch Code-Lesen und Ausprobieren erhält man nur einen sehr schmalen Einblick, darum ist die Wiederverwendung einer nicht spezifizierten Software schwierig und riskant.
7. Wenn ein System ausgemustert und ersetzt wird, ist Abwärtskompatibilität gefordert: Der Nachfolger muss (auch) leisten, was der Vorgänger geleistet hat, und auch alle Schnittstellen unverändert bedienen. Der Nachfolger muss also die Spezifikation des Vorgängers einhalten. Dazu muss sie vorhanden sein. Ist das nicht der Fall, kann man nur durch ein aufwändiges Reverse-Engineering-Projekt versuchen, die Spezifikation aus dem vorhandenen Code wiederzugewinnen (siehe Abschnitt 23.2.1).

   David Parnas hat mit seiner Gruppe ein solches Projekt dokumentiert (Heninger et al., 1978), in dem mit großem Aufwand eine relativ kleine Navigationssoftware des Kampfflugzeugs A-7E nachspezifiziert wurde, weil eine Neuimplementierung unvermeidbar war und keine Spezifikation vorlag.

Wer den Sinn einer Spezifikation anerkennt, aber keine vorweisen kann, behauptet gern, es gebe sie schon – in seinem Kopf. Das ist, wie die vorstehende Diskussion zeigt, Unsinn. Denn die beiden wichtigsten Merkmale der Spezifikation sind ihre Stabilität (und damit ihre Eignung als Kontrakt) und ihre Verteilbarkeit, die es ermöglicht, die Arbeit vieler Menschen zu harmonisieren. Nur ein Genie, das völlig allein Software für sich selbst entwickelt (und sie später auch allein wartet), kommt mit der Spezifikation im Kopf aus.

16.2 Die Analyse

Introspection showed three main techniques that were applied beyond normal common sense: abstract data typing, strong typing, Jewish motherhood.

D. M. und O. Berry (1980)

Was meint das Ehepaar Berry mit »Jewish motherhood«? Die jüdische Mutter ist eine Stereotype der US-Literatur, bekannt dafür, dass sie ihren Kindern immer und immer und immer wieder die gleichen Fragen stellt, in vielen Varianten, bis sie sicher ist, alles erfahren zu haben, was sie wissen will (siehe »Jewish mother stereotype« in der englischen Wikipedia). Diese nagende Art zu fragen sollten alle Analytiker einüben. (Die Berrys legen Wert auf die Feststellung, dass man keine Frau und kein Jude sein und auch keine eigenen Kinder haben muss, um »Jewish motherhood« zu leben.)

16.2.1 Grundbegriffe der Analyse

Auf die Frage, was genau mit »Analyse« und »Anforderung« gemeint ist, gibt das IEEE-Glossar leider mehr als eine Antwort.

requirement — (1) A condition or capability needed by a user to solve a problem or achieve an objective.

(2) A condition or capability that must be met or possessed by a system or system component to satisfy a contract, standard, specification, or other formally imposed documents.

(3) A documented representation of a condition or capability as in (1) or (2).

requirements analysis — (1) The process of studying user needs to arrive at a definition of system, hardware, or software requirements.

(2) The process of studying and refining system, hardware, or software requirements.

IEEE Std 610.12 (1990)

Wir entscheiden uns jeweils für die Bedeutung (1), interpretieren dabei den »user« als Klienten. Das bedeutet: Jede Anforderung kommt vom Klienten. Im Zuge der Analyse werden die Anforderungen gesammelt. Die verschiedenen Kategorien von Anforderungen werden in Abschnitt 16.4 diskutiert.

16.2.2 Dokumente der Analyse

Die Analyse ist die Vorarbeit und Voraussetzung der Spezifikation; ihr Ergebnis wird auch als *Lastenheft* bezeichnet. Obwohl es Definitionen für diesen Begriff gibt (beispielsweise in der Norm DIN 69905, 1997), bleibt er in der Praxis unscharf, weil der Inhalt des Lastenhefts von Firma zu Firma stark variiert.

Außerdem ist unklar, inwieweit das Lastenheft zur Dokumentation gehört, d. h., ob es langfristig gepflegt wird oder seine Aufgabe erfüllt ist, wenn das *Pflichtenheft*, die eigentliche *Anforderungsspezifikation*, vorliegt; da in der Praxis schon die Pflege des Pflichtenhefts große Mühe macht, raten wir, auf die Pflege des Lastenheftes zu verzichten.

Wir sprechen nachfolgend nicht vom Lastenheft, sondern von der *Anforderungssammlung*. Sie beschreibt die fachlichen Anforderungen aus Klientensicht. Lücken, Unklarheiten und Widersprüche sind darin normal. Erst die Anforderungsspezifikation sollte vollständig, klar und konsistent sein.

Bei der Analyse wird auch das *Begriffslexikon* angelegt; dieses wird während der gesamten Software-Entwicklung verwendet und ergänzt (siehe Abschnitt 16.3).

Oft kommt während der Entwicklung oder bei der Abnahme die Frage auf, woher eine Anforderung gekommen ist. Der Analytiker sollte daher konsequent dokumentieren, welcher Klient hinter welcher Anforderung steht. Bei Besprechungen und Prüfungen der Anforderungen sollte auch regelmäßig abgefragt werden, ob diese Zuordnungen richtig sind, denn nicht selten schütteln am Ende der Entwicklung alle verwundert den Kopf und fragen, wer denn dieses oder jenes Merkmal des Systems verlangt habe.

16.2.3 Die Ist-Analyse

Formal betrachtet dient die Analyse dazu, den Soll-Zustand festzustellen. Es sollte darum eigentlich genügen, die Klienten nach ihren Wünschen für die Zukunft zu fragen. Praktisch führt das in aller Regel nicht zum Ziel. Denn die Klienten werden sich – wie alle Menschen – auf das konzentrieren, was ihnen am bestehenden Zustand *nicht* gefällt. Wer ein neues Auto sucht, kann ohne Schwierigkeiten sagen, dass der Motor stärker, der Kofferraum größer und die Heizung wirksamer sein soll. Er wird aber in der Regel nicht von selbst darauf kommen, dass der neue Wagen in die Garage passen muss, mit wenig Wartung auskommen sollte und beim Fahrer auch nach mehrstündiger Fahrt keine Rückenschmerzen hervorrufen darf, denn diese Punkte waren ja bislang in Ordnung. Wir sind also bei jeder Umstellung auf die Schwachpunkte des bestehenden Systems fixiert, seine Stärken nehmen wir erst wahr, wenn sie uns fehlen.

Implizit erwarten die Klienten aber, dass alles, was bisher akzeptabel oder gut war, unverändert bleibt oder besser wird. Die Anforderungen an das neue System bestehen also nur zum kleinsten Teil aus Änderungswünschen, die allermeisten Anforderungen gehen in Richtung Kontinuität. Darum hat die Ist-Analyse, also die Feststellung des bestehenden Zustands, große Bedeutung für die erfolgreiche Projektdurchführung. Nur wenn wir wissen, wie bisher gearbeitet wurde, können wir ein sinnvolles Bild der zukünftigen Arbeit entwerfen. Der Analytiker muss also die Fähigkeit haben, sich gut einzufühlen und genau zu beobachten, um vom

Kunden zu erfahren, welche Aspekte des Ist-Zustands für ihn wichtig sind und beibehalten werden sollten.

Jeder Analytiker muss sich darauf einstellen, dass die Ist-Analyse eine undankbare Tätigkeit ist. Niemand wird Begeisterung zeigen, wenn man seine Situation erforscht, statt danach zu fragen, was er gern hätte. Und die meisten Menschen reagieren eher belustigt, wenn man Abläufe und Konventionen (und auch die Ausnahmen davon) erfasst, die ihnen völlig belanglos oder selbstverständlich erscheinen. Der folgende (erfundene) Dialog ist für die Ist-Analyse typisch:

Sie öffnen also morgens die Tür am Haupteingang?
    Ja, habe ich Ihnen doch gesagt.
Jeden Morgen?
    Natürlich.
Auch am Wochenende?
    Nein, am Wochenende bleibt der Eingang zu.
Und während der Betriebsferien?
    Da bleibt er natürlich auch zu.
Und wenn Sie krank sind oder Urlaub haben?
    Dann macht das Herr X.
Und wenn auch Herr X ausfällt?
    Dann klopft irgendwann ein Kunde ans Fenster, weil er nicht reinkommt.
Was bedeutet »morgens«?
    ...

Eine Analogie zeigt den Sinn der Ist-Analyse: Wenn der Zahnarzt eine größere Reparatur am Backenzahn vornimmt, muss er zuvor (!) die räumliche Situation auf hundertstel Millimeter genau erfassen. Andernfalls werden die Kiefergelenke durch eine höhere oder tiefere Kaufläche nach der Reparatur anders belastet und nehmen Schaden.

Der Ist-Zustand hat gegenüber dem Soll-Zustand einen großen Vorteil, er ist real. Wenn man es mit einer sehr heterogenen Schar von Klienten zu tun hat, muss man sich manchmal auf den Ist-Zustand zurückziehen, um einen Konsens zu finden: Wo man sich nicht über eine Veränderung einigen kann, bleibt oft nur der Ausweg, den Ist-Zustand beizubehalten.

16.2.4 Die Soll-Analyse

Auch die Aufnahme der neuen Anforderungen ist heikel: Viele Analytiker fühlen sich eingeklemmt zwischen den – teilweise unrealistischen – Erwartungen der Klienten und dem verständlichen Wunsch der Entwickler, nicht vor Aufgaben gestellt zu werden, die nur schwer oder gar nicht lösbar sind. Sie übernehmen also eine weitere undankbare Rolle, die des Prellbocks.

Das ist falsch. Wer Anforderungen erhebt, sollte sich so verhalten, wie es kluge Eltern vor Weihnachten tun: Alle Wünsche der Kinder sind zulässig. Das bedeutet aber nicht, dass auch alle erfüllt werden. Der Analytiker schreibt also nach dem Diktat der Klienten Wunschzettel. Dabei sollte er sich jeder Wertung enthalten. Später, wenn alle Wunschzettel gesammelt sind, ist eine Bereinigung unvermeidlich. Sie kann und sollte aber – da kaum ein Klient an den Weihnachtsmann glaubt – im Einvernehmen mit den Klienten erfolgen. Zwei Probleme müssen unbedingt beseitigt werden:

- Einige der Wünsche sind technisch nicht realisierbar oder sprengen offensichtlich den Kostenrahmen. Dann müssen die Anforderungen reduziert oder die Mittel aufgestockt werden. Beispiele sind irreale Forderungen an die Verfügbarkeit oder an die Erweiterbarkeit eines Systems.
- Verschiedene Klienten haben Anforderungen, die unvereinbar sind. In solchen Fällen tut der Analytiker gut daran, das Problem vor den versammelten Klienten anzusprechen und auf eine Einigung zu drängen (siehe Abschnitt 16.2.8).

16.2.5 Die Spielräume der Soll-Analyse

Dass der Analytiker nicht die Aufgabe hat, den Klienten seine Vorstellung des Systems aufzudrängen, wurde bereits deutlich gesagt. Er sollte aber umgekehrt auch nicht die Wünsche als Dogmen akzeptieren, sondern die Vor- und Nachteile unterschiedlicher Varianten zeigen. Spielraum gibt es dabei in drei Dimensionen:

- Nur ein System, das vollautomatisch und unbetreut arbeitet, muss die gestellte Aufgabe vollständig abdecken. So etwas gibt es in technischen Anwendungen, z. B. in Systemen zur automatischen Sammlung und Übermittlung von Messdaten. Die große Mehrheit der Software-Systeme ist nicht vollständig autonom, sondern kann sehr spezielle Situationen oder Daten einem Menschen überlassen. Da gerade die Behandlung seltener Ausnahmefälle meist wesentlich höheren Aufwand erfordert als die Normalfälle, die über 99 % ausmachen, ist es zweckmäßig, den Abdeckungsgrad nach Kostengesichtspunkten zu begrenzen, besonders dann, wenn 100 % ohnehin nicht erreichbar sind. Ein Beispiel ist die Prüfung, ob ein Bankkunde kreditwürdig ist. In sehr vielen Fällen lässt sich diese Frage sehr zuverlässig nach einem Schema beantworten, also auch mit Software. Für Spezialfälle muss man viel Aufwand treiben – oder die Entscheidung dem Filialleiter überlassen. Ähnliches gilt für seltene Fehlerkonstellationen in Geräten; oft ist es nicht schlimm, in solchen Fällen eine Diode blinken zu lassen, bis der Benutzer das Gerät per Knopfdruck zurücksetzt.
- In vielen Fällen wird vorrangig eine zentrale Komponente des Systems benötigt; andere Teile haben geringere Priorität. In solchen Fällen kann das System in Ausbaustufen entwickelt werden (siehe Abschnitt 9.5.4). Damit steht nicht nur die zentrale Funktion schneller zur Verfügung, sondern die weitere Ent-

wicklung kann auch die Erfahrungen nutzen, die mit dem Kernsystem gesammelt wurden. Entscheidungen über den weiteren Ausbau können dann auch vom Geschäftsverlauf und vom Markt abhängig gemacht werden.

- Die Verwendung vorhandener oder käuflicher Komponenten schränkt zwar die Flexibilität ein (siehe Abschnitt 24.6), verringert aber die Kosten und die Entwicklungszeit. Der Kunde sollte genau wissen, welche Vor- und Nachteile eine »handgeschmiedete« Lösung hat.

16.2.6 Techniken der Analyse

Wegen der starken Abhängigkeit vom Anwendungsgebiet der Software, von der Umgebung des Zielsystems, der Aufgabenstellung, den Vorkenntnissen des Analytikers, dem Verständnis der Gesprächspartner usw. kann man kaum allgemeine Regeln für die Analyse angeben. Man stelle sich zwei Analytiker vor, von denen einer in einem Modehaus die Planung zukünftiger Kollektionen untersucht, der andere die Regelung eines Flugzeugtriebwerks: Die beiden haben fachlich nur wenige Gemeinsamkeiten. Wichtig ist aber in jedem Fall, dass die Analyse als Tätigkeit wahr- und ernst genommen wird, dass Zeit und Personal dafür im notwendigen Maße zur Verfügung stehen und dass die Resultate in eine Form gebracht werden, die der Kunde nicht nur abzeichnen, sondern mit Verständnis prüfen und akzeptieren kann.

Es gibt viele Möglichkeiten, den Ist-Zustand kennenzulernen und die Anforderungen an den Soll-Zustand zu erfahren. Abbildung 16–2 nennt wichtige Techniken und zeigt, wo deren Stärken liegen. Die Techniken überlappen sich stark.

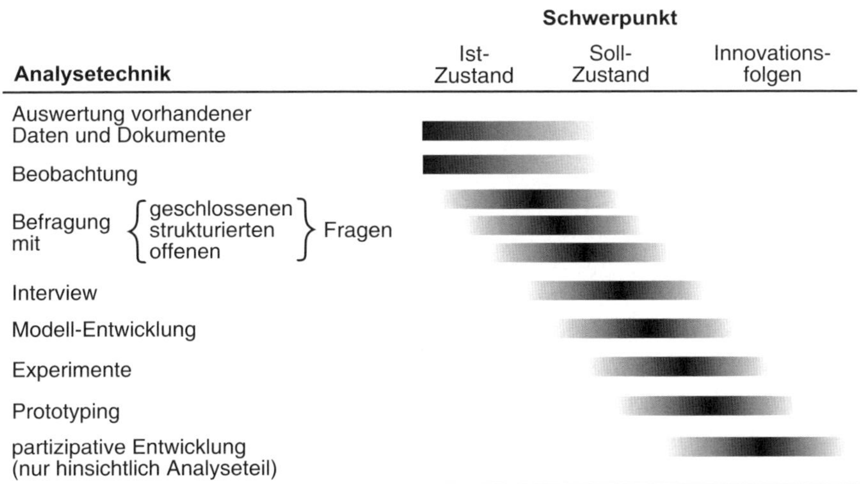

Abb. 16–2 *Analysetechniken und ihre Eignung für die verschiedenen Aspekte der Analyse*

- Natürlich sollte der Analytiker die einschlägigen Vorschriften und Regeln sichten und die Aussagen herausfiltern, die seine Arbeit betreffen.
- Wo die Möglichkeit besteht, sollte er direkt am Alltag derer teilnehmen, die später mit der Software umgehen werden oder deren Funktion später von der Software übernommen wird. Er sollte ihnen über die Schulter schauen oder, besser noch, selbst mitarbeiten. Dabei wird er vieles sehen und hören, was ihm niemand erzählt.
- Dann kann er die Klienten systematisch befragen. Ein vorbereiteter Fragenkatalog (geschlossene und strukturierte Fragen) ist außerordentlich hilfreich, um Lücken zu erkennen und zu beseitigen. Offene Fragen (»Was erwarten Sie außerdem vom neuen System?«) geben den Klienten die Möglichkeit, neue Gedanken und Ideen einzubringen. Das geht am besten, wenn die Befragung in Form eines Gesprächs durchgeführt wird, also nicht per Fragebogenversand.
- Immer wenn die abstrakte Vorstellung vom Zielsystem nicht ausreicht, um Anforderungen verbindlich festzulegen, muss etwas ausprobiert werden, sei es in Form einer Modell-Entwicklung, eines Experiments oder eines ausführbaren Prototyps. Ein Prototyp (siehe Abschnitt 9.5.1) deckt in vielen Fällen auf, dass sich die Klienten über die Konsequenzen ihrer Forderungen nicht klar waren.
- Die Technik der partizipativen Entwicklung wurde zunächst in Skandinavien (Nygaard, 1986), später in Deutschland entwickelt (Floyd, 1989); dabei wird die Trennung zwischen Analyse und Entwicklung bewusst aufgehoben. Die neue Software wächst in den sozialen Kontext hinein, und die Entwickler reagieren direkt auf Probleme und Widersprüche. Wie Abbildung 16–2 andeutet, liegt die Stärke dieses Ansatzes in der frühen Klärung der Innovationsfolgen.

16.2.7 Die Schwierigkeiten der Analyse

Wie oben gesagt wurde, ist es der Zweck der Analyse, die Anforderungen und Erwartungen der Klienten zu sammeln und aufeinander abzustimmen, sodass am Ende die Vision eines realisierbaren Systems steht.

Dass es nicht ausreicht, die Anforderungen beim Klienten *abzufragen*, wird unten diskutiert (Abschnitt 16.4.1). Es gehört zu den anspruchsvollsten Aufgaben des Analytikers, mit dem Klienten zusammen aus den nebulösen Vorstellungen, die wir alle mitbringen, wenn wir uns etwas Neues wünschen, eine präzise Definition zu machen. Der Analytiker läuft dabei ständig Gefahr, Anforderungen zu übersehen oder eigene Vorstellungen einzubringen, die nicht die des Klienten sind. Eventuell muss der Analytiker sogar damit rechnen, vom Klienten getäuscht zu werden. Beispielsweise wird ein Angestellter nicht einfach sagen, dass er hofft, auch mit dem geplanten Zeiterfassungssystem seine Zigarettenpausen durchmogeln zu können, so wie er es bisher konnte. Aber er wird später vielleicht das System sabotieren, wenn es seine kleinen Freiheiten gefährdet. Der gute Analytiker ist also weit mehr als ein fragender Ingenieur.

Die Analyse (und besonders die Ist-Analyse) wird in der Praxis oft vernachlässigt oder falsch fokussiert. Die Gründe sind offensichtlich:

- Wo die Spezifikation selbst keine Rolle spielt, wird auch die Analyse keine Bedeutung haben.
- Viele Entwickler sehen nicht, dass der Kunde primär keine *Veränderung*, sondern eine *Verbesserung* will. Sie vernachlässigen darum die Ist-Analyse.
- Entwickler sind oft der (grundfalschen) Überzeugung, bereits zu wissen, was gewünscht oder benötigt wird. Diese Fehlhaltung kann geradezu als die Berufskrankheit der Informatiker diagnostiziert werden: »*Der Kunde hat doch keine Ahnung, was er will und was er braucht. Ich, der Experte, sorge dafür, dass er bekommt, was er braucht.*« Mit anderen Worten: Bei der Planung der Tierversuche könnten die Tiere nur stören.
- Manche Klienten tragen durch ihr Verhalten dazu bei, dass die Analyse nicht ordentlich durchgeführt werden kann. Sie tun wenig dafür, dass ihre Fachleute den Analytikern zur Verfügung stehen: Die Analytiker verhungern. Gleichzeitig sehen manche Klienten in der Analyse wie in der Qualitätssicherung und in allen anderen Aktivitäten, die nicht unmittelbar ausführbaren Code liefern, ein Einsparungspotenzial. (Prinzip: »*Ihr seid zu teuer, sonst könntet ihr euch diesen Schnickschnack gar nicht leisten!*«) Und schließlich sabotieren sie den Entwicklungsprozess, indem sie noch am Ende der Entwicklung ungeniert neue Anforderungen präsentieren.

16.2.8 Ein Praxisbericht

Einem Praxisbericht entnehmen wir die folgenden Angaben über das mögliche Vorgehen und einige Erfahrungen:

- Die Analyse wird von einem Kernteam durchgeführt (drei bis vier Leute). Seine Mitglieder sind teilweise Fachleute aus der Anwendung, teilweise sind es Entwickler. Für die Analyse kommen nur die besten Leute in Frage.
- Bei der Analyse müssen Entscheidungsträger (Manager), Fachleute und Anwender gehört werden. Die Anwender werden in der Regel durch Interviews beteiligt: Zwei Leute befragen eine Person ca. 90 min lang.
- Das Rohmaterial (»der Zettelkasten«) wird in halb- oder ganztägigen Workshops mit sechs bis zehn Teilnehmern geordnet und bewertet. Diese Workshops dienen vor allem dem Ziel, die Widersprüche zwischen den Anforderungen sichtbar zu machen und eine Entscheidung darüber herbeizuführen, welche Anforderungen Priorität haben sollen. Der Analytiker überschreitet seine Kompetenzen, wenn er selbst einen Kompromiss wählt; sehr wahrscheinlich macht er sich damit nur *alle* Klienten zu Feinden. (»*Wozu erzähle ich dem*

Menschen stundenlang meine Anforderungen, wenn er am Ende etwas ganz anderes liefert?«) Stattdessen sollte er im Workshop die Positionen darstellen und die Klienten zu einer Entscheidung drängen. (Beispiel: »*Der Datenschützer verlangt, dass nur wenige Personen Zugriff auf die Daten haben. Der Verwaltungschef wünscht einen möglichst einfachen Zugriff aller Sachbearbeiter. Wie wollen wir verfahren? Ich sehe folgende Möglichkeiten: ...«)*

- Es ist aussichtslos, den Klienten mit formalen Darstellungen zu kommen; dazu zählen nicht nur die »harten« formalen Notationen wie Z oder algebraische Spezifikation, sondern auch scheinbar harmlose Diagramme, wie sie beispielsweise UML anbietet. Anwendungsfälle (Use Cases) sind dagegen gut zur Kommunikation geeignet.
- Ein wichtiges Resultat der Analyse ist neben einer Sammlung der Anforderungen das Begriffslexikon.

16.3 Begriffslexikon und Begriffsmodell

In der Analyse wird ein Begriffslexikon angelegt. Aufbau und Weiterentwicklung dieses für die gesamte Software-Entwicklung wichtigen Dokuments sind wesentliche Aufgaben der frühen Phasen.

Das Begriffslexikon enthält Definitionen und Klärungen solcher Begriffe, die wichtig sind und möglicherweise von verschiedenen Leuten, insbesondere von den Klienten, den Analytikern und den Entwicklern, unterschiedlich ausgelegt werden. Dazu gehören häufig Begriffe, die auf den ersten Blick völlig klar zu sein scheinen.

Denken wir beispielsweise an ein Informationssystem, das die Prüfungsdaten von Studenten verwaltet. Dann müssen Begriffe wie »Student«, »Prüfung«, »Note«, »Erstprüfung«, »Wiederholungsprüfung« und noch etliche andere definiert werden.

Jeder Eintrag im Begriffslexikon sollte die folgenden Informationen enthalten:

a) Begriff und Synonyma (im Sinne der Spezifikation)
b) Bedeutung (Definition, Erklärung)
c) Abgrenzung (wo ist dieser Begriff *nicht* anzuwenden?)
d) Gültigkeit (zeitlich, räumlich, sonst)
e) Fragen der Bezeichnung, Eindeutigkeit u. Ä.
f) Unklarheiten, die noch nicht beseitigt werden konnten
g) verwandte Begriffe (Querverweise)

Natürlich ist es nicht Aufgabe des Analytikers, sich die Beschreibungen aus den Fingern zu saugen, sie müssen aus den Gesprächen und Interviews abgeleitet werden. In vielen Fällen zeigt sich dabei, dass die Aussagen verschiedener Personengruppen widersprüchlich sind. Dann muss der Analytiker die Widersprüche aufzeigen und – am besten in einem gemeinsamen Gespräch – einen Konsens finden. Das ist eine heikle Aufgabe, denn mindestens eine Gruppe muss ihre Sprache ändern. Ist das nicht akzeptabel, dann wird notfalls ein neuer Begriff eingeführt, der nicht vorbelastet ist.

Abbildung 16–3 zeigt ein Beispiel; als Kontext kann man sich eine Software-Entwicklung für die Universität Stuttgart vorstellen.

Begriff	**Student**, synonym Studentin, Studierender, Studierende
Bedeutung	Eine Person, die an der Universität Stuttgart immatrikuliert ist und noch nicht exmatrikuliert wurde, die folglich legal einen Studentenausweis der Universität Stuttgart hat oder haben könnte.
Abgrenzung	Gasthörer und Studierende anderer Hochschulen sind im Sinne dieses Systems keine Studenten.
Gültigkeit	Mit der Immatrikulation an der Universität Stuttgart entsteht ein neuer Student; er existiert bis zur Exmatrikulation, gleichgültig, wie sie zustande kommt. Ein Fachwechsel oder eine Namensänderung implizieren keine Exmatrikulation. Hat sich eine Person im Laufe ihres Lebens mehrfach an der Universität Stuttgart immatrikuliert, so handelt es sich um mehrere, nicht identische Studenten.
Bezeichnung	Ein Student ist durch die Matrikelnummer und einen Zeitpunkt (zu dem die Matrikelnummer gültig war oder ist) eindeutig bestimmt, alle anderen Attribute, insbesondere der Name, können mehrfach vorkommen.
Unklarheiten	Es ist noch ungeklärt, wie Namen aus anderen Schriftsystemen (z. B. Russisch, Arabisch, Chinesisch) dargestellt werden.
Querverweise	Gasthörer, Matrikelnummer, Studentenausweis

Abb. 16–3 *Beispiel für einen Eintrag im Begriffslexikon*

Wichtig ist, dass im Begriffslexikon klar zwischen Objekten, Rollen oder Typen der realen Welt und Daten der Software unterschieden wird. Gerade diese Unterscheidung ist bei der Software-Entwicklung oft keineswegs deutlich. Wenn wir, wie im Beispiel, Wörter wie »Student« verwenden, können wir

- von einem Individuum, also einem speziellen Studenten, oder vom Typ »Student«, also von einem Begriff, sprechen,
- die Studenten aus Fleisch und Blut oder die Datensätze meinen, die die realen Studenten repräsentieren.

In unserem Beispiel ist vom Begriff »Student«, also von einer Gruppe von Menschen die Rede, nicht von einem Datentyp. In manchen Fällen wird das durch den Kontext klar, sonst müssen wir sagen, was gemeint ist. Werden diese Bedeutungen verwechselt, so kann das zu schwerwiegenden Missverständnissen führen.

Die definierten Begriffe stehen selten für sich allein, sondern sind miteinander durch Beziehungen vernetzt. Es hat sich bewährt, die Begriffe und ihre Beziehungen explizit zu modellieren. So entsteht ein anwendungsfachliches Begriffsmodell. Neben allgemeinen Assoziationen verwenden wir dazu Generalisierungs-

und Kompositionsbeziehungen. Abbildung 16–4 zeigt – in der Notation der UML-Klassendiagramme – einen Ausschnitt des Begriffsmodells für ein Prüfungsdaten-Verwaltungssystem.

In Abbildung 16–4 ist die folgende Struktur beschrieben (Entitäten und ihre Beziehungen sind kursiv gesetzt): *Lehrveranstaltungen* werden durch *Prüfungen* geprüft, dabei handelt es sich entweder um eine *Erst-* oder um eine *Wiederholungsprüfung*. Eine Prüfung wird immer von einem *Prüfer* abgehalten. Legt ein *Student* eine Prüfung ab, dann wird diese zusammen mit dem erzielten *Prüfungsergebnis* dem Studenten zugeordnet und als *abgelegte Prüfung* bezeichnet.

Begriffsmodelle helfen, den Anwendungsbereich zu erfassen und die Begriffe im Kontext zu verstehen.

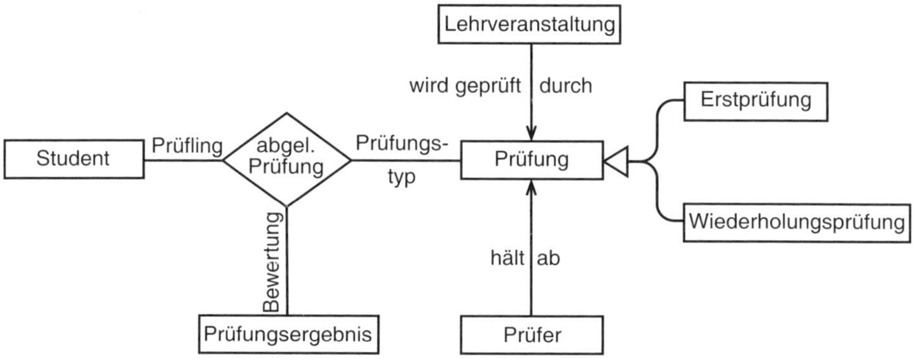

Abb. 16–4 Ausschnitt aus einem Begriffsmodell

16.4 Anforderungen

Der Begriff »Anforderung« ist vielschichtig, daher wird er hier unter verschiedenen Gesichtspunkten diskutiert. Es geht hier nicht primär um eine Taxonomie, vielmehr wollen wir damit zeigen, dass es sehr unterschiedliche Arten von Anforderungen gibt, die sich weder auf gleiche Weise erheben noch dokumentieren oder prüfen lassen. In der Praxis besteht eine starke Neigung, sich an diejenigen Anforderungen zu halten, die die wenigsten Probleme machen. Das ist ähnlich sinnvoll, wie wenn man sich nur die gut erreichbaren Schneidezähne putzt.

Allgemein kann man die Anforderungen am Qualitätenbaum festmachen (Abb. 5–2 auf S. 68). Jede Forderung nach einer bestimmten Qualität ist eine Anforderung. Darum müsste unter den Anforderungen auch die Prozessqualität auftauchen. In der Praxis ist die Spezifikation meist auf die Brauchbarkeit beschränkt, zur Wartbarkeit gibt es höchstens eine vage Forderung (»soll wartungsfreundlich sein«), und die Prozessqualität kommt gar nicht vor. Seit einigen Jahren werden aber auch Anforderungen an den Prozess gestellt (wenn auch nicht in der Spezifikation), sodass sich die Praxis dem Bild annähert.

16.4.1 Offene und latente Anforderungen, Entwickler-Optionen

Im einfachsten Fall hat der Klient seine Anforderungen bereits druckreif formuliert, und der Analytiker braucht sie nur einzusammeln, so wie Postangestellte den Inhalt der Briefkästen einsammeln (*offene Anforderungen*). Meist ist die Sache aber schwieriger: Der Klient ist sich der Anforderungen nicht bewusst, sie bleiben *latent*, solange er nicht mit einer Frage oder einer Situation konfrontiert wird, die ihm ihre Bedeutung vor Augen führt. Der Analytiker muss ihm also helfen, sich die latenten Anforderungen bewusst zu machen.

Schließlich kann es auch sein, dass der Klient zu einer Frage weder eine offene noch eine latente Anforderung hat, es ist ihm einfach gleich. In diesem Fall bleibt die Entscheidung als *Entwickler-Option* offen. Beispielsweise ist in vielen Software-Projekten die Programmiersprache vorgegeben, weil der Klient möglichst wenige Programmiersprachen im Hause haben will. Gibt es diese Vorgabe ausnahmsweise nicht, so kann der Analytiker notieren, dass die Wahl der Sprache den Entwicklern überlassen ist. Diese Notiz ist wichtig, weil sonst bei einer Prüfung der Spezifikation eine Lücke vermutet werden könnte.

16.4.2 Harte und weiche Anforderungen

Lehrbuchbeispiele, in denen ganze Zahlen berechnet oder Fragen mit »Ja« oder »Nein« beantwortet werden, zeigen *harte Anforderungen*. Auf die Frage, ob 99 eine Primzahl ist, kann es kein Wackeln geben, die Antwort »Nein« ist richtig, die Antwort »Ja« ist falsch. Ähnliches gilt auch für viele Software-Systeme in Verwaltungen, Banken und Versicherungen: Wenn das eine Konto belastet wurde, sollte innerhalb einer begrenzten Zeit die Gutschrift des genau gleichen Betrages auf dem anderen Konto erscheinen. Wenn ein Bürger in der Gemeinde gemeldet und im Besitz der bürgerlichen Rechte ist, muss er eine Wahlbenachrichtigung erhalten. All dies sind harte Anforderungen.

Weiche Anforderungen sind dadurch gekennzeichnet, dass es einen fließenden Übergang zwischen richtig und falsch gibt. Wenn ein System den Umfang eines Kreises mit dem Durchmesser 10 m berechnen soll, dann ist 31,41 m weder ganz richtig noch ganz falsch. 31,2 m wäre als Resultat schlechter, 31,412 m besser. Natürlich kann es sein, dass die Klienten eine zulässige Toleranz angegeben haben. Ähnlich verhält es sich mit den Forderungen an die Antwortzeiten; wenn wir den Klienten lange genug schütteln, gibt er uns vielleicht eine Zahl, sagt, dass die Antwort nie länger als 0,1 s dauern darf. Aber wenn sie später 0,11 s benötigt, wird er den »Fehler« womöglich gar nicht bemerken. Und ganz besonders weich werden die Anforderungen dort, wo wir sie nicht quantifizieren können. Wer kann schon ohne Skrupel die Grenze ziehen zwischen einem *wartungsfreundlichen* und einem (minimal schlechteren) *nicht wartungsfreundlichen* Programm?

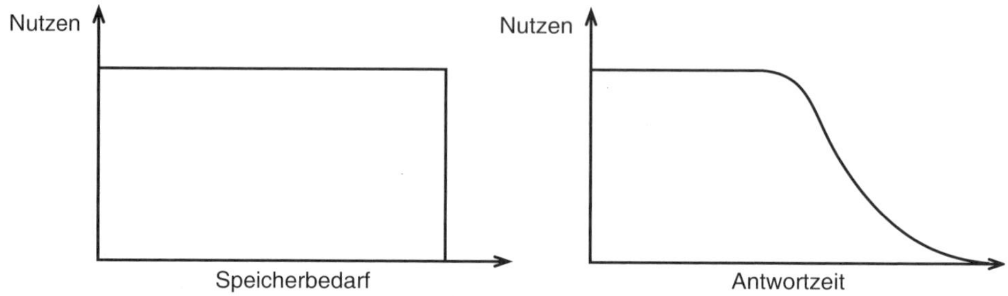

Abb. 16–5 *Der Nutzen bei harten (links) und weichen Anforderungen (rechts)*

Weiche Anforderungen sind schwer zu erheben und ebenso schwer zu formulieren. Ideal wäre die Angabe von Nutzenfunktionen, wie sie in Abbildung 16–5 angedeutet sind. Die linke Seite zeigt eine harte Anforderung: Wenn das Programm nicht in den Speicher passt, ist sein Nutzen null. Die rechte zeigt eine weiche Anforderung: Eine etwas längere Antwortzeit mindert den Nutzen des Programms nur graduell. (Achtung: Natürlich sind beide Aussagen nicht generell gültig, und der Gesamtnutzen lässt sich nicht additiv ermitteln!) Auf der Grundlage solcher präziser Funktionen könnten dann die Entwickler denjenigen Entwurf suchen, der den Gesamtnutzen maximiert.

Natürlich ist dieses Verfahren nicht praktikabel, weil jede einzelne Nutzenfunktion nur mit großem Aufwand zu ermitteln wäre und die Wechselwirkungen zwischen verschiedenen Attributwerten die Sache nochmals wesentlich komplizierter machten. Aber der Analytiker sollte die Idee im Kopf haben, um zu verstehen, dass wir bei weichen Anforderungen einen Kompromiss finden müssen. Zudem sollte er Anforderungen nicht als betonhart darstellen, wenn sie in Wahrheit unter dem Druck entstanden sind, einen Zahlenwert zu nennen.

16.4.3 Objektivierbare und vage Anforderungen

Wir brauchen die Anforderungen nicht nur, um die richtige Software zu entwickeln, wir brauchen sie auch als Referenz bei der Prüfung der Software: Wir prüfen das Resultat gegen die Spezifikation. Dazu müssen die Anforderungen *objektivierbar* sein. Ein Beispiel ist die Begrenzung des verfügbaren Speicherplatzes. Wenn das fertige System in den vorgegebenen Speicherplatz geladen und dort ausgeführt werden kann, ist die Anforderung erfüllt. Wäre nur gefordert worden, dass das Programm »wenig Speicher« benötigt, so wäre nicht eindeutig zu klären, ob die Spezifikation eingehalten wurde.

Man sollte daher stets versuchen, Anforderungen in objektivierbarer Form zu dokumentieren. Das gelingt aber nicht oder nur schlecht, wo wir keine sinnvolle Quantifizierung kennen oder – wie bei den Leistungsaspekten – zwar quantifizieren können, aber oft nicht wissen, welche Grenzwerte sinnvoll sind.

16.4.4 Funktionale und nichtfunktionale Anforderungen

Der Nutzen, den uns eine Software bringt, liegt in ihrer Funktion, genauer in der Funktion des Programms. Ob es zuverlässig, komfortabel oder schnell ist, spielt keine Rolle, wenn wir seine Funktion nicht brauchen können.

Darum stehen die funktionalen Anforderungen im Vordergrund. Offensichtlich gehört zu den funktionalen Anforderungen die Beziehung zwischen Ein- und Ausgaben. Die Kurzbeschreibung eines Systems, also eine auf wenige Worte reduzierte Spezifikation, ist stets eine grobe Charakterisierung der Funktion, z. B.: »Dieses System sichert nachts die Inhalte aller Festplatten.«

Die funktionalen Anforderungen reichen aber nicht aus. Wir stellen an ein System auch Forderungen, die andere, nichtfunktionale Aspekte betreffen. Fast alle Aussagen zur Wartbarkeit (»Das System muss leicht portierbar sein.«) sind offensichtlich nichtfunktionale Anforderungen (*non-functional requirements*, NFRs).

Im Grenzbereich zwischen funktionalen und nichtfunktionalen Anforderungen liegen vor allem Anforderungen, die mit der Bedienoberfläche zu tun haben. Einerseits geht es hier um Ein- und Ausgabe, also um die Funktion des Systems; es wäre also möglich, Bedienbarkeit, Robustheit usw. präzise funktional zu spezifizieren. Andererseits haben wir von der Funktion meist nur eine abstrakte Vorstellung. Wenn uns das Kontoführungsprogramm den Kontostand auf irgendeine Weise in gut lesbarer, übersichtlicher Form anzeigt, sind wir als Klienten zufrieden. Wir machen weder uns noch dem Analytiker die gewaltige Mühe, die Oberfläche haarfein (und damit funktional) vorzugeben, sondern erheben stattdessen vage Forderungen nach Bedienungsfreundlichkeit oder Robustheit, oder wir geben einen bestimmten Stil vor: »*Die Software soll das* Look and Feel *des Betriebssystems übernehmen.*« Das sind NFRs. Man beachte aber, dass es kritische Systeme gibt (beispielsweise die Software der Fluglotsen), bei denen man sich diese Unschärfe nicht leisten kann. Hier gehören die Details der Oberfläche eindeutig zur Funktionalität. Stellt das System ein Flugzeug nicht in der richtigen Farbe oder Form dar, dann ist es fehlerhaft und unbrauchbar. Zur Einordnung der Leistungsmerkmale siehe Abschnitt 16.7.4!

Die NFRs bereiten uns große Probleme. Während sich die funktionalen Anforderungen recht präzise fassen lassen, sind die meisten NFRs weich (Abschnitt 16.4.2) und vage (Abschnitt 16.4.3). Sie werden stiefmütterlich behandelt, meist ganz weggelassen oder nur durch völlig unverbindliche Schlagwörter ausgedrückt. Oft liegen aber die Schwierigkeiten der Klienten mit der gelieferten Software gerade in den NFRs, die nie erhoben wurden, und entsprechend auch nicht formuliert und in der Entwicklung berücksichtigt worden sind.

16.4.5 Formulierung der nichtfunktionalen Anforderungen

Nichtfunktionale Gebrauchs- und Wartungsqualitäten lassen sich am besten definieren, wenn man auf Normen Bezug nehmen kann. Im Bereich der Ergonomie gibt es solche Normen, sie betreffen aber überwiegend nicht die Software, sondern die technische Gestaltung der Arbeitsplätze. Die Norm DIN EN ISO 9241 (2000) befasst sich in den Teilen 1 bis 9 mit der Technik, Teil 10 enthält die »Grundsätze der Dialoggestaltung«, und die Teile 11 bis 17 gehen in die Details der Dialoggestaltung. Allerdings bietet keiner der Standards harte Vorschriften, deren Einhaltung einfach und objektiv zu prüfen wäre.

Das Fehlen präziser Normen ist aber kein Grund, auf eine möglichst klare Formulierung der NFRs zu verzichten. Ein brauchbarer Kompromiss ist viel besser als ein Schlagwort, das nichts aussagt. Tabelle 16–1 zeigt einige Beispiele für NFRs. Keines der Beispiele ist vollständig: Die Sätze enthalten Begriffe, die weiter geklärt werden müssen. Wenn vom Laien die Rede ist, muss man wissen, ob es sich um einen Analphabeten handeln kann oder nur um einen Menschen, der dieses System zuvor nie benutzt hat. Ein »irregulärer Abbruch« muss definiert werden. Wenn auf eine Tastatur Bezug genommen wird, muss auch gesagt werden, um welche Tastatur es sich handelt. Das alles kann und muss präzisiert werden. Die gezeigte Formulierung ist jeweils nur ein möglicher Einstieg.

Schlagwort	bessere Anforderung
einfach bedienbar	Das Programm soll auch von Laien ohne weitere Einweisung benutzt werden können.
robust	Eine Bedienung über die Tastatur darf unter keinen Umständen zu einem irregulären Abbruch des Programms führen.
portabel	Das Programm muss von einem Entwickler in höchstens 6 h von Windows XP auf Linux portiert werden können.
übersichtlich kommentiert	Die Module des Programms müssen einen Kopfkommentar nach Std. xyz enthalten.
plattformunabhängig	Alle prozessorspezifischen Teile des Programms müssen in einem speziellen Modul liegen.
nicht zu große Module	Module dürfen max. 300 Zeilen ausführbaren Code enthalten.
angemessenes Handbuch	Das Benutzungshandbuch wird gemäß Richtlinie ABC aufgebaut. Es wird vom Gutachter N.N. geprüft.

Tab. 16–1 *Beispiele für nichtfunktionale Anforderungen*

16.4.6 Anforderungen zur Benutzbarkeit (Usability)

Ingenieure, auch Software-Ingenieure, neigen dazu, sich auf den funktionalen Kern ihres Problems zu konzentrieren. Die Frage, wie man mit der Software arbeiten kann, wird als peripher beiseite geschoben. Dabei ist der konkrete

Umgang mit dem System für die Menschen, die damit arbeiten, außerordentlich wichtig, meist wichtiger als irgendwelche funktionalen Besonderheiten, die kaum benötigt und darum auch kaum benutzt werden. Wir sollten es also als primäres Ziel betrachten, ein System zu schaffen, das leicht und einfach benutzbar ist.

Der englische Begriff »Usability« hat sich für diesen Aspekt der Software-Qualität durchgesetzt; man versteht darunter alle Merkmale eines Systems, die Einfluss darauf haben, wie mühsam oder mühelos die Benutzer mit dem System zurechtkommen. »Benutzbarkeit« hat eigentlich die gleiche Bedeutung, wird aber enger interpretiert, sodass wir hier das englische Wort verwenden.

Zur Usability gehören nach üblicher Auffassung die in der Tabelle 16–2 genannten Aspekte.

Aspekt	Erklärung	Beispiel
Metapher, Benutzungsmodell	Das System sollte dem Benutzer eine bekannte Metapher anbieten, die es gestattet, die Operationen am System und Änderungen im System nachzuvollziehen. Die Operationen müssen so realisiert werden, dass sie mit der Metapher konsistent sind.	Informationen, die der Nutzer verwaltet, werden als logische Objekte behandelt, die eingegeben, angezeigt und gelöscht werden können (Prinzip des Zettelkastens). Der Nutzer hat jederzeit eine Vorstellung, wo sich die Information befindet, z. B. im Arbeitsbereich oder in der Datenbank.
Übersichtlichkeit	Die Benutzungsoberfläche sollte so gestaltet sein, dass der Nutzer alle relevanten Informationen leicht erkennt.	Irrelevante Informationen werden nicht angezeigt; alle angezeigten Informationen sind logisch gruppiert.
Konsistenz	Gleiche oder ähnliche Operationen sollten auch mit gleichen oder ähnlichen Eingaben ausgelöst werden; ähnliche Inhalte sollten ähnlich dargestellt werden.	Eine bestimmte Tastenkombination hat stets die gleiche Bedeutung, z. B. Löschen der markierten Information. Die geschätzte Ausführungszeit längerer Operationen wird stets mit den gleichen Symbolen angezeigt.
Sicherheit	Die Bedienung sollte so angelegt sein, dass der Nutzer irrtümlich keinen Schaden anrichtet.	Operationen, die den internen Zustand verändern, werden erst wirksam, wenn der Nutzer die Änderung bestätigt hat.
Ästhetik	Die Benutzungsoberfläche sollte nach dem Empfinden des Nutzers schön (angenehm) sein.	Unangenehme Kontraste (z. B. durch gelbe Schrift auf blauem Grund) werden nicht erzeugt, es sei denn, sie signalisieren eine besonders kritische Situation.
Effizienz	Der Aufwand für die Bedienung sollte so gering wie möglich sein.	Es genügt, wenn der Nutzer einmal sein Passwort eingibt, um eine Folge von Operationen auszulösen, die jeweils ein Passwort erfordern.
Erlernbarkeit	Dem Nutzer sollte es leicht fallen, die Bedienung des Systems zu erlernen.	Das System verhält sich ähnlich wie andere Systeme, die dem Nutzer bereits vertraut sind. Alle Unklarheiten des Nutzers werden durch Hilfe-Funktionen geklärt.

Tab. 16–2 *Aspekte der Usability*

Methoden zur Verbesserung der Usability

Traditionell werden die Anforderungen zur Usability wie die anderen nichtfunktionalen Anforderungen (siehe Abschnitt 16.4.4) vernachlässigt; damit ist es auch kaum möglich, die Usability des Systems später zu prüfen. Die bekannte Folge sind Systeme, deren Funktionalität im Großen und Ganzen in Ordnung ist, die aber bei den Benutzern auf Ablehnung stoßen. Darum wurde eine ganze Reihe von Methoden entwickelt, die Abhilfe schaffen können.

Allen Ansätzen gemeinsam ist das Ziel, die Situation der Benutzer vorstellbar zu machen. Das beginnt natürlich mit der Frage, wer die Benutzer sind. Wenn das zu entwickelnde System Vorgänger hat oder seine Zielgruppe aus anderen Gründen sehr klar ist (beispielsweise bei einer Software, die Mitarbeiter einer Versicherung bei der Beurteilung von Schadensfällen unterstützt), kann und sollte man diese Zielgruppe kennenlernen: Was sind das für Leute? Welche Ausbildung haben sie? Wie lösen sie ihre Probleme bisher? Welche Erfahrung haben sie mit Rechnern und Software? Eine gründliche Analyse der Zielgruppe ist ein wichtiger Baustein der Analyse.

Das statistische Material, das dabei entsteht, ist nicht immer leicht zu interpretieren. Wenn die Zielgruppe homogen ist, helfen Mittelwerte (oder Mediane), ein Bild der späteren Benutzer zu schaffen. Zerfällt die Zielgruppe aber in ganz unterschiedliche Fraktionen, sind Mittelwerte nutzlos und verstellen eher den Blick auf die Realität. Nehmen wir an, dass in der oben erwähnten Versicherung eine Reihe älterer Mitarbeiter vorwiegend im Büro arbeitet, während einige überwiegend jüngere die Schäden anschauen und direkt mit den Betroffenen sprechen. In diesem Fall hat es keinen Sinn, das Durchschnittsalter zu berechnen oder die bevorzugte Automarke festzustellen.

Personas

Oft hat sich in solchen Situationen das Konzept der *Persona* als nützlich erwiesen. »Persona« bedeutet ursprünglich so viel wie *Figur auf der Bühne* (von den mit Schalltrichtern ausgestatteten Masken, aus denen im griechischen Theater der Antike die Stimmen der Schauspieler kamen, *personare* = hindurchklingen). Cooper (2004) hat vorgeschlagen, die Benutzer eines zu entwickelnden Systems durch eine kleine Zahl solcher *Personas* (dieser falsche Plural hat sich leider eingebürgert!) vorstellbar zu machen. Die Idee wurde vielfach erprobt (Long, 2009) und eingesetzt. Wesentlich ist dabei, dass man einen fiktiven Menschen schafft, mit Namen, Bild, Geburtsdatum, Lebenslauf, Familie, Hobbys. Natürlich sollte dieser Mensch nicht völlig untypisch für die Zielgruppe (oder eine der Zielgruppen) sein.

Im Beispiel oben (Versicherung) liegt es nahe, jede der beiden Gruppen durch eine Persona zu repräsentieren, beispielsweise *Walter Starke: 55 Jahre alt, hat eine Frau und zwei Kinder, von denen noch eines zu Haus ist und studiert. Walter*

Starke segelt in seiner Freizeit und kommt meist mit dem Motorrad ins Büro. Er bearbeitet Schadensfälle, in den meisten Fällen auf der Grundlage der Schadensmeldungen und der Akten. Walter Starke ist gelernter Versicherungskaufmann. Er ist in Köln geboren, aber schon als Kind nach Stuttgart gezogen.

Wenn Walter Starke nun noch ein Gesicht bekommt, haben alle das Gefühl, ihn zu kennen. Sie können dann Aussagen machen wie »Das wird Walter nicht so einfach kapieren, da müssen wir ihn vorher schulen« oder »Das gefällt ihm bestimmt!«. Mit einer zweiten Persona wird die Gruppe der jüngeren Mitarbeiter repräsentiert.

Cooper (2004) gibt ein Beispiel dafür, wie genau man sich eine Persona (»Emilee«) ausmalt:

> *We don't just let Emilee drive to work. We give her a dark-blue 1991 Toyota Camry, with a gray plastic kid's seat strapped into the back and an ugly scrape on the rear bumper.*
>
> Cooper (2004, S. 128)

Cooper argumentiert, dass nur die sehr genau beschriebene Persona die Entwickler daran hindert, sich *ihre* Nutzer nach den eigenen Bedürfnissen zurechtzubiegen. Darum ist auch die Detaillierung der Beschreibung wichtiger als ihre Korrektheit im statistischen Sinne.

In manchen Firmen, die für den Markt entwickeln, also ihre Kunden erst noch suchen müssen, gibt es für jedes Produkt eine Persona oder mehrere Personas. Bei Microsoft (Pruitt, Grudin, 2003) sind sie als Pappkameraden präsent, mit Namen, die aus einem Comic Strip zu kommen scheinen (»Eagle-Eye Edward«). Hier zeigt sich ein Problem: Die Persona wird zum Klischee, das auf reale Benutzer eher abschreckend wirkt. In der sehr kontroversen Literatur wird noch eine Reihe anderer Einwände genannt (z. B. von Chapman, Milham, 2006, ebenfalls bei Microsoft):

- Die Verwendung von Personas ist ein in der Praxis bewährter Trick, kein wissenschaftlich fundierter Ansatz; für die richtige Wahl einer Persona gibt es keine begründete Methode, und das Ergebnis kann nicht validiert werden. Man kann also nur *hoffen*, die Zielgruppe(n) richtig zu treffen.
- Reale Menschen altern, lernen und ändern sich. Es ist unklar, ob auch die Persona eine Entwicklung zeigen sollte oder wie Dorian Gray von der Zeit unberührt bleibt. (Im Beispiel oben: *Ob Emilee wohl immer noch ein Auto von 1991 fährt? Und braucht sie den Kindersitz noch?*)
- Eine Persona kann nicht alle Benutzer der Zielgruppe repräsentieren. Beispielsweise gilt oft die Anforderung, dass Menschen mit Behinderungen mit dem System arbeiten können sollen. Natürlich kann man eine behinderte Persona vorsehen. Aber auch diese wird nicht alle Varianten von Behinderungen aufweisen, denn das wäre unrealistisch. Es gibt also wichtige Anforderungen,

die nur abstrakt formuliert werden können, obwohl sie mit konkreten Benutzern zu tun haben.

- Versucht man, alle Anforderungen von den Personas abzuleiten, dann werden Aspekte vernachlässigt, die nicht direkt mit den Personas in Verbindung zu bringen sind, z. B. die Portabilität des Systems oder die Wiederverwendbarkeit der entwickelten Komponenten.
- Personas können bei den Entwicklern die Neigung verstärken, die *realen* Benutzer zu ignorieren.

Das bedeutet: Personas sind ein attraktives und wirksames Mittel, um quasi mit Benutzern des geplanten Systems in Kontakt zu treten und etwas zu entwickeln, das realen Benutzern später auch gefällt. Die Konkretisierung unterstützt unsere Fantasie, die brachliegt, wenn wir nur von *den Benutzern* reden (oder, schlimmer noch, im Singular von *dem Benutzer*). Technik-zentrierte Entwickler werden durch Personas gezwungen, die nichttechnische Welt zur Kenntnis zu nehmen.

Aber die Nachteile und Gefahren der Personas sollten bewusst und die realen Klienten im Blickfeld bleiben.

16.4.7 Der praktische Umgang mit den verschiedenen Anforderungen

In der Praxis herrscht ein stark vereinfachtes Bild von den Anforderungen vor:

- Wenn der Klient eine Anforderung nicht von selbst genannt hat, weil sie ihm nicht eingefallen oder nicht bewusst ist, dann hat er diese Anforderung nicht.
- Wenn eine Anforderung funktional oder quantifizierbar ist, wird sie dokumentiert.
- Alle anderen Anforderungen werden pauschal als nichtfunktionale Anforderungen bezeichnet und höchstens am Rande erwähnt. Das gilt sowohl für die Gebrauchsqualität, z. B. die Bedienbarkeit, als auch für die Wartungsqualität, z. B. die Erweiterbarkeit.

Wir empfehlen, nicht nur die »guten« Anforderungen zu dokumentieren und die »schlechten« (d. h. schwierigen) Anforderungen zu vergessen, sondern danach zu streben, alle Anforderungen, auch die latenten, zu erfassen und so weit wie möglich objektivierbar zu formulieren. Die Beispiele in Tabelle 16–1 können den Weg dafür weisen.

16.5 Die Spezifikation im Überblick

16.5.1 Der Spezifikationsbegriff

Das IEEE-Glossar enthält eine ganze Reihe von Definitionen im Kontext des Begriffs »Spezifikation«.

specification — A document that specifies, in a complete, precise, verifiable manner, the requirements, design, behavior, or other characteristics of a system or component, and, often, the procedures for determining whether these provisions have been satisfied.

specification language — A language, often a machine-processible combination of natural and formal language, used to express the requirements, design, behavior, or other characteristics of a system or component. For example, a design language or requirements specification language.
Contrast with: programming language; query language.

requirements specification language — A specification language with special constructs and, sometimes, verification protocols, used to develop, analyze, and document hardware or software requirements.

software requirements specification (SRS) — Documentation of the essential requirements (functions, performance, design constraints, and attributes) of the software and its external interfaces.

IEEE Std 610.12 (1990)

Zieht man die Definitionen zu *specification* und *SRS* zusammen, so folgt daraus:

Die **Anforderungsspezifikation** dokumentiert die wesentlichen Anforderungen an eine Software und ihre Schnittstellen, und zwar präzise, vollständig und überprüfbar.

Hier ist nicht nachvollziehbar, warum die Schnittstellen eigens erwähnt werden, denn nahezu *alle* Aussagen über eine Software beziehen sich unvermeidlich auf ihre Schnittstellen. Wir verwenden das Wort Spezifikation, wo nichts anderes gesagt ist, synonym mit Anforderungsspezifikation, also nicht in dem allgemeinen Sinn, der in der IEEE-Definition von *specification* zum Ausdruck kommt.

Natürlich erfüllt auch eine Software, die mehr leistet als gefordert, die Spezifikation. Darum beschreibt die Spezifikation die entstehende Software nicht vollständig, sie gibt nur an, was die Software *mindestens* leisten muss.

16.5.2 Angestrebte Eigenschaften der Spezifikation

Die Spezifikation ist im Idealfall *inhaltlich*

1. *zutreffend*
   Sie gibt die Vorstellungen des Kunden (der Klienten) richtig wieder.

2. *vollständig*
   Jede (in einem Kopf oder in einem Dokument) vorhandene Anforderung ist in der Spezifikation enthalten.
3. *widerspruchsfrei* (oder konsistent)
   Jede Anforderung ist mit allen anderen vereinbar. Andernfalls ist die Spezifikation inkonsistent und nicht vollständig realisierbar.
4. *neutral* (oder abstrakt)
   Die Spezifikation schränkt die Realisierung nicht über die wirklichen Anforderungen hinaus ein.
5. *nachvollziehbar*
   Die Quellen der Anforderungen sind dokumentiert, die Anforderungen sind eindeutig identifizierbar.
6. *objektivierbar*
   Das realisierte System kann gegen die Spezifikation geprüft werden. Man spricht auch (missverständlich) von einer »testbaren« Spezifikation. Testbar (oder prüfbar) muss in Wahrheit das realisierte System sein.

Die *Darstellung und Form* der idealen Spezifikation ist

7. *leicht verständlich*
   Alle Interessenten sind in der Lage, die Spezifikation zu verstehen.
8. *präzise*
   Die Spezifikation schafft keine Unklarheiten und Interpretationsspielräume.
9. *leicht erstellbar*
   Die Anfertigung und Nachführung der Spezifikation sind einfach und erfordern keinen nennenswerten Aufwand.
10. *leicht verwaltbar*
    Die Speicherung der Spezifikation und der Zugriff darauf sind einfach und erfordern keinen nennenswerten Aufwand.

Diese Merkmale konkurrieren, d. h., die Steigerung der einen Qualität schadet der anderen. Beispielsweise stehen sich die Merkmale 6 und 7 bei durchschnittlichen Klienten, denen jede präzise, also formale Darstellung ein Gräuel ist, diametral gegenüber. Auch hier suchen wir also einen Kompromiss.

16.5.3 Die Abgrenzung der Spezifikation zum Entwurf

Die oben geforderte Neutralität der Spezifikation, also die scharfe Abgrenzung gegen den Entwurf, lässt sich nicht durchhalten. Dafür gibt es eine ganze Reihe sehr unterschiedlicher Gründe:

1. Vorhandene Komponenten sollen einbezogen werden. Damit ist der Entwurf teilweise schon vor Anfertigung der Anforderungsspezifikation festgelegt.
2. Durch den Klienten, durch Sicherheitsvorschriften, Normen oder Ähnliches ist unter Umständen eine ganz bestimmte Lösungsstruktur vorgeschrieben.
3. Bei einer überschaubaren Aufgabe, die mit einer hohen Sprache codiert wird, ist es oft das Einfachste und Billigste, direkt zu codieren, was gebraucht wird. Allgemein lassen sich oft Problemlösungen leichter angeben als Problemstellungen. Dieser Vorteil wird durch die Tatsache verstärkt, dass die meisten Software-Entwickler besser entwerfen als spezifizieren können.
4. Ein sehr komplexes System lässt sich erst dadurch handhaben und beschreiben, dass man es in überschaubare Einheiten zerlegt, also einen Systementwurf durchführt.
5. Erst die Realisierung belegt, dass die Spezifikation konsistent ist. Um also eine mit Risiken behaftete Spezifikation zu prüfen, muss eine Realisierung zumindest durchdacht worden sein.
6. Die Spezifikation muss Fragen beantworten, die sich erst durch den Entwurf stellen, d. h., Spezifikation und Entwurf stehen in einer dialektischen Beziehung, nicht in einer einfachen Hierarchie. Wenn gefordert wird, dass ein System einfach zu bedienen sein muss, dann kann im Entwurf entschieden werden, diese Forderung durch eine Sprachsteuerung zu erfüllen. Dann muss nachträglich spezifiziert werden, welche Sprachen das System verstehen soll.
7. Die reale Welt stellt nicht nur die Aufgabe, sondern verändert diese Aufgabe auch im Laufe der Zeit. Die Veränderungen erfolgen in den Begriffen und Strukturen der realen Welt. Folglich ist eine Nachführung der Software am einfachsten, wenn ihre Struktur mit der Struktur der realen Welt übereinstimmt, wenn sie also isomorph ist. Die Verwaltung einer Firma, die in drei klar getrennte Bereiche zerfällt, sollte genauso gegliedert sein; dann kann die Abspaltung eines Firmenteils in der Software relativ leicht nachvollzogen werden.

Deshalb entsteht eine strikt abstrakte Spezifikation nur, wenn das Problem

- gut verstanden,
- sicher lösbar,
- stabil und
- »flach« ist, also keine tiefen Verästelungen aufweist.

In den meisten Fällen liefert die Analyse nicht nur ein Bild der Anforderungen, sondern auch die Lösungsstruktur; beide Aspekte durchdringen sich und sind auch rückblickend nicht strikt zu trennen.

Dieser Zusammenhang zwischen Spezifikation und Entwurf wurde zu Beginn der Achtzigerjahre deutlich (Swartout, Balzer, 1982; Ludewig, 1982). Moderne iterative Vorgehensweisen haben diese Sicht übernommen (siehe z. B. Nuseibeh, 2001); Spezifikation und Entwurf werden als Aktivitäten verstanden, die sich bedingen und verschränkt auszuführen sind.

16.6 Die Darstellung der Spezifikation

Wie oben festgestellt wurde, soll eine Spezifikation einerseits präzise und einer Bearbeitung mit Werkzeugen zugänglich, andererseits auch für Laien handhabbar, mindestens aber verständlich sein.

Da die Informatik starke Wurzeln in der Mathematik hat, war es naheliegend, für die Spezifikation auf formale Notationen zurückzugreifen. So entstanden zahlreiche Formalismen, die vor allem auf eine knappe Darstellung, eine präzise Semantik und die Möglichkeit der Bearbeitung durch Algorithmen zielen.

Mit diesen Notationen verwandt sind grafische Darstellungen der Spezifikation. Dabei steht aber weniger die formale Präzision als die Anschaulichkeit im Vordergrund.

Wer weder formal noch grafisch spezifiziert, bedient sich seiner (oder einer) natürlichen Sprache. Diese hat gegenüber den beiden zuvor genannten Möglichkeiten den Vorteil, grundsätzlich für jeden Menschen verständlich zu sein und ganz ohne spezielle Regeln und Werkzeuge auszukommen, wenn man von den Regeln der Grammatik und der Rechtschreibung absieht.

Nachfolgend werden die Möglichkeiten der formalen und der grafischen Darstellung kurz erörtert; das restliche Kapitel geht dann von einer mindestens überwiegend umgangssprachlichen Beschreibung aus. Allerdings ist die Abgrenzung in der Praxis weniger scharf: So werden die natürlichsprachigen Anwendungsfälle durch Anwendungsfalldiagramme ergänzt (siehe Abb. 16–7 auf S. 390), und an vielen Stellen bindet man formale Modelle in die Texte ein, z. B. eine BNF-Grammatik. Generell kann man sagen, dass ein guter Software-Ingenieur eine bereits erfolgte oder einfache Formalisierung eines (Teil-)Problems gern in Anspruch nimmt. So wäre es dumm, eine Bedienschnittstelle, der die Zustandsübergänge eines endlichen Automaten zu Grunde liegen, durch schwammigen Text zu beschreiben.

16.6.1 Formale Spezifikation

Für viele forschende Informatiker, die nach einer präzisen, eindeutigen und den mathematischen Methoden zugänglichen Spezifikation streben, liegt die Lösung in der Formalisierung. Deren Vorteile sind offensichtlich: Unklarheiten und Missverständnisse sind ausgeschlossen, eine Implementierung kann mit mathematischen Methoden (und das heißt praktisch auch: automatisch oder mit Rechnerunterstützung) auf Konsistenz mit der Spezifikation, also auf Korrektheit, geprüft werden. Selbst wenn sich die formalen Techniken nicht auf jede Software anwenden ließen, wäre es eine erhebliche Verbesserung, wenn sie für größere Bereiche der Software-Entwicklung tauglich würden; beispielsweise könnten viel benutzte Modul- oder Klassenbibliotheken formal spezifiziert, verifiziert und dann risikolos in andere Software eingebunden werden.

Schon in den Sechzigerjahren wurde auf diesem Gebiet gearbeitet. Waren die Notationen und Techniken der ersten Jahrzehnte, z. B. die Vor- und Nachbedingungen einzelner Anweisungen oder die Petri-Netze zur Beschreibung nebenläufiger Algorithmen, noch ungeeignet, um die Komplexität realer Programme in den Griff zu bekommen, sind etwa seit den Achtzigerjahren Modellierungen entstanden, die vor allem durch hierarchische Beschreibungen einen großen Schritt in Richtung Praxis gemacht haben. Zwei bekannte Beispiele sind die State Charts (Harel, 1987) und die Notationen auf der Grundlage von Mengen und Relationen (Alloy von Jackson, 2002). Als Prüfmittel sind sogenannte Model Checker entstanden, die mit beträchtlichem Rechenaufwand gewisse Eigenschaften von Modellen bestätigen oder widerlegen können (von Clarke, Emerson und Sifakis, die dafür 2004 mit dem Turing-Award ausgezeichnet wurden).

Nach wie vor ist es aber in der Praxis unmöglich, eine komplexe Software mit diesen Mitteln leidlich vollständig zu beschreiben; die Versuche scheitern an zwei ungelösten Problemen:

1. *Erstellung, Prüfung und Verwendung formaler Spezifikationen*

Formale Beschreibungen sind schwer zu erstellen und zu prüfen. Sie taugen damit nicht für die Kommunikation mit Kunden und Anwendern. Selbst unter hochqualifizierten Informatikern ist die Zahl derer, die damit arbeiten können (und wollen), sehr gering. Damit bleibt die formale Spezifikation die Domäne weniger Experten. Selbst wenn für ein Projekt ausreichend viele von ihnen verfügbar sind, können sie doch nicht prüfen, ob ihre Spezifikation die Anforderungen des Kunden korrekt repräsentiert; denn der versteht die formale Beschreibung sicher nicht. Alle weiteren Personen, die (etwa beim Test oder in der Wartung) an der Software arbeiten, müssen ebenfalls Experten sein. Das ist schwer vorstellbar.

Wir können auch keine Skizzen zeichnen, wie es die Ingenieure gern tun. Die bislang entwickelten formalen Notationen sind dafür nicht geeignet.

2. *Die Beschränkung auf funktionale Anforderungen*

Für funktionale Anforderungen, also den Zusammenhang zwischen Ein- und Ausgaben, stellt uns die Mathematik zahlreiche Modelle zur Verfügung. Beispielsweise können wir eine einfache Funktion f(x), die Berechnung der Quadratwurzel, so definieren:

$$\forall x \in \Re, x \geq 0: \quad f(x) = y \wedge |y^2 - x| \leq \varepsilon$$

Dabei ist $\Re$ die Menge der REAL-Zahlen eines bestimmten Rechners und ε die Schranke eines Fehlers. Die funktionalen Anforderungen sind damit klar. Sie stellen aber nur einen kleinen, wenn auch wichtigen Teil der Anforderungen dar. Für die vielen anderen Anforderungen stehen uns keine formalen Modelle zur Verfügung, sie lassen sich darum – mit unserem heutigen Wissen – nicht formalisieren.

Das gilt für die weichen (Abschnitt 16.4.2) und mehr noch für die nichtfunktionalen Anforderungen (Abschnitt 16.4.4), beispielsweise

- ein »vernünftiges« Verhalten im Fehlerfall (Robustheit),
- eine akzeptable Wartbarkeit der Software,
- eine einfache Bedienung (falls die Funktion direkt bedienbar ist),
- die leichte Übertragbarkeit des Programms auf einen anderen Rechner.

Der Anteil solcher nichtfunktionaler Anforderungen wird umso höher, je umfangreicher die betrachtete Software oder Software-Komponente ist. Bei einem komplexen Software-System kann man in aller Regel zunächst keine einzige Funktion formal angeben, sondern hat nur recht vage Vorstellungen von den Leistungen, die das System erbringen soll.

Langsame Entwicklung oder Durchbruch?

In den letzten Jahren wird wieder mehr über die formalen Techniken nachgedacht und gesprochen. So ist OCL (Object Constraint Language, eine Sprache zur Formulierung logischer Zusammenhänge) in UML (Rumbaugh, Jacobson, Booch, 2004) aufgenommen worden. Allerdings ist vorerst unklar, welche Unterstützung dafür zukünftige Werkzeuge bieten werden. Bislang ist sie mager und vor allem nicht standardisiert. Jean-Raymond Abrial, Schopfer der Spezifikationssprache Z, behauptet unter dem mutigen Titel »Faultless Systems: Yes we Can!« (Abrial, 2009), die Ära des formalen Vorgehens sei bereits angebrochen. Aber er löst das Versprechen nicht ein, sondern beklagt, dass die Entwickler falsch ausgebildet seien; das war schon vor dreißig Jahren ganz ähnlich zu hören. Vielleicht müssen sich die Forscher, frei nach Brecht, andere Entwickler suchen.

Ivar Jacobson, Bertrand Meyer und Richard Soley, bekannte Vordenker des Software Engineerings, haben 2009 das Projekt SEMAT ausgerufen (Software Engineering Methods and Tools, siehe SEMAT, o.J.). Sie stellen fest, dass eine solide, allgemein anerkannte theoretische Grundlage fehlt. Das wollen sie ändern. Bislang sind aber nur Ziele formuliert, sodass die Chancen nicht zu beurteilen sind. Die Erfahrungen der letzten vierzig Jahre machen aber nicht viel Hoffnung. Allzu oft haben wir gehört, dass der Durchbruch kurz bevorstehe. Darum mahnt Parnas (2010) einen Neubeginn an: »*We must question the assumptions underlying the well-known current formal software development methods to see why they have not been widely adopted and what should be changed.*«

Wir behandeln das Thema nicht weiter; wer sich dafür interessiert, wird eine große, aber unübersichtliche Menge von Literatur finden. Einen knappen, wenn auch nicht ganz aktuellen Zugang bietet die »NASA Langley Formal Methods Site« (NASA, 2002; Link »Philosophy«). Auch die englische Wikipedia-Seite »formal methods« ist als Einstieg geeignet.

Zwei Cartoons auf den NASA-Seiten nehmen das Sektierertum in der formalen Szene und die geringe Akzeptanz aufs Korn: Ein Mann mit rauchendem Colt sagt zu zwei anderen (der vierte liegt tot am Boden): »*Ihr seid meine Zeugen. Der Kerl hat doch wirklich behauptet, dass die ZFC Mengenlehre der Typtheorie überlegen sei!*« Das Bild eines Ladens, der »Zitteraal im Brötchen« (*electric eel*) anbietet, hat die Unterschrift: »*Das einzige, was noch schwerer zu verkaufen ist als formale Methoden*«.

16.6.2 Grafische Darstellungen der Spezifikation

Alle Ingenieure stellen Entwürfe, die noch Unklarheiten und Lücken enthalten, durch Skizzen dar. Im Software Engineering wurde dieses Konzept (siehe Abschnitt 1.7.5) in den Siebzigerjahren für die Darstellung der Spezifikation übernommen, noch bevor die technischen Voraussetzungen bestanden, um die Grafiken komfortabel am Bildschirm bearbeiten und ausgeben zu können; es kann im Rückblick nicht überraschen, dass die Arbeit mit Bleistift und sehr vielen Radiergummis die Akzeptanz der grafischen Notationen nicht gefördert hat. Der Pionier auf diesem Gebiet war Douglas Ross. Seine »Structured Analysis and Design Technique« (SADT; Ross, 1977) wurde enthusiastisch begrüßt, denn sie stellte in einer Software-Welt, in der es praktisch nur Informationen in Textform gab, eine Revolution dar. Dass SADT keinen anhaltenden Erfolg hatte, dafür gab es mehrere Gründe; alle später entstandenen Notationen, allen voran »Structured Analysis« (DeMarco, 1978), beruhten aber auf den Konzepten aus SADT. Structured Analysis war bis zum Aufkommen der objektorientierten Programmierung weltweit sehr populär und wurde durch viele Werkzeuge unterstützt.

Heute versieht man alle Notationen, in denen die Datenflüsse dominieren, mit dem Etikett »strukturiert« (weil dieses Wort in den Namen vorkommt); seit Anfang der Neunzigerjahre steht ihnen eine wachsende Zahl von Notationen für die »objektorientierte Analyse« gegenüber. Zu Beginn des 21. Jahrhunderts sind die meisten dieser Notationen vergessen, weil sie durch UML-Notationen verdrängt wurden. UML bietet eine Reihe von Notationen, die in der Analyse verwendet werden können, insbesondere die Anwendungsfalldiagramme; massiv unterstützt wird jedoch erst der Entwurf.

Ein guter Überblick über Notationen und Methoden des Requirements Engineerings ist in Partsch (1998) zu finden.

16.6.3 Natürlichsprachliche Spezifikation

Wegen der oben beschriebenen Probleme mit formalen und grafischen Spezifikationen sind Texte meist das beste oder einzige Mittel zur Kommunikation mit den Klienten. Wie kann man die Nachteile der Verwendung natürlicher Sprachen vermindern oder beseitigen?

In der natürlichen Sprache gibt es eine ganze Reihe von Wörtern und Formulierungen, die keine konkrete Bedeutung haben (vgl. Abschnitt 5.5 in Deininger et al., 2005). Wenn man Wörter wie »sehr«, »meistens« oder »im Allgemeinen« verbietet, ebenso Formulierungen im Passiv oder Konjunktive wie »könnte«, hat man bereits einige Probleme vermieden. Ebenso kann man Textstellen erkennen, die höchstwahrscheinlich Unklarheiten erzeugen, beispielsweise das Wort »alle«.

Die Firma SOPHIST hat ein Regelwerk entwickelt, das diese Probleme angeht (Kap. 6 in Rupp et al., 2009). Tabelle 16–3 zeigt einige besonders wichtige Regeln. Dabei geht es immer darum, Lücken und Unschärfen zu vermeiden und deutlich zu machen, *wer wann was* tut.

	Regel	Erläuterung, Beispiel
R1	Formulieren Sie jede Anforderung im Aktiv.	Der Akteur wird angegeben, und es wird sichtbar, ob das System oder der Benutzer etwas tut. Fordert man, dass etwas »*gelöscht wird*«, so bleibt das unklar.
R2	Drücken Sie Prozesse durch Vollverben aus.	Vollverben (wie »liest«, »erzeugt«, nicht »ist«, »hat«) verlangen weitere Informationen (Objekte, Ergänzungen), die den Prozess genauer beschreiben. Nicht: »*Wenn die Daten konsistent sind*«, sondern »*Wenn Programm ABC die Konsistenz der Daten geprüft hat*«. Und natürlich muss auch spezifiziert sein, was geschehen soll, wenn sie *nicht* konsistent sind (R4).
R3	Entdecken Sie unvollständig spezifizierte Prozesswörter (Verben).	Fehlen Angaben (Objekte), dann wird nach diesen Angaben gesucht, um vollständige Aussagen zu erhalten. Wenn eine Komponente *einen Fehler meldet*, fragt sich, wem.
R4	Ermitteln Sie unvollständig spezifizierte Bedingungen.	Für Bedingungen der Form »Wenn-dann-sonst« müssen sowohl der Dann- als auch der Sonst-Fall beschrieben sein (vgl. das Beispiel für R2).
R5	Bestimmen Sie die Universalquantoren.	Sind Sätze mit »nie«, »immer«, »jedes«, »kein«, »alle« wirklich universell gültig, oder gibt es Einschränkungen? Sind »*alle Personen*« wirklich alle Personen, oder nur die Anwesenden, die Mitarbeiter, die Besitzer einer Eintrittskarte?
R6	Überprüfen Sie Nominalisierungen.	Nomen (z. B. »Generierung«, »Datenverlust«) weisen oft auf einen komplexen Prozess hin, der beschrieben werden muss. Verwendet man das Substantiv »*Anmeldung*«, dann fehlen meist die Ergänzungen, die beim Verb »*anmelden*« erwartet werden: Wer meldet sich wo und wofür an?
R7	Erkennen und präzisieren Sie unbestimmte Substantive.	Oft bleibt unklar, ob es sich um einen generischen Begriff oder um ein bestimmtes Objekt handelt. Ist vom »*Bediener*« die Rede, so fragt es sich, ob es nur einen gibt oder welcher gemeint ist. Ähnliches gilt für viele Begriffe (Gerät, Meldung).
R8	Klären Sie die Zuständigkeiten bei Möglichkeiten und Notwendigkeiten.	Ein Zwang muss realisiert werden. Steht in einer Anforderung, dass etwas *möglich* oder *unmöglich* ist, *passieren kann*, *darf* oder *muss*, so ist zu klären, wer dies erzwingt oder verhindert.
R9	Erkennen Sie implizite Annahmen.	Begriffe in den Anforderungen (»*die Firewall*«), die nicht erläutert sind, deuten oft auf implizite Annahmen (hier vermutlich auf die, dass es *eine Firewall gibt*).

Tab. 16–3 *Regeln für natürlichsprachliche Anforderungen (frei nach Rupp et al., 2009)*

Natürlich ist generell jedes Wort daraufhin zu prüfen, ob seine Bedeutung klar ist. Selbst bei scheinbar einfachen Wörtern wie »soll« oder »kann« gehen die Meinungen weit auseinander: Ist das, was realisiert werden *soll*, nun gefordert, gewünscht oder freigestellt? Eine eindeutige Festlegung, die dann auch konsequent beachtet wird, verhindert viele Missverständnisse (siehe unten: Sprachschablonen).

Betrachten wir ein Beispiel: *»Es soll geprüft werden, dass neben Autor und Titel des Dokuments auch immer der Aufbewahrungsort eingegeben wird.«*

Untersuchen wir diese Anforderung, dann können, von der Frage zum Wort »soll« abgesehen, folgende Regeln angewendet werden:

- R1: Die Anforderung ist im Passiv formuliert (»... soll geprüft werden«, »... eingegeben wird«), die Akteure fehlen.
- R7: Es muss klar sein, welcher Autor gemeint ist. Es könnte auch mehrere geben. Ähnliche Fragen gibt es zum Aufbewahrungsort.
- R3: Die Prozesswörter (»prüfen« und »eingeben«) sind unvollständig spezifiziert. *Wer* prüft *wann*, *wer* gibt *wann* etwas ein?
- R4: In der Anforderung steckt eine unvollständig spezifizierte Bedingung. Was soll geschehen, wenn der Aufbewahrungsort nicht eingegeben wurde?
- R5: Es muss nachgefragt werden, ob der angegebene Sachverhalt auch wirklich *immer* gelten soll.

Eine verbesserte Fassung dieser Anforderung, die die Ergebnisse der sprachlichen Analyse berücksichtigt, könnte etwa so aussehen:

> *»Nachdem der Administrator den Dokument-Datensatz eingegeben hat, prüft das System, ob der Datensatz neben dem (einzigen oder ersten) Autor und dem Titel auch den Aufbewahrungsort enthält. Sonst erzeugt das System eine Fehlermeldung und lässt den Dokument-Datensatz unverändert.«*

Diese Vorgehensweise, das Regelwerk und die Hinweise, wie man es anwendet, sind in Rupp et al. (2009) ausführlich beschrieben. Die Erfahrungen mit diesem Verfahren sind sehr positiv; wer schon einmal übliche, also vage und unvollständige Spezifikationen gelesen hat, sieht die klaren Vorteile.

Die Möglichkeiten der natürlichsprachlichen Spezifikation sind bei weitem nicht ausgeschöpft. Ralf Melchisedech (2000) hat sich in seiner Dissertation mit diesem Thema auseinandergesetzt und eine Werkzeugunterstützung entworfen. Auf dem Markt sind solche Werkzeuge auch zehn Jahre später noch nicht.

Sprachschablonen

Ein konstruktiver Ansatz ist die Verwendung von Sprachschablonen: Die Spezifikation wird in einer sehr eingeschränkten natürlichen Sprache verfasst. Dadurch ist eine Kommunikation ohne Missverständnisse zwar nicht garantiert, aber wahrscheinlicher geworden. Wir alle kennen dieses Prinzip aus Gesetzen und anderen Regelwerken, beginnend mit den zehn Geboten (»*Du sollst ...*«). Solche Schablonen führen zwar zu einer sehr eintönigen Spezifikation, die von literarischer Qualität noch weiter entfernt ist als andere technische Texte. Dafür ist der Sinn der Aussagen klar definiert.

Die SOPHISTen geben dafür eine Art Grammatik an, die im Kern als Bauplan aller Anforderungen das Schema A B C D E F vorgibt:

- A klärt, wann und unter welchen Bedingungen die Aktivität stattfindet.
- B ist MUSS (Pflicht), SOLL (Wunsch) oder WIRD (Absicht).
- C ist immer »das System« oder eine konkrete Nennung des Systems.
- D ist eine von drei Möglichkeiten: Die erste beschreibt eine selbständige Systemaktivität (»tut«), die zweite eine vom System angebotene Funktion (»bietet jemandem die Möglichkeit, zu tun«), die dritte die Inanspruchnahme einer von Dritten angebotenen Funktion (»ist fähig zu tun, wenn bestimmte Voraussetzungen gegeben sind«).
- E enthält Ergänzungen, insbesondere ein Objekt.
- F ist das eigentliche Prozesswort (was passiert).

Zusammen kann das beispielsweise so aussehen:

Nach Ende der Bürozeiten (=A) soll (=B) das System (=C) dem Operator die Möglichkeit bieten (=D), alle neuen Anmeldungen auf einem externen Datenträger (=E) zu sichern (=F).

Bei einem automatischen Backup fiele Teil D (und das Wort »zu«) weg. Natürlich ist zu prüfen, ob im Satz noch implizite Annahmen stecken; beispielsweise scheint es definierte Bürozeiten zu geben. Ebenso ist der Allquantor »*alle*« zu prüfen. In Rupp et al. (2009), Kap. 7, wird dieser Ansatz detailliert beschrieben.

16.7 Konzepte und Komponenten der Spezifikation

16.7.1 Die Ausrichtung auf die Anforderungen

Wenn Programmierer ohne entsprechende Ausbildung eine Spezifikation verfassen, kommt dabei meist ein schlecht getarnter Entwurf heraus. Denn sie sind daran gewöhnt, in Lösungen zu denken, sie tun sich mit der Formulierung ursprünglicher, noch nicht in Lösungen umgesetzter Anforderungen sehr schwer.

Eine solche »Spezifikation« hat aber erhebliche Nachteile. Einerseits werden die echten Anforderungen nicht dokumentiert, und später lässt sich nicht mehr feststellen, was der Klient wirklich wollte. Andererseits werden dem Entwurf Fesseln angelegt, indem Entscheidungen vorzeitig und von den falschen Leuten getroffen werden. Ein Vergleich soll das anschaulich machen: Der Kunde eines Transportunternehmens möchte von A nach B befördert werden. Sein Gesprächspartner, ein Taxifahrer, notiert, dass der Kunde ein Auto braucht, und sucht die schnellste Strecke heraus. Auf diese Weise ist die ursprüngliche Anforderung verloren. Und die optimale Bedienung des Kunden (die womöglich in einer Bahn-, Flug- oder Schiffsreise bestanden hätte) ist wahrscheinlich ausgeschlossen. Wenn später ein neues Verkehrsmittel (eine Magnetschwebebahn) die Strecke bedient, führt das nicht zu einer Revision, weil die Spezifikation ein Auto vorschreibt.

Als in den Siebzigerjahren die frühen Phasen der Software-Entwicklung zum Gegenstand der Forschung wurden, bestand darum Konsens über die Regel, dass die Spezifikation aussagen soll, *was* das System leistet, und dass sie *nicht* aussagen soll, *wie* diese Leistung erbracht wird: »What, not how!«, lautete das Motto. Wer ein Programm zur Ermittlung der Nullstellen einer Funktion spezifiziert, sollte eine bestimmte Genauigkeit der Resultate und auch eine Grenze für die Rechenzeit angeben, aber nicht das konkrete Rechenverfahren.

Diese Trennung lässt sich, wie die weitere Forschung gezeigt hat, nicht konsequent durchhalten (siehe Abschnitt 16.5.3). Trotzdem bleibt die Forderung, dass die Spezifikation möglichst neutral, also nicht einschränkend für die Implementierung sein sollte, sinnvoll. Wir lassen uns zunächst davon leiten, welche Forderungen an das zu erstellende System von außen, d. h. an den Schnittstellen, erhoben werden.

Forderungen können entweder die *Funktionalität* oder die *Qualität* betreffen; diese Unterscheidung führt, wie in Abschnitt 16.4.4 beschrieben, zur Trennung der *funktionalen* Anforderungen von den *nichtfunktionalen.*

16.7.2 Die Spezifikation der Funktion

Die Funktion einer Software ist die in der Zeit ablaufende Transformation von Eingabedaten im allgemeinen Sinne, d. h. von Daten, die bereits im Speicher stehen oder eingelesen werden, in Ausgabedaten im allgemeinen Sinne, d. h. in Daten, die wieder im Speicher stehen oder ausgegeben werden. Dazu stehen Betriebsmittel in bestimmter Art und begrenzter Menge zur Verfügung. Die Funktionsbeschreibung sagt also aus,

- *wann welche Daten* benötigt werden,
- *wann welche Daten* erzeugt werden,
- *welche Mittel in welcher Menge* dazu beansprucht werden.

Ist der Zeitpunkt der Ausführung oder die zeitliche Ordnung der Ausgabe irrelevant, so wird der Zeitaspekt auf die Reihenfolge beschränkt oder ganz weggelassen. Dabei wird unterstellt, dass die Effizienz insgesamt ausreicht. Beispielsweise sind die Ansteuerung eines Uhrwerks und die Auslösung eines Alarms zeitkritisch. Dagegen scheint die Antwort eines Auskunftssystems ebenso wenig wie die Archivierung von Buchungsvorgängen in einer Bank einer Zeitvorgabe zu bedürfen. Sie wegzulassen, ist aber in jedem Fall gefährlich. Denn eine Auskunft, die erst nach Minuten oder gar Stunden gegeben wird, ist nicht viel wert, und eine Archivierung, die zu langsam ist, um mit den Buchungen Schritt zu halten, kann nicht funktionieren. Darum sollte man auf keinen Fall darauf verzichten, Aussagen zur Zeit und zur Geschwindigkeit zu machen. Ähnliches gilt auch für andere Betriebsmittel, vor allem für den Speicher- und Prozessorbedarf sowie für die Bandbreite der benötigten Kommunikationswege.

Die Daten, um die es bei einem Software-System letztlich geht, sind die *Ausgaben* des Systems. Die Eingaben sind erforderlich, um die Ausgaben zu erzeugen, sie sind kein Selbstzweck. Wenn eine Eingabe nicht zur Erzeugung der Ausgabe benötigt wird, sollten wir sie auch nicht spezifizieren. Wir gehen also grundsätzlich von den Daten aus, die unser System liefern soll. Natürlich schließt hier der Begriff der Daten alle Außenwirkungen des Systems ein.

Es lag daher für die Schöpfer von Spezifikationssprachen nahe, die Kommunikation zwischen dem System und seiner Umgebung an den Anfang der Überlegungen zu stellen, beispielsweise im Context Diagram von Structured Analysis (DeMarco, 1978) und in den Use-Case-Diagrammen in UML (z. B. Rupp et al., 2005), wobei auch, wie bei SADT (Ross, 1985), der Betriebsmittelbedarf erfasst werden kann. Im Jackson System Development (JSD, Cameron, 1986) wird die Kommunikation in der zweiten, der sogenannten Vernetzungsphase, beschrieben. Zuvor werden (in der Modellierungsphase) die Begriffe der realen Welt ganz ohne Bezug zu einer Informatik-Lösung beschrieben.

Unabhängig von speziellen Verfahren können wir festhalten: Eine genaue Übersicht der Daten, die aus dem System kommen oder in das System fließen, mit ihren logischen Zusammenhängen ist der Kern jeder Spezifikation.

Ist eine Software realisiert und im Einsatz, dann gibt es darin sowohl Komponenten, die die Funktionalität im oben beschriebenen Sinne realisieren, als auch Hilfsfunktionen; diese organisieren die Software und behandeln Probleme, die nicht der Aufgabe, sondern der Lösung zuzuordnen sind. Im Beispiel der Lagerverwaltung (Abschnitt 16.7.4) gehört die Erstellung einer Lagerbestandsliste zur primären Funktionalität. Dagegen ist die Datensicherung, die in kurzen Abständen oder laufend erfolgt, keine primäre Funktion. Wenn uns *ideale Technologie* zur Verfügung stünde, gäbe es keine defekten Festplatten und generell keine Fehler der Hard- oder Software, auch keine Beschränkungen der Speicher- oder Prozessorkapazität und damit keinen Grund, über die Effizienz der Lösung nachzudenken. Darum ist es sinnvoll, die Anforderungen zunächst unter der Annahme idealer Technologie zu erfassen, denn das sind die wirklichen Wünsche der Klienten. Erst danach werden die Nebenbedingungen einbezogen, die durch die *reale*

Technologie entstehen; diese Anforderungen können sich durch technische Innovationen ändern. Sowohl die »Essenzielle Analyse« (McMenamin, Palmer, 1984), eine Weiterentwicklung von Structured Analysis, als auch das oben erwähnte JSD beruhen auf diesem klugen Konzept.

16.7.3 Anwendungsfälle

Mit Anwendungsfällen werden funktionale Anforderungen an ein System aus der Außensicht formuliert. Anwendungsfälle wurden von Ivar Jacobson als Teil der Methode OOSE (Object Oriented Software Engineering) eingeführt. Seither hat sich dieser Ansatz in der Praxis bewährt (Weidmann, Hoffmann, Lichter, 2009). Jacobson et al. definieren den Begriff Anwendungsfall (Use Case) wie folgt:

use case — A sequence of interactions between an actor (or actors) and a system triggered by a specific actor, which produces a result for an actor.

Jacobson et al. (1992)

Diese Definition nennt einige der wesentlichen Merkmale eines Anwendungsfalls:

- An einem Anwendungsfall ist neben dem System immer wenigstens ein Akteur (actor) beteiligt. Ein *Akteur* ist eine Rolle, die ein Benutzer oder ein externes System im Umgang mit dem zu spezifizierenden System einnimmt. Akteure gehören selbst nicht zum System, sie stehen außerhalb der Systemgrenze und interagieren mit dem System.
- Ein Anwendungsfall wird durch ein *spezielles Ereignis* angestoßen, das ein Akteur, der *Hauptakteur*, auslöst. Dieses Ereignis wird auch *Trigger* genannt.
- Ein Anwendungsfall ist immer *zielorientiert*, d. h., der Hauptakteur möchte ein bestimmtes Ziel erreichen.
- Ein Anwendungsfall beschreibt alle *Interaktionen* zwischen dem System und den beteiligten Akteuren, die notwendig sind, um das angestrebte Ziel zu erreichen (oder schließlich zu verfehlen).
- Ein Anwendungsfall *endet*, wenn das angestrebte Ziel erreicht ist oder wenn klar ist, dass es nicht erreicht werden kann.

Anwendungsfälle beschreiben die Leistungen und Interaktionen des Systems aus der Außensicht. Jeder Anwendungsfall muss das Systemverhalten für eine konkrete Situation vollständig spezifizieren. Dazu gehören auch alle Ausnahmefälle und die Reaktionen, wenn das angestrebte Ziel nicht erreicht werden kann.

Anwendungsfälle werden grundsätzlich in natürlicher Sprache, häufig aber in einer strukturierten Form notiert. Dazu gibt es eine Reihe von Vorlagen (Cockburn, 1996; Cockburn, 2001). Im folgenden Beispiel betrachten wir einen kleinen Ausschnitt aus der Spezifikation einer neuen Baureihe von Bankautomaten (BA42 genannt). Der in Abbildung 16–6 formulierte Anwendungsfall spezifiziert, wie ein Kunde, der Hauptakteur, mit einem BA42 interagiert, um sich zu authentifizieren (seine Identität nachzuweisen).

Name	Authentifizieren
Ziel	Der Kunde möchte Zugang zu einem Bankautomaten BA42 erhalten
Vorbedingung	– Der Automat ist in Betrieb, die Willkommen-Botschaft wird angezeigt – Karte und PIN des Kunden sind verfügbar
Nachbedingung	– Der Kunde wurde akzeptiert – Die Leistungen des BA42 stehen dem Kunden zur Verfügung
Nachbedingung im Sonderfall	Der Zugang wird verweigert, die Karte wird entweder zurückgegeben oder einbehalten, die Willkommen-Botschaft wird angezeigt
Akteure	Kunde (Hauptakteur), Banksystem
Normalablauf	1. Der Kunde führt eine Karte ein 2. Der BA42 liest d. Karte und sendet d. Daten z. Prüfung ans Banksystem 3. Das Banksystem prüft, ob die Karte gültig ist 4. Der BA42 zeigt die Aufforderung zur PIN-Eingabe 5. Der Kunde gibt die PIN ein 6. Der BA42 liest die PIN und sendet sie zur Prüfung an das Banksystem 7. Das Banksystem prüft die PIN 8. Der BA42 akzeptiert den Kunden und zeigt das Hauptmenü
Sonderfall 2a	*Die Karte kann nicht gelesen werden* 2a.1 Der BA42 zeigt die Meldung »Karte nicht lesbar« (4 s) 2a.2 Der BA42 gibt die Karte zurück 2a.3 Der BA42 zeigt die Willkommen-Botschaft
Sonderfall 2b	*Die Karte ist lesbar, aber keine BA42-Karte* 2b.1 Der BA42 zeigt die Meldung »Karte nicht akzeptiert« (4 s) 2b.2 Der BA42 gibt die Karte zurück 2b.3 Der BA42 zeigt die Willkommen-Botschaft
Sonderfall 2c	*Das Banksystem ist nicht erreichbar* 2c.1 Der BA42 zeigt die Meldung »Banksystem nicht erreichbar« (4 s) 2c.2 Der BA42 gibt die Karte zurück 2c.3 Der BA42 zeigt die Willkommen-Botschaft
Sonderfall 3a	*Die Karte ist nicht gültig oder gesperrt* 3a.1 Der BA42 zeigt die Meldung »Karte ungültig oder gesperrt« (4 s) 3a.2 Der BA42 zeigt die Meldung »Karte wird eingezogen« (5 s) 3a.3 Der BA42 behält die Karte ein 3a.4 Der BA42 zeigt die Willkommen-Botschaft
Sonderfall 5a	*Der Kunde bricht den Vorgang ab* 5a.1 Der BA42 zeigt die Meldung »Vorgang wird abgebrochen« (2 s) 5a.2 Der BA42 gibt die Karte zurück 5a.3 Der BA42 zeigt die Willkommen-Botschaft
Sonderfall 5b	*Der Kunde reagiert nach 5 Sekunden nicht* 5b.1 Der BA42 zeigt die Meldung »Keine Aktivität, Abbruch« (2 s) 5b.2 Der BA42 gibt die Karte zurück 5b.3 Der BA42 zeigt die Willkommen-Botschaft
Sonderfall 6a	*Das Banksystem ist nicht erreichbar* → Schritt 2c.1
Sonderfall 7a	*Die erste oder zweite eingegebene PIN ist falsch* 7a.1 Der BA42 zeigt die Meldung »Falsche PIN« (4 s) → Schritt 4
Sonderfall 7b	*Die dritte eingegebene PIN ist falsch* 7b.1 Der BA42 zeigt die Meldung »PIN dreimal falsch« (5 s) → Schritt 3a.2

Abb. 16–6 *Anwendungsfall (Use Case) für die Authentifizierung am Bankautomaten BA42*

Das Muster verlangt, dass neben den Schritten der Interaktion auch allgemeine Informationen zum Anwendungsfall angegeben werden. So müssen beispielsweise das angestrebte Ziel, die beteiligten Akteure und die Vor- und Nachbedingungen spezifiziert werden. Ferner trennt das Muster optisch klar die Interaktionen des Normalablaufs, der zum angestrebten Ziel führt, von der Spezifikation davon abweichender Sonderfälle. Das Beispiel zeigt auch, dass für jeden einzelnen Interaktionsschritt deutlich zum Ausdruck kommen soll, wer, Akteur oder System, agiert, also den Schritt ausführt.

Die Anwendungsfälle für ein System werden nach fachlichen Gesichtspunkten strukturiert, miteinander in Beziehung gesetzt und gruppiert. Mit den *Use-Case-Diagrammen* bietet UML nicht nur eine grafische Darstellung für die Anwendungsfälle, die Akteure und ihre Beziehungen, sondern auch Möglichkeiten zur Verkürzung und Verdichtung. Folgende Beziehungsarten werden angeboten:

- Die *Generalisierungsbeziehung* zwischen Anwendungsfällen dient zur Abstraktion. Sie erlaubt es, abstrakte Anwendungsfälle zu formulieren, aus denen konkrete Anwendungsfälle abgeleitet werden können. Beispielsweise kann man die Einrichtung verschiedener Konten (Girokonten, Sparkonten, Wertpapierdepots) in einem abstrakten Anwendungsfall »Konto einrichten« zusammenfassen, der dann entsprechend spezialisiert wird. Auch für Akteure kann es einen generalisierten Akteur geben; der spezielle Akteur ist implizit an allen Anwendungsfällen beteiligt, in denen seine Generalisierung auftritt. Das ist oft praktisch, um die Gemeinsamkeiten verschiedener Personengruppen zu beschreiben (z. B. Kunde und Mitarbeiter).
- Die *Benutzt-Beziehung* (*include*) zwischen zwei Anwendungsfällen kann mit einem Prozeduraufruf verglichen werden: Der benutzte Anwendungsfall wird im aufrufenden Anwendungsfall ausgeführt.
- Die *Erweitert-Beziehung* (*extend*) zwischen zwei Anwendungsfällen bedeutet, dass ein Anwendungsfall an einer definierten Stelle (*Erweiterungspunkt*) im anderen Anwendungsfall ausgeführt wird, wenn eine dazu definierte Bedingung erfüllt ist.

Aus fachlicher Sicht hat es sich bewährt, bei den Anwendungsfällen zwischen *Hauptfunktionen* und *Basisfunktionen* zu unterscheiden. Anwendungsfälle, die Hauptfunktionen spezifizieren, beschreiben die geforderte fachliche Funktionalität des Systems. Ein Anwendungsfall, der eine Basisfunktion beschreibt, wird typischerweise in Hauptfunktionen verwendet und liefert dort einen Beitrag zur Funktionalität.

Abbildung 16–7 zeigt einen Ausschnitt der Anwendungsfälle für einen Bankautomaten BA42 als Use-Case-Diagramm. Die Akteure – Kunde und Banksystem – stehen außerhalb des modellierten Systems. Die Anwendungsfälle sind als Pakete gruppiert und durch Beziehungen der Arten *include* und *extend* miteinander verknüpft. »Kontostand abfragen«, »Auszug drucken«, »Geld beziehen« und »Dauerauftrag einrichten« spezifizieren Hauptfunktionen. Der Anwendungsfall

»Authentifizieren« beschreibt eine Basisfunktion. Er wird in jeder Hauptfunktion verwendet; darum ist er durch eine include-Beziehung eingebunden. Eine Ausnahme bildet der Anwendungsfall »Auszug drucken«, weil dieser nicht nur direkt in Anspruch genommen werden kann, sondern (über den Erweiterungspunkt »Auszug drucken«) auch aus dem Anwendungsfall »Kontostand abfragen«.

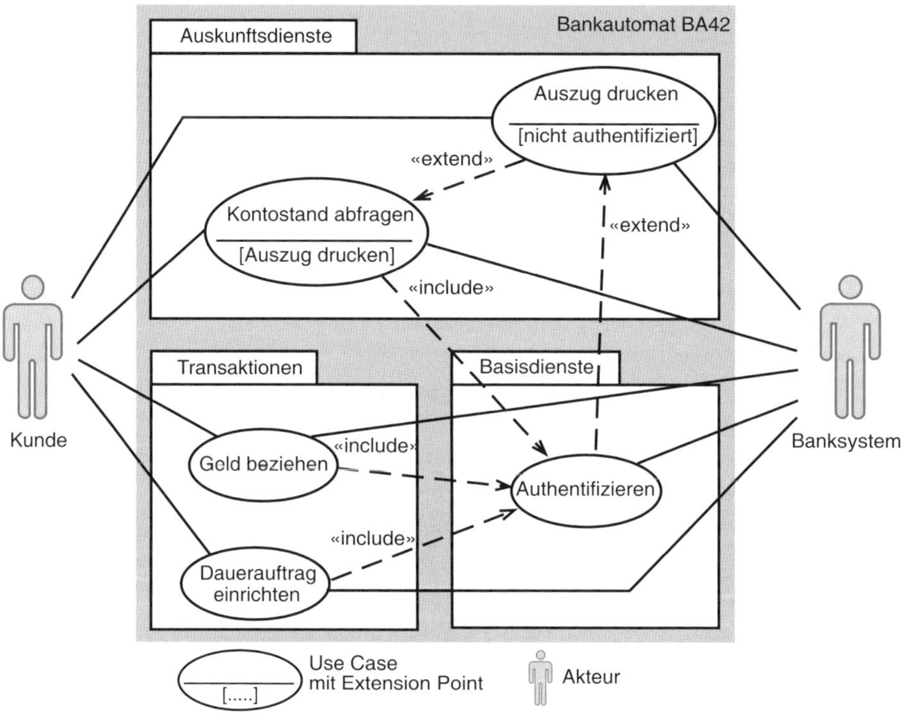

Abb. 16–7 Beispiel eines UML-Use-Case-Diagramms

In diesem Fall soll aber keine zweite Authentifizierung verlangt werden. Daher wird »Authentifizieren« nur bei Bedarf in den Anwendungsfall »Auszug drucken« eingebunden. Dies modelliert die extend-Beziehung mit dem Erweiterungspunkt »nicht authentifiziert«.

Wir fassen zu den Anwendungsfällen und Use-Case-Diagrammen zusammen:

- Use-Case-Diagramme geben einen guten Überblick über alle Anwendungsfälle und ihre Beziehungen, ersetzen aber in keinem Fall die detaillierten Beschreibungen der Anwendungsfälle. Beide Darstellungen sind notwendig.
- Die Anwendungsfälle werden identifiziert, modelliert, formuliert und geprüft. Das geschieht nicht in einem einzigen Schritt, sondern iterativ. In Tabelle 16–4 sind wesentliche Aktivitäten dieses Prozesses aufgelistet. Sie basiert auf dem in Ryser (2003) beschriebenen Vorgehen.

Aktivität	Anmerkungen
Bestimme alle Akteure und alle Ein- und Ausgaben	Dazu sind die folgenden Fragen hilfreich: – Welche äußeren Ereignisse gibt es? – Wer nutzt oder verwaltet das System? – Wer liefert Eingaben? – Wer verwendet die Ausgaben und Resultate?
Lege die Systemgrenzen fest	Die Systemgrenzen definieren, welche Komponenten und Funktionen zum System gehören und welche nicht.
Identifiziere und formuliere die Anwendungsfälle der Hauptfunktionen	Die Anwendungsfälle der identifizierten Hauptfunktionen werden grob formuliert. Es muss sichergestellt werden, dass die Anwendungsfälle die Funktionalität vollständig abdecken.
Strukturiere die Anwendungsfälle und die Akteure	Die Beziehungen zwischen Akteuren und Anwendungsfällen sowie zwischen den Anwendungsfällen selbst werden identifiziert. Die Anwendungsfälle werden, wenn sinnvoll, in Pakete gruppiert.
Beschreibe den Normalablauf der Anwendungsfälle	Der Normalablauf, also der Weg zum angestrebten Ziel des Hauptakteurs, sollte zuerst formuliert werden.
Beschreibe alle Sonderfälle und Alternativabläufe	Es ist zu klären, welche Sonderfälle und welche Alternativabläufe auftreten können und wie diese vom Normalablauf abweichen.
Extrahiere gleiche Interaktionssequenzen	Gleiche Interaktionssequenzen können als Basisfunktionen definiert und an mehreren Stellen verwendet werden. Mit Hilfe der Generalisierungsbeziehung können Abläufe generisch spezifiziert, dann spezialisiert und wiederverwendet werden.
Prüfe zusammen mit dem Klienten die Anwendungsfälle	Die Anwendungsfälle werden vom Klienten in Reviews geprüft und, nachdem alle Korrekturen und Verbesserungen eingearbeitet sind, freigegeben.

Tab. 16–4 *Aktivitäten bei der Erstellung von Anwendungsfällen*

- Anwendungsfälle können nur in enger Zusammenarbeit mit dem Klienten erstellt werden. Sie helfen besonders dabei, die Ist- und Soll-Abläufe des zu erstellenden Systems mit den Fachleuten der Anwendung abzustimmen.
- Die Entwickler lernen bei der Erstellung der Anwendungsfälle die Fachsprache und die Anwendungswelt kennen und verstehen. Die Fachbegriffe werden in das Begriffslexikon aufgenommen.
- Anwendungsfälle sind eine gute Grundlage, um Prototypen zu erstellen, Testfälle für den Systemtest zu definieren (siehe Abschnitt 19.5.4) und die Benutzungsdokumentation zu schreiben.

Natürlich sind Anwendungsfälle alleine nicht ausreichend, um Anforderungen vollständig und präzise zu formulieren. So kann beispielsweise nicht modelliert werden, dass das System selbst eine Interaktion anstößt. (In unserem Beispiel sollte der Bankautomat die Karte zurückgeben oder einziehen, wenn der Kunde eine gewisse Zeit nicht aktiv war.) Dazu müssten sogenannte interne Akteure modellierbar sein (Nyßen, 2009). Glinz (2000) hat sich intensiv mit UML als Spezifikationssprache auseinandergesetzt und wesentliche Defizite identifiziert.

16.7.4 Das Mengengerüst

Vor allem in der Grundausbildung der Informatiker wird oft der Eindruck erweckt, als seien alle Verfahren und Algorithmen beliebig skalierbar. So, wie man in einer Liste mit hundert Einträgen einen bestimmten Namen durch lineare Suche lokalisiert, geht das auch bei hunderttausend Einträgen.

Formal ist das richtig, praktisch aber falsch. Jede Lösung, sei es eine Datenstruktur oder ein Algorithmus, hat ein bestimmtes Einsatzspektrum, auch hinsichtlich der Problemgröße. Wer nur wenige Werte sortieren muss, ist mit einem Bubble Sort gut bedient, wer die Einwohner Chinas verwaltet, sollte andere Sortierverfahren verwenden. Gerade wenn viele Daten zu verwalten sind, wird man eine kompakte Darstellung der Daten anstreben und die Schlüssel nicht länger machen, als für die Höchstzahl der Datensätze erforderlich ist. Darum ist das Mengengerüst, die Angabe der Mengen und Größen, die für die Software Bedeutung haben, ein wesentlicher Bestandteil der Spezifikation.

So ist das »Jahr-2000-Problem«, also die Untauglichkeit vieler Programme, Jahreszahlen größer 2000 zu verarbeiten, mindestens zum Teil dadurch entstanden, dass entsprechende Vorgaben in den Spezifikationen fehlten. Die Entwickler der Siebziger- und auch noch der Achtzigerjahre haben stillschweigend unterstellt, dass die Jahreszahl niemals größer als 1999 werden könne.

Die Leistungsmerkmale eines Systems können ebenfalls dem Mengengerüst zugeschlagen werden. Betrachten wir als Beispiel ein Depot, in dem viele Objekte, die durch eine Nummer und eine Bezeichnung identifiziert sind, einzeln gelagert sind. Der aktuelle Lagerbestand wird auf einem Bildschirm angezeigt. Im Mengengerüst sollten folgende Angaben definiert sein:

- Zahl der Lagerplätze
- Länge der Artikelnummern
- Länge der Artikelbezeichnungen
- Zahl gleicher Objekte
- Veränderungsrate (bewegte Objekte pro Stunde)
- Dauer bis zur Aktualisierung der Anzeige

Alle Angaben definieren die Obergrenzen; eventuell sind aber auch Untergrenzen von Bedeutung, beispielsweise bei der Zahl der mindestens verfügbaren freien Lagerplätze. Manchmal reicht auch eine einzige Grenze nicht aus, wenn beispielsweise das System für kurze Zeit mehr Veränderungen als im Dauerbetrieb verkraften muss.

Viele Autoren ordnen die Leistungsmerkmale eines Systems (Antwortzeiten, Speicherbedarf usw.) den nichtfunktionalen Anforderungen zu; wir sehen sie im Sinne des Betriebsmittelbedarfs als einen Aspekt der Funktionalität.

16.8 Muster und Normen für die Spezifikation

16.8.1 Vorlagen und Standardstruktur

Wie bei anderen Software-Dokumenten ist es auch für die Spezifikation zweckmäßig, eine Standardstruktur zu verwenden. Dazu kann man entweder eine der verfügbaren Vorlagen verwenden oder sich an einer Norm orientieren. Zwei Quellen bieten erprobte Vorlagen für die Spezifikation:

- Robertson und Robertson (1999) bieten eine Vorlage für die Spezifikation an. Sie ist im praktischen Einsatz gereift und unter Volere (o.J.) erhältlich.
- Zum V-Modell XT (siehe Abschnitt 10.3) gibt es Vorlagen, auch für die Darstellung der Anforderungen. Sie können unter V-Modell XT (o.J.) bezogen werden.

Eine bewährte Basis bildet die Norm IEEE Std 830 (1998) (Recommended Practice for Software Requirements Specifications). Sie sieht die in Tabelle 16–5 erläuterten drei Kapitel vor. Die Liste der Anforderungen im Kapitel 3 der Spezifikation muss sinnvoll gegliedert sein, damit sie verwendet und geprüft werden kann. Unabhängig von der gewählten Gliederung muss sie die folgenden Informationen enthalten:

- Funktionale Anforderungen
- Qualitätsanforderungen
- Leistungsanforderungen
- Einschränkungen des Entwurfs
- Definition der externen Schnittstellen zu anderen Systemen

In der Praxis dient diese Struktur häufig als Grundlage firmenspezifischer Vorlagen. Abbildung 16–8 zeigt ein Beispiel. Darin wurde zwar eine vom IEEE Std 830 abweichende Nummerierung verwendet, die Inhalte wurden aber übernommen. Die einzelnen Anforderungen, die gemäß IEEE Std 830 im Kapitel 3 beschrieben werden, wurden thematisch gruppiert und in dazu neu eingeführten Kapiteln strukturiert.

1. Einleitung	
1.1 Zweck	Beschreibt den Zweck und den Leserkreis der Spezifikation.
1.2 Einsatzbereich und Ziele	Gibt an, wo X eingesetzt werden soll und welche wesentlichen Funktionen es haben wird. Wo sinnvoll, sollte auch definiert werden, was X *nicht* leisten wird. Beschreibt die mit X verfolgten Ziele.
1.3 Definitionen	Dokumentiert alle verwendeten Fachbegriffe und Abkürzungen. *(Besser ist ein separates Begriffslexikon, siehe Abschnitt 16.3.)*
1.4 Referenzierte Dokumente	Verzeichnet alle Dokumente, auf die in der Spezifikation verwiesen wird. *(Alternative: Liste im Anhang)*
1.5 Überblick	Beschreibt, wie der Rest der Spezifikation aufgebaut ist, insbesondere, wie Kapitel 3 strukturiert ist.
2. Allgemeine Beschreibung	
2.1 Einbettung	Beschreibt, wie X in seine Umgebung eingebettet ist und wie X mit den umgebenden Komponenten und Systemen zusammenspielt. Dazu werden die Schnittstellen, Kommunikationsprotokolle etc. definiert.
2.2 Funktionen	Skizziert die wichtigsten Funktionen von X.
2.3 Benutzerprofile	Charakterisiert die Benutzergruppen von X und die Voraussetzungen, die diese jeweils mitbringen (Ausbildung, Know-how, Sprache, ...).
2.4 Einschränkungen	Dokumentiert Einschränkungen, die die Freiheit der Entwicklung reduzieren (z. B. Prozessmodell, Basis-Software, Ziel-Hardware).
2.5 Annahmen und Abhängigkeiten	Nennt explizit die Annahmen und externen Voraussetzungen, von denen bei der Spezifikation ausgegangen wurde.
3. Einzelanforderungen	
3.i Anforderung i	Beschreibt die Anforderung i so genau, dass bei der Verwendung der Spezifikation (im Entwurf usw.) keine Rückfragen dazu notwendig sind.

Tab. 16–5 *Struktur der Spezifikation für eine Software X nach IEEE Std 830 (1998)*

1 INTRODUCTION
  1.1 Purpose
  1.2 Acronyms and Definitions
  1.3 References
  1.4 User Characteristics
2 FUNCTIONAL REQUIREMENTS
  2.1 Function Set 1
  2.i <etc.>
3 REQUIREMENTS TO EXTERNAL INTERFACES
  3.1 User Interfaces
  3.2 Interfaces to Hardware
  3.3 Interfaces to Software Products / Software / Firmware
  3.4 Communication Interfaces
4 REQUIREMENTS REGARDING TECHNICAL DATA
  4.1 Volume Requirements
  4.2 Performance
  4.3 <etc.>
5 GENERAL CONSTRAINTS AND REQUIREMENTS
  5.1 Standards and Regulations
  5.2 Strategic Constraints
  5.3 Hardware
  5.4 Software
  5.5 Compatibility
  5.6 Cost Constraints
  5.7 Time Constraints
  5.8 <etc.>
6 PRODUCT QUALITY REQUIREMENTS
  6.1 Availability, Reliability, Robustness
  6.2 Security
  6.3 Maintainability
  6.4 Portability
  6.i <etc.>
7 FURTHER REQUIREMENTS
  7.1 System Operation
  7.2 Customization
  7.3 Requirements of Internal Users

Abb. 16–8 *Beispiel für eine Spezifikationsstruktur auf Basis der IEEE-Norm 830*

16.8.2 Normen

Es gibt eine ganze Reihe von Normen, die speziell die Analyse und Spezifikation regeln. Aus der IEEE-Normenfamilie ist neben dem schon in Abschnitt 16.8.1 erwähnten Standard IEEE Std 830 (1998) auch der Standard IEEE Std 1233 (1998) zu nennen; von den deutschsprachigen Normen ist die VDI-Richtlinie 2519 Blatt 1 (2001) speziell zu erwähnen.

- IEEE Std 1233 (1998) (Guide for Developing System Requirements Specifications)
  Dieser Standard beschreibt Eigenschaften »gut« formulierter Anforderungen (well-formed requirements). In einem Prozess mit vier Unterprozessen ist beschrieben, wie man Anforderungen identifiziert, spezifiziert, strukturiert und präsentiert. Das Ergebnis wird in der System Requirements Specification festgehalten. Der Anhang des Standards enthält einen Vorschlag für die Struktur dieses Dokuments.
- IEEE Std 830 (1998) (Recommended Practice for Software Requirements Specifications)
  Dieser speziell für Software-Produkte entwickelte, sehr praxisnahe Standard gibt, wie in Abschnitt 16.8.1 erläutert, eine erprobte Struktur für die Beschreibung von Anforderungen vor. Er definiert Eigenschaften, die eine gute Spezifikation haben sollte, und erinnert daran, dass die Anforderungen in einem systematischen Änderungsprozess kontinuierlich gepflegt werden müssen.
- VDI-Richtlinie 2519 Blatt 1 (2001) (Vorgehensweise bei der Erstellung von Lasten-/Pflichtenheften)
  Diese sehr knappe Richtlinie unterscheidet explizit zwischen Lasten- und Pflichtenheft und skizziert deren Inhalt. Sie beschreibt ein Vorgehen, um Lasten- und Pflichtenheft zu erstellen, und nennt eine Reihe von Qualitätskriterien, die ein Pflichtenheft erfüllen soll. Ferner wird eine Checkliste angegeben, mit der man zentrale Aspekte des Pflichtenheftes (z. B. die Beschreibung der Schnittstellen, der systemtechnischen Anforderungen, der Inbetriebnahme) prüfen kann.

16.9 Regeln für Analyse und Spezifikation

Zusammenfassend formulieren wir einige Regeln, die als Leitfaden bei der Analyse und Spezifikation dienen sollen.

1. *Ein Begriffslexikon anlegen und entwickeln*

   Wie wir in Abschnitt 16.3 beschrieben haben, ist das Begriffslexikon eines der wichtigsten Ergebnisse der Analyse. Niemand, der mit einem Begriffslexikon gearbeitet hat, wird darauf verzichten wollen.

2. *Von der Aufgabe ausgehen*

   Viele Spezifikationen gehen nicht von dem Problem, von der Fragestellung aus, sondern von der Lösung, die sich der Verfasser der Spezifikation vorstellt. Diese Gefahr besteht besonders dann, wenn ein Software-Entwickler spezifiziert (siehe Abschnitt 16.7.1). Entwickler entschuldigen diesen Fehler gern damit, dass ja ohnehin keine andere Lösung in Frage komme. Sie gehen dabei aber regelmäßig von ihren Erfahrungen und von der aktuellen Technologie aus. Wenn Jahre später eine Re-Implementierung ansteht, haben sich die Bedingungen möglicherweise verändert. Dann sollte die Spezifikation eine ganz andere Realisierung nicht verhindern.

   Der Spezifizierende sollte sich also immer wieder zurücklehnen und sich fragen, ob die Aussagen, die er gerade formuliert, wirklich notwendig sind.

3. *Nach den Daten (Objekten) suchen, nicht die (vermuteten) Programmabläufe beschreiben*

   Dies ist eine Konkretisierung der Regel 2. Die Daten (oder allgemeiner die Objekte, z. B. auch Interrupts) sind der Aufgabe näher als die Abläufe, durch die die Transformationen realisiert werden (siehe Abschnitt 16.7.2). Denn die Abläufe sind meist nur dadurch bedingt, dass die Programme auf einem einzelnen Prozessor ausgeführt werden. Andere Rechnerarchitekturen führen zu anderen Abläufen. Damit ist der Ablauf ein Merkmal der Implementierung.

4. *Die Abstraktionsebene nicht innerhalb derselben Darstellung wechseln*

   Wenn man ein großes System beschreibt, so ist man in der Regel sehr unsicher und hat Mühe, allgemeine Aussagen zu machen; andererseits gibt es meist »Inseln« im Sumpf, die man sehr gut kennt und daher bis ins letzte Detail ausarbeitet. Unter diesen Umständen entstehen Spezifikationen, in denen abstrakte und sehr spezielle Aussagen vermischt sind. Solche Spezifikationen sind unübersichtlich, schwer lesbar und schlecht verwendbar. Die Verfeinerung eines einzelnen Teils kann u. U. auch schon vor der allgemeinen Verfeinerung sinnvoll sein, sie gehört dann aber in ein anderes Kapitel. Generell gilt, dass vor allem die allgemeinen Teile oft einen Schwachpunkt darstellen und darum besondere Aufmerksamkeit verdienen. Man sieht immer wieder Spezifikationen, deren Verfasser sich mit erkennbarer Mühe ein paar wolkige, unbestimmte Aussagen abgerungen und dann sehr rasch den Einzelheiten zugewandt hat. Der Leser hat dann keine Chance, aus dem Dokument die ihm fehlende Übersicht zu gewinnen.

5. *Die Spezifikation nach Aspekten organisieren und Checklisten verwenden, die dabei weiterentwickelt werden*

   Innerhalb der Spezifikation kommen verschiedene Aspekte zum Ausdruck, z. B. Bedienung, Datenflüsse, Zuverlässigkeit, Datendurchsatz, Fehlerbehandlung. Innerhalb eines Abschnitts sollten der Aspekt und die Abstraktionsebene (siehe Regel 4) stabil bleiben. Die Aspekte stellen auch eine Art Checkliste dar. Wenn man daran gewöhnt ist, einen Aspekt »Installation« und einen Aspekt »Datensicherheit« zu behandeln, dann können diese Punkte nicht vergessen werden. Natürlich haben die Klienten zu beiden Punkten Anforderungen, aber sie werden in vielen Fällen nicht von selbst darauf kommen.

Selbstverständlich ist es sinnvoll, auch gewöhnliche Checklisten einzusetzen. Sie stellen die billigste Form der Erfahrungsdatenbank dar und können problemlos erweitert und ergänzt werden.

6. *Ein Mengengerüst bilden*

   Das Mengengerüst enthält alle Zahlen, die die Entwickler zur Wahl der Datenstrukturen und Algorithmen benötigen. Siehe dazu Abschnitt 16.7.4.

7. *Die Klienten einbeziehen*

   Es ist schwierig, einen nicht fachkundigen Anwender in die Arbeit an der Spezifikation einzubeziehen. Wenn man aber dieser Schwierigkeit ausweicht, indem man die Diskussion mit dem Klienten meidet, gerät man später in weitaus größere Probleme.

8. *Sprachen und Werkzeuge verwenden, die die Regeln unterstützen*

   Nur ein sehr gutes Team ist in der Lage, nach allgemeinen Regeln, einer »Sammlung frommer Sprüche«, zu arbeiten; die meisten brauchen eine konkrete Führung. Diese erfolgt am besten durch eine Notation, die die Einhaltung der Regeln erzwingt (oder sehr nahe legt), und ein darauf abgestimmtes Werkzeug, das ihre Verwendung belohnt, indem es den Entwickler von nicht schöpferischen Arbeiten (wie Kopieren, Suchen, Vergleichen) entlastet. Das Werkzeug kann auch einfache, aber aufwändige Prüfungen übernehmen, es kann z. B. die Konsistenz von Schnittstellen prüfen.

9. *Die Spezifikation der Konfigurationsverwaltung unterstellen und so bald wie möglich prüfen, z. B. durch Reviews oder Prototypen*

   Da die Fehler der Spezifikation besonders kostspielig sind, ist hoher Aufwand für die Prüfungen rentabel. Während der Prüfung und danach sollte die Spezifikation vor unkontrollierten Änderungen geschützt sein.

10. *Die Spezifikation intensiv verwenden*

    Nachdem viel Aufwand in die Spezifikation investiert wurde, sollte sie zum Vorteil des Projekts auch angewendet werden. Das ist auch für die Spezifikation selbst nützlich, denn Fehler werden schneller entdeckt, und einer Ablösung von der Implementierung, d. h. einem Veralten der Spezifikation, wird vorgebeugt. Eine der wichtigsten Verwendungen, die regelmäßig Lücken und Unklarheiten aufdeckt, ist die Testvorbereitung (siehe Abschnitt 19.3.2).

17 Entwurf

Im Anfang schuf Gott Himmel und Erde; die Erde aber war wüst und wirr, Finsternis lag über der Urflut, und Gottes Geist schwebte über dem Wasser. Gott sprach: Es werde Licht. Und es ward Licht.

Die Bibel, Erstes Buch Mose, 1, 1-3

In der Genesis ist die Schaffung einer Ordnung aus dem *Tohuwabohu* der erste Schritt der Schöpfung. Die Ordnung, die Struktur, ist die Voraussetzung für alle weiteren Schritte. Vor der Ordnung gibt es nur den Geist und das Chaos. Die in der Schöpfung entstandenen Strukturen wie Tag und Nacht oder Himmel und Erde sind absolut stabil. Damit wird – ganz unabhängig vom religiösen Gehalt – die überragende Bedeutung der Strukturierung deutlich. Wer ein komplexes System schafft, legt Strukturen fest, die lange Zeit gültig bleiben. Darum gilt das Entwerfen auch in der Software-Entwicklung als die zentrale Tätigkeit. Fehler im Entwurf bleiben uns oft über Jahrzehnte erhalten.

Gerade von einem Kapitel über den Entwurf kann man einen ordentlichen Entwurf erwarten, also eine leicht verständliche, übersichtliche und tragfähige Struktur. Leider widersetzt sich dieses Thema jedoch einer eleganten Strukturierung. Hier nützt – wie auch an vielen anderen Stellen dieses Buches – der Blick hinüber zu den Architekten: Ein Haus kann man aus Lehm, Holz, Stein oder vielen anderen Materialien bauen, man kann es flach oder hoch, rund oder eckig machen. Diese Möglichkeiten lassen sich nicht durch eine geschlossene Entwurfslehre fassen. Das Gleiche gilt beim Software-Entwurf: Je nach Art der zu entwickelnden Software und je nach der gewählten Entwicklungsstrategie spielen ganz unterschiedliche Überlegungen eine Rolle.

Nach einigen Betrachtungen zur Bedeutung des Entwurfs im Entwicklungsprozess (Abschnitt 17.1) führen wir Begriffe ein, die im Kontext des Software-Entwurfs wichtig sind (Abschnitt 17.2). Im Abschnitt 17.3 präsentieren wir allgemeingültige Prinzipien des Entwurfs. Anschließend behandeln wir Aspekte des objektorientierten Entwurfs (Abschnitt 17.4). Mit der Wiederverwendung von Architekturen und architektonischem Wissen befassen wir uns im Abschnitt 17.5. Eine kurze Betrachtung über die Beurteilung der Entwurfsqualität (Abschnitt 17.6) schließt das Kapitel ab.

17.1 Ziele und Bedeutung des Entwurfs

Wenn ein Software-Entwickler eine sehr große, komplexe Software realisieren soll, steht er zunächst vor dem Problem, dass er die vielen Facetten des Systems und ihre Wechselwirkungen nicht überblicken kann; er muss die Software also in seiner Vorstellung gliedern. Wenn damit überschaubare Einheiten entstanden sind, muss er zweckmäßige Lösungsstrukturen festlegen. Schließlich muss er die sehr zahlreichen Bestandteile seiner Software so organisieren, dass er den Überblick behält.

Mit dem Entwurf verfolgen wir also drei Ziele, die sich nicht scharf gegeneinander abgrenzen lassen:

1. Gliederung des Systems in überschaubare (handhabbare) Einheiten
2. Festlegung der Lösungsstruktur
3. Hierarchische Gliederung

Als Software-Architektur (siehe Definition in Abschnitt 17.2.4) bezeichnen wir vor allem das Resultat der Gliederung (Schritt 1), die eine Lösungsstruktur auf höchster Ebene festlegt (Schritt 2).

17.1.1 Die Gliederung in überschaubare Einheiten

Man vergleiche unsere Situation mit der Aufgabe, ein großes Bauwerk an einen anderen Standort zu versetzen. Dazu muss man das Bauwerk zumindest so weit zerlegen, dass die einzelnen Teile handhabbar werden. Was das konkret bedeutet, hängt natürlich auch von der Ausrüstung (Kran, Fahrzeuge) und von den eigenen Fähigkeiten und Erfahrungen ab. Beim Entwurf ist es ganz ähnlich.

Es ist also nicht zu erwarten, dass die Spezifikation zu Beginn der Entwicklung vollständig vorliegt und der Entwickler sie auch vollständig kennt und versteht, bevor er einen Entwurf anfertigt. Vielmehr verhilft oft erst der Entwurf zum notwendigen Verständnis. Daher arbeiten erfahrene Entwickler mit Standardstrukturen (Abschnitt 17.5.1), die sie für eine große Klasse von Aufgaben einsetzen. Die Wiederverwendung vorhandener Komponenten hat eine ähnliche Wirkung wie die Verwendung einer Standardstruktur.

17.1.2 Die Festlegung der Lösungsstruktur

Die *Struktur* eines Gegenstands ist die Menge der Beziehungen zwischen seinen Teilen; ein Gegenstand, der nicht aus (erkennbaren) Teilen aufgebaut ist, heißt *unstrukturiert* oder *amorph*. Die Struktur ist also ein Aspekt des Gegenstandes, der von den materiellen und quantitativen Aspekten abstrahiert.

Die bemerkenswerteste Eigenschaft von Strukturen ist ihre oft überraschende Stabilität. Viele Strukturen des täglichen Lebens überdauern die Materie, an die sie gebunden scheinen. So zeigen viele Fossilien nur noch die Gestalt, die Struktur der Organismen, deren Atome in Jahrmillionen vollständig ausgetauscht wurden. Ebenso kennen wir in der Gesellschaft viele stabile Strukturen, z. B. Dörfer, Vereine, Gesetzeswerke, Spielregeln, die sich über Jahrhunderte erhalten, ohne dass man auf irgendein Detail zeigen könnte, das unverändert geblieben ist: Das Konkrete ist vergänglich, das Abstrakte ist stabil.

Das gilt auch für Software. Wenn in einem großen System immer wieder Komponenten verändert oder ausgetauscht werden, ist nach einigen Jahren kaum noch eine Zeile aus dem Code des ursprünglichen Systems erhalten, aber die Struktur ist völlig unverändert. Da die Software-Struktur großen Einfluss auf die Brauchbarkeit (Effektivität), vor allem aber auf die Wartbarkeit hat, ist die Wahl einer sinnvollen Struktur die wichtigste (technische) Entscheidung der ganzen Software-Entwicklung.

17.1.3 Die hierarchische Gliederung

Ein Mensch kann nur Systeme überblicken, die aus wenigen Teilen bestehen; die Psychologie gibt dazu die Zahl sieben an (Miller, 1956), d. h., bis zu (etwa) sieben Gegenstände können ohne Weiteres erfasst werden. Sind es mehr, so muss man die Gegenstände nacheinander betrachten und ihren Zusammenhang systematisch entwickeln. Betrachtet man Deklarationen und Anweisungen als Bestandteile eines Programms, dann bestehen schon kleinere Software-Systeme aus Tausenden dieser Komponenten. Sie müssen gruppiert, also hierarchisch organisiert werden, um für uns überschaubar zu sein.

Simon (1962) zeigt mit seiner Uhrmacher-Analogie, dass uns nur die Abstraktion ermöglicht, sehr komplexe Objekte herzustellen. Von zwei gleich kompetenten Uhrmachern, die beide ihre Uhren aus jeweils hundert Teilen zusammensetzen, wird einer sehr erfolgreich, während der andere scheitert. Der Erfolgreiche hat die Teile jeweils in Baugruppen zu zehn Teilen vormontiert, die am Schluss zusammengefügt werden; der andere setzt in einem einzigen Schritt alle hundert Teile zusammen. Stört ein Kunde, der eine Uhr bestellen oder abholen will, die Montage, so verliert der eine die Arbeit von wenigen Minuten, der andere von Stunden, und es gelingt ihm schließlich nicht mehr, auch nur eine einzige Uhr fertigzustellen.

Darum kann man nur kleine Programme direkt auf der Grundlage der Anforderungen codieren; alle anderen müssen schrittweise entwickelt werden.

Da man bei der Vorbereitung eines Hausbaus ähnlich vorgeht, bietet sich die *Architektur-Metapher* an. So, wie die Architektur eines Gebäudes die Formen und Beziehungen der Hauptbestandteile, also der Wände, Decken, Dachflächen, Türen und Fenster, vorgibt oder beschreibt, so macht die Software-Architektur Aussagen über die Gestalt, die Funktionen und Beziehungen der Software-Komponenten.

Durch die sinnvolle Gliederung (und nur durch sie) entsteht die Möglichkeit zur Abstraktion.

17.1.4 Die Entwicklungsrichtung

Ist die Verwendung einer Standardarchitektur nicht möglich oder nicht sinnvoll, muss der Entwurf sukzessive entstehen. Dabei kann man vier verschiedene Vorgehensrichtungen unterscheiden, die mit den Schlagwörtern *top-down*, *bottom-up*, *outside-in* und *inside-out* bezeichnet werden. Die mit dieser Wortwahl verbundene räumliche Vorstellung ist in Abbildung 17–1 dargestellt.

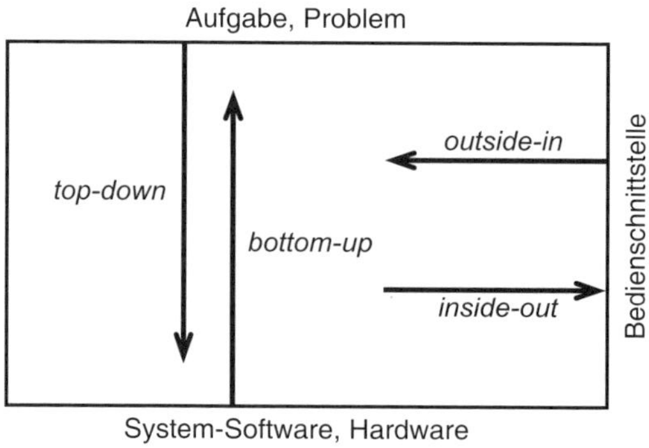

Abb. 17–1 *Vorgehensrichtungen beim Software-Entwurf*

Geht man von der (abstrakten) Aufgabe zur konkreten, detaillierten Lösung des Problems, so bezeichnet man das als *Top-down-Entwicklung*. Dabei zerlegt man die Aufgabe rekursiv in Teilaufgaben, bis die elementare Ebene (der Befehlsvorrat der Programmiersprache und die Betriebssystemaufrufe) erreicht ist. Man bezeichnet dieses Verfahren nach Niklaus Wirth (1971) auch als *Schrittweise Verfeinerung*. Wenn auf der Ebene der Implementierung keine ungewöhnlichen Probleme zu erwarten sind, ist die Top-down-Entwicklung der übliche Ansatz.

Diesem analytischen Vorgehen steht die Entwicklung *bottom-up* gegenüber, bei der der Entwickler die Befehle so lange synthetisiert (kombiniert), bis eine Gesamtlösung entstanden ist. Wer auf einer exotischen Hardware implementiert, wird wahrscheinlich bottom-up beginnen, also zunächst den virtuellen Rechner realisieren, der die benötigten Operationen anbietet.

Geht man von der Bedienoberfläche aus in Richtung auf die Datenstrukturen und Algorithmen vor, so erfolgt die Entwicklung *outside-in*. Das ist sinnvoll, wenn die Schnittstelle feststeht, die Implementierung aber offen ist. Sehr oft entsteht diese Situation, wenn die Kunden bereits mit einem Prototyp der Bedienoberfläche einverstanden waren.

Beginnt man umgekehrt bei den »Innereien« des Systems und arbeitet von dort zur Bedienoberfläche hin, so handelt es sich um eine *Inside-out-Entwicklung*. Sie ist typisch für eine Situation, in der ein bestehendes (Informations-)System um eine neue Funktion erweitert wird, z. B. eine (nur vage spezifizierte) grafische Ausgabe.

In der Praxis lassen sich die Ansätze nicht in Reinform anwenden. Um den Weg zur Lösung zu finden, muss man in jedem Falle beides kennen, den Ausgangspunkt und den Zielpunkt. Die zweckmäßige Vorgehensrichtung hängt von den konkreten Randbedingungen ab. Wenn bestimmte Punkte hart vorgegeben sind, etwa die Datenbank in einem bestehenden System oder eine präzise Spezifikation der Funktionalität, dann ist es zweckmäßig, von diesem Fixpunkt auszugehen, sich also vom Vorgegebenen zum Gestaltbaren hin zu bewegen. Da Entwickler in der Regel mit der Programmiersprache und dem Betriebssystem souverän umgehen können, ist diese Seite für sie gestaltbar, sie arbeiten also top-down.

17.1.5 Der Entwurf in der Praxis

In der Praxis wird dem Entwurf nicht immer die Aufmerksamkeit zuteil, die seiner Bedeutung angemessen wäre. Allgemeine, den Entwicklern bekannte Grundsätze für die Gestaltung der Systeme werden als ausreichende Festlegung der Architektur betrachtet, ein Entwurf findet erst auf Detailebene statt. Die Architektur wird in dieser Situation natürlich auch nur unzureichend dokumentiert.

Sie sollte aber dauerhaft und prüfbar dokumentiert werden, denn sonst ist es unmöglich, sie zu diskutieren und zu prüfen und so das Risiko einer schlechten Architektur zu verringern. Außerdem kann nur eine dokumentierte Architektur von mehreren Personen parallel implementiert werden. Ob für die Beschreibung eine wohldefinierte Sprache eingesetzt wird oder eine frei gewählte Notation, typischerweise aus natürlicher Sprache und einfachen Grafiken, hängt vom Projekt und von den Fähigkeiten und Möglichkeiten der Beteiligten ab.

Im Laufe der Wartung besteht die Gefahr, dass die Architektur durch eine Vielzahl kleiner Modifikationen schleichend korrumpiert wird und dadurch nicht nur Klarheit und Verständlichkeit einbüßt, sondern sich auch von ihrer Beschreibung entfernt, in der die Änderungen meist nicht nachgeführt werden. Damit verliert die Architekturbeschreibung ihren Wert für die Wartung der Software.

Northcote Parkinson[1] hat festgestellt, dass der Aufwand für Entscheidungen in Organisationen keineswegs proportional dem Risiko ist, sondern oft eher reziprok: Details werden von Fachleuten ausführlich erörtert und systematisch geklärt, aber die wirklich wichtigen Fragen werden nicht diskutiert, weil die einen

---

1 Cyril Northcote Parkinson hat in seinen sehr britischen und höchst unterhaltsamen Büchern das Wuchern der Verwaltungen beschrieben. Auf Deutsch ist vor allem »Parkinsons Gesetz« bekannt (Original: The Pursuit of Progress. John Murray, London, 1958).

nichts davon verstehen, die anderen keine Hoffnung haben, die Probleme verständlich zu machen; darum wird die Vorlage einfach abgenickt, auch wenn es gute Gründe gibt, sie abzulehnen. Ähnliches gilt auch für den Architekturentwurf. Obwohl seine Bedeutung allgemein anerkannt ist, wird in der Praxis sehr oft eher zufällig irgendeine Struktur ungeprüft akzeptiert oder von einem Vorgängersystem übernommen und anschließend in Code gegossen.

Dies ist insbesondere deshalb problematisch, weil sich die statische Struktur später nur noch mit hohem, meist unangemessenem Aufwand verändern lässt. Was als romanische Basilika gebaut wurde, wird niemals zu einer freitragenden Messehalle. Die Systemfunktion stellt die Anforderungen an die statische Struktur. Die Funktion kann aber später trotzdem meist relativ leicht verändert werden.

17.2 Begriffe

Im Bauwesen kann man auf viele wohlverstandene Begriffe wie »Tür« und »Dach« zurückgreifen, im Software Engineering fehlen uns nur allzu oft klare Begriffe. Die Literatur bietet eine Reihe von Definitionen an, die aber kein konsistentes System ergeben. Wir müssen also auswählen, was zusammenpasst, oder selbst definieren, was wir brauchen.

17.2.1 System

Informatiker weichen gern auf das Wort »System« aus, wenn sie keinen treffenderen Ausdruck finden. Die meisten Definitionen, die für den Systembegriff angegeben werden, führen über verwandte Begriffe wie Konfiguration und Komponente wieder zum System zurück, sind also zyklisch. Wir müssen uns anscheinend damit abfinden, dass wir über den intuitiven Systembegriff nicht hinauskommen, so wie er beispielsweise im IEEE-Standard 1471 (2000) eingeführt wird:

system — A collection of components organized to accomplish a specific function or set of functions.

IEEE Std 1471 (2000)

Leider ist der Systembegriff nicht sehr aussagekräftig, ein System besteht typischerweise – aber nicht zwangsläufig – aus mehreren miteinander vernetzten Komponenten, es ist (physisch oder logisch) von seiner Umgebung unterscheidbar, und es gibt einen – meist funktionalen – Aspekt, unter dem das System eine Einheit darstellt.

Ein Software-System ist demnach ein System, dessen Komponenten Software sind. Genauer gesagt sind die Komponenten einzelne Software-Einheiten oder bestehen aus Software-Einheiten. Wir können also definieren:

Ein Software-System ist eine Menge von Software-Einheiten und ihren Beziehungen, wenn sie gemeinsam einem bestimmten Zweck dienen. Dieser Zweck ist im Allgemeinen komplex, er schließt neben der Bereitstellung eines ausführbaren Programms (oder auch mehrerer) gewöhnlich die Organisation, Verwendung, Erhaltung und Weiterentwicklung ein.

Die Software-Einheiten werden im Kontext der Konfigurationsverwaltung definiert (siehe Abschnitt 21.1.1).

17.2.2 Komponente und Modul

Der Systembegriff stützt sich auf den Komponentenbegriff, der leider ähnlich schwammig ist, insbesondere, seit er im Zusammenhang mit der komponentenbasierten Software-Entwicklung gesehen wird. Das IEEE-Glossar enthält eine recht allgemeine Definition dieses Begriffes.

component — One of the parts that make up a system. A component may be hardware or software and may be subdivided into other components.

IEEE Std 610.12 (1990)

Taylor, Medvidovic und Dashofy definieren den Begriff im Kontext von Software-Architekturen wie folgt:

A **software component** is an architectural entity that (1) encapsulates a subset of the system's functionality and/or data, (2) restricts access to that subset via an explicitly defined interface, and (3) has explicitly defined dependencies on its required execution context.

Taylor, Medvidovic, Dashofy (2010)

Eine Komponente ist somit ein Bestandteil eines Systems und ein identifizierbares Element der Architektur.

Eine Komponente bietet ihrer Umgebung eine Menge von Diensten an, die über eine wohldefinierte Schnittstelle genutzt werden können (*provided interface*). Ihre internen Operationen und Daten macht sie unzugänglich (information hiding, siehe Abschnitt 17.3.3). Damit eine Komponente wiederverwendet werden kann, muss zudem angegeben werden, welche Dienste anderer Komponenten in Anspruch genommen werden (*required interface*).

Eine Komponente kann die Rolle eines Dienstanbieters (*Server*) oder die eines Dienstnutzers (*Client*) übernehmen, auch beide Rollen zugleich. Zwischen Server und Client besteht eine (gerichtete) *Benutzt-Beziehung*. Sie erlaubt es dem Client, alle Dienste und Daten zu benutzen, die der Server zur Verfügung stellt. Eine Komponente ist auch ein typisches »deliverable« für einen Programmierer oder für ein Programmierteam, also der Gegenstand eines Arbeitspakets.

Um Missverständnisse zu vermeiden, sprechen manche Autoren statt von einer Komponente von einem *Software-Element*, *Software-Baustein* oder auch *Architekturbaustein*.

Komponenten sind atomar oder werden verfeinert, d. h., eine Komponente kann weitere Komponenten enthalten. Beispiele für atomare Komponenten sind Klassen (Abschnitt 17.4.1) oder Module. Auch der Modulbegriff ist nicht klar. Eine sehr allgemeine Definition enthält die IEEE-Norm:

module — (1) A program unit that is discrete and identifiable with respect to compiling, combining with other units, and loading; for example, the input to, or output from an assembler, compiler, linkage editor, or executive routine.

(2) A logically separable part of a program.

IEEE Std 610.12 (1990)

Wir wollen diese Definition präziser fassen und definieren:

Ein **Modul** ist eine Menge von Operationen und Daten, die nur so weit von außen sichtbar sind, wie dies die Programmierer explizit zugelassen haben[2].

17.2.3 Schnittstelle

Wo Komponenten zusammenarbeiten sollen, müssen sie zueinanderpassen. Hierfür ist die Metapher der Schnittstelle geläufig: Schneidet man einen Gegenstand, beispielsweise einen Apfel, in zwei Teile, so entstehen zwei Oberflächen, die spiegelsymmetrisch sind. Was durch einen Schnitt von selbst entsteht, die beiden exakt zueinanderpassenden Oberflächen, muss in der Technik hergestellt werden. Das englische Wort »interface« ist darum der Realität näher, wir konstruieren keine Schnittstellen, sondern *Verbindungsstellen*.

Eine sehr allgemeine Definition für »interface« geben Bachmann et al. (2002):

An **interface** is a boundary across which two independent entities meet and interact or communicate with each other.

Im Kontext von Komponenten wollen wir diese Definition konkretisieren und definieren:

Schnittstelle — Die Grenze zwischen zwei kommunizierenden Komponenten. Die Schnittstelle einer Komponente stellt die Leistungen der Komponente für ihre Umgebung zu Verfügung und/oder fordert Leistungen, die sie aus der Umgebung benötigt.

Das bedeutet auch: Eine Schnittstelle *tut nichts und kann nichts*. Ein Adapter (synonym: Konnektor), der dazu dient, nicht zueinanderpassende Komponenten zu verbinden, *ist* keine Schnittstelle, sondern *hat* selbst Schnittstellen.

Damit wir die Schnittstelle einer Komponente nutzen können, benötigen wir detaillierte Informationen, beispielsweise über die Struktur der Schnittstelle.

---

2 Wir gebrauchen hier »Modul« korrekt als Neutrum, mit dem Plural »Module«. »Der Modul« (Plural »die Moduln«) ist ein Begriff der Mechanik und der Mathematik.

Diese werden in der *Schnittstellenbeschreibung* dokumentiert. Sie enthält Angaben zu folgenden Aspekten:

- *Syntax und Art der Kommunikation:* So müssen beispielsweise Name, Anordnung und Parametertypen der angebotenen Operationen angegeben werden.
- *Funktionale Merkmale:* Dazu zählen die Dienste, die eine Komponente anbietet und die sie benötigt (z. B. die Rückgabe des Sinus-Wertes für den einzigen Parameter). Vor- und Nachbedingungen können angegeben werden, um die Dienste genauer zu beschreiben (Abschnitt 18.6.1). Zusätzlich muss das Verhalten im Fehlerfall spezifiziert werden.
- *Allgemeine Qualitätsangaben:* Da die syntaktischen und funktionalen Merkmale nicht immer ausreichen, um zu klären, ob die Komponente in eine bestimmte Umgebung passt, muss eine Schnittstellenbeschreibung auch nichtfunktionale Anforderungen enthalten. Beispielsweise kann die Antwortzeit oder die Genauigkeit des Resultats kritisch sein. Das gilt natürlich in beiden Richtungen, wenn die Komponente Dienste der Umgebung beansprucht.

Um die syntaktischen Merkmale präzise zu beschreiben, verwenden wir formale Sprachen, sogenannte *Interface Definition Languages*. Bekannte Beispiele dafür sind die CORBA IDL und die Web Service Description Language (WSDL). Im einfachsten Fall können Schnittstellen direkt in der verwendeten Programmiersprache formuliert werden. So erlaubt es die Programmiersprache JAVA, Schnittstellen explizit (als *interfaces*) zu beschreiben. Die funktionalen und qualitativen Merkmale müssen natürlichsprachlich formuliert werden.

17.2.4 Entwurf und Software-Architektur

Das Wort »Entwurf« (oder »Architekturentwurf«) ist doppeldeutig, wie die nachfolgende Definition zeigt:

design — (1) The process of defining the architecture, components, interfaces, and other characteristics of a system or component.

(2) The result of the process in (1).

IEEE Std 610.12 (1990)

Wir sprechen immer dann vom Entwurf, wenn die Tätigkeit, deren Resultat die Architektur ist, im Vordergrund steht. Das entspricht der Bedeutung (1) der IEEE-Definition.

Software-Architektur wird von vielen Autoren definiert (vgl. die Webseiten des SEI, SEI-Architecture, o.J.). Im IEEE-Standard 1471 (2000) finden wir:

architecture — The fundamental organization of a system embodied in its components, their relationships to each other and to the environment, and the principles guiding its design and evolution.

IEEE Std 1471 (2000)

Bass, Clements und Kazman geben eine Definition des Software-Architekturbegriffs an, die in etwa konform zur oben zitierten ist und aus unserer Sicht die wesentlichen Aspekte enthält. Sie definieren:

The **software architecture** of a program or computing system is the structure or structures of the system which comprise software elements, the externally visible properties of those elements, and the relationships among them.

Bass, Clements, Kazman (2003)

Eine Software-Architektur besteht demnach aus Komponenten (auch »software elements« genannt) und ihren Beziehungen, insbesondere auch zur Umgebung, in verschiedenen Strukturen. So wie ein Gebäude eine tragende Struktur, ein Rohrleitungs- und ein Stromleitungsnetz enthält, so hat eine Software beispielsweise eine statische Struktur und eine Verteilungsstruktur der Komponenten. Die verschiedenen Strukturen werden durch Modelle beschrieben.

Da die Projektbeteiligten an sehr unterschiedlichen Informationen über die Architektur interessiert sind, führt der IEEE-Standard 1471 (2000) die Konzepte »Perspektive« (viewpoint) und »Sicht« (view) ein. Eine Sicht zeigt die Architektur eines Systems aus einer bestimmten Perspektive. Eine Perspektive fasst Anliegen und Informationsbedürfnisse zusammen, die durch die Interessen von Projektbeteiligten bestimmt sind. So ist beispielsweise der Projektleiter daran interessiert, wie die Entwicklung der Komponenten auf die Teams aufgeteilt werden kann. Die Betreiber des Systems hingegen möchten typischerweise wissen, auf welchen Rechnern das System installiert werden soll und welche Kommunikationsprotokolle vorgesehen sind. Entsprechende Sichten auf die Architektur liefern die geforderten spezifischen Informationen. Eine Sicht selbst fügt per definitionem keine neue Information zur Architektur hinzu, sondern fasst Informationen zusammen, die möglicherweise in verschiedenen Strukturen oder Modellen der Architektur enthalten sind.

In der Literatur gibt es verschiedene Vorschläge für Mengen von Perspektiven und Sichten, um Architekturen umfassend zu beschreiben; wegweisend ist das »4+1 View Model of Architecture« von Philippe Kruchten (1995). Vier Perspektiven haben sich in der Praxis bewährt:

- Die Sichten der *Systemperspektive* stellen dar, wie das zu entwickelnde System in die Umgebung eingebettet ist und mit welchen anderen Systemen es *wie* interagiert. Dadurch sind die Systemgrenzen und die Schnittstellen zu den Nachbarsystemen festgelegt.
- Die Sichten der *statischen Perspektive* zeigen die zentralen Komponenten der Architektur, ihre Schnittstellen und Beziehungen. In der Regel muss diese Zerlegung hierarchisch verfeinert werden, bis die einzelnen Komponenten so weit modularisiert sind, dass sie codiert werden können.
- Die Sichten der *dynamischen Perspektive* stellen dar, wie die Komponenten zur Laufzeit zusammenarbeiten (Kontrollfluss, zeitliche Abhängigkeiten), sie

zeigen also das Systemverhalten. Dabei beschränkt man sich auf die Modellierung der wichtigen Interaktionen. Die Frage, inwieweit dynamische Aspekte zur Software-Architektur gehören, wird unterschiedlich beantwortet. Eine Architektur hat einen Zweck, sie ist für eine bestimmte *Funktion* geschaffen. Diese Funktion diktiert die zentrale Anforderung, und die Architektur sollte gegen diese Anforderung geprüft werden. Trotzdem ist die Funktion nicht *Teil* der Architektur.

- Die Sichten der *Verteilungsperspektive* zeigen, wie die Komponenten der statischen Sicht auf Infrastruktur- und Hardware-Einheiten abgebildet werden. Sie stellen aber auch dar, wie die Entwicklung, der Test etc. auf die Teams der Entwicklerorganisation aufgeteilt werden.

Die Wahl der Perspektiven und Sichten hängt natürlich von den Interessen und dem Informationsbedarf der Projektbeteiligten ab. Sind diese bekannt, dann kann festgelegt werden, welche Architekturinformationen in den unterschiedlichen Sichten enthalten sein sollen.

Zusammenfassend stellen wir fest: Die Architektur einer Software ist die Gesamtheit ihrer Strukturen auf einer bestimmten Abstraktionsebene; wo nichts anderes gesagt ist, geht es um die statische Struktur der höchsten Gliederungsebene, also um die Systemarchitektur.

17.2.5 Architekturbeschreibung

Jede Architektur muss beschrieben werden, damit sie kommuniziert, bewertet und als Vorlage für die Codierung verwendet werden kann. Diese Beschreibung ist ein Modell der Architektur. Sie kann als Vorbild, d. h. als Bauplan für die Software, oder als Abbild der Architektur bei der Weiterentwicklung der Software genutzt werden. Der IEEE-Standard 1471 (2000) (siehe dazu Maier, Emery, Hilliard, 2001) stellt die Architekturbeschreibung in den Mittelpunkt der Betrachtung und definiert diese sehr allgemein wie folgt: »A collection of products to document an architecture.« Ellis et al. geben eine Definition für Architekturbeschreibung und Sichten an, die uns sinnvoll scheint:

An **architectural description** is a model – document, product or other artifact – to communicate and record a system's architecture. An architectural description conveys a set of views each of which depicts the system by describing domain concerns.

Ellis et al. (1996)

Um Architekturen zu beschreiben, können spezielle Architekturbeschreibungssprachen (Architecture Description Language, ADL) verwendet werden. Diese bieten eine Notation in Form einer (meist grafischen) Syntax. Die dazugehörende Semantik ist jedoch leider nicht immer präzise definiert. Mit einer bestimmten ADL kann man typischerweise eine Sicht oder mehrere Sichten einer Architektur modellieren. Medvidovic und Rosenblum definieren diesen Begriff wie folgt:

An **ADL** for software applications focuses on the high-end structure of the overall application rather than the implementation details of any specific source module. ADLs provide both a concrete syntax and a conceptual framework for modelling a software system's conceptual architecture.

Medvidovic, Rosenblum (1997)

Beginnend mit der Publikation von DeRemer und Kron (1976) hat das Software Engineering eine Reihe von Architekturbeschreibungssprachen hervorgebracht, die allerdings kaum eingesetzt wurden. Erst in den letzten Jahren hat sich die Sprache UML für die Beschreibung objektorientierter Architekturen durchgesetzt. An UML gibt es viel – begründete – Kritik (Parnas: »Undefined Modeling Language«), und nicht alle Aspekte der Architektur lassen sich in UML darstellen. Mangels einer Alternative sollte man UML trotzdem nutzen, wo es möglich ist.

17.2.6 Zusammenfassung

In den vorangegangenen Abschnitten haben wir zentrale Begriffe des Software-Entwurfs eingeführt; sie bilden einen Teil der Fachsprache eines Software-Architekten. Damit man leichter erkennt, wie die Begriffe zusammenhängen, haben wir sie in einem Begriffsmodell angeordnet.

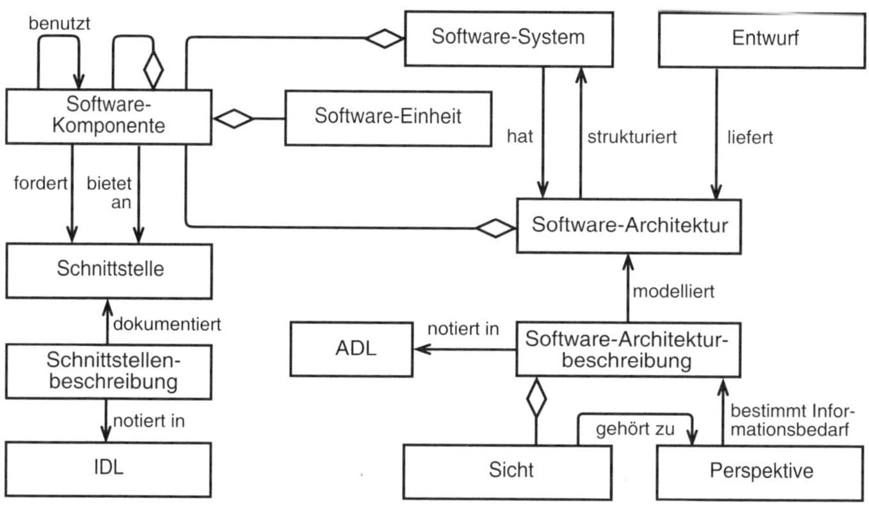

Abb. 17–2 Begriffe des Software-Entwurfs

17.3 Prinzipien des Architekturentwurfs

Wenn wir über die Eigenschaften einer Architektur sprechen, so stellen wir uns das System vor, das mit dieser Architektur entstehen soll. Die Software-Architektur ist also gut, wenn die an die Software gestellten funktionalen und nichtfunktionalen Anforderungen erfüllt werden können. Die Einhaltung der Anforderungen sollte zudem möglichst einfach zu prüfen sein. Beispielsweise erlaubt eine Architektur, die alle Abhängigkeiten vom Betriebssystem in einer Komponente konzentriert, eine leichte Überprüfung der Portabilitätsanforderungen.

Es gibt keine Entwurfsmethode, die uns diese Fragen allgemeingültig beantwortet und eine gute Software-Architektur garantiert, aber wir kennen Entwurfsprinzipien, die sich bewährt haben und die ein Software-Architekt beachten und anwenden sollte. Sie helfen ihm, die folgenden Fragen zu klären:

- Nach welchen Kriterien soll das System in Komponenten unterteilt werden?
- Welche Aspekte sollen in Komponenten zusammengefasst werden?
- Welche Dienstleistungen sollen Komponenten nach außen an ihrer Schnittstelle anbieten, welche Aspekte müssen geschützt sein?
- Wie sollen die Komponenten miteinander interagieren?
- Wie sollen Komponenten strukturiert und verfeinert werden?

Nachfolgend werden wichtige Entwurfsprinzipien erläutert.

17.3.1 Modularisierung

Wie in Abschnitt 17.2.4 definiert wurde, gliedert die Architektur eine Anwendung in sinnvolle und überschaubare Bestandteile, die Komponenten. Eine Komponente ist in der Regel intern strukturiert, sie besteht entweder aus weiteren Komponenten oder aus Modulen. Das Aufteilen des Systems in seine Komponenten wird als Modularisierung bezeichnet.

modular decomposition — The process of breaking a system into components to facilitate design and development; an element of modular programming.
IEEE Std 610.12 (1990)

Eng verbunden damit ist der Begriff der Modularität.

modularity — The degree to which a system or computer program is composed of discrete components such that a change to one component has minimal impact on other components.
IEEE Std 610.12 (1990)

Modularität ist demnach eine Eigenschaft der Architektur. Sie ist hoch, wenn es dem Architekten gelungen ist, das System so in Komponenten zu zerteilen, dass diese möglichst unabhängig voneinander verändert und weiterentwickelt werden können.

Parnas hat wegweisende Arbeiten zur Modularisierung geleistet (Parnas, 1972). Folgende Ziele werden danach mit dem modularen Entwurf angestrebt:

- Die Struktur jedes Moduls soll einfach und leicht verständlich sein.

- Die Implementierung eines Moduls soll austauschbar sein; Information über die Implementierung der anderen Module ist dazu nicht erforderlich. Die anderen Module sind vom Austausch nicht betroffen.
- Die Module sollen so entworfen sein, dass wahrscheinliche Änderungen ohne Modifikation der Modulschnittstellen durchgeführt werden können.
- Große Änderungen sollen sich durch eine Reihe kleiner Änderungen realisieren lassen. Solange die Schnittstellen der Module nicht verändert sind, soll es möglich sein, alte und neue Modulversionen miteinander zu testen.

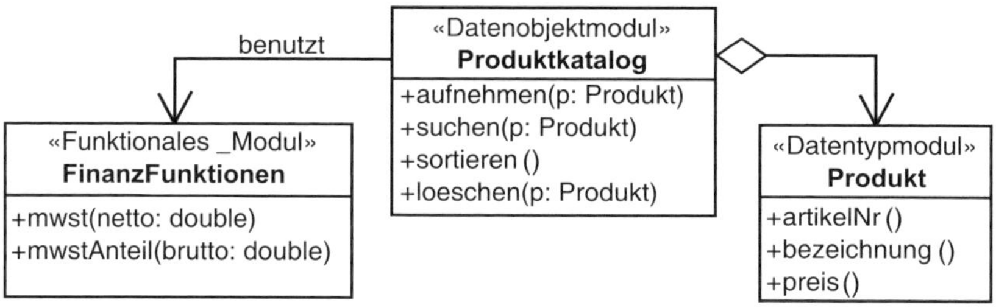

Abb. 17–3 *Modularten am Beispiel*

Nach den Entwurfsentscheidungen, durch die sie entstanden sind, kann man verschiedene Modularten unterscheiden (Abb. 17–3). In Nagl (1990) wird die folgende Klassifikation vorgeschlagen:

- *Funktionale Module* gruppieren Berechnungen, die logisch zusammengehören. Sie haben kein »Gedächtnis«, also keinen variablen Zustand, d. h., die Wirkungsweise der an der Schnittstelle angebotenen Berechnungsfunktionen ist nicht abhängig vom vorherigen Programmablauf. Beispiele für solche Module sind Sammlungen mathematischer Funktionen oder Transformationsfunktionen.
- *Datenobjektmodule* realisieren das Konzept der Datenkapselung. Ein Datenobjektmodul versteckt dazu Art und Aufbau der Daten und stellt an seiner Schnittstelle Operationen zur Verfügung, um die gekapselten Daten zu manipulieren. Beispiele sind Module, die globale Konfigurationsdaten kapseln, und Module, die gemeinsam benutzte Datenverwaltungen realisieren (z. B. ein Produktkatalog). Auch jede Datenbank ist ein Datenobjektmodul.
- *Datentypmodule* implementieren, wie der Name sagt, einen benutzerdefinierten Datentyp in Form eines Abstrakten Datentyps. Dadurch ist es möglich, beliebig viele Exemplare des Datentyps zu erzeugen und zu benutzen. Beispiele sind Module für die Datentypen Kunde oder Produkt.

Bei einem objektorientierten Entwurf entspricht die Klasse dem Datentypmodul. Ein Datenobjektmodul entspricht einer Klasse, die lediglich Klassenmethoden anbietet und von der keine Objekte erzeugt werden können. Mit dem Entwurfsmuster Singleton (siehe Abschnitt 17.5.2) können ebenfalls Datenobjektmodule realisiert werden. Funktionale Module sind beim objektorientierten Entwurf eher die Ausnahme (z. B. die Klasse `Math` der JAVA-Klassenbibliothek), da Klassen so angelegt sind, dass sie Daten und dazugehörende Operationen kapseln.

17.3.2 Kopplung und Zusammenhalt

Der Architekt eines Konzertsaals bemüht sich, den Saal so zu bauen, dass die akustische Kopplung nach außen sehr gering ist, damit kein Lärm hinein- oder – etwa bei Rockkonzerten – hinausdringt. Innerhalb des Saals soll dagegen der akustische Zusammenhalt hoch sein, damit auch auf den billigen Plätzen noch das leiseste Pianissimo hörbar ist.

Analog versucht der Software-Architekt, die Module so zu entwerfen, dass die (inter-modulare) Kopplung (d. h. die Breite und Komplexität der Schnittstellen zwischen den Modulen) möglichst gering, der (intra-modulare) Zusammenhalt (d. h. die Verwandtschaft zwischen den Bestandteilen eines Moduls) möglichst hoch wird.

Man kann die Module auch mit Knödeln vergleichen, die beim Kochen dazu neigen, zusammenzukleben oder zu zerfallen. Das ideale Modul klebt nicht (geringe Kopplung) und zerfällt nicht (hoher Zusammenhalt).

Stufe	Kopplung zwischen Prozeduren / Modulen	erreichbar für
Einbruch	Der Code kann verändert werden	???
volle Öffnung	Auf alle Daten, z. B. auf globale Daten in einem C-Programm, kann zugegriffen werden	(Module) Prozeduren
selektive Öffnung	Bestimmte Variablen sind zugänglich, global oder durch expliziten Export und Import	Module, Prozeduren
Prozedurkopplung	Die Prozeduren verschiedener Module sind nur durch Parameter oder Funktionen gekoppelt	Module (Prozeduren)
Funktionskopplung	Die Prozeduren verschiedener Module sind nur durch Wertparameter und Funktionsresultate gekoppelt	Module (Prozeduren)
keine Kopplung	Es besteht keine Beziehung zwischen den Modulen, der Zugriff ist syntaktisch unmöglich	Module

Tab. 17–1 *Stufen der Kopplung (von stark = schlecht nach schwach = gut)*

Dieses Prinzip wurde mit Structured Design (Stevens, Myers, Constantine, 1974) publiziert, es geht daher von einer FORTRAN- oder COBOL-Implementierung mit zweistufiger Hierarchie aus (System und Subroutines). Die Tabellen 17–1 (Kopplung) und 17–2 (Zusammenhalt) sind angelehnt an Macro und Buxton (1987), S. 170. Die Tabellen beziehen sich teilweise auf Probleme, die in modernen Programmiersprachen gar nicht auftreten können. Beispielsweise ist der Einbruch, die Code-Veränderung, nur auf primitivster Assembler-Ebene möglich.

Stufe	Zus.halt innerhalb einer Prozedur / eines Moduls	erreichbar für
kein Zusammenhalt	Die Zusammenstellung ist zufällig	Module
Ähnlichkeit	Die Teile dienen z. B. einem ähnlichen Zweck (alle Operationen auf Matrizen oder zur Fehlerbehandlung)	Module
zeitliche Nähe	Die Teile werden zur selben Zeit ausgeführt (Initialisierung, Abschluss)	Module, Prozeduren
gemeinsame Daten	Die Teile sind durch gemeinsame Daten verbunden, auf die sie nicht exklusiven Zugriff haben	Module, Prozeduren
Hersteller/ Verbraucher	Der eine Teil erzeugt, was der andere verwendet	Module, Prozeduren
einziges Datum (Kapselung)	Die Teile realisieren alle Operationen, die auf einer gekapselten Datenstruktur möglich sind	Module, Prozeduren
einzige Operation	Operation, die nicht mehr zerlegbar ist	Prozeduren

Tab. 17–2 *Stufen des Zusammenhalts (von schwach = schlecht nach stark = gut)*

Eine hohe Kopplung bewirkt, dass Korrekturen und Änderungen über mehrere Einheiten »verschmiert« sind, die Wartung ist entsprechend aufwändig und unsicher. Eine Einheit mit geringem Zusammenhalt könnte ohne Nachteil weiter aufgespalten werden und wäre dann leichter und sicherer zu verstehen, zu korrigieren und zu warten. Geringe Kopplung und hoher Zusammenhalt bewirken also gleichermaßen hohe Lokalität und damit gute Wartbarkeit.

Wenn wir modulare Programme betrachten, müssen wir die Aussagen über Programmkomponenten auf die Prozeduren oder auf die Module übertragen. Es liegt nahe, von den Modulen geringe Kopplung, von den Prozeduren hohen Zusammenhalt zu fordern. Die linke Seite der Abbildung 17–4 zeigt schematisch ein solches Programmsystem. Dass die Kopplung zwischen Prozeduren im selben Modul nicht gering sein kann, ist klar, denn alle Prozeduren greifen auf die lokalen Variablen des Moduls zu. Natürlich ist auch der Zusammenhalt zwischen den Prozeduren eines Moduls geringer als der Zusammenhalt innerhalb einer Prozedur.

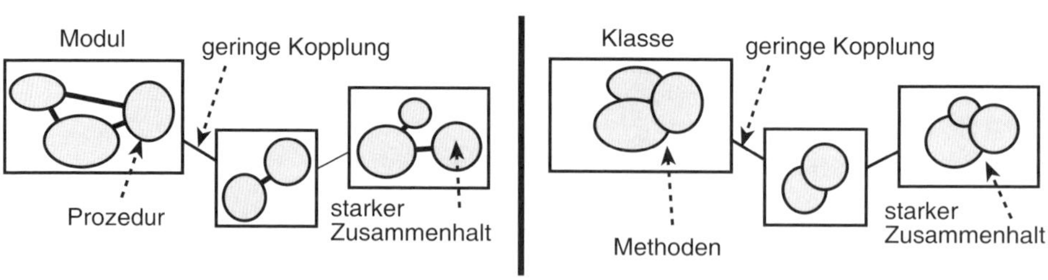

Abb. 17–4 *Kopplung und Zusammenhalt, links im modularen, rechts im objektorientierten Programm*

Wenn wir diese Aussagen auf objektorientierte Programme übertragen wollen, können wir nicht einfach »Modul« durch »Klasse« und »Prozedur« durch »Methode« ersetzen (rechte Seite der Abb. 17–4). Denn während Prozeduren noch relativ unabhängig von anderen Prozeduren betrachtet (implementiert, analysiert, geprüft) werden können, sind die Methoden einer Klasse sehr eng miteinander verknüpft. Darum betrachten wir in objektorientierten Programmen sowohl bei der Kopplung als auch beim Zusammenhalt die Klassen. Sie sollten untereinander nur lose gekoppelt sein und jeweils aus Methoden bestehen, die starken Zusammenhalt haben.

Kopplung und Zusammenhalt kann man messen, wenn die Definitionen syntaktisch konkretisiert, also in Metriken umgesetzt werden; das ist für objektorientierte Programme versucht worden (siehe Abschnitt 14.4.5).

17.3.3 Information Hiding

Vor allem im militärischen Bereich gilt seit langem das Prinzip, nur so viel Wissen weiterzugeben, wie der Adressat benötigt, um seine Funktion auszuüben (»Need-to-know-Prinzip«). Auf diese Weise wird die Gefahr vermindert, dass Informationen denen zugetragen werden, die sie (aus Sicht des Urhebers) missbrauchen.

Parnas (1972) hat dieses Prinzip im Software Engineering eingeführt. Auch hier geht es darum, den Missbrauch von Information zu verhindern. Dabei wird dem Empfänger keineswegs feindliches Verhalten unterstellt; schon der – weitverbreitete und kaum auszuschließende – leichtfertige Umgang mit Informationen schafft ein großes Problem.

Ein Programmierer, dessen Programm sehr oft bestimmte Daten benötigt, wird versuchen, den Zugriff sehr effizient zu implementieren. Er könnte beispielsweise ausnutzen, dass die Informationen auf bestimmten Positionen in einem Feld gespeichert sind. Sein Programm greift also direkt auf die Daten zu. Das hat (geringe) Vorteile, bis eines Tages die Speicherung der Daten verändert wird (weil der Umfang der Daten stark gewachsen ist, weil weitere Details gespeichert werden sollen o. Ä.). In diesem Moment hat die Lösung große Nachteile, denn plötzlich versagt ein Programm, das zuvor scheinbar in Ordnung war. Ein Programmierer darf also niemals Informationen über die Details der Datenorganisation ausnutzen. Andernfalls kann das Programm nicht mehr verändert werden. Aus diesem Grund ist es praktisch kaum möglich, in einem großen, traditionell strukturierten Programm die Datenstrukturen einer veränderten Situation anzupassen; die Zahl der notwendigen Änderungen ist unüberschaubar, und die betroffenen Stellen des Programms sind kaum zu lokalisieren.

Die Idee des »Information Hiding« besteht darin, dem Programmierer Informationen, die er nicht verwenden darf, gar nicht erst zugänglich zu machen.

information hiding — A software development technique in which each module's interfaces reveal as little as possible about the module's inner workings, and other modules are prevented from using information about the module that is not in the module's interface specification.

IEEE Std 610.12 (1990)

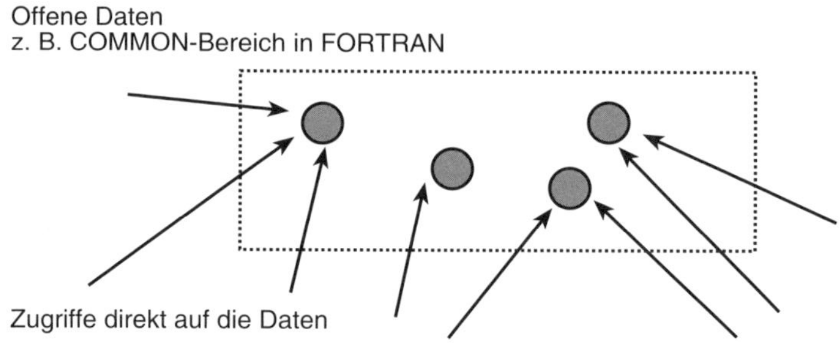

Abb. 17–5 *Situation ohne Kapselung von Daten*

Ein Modul stellt durch Operationen an seiner Schnittstelle nur genau das zur Verfügung, was seine Kundenmodule (die Module, die seine Leistungen in Anspruch nehmen) wirklich benötigen. Ein Kundenmodul greift also nicht direkt auf eine Variable zu, sondern ruft eine Operation auf, die den gewünschten Effekt hat, z. B. einen Wert liefert (Abb. 17–6).

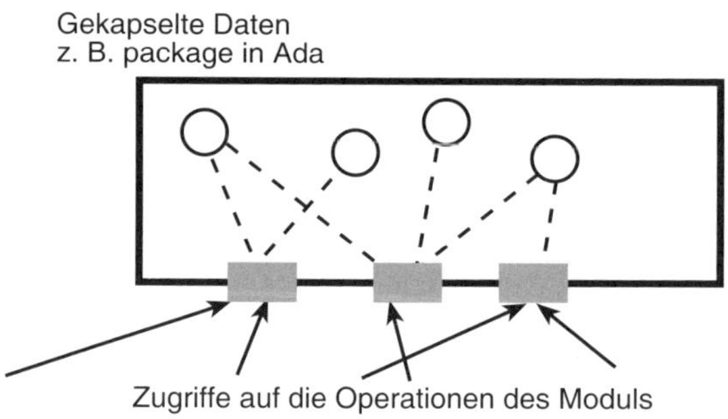

Abb. 17–6 *Modul mit gekapselten Daten*

Wird die Darstellung der Daten verändert, so müssen nur diese Operationen angepasst werden; die Kundenmodule sind – außer vielleicht durch eine veränderte Antwortzeit – nicht betroffen, solange die Schnittstelle des Moduls unverändert bleibt. Verheimlicht wird also die *Darstellung* der Information, nicht die (abstrakte) Information selbst, die ein Kundenmodul braucht. Die Zugriffe von außen erfolgen ausschließlich indirekt über die Operationen, die als Vermittler dienen. Die Bezeichnung »Information Hiding« ist darum unglücklich, denn sie suggeriert, dass *wichtige* Information zurückgehalten wird. Tatsächlich wird nur eigentlich belanglose Information geschützt. Wenn wir eine Telefonnummer wählen, wissen wir über die Leitungen für unser Gespräch nichts. Darum kann es uns auch gleichgültig sein, ob wir beim nächsten Gespräch über andere Leitungen verbunden werden.

Der Schutz, der durch das Information Hiding erzielt wird, ist natürlich nur partiell, verhindert werden vor allem unbeabsichtigte Fehler. Sabotage ist weiterhin möglich, denn auch die vorgesehenen Operationen können sinnvoll oder falsch verwendet werden. Aber auch bei Sabotage erleichtert das Information Hiding die Diagnose; da alle Zugriffe über Operationen geschehen, können dort Protokoll- und Kontrollmechanismen eingebaut werden. Wenn Fehler in den Zugriffsoperationen liegen, ist die Fehlersuche wesentlich erleichtert, weil der zu untersuchende Code klar begrenzt ist.

Die folgende Analogie soll die Wirkungsweise und den Nutzen des Information Hiding verdeutlichen: Ein Bankkonto liegt voll in der Kontrolle der Bank, nur diese kann tatsächlich Veränderungen daran vornehmen. Der Kunde hat keinen direkten Zugang zum Kassenraum, er beauftragt die Bankangestellten, die Transaktionen durchzuführen, die er in Anspruch nehmen will. Auf diese Weise ist sichergestellt, dass der Kunde keine unzulässigen Transaktionen ausführt. Ändert sich die interne Organisation der Bank, so müssen nur die Angestellten davon unterrichtet werden, der Kunde ist nicht betroffen.

Auch bei Banken kann es vorkommen, dass ein Angestellter aus der Kasse Geld stiehlt. Das Verfahren schafft also keine totale Sicherheit. Wenn sich aber zeigt, dass Geld fehlt, muss man nur die Angestellten überprüfen, nicht die Kunden, denn diese hatten keine Möglichkeit, an das Geld zu kommen. Damit ist die Suche nach dem Täter relativ einfach. Das Prinzip der Geldverwaltung in der Bank verhindert allerdings nicht, dass der Kunde sein Geld unsinnig verwendet oder sich mit Krediten übernimmt. Wenn aber nach den Personen hinter verdächtigen Transaktionen gefahndet wird, ist die auf der wohlorganisierten Abwicklung basierende Buchführung der Banken äußerst nützlich.

Vor- und Nachteile des Information Hiding

Man kann sich über die Vor- und Nachteile von Sicherheitsgurten im Auto unterhalten; jeder vernünftige Mensch wird zustimmen, dass die Vorteile bei weitem überwiegen. Ähnlich ist es beim Information Hiding. Die großen Vorteile sind:

- Weil die Datenstrukturen und die dazu gehörenden Zugriffsoperationen zusammen in einem einzigen Modul abgelegt werden, ist die Lokalität des Programms wesentlich verbessert. Damit sinkt die Gefahr unbeabsichtigter Fehlmanipulationen deutlich. Die Datenstrukturen können erheblich einfacher geändert werden als bei unkontrolliertem Zugriff.
- Die Zugriffe können überwacht werden, ohne dass man in die tieferen Abstraktionsebenen eindringen, also einen Debugger verwenden muss. Ein Debugger ist ein mächtiges, aber gefährliches Werkzeug, weil es den Benutzer veranlasst, das Programm auf sehr tiefem Abstraktionsniveau zu verstehen und zu bearbeiten. Wir setzen ihn als letztes Mittel ein, als Ultima Ratio, wenn wir keine andere Wahl haben, beispielsweise, wenn wir einen Compiler-Fehler vermuten.

Die (in der Regel akzeptablen) Nachteile des Information Hiding sind:

- Der Aufruf der vermittelnden Operationen kostet unvermeidlich Rechenzeit, das Programm ist dadurch weniger effizient. Parnas selbst hat 1972 darauf hingewiesen; die technische Entwicklung hat diesen Einwand entkräftet. Grundsätzlich wäre es auch möglich, die Effizienzeinbußen durch optimierende Übersetzer ganz zu vermeiden, denn wenn eine Funktion nur einen ohnehin verfügbaren Wert liefert, kann sie auch durch einen direkten Zugriff ersetzt werden. Das wäre für den Programmierer unsichtbar und damit unschädlich.
- Bei konsequentem Information Hiding entstehen sehr viele Module (leicht einige Hundert), und der Überblick, der gerade durch das Information Hiding geschaffen oder verbessert werden sollte, leidet. Parnas und seine Mitarbeiter haben nach einigen Erfahrungen mit dem Information Hiding vorgeschlagen, die Module in einem Modul-Handbuch (*module guide*) zu charakterisieren (Parnas, Clements, Weiss, 1985).

Werden Module nach dem Prinzip des Information Hiding entworfen, dann ist es natürlich geboten, dieses Prinzip auch bei der Codierung der Module beizubehalten. In Abschnitt 18.4 zeigen wir, wie Information Hiding im Programmcode realisiert wird.

17.3.4 Die Trennung von Zuständigkeiten

Die Trennung von Zuständigkeiten (*separation of concerns*) ist ein grundlegendes Prinzip im Software Engineering. Für den Software-Entwurf ist es von zentraler Bedeutung, denn jede Komponente sollte nur für einen ganz bestimmten Aufgabenbereich zuständig sein. Komponenten, die gleichzeitig mehrere Aufgaben abdecken, sind oft unnötig komplex. Das erschwert das Verständnis und damit die Wartung und Weiterentwicklung und verhindert, dass diese Komponenten wiederverwendet werden können.

Es gibt unterschiedliche Kriterien, um Zuständigkeiten zu trennen. Beim objektorientierten Entwurf sind die Daten und die Operationen darauf das Hauptkriterium: Zusammengehörende Daten und Operationen werden in einer Klasse zusammengefasst und von anderen Klassen getrennt. Oft werden auch spezielle funktionale Aspekte (*Features*), beispielsweise das Drucken, das Speichern oder die Visualisierung, als eigenständige Komponenten modelliert (Abb. 17–7).

Weitere wichtige Regeln zur Trennung von Zuständigkeiten sind:

- Trenne fachliche und technische Komponenten. Diese Regel ist die konsequente Weiterführung der Überlegungen zur idealen Technologie (Abschnitt 16.7.2).
- Ordne Funktionalitäten, die variabel sind oder später erweitert werden müssen, eigenen Komponenten zu.

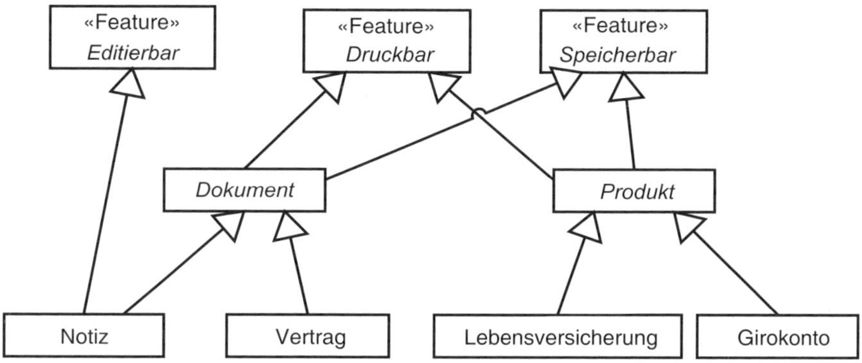

Abb. 17–7 *Klassen modellieren getrennte Zuständigkeiten*

Auch die Trennung von Funktion und Interaktion ist eine Ausprägung dieses Prinzips. Alle interaktiven Programme enthalten neben den Komponenten, die die Funktionalität realisieren, auch Komponenten für die Interaktion. Die Trennung der Zuständigkeiten bedeutet hier, dass Interaktion und Funktionalität strikt gegeneinander abgeschottet werden. Dadurch wird es möglich, die Funktion oder die Interaktion zu verändern, ohne den anderen Teil des Programms zu gefährden.

Besonders wenn Anwendungen von der Bedienoberfläche her entworfen und implementiert werden (also outside-in, Abschnitt 17.1.4), wird die Funktionalität oft unterschätzt und darum nicht sauber separiert. Das führt unweigerlich zu Problemen (Bäumer et al., 1996); Programme, in denen Funktionalität und Interaktion durchmischt sind, machen die Wartung unnötig schwierig. Die Trennung von Interaktion und Funktion ist darum ein zentrales Entwurfsprinzip für die Konstruktion interaktiver Anwendungen. Im Model-View-Controller-Architekturmuster ist sie exemplarisch umgesetzt (Abschnitt 17.5.1).

17.3.5 Die hierarchische Gliederung

Die Komponenten einer Architektur müssen so lange verfeinert werden, bis sie so einfach sind, dass wir sie spezifizieren und realisieren können. Die hierarchische Gliederung ist ein bewährtes Vorgehen, um Komplexität zu reduzieren.

Eine *Hierarchie* ist eine Struktur von Elementen, die durch eine (hierarchiebildende) Beziehung in eine Rangfolge gebracht werden. Entsteht dadurch eine Baumstruktur, dann spricht man von einer *Monohierarchie*, d. h., jedes Element der Hierarchie außer dem Wurzelelement besitzt genau ein übergeordnetes Element. Kann ein Element mehrere übergeordnete Elemente haben, dann handelt es sich um eine *Polyhierarchie*; die entsprechende Struktur ist ein azyklischer gerichteter Graph (Wikipedia, o.J.). Im Kontext des Software-Entwurfs verwenden wir drei Arten von Hierarchien:

- Eine *Aggregationshierarchie* gliedert ein System oder eine Komponente in ihre Bestandteile; sie wird auch »Ganzes-Teile-Hierarchie« genannt. Die Beziehung zwischen dem Ganzen und seinen Teilen ist von der Art *besteht-aus* (in der Gegenrichtung *ist-Teil-von*). Wir entwerfen Aggregationshierarchien immer auf der höchsten Ebene, der Ebene der Systemarchitektur. Sie teilen das System in Komponenten auf, die hierarchisch weiter verfeinert werden. Aggregationshierarchien sind in der Regel Monohierarchien.
- Eine *Schichtenhierarchie* ordnet Komponenten (die dann als Schichten bezeichnet werden) derart, dass jede Schicht genau auf einer darunterliegenden Schicht aufbaut und die Basis für genau eine darüberliegende Schicht bildet (siehe Abschnitt 17.5.1). Eine Schichtenhierarchie ist damit eine strengere Form einer Monohierarchie.
- Eine *Generalisierungshierarchie* ordnet Komponenten nach Merkmalen (Funktionen und Attributen), indem fundamentale, gemeinsame Merkmale mehrerer Komponenten in einer universellen Komponente zusammengefasst werden. Davon abgeleitete, spezialisierte Komponenten übernehmen diese Merkmale und fügen spezielle hinzu. Damit werden die fundamentalen Merkmale nur einmal definiert. Generalisierungshierarchien können als Mono- oder als Polyhierarchien auftreten. Der objektorientierte Entwurf stellt Generalisierungshierarchien von Klassen und Schnittstellen in den Vordergrund, da diese mit Hilfe der Vererbung direkt in einer objektorientierten Programmiersprache implementiert werden können (siehe Abschnitt 17.4.5).

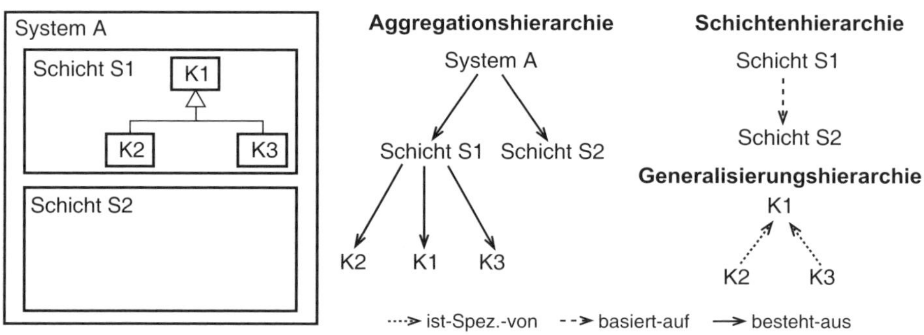

Abb. 17–8 *Beispiele für Hierarchien*

Abbildung 17–8 zeigt links eine Architektur, die alle oben beschriebenen Hierarchiearten enthält. Die Aggregationshierarchie ist implizit durch die Topologie der Elemente angegeben (System A besteht aus den Schichten S1 und S2, die Schicht S1 aus den Komponenten K1, K2 und K3). Während die Schichtenhierarchie ebenfalls durch die Topologie angegeben wird, sind die Generalisierungsbeziehungen zwischen den Komponenten K1 und K2 sowie K1 und K3 explizit dargestellt. Auf der rechten Seite sind die Elemente der Architektur, alle Beziehungen und die dadurch entstandenen Hierarchien abgebildet. Wie man sieht, kann ein Element in mehreren Hierarchien enthalten sein. So ist beispielsweise die Komponente K2 Element der Aggregations- und der Generalisierungshierarchie.

Wir brauchen alle Arten von Hierarchien. Auch wenn wir objektorientiert entwerfen, können wir nicht auf Aggregations- und Schichtenhierarchien verzichten.

17.3.6 Die Prinzipien im Zusammenhang

Die hier vorgestellten Entwurfsprinzipien stehen miteinander in Beziehung, und ein Software-Architekt wendet typischerweise gleichzeitig mehrere dieser Prinzipien an. Die konzeptuelle Grundlage dieser – und vieler anderer – Entwurfsprinzipien ist die Abstraktion. Indem wir Abstraktionen bilden, konzentrieren wir uns auf das Wesentliche und blenden das Unwesentliche aus. Es ist eine wichtige Fähigkeit jedes guten Architekten, in Abstraktionen zu denken und Abstraktionen zu bilden.

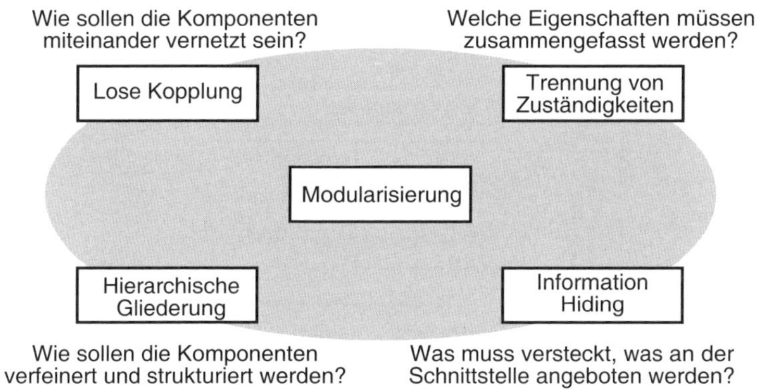

Abb. 17–9 *Entwurfsprinzipien und ihr Zusammenhang*

Abbildung 17–9 zeigt die beschriebenen Entwurfsprinzipien und ihre Zusammenhänge. Die Modularisierung steht im Zentrum, die anderen Prinzipien tragen dazu bei, den Prozess der Modularisierung effektiv zu unterstützen.

17.4 Der objektorientierte Entwurf

Das Ziel des objektorientierten Entwurfs besteht darin, fachliche Programmbausteine (Klassen) so zu entwerfen, dass sie die relevanten Gegenstände und Konzepte des betrachteten Anwendungsbereichs repräsentieren. Technisch gesehen, werden die Klassen konsequent nach dem Prinzip des Information Hiding (Abschnitt 17.3.3) konstruiert, d. h., sie verstecken getroffene Entwurfsentscheidungen und Interna und bieten an ihrer öffentlichen Schnittstelle einen Satz fachlich motivierter Dienstleistungen an.

Ein wesentlicher Vorteil der objektorientierten Software-Entwicklung liegt darin, dass die objektorientierten Modellierungskonzepte durchgehend von der Analyse über den Entwurf bis hin zur Codierung genutzt werden können. Sie lassen sich unabhängig vom Entwurfsvorgehen und von der benutzten Programmiersprache in einem Metamodell beschreiben.

17.4.1 Das objektorientierte Metamodell

Ein objektorientiertes Metamodell enthält nach Züllighoven (2005) die Elemente und Beziehungen, die die objektorientierte Modellierung zur Verfügung stellt, sowie Regeln, die beschreiben, wie sie bei der Modellierung zu verwenden sind. Abbildung 17–10 zeigt den Kern eines objektorientierten Metamodells. Die zentralen Elemente und Beziehungen werden nachfolgend beschrieben.

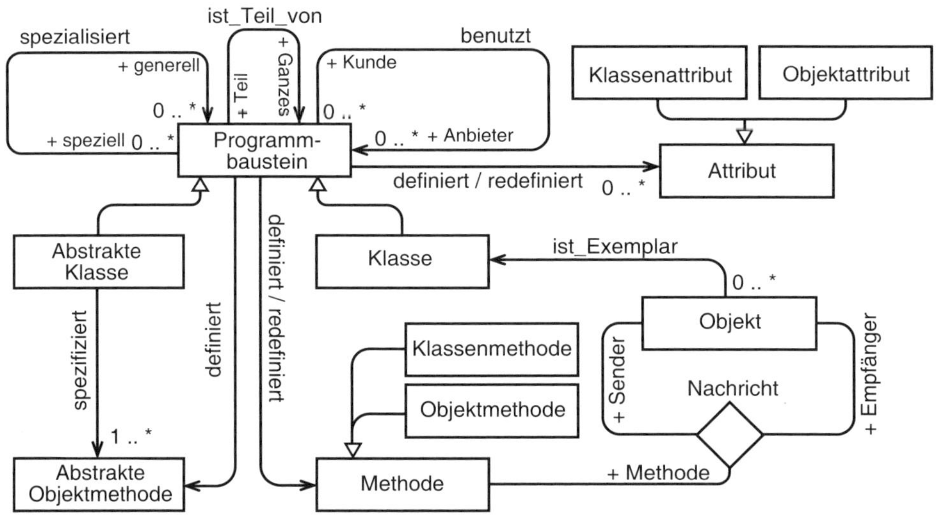

***Abb. 17–10** Metamodell der Objektorientierung*

- *Objekte und Nachrichten*
  Ein Objekt repräsentiert aus fachlicher Sicht einen Gegenstand der Anwendung mit allen seinen Eigenschaften. Technisch werden die Dienste, die das Objekt anbietet, durch Methoden beschrieben; die Daten, die das Objekt und seinen Zustand charakterisieren, werden in Attributen gespeichert. Objekte kommunizieren miteinander, indem sie Nachrichten versenden und empfangen. Hat ein Objekt eine Nachricht empfangen, wird die Methode ausgeführt, die die Klasse dieses Objekts für diese Nachricht bereithält.

- *Klassen*
  Jedes Objekt ist ein Exemplar (eine Instanz) genau einer Klasse. Sie definiert die Attribute der Objekte und ihre Methoden. Klassen können sich selbst aber auch wie Objekte verhalten, d. h., sie können Nachrichten empfangen und versenden. Dementsprechend besitzen auch Klassen eigene Attribute und Methoden. Wir unterscheiden also zwischen Objekt- und Klassenattributen sowie zwischen Objekt- und Klassenmethoden.

- *Generalisierung*
  Die Generalisierungsbeziehung ist aus der Sicht der Modellierung ein wesentliches Merkmal, das den objektorientierten vom konventionellen Entwurf unterscheidet. Die Generalisierungsbeziehung besteht zwischen Klassen, die damit hierarchisch organisiert werden können. Ist die Klasse A eine Generalisierung der Klasse B, dann wird A als Ober- und B als Unterklasse bezeichnet. Die Unterklasse hat grundsätzlich alle Eigenschaften, die die Oberklasse besitzt. Sie kann weitere (spezielle) Eigenschaften hinzufügen und auch Eigenschaften der Oberklasse überschreiben (redefinieren).

- *Abstrakte Klassen*
  Wird die Generalisierungsbeziehung konsequent eingesetzt, dann entstehen Klassen, die nur abstrakte Konzepte oder Begriffe repräsentieren. Diese werden als abstrakte Klassen bezeichnet. Charakteristisch für abstrakte Klassen sind Methoden, die nicht *definiert* (realisiert), sondern nur durch die Angabe der Signaturen *spezifiziert* sind. Diese werden *abstrakte Methoden* genannt; ihre Realisierung ist jeder einzelnen Unterklasse auferlegt, wenn diese nicht ebenfalls abstrakt ist. Abstrakte Klassen haben keine Exemplare.

- *Benutzt- und Aggregationsbeziehungen*
  Damit Objekte die angebotenen Dienstleistungen anderer Objekte nutzen können, müssen entsprechende Beziehungen auf Klassenebene geknüpft werden, die Benutzt-Beziehungen. Die Aggregationsbeziehung modelliert eine Teile-Ganzes-Beziehung zwischen Objekten. Mit der Aggregationsbeziehung können Objekte hierarchisch strukturiert werden. Man unterscheidet bei Teile-Ganzes-Beziehungen, ob ein Teil in mehreren Ganzen enthalten sein kann oder ob ein Teil ausschließlich einem Ganzen zugeordnet ist. Den letzten Fall, die restriktive Form der Aggregation, bezeichnet man auch als Komposition.

17.4.2 Ein Beispiel

Abbildung 17–11 zeigt eine Klassenstruktur (nur einen Ausschnitt), die Audiogeräte objektorientiert modelliert. Wir haben die Gemeinsamkeiten aller konkreten Audiogeräte in der Klasse `Audiogeraet` zusammengefasst; sie ist die (abstrakte)

Oberklasse aller Arten von Audiogeräten. Die Klasse definiert, dass alle Audiogeräte eine Seriennummer haben; diese wird in einem Objektattribut abgelegt. Ferner gibt die Klasse `Audiogeraet` beispielsweise durch die abstrakte Methode `start` allen Unterklassen vor, dass es mit dieser Nachricht möglich sein muss, die Tonwiedergabe zu starten, obwohl die konkreten Schritte dazu vom jeweiligen Gerätetyp abhängen. Weiterhin legt sie fest, dass jedes Audiogerät ein Netzteil enthält; dies wird mit einer Kompositionsbeziehung modelliert.

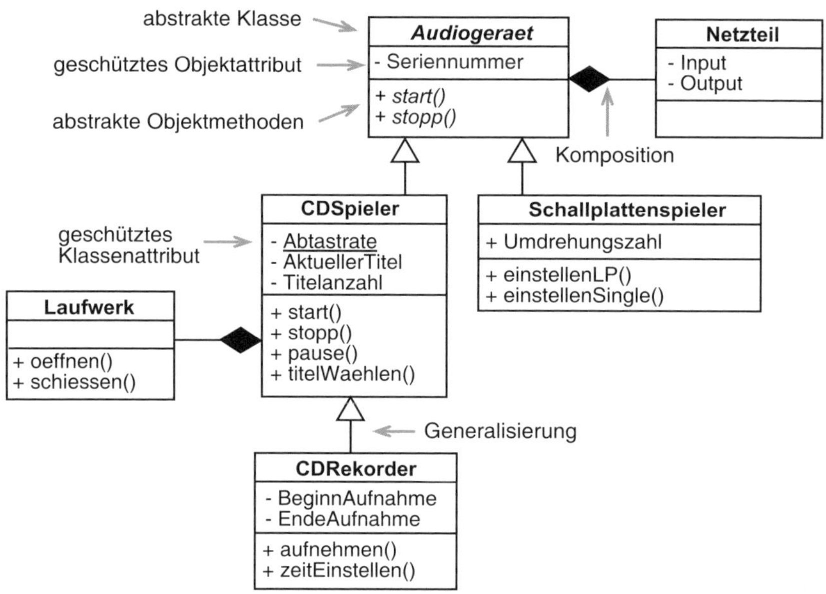

Abb. 17–11 *Beispiel einer Klassenstruktur*

Die Generalisierungsbeziehung wird benutzt, um spezielle Audiogeräte in Form einer Hierarchie zu modellieren. Die Klassen `CDSpieler` und `Schallplattenspieler` sind Spezialisierungen der abstrakten Klasse `Audiogeraet`; die Klasse `CDRekorder` ist wiederum eine Spezialisierung der Klasse `CDSpieler`. Betrachten wir exemplarisch die Klasse `CDSpieler`. Sie definiert die von ihrer Oberklasse vorgegebenen abstrakten Methoden (`start` und `stopp`), erweitert diese um spezielle Methoden (z. B. `pause`) und fügt neue Objektattribute hinzu, um die Titelanzahl und den aktuellen Titel zu speichern. Zusätzlich wird modelliert, dass alle CD-Spieler ein Laufwerk enthalten und die gleiche Abtastrate haben. Diese kann darum in einem Klassenattribut gespeichert werden.

17.4.3 Wie findet man fachliche Klassen?

Das Ergebnis des objektorientierten Entwurfs ist immer eine Architektur, die aus Klassen und ihren Beziehungen besteht. Publikationen wie beispielsweise Booch et al. (2007) unterteilen den objektorientierten Entwurf in vier zentrale Aktivitäten:

a) Identifizieren von Objekten und Klassen
b) Festlegen des Verhaltens der Objekte und Klassen
c) Identifizieren von Beziehungen zwischen den Klassen
d) Festlegen der Schnittstellen zwischen den Klassen

Natürlich genügt es nicht, diese Tätigkeiten einmal sequenziell zu durchlaufen; sie werden so oft wiederholt, bis die Klassenstruktur ausreichend detailliert ist, damit sie als Basis für die Codierung herangezogen werden kann.

Die richtige Wahl der Klassen ist der wichtigste Schritt zu einem guten objektorientierten Entwurf. Wir wollen diesen Schritt nachfolgend am Beispiel einer Anwendungssoftware zeigen. Anwendungssoftware enthält immer ein Modell der Realität, d. h. ein Modell ihres Anwendungsbereichs. Die Software ist damit eng an die Anwendung gekoppelt; wenn sich die Anwendung ändert, muss diese Änderung in der Software ebenfalls vollzogen werden. Darum ist es zweckmäßig, die Konzepte und Begriffe des Anwendungsbereichs (der typischerweise eine eigene Fachsprache hat) in der Architektur explizit zu modellieren. Beispiele für Anwendungsbereiche sind die Lohnbuchhaltung, der Einkauf oder die Kundenbetreuung.

Im Anwendungsbereich wird die Ist-Analyse durchgeführt und das fachliche Modell entwickelt. Es besteht im Kern aus den fachlichen Abläufen (den Funktionen oder Geschäftsprozessen) und den relevanten Gegenständen. Die fachlichen Abläufe kann man in Use Cases modellieren, die Gegenstände des Anwendungsbereichs und ihre Beziehungen werden durch ein objektorientiertes Begriffsmodell beschrieben.

Betrachten wir dazu als Beispiel eine Software zur Verwaltung von Lehrveranstaltungen und Prüfungen an einer Hochschule. Ein Ausschnitt der fachlichen Funktionen ist in Abbildung 17–12 in Form eines Use-Case-Diagramms dargestellt. Ein Dozent kann eine Lehrveranstaltung und eine Prüfung anmelden, er kann Räume für Lehrveranstaltungen oder Prüfungen reservieren. Ein Student kann sich für eine Lehrveranstaltung anmelden, er kann sich für eine Prüfung an- oder sich von ihr abmelden und alle seine Prüfungsleistungen auflisten. Abbildung 17–13 zeigt einen Ausschnitt der relevanten Begriffe und ihrer Beziehungen in Form eines fachlichen Begriffsmodells.

Aus dem fachlichen Modell des Anwendungsbereichs können zentrale fachliche Klassen der Architektur abgeleitet werden (beispielsweise die Klassen Student, Prüfung und Dozent). Diese müssen vervollständigt werden, etwa durch Attribute, Parameter für die Methoden etc. Die fachlichen Klassen müssen um weitere Klas-

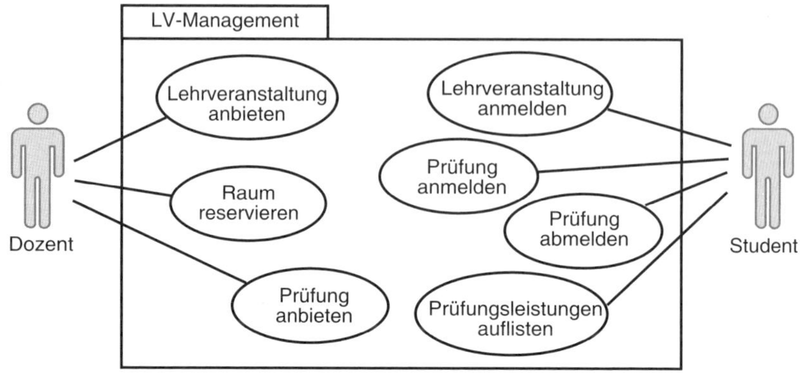

Abb. 17–12 *Fachliche Funktionen, modelliert mit Use Cases*

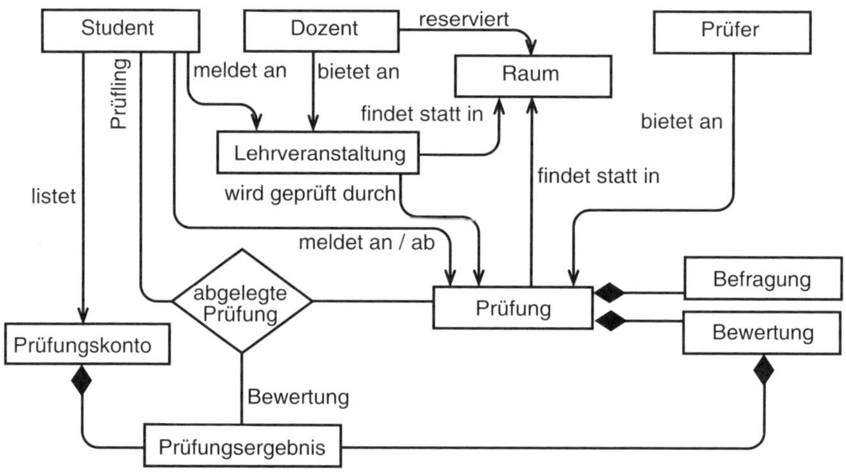

Abb. 17–13 *Fachliches Begriffsmodell*

sen ergänzt werden, z. B. solche, die die Prüfungen oder die Studenten verwalten. Weiterhin werden Klassen benötigt, um die Software auf Basis einer gewählten Plattform zu implementieren (z. B. J2EE, Bedienoberfläche auf Basis JFC/Swing). Die technischen Klassen sollten aber von den fachlichen Klassen getrennt werden, da sich technische und fachliche Klassen unterschiedlich schnell weiterentwickeln (Siedersleben, 2004; vgl. auch die ideale Technologie, Abschnitt 16.7.2).

17.4.4 Das Offen-geschlossen-Prinzip

Die in Abschnitt 17.3 vorgestellten Entwurfsprinzipien sind universell nutzbar, also auch bei einem objektorientierten Entwurf. Ein weiteres wichtiges Entwurfsprinzip ist das Offen-geschlossen-Prinzip; es kann faktisch aber nur bei einer objektorientierten Vorgehensweise angewendet werden.

Wer eine Komponente verwenden möchte, obwohl sie nicht exakt den Anforderungen entspricht, muss sie anpassen. Eine Komponente, die diese Veränderung zulässt, heißt (nach Bertrand Meyer, 1997) *offen*.

Wer eine Komponente bereits verwendet, ist umgekehrt vor allem daran interessiert, dass sich die Schnittstelle und die Funktion der angebotenen Operationen nicht mehr verändern; denn jede Änderung muss in den Kundenkomponenten nachvollzogen werden. Das ist nicht nur kostspielig, sondern auch extrem fehlerträchtig. Meyer nennt ein solche Komponente *geschlossen*. Wir streben darum an, Komponenten so zu entwerfen, dass sie sowohl geschlossen, also stabil benutzbar, als auch offen für Erweiterungen sind.

Offensichtlich sind diese beiden Eigenschaften nicht miteinander vereinbar, wenn imperative Programmiersprachen zur Codierung verwendet werden. Verwenden wir jedoch eine objektorientierte Programmiersprache, dann ist es dank der Vererbung möglich, beide Ziele zu erreichen (siehe Abschnitt 17.4.5).

Betrachten wir dazu das folgende Beispiel (siehe Abb. 17–14): Die Klasse A wurde so entworfen, dass sie die Bedürfnisse der bekannten Kundenklassen B, C und D abdeckt. Im Zuge der Weiterentwicklung des Programms werden zwei neue Klassen E und F entworfen. Sie könnten ebenfalls die Klasse A benutzen, wenn diese einige zusätzliche neue Funktionen anböte. Damit die existierenden Kundenklassen der Klasse A nicht von dieser Modifikation betroffen sind, leiten wir von A eine neue Klasse A' ab. A' hat alle Merkmale von A und zusätzlich die von E und F benötigten Funktionen.

Um Entwürfe zu erstellen, die dem Offen-geschlossen-Prinzip genügen, müssen die richtigen Abstraktionen gefunden und die veränderbaren und erweiterbaren Aspekte explizit modelliert werden. Die verwendeten Wörter (»offen«, »geschlossen«) sind unglücklich gewählt, denn sie deuten einen Gegensatz an, der nicht besteht. Sinnvoller wäre ein Begriffspaar wie »vollständig« und »erweiterbar«.

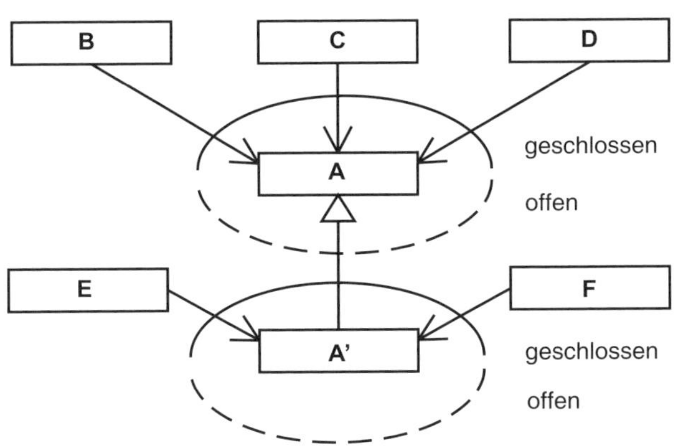

Abb. 17–14 *Offen-geschlossen-Konstruktion*

17.4.5 Hinweise zur Codierung

In gängigen objektorientierten Programmiersprachen wie JAVA oder C++ kann man die beschriebenen Modellierungskonzepte fast eins zu eins umsetzen. Klassen und abstrakte Klassen sind syntaktische Einheiten, Methoden und Attribute können im Sinne des Information Hiding programmiert werden. Die Benutzt-Beziehung zwischen Objekten wird durch eine Objektreferenz umgesetzt. Um eine Teile-Ganzes-Beziehung zu implementieren, wird typischerweise ein Container-Objekt (z. B. ein Feld oder eine Liste) verwendet, um die Bestandteile zu verwalten.

Die Generalisierungsbeziehung zwischen Klassen kann mit Hilfe der *Vererbung* direkt im Code realisiert werden. Die Vererbung kann aber auch für andere Zwecke genutzt werden. Meyer (1997) beschreibt viele sinnvolle, aber auch einige zweifelhafte Anwendungen der Vererbung. Wir empfehlen, die Vererbung als Generalisierungsbeziehung (»is a«) zu deuten und sie gemäß dem Ersetzbarkeitsprinzip (*substitution principle*) zur Bildung von Subtypen zu verwenden, wie es von Liskov und Guttag (2001) definiert wurde.

Zum Wort »Vererbung« ist anzumerken, dass es einen einfachen, in der Gesellschaft seit Jahrtausenden praktizierten Vorgang suggeriert, nämlich, dass Güter von Generation zu Generation weitergegeben werden. Dieses Bild ist irreführend, denn in der objektorientierten Programmierung haben wir bei der Vererbung keinen einmaligen Vorgang, sondern eine dauerhafte Beziehung vor uns, wie wir sie aus der biologischen (genetischen) Vererbung kennen. Aber auch diese Analogie stimmt nicht: Wer die große Nase des Vaters geerbt hat, steht dadurch nicht permanent mit seinem Vater in Verbindung und profitiert auch nicht von einer Schönheitsoperation seines Vorfahren. Vererbung ist also eine höchst ungeeignete, irreführende Metapher.

17.4.6 Bewertung

Der objektorientierte Entwurf hat sich in der Praxis in sehr vielen Bereichen bewährt. Allerdings können wir nicht immer objektorientiert entwerfen. Dies hat im Wesentlichen die folgenden zwei Gründe:

- Weil die Elemente des objektorientierten Entwurfs eng an die Konzepte der objektorientierten Programmierung angelehnt sind, fehlen jenseits von Klassen Entwurfsbausteine (und damit Abstraktionen) und Beziehungen (z. B. Subsysteme, Schichten oder Kommunikationsprotokolle). Gerade diese aber brauchen wir, um auf der Systemebene die Architektur zu entwerfen. Die Gliederung einer Software auf dieser Ebene erfolgt oft auch unter funktionalen Gesichtspunkten.
- Weil der objektorientierte Entwurf ein allgemeines Entwurfsverfahren ist, kann er nicht in Anwendungsbereichen eingesetzt werden, bei denen die

domänenspezifischen Randbedingungen und Anforderungen explizit berücksichtigt werden müssen. Hier müssen domänenspezifische Entwurfsverfahren verwendet werden.
So wurden beispielsweise für den Bereich der eingebetteten Systeme spezielle Entwurfsverfahren und Notationen entwickelt, um die Eigenheiten dieser Systeme explizit zu modellieren. Ein Beispiel ist die Sprache AADL (Architecture Analysis and Design Language), die von der Aerospace Avionic Systems Division der Society of Automotive Engineers für die Spezifikation und den Entwurf von sicherheitskritischen Systemen standardisiert wurde (Feiler, Gluch, Hudak, 2006). Sie führt spezielle Entwurfsbausteine und Beziehungen ein wie Prozesse, Threads, Daten und Subprogramme.

Zusammenfassend lässt sich feststellen: Der objektorientierte Entwurf hat sich bewährt; auf der Ebene des Komponentenentwurfs können wir häufig objektorientiert entwerfen. Die entstandenen Klassenstrukturen können dann in einer objektorientierten Programmiersprache ohne Strukturbrüche codiert werden.

17.5 Wiederverwendung von Architekturen

Die Wiederverwendung war und ist bei der Entwicklung von Software ein lohnendes Ziel. Im Laufe der letzten Jahrzehnte ist ein Fundus von Entwurfswissen entstanden, das herangezogen werden sollte, wenn Software-Architekturen entworfen werden. In diesem Abschnitt stellen wir einige wichtige Konzepte vor, die im Kontext des Software-Entwurfs wiederverwendet werden können. Eine detaillierte Betrachtung zum Thema Wiederverwendung findet sich in Kapitel 24.

17.5.1 Architekturmuster

Wenn sich bestimmte Lösungsstrukturen bewährt haben, kann man sie dokumentieren und später erneut verwenden. Der Architektur-Theoretiker Christopher Alexander hat solche Muster in einem Buch zusammengestellt (Alexander et al., 1977). Dieses Konzept wurde auf die Software übertragen, wir sprechen ebenfalls von *Architekturmustern*. Sie sind auf der Ebene der Systemarchitektur definiert und stellen Vorlagen dar, nach denen konkrete Architekturen entworfen werden können. Buschmann et al. definieren:

An **architectural pattern** expresses a fundamental structural organization schema for software systems. It provides a set of predefined subsystems, specifies their responsibilities, and includes rules and guidelines for organizing the relationships between them.

Buschmann et al. (1996)

Die Verwendung eines Architekturmusters impliziert bestimmte Merkmale der Software (Aufbau, Erweiterbarkeit, Kommunikation etc.). Wenn wir ein Architekturmuster verwenden, legen wir damit die Strukturen auf der obersten Ebene der Architektur fest. Die Wahl eines Architekturmusters ist darum eine zentrale Entwurfsentscheidung. Ob das vorgesehene Architekturmuster geeignet ist, hängt davon ab, ob seine speziellen Randbedingungen und Voraussetzungen erfüllt sind.

Shaw und Garlan (1996) sowie Buschmann et al. (1996) beschreiben detailliert einen Katalog von Architekturmustern. Wir beschränken uns hier darauf, einige häufig anwendbare Architekturmuster vorzustellen.

Das Architekturmuster der Software-Schichten

In seiner Arbeit »The Structure of the THE Multiprogramming System« nutzt Edsger W. Dijkstra Software-Schichten, um ein Betriebssystem übersichtlich zu strukturieren (Dijkstra, 1968a). Er zerlegt die Funktionalität des Betriebssystems in fünf Schichten, wobei jede Schicht einen virtuellen Rechner (*virtual machine*) bildet, der der darüberliegenden Schicht definierte Dienste in gekapselter Form zur Verfügung stellt.

Schichten werden nach den folgenden Regeln festgelegt:

- Eine Schicht fasst logisch zusammengehörende Komponenten zusammen.
- Eine Schicht stellt Dienstleistungen zur Verfügung, die an der (oberen) Schnittstelle der Schicht angeboten werden.
- Die Dienstleistungen einer Schicht können nur von Komponenten der direkt darüberliegenden Schicht benutzt werden.

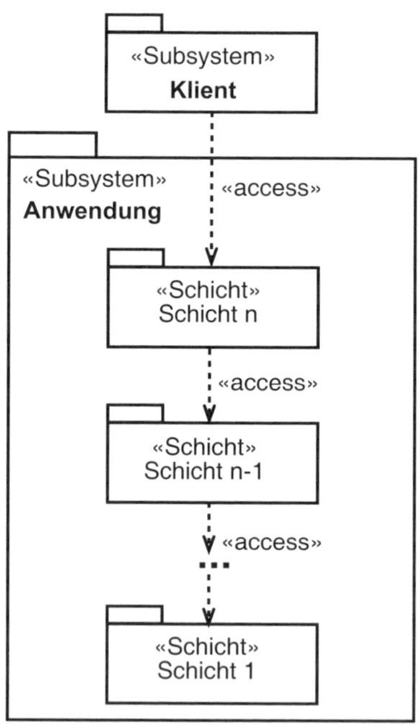

Abb. 17–15
Schema einer Schichtenarchitektur (dargestellt durch UML-Pakete)

Schichten bauen also aufeinander auf, ein Durchgriff durch mehrere Schichten ist nicht erlaubt (siehe Abb. 17–15). Ein schichtenbasierter Entwurf hat folgende Vorteile:

- Schichten sind nur gekoppelt, wenn sie benachbart sind. Aber auch diese Kopplung ist durch die Kapselung der Operationen gering. Änderungen wirken sich darum meist nur lokal (innerhalb einer Schicht) aus.
- Eine Schicht kann aus mehreren entkoppelten Teilen mit hohem Zusammenhalt bestehen; beispielsweise gibt es in einer Schicht, die die Ein- und Ausgabe implementiert, möglicherweise einen Teil für die Bildschirmausgabe, einen anderen für

die Sprachausgabe. Änderungen betreffen dann in der Regel nur einen einzigen Teil.

Buschmann et al. definieren dieses Architekturmuster wie folgt:

> The **Layers architectural pattern** helps to structure applications that can be decomposed into groups of subtasks in which each group of subtasks is at a particular level of abstraction.
>
> Buschmann et al. (1996)

Züllighoven (2005) bezeichnet Schichten, die nur mit ihren Nachbarschichten kommunizieren, als *protokollbasierte Schichten*. Eine solche Schicht verbirgt die unter ihr liegenden Schichten und definiert ein Protokoll, das (nur) der darüberliegenden Schicht zur Verfügung steht.

Soll jedoch eine tiefere Schicht für alle höheren Schichten sichtbar sein, damit dort die in der tieferen Schicht enthaltenen Komponenten benutzt oder erweitert werden können, dann wird diese Schicht als *objektorientierte Schicht* bezeichnet. Objektorientierte Schichten enthalten Klassen, Klassenbibliotheken oder Rahmenwerke. Um aus einer darüberliegenden Schicht auf eine objektorientierte Schicht zuzugreifen, werden die Vererbung und die Benutzt-Beziehung verwendet. Beim Entwurf großer objektorientierter Anwendungen können beide Schichtenarten vorkommen, wobei folgende Regeln zu beachten sind:

- Die Komponenten einer Schicht dürfen immer nur Komponenten der nächsttieferen protokollbasierten Schicht benutzen.
- Die Komponenten einer Schicht können die Komponenten aller tieferen objektorientierten Schichten nutzen.

Das Drei-Schichten-Architekturmuster

Viele interaktive Software-Systeme sind aus den folgenden drei protokollbasierten Schichten aufgebaut: *Datenhaltungs-*, *Anwendungs-* und *Präsentationsschicht* (siehe Abb. 17–16). Dieser Aufbau ist ebenfalls ein Architekturmuster. Er spiegelt in seiner Struktur die grundsätzlichen Aufgaben wider, die bei interaktiven Software-Systemen gelöst werden müssen. Die Präsentationsschicht realisiert die Bedienoberfläche; sie stellt Informationen dar und steuert die Interaktion des Benutzers mit dem System. Dazu kommuniziert die Präsentationsschicht mit der Anwendungsschicht.

In der Anwendungsschicht sind alle Komponenten zusammengefasst, die die fachliche Funktionalität realisieren. Sie sind so konstruiert, dass sie keine Information über die Präsentation enthalten. Um Daten zu manipulieren oder an die Präsentationsschicht weiterzuleiten, greifen die Komponenten der Anwendungsschicht auf die Datenhaltungsschicht zu. Diese sorgt dafür, dass die Daten dauerhaft (persistent) gespeichert werden, meist in einer Datenbank.

Wie die Daten geladen und gespeichert werden, ist ausschließlich der Datenhaltungsschicht bekannt; den anderen Schichten ist diese Information verborgen.

Ist eine Anwendung in protokollbasierte Schichten gegliedert, so lässt sie sich relativ leicht auf verschiedene Rechner verteilen, wie das Beispiel in Abbildung 17–16 zeigt.

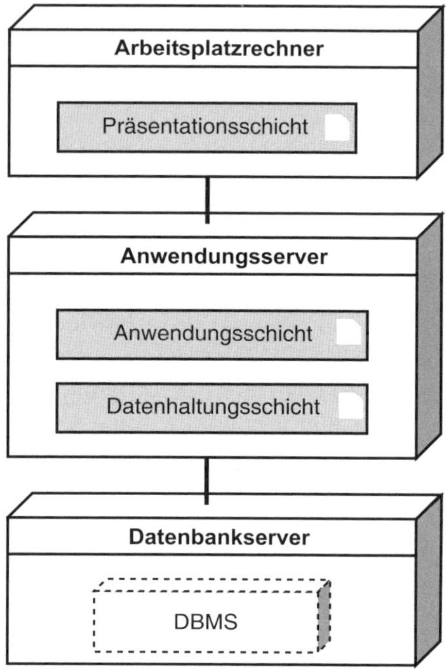

Abb. 17–16
Drei-Schichten-Architektur mit physischer Verteilung

Das Pipe-Filter-Architekturmuster

Die Verbindung der Verarbeitungsfunktionen durch sogenannte *Pipes* gehört zu den Charakteristika des Betriebssystems UNIX. Eine Pipe verbindet zwei Verarbeitungsschritte so miteinander, dass das Ergebnis des ersten Schritts im folgenden Schritt als Eingabe verwendet wird. Dieses Konstruktionsmuster kann man für Anwendungen wie folgt verallgemeinern:

Das **Pipe-Filter-Architekturmuster** dient dazu, eine Anwendung zu strukturieren, die Daten auf einem virtuellen Fließband verarbeitet.

Die einzelnen Verarbeitungsschritte werden in den sogenannten *Filtern* realisiert. Ein Filter verbraucht und erzeugt Daten. Pipes leiten die Ergebnisse des Filters an die nachfolgenden Filter weiter. Das erste Filter bekommt seine Daten aus der *Datenquelle*, das letzte liefert sie an die *Datensenke*. Soll eine Anwendung als Pipe-Filter-Architektur konstruiert werden, dann muss man zuerst die einzelnen Verarbeitungsschritte identifizieren. Anschließend sind Datenformate für je zwei durch eine Pipe verbundene Filter festzulegen. Kann man ein einheitliches Datenformat für alle Filter festlegen, dann können diese auch leicht rekombiniert werden.

Wie das UNIX-Betriebssystem arbeiten auch viele Übersetzer nach dem Pipe-Filter-Architekturmuster. Die Verarbeitungsschritte, also die Filter, sind die lexikalische Analyse, die Syntaxanalyse, die semantische Analyse und die Code-Erzeugung (siehe Abb. 17–17).

Dieses Architekturmuster hat die folgenden Vorteile:

- Ein existierendes Filter kann einfach durch eine neue Komponente ersetzt werden, da es relativ einfache Schnittstellen hat (Ein- und Ausgang).

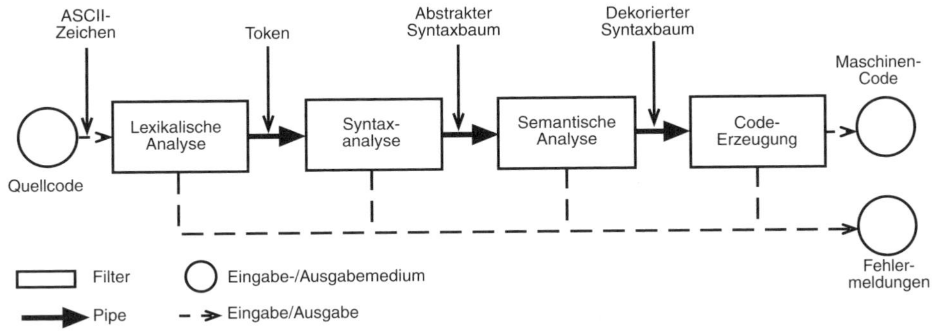

Abb. 17–17 *Pipe-Filter-Architektur eines Hochsprachenübersetzers*

- Nutzen mehrere Filter das gleiche Datenaustauschformat (z.B. ASCII-Dateien), dann können sie durch Rekombination neue Verarbeitungseinheiten realisieren. Diese Eigenschaft kann beispielsweise genutzt werden, um Systemprototypen zu erstellen.

Dem stehen die folgenden Nachteile gegenüber:

- Wird aus Gründen der Flexibilität ein einheitliches Datenaustauschformat definiert, dann müssen die einzelnen Filter eventuell das Format anpassen, also Datenkonversionen durchführen. Dies kann die Effizienz merklich beeinträchtigen.
- Die Filter benutzen keine globalen Daten. Um trotzdem systematisch mit Fehlersituationen umzugehen, wird eine gemeinsame Strategie für alle Filter benötigt. Diese muss festlegen, wie die Daten im Fehlerfall weiter verarbeitet werden sollen. Im schlimmsten Fall muss die Verarbeitung abgebrochen und vollständig wiederholt werden.

Das Model-View-Controller-Architekturmuster

Die erste architektonisch saubere Trennung von Interaktion und Funktion wurde beim Bau der SMALLTALK-Entwicklungsumgebung umgesetzt und als *Model-View-Controller*-Paradigma (MVC) bezeichnet (Krasner, Pope, 1988). Nach der in Abschnitt 17.2 eingeführten Terminologie ist MVC ein Architekturmuster.

MVC gliedert eine interaktive Anwendung in drei Komponenten:

- Das *Model*[3] realisiert die fachliche Funktionalität der Anwendung. Es kapselt die Daten der Anwendung, stellt jedoch Zugriffsoperationen zur Verfügung, mit denen die Daten abgefragt und verändert werden können.
- Eine *View* (Ansicht) präsentiert dem Benutzer die Daten. Sie verwendet die Zugriffsoperationen des Models. Zu einem Model kann es für unterschiedliche Darstellungen derselben Daten beliebig viele Views geben.

3 Wir bleiben hier bei den englischen Originalbegriffen, um Missverständnisse zu vermeiden.

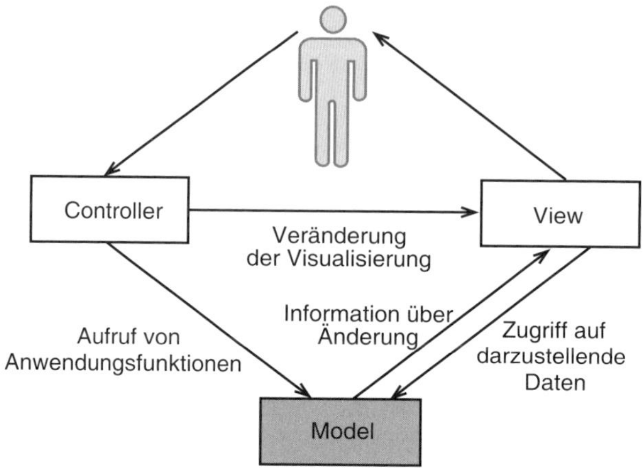

Abb. 17–18 *Interaktion zwischen den MVC-Komponenten*

Jeder View ist ein *Controller* zugeordnet. Dieser empfängt die Eingaben des Benutzers und reagiert darauf. Muss nach der Interaktion des Benutzers die Visualisierung geändert werden (z. B. nach der Selektion eines Textes), dann informiert der Controller die Views entsprechend. Wählt der Benutzer – beispielsweise über einen Menüeintrag – eine Funktion der Anwendung aus, dann ruft der Controller diese beim Model auf.

Abbildung 17–18 zeigt, wie die drei Komponenten miteinander verbunden sind: View und Model sind allen Komponenten bekannt, der Controller ist es nicht. Das MVC-Architekturmuster führt zu einer losen Kopplung zwischen den Komponenten und setzt das Entwurfsprinzip der Trennung von Zuständigkeiten um.

Wenn die Daten der Anwendung durch die Interaktion des Benutzers verändert werden, müssen die betroffenen Views darauf reagieren. Dazu sieht MVC einen Mechanismus vor, mit dem Veränderungen des Models den Views mitgeteilt werden. Das Model verwaltet dazu eine »Kundenliste« (*Register*), in der sich alle Views, die das Model darstellen, eintragen müssen. Ändert sich der Zustand des Models, so werden alle registrierten Views informiert; sie können dann reagieren und ihre Darstellung aktualisieren. Dieser Ablauf wird auch als *Change-update*-Mechanismus bezeichnet.

Abbildung 17–19 zeigt eine objektorientierte Modellierung der MVC-Komponenten. Sie sind durch Objektattribute miteinander verbunden. Das Model bietet neben den anwendungsspezifischen Operationen auch Operationen an, mit denen sich Views an- und abmelden können. Die private Operation `propagiereAenderung` dient dazu, allen Views eine Zustandsänderung des Models mitzuteilen (sie zu *propagieren*).

Abbildung 17–20 zeigt, welche Nachrichten zwischen den MVC-Komponenten verschickt werden, wenn sich der Zustand des Models ändert.

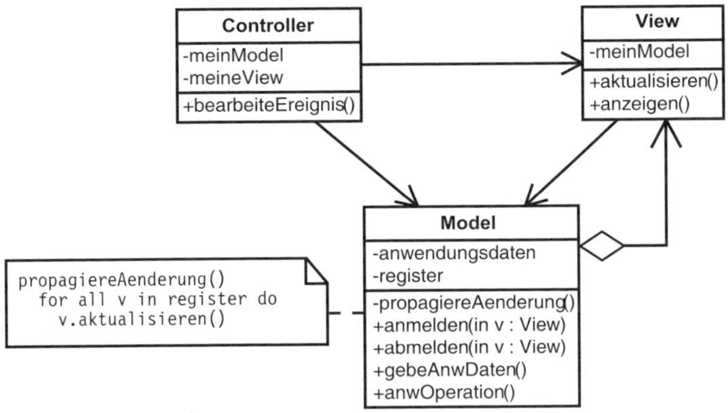

Abb. 17–19 *Objektorientiertes MVC-Modell*

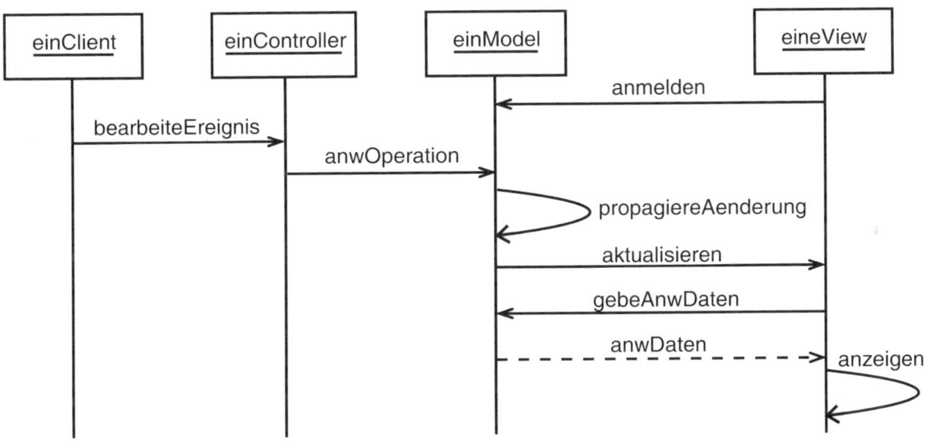

Abb. 17–20 *Nachrichtenfluss beim Change-update-Mechanismus (Sequenzdiagramm)*

Das MVC-Architekturmuster bietet die folgenden Vorteile:

- Es ist möglich, für dasselbe Model mehrere View-Controller-Paare vorzusehen. Auf Grund der sauberen Entkopplung vom Model können View-Controller-Paare sogar zur Laufzeit hinzugefügt oder weggenommen werden.
- Der Change-update-Mechanismus führt dazu, dass das Model in allen Views immer aktuell visualisiert wird.

Das Architekturmuster hat aber auch Schwächen. Wenn sich die Daten, die das Model verwaltet, sehr oft und sehr schnell ändern, kann das dazu führen, dass die Views diese Veränderungen nicht mehr schnell genug anzeigen können, weil jedes Mal die Daten vom Model erfragt werden müssen.

Das Plug-in-Architekturmuster

In Zeiten der imperativen Programmierung waren Software-Systeme abgeschlossen, d. h., jede Erweiterung war eine aufwändige, fehlerträchtige Wartungsarbeit und nur denen möglich, die Zugang zum Quellcode, zur Dokumentation und ggf. zu bestimmten Entwicklungssystemen hatten. Das Plug-in-Architekturmuster bietet allen Benutzern die Möglichkeit, ein System an dafür vorgesehenen Punkten zu erweitern, ohne es zu modifizieren; es setzt somit das Offen-geschlossen-Prinzip auf der Ebene von Anwendungen um.

Eine Anwendung, die nach diesem Architekturmuster aufgebaut ist, besteht aus einem Kern (auch *Host* = Wirt genannt), der durch sogenannte Plug-ins um neue Funktionen erweitert werden kann. Der Host definiert spezielle Schnittstellen, die sogenannten *Erweiterungspunkte*, auf die ein Plug-in Bezug nehmen kann (Abb. 17–21).

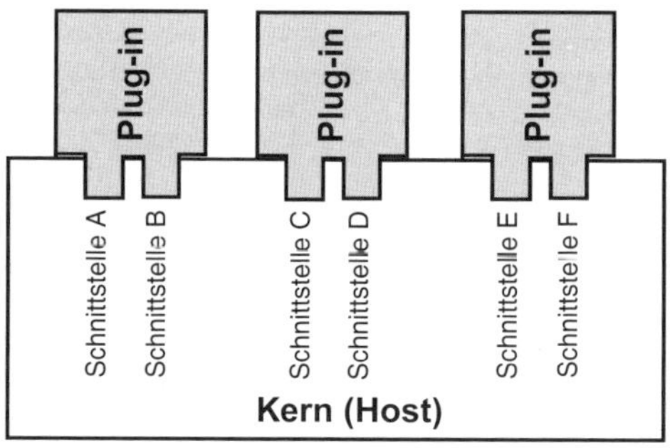

Abb. 17–21 *Schema einer Plug-in-Architektur*

Damit ein Plug-in im Kontext des Hosts ausgeführt werden kann, muss es gemäß den vom Host vorgegebenen technischen Konventionen realisiert sein, der Code muss entsprechend abgelegt und das Plug-in beim Host registriert sein. Beim Start des Hosts werden die aktuell vorhandenen Plug-ins identifiziert und entweder sofort oder nach Bedarf geladen. Das Plug-in kann selbst ein Host sein, d. h., Plug-ins können Erweiterungspunkte für weitere Plug-ins definieren.

Eclipse ist eine Anwendung, die konsequent dieses Muster umsetzt (siehe Eclipse, o.J. und Abschnitt 15.3.1); die Werkzeuge der Mozilla-Suite sind weitere Beispiele (Mozilla, o.J.).

17.5.2 Entwurfsmuster

Architekturmuster sind Muster auf der Ebene der Systemarchitektur. Ähnliche Muster gibt es auch für den Entwurf der Komponenten; sie werden *Entwurfsmuster* (*design patterns*) genannt. Entwurfsmuster gehen auf die Arbeit von Erich Gamma zurück, der die Architektur eines Rahmenwerks für Editoren (ET++) durch einen Katalog von Entwurfsmustern beschreibt (Gamma, 1992). Daraus und aus den Entwurfserfahrungen anderer entstanden zwanzig Entwurfsmuster (Gamma et al., 1995). Auch andere Autoren haben Kataloge mit Entwurfsmustern vorgelegt (z. B. Buschmann et al., 1996).

Entwurfsmuster befassen sich im Gegensatz zu Architekturmustern mit kleineren Einheiten. Sie bieten Lösungen für gängige Entwurfsprobleme auf der Ebene des Feinentwurfs von Komponenten an. Architektur- und Entwurfsmuster dienen dazu, das Wissen über guten Software-Entwurf zu bewahren und wiederholt zu verwenden. Entwurfsmuster werden unabhängig von einer bestimmten Programmiersprache formuliert, sie greifen aber meist auf objektorientierte Konzepte zurück, implizieren damit also eine objektorientierte Codierung. Beispiele für Entwurfsmuster sind das Beobachter- und das Adapter-Muster.

Die Väter der Entwurfsmuster, Gamma, Helm, Johnson und Vlissides, charakterisieren Entwurfsmuster wie folgt:

> *Design patterns ... are descriptions of communicating objects and classes that are customized to solve a general design problem in a particular context. A design pattern names, abstracts, and identifies the key aspects of a common design structure that make it useful for creating a reusable object-oriented design.*
>
> Gamma et al. (1995)

Wir lehnen uns an dieses Verständnis von Entwurfsmustern an und definieren:

Ein **Entwurfsmuster** beschreibt das Schema einer Lösung für ein bestimmtes, in verschiedenen konkreten Zusammenhängen wiederkehrendes Entwurfsproblem.

Ein Entwurfsmuster bietet eine generische Lösung für ein häufig auftretendes Entwurfsproblem an. Um es zu verwenden, muss man wissen, welches Problem das ist und wie man das Entwurfsmuster im Kontext einer konkreten Architektur ausprägen kann. Die Urheber eines Entwurfsmusters müssen diese beiden Informationen mitliefern.

Bevor wir einige wichtige Entwurfsmuster vorstellen, wollen wir an einem Beispiel zeigen, wie ein Entwurfsmuster eingesetzt werden kann.

Ein einführendes Beispiel

Im folgenden Beispiel, übernommen aus Shalloway und Trott (2002), soll eine Anwendung zur elektronischen Verkaufsabwicklung realisiert werden. Im ersten Entwurf sehen wir dafür zwei Klassen vor (Abb. 17–22): Die Klasse `Auftragsmanagement` dient dazu, eingehende Aufträge (zunächst nur aus Deutschland) anzunehmen, zu prüfen und zu verwalten. Die Aufträge werden an Objekte der Klasse `Auftragsabwicklung` übergeben, die die Aufträge ausführen. Um die anfallenden Steuern zu ermitteln, enthält diese Klasse die Methode `berechneSteuer`.

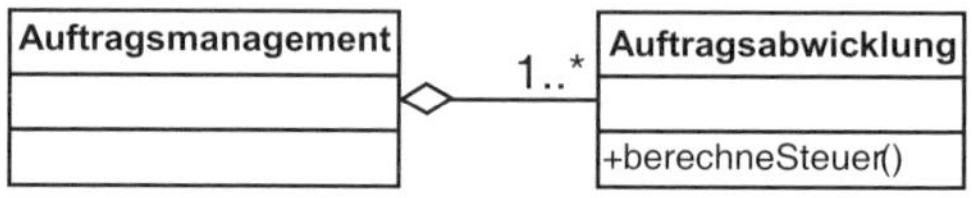

Abb. 17–22 *Auftragsabwicklungssystem – Architektur A*

Die Anwendung soll nun erweitert werden, damit auch Aufträge aus Österreich und der Schweiz abgewickelt werden können. Die naheliegende Implementierung dieser neuen Anforderung zeigt die Architektur B in Abbildung 17–23.

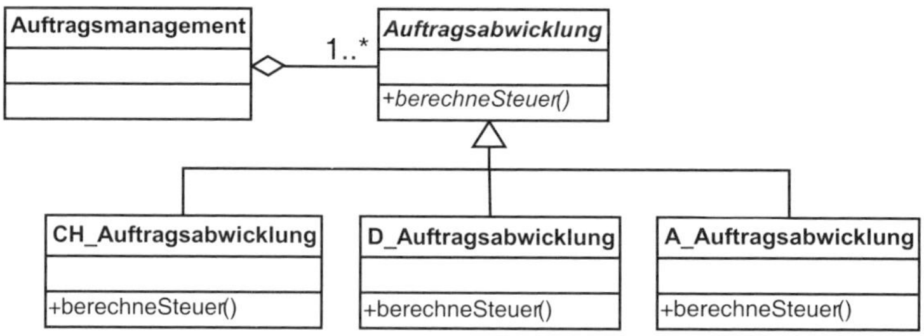

Abb. 17–23 *Auftragsabwicklungssystem – Architektur B*

Wir haben von der – jetzt abstrakten – Klasse `Auftragsabwicklung` drei länderspezifische Klassen abgeleitet, damit in diesen Klassen die geerbte Methode `berechneSteuer` entsprechend den jeweiligen Vorschriften zur Steuerberechnung realisiert wird. Wenn noch weitere Länder hinzukommen, kann die Klassenhierarchie erweitert werden. Das `Auftragsmanagement` entscheidet je nach Herkunftsland des Auftrags, welchem Objekt dieser Auftrag zur Abwicklung übermittelt werden muss.

Die Hierarchie der Klassen zur Auftragsabwicklung in Architektur B haben wir nur gebildet, weil die Steuerberechnung von Land zu Land variiert. Wir können diesen variablen Aspekt aber auch explizit durch eine eigene Klasse (`SteuerRechner`) modellieren, die von der Klasse `Auftragsabwicklung` benutzt wird. Die verschiedenen Steuerberechnungsvorschriften werden in Unterklassen der Klasse `SteuerRechner` realisiert. Die Auftragsabwicklungsobjekte können dann die Steuerberechnung an die speziell dafür vorgesehenen Steuerberechnungsobjekte delegieren. Abbildung 17–24 zeigt das Klassendiagramm der neuen Architektur C.

Die Architektur C hat den Vorteil, dass die Steuerberechnungen nach dem Prinzip der Trennung von Zuständigkeiten separat modelliert werden. Wenn sie sich ändern, können die notwendigen Anpassungen lokal durchgeführt werden. Die Klassen dieser Architektur haben zudem einen besseren Zusammenhalt, da Auftragsabwicklung und Steuerberechnung nicht in einer Klasse gemischt werden.

In Architektur C ist das Entwurfsmuster *Strategie* eingesetzt. Entwurfsmuster beschreiben eine Problemlösung, indem sie angeben, welche Rollen die beteiligten Klassen übernehmen, wofür sie verantwortlich sind und wie sie interagieren.

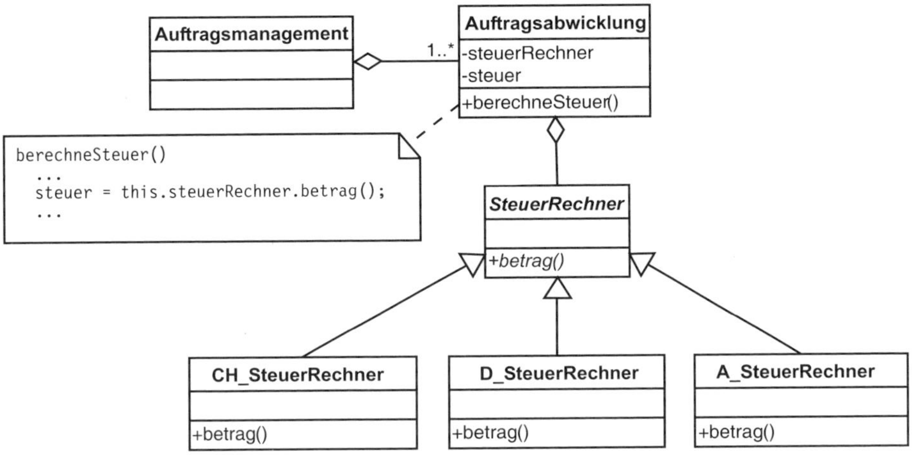

Abb. 17–24 *Auftragsabwicklungssystem – Architektur C*

Zur Darstellung der Entwurfsmuster werden Text sowie Klassen- oder Objektdiagramme verwendet. Tabelle 17–3 beschreibt das Strategie-Muster.

Strategie (Strategy)	
Problem	Verwandte Klassen unterscheiden sich lediglich dadurch, dass sie gleiche Aufgaben teilweise durch verschiedene Algorithmen lösen.
Lösung	Die Klassen werden nicht – wie üblich – in einer Vererbungshierarchie angeordnet. Stattdessen wird eine Klasse erstellt, die alle gemeinsamen Operationen definiert (*StrategyContext*). Die Signaturen der Operationen, die unterschiedlich zu implementieren sind, werden in einer weiteren Klasse zusammengefasst (*Strategy*). Die Rolle Strategy legt somit fest, über welche Schnittstelle die verschiedenen Algorithmen genutzt werden. Von dieser Klasse wird für jede Implementierungsalternative eine konkrete Unterklasse abgeleitet (*ConcreteStrategy*). Die Klasse mit der Rolle StrategyContext benutzt konkrete Strategy-Objekte, um die unterschiedlich implementierten Operationen per Delegation auszuführen.
Struktur	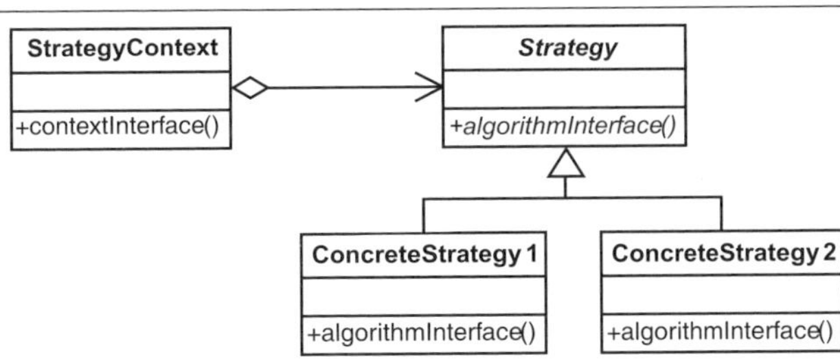

Tab. 17–3 *Das Entwurfsmuster »Strategie«*

In unserem Beispiel (Abb. 17–25) kapselt die Klasse `SteuerRechner` den Aspekt der Steuerberechnung. Die verschiedenen länderspezifischen Vorschriften (Strategien) werden in Unterklassen implementiert. Objekte dieser Klassen werden dazu verwendet, die Steuern zu berechnen. Übertragen wir die Struktur des Strategie-

Musters auf unseren Entwurf, dann erhalten wir die Zuordnung der Musterrollen zu den Klassen in Abbildung 17–25.

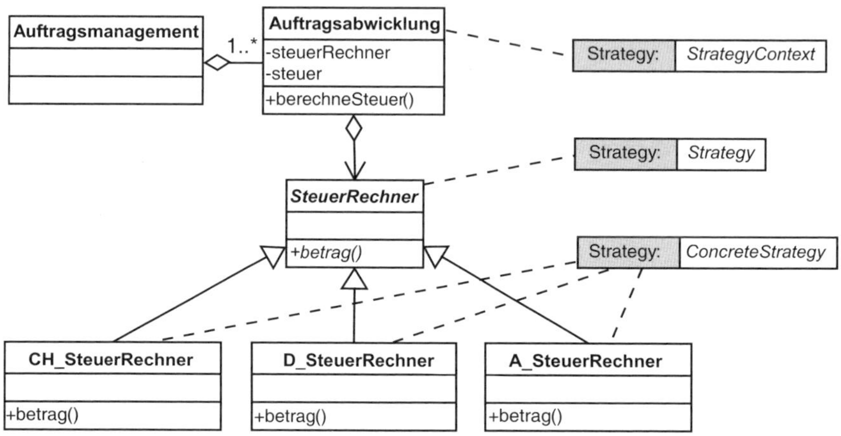

Abb. 17–25 *Zuordnung zwischen den Musterrollen und Klassen*

- Die Klasse `Auftragsabwicklung` besetzt die Rolle *StrategyContext*.
- Die Klasse `SteuerRechner` spielt die Rolle *Strategy*.
- Jede der Klassen `CH_SteuerRechner`, `D_SteuerRechner` und `A_SteuerRechner` hat eine Rolle als *ConcreteStrategy*.

Wie man an diesem Beispiel sieht, verschafft uns der Einsatz eines Entwurfsmusters nicht nur eine erprobte und tragfähige Architektur für unser Problem, sondern auch einen griffigen Namen, um diese Architektur zu benennen. Wenn wir verstanden haben, wie ein Teil der Architektur, der nach dem Strategie-Muster konstruiert ist, aufgebaut ist und wie die einzelnen Klassen zusammenarbeiten, müssen wir nicht mehr alle Einzelheiten ergründen und nachvollziehen. Entwurfsmuster schaffen also auch eine Sprache, um Entwürfe zu kommunizieren und zu dokumentieren.

Nachfolgend stellen wir einige der in Gamma et al. (1995) beschriebenen Muster vor, die häufig beim Software-Entwurf genutzt werden können. Wir ordnen sie nach Einsatzbereichen, beschreiben für jedes Muster kurz das Problem, das es löst, und geben ein Beispiel an. Für eine detaillierte Beschreibung verweisen wir auf die Originalarbeiten und auf die weiterführende Literatur (z. B. Shalloway, Trott, 2002).

Muster zum Verwalten von Objekten

Einzelstück (Singleton)	
Problem	Von einer Klasse darf nur genau ein global verfügbares Objekt erzeugt werden.
Beispiel	Es darf nur einen Drucker-Spooler im System geben.
Memento	
Problem	Der Zustand eines Objekts muss so archiviert werden, dass es wieder in diesen Zustand zurückversetzt werden kann, ohne das Prinzip der Kapselung zu verletzen.
Beispiel	Ein Undo-Mechanismus soll realisiert werden.

Muster zur Anbindung vorhandener Klassen oder Komponenten

Adapter	
Problem	Eine Klasse soll verwendet werden, obwohl ihre Methoden-Signaturen nicht passen und auch nicht verändert werden können.
Beispiel	In einem Editor soll eine Klasse, die eine einfache Rechtschreibprüfung realisiert, durch eine zugekaufte Klasse ersetzt werden.
Vermittler (Mediator)	
Problem	Objekte, die auf komplexe Art miteinander interagieren müssen, dürfen nur lose aneinander gekoppelt sein und müssen sich leicht austauschen lassen.
Beispiel	Das Aussehen und der Zustand verschiedener Interaktionsmittel (Menüs, Knöpfe, Eingabefelder) einer grafischen Bedienoberfläche sollen in jedem Interaktionszustand konsistent aufeinander abgestimmt werden.

Muster zur Entkopplung von Komponenten

Brücke (Bridge)	
Problem	Fachliche Anwendungsklassen und deren Implementierungsvarianten sollen einfach kombiniert und weiterentwickelt werden können.
Beispiel	Es sollen Mengen-Klassen implementiert werden (z. B. einfache Menge, Multimenge). Zur Verwaltung der Elemente stehen verschiedene Container-Klassen zur Verfügung (Listen, Bäume etc.). Die Mengen-Klassen bilden die fachlichen Anwendungsklassen; die Container-Klassen sind die Varianten der Implementierung.
Fassade (Facade)	
Problem	Eine Komponente soll nicht den gesamten, sondern nur einen eingeschränkten Funktionsumfang anderer Komponenten kennen.
Beispiel	Eine Komponente zur statistischen Auswertung benötigt nur wenige Funktionen eines Kundeninformationssystems.
Beobachter (Observer)	
Problem	Mehrere Objekte müssen ihren Zustand anpassen, wenn sich ein bestimmtes Objekt ändert.
Beispiel	Alle GUI-Objekte, die ein Dateisystem darstellen, müssen ihre Darstellung anpassen, wenn Dateien eingefügt oder gelöscht werden.

Muster zur Trennung der unterschiedlichen von den gemeinsamen Merkmalen

Abstrakte Fabrik (Abstract Factory)	
Problem	In einer Anwendung müssen kontextabhängig Objekte unterschiedlicher Klassen erzeugt werden.
Beispiel	Ein grafischer Editor muss abhängig vom eingesetzten Monitortyp unterschiedliche grafische Objekte erzeugen.
Schablonenmethode (Template Method)	
Problem	Ein Algorithmus, zu dem es mehrere Implementierungen gibt, soll so realisiert werden, dass man neue Varianten einfach hinzufügen kann.
Beispiel	Das Löschen eines Objekts aus einer Objektsammlung kann allgemein beschrieben werden. Je nach Objektsammlung ist dieser Algorithmus jedoch unterschiedlich zu implementieren.
Strategie (Strategy)	
Problem	Objekte, die sich nur dadurch unterscheiden, dass sie gleiche Aufgaben teilweise durch verschiedene Algorithmen lösen, sollen durch eine Klasse, nicht durch eine Klassenhierarchie implementiert werden.
Beispiel	Objekte, die Eingabemasken implementieren, unterscheiden sich darin, wie die Eingaben geprüft werden.
Zustand (State)	
Problem	Ein Objekt muss sein Verhalten abhängig vom Zustand ändern.
Beispiel	Die Berechnung der Mietkosten eines Leihwagens ist davon abhängig, welcher Fahrzeugkategorie der Wagen zugeordnet ist.

Die praktische Anwendung der Entwurfsmuster

Im Alltag übernimmt eine Person viele Rollen, sie ist beispielsweise Mutter, Tochter, Angestellte, Wählerin, Vereinspräsidentin. Ähnlich verhält es sich mit den Klassen einer Architektur. Jedes einzelne Entwurfsmuster beschreibt ein Lösungsschema für ein bestimmtes Entwurfsproblem. Da es im konkreten Fall eine Reihe solcher Entwurfsprobleme gibt, kann eine Klasse gleichzeitig an mehreren Entwurfsmustern beteiligt sein, d. h., eine Klasse implementiert verschiedene Rollen der einzelnen Muster. Ein solcher musterbasierter Entwurf hilft, das häufig sehr komplexe Zusammenspiel von Klassen zu modellieren und zu verstehen.

Wir wollen dies am Beispiel des JHotDraw-Rahmenwerks zeigen[4]. Dieses objektorientierte Rahmenwerk definiert und implementiert die gemeinsame Architektur für interaktive grafische Editoren. Es erfüllt unter anderem die folgenden Anforderungen:

---

4 JHotDraw wurde von Erich Gamma entwickelt. Als Vorlage diente HotDraw, ein Rahmenwerk zur 2D-Visualisierung von Kent Beck und Ward Cunningham, implementiert in SMALLTALK. Mittlerweile ist JHotDraw ein Open-Source-Projekt unter Sourceforge (JHotDraw, o.J.).

- Die Reaktion auf eine Benutzerinteraktion (z. B. einen Mausklick in der Zeichenfläche) muss sich leicht ändern lassen.
- Eine Grafik soll auf beliebig vielen Zeichenflächen darstellbar sein.
- Der Algorithmus, der die Zeichenfläche nach einer grafischen Manipulation aktualisiert, soll einfach austauschbar sein.

Abbildung 17–26 zeigt den Kern des JHotDraw-Klassenentwurfs. Darin kommen die Entwurfsmuster *Strategy*, *Observer*, *Mediator* und *State* zum Einsatz. Die zentralen Klassen sind `DrawingEditor`, `DrawingView`, `Drawing` und `Tool`.

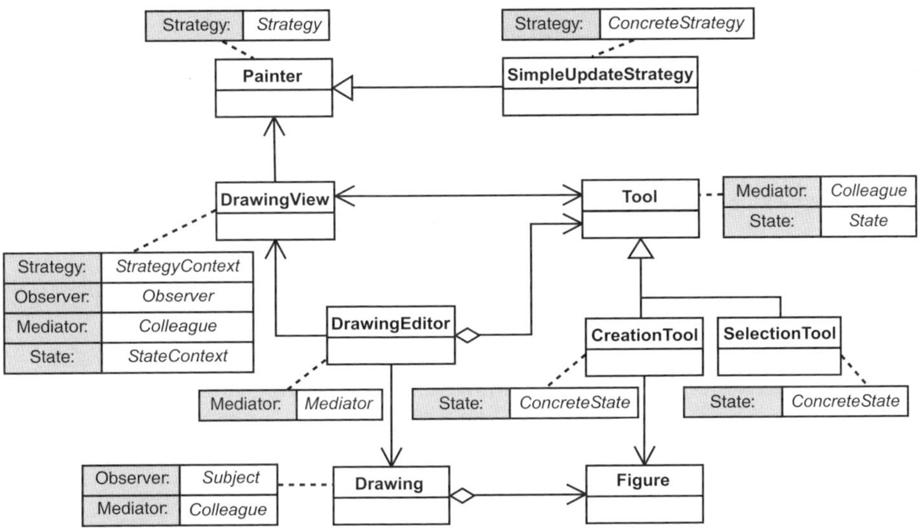

Abb. 17–26 *Überlagerung der Rollen im Rahmenwerk JHotDraw*

Um das komplexe Zusammenspiel dieser Klassen an einer Stelle zu koordinieren und die Klassen voneinander zu entkoppeln, wird das Muster *Mediator* verwendet. Mediator sieht vor, dass ein Vermittlerobjekt (*Mediator*) realisiert wird, das die Interaktion aller Objekte kapselt. Jedes an der Interaktion beteiligte Objekt (*Colleague*) braucht dann nur dieses Vermittlerobjekt zu kennen. Die Klasse `DrawingEditor` übernimmt die Rolle des Mediators. Die Klassen, deren Zusammenspiel vom Mediator koordiniert wird, also die Klassen `DrawingView`, `Drawing` und `Tool`, haben alle eine Rolle *Colleague*.

Damit mehrere Zeichenflächen dieselbe Grafik darstellen, werden die entsprechenden Klassen nach dem Muster *Observer* entworfen. Die Klasse `Drawing` liefert die beobachteten Objekte, die Zeichnungen. Sie hat im Observer-Muster die Rolle *Subject*. Die Klasse `DrawingView` realisiert die Zeichenflächen, die über Änderungen an den Zeichnungen informiert werden. Sie übernimmt damit die Rolle *Observer*.

Damit der Algorithmus zum Aktualisieren der Zeichenfläche leicht ausgetauscht werden kann, wird er nach dem Muster *Strategy* separat modelliert. In der Klasse `DrawingView` wird der Aktualisierungsalgorithmus benötigt, deshalb übernimmt diese Klasse die Rolle *StrategyContext*. Die Klasse `Painter` definiert die Schnittstelle des Algorithmus und spielt darum die Rolle *Strategy*. Ihre Unterklasse `SimpleUpdateStrategy` implementiert in der Rolle *ConcreteStrategy* einen einfachen Aktualisierungsalgorithmus.

Die Reaktion eines Editors auf gleiche Benutzerinteraktionen kann unterschiedlich sein. Muss beispielsweise in einem Fall bei einem Mausklick ein neues Symbol erzeugt werden, so muss in einem anderen Fall das ausgewählte Symbol markiert werden. Dieses unterschiedliche Verhalten wird durch das Muster *State* erzielt. Die Signaturen der Operationen, die je nach Zustand unterschiedliches Verhalten zeigen sollen, werden in eine separate Klasse ausgelagert (*State*), die die Wurzel einer Klassenhierarchie bildet. In Unterklassen wird das zustandsabhängige Verhalten implementiert (*ConcreteState*). In der Klasse, die sich zustandsabhängig verhalten soll (*StateContext*), wird eine Referenz auf die Wurzel dieser Klassenhierarchie angelegt. Je nach Zustand wird dieser Referenz ein konkretes Objekt der Zustandsklassenhierarchie zugewiesen, an das die Ausführung der zustandsabhängigen Operationen delegiert wird.

Im Beispiel werden alle Benutzerinteraktionen, die je nach Zustand des Editors unterschiedlich sein können, in einer eigenen Klasse `Tool` zusammengefasst, die die Rolle *State* übernimmt. Ihre Unterklassen, z. B. `CreationTool` und `SelectionTool`, realisieren das unterschiedliche Verhalten dadurch, dass sie die gemeinsame Schnittstelle entsprechend redefinieren (*ConcreteState*). Die Klasse `DrawingView` übernimmt die Rolle *StateContext*, indem sie die Tool-Objekte verwendet, an die die Ausführung der Benutzerinteraktionen delegiert wird.

Eine weiter gehende Betrachtung der Entwurfsmuster in JHotDraw und in anderen Rahmenwerken ist in Riehle (2000) enthalten.

Bewertung

Die Entwicklung von Entwurfsmustern gilt als eine der wichtigsten Innovationen des Software Engineerings in den letzten Jahren. Wir sehen bei ihrem Einsatz die folgenden Vorteile:

- Die Entwurfsmuster geben uns die Möglichkeit, die Erfahrungen anderer zu nutzen und erprobte Lösungen einzusetzen.
- Sie unterstützen uns, nichtfunktionale Anforderungen, beispielsweise Änderbarkeit oder Wiederverwendbarkeit, beim Architekturentwurf zu berücksichtigen.
- Sie schaffen ein Vokabular für den Entwurf und erleichtern dadurch die Dokumentation von Architekturen und die Kommunikation über Architekturen.
- Sie können beim Reengineering vorhandener Software als Hilfsmittel zur Analyse dienen.

- Sie können flexibel miteinander kombiniert werden. So kann eine Klasse in verschiedenen Rollen an unterschiedlichen Entwurfsmustern beteiligt sein.
- Nicht zuletzt helfen die Entwurfsmuster dabei, den Software-Entwurf zu lehren.

Natürlich sind Entwurfsmuster kein Allheilmittel. Manchmal werden sie sogar regelrecht missbraucht; so werden Fehlkonstruktionen wie der übermäßige Gebrauch globaler Datenstrukturen mit der Anwendung eines Entwurfsmusters (in diesem Fall »Singleton«) begründet.

Ein Entwurfsmuster zu verstehen ist einfach. Man braucht jedoch viel Entwurfserfahrung, um die Muster sinnvoll einzusetzen.

17.5.3 Bibliotheken und Rahmenwerke

Da die Entwicklung von Software teuer ist, liegt es nahe, so viele Komponenten wie möglich mehrfach zu verwenden. Was bereits zuvor eingesetzt wurde, ist in der Regel geprüft, zuverlässig im Einsatz und sofort verfügbar. Die Entwicklungstiefe wird durch die Verwendung vorhandener Bausteine reduziert. Alle diese Aspekte tragen dazu bei, dass Software schneller und günstiger entwickelt werden kann.

Klassenbibliotheken

Bereits in den Sechzigerjahren wurden Programmbibliotheken (z.B. für Matrixoperationen in FORTRAN) entwickelt und eingesetzt. Allerdings war die Flexibilität dieser Bausteine sehr begrenzt.

Als die Objektorientierung aufkam, war eine ihrer wichtigsten Verheißungen, dass damit die Wiederverwendung signifikant verbessert würde. Der Schlüssel dazu ist die Vererbung zwischen Klassen. Schon frühzeitig wurden Klassenbibliotheken entwickelt, deren Funktionalität bei der Anwendungsentwicklung oft benötigt wird. Vorreiter war hier die SMALLTALK-80-Entwicklungsumgebung, die dem Anwendungsentwickler eine Vielzahl universeller Klassen zur Verfügung stellte. Wir definieren:

Eine **Klassenbibliothek** besteht aus einer Menge von Klassen, die wiederverwendbar sind und allgemein – also unabhängig vom Anwendungskontext – nutzbare Funktionalität anbieten.

Aus Sicht der Anwendung werden die Klassen einer Bibliothek direkt benutzt, oder die Klassen der Anwendung erben von den Bibliotheksklassen. Klassenbibliotheken setzen somit das Offen-geschlossen-Prinzip um (Abschnitt 17.4.4); sie können von der Anwendung unverändert genutzt, aber auch flexibel erweitert werden.

Abbildung 17–27 zeigt eine Situation, bei der die Anwendung Klassen verschiedener Bibliotheken nutzt. Die DS-Bibliothek stellt allgemein wiederverwendbare Datenstrukturen wie Listen oder Bäume zur Verfügung; die GUI-Bibliothek enthält Klassen, die benutzt werden, um die Bedienoberfläche zu realisieren; die

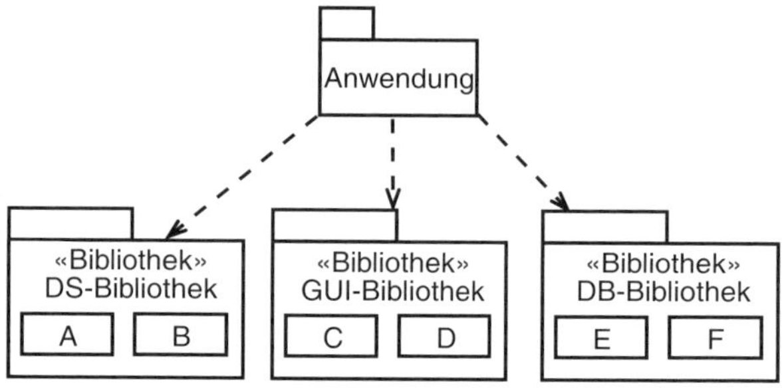

Abb. 17–27 *Nutzung von Klassenbibliotheken*

DB-Bibliothek bietet Klassen an, die Daten der Anwendung in einer Datenbank persistent, also über den einzelnen Programmlauf hinaus, speichern können.

Klassenbibliotheken sind heute feste Bestandteile der Entwicklungsumgebungen, die zu den objektorientierten Programmiersprachen gehören. Insbesondere für JAVA stehen viele Bibliotheken zur Verfügung.

Rahmenwerke

Wenn immer wieder sehr ähnliche Anwendungen entwickelt werden, sollten dazu nicht nur einzelne Klassenbibliotheken genutzt werden, sondern die Anwendungen sollten auf der Basis einer generischen Lösung entwickelt werden. Eine solche generische Lösung wird auch als *Rahmenwerk* (*Framework*) bezeichnet. Es gibt in der Literatur verschiedene Definitionen, wir halten uns an Züllighoven:

Ein **Rahmenwerk** (Framework) ist eine Architektur aus Klassenhierarchien, die eine allgemeine generische Lösung für ähnliche Probleme in einem bestimmten Kontext vorgibt.
Züllighoven (2005)

Bei einem Rahmenwerk werden nicht nur einzelne Klassen, sondern die gesamte Architektur und die Konstruktion aus kooperierenden Klassen wiederverwendet. Im Gegensatz zu einer Klassenbibliothek gibt ein Rahmenwerk der Anwendung auch den Kontrollfluss vor.

Ein Rahmenwerk hat definierte Schnittstellen, an denen die generische Lösung durch anwendungsspezifischen Code erweitert werden kann (siehe Abb. 17–28). Diese Stellen werden als *Hot Spots*[5] (Pree, 1997) bezeichnet. Die Entwicklung einer Anwendung auf Basis eines Rahmenwerks unterscheidet sich drastisch von der herkömmlichen Anwendungsentwicklung, bei der lediglich Klassenbibliotheken genutzt werden. Während dort der gesamte Kontrollfluss durch den Anwendungsentwickler festgelegt wird, müssen bei der rahmenwerk-

---

5 Dieser Begriff stammt ursprünglich aus der Geologie und bezeichnet dort heiße Magmakammern im Erdinneren.

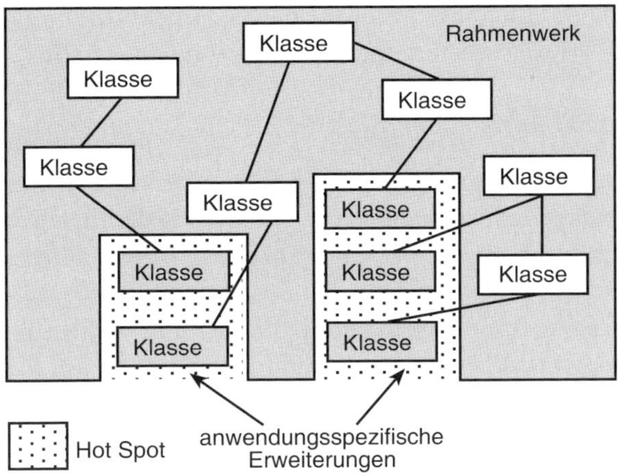

Abb. 17–28 *Schema einer rahmenwerkbasierten Anwendung*

basierten Entwicklung die anwendungsspezifischen Teile in das Rahmenwerk und in den darin vorgegebenen Kontrollfluss integriert werden.

Ein Rahmenwerk kann so konstruiert sein, dass man es ohne Kenntnis seiner Interna verwenden, also zu einer Anwendung erweitern kann. Wir sprechen in diesem Fall von einem *geschlossenen Rahmenwerk*. Die Alternative ist eine Konstruktion, die vom Entwickler der Anwendung verlangt, dass er die Interna kennt, insbesondere den Code der Hot Spots, da er neuen anwendungsspezifischen Code entwickeln und integrieren muss. In diesem Fall handelt es sich um ein *offenes Rahmenwerk*. In der Literatur werden dafür ähnlich wie beim Test die Attribute »black box« und »white box« verwendet; während die Metapher der Black Box anschaulich ist, hat die Charakterisierung als White Box keinen Sinn, denn ein weißer Kasten ist weder durchsichtig noch offen. Darum bleiben wir bei »geschlossen« und »offen«.

Offene Rahmenwerke

Um ein offenes Rahmenwerk zu einer Anwendung zu erweitern, muss der Entwickler die Architektur, den vorgegebenen Kontrollfluss und die im Rahmenwerk realisierten Mechanismen sehr genau kennen. Technisch gesehen wird ein offenes Rahmenwerk dadurch erweitert, dass die – häufig abstrakten – Klassen der Hot Spots spezialisiert werden. Das erfordert einiges Wissen darüber, welche Klassen zu welchem Zweck spezialisiert und welche Methoden redefiniert werden müssen. In der Regel kennt der Entwickler das Rahmenwerk und die darin realisierten Mechanismen und Abläufe aber nicht genau. Eine entsprechende Dokumentation, die alle Erweiterungsmöglichkeiten vollständig beschreibt, wäre umfangreich und aufwändig. Darum gehören zu offenen Rahmenwerken neben einer Dokumentation der zentralen Entwurfsentscheidungen und Komponenten der

Architektur auch Beispielanwendungen, die der Entwickler analysieren und als Vorlagen nutzen kann, um seine eigene Anwendung zu schaffen.

Geschlossene Rahmenwerke

In der Praxis entsteht ein geschlossenes Rahmenwerk aus einem offenen, nachdem damit ausreichende Erfahrungen gesammelt wurden. Dann können Bereiche identifiziert werden, die in geschlossener Form zur Anwendungsentwicklung verwendbar sind.

Ein geschlossenes Rahmenwerk erweitert der Entwickler, indem er Objekte spezieller Rahmenwerksklassen erzeugt und konfiguriert, auf die dann das Rahmenwerk zugreift. Dazu können auch Werkzeuge angeboten werden, mit denen das Rahmenwerk erweitert und konfiguriert wird. Wenn die Umstellung vom offenen zum geschlossenen Rahmenwerk nur teilweise vollzogen ist, wenn also bestimmte Hot Spots durch Unterklassenbildung, andere durch eine werkzeuggestützte Konfiguration erweitert werden (siehe beispielsweise Lichter, Schneider, 1993), spricht man auch von einer »Grey Box«.

Bewertung

Um ein Rahmenwerk zu entwickeln, muss man sein Anwendungsgebiet sehr gut kennen. Technisch ist anzustreben, dass sich die anwendungsspezifischen Erweiterungen möglichst sauber in das Rahmenwerk integrieren lassen. Beim Architekturentwurf von Rahmenwerken werden deshalb an den Integrationsstellen häufiger als sonst üblich Entwurfsmuster eingesetzt, insbesondere solche, die es erlauben, universelle Merkmale von variablen, in diesem Sinne anwendungsspezifischen Merkmalen sauber zu trennen.

Bis ein Rahmenwerk wirklich brauchbar ist, wird viel Aufwand investiert. Darum muss sein Nutzen entsprechend groß sein, sonst lohnt sich die Entwicklung nicht. Wir betrachten diesen Aspekt und andere Aspekte der Wiederverwendung in Kapitel 24.

Beispiele für häufig eingesetzte Rahmenwerke sind:

- JWAM
  Ein Rahmenwerk zur Konstruktion von Anwendungen nach der Werkzeug-Material-Metapher (JWAM, o.J.).
- GEF (Graphical Editing Framework)
  Ein in JAVA entwickeltes Rahmenwerk zur Konstruktion grafischer Editoren auf Basis des Eclipse Modeling Frameworks (Moore et al., 2004).

Weitere Beispiele für Rahmenwerke werden in Lewis et al. (1995) sowie in Fayad und Johnson (2000) beschrieben. Es sei an dieser Stelle darauf hingewiesen, dass Rahmenwerke eine naheliegende Implementierungstechnik für Software-Produktlinien sind.

17.5.4 Produktlinien- und Referenzarchitekturen

Diese Gruppen stehen zwischen abstrakten Architekturmustern und konkreten Architekturen. Es handelt sich um generische Software-Architekturen, die zwar konkrete Strukturen vorgeben, aber die Produktarchitektur nicht bis ins Detail festlegen, sodass verschiedene Ausprägungen möglich bleiben.

Produktlinienarchitektur

Die Entwicklung von Produktlinien ist ein vielversprechender Ansatz, eine Reihe ähnlicher Produkte, die auf einer einzigen Plattform basieren, kostengünstig und schnell zu entwickeln, indem man den gemeinsamen Kern nur einmal realisiert. Dazu ist es notwendig, die Unterschiede und die Gemeinsamkeiten der Produkte zu identifizieren. Dann wird die Plattform so entwickelt, dass sie die Gemeinsamkeiten aller Produkte enthält und es erlaubt, produktspezifische Ergänzungen systematisch hinzuzufügen. Offensichtlich spielt die Architektur der Plattform eine zentrale Rolle.

Northrop und Clements definieren eine Produktlinienarchitektur wie folgt:

product line architecture — A core asset that is the software architecture for all the products in a software product line. A product line architecture explicitly provides variation mechanisms that support the diversity among the products in the software product line.

Northrop, Clements (2007)

Eine *Produktlinienarchitektur* ist demnach die Architektur des gemeinsamen Kerns aller Produkte einer Familie. Die Architekturen der einzelnen Produkte werden auf Basis der Produktlinienarchitektur entworfen; an definierten Stellen sind sie individuell ausgeprägt.

Um eine Produktlinienarchitektur produktspezifisch zu erweitern, können verschiedene Mechanismen verwendet werden.

- In Unterklassen (also mit Hilfe der Vererbung) werden notwendige Erweiterungen implementiert oder Standardlösungen des Kerns überschrieben.
- Es werden Erweiterungspunkte definiert, wo produktspezifische Teile an die Plattform angedockt werden können.
- Aus einer Reihe vorgefertigter Komponenten werden diejenigen ausgewählt, die zu einem speziellen Produkt gehören. Dieser Schritt wird als (Produkt-) Konfiguration bezeichnet.

Technisch bietet es sich an, Produktlinienarchitekturen durch Rahmenwerke oder durch Kombinationen von Komponenten und Rahmenwerken zu realisieren.

Informationen über erfolgreiche Produktlinienentwicklungen finden sich in der sogenannten »Product Line Hall of Fame« (SPLC, o.J.). Die Entwicklung von Produktlinien wird aus organisatorischer und technischer Sicht detailliert z. B. in Pohl, Böckle, van der Linden (2005) vorgestellt.

Referenzarchitektur

Eine *Referenzarchitektur* (auch Standard- oder Modellarchitektur genannt) ist gegenüber der Produktlinienarchitektur, die für eine Menge ähnlicher Produkte gilt, weiter abstrahiert. Eine Referenzarchitektur definiert für einen ganzen Anwendungsbereich, d. h. für alle Software-Systeme dieses Bereichs, eine erprobte und wiederverwendbare Architektur. Es ist offensichtlich, dass eine Referenzarchitektur sehr abstrakt formuliert sein muss und nicht im Kopf eines Forschers entsteht, sondern als Essenz aus den Erfahrungen, die in der Praxis bei einer Reihe ähnlicher Anwendungsentwicklungen gesammelt wurden. In Anlehnung an Beneken (2008) definieren wir:

Eine **Referenzarchitektur** definiert Software-Bausteine für einen Anwendungsbereich durch ihre Strukturen und Typen, ihre Zuständigkeiten und ihre Interaktionen.

Eine bereits seit langem erprobte Referenzarchitektur existiert für den Übersetzerbau (siehe Abb. 17–17). Ein wesentlich umfangreicheres Beispiel für eine Referenzarchitektur ist die Versicherungsanwendungsarchitektur (VAA) der Deutschen Versicherungswirtschaft (GDV, 2001). Sie spezifiziert versicherungsfachliche Prozesse und Funktionsgruppen, z. B. die Partner- und Vertragsverwaltung, sowie fachliche Datentypen in Form von Geschäftsobjekten.

Nach dem Schwerpunkt unterscheidet Beneken (2008) zwischen funktionaler, logischer und technischer Referenzarchitektur.

Eine *funktionale Referenzarchitektur* (auch fachliche Referenzarchitektur genannt) modelliert für einen bestimmten Bereich den Funktionsumfang der Anwendungssysteme durch Funktionsgruppen und deren Datenflussbeziehungen.

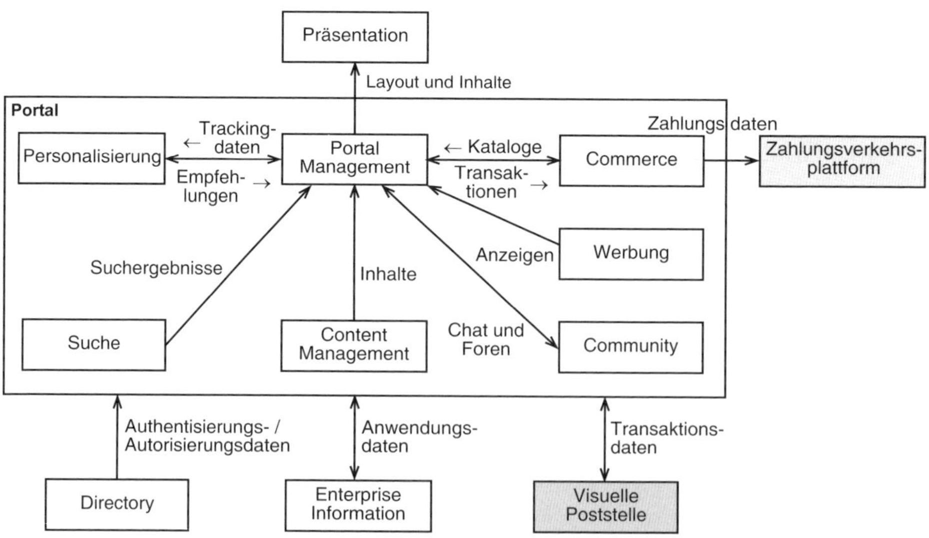

Abb. 17–29 *Funktionale Referenzarchitektur für Portal-Software*

Für den Bereich der sogenannten Portal-Software wurde die in Abbildung 17–29 gezeigte Referenzarchitektur vorgeschlagen (Taubner, 2003). Da funktionale Referenzarchitekturen nur die Funktionen modellieren, die allen Anwendungen gemeinsam sind, müssen sie erweiterbar sein. In der Abbildung 17–29 sind beispielhaft behördenspezifische Erweiterungen an dieser Referenzarchitektur grau unterlegt. Wird eine funktionale Referenzarchitektur für eine konkrete Anwendung ausgeprägt, dann kann eine Funktionsgruppe auf mehrere Komponenten aufgeteilt werden. Ebenso kann aber auch eine Komponente mehrere Funktionsgruppen implementieren.

Eine *logische Referenzarchitektur* liegt zwischen der funktionalen und der technischen Referenzarchitektur. Sie definiert für die Anwendungen des betrachteten Bereichs eine Architektur in Form von Software-Bausteinen (beispielsweise Schichten und Komponenten) und deren Beziehungen. Die Schnittstellen der Software-Bausteine sind zwar technisch motiviert, werden aber typischerweise nur informal beschrieben.

Ein Beispiel für eine logische Referenzarchitektur ist die in Abbildung 17–30 dargestellte Quasar-Referenzarchitektur für betriebliche Informationssysteme (Haft, Humm, Siedersleben, 2005).

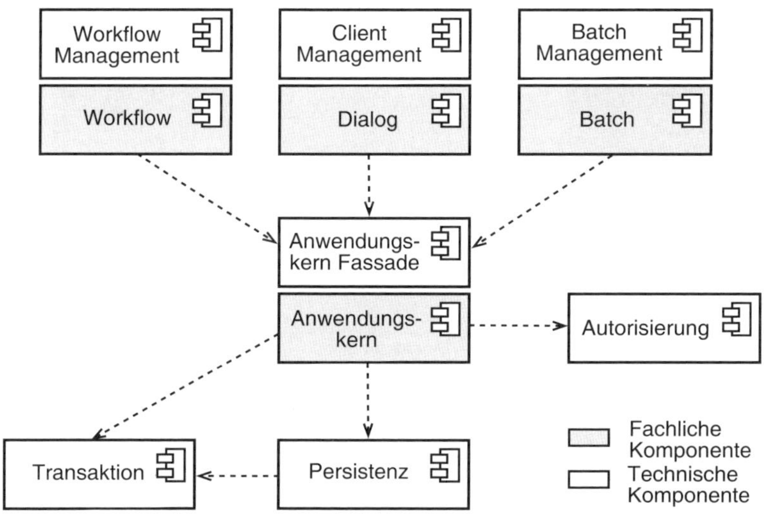

Abb. 17–30 *Quasar-Referenzarchitektur für Informationssysteme*

Die zentrale Komponente ist der Anwendungskern, der die fachliche Logik des Informationssystems realisiert. Dieser nutzt über Schnittstellen Komponenten zur Autorisierung und zum Lesen und Speichern der Daten. Der Anwendungskern selbst wird über eine Fassade benutzt (siehe S. 441), typischerweise von Dialog-, Workflow- und Batch-Komponenten. Diese Referenzarchitektur unterscheidet weiterhin zwischen fachlichen und technischen Komponenten und setzt damit das Prinzip »Trennung von Zuständigkeiten« um. Ein weiteres bekanntes Beispiel einer logischen Referenzarchitektur ist das ISO/OSI-Referenzmodell für Kommunikationssysteme (ISO/IEC 7498-1, 1996).

Eine *technische Referenzarchitektur* legt die Implementierungstechnologien (z. B. Sprachen, Bibliotheken, Rahmenwerke, Komponenten, Kommunikationsmechanismen) fest, um logische Referenzarchitekturen zu realisieren. Bekannte Beispiele für technische Referenzarchitekturen sind J2EE und .NET.

- J2EE ist eine von Sun entwickelte Architektur für komponentenbasierte, mehrschichtige Anwendungen.
- .NET fasst eine Reihe von Technologien der Firma Microsoft zusammen, um Web-Anwendungen und Arbeitsplatzanwendungen für das Windows-Betriebssystem auf einer einheitlichen Plattform zu erstellen.

Während dies recht allgemein nutzbare technische Referenzarchitekturen sind, kann JWAM als technische Referenzarchitektur für die Konstruktion von Anwendungen nach dem Werkzeug-Material-Ansatz verstanden werden (Züllighoven, 2005). Abbildung 17–31 zeigt die schichtenbasierte Architektur von JWAM; die Basistechnologie ist JAVA.

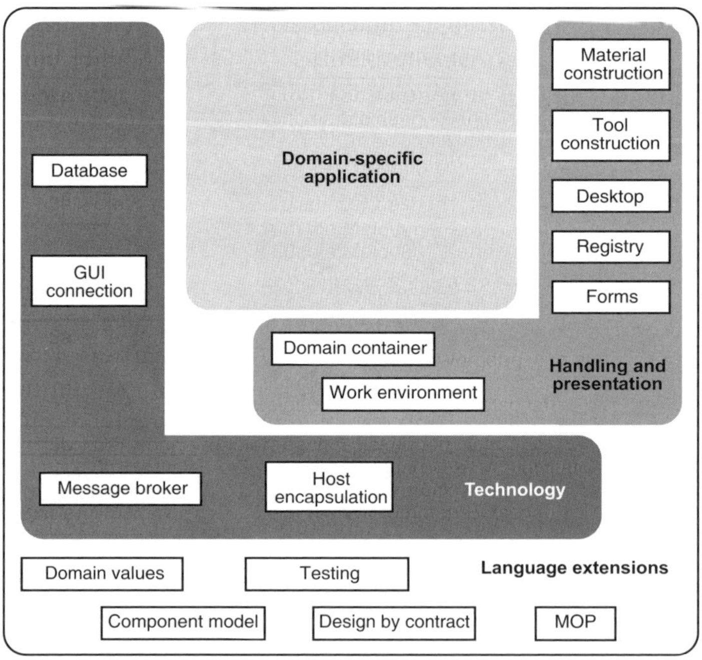

Abb. 17–31 *JWAM-Referenzarchitektur*

Produktlinien- und Referenzarchitekturen können nur auf Basis großer Erfahrungen in der Software-Entwicklung entstehen. Und selbst wenn solche Erfahrungen verfügbar sind, ist es schwierig, tragfähige und anpassbare Referenzarchitekturen zu entwerfen. Verfügt man jedoch über erprobte Referenzarchitekturen, dann ist es fahrlässig, sie zu ignorieren und eigene, neue Architekturen zu entwickeln.

17.6 Die Qualität der Architektur

Die Qualität der Architektur bestimmt maßgeblich die Qualität des entwickelten Systems, und zwar dauerhaft. Darum ist es wichtig, die Qualität der Architektur zu prüfen. Da Qualität nicht absolut, sondern nur durch die Anforderungen definiert ist, müssen wir wissen, welche der Anforderungen durch die Architektur umgesetzt werden müssen. Wenn wir diese Anforderungen kennen, können wir feststellen, ob die Architektur geeignet ist, die Anforderungen zu erfüllen.

17.6.1 Qualitätskriterien

Bei den Anforderungen an ein System unterscheiden wir funktionale und nichtfunktionale Anforderungen (Abschnitt 16.4.4). Für den Architekturentwurf sind die nichtfunktionalen Anforderungen besonders wichtig, da sie die Freiheit der Konstruktion einschränken. Das gilt vor allem für die Anforderungen an die folgenden Qualitäten:

- *Testbarkeit*
  Jede Software muss getestet werden. Wird dies beim Architekturentwurf nicht berücksichtigt, kann man nicht erwarten, dass sich das implementierte System leicht testen lässt. In jedem Fall wird der Test durch eine Architektur, die hohe Lokalität schafft, wesentlich erleichtert, also durch eine Gliederung in abgeschlossene, einzeln testbare Einheiten. Auch spezielle Testschnittstellen tragen zur höheren Testbarkeit bei.
- *Wartbarkeit, Erweiterbarkeit*
  Systeme, die eingesetzt werden, müssen dann und wann korrigiert, vor allem aber immer wieder den sich ändernden Anforderungen angepasst werden. Auch wenn man beim Architekturentwurf die Zukunft nicht genau kennt, kann man doch Bereiche des Systems, die sehr wahrscheinlich angepasst oder erweitert werden müssen, so entwerfen, dass der Aufwand dafür akzeptabel ist.
- *Portierbarkeit*
  Systeme, die viele Jahre eingesetzt werden, müssen immer wieder auf andere Plattformen (Betriebssysteme) übertragen werden oder Änderungen der umgebenden Software (z. B. Datenbanksysteme, Middleware) nachvollziehen. Solch eine Anpassung wird als Portierung bezeichnet. Die Portierung wird wesentlich erleichtert, wenn die Architektur dafür sorgt, dass die Abhängigkeiten von vorgegebener Software an wenigen Stellen konzentriert sind.

17.6.2 Die Bewertung und Prüfung einer Architektur

Die Software-Architektur ist nicht Selbstzweck; sie ist gut, wenn sie dazu beiträgt, dass das realisierte System die Anforderungen erfüllt. Jede Bewertung oder Prüfung muss sich an diesem Ziel orientieren. Meist gibt es mehrere mögliche Architekturen; dann müssen diese gegenübergestellt und verglichen werden.

Ist die Architektur (hier insbesondere die statische Struktur) erst einmal gewählt und in Beton oder Code gegossen, dann lässt sie sich nur noch mit sehr hohem Aufwand verändern. Darum sollte die Entscheidung für eine bestimmte Architektur gründlich überprüft und dann erst umgesetzt werden.

Die dynamische Sicht, die Funktion, liefert die Anforderungen an die Statik. Trotzdem kann die Funktion später meist relativ leicht verändert werden. In Amerika sieht man oft Kirchen, die als Restaurants oder Schuhgeschäfte dienen, bei uns werden viele alte Industriebauten als Museen oder Theatersäle genutzt, und manches Schloss beherbergt eine Universität. Es ist das Kennzeichen einer guten Architektur, dass sie solche Änderungen nicht grundsätzlich ausschließt.

Die systematische Prüfung einer Architektur erfolgt am besten durch ein Review (siehe Abschnitt 13.5). Dazu müssen natürlich die Anforderungen und Bewertungskriterien vorher festgelegt sein. Als Gutachter eines Architektur-Reviews kommen nur Fachleute in Frage, die über das notwendige Wissen und über ausreichende Entwurfserfahrung verfügen.

Der Architekturentwurf und seine Bewertung kann durch Prototypen unterstützt werden, die in diesem Falle *nicht* dazu dienen, die Bedienschnittstelle festzulegen. Vielmehr wird man sich auf unklare und riskante Bereiche konzentrieren. Mit Prototypen können insbesondere Anforderungen an Leistungsaspekte, Skalierbarkeit, Lastverteilung etc. untersucht und bewertet werden.

Schön wäre es, wenn wir die Qualität einer Architektur messen könnten. Es gibt verschiedene Metriken, um Merkmale von Architekturen zu bewerten (z. B. Kopplungs- und Zusammenhaltsmetriken). Leider ist der Nutzen dieser Metriken zweifelhaft, und zudem können sie erst berechnet werden, wenn die Architektur codiert wurde, weil die Messwerkzeuge dazu den Programmcode analysieren müssen. Reißing (2002) hat sich gründlich mit dem Problem, Entwürfe vor der Codierung zu bewerten, auseinandergesetzt.

Es sei noch erwähnt, dass das Software Engineering Institute (SEI) eine Methode zur Bewertung von Architekturen entwickelt hat, die ATAM (Architecture Tradeoff Analysis Method) genannt wird. Diese legt in Form von Phasen und Schritten fest, wie eine Architekturbewertung durchzuführen ist und wer daran beteiligt sein sollte. ATAM wird in Bass, Clements, Kazman (2003) ausführlich vorgestellt.

18 Codierung

Programming is a craft. It is dependent on individual skill, attention to detail, and knowledge of how to use available tools in the best way. Craftsmen must know their materials, understand the principles of their craft and learn by experience. Thus, programmers must understand both host and target computer systems, must know some theory of programming, and must practise programming.

Ian Sommerville (1989, S. 308)

Die Codierung wird in diesem Buch nur kurz behandelt. Das bedeutet jedoch nicht, dass sie für das Software Engineering unwichtig ist. Vielmehr wird vorausgesetzt, dass die grundlegenden Techniken der Codierung bekannt sind und im Sinne des Zitats von Sommerville auch umgesetzt werden. Die Maxime der Codierung sollte das »ego-less-programming« sein (siehe Weinberg, 1971, 1999, und die nachfolgende IEEE-Definition), also ein Programmierstil, der nicht den Künstler in seiner Einzigartigkeit zeigt, sondern das normgerechte Ingenieurprodukt, dessen Erscheinungsbild jedem kompetenten Leser ein schnelles Verständnis verschafft. Nur solche Programme sind mit akzeptablem Aufwand wartbar.

egoless programming — A software development technique based on the concept of team, rather than individual, responsibility for program development. Its purpose is to prevent individual programmers from identifying so closely with their work that objective evaluation is impaired.

IEEE Std 610.12 (1990)

Egoless Programming bedeutet aber nicht, dass sich der Programmierer in den Schutz der Anonymität zurückzieht. Jeder Entwickler ist für seine Resultate verantwortlich. Darum werden die Urheber jeder Software-Einheit registriert, ebenso die Prüfer, denn auch sie haften im Rahmen ihres Prüfauftrags dafür, dass das Produkt in Ordnung ist. Durch Egoless Programming wird die Prüfung erleichtert, weil sich die Prüfer nicht auf den individuellen Stil der Entwickler einstellen müssen.

18.1 Programmiersprachen als Werkstoffe

Die Programmiersprache ist der Werkstoff, aus dem das Programm gebaut wird. (In diesem Kapitel bezeichnet »Programm« sowohl vollständige Programme als auch Teile davon, die separate Software-Einheiten bilden.) Die Wahl des Werkstoffs (oder der Werkstoffe) ist für jedes Produkt wichtig, auch für ein Programm. Denn der Werkstoff macht gewisse Konstruktionen möglich oder unmöglich und hat Einfluss auf die Qualität und die Haltbarkeit.

Die Entwickler können in aller Regel nicht wählen, welche Programmiersprache eingesetzt wird. Denn es gibt sehr verschiedene Gründe, um eine Sprache zu favorisieren oder abzulehnen. Der wichtigste Grund ist die Beschränkung der Vielfalt in einem Unternehmen. Wenn bislang alle Systeme in der Sprache L implementiert wurden, spricht viel dafür, auch weiterhin L einzusetzen. Denn für L gibt es routinierte Entwickler und Wartungsprogrammierer, Übersetzer und andere Werkzeuge.

Trotzdem ist es wichtig, zentrale Eigenschaften und Konzepte, Stärken und Schwächen von Programmiersprachen zu kennen, die sich auf die Leistungen der Programmierer und auf die Qualität der Programme auswirken. Dabei spielen auch die Entwicklungssysteme und Bibliotheken eine Rolle, die mit den Sprachen verknüpft sind. Folgende Eigenschaften von Programmiersprachen sind in diesem Sinne wichtig:

- *Strukturelemente zur Konstruktion modularer Programmeinheiten*
  Große Programme bestehen aus vielen überschaubaren, in sich abgeschlossenen Einheiten. Damit diese Einheiten modular und von mehreren Personen zugleich codiert werden können, muss die Programmiersprache ein geeignetes Bausteinkonzept anbieten.
- *Trennung von Schnittstelle und Implementierung*
  Alle Schnittstellen eines Programms müssen syntaktisch und semantisch sauber definiert sein, damit andere Programme ohne Kenntnis seiner Implementierung die Dienste des Programms in Anspruch nehmen können. Wenn die Realisierung der Dienste für andere Einheiten unsichtbar ist, kann das Programm leicht durch ein anderes, aber an der Schnittstelle gleiches Programm ersetzt werden.
- *Mächtiges Typsystem mit strenger Typprüfung*
  Das Typsystem der Programmiersprache sollte die Definition neuer, adäquater Datentypen für die Entitäten der Anwendung unterstützen. Dadurch wird der Code gut lesbar und verständlich. Ob Zuweisungen und Parameterübergaben hinsichtlich der Typen korrekt sind, sollte so weit wie möglich statisch, also bereits bei der Übersetzung geprüft werden. Inkonsistenzen, die der Übersetzer entdeckt, können nicht zu teuren Laufzeitfehlern führen.

- *Syntax, die zur Lesbarkeit des Codes beiträgt*
  Bei der Software-Wartung ist der Programmcode das wichtigste, oft das einzige Dokument, das dem Wartungsprogrammierer einen Zugang ermöglicht. Darum ist die Lesbarkeit des Codes für die Wartung von überragender Bedeutung. Die Syntax der Programmiersprache hat darauf erheblichen Einfluss; Codierregeln oder ein Style Guide können die Lesbarkeit ebenfalls verbessern. Nachdem FORTRAN, die erste höhere Programmiersprache, mit dem Ziel entwickelt worden war, den Schreibaufwand zu reduzieren, stand bei ALGOL60 die Lesbarkeit im Vordergrund. Darum sind die Sprachen der ALGOL-Familie, beispielsweise ADA, unter diesem Gesichtspunkt besonders gut für die Codierung geeignet.
- *Automatische Zeigerverwaltung*
  Zeigertypen und Zeiger stellen dem Programmierer einen mächtigen und flexiblen, aber auch gefährlichen Mechanismus zur Verfügung. Die Gefahren entstehen vor allem durch Fehler bei der Zeigerverwaltung. Übernimmt die Programmiersprache und deren Laufzeitsystem diese Aufgabe, dann ist diese Fehlerquelle eliminiert.
- *Ausnahmebehandlung*
  Ausnahmen sind Situationen im Programmablauf, die nicht auftreten sollten; sie können durch Fehlbedienungen, Defekte oder sehr ungewöhnliche Ereignisse entstehen. Bietet die Programmiersprache die Möglichkeit, Ausnahmen und die erforderlichen Reaktionen zu definieren, dann bleibt der Code für die regulären Situationen unverändert (und damit übersichtlich); trotzdem ist durch die systematische Ausnahmebehandlung ein robustes Verhalten der Software gewährleistet (siehe Abschnitt 18.5).

Jede Programmiersprache stellt einen Kompromiss dar zwischen den Anforderungen des Programmierers und Lesers einerseits, der Hardware und den Software-Werkzeugen andererseits. Während in den ersten Jahrzehnten der Informatik die Effizienz der Übersetzung und der Programmausführung großes Gewicht hatte, ist inzwischen völlig klar, dass die Bedürfnisse der Menschen im Vordergrund stehen sollten. Zudem ist es durch Fortschritte der Übersetzertechnologie möglich geworden, auch (im Sinne des Übersetzers) komplizierte Konstrukte in hocheffizienten Code umzusetzen.

18.2 Regeln für die Codierung

18.2.1 Richtlinien

In jeder Organisation sollte es Richtlinien geben, nach denen Programme codiert werden. Diese sollten insbesondere festlegen,

- wie die *Bezeichner* zu wählen sind,
- wie das *Layout* zu gestalten ist,
- wie die *Schnittstellen* zwischen den Einheiten zu gestalten sind, z. B. ob globale Variablen zugelassen sind oder wie Parameter geordnet werden,
- welche *Standardkommentare* im Code enthalten sein sollen.

Der »GNU Coding Standard« für die Sprache C (Stallmann et al., 2005) ist ein Beispiel für solche Regelwerke, für die Programmiersprache JAVA wird häufig der von SUN entwickelte »JAVA Coding Style Guide« verwendet (Reddy, 2000).

Da die Verständlichkeit eines Programms mit steigender Größe rapide abnimmt, sind Größenbeschränkungen sinnvoll. Sie sind natürlich von der Programmiersprache abhängig. Bei einer Sprache wie ADA kann man beispielsweise fordern:

- Umfang der Hauptprogramme ≤ 10 ELOC
- Umfang der Prozeduren ≤ 50 ELOC
- Umfang der Pakete ≤ 1400 ELOC

ELOC (executable lines of code) erfasst alle Zeilen, die mehr als nur Kommentare und Deklarationen enthalten.

Für JAVA definiert das Metrikwerkzeug SOTOGRAPH (siehe Abschnitt 23.3.2) die folgenden Beschränkungen:

- Anzahl der Attribute pro Klasse ≤ 20
- Anzahl der öffentlichen Methoden pro Klasse ≤ 20
- Umfang einer Datei (i. d. R. eine Klasse) ≤ 1000 ELOC

Bei diesen Richtlinien kommt es – wie auch sonst oft – weniger darauf an, *wie* die einzelnen Aspekte geregelt sind, als darauf, *dass* sie geregelt sind. Genau so wichtig ist es, dass ständig überwacht wird, ob die Richtlinien auch eingehalten werden. Diese Prüfung muss für Regeln mit inhaltlichen Aussagen (»Eine Prozedur wird durch ein Verb im Infinitiv bezeichnet«) durch Reviews erfolgen. Die Einhaltung einfacher Regeln wie die oben genannten Größenbeschränkungen können Werkzeuge kontrollieren, die Teil der Entwicklungsumgebung sind.

Bei der Durchsetzung ist Radikalität geboten, denn wenn man es den Entwicklern überlässt, ob sie die Richtlinie einhalten oder nicht, kann man sich den Aufwand gleich sparen. Aber natürlich muss es auch Mechanismen geben, um die Richtlinien regelmäßig zu revidieren.

18.2.2 Ratschläge

Zu den ältesten Regeln für die Codierung gehört der Rat, auf Sprungbefehle, also auf das »go to« und seine Varianten, zu verzichten, weil es die Programme unübersichtlich und schwer verständlich macht. Dijkstra hat sein berühmtes Verdikt »goto considered harmful« (in einem Leserbrief an die Communications of the ACM, Dijkstra, 1968b) auch auf die Arbeit von Böhm und Jacobini (1966) gestützt, die bewiesen hatten, dass der Sprungbefehl entbehrlich ist. In der von Dijkstra ausgelösten Diskussion gab es zwar noch einige Gegenstimmen, die prominenteste von Knuth (1974), aber die weitere Entwicklung war, wie von Wulf (1972) propagiert, durch neuere Programmiersprachen bestimmt, in denen das goto nicht mehr angeboten wurde. Aber noch 1987, fast zwanzig Jahre nach dem Brief von Dijkstra, führte ein Angriff von Frank Rubin an gleicher Stelle (»GOTO Considered Harmful« Considered Harmful) zu einer monatelangen Leserbrief-Schlacht, zu der auch Dijkstra beitrug.

Fairley (1985) gibt die folgenden Regeln für die Codierung an, die unabhängig von einer Programmiersprache gelten und darauf abzielen, dass der Code verständlich und wartbar geschrieben wird.

- *Don't be too clever.*
  Mit sogenannten genialen Programmiertricks kann möglicherweise eine Lösung sehr geschickt implementiert werden. Sicher ist jedoch, dass sie später nicht mehr nachvollzogen und verstanden werden kann, auch nicht mehr vom Autor selbst.
- *Avoid null Then-statements und Avoid Then-If-statements.*
  Wenn moderne Kontrollstrukturen zur Verfügung stehen, dann sollten keine leeren Zweige in Bedingungen auftreten. Ebenso sollten Then-If-Konstruktionen durch Then-Elsif-Konstruktionen ersetzt werden. Das führt dazu, dass die ganze Kontrollanweisung leichter erfasst und nachvollzogen werden kann.
- *Don't nest too deeply.*
  Stark verschachtelte Kontrollanweisungen sind komplex, schwer verständlich, schwer zu testen und sollten deshalb vermieden werden.
- *Avoid obscure side effects ... avoid side effects!*
  Seiteneffekte sind, wie der Name schon sagt, Effekte, deren Wirkung nicht an dem Ort, an dem sie verursacht wurden, festzustellen sind. Seiteneffekte führen dazu, dass der Effekt eines Code-Stücks nicht mehr lokal begrenzt ist (also z. B. innerhalb eines Moduls oder einer Klasse), sondern darüber hinaus wirkt. Dadurch ist der Code schwerer zu verstehen und zu warten.
- *Don't suboptimize.*
  Wer ein Programm so codiert oder ändert, dass es möglichst rasch arbeitet, spricht von *Optimierung*; in Wahrheit handelt es sich um *Tuning*, wie man es

auch bei Autos macht. Denn der Code wird dadurch vielleicht etwas schneller, aber kaum besser (lat. *optimus* = der Beste), sondern fast sicher schlechter lesbar und wartbar.

> *The only result of optimization you can usually be sure of without measuring performance is that you've made your code harder to read.*
>
> Steve McConnell

Man muss also zunächst die Leistung des Programms messen. Anschließend kann man, wenn es überhaupt nötig ist, die Leistung durch gezielte Maßnahmen verbessern. Da man erst messen kann, wenn die Implementierung fertig ist, kommt ein »vorsorgliches Tuning« (das Fairley *suboptimization* nennt, also Optimierung ohne Überblick) nicht in Frage. Jackson hat das sehr pointiert formuliert:

> 1. *Don't do it.*
> 2. *(For experts only) Don't do it yet —*
>   *that is until you have a perfectly clear and unoptimized solution.*
>
> Michael A. Jackson

Wichtigstes und erstes Ziel der Codierung ist, ein effektives Programm zu schaffen, also ein Programm, das die Aufgabe korrekt löst. Zeigen Versuche oder Messungen, dass die erzielte Effizienz nicht ausreicht, müssen die Code-Teile identifiziert werden, die der Effizienz schaden. Diese werden dann lokal optimiert. Beispielsweise hat einer der Verfasser erlebt, wie die Leistung eines sehr komplexen Programms durch 14 Assembleranweisungen an Stelle einer kurzen Schleife im PASCAL-Code um den Faktor 4 gesteigert wurde. Messungen hatten gezeigt, dass in dieser Schleife 95 % der Rechenzeit entstanden.

- *Routines having more than five parameters?*
  Operationen, die sehr viele Parameter haben, sind ein Indiz dafür, dass beim Entwurf irgendetwas schief gelaufen ist. Möglicherweise realisiert die Operation zu viel Funktionalität, die besser auf mehrere Operationen verteilt werden sollte. Ein anderer Grund für viele Parameter kann darin liegen, dass Fehler beim Entwurf der Datentypen gemacht wurden.
- *Don't use an identifier for multiple purposes.*
  Jeder Bezeichner darf nur für einen Zweck eingeführt und benutzt werden. Die Wahl des Bezeichners soll helfen, seinen Zweck zu erkennen. Wird ein Bezeichner für verschiedene Zwecke benutzt, dann ist das für den Leser des Codes irreführend.

Diese grundlegenden Regeln können um weitere ergänzt werden.

- *Logische Aussagen so einfach wie möglich halten!*
  Logische Bedingungen sind leichter verständlich, wenn TRUE den aktiven, positiven Fall bezeichnet; also sollte man eine Zustandsvariable für den Drucker nicht »`DruckerAusgeschaltet`«, sondern »`DruckerEingeschaltet`« nennen.

Negationen sind schwer verständlich, besonders, wenn sie mit anderen, womöglich negierten Bedingungen verknüpft sind. Eine bedingte Anweisung

```
if not (Bildschirmausgabe or DruckerAusgeschaltet) then ...
```

ist geradezu eine Garantie für Missverständnisse in der Wartung.

- *Text- und Zahlen-Literale (außer 0 und 1) gehören nicht in das (ausführbare) Programm!*
  Alle Literale, Meldungen usw. müssen als Konstanten deklariert werden. In aller Regel ist es sinnvoll, die Meldungen in separate Einheiten zu verlagern, damit eine Umstellung für ein anderes Land ohne Eingriffe in das Programm möglich ist.
- *Jedes Programm muss ausreichend kommentiert sein!*
  Zur Kommentierung sollte ein festes Schema verwendet werden (z. B. für Kopfkommentare von Operationen).

Auch damit bleiben wir natürlich von einer vollständigen Aufzählung aller Regeln, die beim Programmieren zu beachten sind, weit entfernt. Das sehr alte, aber grundsätzlich weiterhin aktuelle und sehr lesenswerte Buch von Kernighan und Plauger (1978) ist eine Fundgrube für sinnvolle Ratschläge.

18.3 Die Dokumentation des Codes

Die Definition des Begriffs Software schließt alle Dokumente ein, die zur Entwicklung, zum Einsatz und zur Wartung notwendig sind. Ein Satz wie »Die Software ist fertig, sie muss nur noch dokumentiert werden« ist also ein Widerspruch in sich!

Wir wollen hier darauf eingehen, wie und in welchem Umfang der entwickelte Code dokumentiert werden sollte.

18.3.1 Der Feinentwurf

In der Zeit der Assemblerprogrammierung war es üblich und sinnvoll, die Algorithmen abstrakt zu formulieren, bevor sie codiert wurden. Dieser Schritt war der Feinentwurf. Heute ist er in der Regel in die Codierung integriert, denn die hohen Programmiersprachen erlauben es, Algorithmen direkt und gut lesbar zu formulieren. (Man kann aber natürlich in jeder Sprache auch schlecht programmieren!) Eine grafische Darstellung von Algorithmen ist angesichts der Strukturierungsmöglichkeiten, die hohe Programmiersprachen zur Verfügung stellen, heute kaum mehr sinnvoll.

Nur dort, wo man beim Codieren »Uhrmacherei« betreibt, also z. B. bei raffinierten Algorithmen oder bei Verwendung von Zeigern, ist eine separate Darstellung noch sinnvoll. Natürlich ist sie nach wie vor geboten, wenn die Programmiersprache exotisch oder schlecht lesbar ist. Abbildung 18–1 zeigt zwei

```
name "Ggt"
org 100h
        mov ah, 96
        mov al, 36
        cmp ah, 0
        jle _err
        cmp al, 0
        jle _err
_loop:  cmp ah, al
        je _done
        jg _grt
        sub al, ah
        jmp _loop
_grt:   sub ah, al
        jmp _loop
_done:  mov bl, ah
        mov cx, 8
_prnt:  mov ah, 2
        mov dl, '0'
        test bl, 10000000b
        jz _zero
        mov dl, '1'
_zero:  int 21h
        shl bl, 1
        loop _prnt
        mov dl, 'b'
        int 21h
        ret
_err:   mov ah, 9
        mov dx, offset msg
        int 21h
msg db 'Werte muessen positiv sein$'
```

```
class Ggt {

  public static void main(String args[]){
    int a=96;
    int b=36;

    if (a > 0 & b > 0){
      while (a != b) {
        if (a > b)
          a = a - b;
        else
          b = b - a;
      }
      System.out.println("ggt : " + a);
    }
    else System.out.println
          ("Werte muessen positiv sein");
  }

}
```

Abb. 18–1 *8068-Assembler- und JAVA-Fassung des GGT-Algorithmus*

Implementierungen eines iterativen Algorithmus, um den größten gemeinsamen Teiler zweier Zahlen zu bestimmen. Im linken Teil ist eine 8086-Assembler-, im rechten Teil eine JAVA-Fassung abgebildet. Es wird deutlich, dass die JAVA-Fassung auf Grund der Sprachkonstrukte einfacher nachvollzogen werden kann, während das bei der 8086-Assembler-Fassung ohne eine detaillierte Kommentierung unmöglich ist.

Die objektorientierte Programmierung führt dazu, dass Objekte verschiedener Klassen zusammenarbeiten, um eine Dienstleistung oder einen Algorithmus zu realisieren. Dieses Zusammenspiel kann sehr komplex sein und ist dann alleine auf der Basis der Implementierung nur schwer zu verstehen. Aus diesem Grund ist es notwendig, komplexe Interaktionen der Objekte detailliert zu beschreiben. Dazu können beispielsweise Sequenzdiagramme aus UML verwendet werden (siehe z. B. Rupp et al., 2005). Sequenzdiagramme modellieren die Kommunikation der Objekte dadurch, dass die Nachrichten zwischen den Objekten an der Zeitachse dargestellt werden. So kann recht übersichtlich gezeigt werden, welche Objekte mit welchen Nachrichten an der Realisierung eines Algorithmus beteiligt sind. Abbildung 18–2 zeigt ein Sequenzdiagramm, das die Interaktion zwischen den am MVC-Architekturmuster beteiligten Objekten modelliert (Abschnitt 17.5.1). Dargestellt ist die Nachrichtenfolge, mit der ein View-Objekt über eine Änderung des Model-Objekts informiert wird, damit es sich anpasst.

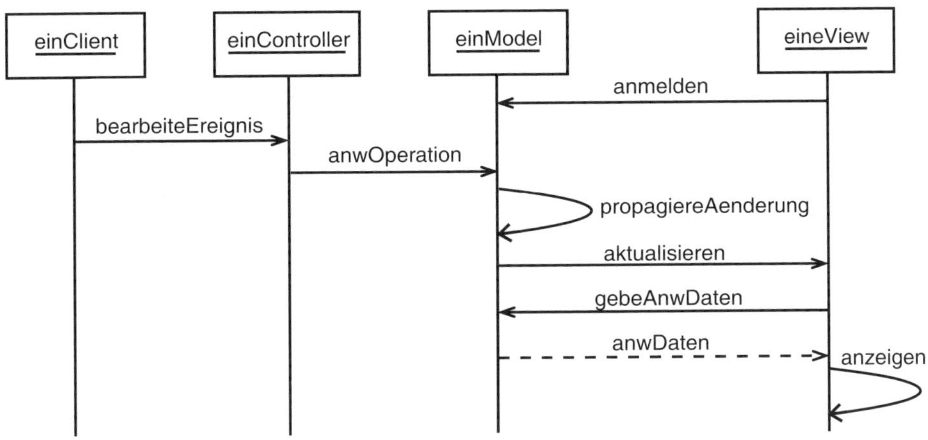

Abb. 18–2 *Beispiel eines Sequenzdiagramms*

18.3.2 Integrierte Dokumentation

Die integrierte Dokumentation ist der Teil der Dokumentation, der in Form von Kommentaren, Leerzeilen und Gestaltung (Layout) im Programmcode enthalten ist (Abschnitt 12.1).

Kommentare im Programm sind für die Wartung sehr wichtig, zumal alte Software meist auf die Programme zusammengeschmolzen ist. Denn die separaten Dokumente werden, falls sie überhaupt je entstanden sind, kaum seriös nachgeführt und verlieren daher rasch ihren Wert. Die Programme sollten also möglichst »autark« sein. In ADA (1995) werden die folgenden generellen Anforderungen an die Kommentierung von Code aufgestellt:

1. *Make the code as clear as possible to reduce the need for comments*!
   Damit das Programm verständlich und lesbar ist, müssen die Bezeichner »sprechend« gewählt, die Code-Abschnitte übersichtlich strukturiert und unnötig komplexe Konstruktionen vermieden werden.
2. *Never repeat information in a comment that is readily available in the code*!
   Für Kommentare gilt: Nicht das im Code ohnehin sichtbare wiederholen, sondern das nicht oder nur schwer sichtbare ergänzen! Schwer sichtbar sind Bedingungen, die an einem Punkt erfüllt sind oder erfüllt werden müssen. Nicht sichtbar sind die Absichten, die der Programmierer mit seinen Anweisungen in der Problemwelt verfolgt.
3. *Where a comment is required, make it concise and complete*!
   Kommentare sollen immer so knapp wie möglich formuliert werden. Es sind jedoch immer alle Informationen anzugeben, die notwendig sind, um den Code zu verstehen.

4. *Use proper grammar and spelling in comments!*
   Viele Programmierer (und leider auch solche mit Hochschulabschluss) begreifen nicht, dass korrekte Syntax nicht nur für den Code wichtig ist. Jedes fehlende (oder falsche) Komma, jeder falsche Plural, jedes verkrüppelte Wort macht den Kommentar schlechter lesbar, erhöht die Wahrscheinlichkeit von Missverständnissen und senkt das Vertrauen der Leser in die Zuverlässigkeit der Aussagen.
5. *Make comments visually distinct from the code!*
   Eine geeignete Formatierung, die die Kommentare gut vom Code abhebt, hilft dem Leser, Code und Kommentar visuell zu trennen, und unterstützt dadurch die Lesbarkeit der Programme.
6. *Structure comments in headers so that information can be automatically extracted by a tool!*
   Nur so kann ein Werkzeug wie Javadoc aus der integrierten Dokumentation automatisch ein kompaktes Dokument generieren.

Die nachfolgenden Beispiele zeigen, wie Regel 2 verstanden werden sollte.

- Schlechtes Beispiel:

```
x := x / Float (n);        -- x wird durch n geteilt

-- Falls Dateiende erreicht, Ruecksprung,
-- sonst wird NaechsteEingabeHolen ausgefuehrt.
if End_of_File then return 0 else NaechsteEingabeHolen() end if;
```

- Gutes Beispiel:

```
-- n > 0
x := x / Float (n);        -- x wird normiert
-- 0 <= x <= 1

-- Jetzt ist die Eingabe entweder erschoepft,
-- oder es steht noch mindestens ein Datensatz an

if End_of_File then return 0 else NaechsteEingabeHolen() end if;
-- der Eingabepuffer ist neu gefuellt
```

Kommentare in Programmen haben immer eine von drei Formen:

- *Kopfkommentare* stehen am Anfang der Programmeinheiten, insbesondere solcher, die separat verwaltet werden, also Module, Klassen o. Ä., aber auch über Prozeduren und Funktionen.
- *Eingeschobene Kommentare* erläutern Zeilen oder Abschnitte einer Programmeinheit.
- *Erläuterungen* sind kurze Kommentare, die unmittelbar beim kommentierten Code stehen, z. B. hinter einer Deklaration oder einer Wertzuweisung.

Im Kopfkommentar jeder separaten Programmeinheit (typischerweise jeder Datei, die Code enthält) sind mindestens folgende Informationen anzugeben:

- Verfasser und Datum,
- Programmiersprache (mit Versionsangabe),
- Umgebung (Betriebssystem, andere verwendete Software-Komponenten, ggf. auch die Rechnerkonfiguration, falls sie eine Rolle spielt),
- Kurzbeschreibung,
- Beziehung zu anderen Programmeinheiten, z. B. welche Programmeinheiten werden benutzt (wenn das nicht aus dem Code hervorgeht),
- Verweise auf externe Dokumente,
- Verfasser, Datum, Anlass und Effekt von Änderungen (sofern diese Information nicht das Versionsverwaltungssystem liefert).

Für viele Programmiersprachen gibt es Konventionen, um obligatorische Angaben in Kopfkommentaren in standardisierter Form anzugeben. Diese Informationen können von einem Werkzeug extrahiert und zu einer Code-Dokumentation zusammengebunden werden; für JAVA leistet das JAVADOC. So entsteht eine externe Sicht auf die interne Code-Dokumentation, die immer aktuell generiert werden kann.

18.4 Realisierungen des Information Hiding

In Abschnitt 17.3.3 haben wir Information Hiding als ein wichtiges Entwurfsprinzip vorgestellt und gesehen, dass es zwei unterschiedliche Ausprägungsformen gibt, die Kapselung und der Abstrakte Datentyp.

18.4.1 Kapselung

Die Kapselung, also der Schutz der Daten vor unbefugtem Zugriff, wird wie folgt realisiert:

- Die zu schützende Datenstruktur wird in einen speziellen Baustein gelegt und anderen Programmteilen nicht zugänglich gemacht.
- Alle Operationen, die die Daten lesen oder modifizieren, werden identifiziert, ihre Schnittstellen werden festgelegt und exportiert.
- Die Implementierung dieser Operationen bleibt für alle Programmteile außerhalb dieses Bausteins unsichtbar.
- Änderungen der geschützten Datenstruktur, die keine Auswirkungen auf die Schnittstelle haben, können rein lokal durchgeführt werden. Nur die Zugriffsoperationen sind anzupassen.
- Wenn sich eine Änderung der Schnittstelle nicht vermeiden lässt, sollte sie sich in der Syntax niederschlagen, selbst dann, wenn es technisch möglich wäre, die Syntax beizubehalten. Wenn beispielsweise an Stelle des Alters einer Per-

son neu ihr Jahrgang gespeichert wird, könnte dazu weiterhin der Parameter »Alter« vom Typ integer verwendet (missbraucht) werden. Das hätte aber sehr wahrscheinlich zur Folge, dass notwendige Änderungen anderer Programmteile unterblieben. Darum sollte der neue Parameter einen anderen Typ haben. Der Übersetzer meldet dann alle inkompatiblen Aufrufe und damit alle Stellen, die der neuen Semantik angepasst werden müssen.

Um die Kapselung sauber in einer Programmiersprache codieren zu können, muss die Sprache

- ein Modulkonzept anbieten,
- es erlauben, dass Datenstrukturen nur im deklarierenden Modul sichtbar sind,
- eine Export-Möglichkeit für die öffentliche Schnittstelle zur Verfügung stellen.

Für (konzeptionell ältere) imperative Programmiersprachen (z. B. C, FORTRAN95) gibt es Richtlinien und Konventionen, um die Module angemessen zu codieren. In objektorientierten Programmiersprachen werden Datentypmodule durch Klassen realisiert. Da diese Sprachen ausschließlich das Klassenkonzept zur Verfügung stellen, ist die Realisierung Abstrakter Datentypen (siehe Abschnitt 18.4.2) konzeptionell einfacher als die der »einfachen« Kapselung. Darum ist bei Datenobjektmodulen und bei funktionalen Modulen darauf zu achten, dass – beispielsweise durch Anwendung des Entwurfsmusters *Singleton* (siehe Abschnitt 17.5.2) – nur ein Exemplar davon erzeugt und benutzt wird.

Ein Beispiel zur Kapselung

In einer Kapselung soll eine Menge von Datensätzen verwaltet werden, die jeweils durch einen eindeutigen Schlüssel, eine höchstens dreistellige natürliche Zahl, identifiziert sind. Ein Datensatz ist eine Zeichenkette aus höchstens 200 Zeichen. Die Menge ist zu Beginn leer; mögliche Operationen sind Einfügen, Lesen und Löschen eines Datensatzes.

Die Zahl der Datensätze, die gespeichert werden können, ist begrenzt. Um das Problem möglichst einfach zu halten, spezifizieren wir, dass das Einfügen keinen Effekt hat, wenn die Obergrenze erreicht ist. Für eine praktische Anwendung ist das natürlich nicht brauchbar.

Anmerkung: Man kann an diesem Beispiel leicht zeigen, dass die Spezifikation unvollständig und missverständlich ist. Ist die Zahl 0 als Schlüssel zulässig? Sind auch Zeichenreihen mit 0 Zeichen zulässige Datensätze? Was passiert, wenn ein nicht vorhandener Datensatz gelesen oder gelöscht werden soll? Oder wenn ein schon vorhandener Schlüssel erneut verwendet wird? Diese und weitere Fragen wären natürlich zu klären. Für die Diskussion der Kapselung sind sie aber ohne Bedeutung.

Implementierung einer Kapsel in ADA

Da diese Sprache die für die Implementierung einer Kapselung notwendigen Konzepte zur Verfügung stellt, ist die folgende Export-Schnittstelle vorgezeichnet:

```
package PDatenListe is
-- Kapselung einer Datenliste

  DatenLng      : constant Integer := 200;
  MaxSchluessel : constant Integer := 999;

  type Schluessel is range 1 .. MaxSchluessel;
  subtype Datenteil is String (1 .. DatenLng);

  type Datensatz is
     record
        Nr     : Schluessel;
        Inhalt : Datenteil;
     end record;

  procedure Einfuegen (Neu : in Datensatz);
  -- fuegt einen neuen Datensatz in die Liste ein.
  -- Hat keinen Effekt, falls die Liste voll ist
  -- oder falls der Schluessel schon vorhanden ist

  procedure Loeschen (Nr : in Schluessel);
  -- loescht ein Element der Liste.
  -- Das Element mit Schluesssel = Nr muss vorhanden sein

  procedure Lesen (Nr   : in  Schluessel;
                   Vorh : out Boolean;
                   Inh  : out Datenteil);
  -- liefert Vorh = TRUE und den Inhalt des Datenteils zu Nr in Inh
  -- oder Vorh = FALSE und Inh = undefiniert,
  -- falls Nr in der Liste nicht als Schluessel vorkommt.

end PDatenListe;
```

Man beachte, dass der Typ des einzelnen Datensatzes exportiert wird, damit die Parameter, z. B. für die Prozedur `Einfuegen`, deklariert werden können, nicht jedoch der Typ der Datenmenge insgesamt. Es ist damit völlig offen, ob sie als Feld, als verkettete Zeigerstruktur oder sonst wie realisiert wird. Es ist auch nicht festgelegt, ob die Menge geordnet oder ungeordnet gespeichert wird. Im nachfolgenden Ausschnitt wird eine ungeordnete, dichte, d. h. lückenlose Speicherung im Feld gewählt. Sind wesentlich mehr als die hier vorgesehenen 50 Einträge zu verwalten, so würde man auf eine geordnete Liste übergehen oder auf andere Weise einen schnellen Zugriff ermöglichen.

Im Rumpf des Paketes, der von außen nur durch die oben gezeigte Schnittstelle sichtbar ist, wird die geschützte Datenstruktur realisiert.

Wir zeigen die Deklarationen und eine der Prozeduren:

```
package body PDatenListe is

  MaxZahlDS : constant Integer := 50;
  type ListenFeld is array (1 .. MaxZahlDS) of Datensatz;

  type DatenListe is
    record
      LngListe : Integer := 0;
      DSListe  : ListenFeld;
    end record;

  Dl : DatenListe; -- geschuetzte Variable

  procedure Einfuegen (Neu: in Datensatz) is
    I : Positive;
  begin
    if Dl.LngListe < MaxZahlDS then      -- neuer Eintrag moeglich
      Dl.DSListe(Dl.LngListe + 1) := Neu;
      I := 1;                              -- Suche mit Sentinel
      while Dl.DSListe(I).Nr /= Neu.Nr loop
        I := I + 1;
      end loop;
      if I > Dl.LngListe then Dl.LngListe := I; end if;
    end if;
  end Einfuegen;
  ...
end PDatenListe;
```

Ein Kundenmodul von PDatenListe importiert die Operationen und wendet sie an, ohne Information über die Implementierung zu haben. Selbst wenn der Programmierer weiß, wie die Kapsel realisiert ist, kann er dieses Wissen nicht ausnutzen, denn die Bezeichner des Implementationsteils sind nur lokal gültig.

Implementierung einer Kapsel in C

C bietet keine explizite Möglichkeit, Daten oder Datenstrukturen zu schützen, wir müssen uns darum behelfen. Die Schnittstelle der Kapsel beschreiben wir in einer Header-Datei (DatenListe.h). Dort deklarieren wir die Typen, die bekannt sein sollen, und geben die Funktionsprototypen für die Manipulationsoperationen an. Die Header-Datei hat damit folgendes Aussehen: (Die Kopfkommentare der Operationen sind aus Platzgründen nicht wiedergegeben.)

```
#define DATENLNG 200

typedef char datenteil[DATENLNG];
typedef struct {
  int nr;
  datenteil inhalt;
} datensatz;

void einfuegen(datensatz* neu);
void loeschen(int nr);
datenteil* lesen(int nr);
```

In der dazugehörenden Code-Datei wird diese Header-Datei importiert, die zu schützende Datenstruktur wird deklariert und die Operationen werden implementiert.

```
#include "DatenListe.h"
#define MAXZAHLDS 50                            // max. Zahl der Eintraege

static datensatz* DSListe[MAXZAHLDS];           // Speicherung dicht, ungeordnet
static int lngListe = 0;                        // real belegte Eintraege

void einfuegen(datensatz* neu) {

  int i;
  if (lngListe<MAXZAHLDS) {                     // neuer Eintrag moeglich
    DSListe[lngListe] = neu;
    lngListe++;
    i = 0;                                      // Suche mit Sentinel
    while (DSListe[i]->nr != neu->nr) i++;
    if (i<lngListe-1) lngListe--;               // Eintrag rueckgaengig machen,
  }                                             // wenn nr schon vorhanden ist
}
...
```

Diese Konstruktion verhindert, dass ein Kundenmodul der `DatenListe` die Code-Datei importieren kann; ein direkter Zugriff auf die geschützte Datenstruktur `DSListe` ist von außen nicht möglich. Eine Anweisung der Art `DSListe[0]->nr = 3` führt zu einer Fehlermeldung des Übersetzers.

18.4.2 Abstrakte Datentypen

Wenn es nicht um eine spezielle Datenstruktur geht, sondern um mehrere Strukturen gleichen Typs, beispielsweise um mehrere Puffer oder um die Beschreibung einer unbestimmten Zahl von Flugzeugen, die von einer Leitstelle aus überwacht werden, dann genügt die Kapselung einer Datenstruktur nicht mehr; vielmehr muss jetzt der Typ gekapselt werden, es entsteht ein Abstrakter Datentyp (ADT).

Ein ADT wird formal durch den Namen eines Typs, dessen Struktur nicht sichtbar ist, und durch die Menge zulässiger Operationen auf den Exemplaren dieses Typs beschrieben. Der Typname wird exportiert und kann in anderen Modulen zur Deklaration von Variablen oder zur Definition weiterer Typen verwendet werden. Die konkrete Bearbeitung sämtlicher Variablen dieses Typs bleibt aber Sache des Moduls, das den ADT anbietet.

Da jedes einzelne Exemplar initialisiert werden muss, erfordert dieses in jedem Fall eine aufrufbare Operation. Wo die Initialisierung eine Speicherbelegung auf der Halde impliziert, ist auch eine Lösch-Operation nötig.

Während man die Kapselung auch in dafür ungeeigneten Sprachen noch leidlich gut realisieren kann, muss die Sprache spezielle Möglichkeiten vorsehen, um ADTs implementieren zu können. Damit kommen nur moderne Sprachen in Betracht. In Sprachen wie ADA und FORTRAN-90 lassen sich ADTs elegant und sicher realisieren, in objektorientierten Sprachen werden ADTs als Klassen implementiert.

Implementierung eines Abstrakten Datentyps in ADA

Das folgende Beispiel zeigt einen ADT, der einen Typ für die Datenliste bereitstellt. Die Realisierung in ADA erfolgt (meist) so, dass die geschützte Typinformation im sogenannten privaten Teil der Schnittstellendefinition steht. Der Inhalt des privaten Teils dient nur dem Übersetzer, um die Speicherplatzbelegung zu ermitteln. Andere Module (packages) haben keinen Zugriff darauf.

```
package PDatenListe_ADT is
-- Abstrakter Datentyp fuer eine Datenliste

  DatenLng      : constant Integer := 200;
  MaxSchluessel : constant Integer := 999;

  type Schluessel is range 1 .. MaxSchluessel;
  subtype Datenteil is String (1..DatenLng);

  type Datensatz is
    record Nr : Schluessel;
       Inhalt : Datenteil;
    end record;

  type DatenListe is private;

  function InitListe return DatenListe;

  procedure Einfuegen (Dl : in out DatenListe; Neu : Datensatz);

  procedure Loeschen (Dl : in out DatenListe; Nr : Schluessel);

  procedure Lesen (Dl : in DatenListe; Nr : Schluessel;
                   Vorh : out Boolean; Inh : out Datenteil);
private
  MaxZahlDS : constant Integer := 50;
  type ListenFeld is array (1 .. MaxZahlDS) of Datensatz;

  type DatenListe is
    record LngListe : Integer := 0;
      DsListe : ListenFeld;
    end record;

 end PDatenListe_ADT;
```

Man beachte, dass im privaten Teil ebenso gut eine Speicherung in einer verketteten Liste stehen könnte:

```
private
  type Knoten;
  type KnotenZeiger is access Knoten;

  type Knoten is
    record Ds: Datensatz;
      Naechster: KnotenZeiger;
    end record;

  type DatenListe is
    record Kopf: KnotenZeiger;
    end record;
```

Natürlich bietet es sich in unserem Beispiel auch an, die Datenstruktur `Datensatz` als ADT zu realisieren.

18.4.3 Vergleich zwischen Kapselung und ADT

Die Kapselung einzelner Datenstrukturen und die Bildung Abstrakter Datentypen folgen demselben Prinzip; wo es um eine einzelne Datenstruktur geht, müssen nur die Prozeduren exportiert werden, die zu bearbeitende Datenstruktur ist implizit durch die Prozeduren ausgewählt und bleibt ganz intern. Bei den ADTs muss dagegen ein Exemplar des Typs als Parameter an die Operationen übergeben werden.

Kapselung und ADTs sind nicht einfach Implementierungstricks, sondern ein Denkansatz. Darum ist es nicht überraschend, dass man zunächst kaum Anwendungen dafür sieht. Dies ändert sich rasch, wenn man diesen Denkansatz verinnerlicht hat. Als Faustregeln kann man sich merken:

- Wo eine *komplexe Datenstruktur* existiert, sollte sie gekapselt sein. Kommen mehrere Exemplare dieser Art vor, so entsteht ein ADT.
- Alle *Schnittstellen* der Software zur Umgebung (Ausgabegeräte, technischer Prozess, Bedienung) und zum Betriebssystem werden gekapselt.
- Auch *primitive Variablen* werden gekapselt, wenn sie im System zentrale Bedeutung haben.

18.5 Robuste Programme

Die Forderung nach Robustheit liegt am Rand der funktionalen Anforderungen: Einerseits geht es um Funktionalität, nämlich um die Reaktion auf konkrete Bedienungen und Eingaben. Andererseits werden die Bedienungen und Eingaben, auf die die Software robust reagieren soll, nicht präzise beschrieben, sondern meist nur vage umrissen (»Fehleingaben«, »andere Bedienungen«). Das ist für die nichtfunktionalen Anforderungen typisch. Auch das IEEE definiert die *Robustheit* als nichtfunktionale Anforderung:

robustness — The degree to which a system or component can function correctly in the presence of invalid inputs or stressful environmental conditions.
IEEE Std 610.12 (1990)

Bei der Codierung ist es zweckmäßig, die Robustheit als funktionale Anforderung zu behandeln. Dazu wird möglichst präzise erfasst, welche Eingaben durch die Spezifikation explizit abgedeckt sind. Dies sind typisch die Normal- und Fehlerfälle, an die bei der Analyse gedacht wurde. Alle anderen Fälle kann man dann durch entsprechende Bedingungen abfangen und behandeln.

Tritt eine Fehlersituation auf, dann reagiert robuster Code, indem er eine Fehlermeldung erzeugt, ein »Fehler-Flag« setzt oder eine Ausnahme generiert, die den Fehler behandelt. Es gibt viele mögliche Fehlersituationen, auf die der Code robust reagieren sollte, beispielsweise

- fehlerhafte Bedienung durch den Anwender (ein Datum wird im falschen Format eingegeben),
- fehlerhafte Umgebungssituation (Daten können nicht gespeichert werden, weil die Verbindung zum Server unterbrochen wurde).

Betrachten wir als Beispiel eine Anwendung, mit der ein Kunde einer Online-Versicherung seinen Datenbestand einsehen und ändern kann. Die Komponenten der Präsentationsschicht sind robust implementiert, wenn sie die eingegebenen Daten des Kunden (z. B. die Vertragsnummer oder eine Postleitzahl) prüfen und auf Fehler hinweisen und auch bei groben Bedienungsfehlern sinnvoll reagieren.

Die Komponenten der Anwendungsschicht verhalten sich robust, indem sie verständliche und hilfreiche Mitteilungen erzeugen, wenn beispielsweise Referenzdateien oder Datenbanken nicht erreichbar sind.

Der Code für die Fehlerbehandlung kann sehr umfangreich sein; bei größeren Systemen kann er 25 % bis 50 % des gesamten Codes ausmachen. Deshalb ist darauf zu achten, dass die Prüfungen den Code nicht unübersichtlich und schwer verständlich machen. Der Code zur Fehlerbehandlung sollte klar als solcher erkennbar und optisch vom funktional notwendigen Code getrennt sein. Werden in mehreren Operationen gleiche oder ähnliche Prüfsequenzen benötigt, dann sollten sie nur einmal implementiert und mehrfach verwendet werden.

18.6 Das Vertragsmodell

C.A.R. Hoare hat in den Sechzigerjahren eine Technik entwickelt, um Programme zu verifizieren (Hoare, 1969). Grundbaustein dieser Technik ist das sogenannte Hoare-Tripel:

$$\{ P \} S \{ Q \}$$

Darin ist S eine Operation (z. B. eine Anweisung des Programms), P und Q sind Vor- und Nachbedingungen der Operation S. Das Hoare-Tripel besagt, dass, wenn vor der Ausführung von S die *Vorbedingung* P galt und S terminiert, nach der Ausführung von S die *Nachbedingung* Q gilt. Beispielsweise ist das folgende Tripel *nachweislich* korrekt, wenn mit ganzen Zahlen gerechnet wird:

{ x = y } `y := y - x + 1;` { y = 1 }

Wenn sich hinter der Operation S keine elementare Anweisung verbirgt, sondern eine Iteration, z. B. eine WHILE-Schleife, ist es erforderlich, auch den Zustand nach jedem Iterationsschritt zu betrachten. Dazu dienen die Schleifeninvarianten.

```
{a ≥ 0 ∧ a + b = k}
while a > 0 do a := a-1; b := b+1; {a+b=k} end while;
{a = 0}
```

In diesem Fall garantiert die Invariante a + b = k zusammen mit der Nachbedingung a = 0, dass der Wert von b am Ende der Schleife der Summe von a und b zu Beginn entspricht.

Bertrand Meyer (1997) hat dieses Konzept auf Klassen und Methoden übertragen und als *Vertragsmodell* bezeichnet (*Design by Contract*). Wenn die Klasse K1 eine Methode M der Klasse K2 in Anspruch nimmt, muss K1 sicherstellen, dass vor Ausführung von M deren Vorbedingung erfüllt ist. K2 garantiert dann, dass nach Abschluss der Methode M die Nachbedingung gilt.

Stellt beispielsweise die Klasse `Ordner` eine Methode `verschieben (Datei d, Ordner ziel)` zur Verfügung, mit der eine Datei vom aktuellen Ordner in einen anderen Ordner verlagert werden kann, so ist die Vorbedingung, dass die Datei im Quellordner vorhanden und nicht geschützt ist und im Zielordner keine Datei mit demselben Namen liegt. Die Nachbedingung ist, dass die inhaltlich unveränderte Datei im Ziel-, aber nicht mehr im Quellordner liegt. Jede Klasse, die diese Methode nutzt, ist dafür verantwortlich, dass die Vorbedingung gilt. Die Klasse `Ordner` garantiert die Nachbedingung.

Das Vertragsmodell präzisiert somit die Benutzt-Beziehung zwischen Klassen durch »formale« Verträge. Die Verträge sind in der Anbieterklasse beschrieben und werden in Form von sogenannten Zusicherungen formuliert.

18.6.1 Zusicherungen

Eine Zusicherung im Kontext des Vertragsmodells ist eine logische Aussage über Elemente des Codes (z. B. über die Parameterbelegung oder die Werte von Exemplarvariablen). Um eine Klasse und deren Methoden zu spezifizieren, werden drei Arten von Zusicherungen verwendet:

- Eine *Vorbedingung* muss die Kundenklasse einhalten, damit die aufgerufene Methode der Anbieterklasse auch korrekt arbeiten kann. Die Prüfung der Vorbedingung ist keine Aufgabe der Anbieterklasse.
- Eine *Nachbedingung* definiert den Zustand nach Ausführung der Methode durch die Anbieterklasse. Diesen Zustand garantiert die Anbieterklasse.
- Eine *Klasseninvariante* ist die Bedingung, die während der gesamten Lebensdauer der Objekte der Klasse gilt; nur während der Ausführung einer Methode kann sie vorübergehend verletzt sein. Die Klasseninvariante muss also von allen Methoden der Anbieterklasse eingehalten werden, d. h., die Invariante gilt *vor* und *nach* jeder Ausführung einer Methode der Klasse.

Wird ein Vertrag verletzt, dann kann leicht festgestellt werden, wo die Ursache liegt, da Verpflichtungen und Rechte klar definiert sind.

- Wird die Vorbedingung verletzt, dann hat die Kundenklasse ihre Verpflichtungen nicht eingehalten.
- Wird die Nachbedingung oder die Klasseninvariante verletzt, nachdem die Vorbedingung erfüllt war, liegt der Fehler in der Anbieterklasse.

Wendet man das Vertragsmodell bei der Codierung der Klassen systematisch an, indem man sie durch Klasseninvarianten, Vor- und Nachbedingungen spezifiziert, so kann die Klasse *lokal korrekt* implementiert werden. Eine Klasse A ist nach Frick, Zimmer und Zimmermann (1995) lokal korrekt, wenn

1. die Invariante $\texttt{inv}_A$ gilt, nachdem ein Objekt der Klasse `A` erzeugt wurde,
2. vor und nach jedem Aufruf jeder beliebigen Methode `m` der Klasse `A` die Invariante $\texttt{inv}_A$ gilt und
3. nach Aufruf jeder Methode `m` der Klasse `A` die Nachbedingung $\texttt{post}_m$ gilt, sofern vorher die Vorbedingung $\texttt{pre}_m$ erfüllt war.

18.6.2 Die Formulierung von Zusicherungen

Da Zusicherungen logische Aussagen über Programmelemente sind, bietet es sich an, sie formal oder semiformal in der Definition der Schnittstelle zu beschreiben. Die Vor- und Nachbedingung der Methode `verschieben` der Klasse `Ordner` könnten semiformal etwa folgendermaßen formuliert werden:

```
verschieben (Datei d, Ordner ziel)

  Vorbedingung:
    (d ist im Quellordner enthalten) AND
    (d ist nicht geschützt) AND
    (ziel enthält keine Datei mit gleichem Namen)

  Nachbedingung:
    (d ist nicht im Quellordner enthalten) AND
    (d ist in ziel enthalten) AND
    (d ist unverändert)
```

Diese Schreibweise ist zwar leicht verständlich, aber nicht präzise und ungeeignet, um die Zusicherungen automatisch zu prüfen. Dies leistet nur eine formale Notation wie die standardisierte Sprache OCL (Object Constraint Language). OCL ist Teil der UML-Dokumentation; sie wird immer dann verwendet, wenn sich notwendige Einschränkungen in der grafischen UML-Notation nicht (sinnvoll) darstellen lassen. OCL ist deklarativ, Ausdrücke haben keine Nebenwirkungen. Die Sprache ist detailliert in OMG-UML (o.J.) und in Warmer und Kleppe (2003) beschrieben. Wir gehen hier nur auf Sprachelemente ein, die für die Formulierung von Zusicherungen benötigt werden.

Jedem OCL-Ausdruck muss ein sogenannter Kontext zugewiesen werden. Für Invarianten ist das eine Klasse, für Vor- und Nachbedingungen die Methode, deren Verhalten spezifiziert wird.

Nehmen wir an, dass die Klasse `Datei` die Attribute `name`, `inhalt` und `istGeschuetzt` definiert und dass die Klasse `Ordner` das Attribut `dateien` besitzt, um die Dateien zu verwalten. Als Invariante der Klasse `Ordner` legen wir fest, dass in jedem Ordner die Namen aller darin abgelegten Dateien unterschiedlich sein müssen. Diese Invariante kann in OCL folgendermaßen formuliert werden:

```
context Ordner inv:
  Ordner.allInstances()->forAll
    (o | o.dateien->isUnique(d | d.name))
```

Die Vor- und Nachbedingung von Methoden werden mit dem Schlüsselwort `pre:` bzw. `post:` eingeführt; auf Werte von Attributen vor Ausführung einer Methode kann mit dem Operator `@pre` zugegriffen werden. Die bereits vorher semiformal beschriebenen Vor- und Nachbedingung der Operation `verschieben` können in OCL folgendermaßen formuliert werden:

```
context Ordner::verschieben(Datei d, Ordner ziel)
  pre:
    self.dateien->exists(quelle_d | quelle_d.name = d.name) and
    not d.istGeschuetzt and
    not ziel.dateien->exists(ziel_d | ziel_d.name = d.name)
  post:
    not self.dateien->exists(quelle_d | quelle_d.name = d.name) and
    ziel.dateien->exists(ziel_d | ziel_d.name = d.name) and
    d.name = d.name@pre and
    d.inhalt = d.inhalt@pre
```

Mit OCL-Zusicherungen kann das Verhalten der Methoden nicht nur spezifiziert, sondern auch bei der Ausführung des Programms kontrolliert werden. Für JAVA gibt es bereits (experimentelle) Werkzeuge, die OCL-Ausdrücke in entsprechenden Prüfcode übersetzen. Damit wird die Spezifikation automatisch für die Prüfung herangezogen, bleibt aber dennoch implementierungsunabhängig.

In OCL kann man positive Aussagen machen, aber keine negativen. Darum lässt sich formal nicht ausschließen, dass eine Operation zwar die definierten Zusicherungen erfüllt, aber auch nicht beabsichtigte Effekte hervorruft.

18.6.3 Zusicherungen in Programmiersprachen

Die erste (und bisher einzige) Programmiersprache, die das Vertragsmodell explizit unterstützt und als Teil der Sprache enthält, ist EIFFEL (Meyer, 1992). EIFFEL definiert eine eigene Teilsprache für Zusicherungen und sieht entsprechende Möglichkeiten vor, die Prüfung der Zusicherungen ein- und auszuschalten.

Für JAVA wurden in Form von JASS (JAVA with Assertions; Bartetzko et al., 2001) und JML (JAVA Modeling Language; Leavens, Baker, Ruby, 1999) Erweiterungen vorgeschlagen, die das Vertragsmodell in die Sprache integrieren. Champlain (1997) beschreibt im »Contract-Pattern«, wie das Vertragsmodell in JAVA mit Hilfe des vorhandenen Ausnahmenmechanismus eingebracht werden kann.

Von der Version 1.4 an unterstützt JAVA die Programmierung nach dem Vertragsmodell dadurch, dass Zusicherungen – in eingeschränkter Form – mit Hilfe der `assert`-Anweisung und der Ausnahme `AssertError` direkt formuliert werden können. Die `assert`-Anweisung enthält einen logischen Ausdruck, der die zu prüfende Bedingung beschreibt. Als zweiter, optionaler Ausdruck kann ein Fehlertext angegeben werden, der protokolliert wird, wenn die zu prüfende Bedingung nicht (!) erfüllt ist.

Betrachten wir dazu wieder die Klasse `Ordner` und deren Methode `verschieben`. Wie sehen nun Vor- und Nachbedingung und die Klasseninvariante aus?

- Als Klasseninvariante definieren wir folgende Bedingung: Die Namen aller Dateien in einem Ordner sind verschieden. Diese Bedingung wird in der privaten Operation `invariante` implementiert.
- Die Vorbedingung der Methode `verschieben` besteht aus den bereits bekannten Bedingungen: Die zu verschiebende Datei muss im Quellordner vorhanden und darf nicht geschützt sein, im Zielordner darf keine Datei gleichen Namens enthalten sein.
- Als Nachbedingung muss die Methode sicherstellen, dass die Datei nicht mehr im Quell-, sondern im Zielordner enthalten ist und nicht verändert wurde.

Nachfolgend ist der Code der Operation `verschieben` abgebildet, in dem die Zusicherungen durch Assert-Anweisungen realisiert sind.

```
public void verschieben(Datei d, Ordner ziel) {

  assert !d.istGeschuetzt()    : "Datei ist geschützt";
  assert this.istEnthalten(d)  : "Datei existiert nicht";
  assert invariante()          : "Invariante verletzt";

  Datei orgDatei = d.kopiere();
  ziel.aufnehmen(d);
  this.loeschen(d);

  assert !this.istEnthalten(d) : "Datei nicht geloescht";
  assert ziel.istEnthalten(d)  : "Datei nicht angelegt";
  assert orgDatei.istGleich(d) : "Datei korrupt";
  assert invariante()          : "Invariante verletzt";
}
```

Um die einzelnen Bedingungen zu prüfen, werden wie im Beispiel gezeigt spezielle Prüffunktionen eingeführt und verwendet (z. B. `istEnthalten`). Die Prüffunktionen werden auch an der Schnittstelle der Klasse angeboten, damit sie von Kundenklassen genutzt werden können.

Dieses Beispiel zeigt auch, dass in Nachbedingungen Objekte und auch Variablenbelegungen benötigt werden, die vor der Ausführung der Methode vorlagen. Da JAVA keine direkte Möglichkeit dazu anbietet, müssen sie zwischengespeichert werden (in unserem Beispiel in der Variablen `orgDatei`). Das ist umständlich und fehleranfällig; der dazu notwendige Code wird immer ausgeführt, auch wenn die Prüfung der Zusicherungen ausgeschaltet ist.

Erweitern wir Methoden oder Klassen auf diese oder andere Weise um Code, der die spezifizierten Vor- und Nachbedingungen und die Klasseninvariante zusätzlich prüft, dann bezeichnet man diesen als *defensiven Code*, die Vorgehensweise als *defensive Programmierung*.

18.6.4 Bewertung

Das Vertragsmodell ist ein pragmatischer Ansatz, um Programmeinheiten Codenah zu spezifizieren. Kombiniert man das Vertragsmodell mit der defensiven Programmierung, dann hat das mehrere Vorteile:

- Ein Vertrag auf der Basis von Zusicherungen definiert genau, was die Programmeinheit leistet, und erleichtert damit eine korrekte Nutzung und Wiederverwendung.
- Die Programmeinheit lässt sich auch leichter testen, weil sich aus den Zusicherungen Testfälle für Normal- und Sonderfälle direkt ablesen lassen.
- Die Prüfung der Zusicherungen kann für den Test aktiviert werden. Die Fehlersuche wird dadurch einfacher, weil die Aufgaben zwischen Kunden- und Anbieterklasse klar abgegrenzt sind und Fehler damit leicht der einen oder anderen Seite zugeordnet werden können.
- Die Prüfung der Zusicherungen kann im operativen Betrieb abgeschaltet werden, da diese natürlich das Laufzeitverhalten der Programme beeinflusst.

Zusätzlich hat sich gezeigt, dass eine Programmeinheit besser und prägnanter codiert wird, wenn der Entwickler sie zuvor mit Hilfe von Zusicherungen spezifiziert hat. Das Vertragsmodell hat sich generell bewährt.

Allerdings ist dieses Konzept nicht geeignet, um »gewöhnliche« Ausnahmen wie Fehlbedienungen, Papierstau im Drucker oder Ähnliches zu behandeln; das sollte in der Programmlogik oder in der Ausnahmebehandlung geschehen. Wenn im Programmablauf ein Konflikt mit einer Zusicherung festgestellt wird, ist ein gravierender, in der Regel nicht automatisch behebbarer Fehler aufgetreten, also ein Fehler in der Software oder in der Hardware des Systems.

18.7 Werkzeuge zur Codierung

Das Thema *Werkzeuge und Entwicklungsumgebungen* haben wir allgemein bereits in Kapitel 15 behandelt. Nachfolgend gehen wir kurz auf die wichtigsten Werkzeuge für die Codierung ein.

Die minimale Werkzeugausstattung eines Programmierers besteht aus einem einfachen Editor und einem Übersetzer, Binder und Laufzeitsystem für die verwendete Programmiersprache. Noch immer werden mit dieser kargen Ausrüstung Projekte durchgeführt. Dabei gibt es eine Reihe von *Programmierwerkzeugen* – zu denen die oben genannten nicht gerechnet werden –, die die Arbeit des Programmierers erleichtern. Dazu gehören

- ein sprachsensitiver Editor, der die syntaktischen Strukturen erzeugt und anzeigt und einfachste Fehler erkennt,
- ein Werkzeug, das den Übersetzungs- und Bindeprozess steuert (z. B. make oder ant),
- ein Werkzeug für die Verwaltung der Quellprogramme, auch aller anderen Software-Einheiten und ihrer Konfigurationen (z. B. CVS oder Subversion),
- Werkzeuge, die den Test unterstützen und die Testüberdeckung messen (z. B. JUnit, Logiscope),
- ein Werkzeug, das den Code gegen die Codierregeln prüft (z. B. für JAVA CheckStyle),
- ein Debugger, der bei der Fehlersuche auf unterster Ebene hilft – wenn diese Ebene denn wirklich bearbeitet werden muss, wie es etwa bei vielen »embedded systems« der Fall ist.

Sind Programmierwerkzeuge unter einer gemeinsamen Bedienoberfläche integriert, dann sprechen wir von einer integrierten Entwicklungsumgebung. Welche Entwicklungsumgebung verwendet werden kann, hängt entscheidend von der Projektsituation ab.

Müssen grafische Bedienoberflächen entwickelt werden, dann kann ein sogenannter »GUI-Builder« eingesetzt werden (GUI = Graphical User Interface). Er gestattet es, die Bedienoberfläche interaktiv und komfortabel zu entwickeln; der Programmcode, der die Darstellungen erzeugt und die Interaktion implementiert, wird automatisch generiert. Wichtig ist dabei, dass die funktionalen Programmeinheiten, die nicht mit diesem Werkzeug erstellt werden, einfach und architektonisch sauber mit dem generierten Code verbunden werden können. Andernfalls besteht die Gefahr, dass der GUI-Code und der funktionale Code eng gekoppelt sind und damit ein schlecht wartbares Programm entsteht.

Zeller und Krinke (2003) geben eine sehr gute Einführung in eine Vielzahl von Programmierwerkzeugen, die alle erprobt, bewährt und frei verfügbar sind.

19 Programmtest

In Kapitel 13 haben wir die Aufgaben und Schwerpunkte der Software-Qualitätssicherung beschrieben und im Detail vorgestellt, wie Reviews organisiert und durchgeführt werden. In diesem Kapitel widmen wir uns dem Programmtest (oder einfach *Test*), der gemäß der in Abschnitt 13.1.2 eingeführten Terminologie eine dynamische, mechanisch durchgeführte Maßnahme der analytischen Qualitätssicherung ist.

Seit Beginn der Programmierung werden Programme getestet. Das Gebiet entstand also in der Praxis; seit den Siebzigerjahren wurde es aber auch systematisch erforscht.

Wir konzentrieren uns hier auf allgemein wichtige Aspekte des Tests. Eine ausführliche Betrachtung des Programmtests ist beispielsweise in Spillner und Linz (2005) oder in Liggesmeyer (2002) zu finden. Das vergriffene Buch von Riedemann (1997) ist elektronisch verfügbar.

19.1 Begriffe und Grundlagen des Tests

Die folgenden Zitate zeigen, dass mit dem Test ganz unterschiedliche Absichten verbunden sind:

> *»Testen ist die Ausführung eines Programms*
> *mit dem Ziel, Fehler zu entdecken.«*
>
> Myers (1979)

> *»Testen ist die Vorführung eines Programms oder Systems*
> *mit dem Ziel zu zeigen, dass es tut, was es tun sollte.«*
>
> Hetzel (1984)

19.1.1 Definition

Das Wort »Test« wurde aus dem Englischen importiert. Ursprünglich ist seine Bedeutung sehr allgemein, synonym mit »Prüfung«, und so wird es im Englischen auch noch oft verwendet. Wir legen diesem Kapitel eine sehr eingeschränkte Definition zu Grunde, etwa in der Bedeutung »praktisch ausprobieren«:

Testen ist die – auch mehrfache – Ausführung eines Programms auf einem Rechner mit dem Ziel, Fehler zu finden.

Wir grenzen den Begriff damit in mehrere Richtungen ab; *kein* Test in diesem Sinne ist

- irgendeine Inspektion eines Programms,
- die Vorführung eines Programms,
- die Analyse eines Programms durch Software-Werkzeuge, z. B. die Erhebung von Metriken,
- die Untersuchung eines Programms mit Hilfe eines Debuggers.

Das zu testende Programm – der Prüfling – entsteht durch Übersetzung aus dem Quellprogramm und enthält direkt oder indirekt Programme wie Editor, Compiler, Linker, Laufzeitsystem und Betriebssystem, aber auch Testtreiber und kooperierende Programme (z. B. ein Datenbanksystem). Wir können nur das Verhalten des gesamten Systems beobachten, nicht den Einfluss der einzelnen Komponenten.

Der Prüfling wird in der Regel auf einem Rechner ausgeführt, der für die Ausführung des Prüflings die gleiche virtuelle Maschine zur Verfügung stellt wie der Rechner, auf dem er später auch laufen soll. Es kann aber auch sinnvoll oder unvermeidlich sein, dass die Zielumgebung nur nachgebildet wird. Das ist vor allem dann notwendig, wenn das Programm später auf einem primitiven Prozessor ohne die zum Testen notwendige Peripherie läuft, wie es in technischen Anwendungen meist der Fall ist.

Wenn jemand ein Programm startet und spontan ein paar Werte eintippt, um zu sehen, ob das Programm damit umgehen kann, testet er. Aber diese Art des Tests ist ineffizient, meist auch ineffektiv. Wir schränken den Begriff darum weiter ein:

Ein **systematischer Test** ist ein Test, bei dem

- die Randbedingungen definiert oder präzise erfasst sind,
- die Eingaben systematisch ausgewählt wurden,
- die Ergebnisse dokumentiert und nach Kriterien beurteilt werden, die vor dem Test festgelegt wurden.

Betrachten wir die genannten Punkte genauer:

- Die Randbedingungen eines Tests sind sämtliche Gegebenheiten, die auf die Resultate Einfluss haben oder haben können. Das ist zunächst der Prüfling selbst: Welches Programm, übersetzt von welchem Übersetzer, wird auf welchem Betriebssystem getestet? Welche andere Software ist beteiligt? Wer hat wann getestet? Wie viel Speicher steht zur Verfügung? Welche Geräte sind angeschlossen, und in welchem Zustand sind sie?

- Aus der Spezifikation geht hervor, welche Eingaben das Programm akzeptieren muss und welche Reaktionen des Programms gefordert sind. Neben den Eingabedaten im engeren Sinn (interaktive Eingaben über Tastatur oder Maus, Dateien und Datenbanken, auf die das Programm zugreift) gehören im Allgemeinen auch die Anfangsbelegung des Speichers und die variablen Zustände der beteiligten Geräte zu den Eingaben. Natürlich können manche Einflüsse im konkreten Fall ausgeschlossen werden; wenn beispielsweise das Laufzeitsystem den Speicher automatisch initialisiert, hat die Vorbelegung keine Bedeutung.
- Die Ausführung eines Programms wird im Allgemeinen durch den zu Beginn gegebenen Speicherzustand, die Eingabedaten und alle Randbedingungen beeinflusst, die aus der Umgebung einwirken. Natürlich wird in vielen Fällen angestrebt, dass sich nur die Eingabedaten auswirken, aber gerade beim Test dürfen wir nicht unterstellen, dass das auch wirklich so ist. Schon eine nicht initialisierte Variable im Programm bedeutet eine Abhängigkeit von der zufälligen Vorbelegung des Speichers. Eventuell haben auch die Signale aus einem Netzwerk, an das der Rechner angeschlossen ist, Folgen für die Programmausführung. All das ist im weitesten Sinne Eingabe.
- Die Resultate des Tests werden dokumentiert, also aufgezeichnet und abgelegt. Bei interaktiven Tests muss diese Aufzeichnung von Hand erstellt werden, wenn keine speziellen Werkzeuge dafür zur Verfügung stehen.

  Vor dem Test wurde bereits ermittelt, welche Resultate laut der Spezifikation zu erwarten sind. Im einfachsten Fall erhält man auf diese Weise Soll-Resultate, in der Praxis können meist nur Kriterien definiert werden, die notwendig, aber nicht hinreichend sind, um das Resultat als richtig zu beurteilen. Dieses Problem wird in Abschnitt 19.1.2 näher betrachtet. Die Ist-Resultate werden mit den Soll-Resultaten verglichen oder gegen die Kriterien geprüft.

Wenn beim Soll-Ist-Vergleich eine Abweichung festgestellt wird, liegt *ein* Fehler vor. Das bedeutet nicht sicher, dass der Prüfling fehlerhaft ist. Es kann auch sein, dass das Soll-Resultat oder der Vergleich fehlerhaft war; möglicherweise wurde auch das falsche Programm getestet. Das Resultat des Tests kann also falsch positiv sein (siehe Abschnitt 13.4.2). Das muss bei der Analyse des Fehlers geklärt werden.

Der Zweck des Tests ist, Fehler zu entdecken. Ein Testfall ist also gut, wenn er hohe Chancen hat, einen vorher noch nicht bekannten Fehler anzuzeigen. Tritt dieser Fall ein, so war der Test *erfolgreich*. Ist kein Fehler entdeckt worden, dann war der Test *erfolglos*. Der Test sollte die Einsatzsituation so simulieren, dass aus einem *erfolglosen Test* auf einen *erfolgreichen Einsatz* geschlossen werden kann.

Abbildung 13–3 auf Seite 276 zeigt den prinzipiellen Informationsfluss bei einer Prüfung. Abbildung 19–1 zeigt den Informationsfluss, der bei der Vorbereitung, Durchführung und Auswertung eines Tests entsteht: Auf Basis der Anforderungen, bei einem Glass-Box-Test (siehe Abschnitt 19.6) auch auf Basis der bereits gemessenen Überdeckungen und des Codes, werden die Testfälle entworfen. Jeder Testfall besteht aus den Voraussetzungen, die erfüllt sein müssen, der Testeingabe und dem Soll-Resultat. Wenige Soll-Resultate stehen explizit in der Spezifikation (beispielsweise, wenn eine bestimmte Anfangsmeldung spezifiziert ist), die übrigen müssen aus den Anforderungen durch eine simulierte Ausführung abgeleitet werden. Ein Testfall ist also mehr als nur eine Testeingabe!

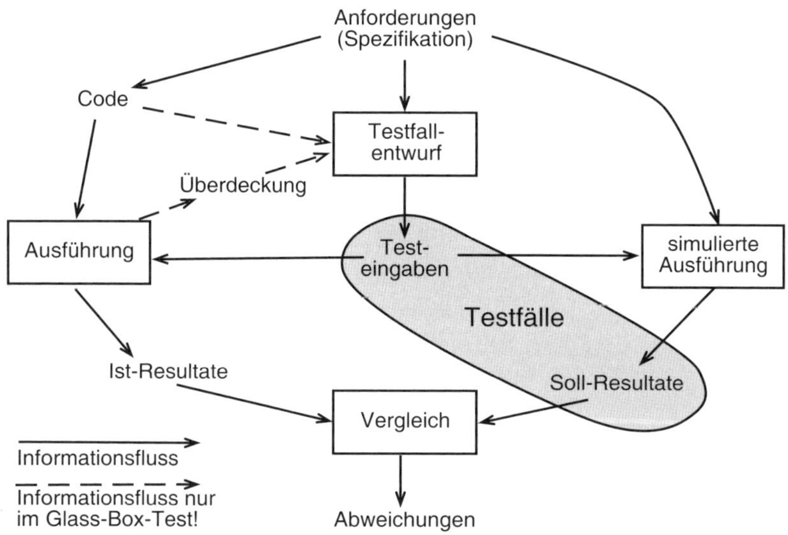

Abb. 19–1 *Informationsfluss beim Test (schematisch)*

19.1.2 Soll-Resultate

Zur »Bilderbuch-Vorstellung« von einem mustergültigen Test gehört das Soll-Resultat. Wenn beispielsweise eine Prozedur zu einem Datum zwischen 1900 und 2100 die Anzahl der Tage im betreffenden Monat liefern soll, dann ist genau definiert, was richtig ist. Im Test kann für die Eingabe 10.9.2003 das Resultat 30, für den 13.2.1900 das Resultat 28 verlangt werden. In vielen Fällen ist das aber nicht so einfach möglich, weil

- es mehrere oder viele richtige Ergebnisse gibt (Beispiele: der von einem Compiler erzeugte Objektcode, die von einem Reservierungssystem gewählte Zuordnung zwischen Buchungen und Plätzen im Flugzeug),

- das Ergebnis nicht präzise spezifiziert ist, weil Anforderungen weich (Abschnitt 16.4.2) oder nur vage definiert sind (Beispiele: Positionierung eines Ausgabefensters auf dem Bildschirm, der exakte Text einer Fehlermeldung),
- es kein mathematisch exakt richtiges Ergebnis gibt, das auf dem Rechner darstellbar wäre (Beispiele: alle numerischen Berechnungen, in denen Werte wie 1/3, $\sqrt{2}$ oder π vorkommen),
- das richtige Ergebnis einfach nicht bekannt ist (Beispiele: Berechnung der Zahl π auf 10000 Stellen genau, wenn π noch nie zuvor so genau bestimmt wurde, Berechnung astronomischer Größen auf der Grundlage neuer Beobachtungen oder neuer Modelle).

In allen diesen Fällen können nur Eigenschaften und Merkmale eines richtigen Resultats angegeben werden, nicht das richtige Resultat. Für die genannten Beispiele kommen folgende Merkmale in Frage:

- Wenn der Prüfling (der Compiler) ein Programm übersetzt und der generierte Code ausgeführt wird, muss er sich so verhalten, wie es die Definition der übersetzten Programmiersprache verlangt; das Buchungssystem muss so viele Buchungen akzeptieren und konfliktfrei durchführen, wie Plätze verfügbar sind.
- Das Ausgabefenster muss in einem bestimmten Bereich des Bildschirms erscheinen; die Fehlermeldung muss verständlich und informativ sein.
- Das Resultat der Rechnung (mit gewissen Eingabedaten) muss in einem bestimmten Intervall liegen, z. B. zwischen 917,1 und 917,3.
- Die ersten n Stellen der neu berechneten Zahl π müssen mit den bislang als gesichert geltenden ersten n Stellen von π übereinstimmen; die Gesamtmasse des Universums muss größer sein als die Masse aller bekannten Galaxien.

Die Forderung nach einem einzigen konkreten Soll-Resultat ist also für die Praxis meist zu streng. Wir geben stattdessen *Prädikate* an, die das Resultat eingrenzen. Diese Prädikate haben für die Teilresultate $r_1, r_2, \dots, r_n$ die Form einer Funktion $f(r_1, r_2, \dots, r_n)$, die als Resultat wahr (in der Bedeutung »plausibel«) oder falsch (in der Bedeutung »fehlerhaft«) liefert. Wenn nachfolgend von Soll-Resultaten die Rede ist, so sind damit meist die beschriebenen Prädikate gemeint.

Natürlich bietet es sich an, die Prüfung der Resultate gegen die Soll-Resultate zu automatisieren. Beispielsweise könnte das Prädikat »das Resultat x sollte zwischen 917,1 und 917,3 liegen« im JUnit-Testrahmenwerk folgendermaßen realisiert werden:

```
assertTrue(917.1 <= x & x <= 917.3);
```

19.1.3 Der Regressionstest

Eine spezielle, in der Software-Wartung besonders wichtige Technik, die Soll-Resultate zu erzeugen, wird beim Regressionstest angewendet.

regression testing — Selective retesting of a system or component to verify that modifications have not caused unintended effects and that the system or component still complies with its specified requirements.

IEEE Std 610.12 (1990)

Wenn ein Programm im Zuge der Wartung verändert wurde, hoffen wir, dass der angestrebte Effekt (eine Korrektur, Anpassung oder Erweiterung) erzielt wurde, dass aber keine unbeabsichtigten Effekte, also Fehler, entstanden sind. Leider sind solche Fehler aber sehr wahrscheinlich (siehe Abschnitt 22.3.1). Darum ist es zweckmäßig, auch einen Test durchzuführen, der speziell darauf abzielt, Fehler durch Veränderungen zu entdecken. Das ist der Regressionstest.

Dem Regressionstest liegen folgende Feststellungen und Annahmen zu Grunde:

- Die Änderung des Programms ist geringfügig, das Verhalten des Programms ist nach der Änderung überwiegend wie vorher.
- Das Programm wurde vor der Änderung eingesetzt und hat dabei keine oder nur wenige falsche Resultate geliefert; es war also grundsätzlich in Ordnung, selbst wenn die Änderung eine Korrektur war.
- Nach einer Korrektur liefert das Programm unter gleichen Bedingungen gleiche Resultate (mit Ausnahme der bislang falschen Resultate).
- Nach einer Erweiterung liefert es gleiche Resultate, denn die neue Funktionalität kann bislang noch nicht verwendet worden sein. Die alte Funktionalität darf sich nicht geändert haben.
- Nach einer Modifikation dürfen die neuen Resultate dort und nur dort von den alten abweichen, wo dies gewünscht war.

Betrachten wir dazu ein Beispiel: Ein Programm, das die Einwohner einer Gemeinde verwaltet, hat der ältesten Bürgerin der Stadt zum sechsten Geburtstag gratuliert. Anscheinend wurde das Alter (06) nur zweistellig gespeichert. Ansonsten gab es mit diesem Programm keine Probleme. Es soll nun korrigiert und auch erweitert werden, sodass die Verwaltung feststellen kann, ob ein Einwohner noch einen Zweitwohnsitz hat. Nach der Änderung muss das Programm mit den gleichen Eingaben die gleichen Ergebnisse liefern wie vorher, nur die alte Dame sollte keinen Brief mit dem Inhalt »Bald kommst du zur Schule ...« bekommen. Die oben genannten Annahmen treffen in diesem Fall also zu.

Um einen Regressionstest durchführen zu können, muss präzise dokumentiert worden sein, wie sich das Programm früher verhalten hat. Dazu sind alle Eingaben, im Beispiel auch der aktuelle Stand der elektronischen Einwohnerkartei, zusammen mit den Ausgaben zu archivieren. Das geänderte Programm wird mit den alten Daten gefüttert. Die (meist sehr umfangreichen) Resultate, darunter auch die veränderte Einwohnerkartei, können dann mit den archivierten Resultaten verglichen werden. Wenn alle Ergebnisse in elektronischer Form vorliegen, kann das vollautomatisch geschehen. Die im Vergleich erkannten Unterschiede werden gemeldet. Im Beispiel sollte der einzige Unterschied sein, dass der unsinnige Brief nicht erzeugt wird.

Außerdem muss natürlich auch in einem weiteren, separaten Schritt getestet werden, ob die beabsichtigten Änderungen erfolgreich waren. Dazu brauchen wir im Beispiel Testfälle für Leute mit und ohne Zweitwohnsitz.

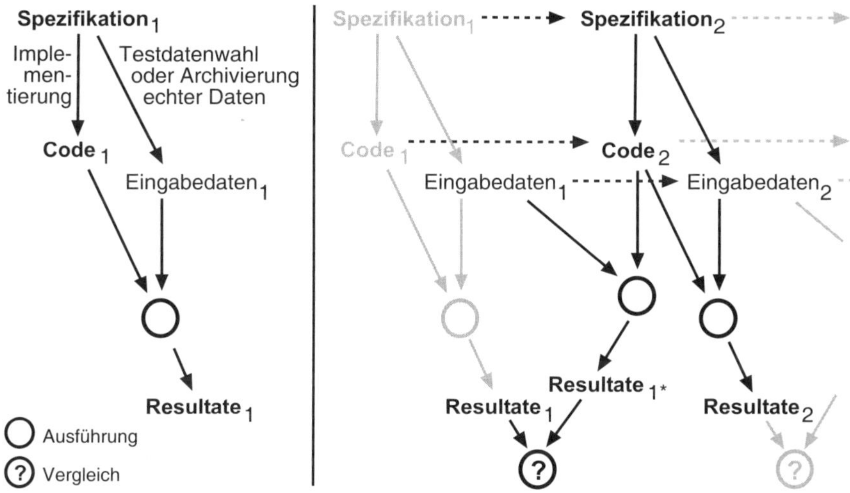

Abb. 19–2 *Vorgehen beim Regressionstest (ohne Korrekturen nach den Tests)*

Abbildung 19–2 zeigt schematisch den Ablauf. Nachdem das Programm implementiert ist und eingesetzt wurde, ist die Situation so wie auf der linken Seite dargestellt; wichtig ist, dass alle Dokumente, neben Spezifikation und Code auch die Eingabedaten und Resultate, archiviert sind. Rechts sieht man, wie eine Änderung durchgeführt wird: Die Änderung der Spezifikation führt zu einer Änderung des Codes (gestrichelte Pfeile). Nun wird der *neue* Code mit den *alten* Daten ausgeführt, die Resultate (1^*) werden mit den alten Resultaten (1) verglichen, die Abweichungen werden wie oben beschrieben interpretiert. Neue Eingabedaten (entsprechend der veränderten Spezifikation) ergänzen die alten, es entstehen die Eingabedaten_2. Auch mit diesen wird der Code_2 ausgeführt, die Resultate_2 werden wieder archiviert. Damit ist der nächste Änderungszyklus (rechts grau angedeutet) vorbereitet, er wird genau wie der erste durchgeführt.

Der Vorteil des Regressionstests liegt darin, dass man nicht (nur) die ursprünglichen Testdaten verwendet, sondern die meist reichlich verfügbaren Daten aus dem realen Einsatz der Software. Man verwendet also die alten Resultate als Soll-Ergebnisse für das geänderte Programm.

Allerdings lässt sich der Regressionstest nicht in allen Fällen anwenden: Wenn beispielsweise ein optimierender Compiler minimal verändert wurde, kann er durchaus völlig anderen Code erzeugen als zuvor. In diesem Falle gilt nicht mehr die Voraussetzung, dass sich die Ausgabe des Programms nicht oder nur sehr wenig ändert.

19.1.4 Fehler und Fehlersymptome

Wer einen Löwen jagt, muss wissen, wie ein Löwe aussieht. Er sollte auch wissen, wo sich der Löwe gern aufhält, welche Spuren er hinterlässt, welche Geräusche er erzeugt. Bei der Jagd nach Fehlern im Programm ist das nicht anders.

Leider wissen wir aber über die Fehler fast nichts (vgl. Abschnitt 13.3.2), nur dies: Es gibt mindestens einen Testfall, der den Fehler anzeigt, bei dem also Soll- und Ist-Resultate nicht übereinstimmen.

Wenn es genau einen solchen Testfall gibt, sprechen wir von einem *Punktfehler*. Wenn es dagegen Wertebereiche gibt (beispielsweise alle negativen Zahlen oder alle Zeichenreihen, die zwei gleiche Zeichen enthalten), liegt ein *Bereichsfehler* vor.

Punktfehler entstehen nur durch Sabotage oder (viel wahrscheinlicher) durch Dummheit und Schlamperei, selten auch durch Zufall. Wer beim Testen bestimmte Variablen sehen will und darum eine Abfrage einbaut, die auf die Eingabe »Donald Duck« reagiert, hat, wenn er die Abfrage im Programm vergisst, einen Punktfehler eingebaut. Einen solchen Punktfehler, dessen Ursache uns leider nicht bekannt ist, gab es in Microsoft Excel 4.0 (1992), das speziell auf die Zahl 1,407 374 883 553 28 bizarr reagierte. Anders lag der Fall in einer Triebwerkregelung der US Air Force, in der die Wertebereiche »> K« und »< K« unterschiedlich behandelt wurden, der Wert K aber vergessen worden war; auch das führt zu einem Punktfehler. Wenn der Fehler wie bei Excel für einen von 10^{15} Werten auftritt, ist seine zufällige Entdeckung praktisch unmöglich; sie ist weniger wahrscheinlich als zwei Sechser im Lotto in zwei aufeinanderfolgenden Ziehungen mit jeweils einem Tipp.

Bereichsfehler betreffen einen bestimmten Anteil q des Eingaberaums. Die Verwendung von n zufällig gewählten Eingaben deckt (unter der realistischen Annahme eines sehr großen Eingaberaums) den Fehler mit der Wahrscheinlichkeit $Q = 1-(1-q)^n$ auf. Tabelle 19–1 zeigt für einige Werte von n und q, wie wahrscheinlich es ist, dass ein Bereichsfehler entdeckt wird.

n q >	0,1	0,03	0,01	0,003	0,001
10	65 %	26 %	10 %	3 %	1 %
30	96 %	60 %	26 %	9 %	3 %
100	99,997 %	95 %	63 %	26 %	10 %
300	100,000 %	99,989 %	95 %	59 %	26 %
1000	100,000 %	100,000 %	99,996 %	95 %	63 %

Tab. 19–1 *Die Wahrscheinlichkeit, dass ein Bereichsfehler entdeckt wird*

Wie man an den Zahlen sieht, kommt es auf das Produkt von n und q an. Die folgende Rechnung zeigt, dass ein Fehler mit der Wahrscheinlichkeit $e^{-q \cdot n}$ unentdeckt bleibt: Die Wahrscheinlichkeit, dass ein Fehler in n Tests nicht erkannt wird, ist

$$F = (1-q)^n = (1-1/p)^n = (1-1/p)^{p \cdot a} = ((1-1/p)^p)^a = Z^a$$

Darin ist p als Kehrwert von q definiert und a als $n \cdot q = n/p$. Z steht für $(1-1/p)^p$. Für große p kann man statt 1-1/p auch den Kehrwert von 1+1/p setzen wegen $(1+x) \cdot (1-x) = 1-x^2 \approx 1$ für kleine x. Damit ist $Z \approx (1+1/p)^{-p} \approx 1/e$ entsprechend der Definition von e: $e = \lim (1+1/k)^k$ für $k \to \infty$. Also ist $F \approx e^{-a} \approx e^{-q \cdot n}$. Um einen bestimmten Wert von F zu erreichen, sind n Tests nötig mit $n = a/q = -\ln(F)/q$. Beispiel: Sei $q = 10^{-9}$, $F = 10^{-3}$. Daraus folgt $n = 3 \cdot \ln(10) \cdot 10^9 \approx 7 \cdot 10^9$. Wenn wir ein Programm, das in einem von 10^9 Fällen ein falsches Resultat liefert, mit 7 Milliarden Testfällen untersuchen, ist die Wahrscheinlichkeit, dass wir den Fehler übersehen, etwa eins zu tausend.

19.1.5 Vollständiger Test und Stichprobe

Wenn es genau x Möglichkeiten gibt, ein Programm auszuführen (z. B. x verschiedene Werte des einzigen Parameters einer Prozedur), und alle x Möglichkeiten im Test geprüft werden, haben wir einen *vollständigen Test* durchgeführt. Sind die Resultate in allen Fällen korrekt, beweist der Test die Korrektheit des Prüflings.

Leider ist ein vollständiger Test nur in extrem einfachen Fällen möglich, beispielsweise für eine Prozedur, die prüft, ob mindestens zwei von drei Parametern des Typs boolean TRUE sind; in diesem Fall gibt es nur acht Ausführungsmöglichkeiten. Sobald Zahlen vorkommen, ist die Zahl der möglichen Ausführungen viel zu hoch, um einen vollständigen Test zu gestatten. Schon eine Funktion mit einem einzigen INT-Parameter hat 2^{32}, also mehr als vier Milliarden Ausführungsmöglichkeiten, die beliebig unterschiedlich sein können. Ein Programm, das von drei Variablen, Parametern o. Ä. mit je 32 bit abhängt, hat 2^{96} oder etwa 80 $\cdot 10^{27}$ verschiedene Startzustände, erfordert also im vollständigen Test $80 \cdot 10^{27}$ Testfälle. Wer die Möglichkeit hätte, pro Sekunde eine Milliarde Testfälle zu bearbeiten, brauchte dazu etwa das 190-fache Alter des Universums . Darum ist der vollständige, das Programm verifizierende Test völlig ausgeschlossen; ein Programm ist niemals *ausgetestet*, es ist auch nach vielen tausend Tests kaum *angetestet*, denn mehr als 99,999 % der möglichen Eingabedaten wurden im Test *nicht* verwendet!

Wir müssen beim Testen also eine *Stichprobe* wählen, einige wenige Fälle von den praktisch unendlich vielen möglichen; wenn wir dabei geschickt vorgehen, können wir die Chancen, Fehler zu entdecken, verbessern. Wir können aber niemals sicher sein, alle Fehler entdeckt zu haben. Dijkstra hat das in den berühmten Satz gefasst:

> *Program testing can be used to show the presence of bugs,*
> *but never to show their absence!*
>
> E.W. Dijkstra (1970)

Eine bewährte Faustregel besagt, dass in einem (leidlich systematischen) Test die Hälfte aller Fehler auffällt. Eine schlampige Software-Entwicklung kann also nicht durch einen intensiven Test ausgeglichen werden. Wer nach Test und Korrektur weniger als n Fehler in 1000 LOC haben will, muss dafür sorgen, dass 1000 LOC *vor* dem Test nicht mehr als 2n Fehler enthalten, d. h., es gilt in erster Linie, durch geeignete konstruktive Maßnahmen Fehler zu *vermeiden*.

19.1.6 Vor- und Nachteile des Testens

Die wichtigsten Vorzüge des Testens gegenüber anderen Verfahren (vor allem Inspektionen) sind:

- Testen ist ein »natürliches« Prüfverfahren. Denn wir probieren alles aus, um zu sehen, ob es funktioniert, oft auch, um es (im ursprünglichen Sinne) zu *begreifen*.
- Der (systematische) Test ist reproduzierbar und damit objektiv, wenn die Anfangssituation reproduzierbar ist und die Testumgebung deterministisch arbeitet. Sein Erfolg hängt also nicht von der Tagesform des Testers ab.
- Den investierten Aufwand kann man mehrfach nutzen. Denn ein Test lässt sich, einmal vorbereitet und sauber dokumentiert, mit geringem Aufwand wiederholen. Das ist vor allem in der Software-Wartung ein entscheidendes Argument.
- Die Testumgebung wird mitgeprüft. Fehler in den beteiligten Komponenten (Übersetzer, Bibliotheken, Betriebssystem usw.) fallen möglicherweise im Test auf.
- Das Systemverhalten wird sichtbar gemacht. Auch wenn der Test in der Regel keine Prüfung der Effizienz oder der Bedienbarkeit einschließt, fallen Mängel in diesen und anderen Punkten doch wahrscheinlich auf.

Diesen Vorteilen steht eine Reihe von Nachteilen gegenüber:

- Ein Korrektheitsnachweis durch Testen ist praktisch unmöglich (siehe Abschnitt 19.1.5).
- Im Test kann man nicht alle Anwendungssituationen nachbilden, sei es, weil sie sich nicht einfach herbeiführen lassen (z. B. eine bestimmte rasche Folge von Interrupts), sei es, weil die Anwendungssituationen noch nicht bekannt sind (z. B. die Lage kurz vor der Kernschmelze eines Atomkraftwerks).
- Im Test wird die Funktionalität geprüft. Eventuell werden (eher zufällig) auch Mängel der Bedienschnittstelle oder des Verhaltens unter Last bemerkt. Alle anderen Eigenschaften des Codes, vor allem die Wartbarkeit, sind völlig ausgeblendet.
- Nur der Code ist dem Test zugänglich, fast alle anderen Dokumente bleiben beim Testen ungeprüft. Testen fördert also die früher übliche Fixierung der Entwickler auf den Code und die Geringschätzung der übrigen Dokumente.
- Der Test zeigt die Fehlerursache nicht. Bis zur Analyse der Testresultate ist nicht einmal klar, ob der Fehler im Prüfling liegt.

19.2 Einige spezielle Testbegriffe

Tests kann man nach verschiedenen Kriterien klassifizieren. Dabei gibt es unter den Begriffen starke Abhängigkeiten.

19.2.1 Klassifikation nach den Grundlagen des Tests

Für die Auswahl der Testfälle kann sich der Tester auf drei Informationsquellen stützen: auf die Spezifikation, auf den Code des Prüflings und auf Informationen, die in früheren Programmläufen gesammelt wurden. Außerdem hilft ihm seine Erfahrung.

- Werden die Testfälle auf Basis der in der Spezifikation geforderten Eigenschaften des Prüflings ausgewählt (z. B. Funktionalität, Antwortzeit), dann spricht man von einem *Black-Box-Test* oder auch von einem *Funktionstest* (Abschnitt 19.5).
- Berücksichtigt man bei der Wahl der Testfälle die innere Struktur des Prüflings und die (durch spezielle Werkzeuge erstellten) Aufzeichnungen früherer Programmläufe, dann handelt es sich um einen *Glass-Box-Test* oder *Strukturtest* (Abschnitt 19.6).

Im Allgemeinen weiß der Tester auf Grund seiner Erfahrung, wo mit Fehlern zu rechnen ist, und er wählt Testfälle so, dass sie die typischen Fehler anzeigen. Bekannte Beispiele sind die sogenannten »off-by-one«-Fehler, die bewirken, dass Schleifen einmal zu oft oder zu wenig durchlaufen werden, oder nicht abgefangene Bedienfehler. Dieses Erraten der Fehler (*error guessing*) hilft vor allem beim Black-Box-Test; der erfahrene Tester entdeckt manche Fehler, die der unerfahrene erst durch einen weit aufwändigeren Glass-Box-Test erkennt.

Ein naiver Test durch Leute, die gar nichts über das Programm wissen, kann Fehler anzeigen, die ein Experte nicht findet. Denn ein Laie erzeugt oft (aus Sicht der Entwickler) völlig unsinnige Eingaben und bizarre Umgebungsbedingungen (z. B. Eingabegerät ausgeschaltet, Datenbank völlig leer), an die bei der Programmierung niemand gedacht hat.

19.2.2 Klassifikation nach dem Aufwand für Vorbereitung und Archivierung

Klassifizieren wir Tests nach dem Aufwand, der für Vorbereitung und Archivierung getrieben wird, dann gibt es die folgenden Formen:

- *Laufversuch*
  Der Entwickler übersetzt, bindet und startet sein Programm. Nach einigen Abstürzen und Korrekturen gelingt es, das Programm in ganzer Länge auszuführen und dabei Resultate zu erzielen, die nicht offensichtlich falsch sind.
- *Wegwerftest*
  Jemand führt ein Programm aus und gibt dabei spontan oder nach kurzer Überlegung Daten vor. Er betrachtet kurz die Resultate und erkennt in einigen Fällen Fehler. (Das Wort »Wegwerftest« ist hier analog dem Wegwerftaschentuch gemeint: Die Testfälle sind von schlechter Qualität, die Ergebnisse werden nicht archiviert.)
- *Systematischer Test* (vgl. die Definition in Abschnitt 19.1.1)
  Jemand – nicht der Autor des Programms – leitet aus der Spezifikation Testfälle ab, führt das Programm mit den Testeingaben aus und vergleicht die Ergebnisse mit den Soll-Resultaten. Prüfling, Randbedingungen, Testfälle und Ist-Resultate werden dokumentiert.

Die Kosten eines systematischen Tests betragen ein Vielfaches der Kosten eines Laufversuchs. Trotzdem ist der systematische Test rentabler, denn er

- liefert objektive Aussagen über die durchgeführten Prüfungen,
- lässt sich rasch und mit geringen Kosten wiederholen, weil die kreative Leistung dokumentiert ist,
- erlaubt, wenn später Fehler auftreten, eine Analyse (»Warum wurde dieser Fehler nicht entdeckt?«), die zur stetigen Verbesserung der Testdatenwahl führt.

Zudem liefert der systematische Test als Nebenprodukt die Daten, die in jeder Prüfung erhoben werden sollten: Mit welchem Aufwand wurde geprüft? Wie viele Fehler wurden gefunden?

Aus diesen Gründen ist der systematische Test letztlich auch aus Kostengründen vorteilhaft. Nachfolgend gehen wir von diesem Ansatz aus.

19.2.3 Klassifikation nach der Komplexität des Prüflings

Wir unterscheiden folgende Tests:

- *Einzeltest*
  Bei diesem Test werden einzelne, überschaubare Programmeinheiten getestet, je nach verwendeter Programmiersprache also z. B. Funktionen, Unterprogramme oder Klassen. Er wird häufig auch als *Unit-Test* bezeichnet.
- *Modultest*
  Dieser Test ähnelt dem Einzeltest, aber der Prüfling ist keine einzelne Programmeinheit, sondern eine aus mehreren Einheiten bestehende Komponente (z. B. ein »package« oder »module«).
- *Integrationstest*
  Im Integrationstest wird geprüft, ob die zusammengesetzten Programmeinheiten richtig interagieren. Er zielt also darauf ab, Fehler in den Schnittstellen und in der Kommunikation zwischen den Teilen zu finden.
- *Systemtest*
  Der Systemtest ist ein Integrationstest auf höchster Ebene, der Kommunikationsprobleme zwischen den Subsystemen anzeigen soll. Gleichzeitig ist dies der einzige Test, der aufdecken kann, dass die geforderte Funktionalität nicht vollständig implementiert wurde.

Im Allgemeinen wird bottom-up, also beginnend mit kleinen Einheiten, getestet.

19.2.4 Klassifikation nach der getesteten Eigenschaft

Neben der Funktionalität gibt es weitere testbare Eigenschaften. Wenn sie seriös geprüft werden sollen, sind dafür spezielle Tests erforderlich.

- *Funktionstest*
  Die wichtigste testbare Eigenschaft eines Programms ist seine Funktionalität, die durch die Anforderungen spezifiziert ist.
- *Installationstest*
  Es muss möglich sein, die Software mit den gelieferten Anleitungen und Programmen zu installieren und in Betrieb zu nehmen. An die Umgebung (andere Software) und an die Betriebsmittel (z. B. den verfügbaren Speicherplatz) darf die Software nur Ansprüche stellen, die durch die Spezifikation abgedeckt sind.
- *Wiederinbetriebnahmetest*
  Ebenso wichtig wie die Installation ist die Wiederinbetriebnahme eines Systems, nachdem der Betrieb unterbrochen war. Anders als bei der Installation kann es bei der Wiederinbetriebnahme Probleme durch alte, defekte oder obsolete Daten desselben Programms geben.

- *Verfügbarkeitstest*
  Dieser Test prüft, ob das System über die geforderte Dauer ohne Störungen läuft.
- *Last- und Stresstest*
  Dabei wird getestet, ob sich das System auch unter hoher oder höchster Belastung so verhält, wie es gefordert war. Je nach Anforderungen wird auch das Verhalten bei Überlast getestet.
- *Regressionstest*
  Nach einer Korrektur oder Veränderung des Programms muss man damit rechnen, dass die Programme neue Fehler enthalten. Um diese zu erkennen, vergleicht man im Regressionstest die Resultate des veränderten Programms mit entsprechenden alten Resultaten (siehe Abschnitt 19.1.3).

Generell muss jede testbare Anforderung – nicht nur jede funktionale – durch mindestens einen Testfall abgedeckt werden. Das gilt beispielsweise für maximale Antwortzeiten oder für die minimalen Hardware-Anforderungen. Auch hier liefert der Test natürlich keinen Beweis der Korrektheit.

19.2.5 Klassifikation nach den beteiligten Rollen

Besonders bei Software-Produkten spricht man von Alpha- und Beta-Tests. Dagegen ist der Abnahmetest charakteristisch für Auftragsprojekte.

- *Alpha- und Beta-Test*
  Als Alpha-Test wird der Test eines Software-Produkts beim Hersteller bezeichnet. Die Software kann dabei noch erhebliche Mängel haben. Sind diese Mängel behoben, so wird das Produkt im Beta-Test speziellen Kunden zur Verfügung gestellt, damit sie es entsprechend seinem Zweck benutzen. Diese Kunden genießen früher als andere die Vorteile eines neuen Produkts, müssen dafür aber auch mehr oder minder gravierende Mängel in Kauf nehmen. Ihre Erfahrungen werden vom Hersteller ausgewertet, um das Produkt zu verbessern.
- *Abnahmetest*
  Der Akzeptanz- oder Abnahmetest ist aus Sicht des Software-Herstellers kein Test, sondern eine Vorführung. Er soll zeigen, dass sich das System so verhält, wie es der Vertrag, die Spezifikation verlangt. Der Kunde wird allerdings versuchen, Schwachstellen zu erkennen. Dazu kann er eigene Testfälle mitbringen. Besteht die Software den Abnahmetest, so werden in der Regel Zahlungen des Kunden fällig, und die Gewährleistungsfrist beginnt.

19.3 Die Testdurchführung

Wie wir in Abschnitt 19.2.2 beschrieben haben, ist ein systematischer Test aus vielen Gründen einem Laufversuch oder Wegwerftest vorzuziehen. Nachfolgend stellen wir den prinzipiellen Ablauf vor, der jedem systematischen Test zu Grunde liegt.

19.3.1 Der prinzipielle Testablauf

Jeder systematische Test besteht im Kern aus den Schritten Vorbereitung, Ausführung und Auswertung. Planung und Analyse sind nicht minder wichtig, stehen aber getrennt davon am Anfang und am Ende des Projekts (Abb. 19–3).

Weil der Test eines Systems aus mehreren einzelnen Tests besteht und insgesamt erhebliche Ressourcen beansprucht, müssen die Tests sorgfältig geplant und aufeinander abgestimmt werden. Dabei ist zu entscheiden, welche Eigenschaften durch welche Tests geprüft werden sollen, es sind also die Testziele und die Teststrategie zu bestimmen. Auf dieser Basis wird jeder einzelne Test geplant: Die erforderlichen Schritte werden festgelegt, die benötigten Ressourcen und die Dauer werden ermittelt.

Eine Analyse der Testberichte sollte Teil des Projektabschlusses sein. Hier ist zu prüfen, ob die Teststrategie und der Testaufwand sinnvoll gewählt waren. Die dokumentierten Ergebnisse der Analyse fließen in Maßnahmen zur Verbesserung des Entwicklungsprozesses und ganz speziell der Tests ein.

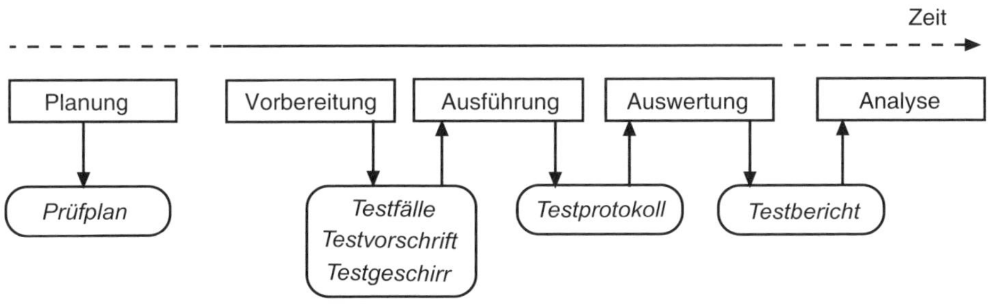

Abb. 19–3 *Prinzipieller Testablauf*

19.3.2 Testvorbereitung

In der Testvorbereitung wird die eigentliche intellektuelle Leistung des Testens erbracht. Je gründlicher sie durchgeführt wird, desto einfacher wird die Testausführung. Im Extremfall kann die Ausführung ganz automatisiert werden.

Der wichtigste und umfangreichste Teil der Vorbereitung ist die Auswahl und Spezifikation der Testfälle. Dazu ist zunächst festzulegen, welche Testgüte erreicht werden soll. Anschließend werden die Testfälle möglichst systematisch gewählt; wir gehen darauf in den Abschnitten 19.4 bis 19.6 näher ein. Die Testfälle sind in sogenannten Testszenarien zu gruppieren und sollten nach Prioritäten geordnet werden, damit bei der Testdurchführung die wichtigsten Testfälle auch dann ausgeführt werden, wenn der Test unter Termindruck verkürzt werden sollte, was in der Praxis eher die Regel als die Ausnahme ist.

Daneben muss das benötigte *Testgeschirr*, das ist die Umgebung, um den Test durchzuführen, geschaffen werden. Zum Testgeschirr gehören die *Testtreiber* (test drivers) und die *Platzhalter* (stubs), die die fehlenden Komponenten vertreten.

test driver — A software module used to invoke a module under test and, often, provide test inputs, control and monitor execution, and report test results. Syn: test harness.

stub — (1) A skeletal or special-purpose implementation of a software module, used to develop or test a module that calls or is otherwise dependent on it.

(2) A computer program statement substituting for the body of a software module that is or will be defined elsewhere.

IEEE Std 610.12 (1990)

Ein Testtreiber versorgt den Prüfling mit Testeingaben, ein Platzhalter steht für eine Komponente, die vom Prüfling benötigt wird, aber (noch) nicht integriert ist. Ein Platzhalter liefert entweder vordefinierte Werte oder simuliert (meist nur oberflächlich) das Verhalten der fehlenden Komponente. Da Platzhalter, vor allem solche mit einer gewissen Funktionalität, beträchtlichen Aufwand verursachen, sollte der Test so angelegt werden, dass möglichst wenige davon benötigt werden (siehe Abschnitt 20.2).

Größere Einheiten erfordern oft zusätzliche Hard- und Software, z. B. eine Datenbank in definiertem Zustand oder einen Motorprüfstand, der die vom Prüfling zu verarbeitenden Messdaten in Echtzeit liefert. Aber auch spezielle Testwerkzeuge, die den Test unterstützen, gehören zum Testgeschirr. Bei sicherheitskritischen Anwendungen kann das Testgeschirr bis zu einem Drittel des Gesamtaufwands beanspruchen. Darum wird es nicht weniger sorgfältig erstellt und verwaltet als das eigentliche Produkt. Jeder Entwickler sollte daran denken, dass das Testen mit der Auslieferung der Software nicht endgültig beendet ist, sondern während der Wartung immer wieder stattfindet.

Das Testvorgehen, also die Sequenz der im Test durchzuführenden Schritte, wird so festgelegt, dass die Tests in möglichst rascher Folge und mit möglichst wenigen Eingriffen und Änderungen durchgeführt werden können. Beispielsweise können durch die Testfälle die Belegungen der Datenbank aufgebaut werden, die in weiteren Testfällen vorausgesetzt werden. Auf diese Weise lassen sich die »Rüstzeiten« minimieren. Das Testvorgehen wird in der Testvorschrift dokumentiert.

19.3.3 Testausführung

Ist die Testumgebung fertiggestellt, kann der Prüfling aus der Konfigurationsverwaltung kopiert und in der Testumgebung installiert werden. Nachdem sichergestellt wurde, dass der Prüfling in der Testumgebung tatsächlich ausgeführt werden kann (was nicht immer der Fall ist), kann die Testausführung nach der Testvorschrift beginnen. Dabei wird genau protokolliert, welche Testfälle ausgeführt und welche Ergebnisse dabei erzielt wurden. Das Testprotokoll ist ein wichtiges Dokument der Testausführung, dem nicht nur die Ist-Resultate, sondern auch die exakten Angaben zu allen beteiligten Software-Einheiten (Prüfling, Testdaten usw.) zu entnehmen sind.

Soweit der Test nicht automatisiert ist, also vor allem bei interaktiven Programmen, wird der Tester offensichtliche Fehler sofort erkennen und die betreffenden Resultate im Protokoll kennzeichnen; weitere Konsequenzen sollten zu diesem Zeitpunkt nicht gezogen werden. Insbesondere sollte der Tester weder den Test abbrechen noch versuchen, den Fehler zu beheben, sondern wenn möglich den Test vollständig durchführen.

Natürlich kann es vorkommen, dass ein schwerwiegender Fehler eine Fortsetzung unmöglich macht. Wenn das Programm bei der ersten Eingabe abstürzt, muss der Test möglicherweise abgebrochen werden. In diesem Falle hat die Qualitätssicherung in der Entwicklung versagt. Der Test und die daran geknüpfte Korrektur der Programme soll und kann aus guter Software sehr gute Software machen, nicht aber einer Programmruine Leben einhauchen.

Der Prüfling wird also während des Tests nicht verändert oder korrigiert, sodass der gesamte Test mit einer ganz bestimmten Version durchgeführt wird. Auch darf der Prüfling nicht speziell für den Test modifiziert werden, er kann aber feste, speziell den Test unterstützende Bestandteile haben (wenn z. B. der normalerweise nicht erkennbare Zustand des Systems überprüft werden soll). Für die Testausführung fordern wir also:

- Keine spezielle Testvariante des Prüflings!
- Kein Abbruch des Tests, wenn Fehler erkannt wurden!
- Keine Modifikationen des Prüflings im Test!
- Kein Wechseln zwischen Test und Debugging!

Die Einhaltung dieser Regeln hat folgende Vorteile:

- Der Aufwand für den Test lässt sich recht genau abschätzen.
- Der Test deckt die grundsätzlichen Mängel auf.
- Es werden keine kumulativen Korrekturen durchgeführt.
- Das Testgeschirr wird effizient genutzt.
- Der Prüfling wird nicht durch vergessene Zusätze für die Fehlersuche beschädigt.
- Die erzielten Ergebnisse betreffen ein ganz bestimmtes Programm, im letzten Test das später auszuliefernde Produkt.

Wie schon erwähnt, ist das Testprotokoll ein wichtiges Ergebnis. Es belegt, mit welchem Testgeschirr an welchem Prüfling (in welcher Version und Variante) welche der Testfälle ausgeführt und welche Ergebnisse dabei erzielt wurden. Das Protokoll wird darum wie alle anderen Dokumente der Konfigurationsverwaltung unterstellt.

19.3.4 Testauswertung

Der letzte Schritt beim Testen ist der Vergleich der Ergebnisse mit den Soll-Resultaten. Wird der Test Schritt für Schritt interaktiv durchgeführt, dann werden Ist- und Soll-Ergebnis für jeden Testfall sofort verglichen. Wenn der Test automatisiert ist, übernimmt ein spezielles Werkzeug den Vergleich von Soll- und Ist-Resultaten. In beiden Fällen muss sichergestellt sein, dass Abweichungen nicht nur zufällig auffallen, sondern systematisch entdeckt werden. Dabei sollten auch unbeabsichtigte Effekte des Programms erkannt werden. Wenn beispielsweise eine Information aus einer Datenbank abgerufen wird, erkennt man leicht, ob das Resultat den Erwartungen entspricht. Man kann aber im Allgemeinen nicht ausschließen, dass der Inhalt der Datenbank anschließend verändert ist. Eine solche Kontrolle, ob das Programm keine unbeabsichtigten Nebenwirkungen hat, ist meist sehr viel schwieriger als die Kontrolle der geforderten Wirkungen.

Jede erkannte Abweichung, die nicht als falsch positiv klassifiziert werden kann (siehe Abschnitt 13.4.2), löst eine Problemmeldung aus und liefert damit die notwendigen Informationen für die Fehlersuche und -behebung.

Das Ergebnis der Testauswertung ist der *Testbericht*. Er enthält Verweise auf alle den Test betreffenden Dokumente (insbesondere auf das Testprotokoll) und administrative Angaben (z. B. die Namen der beteiligten Personen, die Anzahl und Schwere der gefundenen Fehler und den benötigten Aufwand). Die zusammenfassende Schlussbewertung des Prüflings gibt auch Auskunft darüber, ob das Testendekriterium (Abschnitt 19.3.5) erreicht wurde.

19.3.5 Das Testendekriterium

In der Praxis werden Tests zwar eingeplant, die dafür vorgesehenen Zeiten werden aber oft als Puffer behandelt, die die in der Entwicklung eingetretenen Verzögerungen ausgleichen. Das Testendekriterium ist damit: Auslieferungstermin erreicht. Auf diese Weise kommt der Test im wahren Sinne des Wortes zu kurz. Außerdem wird zwar meist der Test geplant, nicht aber die erforderliche Korrektur und die Wiederholung des Tests nach der Korrektur. Damit bleibt den Testern gar keine andere Wahl als der unsystematische Wechsel zwischen Test und Debugging.

Besser ist es, ein sinnvolles Testendekriterium festzulegen. Man kann den Test beenden, wenn

a) alle spezifizierten Testfälle ohne Befund absolviert wurden,
b) er x Stunden (Tage, Wochen) gedauert hat,
c) er den Aufwand y beansprucht hat,
d) n Fehler gefunden sind,
e) z Stunden (Tage, Wochen) lang kein Fehler mehr entdeckt wurde,
f) die durchschnittlichen Testkosten für die Entdeckung eines Fehlers x Euro übersteigen (siehe Abb. 19–4).

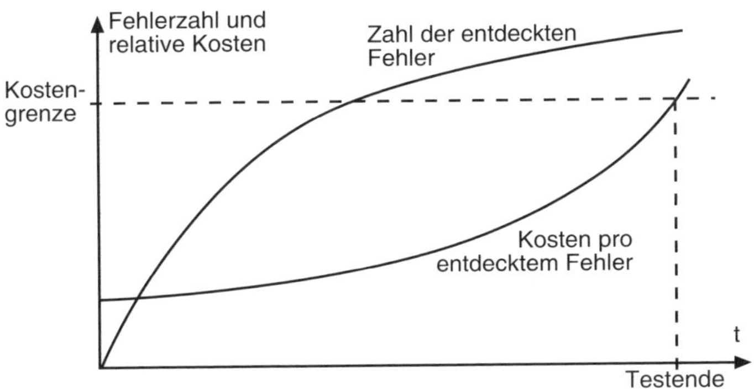

Abb. 19–4 *Kosten als Testendekriterium*

Die Zahlenwerte für x, n, z werden auf Grund von Erfahrungen oder Schätzungen festgelegt.

Die Kriterien a bis f sind nicht alle gleich sinnvoll und auch nicht mit jedem Testverfahren verträglich. Wenn eine abgeschlossene Menge von Testdaten vorliegt, ist offensichtlich das Kriterium a zweckmäßig. Das Kriterium d setzt voraus, dass man sehr genau abschätzen kann, mit wie vielen Fehlern zu rechnen ist. Eine untere Grenze kann in Kombination mit b oder c als notwendiges, aber nicht hinreichendes Kriterium für das Testende sehr sinnvoll sein. Kriterium e kommt in Frage, wenn mit Zufallsdaten getestet wird. Das ist nicht nur beim eigentlichen statistischen Testen (siehe Abschnitt 19.7) der Fall, sondern auch, wenn es (wie z. B. beim Test einer Software für eine Motorsteuerung mit Signalen von einem Motor auf dem Prüfstand) Echtzeiteffekte gibt, die nicht deterministisch geplant werden können.

Auch die Testgüte, z. B. die erreichte Überdeckung im Glass-Box-Test (siehe Abschnitt 19.6), liefert sinnvolle Testendekriterien.

19.3.6 Werkzeuge für den Test

Wir gehen hier nicht auf die zahlreichen Werkzeuge ein, die auf dem Markt angeboten werden; sie können grob in die folgenden Kategorien geordnet werden:

- Werkzeuge für den Glass-Box-Test, die den Code instrumentieren und Überdeckungsmaße ermitteln; oft bieten sie weitere Metrik-Funktionen an.
- Werkzeuge für den Einzel- und Systemtest, die Testfälle und Resultate verwalten und die automatische Durchführung der Tests unterstützen.
- Capture/Replay-Werkzeuge zur automatischen Aufzeichnung der Interaktionen, damit auch interaktive Programme automatisch getestet werden können, sowie Hilfsmittel zur Bearbeitung der Skripts, die von den Capture/Replay-Werkzeugen generiert werden.
- Hilfsmittel für den Soll-Ist-Vergleich und zur Verwaltung von Testfällen für den interaktiven Test (»manual testing«).
- Spezialwerkzeuge, beispielsweise Werkzeuge für den Last- und Stresstest oder Werkzeuge für den Test von eingebetteter Software.

Zumindest ein Werkzeug für den Glass-Box-Test gehört zwingend zur Grundausstattung des Testers; der Regressionstest muss durchgängig mit Werkzeugen unterstützt werden.

Wie bei allen Werkzeugen im Software Engineering ist die Literaturlage betrüblich; die meisten der im Web reichlich angebotenen Arbeiten sind alles andere als neutrale Informationen. Eine sehr umfangreiche Liste meist kommerzieller Testwerkzeuge findet man beispielsweise auf den Webseiten der IMBUS AG (Testtools, o.J.); Informationen über Open-Source-Testwerkzeuge werden auf den von M. Aberdour erstellten Webseiten angeboten (Open-Source-Testtools, o.J.).

19.4 Die Auswahl der Testfälle

Für jeden Test muss eine sinnvolle Menge von Stichproben (Testfällen) ausgewählt werden; diese Auswahl ist die zentrale Aufgabe des Testers. Dabei versucht er, mit einer möglichst kleinen Menge von Testfällen möglichst vielen Fehlern auf die Spur zu kommen.

19.4.1 Der Testfall

Ein Testfall ist gut, wenn er mit hoher Wahrscheinlichkeit einen noch nicht entdeckten Fehler aufzeigt; er ist dann erfolgreich, wenn er einen noch nicht entdeckten Fehler nachweist. Ein idealer Testfall ist

- *repräsentativ*, d. h., er steht stellvertretend für viele andere Testfälle,
- *fehlersensitiv*, d. h., er hat nach der Fehlertheorie eine hohe Wahrscheinlichkeit, einen Fehler anzuzeigen,
- *redundanzarm*, d. h., er prüft nicht, was auch andere Testfälle schon prüfen.

Die Praxis verlangt auch hier Kompromisse; das Ziel, möglichst viele Fehler zu entdecken, veranlasst uns, bei den genannten Merkmalen Abstriche zu machen.

Damit Testfälle wiederverwendet werden können, müssen sie exakt dokumentiert werden. Zu jedem Testfall sind die folgenden Informationen anzugeben:

- der Anfangszustand der Umgebung, eventuell auch des Prüflings,
- die Werte aller Eingabedaten,
- die notwendigen Bedienungen,
- die erwarteten Ausgaben,
- wenn nötig die Maßnahmen, um das System nach dem Test in einen definierten Zustand zu bringen.

Zusätzlich sollten für jeden Testfall die durch ihn abgedeckten Anforderungen angegeben werden. Die vollständig definierten Testfälle werden in der Testfallspezifikation zusammengefasst. Es hat sich bewährt, die Testfälle nicht nur mit Prioritäten zu versehen, sondern sie auch inhaltlich zu strukturieren. Eine dreistufige Hierarchie, bestehend aus Testgruppe, Test-Suite und Testfall, ist zweckmäßig.

19.4.2 Testkonzepte

Die Ansätze, um Fehler in Programmen durch Testen zu finden, lassen sich drei Kategorien zuordnen, die durch unterschiedliche Modelle der (möglicherweise fehlerhaften) Programme gekennzeichnet sind:

a) Ein Programm wird als eine Menge von Elementen betrachtet, wobei verschiedene Elemente auf verschiedenen Abstraktionsebenen in Frage kommen, z. B. Anweisungen oder Funktionen im Sinne der Spezifikation. Nachdem man eine dieser Mengen gewählt, jedes Element darin (also jede Anweisung bzw. jede Funktion) geprüft und korrekte Resultate erhalten hat, erwartet man, dass kein Element defekt ist und zu einem Fehler führt.

b) Wird ein Programm mit bestimmten Daten ausgeführt, so entsteht eine Folge von Schritten, die man als *Programmpfad* bezeichnet. Nachdem man jeden möglichen Pfad mindestens einmal getestet und korrekte Resultate erhalten hat, erwartet man, dass keiner der Pfade falsch angelegt ist und darum zu einem falschen Ergebnis führt.

c) Wird ein Programm mit Daten getestet, die gleiche statistische Eigenschaften haben wie die Daten, die später beim Gebrauch des Programms verwendet werden, kann aus den Resultaten des Tests eine (statistische) Aussage über die Zuverlässigkeit des Programms abgeleitet werden.

Alle drei Ansätze beruhen auf Erfahrungen außerhalb des Software Engineerings:

a) *Wenn im Auto der Lüfter läuft, ist der Radioempfang gestört.*
Hier ist anscheinend eine Komponente schuld.

b) *Immer, wenn ich nach einer langen Fahrt das Auto kurz abgestellt habe, kann ich den Motor nicht mehr starten.*
Hier führt offenbar ein bestimmter Ablauf (Pfad) zu einem Fehler.

c) *Im Kurzstreckenverkehr ist das Auto sehr zuverlässig.*
Hier schließen wir (unter der Voraussetzung, dass weiterhin die gleichen Randbedingungen gelten) aus einer Erfahrung auf die Zukunft.

Keiner der Ansätze lässt sich für normale Programme so umsetzen, dass die oben formulierten Ansprüche wirklich erfüllt werden; die Ansätze beruhen eben auf vereinfachten Modellen:

a) Die Tatsache, dass ein Element unter bestimmten Bedingungen funktioniert, garantiert leider nicht, dass es immer funktioniert. Das Konzept der Überdeckungen ist blind für die Wechselwirkungen zwischen den Elementen.
b) Wir können die möglichen Pfade im Allgemeinen nicht feststellen, und in den meisten Fällen wären es auch viel mehr, als wir testen können. Zudem ist es möglich, dass auch von zwei Ausführungen auf demselben Pfad die eine korrekte, die andere falsche Resultate liefert.
c) Die statistischen Eigenschaften der Daten lassen sich im Allgemeinen nicht voraussagen, sie können sich auch im Laufe der Zeit verändern. Bei einem Test mit Zufallsdaten ist es schwierig bis unmöglich, die Soll-Resultate festzustellen. Zudem gibt eine statistische Aussage zur Zuverlässigkeit im Einzelfall keine Sicherheit.

Trotzdem geben uns die drei Modelle wichtige Hinweise, wie ein Test möglichst erfolgreich angelegt werden kann. Ansatz c führt zum statistischen Test (Abschnitt 19.7), Ansatz a zu den Überdeckungsmaßen, die im Black-Box-Test, vor allem aber im Glass-Box-Test (Abschnitt 19.6) verwendet werden. Als *(Test-)Überdeckung* bezeichnet man den Anteil der Elemente, die im Test benutzt wurden, an der Gesamtzahl.

Ansatz b führt zum Konzept der Äquivalenzklassen (siehe Abschnitt 19.4.4) und damit zum Black-Box-Test (Abschnitt 19.5); in Abschnitt 19.6.6 wird erläutert, warum die in der Literatur übliche Zuordnung der Pfadüberdeckung zum Glass-Box-Test nicht sinnvoll ist.

19.4.3 Starke und schwache Äquivalenz

Wir wollen mit wenigen Testfällen eine möglichst große Wirkung erzielen, d. h. viele Fehler entdecken. Mit anderen Worten: Wir versuchen, keine überflüssigen Testfälle zu bearbeiten. Myers hat dazu das Konzept der Äquivalenzklassen entwickelt (Myers, 1979).

Nehmen wir beispielsweise an, dass ein Programm Personennamen verwaltet. Ein eingegebener Name wird gespeichert; wenn er ein zweites Mal eingegeben wird, soll eine Fehlermeldung erzeugt werden. Im Test geben wir einen Namen (»Meier«) ein und erwarten, dass er akzeptiert wird. Geben wir diesen Namen erneut ein, so sollte die Fehlermeldung erscheinen. Natürlich können wir den Test mit dem Namen »Mayer« wiederholen. Sehr wahrscheinlich wird der Erfolg oder Misserfolg des Tests der gleiche sein wie für »Meier«. Denn es gibt keinen Grund zur Vermutung, dass der Ablauf für »Mayer« in irgendeiner Weise anders ist als für »Meier«: Entweder treten bei keinem der beiden Namen Fehler auf, oder bei beiden. Die beiden Testsequenzen sind also – wenn unsere Annahmen stimmen – *äquivalent*. Von mehreren äquivalenten Testfällen brauchen wir nur einen zu testen, denn das Resultat ist auch für alle anderen Fälle in dieser *Äquivalenzklasse* gültig.

Wir definieren: Zwei Testfälle f_1 und f_2 sind im Hinblick auf den Erfolg des Tests *stark äquivalent*, wenn sie austauschbar sind, weil beide geeignet oder beide ungeeignet sind, einen bestimmten Fehler anzuzeigen[1].

Wenn die Elemente einer Menge möglicher Testfälle $F = \{f_1, f_2, ..., f_n\}$ für ein Programm P stark äquivalent sind, reicht es aus, einen einzigen Repräsentanten von F für den Test auszuwählen. F ist eine (starke) *Äquivalenzklasse* der Testfälle für P. Ein »wasserdichtes« Verfahren, um alle starken Äquivalenzklassen zu identifizieren, wäre so etwas wie der Stein der Weisen für den Test. Den gibt es leider nicht, wenn man von der irrealen Idee des vollständigen Tests absieht.

Ein vollständiger Test auf der Basis der starken Äquivalenzklassen erfordert, dass aus jeder Klasse ein Testfall gewählt wird. Da die Fälle in derselben Klasse äquivalent sind, decken alle so erzeugten Testdaten *dieselben* Fehler auf. Da jede Klasse berücksichtigt wird, also (falls das Programm Fehler enthält) auch jede Klasse, die einen Fehler aufdeckt, decken die Testdaten *alle* Fehler auf.

Da wir keine Möglichkeit haben, die Klassen starker Äquivalenz zuverlässig zu erkennen, behelfen wir uns mit *schwacher Äquivalenz*: Zwei Testfälle sind schwach äquivalent, wenn wir Gründe haben, starke Äquivalenz zu vermuten. Solche Gründe sind zahlreich: Wenn z. B. zwei Eingaben den gleichen Ablauf des Programms bewirken, die gleiche Funktion des Programms in Anspruch nehmen oder die gleiche Fehlermeldung hervorrufen, können wir Äquivalenz vermuten. Jede schwache Äquivalenz beruht auf einer spekulativen Fehlertheorie: Wir rechnen damit, dass die Klassen starker Äquivalenz bestimmte Muster aufweisen, die wir erraten können. Wenn verschiedene Fälle denselben Programmablauf (Pfad) hervorrufen, sind sie wahrscheinlich äquivalent. Dies ist der Zusammenhang zwischen Pfadüberdeckung und Äquivalenzklassen.

Wenn ein Programm nach Eingabe des Datums »31. Juni 2010« eine Fehlermeldung bringt, wird es auch den 31. September 2010 nicht akzeptieren, und

---

1 Unsere Begriffe der starken und schwachen Äquivalenz haben nichts zu tun mit dem in Jorgensen (1995) beschriebenen Ansatz des starken und schwachen Äquivalenzklassentests.

umgekehrt. Hinter dieser Aussage steckt kein *Wissen*, sondern eine *Hypothese*: Wir vermuten, dass der 31. September genau denselben Programmablauf, dieselben Entscheidungen auslöst wie der 31. Juni. Diese Spekulation kann falsch sein, dann stimmen schwache und starke Äquivalenz nicht überein, und wir entdecken Fehler *nicht*, die wir hätten entdecken können. Wenn der Programmierer geglaubt hatte, dass alle geradzahligen Monate 31 Tage haben (wie August, Oktober und Dezember »beweisen«), sind die beiden Datumsangaben *nicht* äquivalent. Bei den Namen im ersten Beispiel können wir vermuten, dass auch »Müller« in der Äquivalenzklasse liegt, zu der »Meier« und »Mayer« gehören. Es ist aber denkbar, dass wegen des Umlauts oder des Doppelkonsonanten der Name »Müller« anders behandelt wird und darum *nicht* mit Meier« und »Mayer« in einer Klasse liegt. Natürlich könnte es auch ganz anders sein, etwa wenn das »y« eine spezielle Reaktion hervorruft oder wenn der Programmierer Mayer hieß und die »originelle« Idee hatte, bei Auftreten seines Namens eine besondere Reaktion des Programms auszulösen.

Unsere Erfahrung beim Test von Programmen zeigt, dass die Behandlung von Eingaben, die an den Grenzen von Wertebereichen liegen, häufig fehlerhaft ist. Darum werden die Grenzwerte als eigene Äquivalenzklassen behandelt. Wenn wir mit REAL-Zahlen arbeiten, müssen wir statt des (im Allgemeinen nicht darstellbaren) Nachbarwertes einen geringfügig größeren oder kleineren Wert verwenden.

19.4.4 Anwendung der Äquivalenzklassen zur Testdatenauswahl

Die Bildung der Äquivalenzklassen (für gültige und vor allem ungültige Eingaben) erfolgt nach Erfahrung und Intuition, also heuristisch! Um die Äquivalenzklassen für die Eingaben zu bestimmen, geht man wie folgt vor:

1. Der Spezifikation werden die Eingabegrößen und ihre Gültigkeitsbereiche entnommen. Die Grenzen der Eingabebereiche, die geordnet sind, trennen Äquivalenzklassen gültiger und ungültiger Eingaben.
2. Wenn man vermutet, dass die Werte einer Äquivalenzklasse ungleich behandelt werden, teilt man die Klasse in neue Unterklassen auf.
3. Werte an Bereichsgrenzen, die erfahrungsgemäß oft falsch verarbeitet werden, sollten gesondert behandelt, also speziellen Äquivalenzklassen zugeordnet werden.
4. In jeder Äquivalenzklasse wird ein Testfall gewählt (Eingabe und Soll-Resultat).

Tabelle 19–2 zeigt einige einfache Beispiele. Bei der Enumeration wurde unterstellt, dass keine unterschiedliche Behandlung der drei Werte zu vermuten ist. Für die REAL-Zahlen wurde eine fiktive Darstellungsgenauigkeit angenommen.

Bereich gültiger Daten	Klasse gültiger Eingaben	Klassen ungültiger Daten	Grenzfälle	Repräsentant
Die ganzen Zahlen von a = 5 bis n = 555	a ≤ E ≤ n		 5 555	100 5 555
		E < a		1
		E > n	 4 556	999 4 556
Natürliche Zahl (inkl. 0) bis max. n = 1000	E > n		 0 1000	227 0 1000
		E < 0		-171
		E > n	 -1 1001	1033 -1 1001
Enumeration (Alpha, Beta, Gamma)	E ∈ {Alpha, Beta, Gamma}			Gamma
		E ∉ {Alpha, Beta, Gamma}		Omega
Bereich der REAL-Zahlen mit Betrag bis 1	-1,0 ≤ E ≤ 1,0		 -1,0 1,0	0,555 -1,0 1,0
		E < -1,0		-2,500
		E > 1,0	 -1,0001 1,0001	1,015 -1,0001 1,0001

Tab. 19–2 *Bildung von Äquivalenzklassen für den Eingabewert E*

Betrachten wir als weiteres Beispiel ein Programm, das in Zeichenreihen, die zwischen 1 und 100 Zeichen lang sein können, die Kleinbuchstaben durch Großbuchstaben ersetzen soll. Eine extrem simple Fehlertheorie wäre, dass die Umwandlung entweder immer versagt oder immer korrekt funktioniert. Dann gehören alle möglichen Eingaben zur selben Klasse. Da wir Fehler nur erkennen können, wenn eine Umwandlung stattfindet, wählen wir einen Testfall mit Kleinbuchstaben, beispielsweise »XYZ++abc«; das Soll-Resultat ist »XYZ++ABC«.

Vermutlich werden Zeichenreihen ohne Kleinbuchstaben anders behandelt, wir schaffen darum eine zweite Klasse, die wir durch den Testfall »$$RWTH$$« repräsentieren (Soll-Resultat = Eingabe).

Natürlich lassen sich die Fehler in der Regel nicht so leicht aufdecken, wir nehmen also unsere Erfahrung hinzu. Die Grenzfälle erfordern in den Programmen oft eine spezielle Bearbeitung. Wir identifizieren also zwei weitere Klassen, nämlich Zeichenreihen minimaler und maximaler Länge. Schließlich ist in vielen Fällen robustes Verhalten des Programms gefordert, es soll also sinnvoll reagieren, wenn die Längenbedingung verletzt wird. Damit entstehen zwei weitere

Klassen, die leere Zeichenreihe und eine mit mehr als 100 Zeichen; insbesondere 101 Zeichen sollten getestet werden.

Wenn wir vermuten, dass die Reihenfolge der Zeichen eine Rolle spielt, dass also »aB« möglicherweise anders behandelt wird als »Ba«, dann ergeben sich auch dadurch weitere Klassen. Und schließlich müssen wir überlegen, ob die Kombination der genannten Klassen neue Klassen ergibt oder nicht, ob wir also beispielsweise zwischen maximal langen Zeichenreihen mit und ohne Kleinbuchstaben unterscheiden müssen.

Das Beispiel zeigt: Die Äquivalenzklassen können nicht einfach mechanisch festgelegt werden, Intuition und Erfahrung sind von großer Bedeutung. Und es zeigt auch, dass wir niemals sicher sein können, alle Klassen der starken Äquivalenz erkannt zu haben. Wird die Zeichenreihe beispielsweise vom Programm in Abschnitte zu je 32 Zeichen gegliedert, dann muss man mit Problemen rechnen, wenn gerade 32, 64 oder 96 Zeichen eingegeben werden, auch 33, 65 und 97 wären dann speziell zu betrachten.

Ein letztes (nicht erfundenes) Beispiel zeigt, warum wir nie sicher sein können, alle Klassen der starken Äquivalenz entdeckt zu haben: Ein kleines ADA-Demonstrationsprogramm zur rekursiven Berechnung der Fakultätfunktion wurde mit den Mitteln des Exception Handlings gegen alle Fehleingaben abgesichert, also gegen Eingabe negativer oder gebrochener Zahlen und gegen die Eingabe von Text. Zusätzlich wurde sichergestellt, dass die Berechnung der Fakultät bei der Eingabe einer großen Zahl nicht zu einem Zahlenüberlauf führt. Mit den Eingaben -5, 3.14, Blabla und 1000 funktionierte alles einwandfrei. Trotzdem brachte ein naiver Benutzer das Programm sofort zum Absturz: Er hatte als Argument 1000000 eingetippt. Aber war dieser Fall nicht abgefangen und getestet worden (durch die Äquivalenzklasse »Zahl zu groß« mit dem Repräsentanten 1000)? Nein. Denn die Eingabe einer sehr großen Zahl führt, bevor es zum Zahlenüberlauf kommt, zu einem Kellerüberlauf (stack overflow). Eine Million Rekursionsstufen waren zu viel. Von der Klasse »Zahl zu groß« musste also eine Klasse »Zahl viel zu groß« abgespalten werden.

19.5 Der Black-Box-Test

Bei einem Black-Box-Test betrachtet man das Programm als Monolithen, über dessen innere Beschaffenheit man nichts weiß und nichts wissen muss. Man prüft, ob das Programm tut, was die Spezifikation verlangt. Dies ist die wichtigste Form des Tests. Alle anderen Tests ergänzen den Black-Box-Test, sie können ihn nicht ersetzen.

Testfälle für den Black-Box-Test sollten vorbereitet werden, sobald die Spezifikation vorliegt (siehe Punkt 10 in Abschnitt 16.9). Dadurch ist nicht nur gewährleistet, dass die Testfälle rechtzeitig verfügbar sind, sondern die Spezifikation wird einer zusätzlichen Prüfung unterzogen, die oft Fehler und Lücken aufdeckt. Denn wer einen Testfall, also Eingabe und Soll-Resultat entwirft, muss genau hinschauen und kann nicht übersehen, wenn die Spezifikation seine Fragen nicht oder nicht eindeutig beantwortet.

19.5.1 Die Ziele des Black-Box-Tests

Ein umfassender Black-Box-Test sollte

- alle Funktionen des Programms aktivieren (Funktionsüberdeckung),
- alle möglichen Eingaben bearbeiten (Eingabeüberdeckung),
- alle möglichen Ausgabeformen erzeugen (Ausgabeüberdeckung),
- die Leistungsgrenzen ausloten,
- die spezifizierten Mengengrenzen ausschöpfen,
- alle definierten Fehlersituationen herbeiführen.

Die Funktionsüberdeckung geht von der Menge der Funktionen aus, die ein Programm anbietet. Die Eingabeüberdeckung ist auf die Menge möglicher Eingaben bezogen, die Ausgabeüberdeckung auf die Menge möglicher Ausgaben. Achtung, es geht hier nicht um alle im Detail unterschiedlichen Ein- und Ausgaben, also um vollständigen Test, sondern um die Klassen der Ein- und Ausgaben. Zum Beispiel fallen zwei Namen in dieselbe Klasse, wenn es nicht aus speziellen Gründen geraten erscheint, sie zu unterscheiden. Oft sind Ein- und Ausgabeüberdeckung durch die Funktionsüberdeckung impliziert, aber nicht immer.

Beispiel: Ein Programm, das Auskunft über Studenten gibt, biete die folgenden Funktionen: (a) Anfangsmeldung, (b) Einlesen einer Matrikelnummer, (c) Ausgabe der über den Studenten gespeicherten Informationen oder (d) einer Fehlermeldung (»Student existiert nicht«), (e) Endemeldung. Statt der Matrikelnummer kann auch der Name eingegeben werden. Wir können also alle Funktionen in Anspruch nehmen und dabei immer nur die Matrikelnummer verwenden. Wir haben dann die Funktionsüberdeckung, aber nicht die Eingabeüberdeckung erreicht.

Alle Funktionen außer d können wir mit einem einzigen Testfall abdecken. Fehlerfälle benötigen typischerweise jeweils einen eigenen Testfall, wenn der Programmablauf im Fehlerfall abgebrochen wird. Wenn ein Programm mit k verschiedenen Fehlerfällen enden kann, brauchen wir mindestens k+1 Testfälle, um die vollständige Funktionsüberdeckung zu erreichen; wenn sich verschiedene Funktionen gegenseitig ausschließen, sind es entsprechend mehr.

Die Grenzfälle (z. B. Namen minimaler und maximaler Länge sowie die angrenzenden Fehlerfälle) werden wie oben beschrieben speziell getestet.

19.5.2 Die Testfallauswahl für die Funktionsüberdeckung

Um die Testfälle für eine vollständige Funktionsüberdeckung zu gewinnen, kann man nach folgendem Schema vorgehen:

1. Suche in der Spezifikation der Anforderungen alle Funktionen und schreibe sie in eine Liste.
2. Suche in den Anforderungen alle Eingabe- und Ausgabegrößen.
3. Suche zu einer noch nicht ausgeführten Funktion aus der Liste die benötigten Eingabegrößen und die zu erzeugenden Ausgabegrößen.
4. Definiere für diese Funktion einen Testfall, d. h. die Eingabe und die erwartete Ausgabe. Markiere die von diesem Testfall ausgeführten Funktionen in der Liste.
5. Wiederhole die Schritte 3 und 4, bis alle Funktionen der Liste markiert sind.

Die Liste der Funktionen und der Markierungen, welche Funktionen in welchem Testfall ausgeführt werden, wird üblicherweise in Form einer Tabelle dargestellt, der sogenannten Funktionstestmatrix.

In den Abschnitten 19.8.2 bis 19.8.6 zeigen wir an einem etwas größeren Beispiel, wie die vorgestellten Black-Box-Techniken – Eingabe- und Ausgabeüberdeckung mit Hilfe von Äquivalenzklassen und die Funktionsüberdeckung – angewendet werden können.

19.5.3 Der zustandsbasierte Test

Endliche Automaten werden in der Informatik eingesetzt, um das Verhalten von Systemen zu spezifizieren. Formal ist ein endlicher Automat ein gerichteter Graph, dessen Knoten und Kanten Zustände und Zustandsübergänge darstellen. Zu jedem Zeitpunkt ist der Automat in genau einem Zustand; Eingaben lösen Zustandsübergänge aus.

Der Vorteil eines Zustandsautomaten ist seine Anschaulichkeit. Sowohl die Entwickler als auch die Benutzer haben intuitiv eine Vorstellung davon, welche Zustände das System durchläuft.

Der Zustand ist das Gedächtnis des Systems. Je nach Zustand kann eine Eingabe (ein Ereignis) unterschiedliche Effekte haben; eine Aktion kann ausgelöst werden, der Zustand kann sich ändern (Zustandsübergang). Zu Beginn ist der Automat im Startzustand; meist ist mindestens ein Zustand als Endzustand ausgezeichnet.

Betrachten wir als Beispiel eine sehr einfache Bankkontenverwaltung. Ein Konto kann eröffnet und geschlossen werden, es kann ein Betrag (b) gutgeschrieben und abgebucht werden, und der Kontostand kann abgefragt werden. Für jedes Konto sind der Kontostand (kst) und ein Überziehungslimit (limit) gespeichert. Ein Konto kann gesperrt werden, dann sind Gutschriften und Kontostandabfragen, aber keine Belastungen möglich; es kann, wenn es gesperrt ist, wieder entsperrt werden. Abbildung 19–5 zeigt einen Zustandsautomaten, der ein solches Konto modelliert.

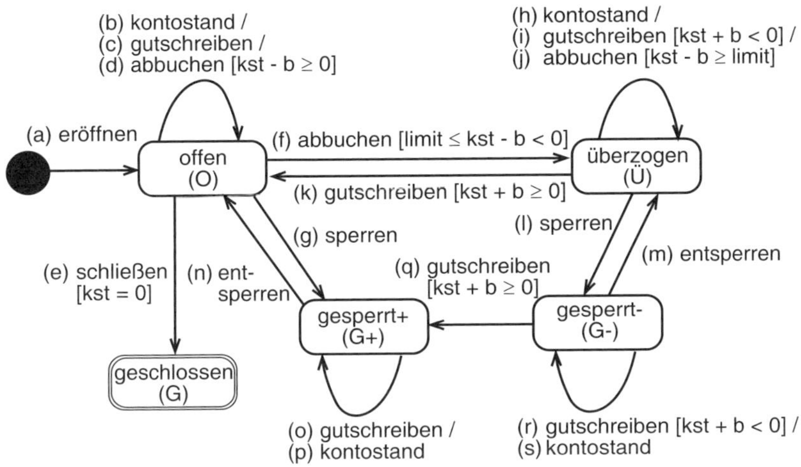

Abb. 19–5 *Beispiel für einen endlichen Automaten*

Zustandsautomaten werden im Software Engineering meist nur unvollständig beschrieben. Es gibt also eine Reihe von Ereignis-Zustand-Paaren, die nicht im Automaten aufgeführt sind. So wird im gezeigten Automat im Zustand »überzogen« das Ereignis »schließen« nicht betrachtet. Ein nicht spezifiziertes Ereignis-Zustand-Paar bedeutet, dass das Ereignis in diesem Zustand nicht erlaubt oder unmöglich ist.

Bei einem zustandsbasierten Test muss jeder Zustand mindestens einmal erreicht werden (*Zustandsüberdeckung*). Höhere Testgüte erzielt man, wenn von jedem Zustand aus in jeden möglichen Folgezustand gewechselt wird (im Beispiel in Abb. 19–5 etwa von Ü nach Ü, O und G-; *Zustandspaarüberdeckung*). Die Testgüte wird weiter gesteigert, wenn für jeden Zustandsübergang auch jedes Ereignis, das zum Zustandsübergang führt (im Beispiel die Ereignisse h, i und j für den Übergang von Ü nach Ü), im Test wirksam wird (*Transitionsüberdeckung*).

Um die Testfälle für den zustandsbasierten Test systematisch auszuwählen, werden in Binder (2000) sogenannte Roundtrip-Folgen durch den Zustandsautomaten bestimmt. Eine Roundtrip-Folge beginnt immer im Startzustand und endet in einem Endzustand oder in einem Zustand, der bereits in dieser oder einer anderen Roundtrip-Folge enthalten und dort nicht der letzte Zustand der Folge ist. Wenn der Test aller Roundtrip-Folgen keine Fehler zeigt, dann stimmt das Verhalten des Prüflings mit dem im Zustandsautomaten spezifizierten Verhalten überein. Der Test der Roundtrip-Folgen findet alle Zustandsübergangsfehler und deckt ggf. auf, dass Zustände fehlen.

Um die Roundtrip-Folgen zu ermitteln, wird aus dem Zustandsautomaten ein Zustandsübergangsbaum abgeleitet. Dies geschieht nach folgendem Algorithmus:

1. *Erzeuge den Wurzelknoten (Stufe 0 des Baums) und bezeichne ihn mit dem Startzustand. Setze die aktuelle Stufe k auf 0.*
2. *Bearbeite jeden Knoten der Stufe k:*
   - *Falls der Zustand, mit dem dieser Knoten bezeichnet ist, ein Endzustand ist oder bereits im Baum vorkommt, markiere den aktuellen Knoten als »terminal«.*
   - *Andernfalls erzeuge für jeden ausgehenden Zustandsübergang und jede Bedingung eine neue Kante, die den aktuellen Knoten mit einem neuen Knoten auf Stufe k+1 des Baums verbindet. Bezeichne die neue Kante mit Ereignis/Bedingung/Aktion und den neuen Knoten mit dem Folgezustand.*
3. *Falls es Knoten auf Stufe k+1 gibt, inkrementiere k und wiederhole Schritt 2.*

In unserem Beispiel wird aus dem Automaten in Abbildung 19–5 der Zustandsübergangsbaum in Abbildung 19–6 abgeleitet. (Abhängig von der Reihenfolge, in der die Knoten expandiert werden, entstehen unterschiedliche Übergangsbäume, die aber logisch äquivalent sind.)

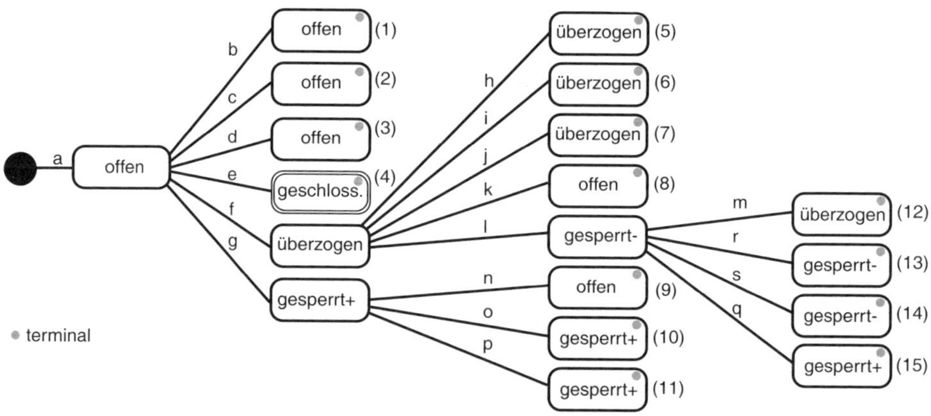

Abb. 19–6 *Zustandsübergangsbaum*

Um das durch den Zustandsautomaten spezifizierte Normalverhalten zu prüfen, müssen in unserem Beispiel Testfälle für 15 Roundtrip-Folgen entwickelt werden, je einer für jeden Weg von der Wurzel zu einem Blatt. Die Testfälle der folgenden Tabelle prüfen die drei Roundtrip-Folgen, die an den Blättern 7, 8 und 15 enden.

Folge	Startzustand, Ereignisse und Zwischenzustände	Endzustand, Soll-Wert kst
7	S, eröffnen → O, abbuchen (100) → Ü, abbuchen (200)	Ü, -300
8	S, eröffnen → O, abbuchen (100) → Ü, gutschreiben (500)	O, 400
15	S, eröffnen → O, abbuchen (100) → Ü, sperren → G-, gutschreiben (300)	G+, 200

Auch das Verhalten im Fehlerfall muss geprüft werden. Was soll beispielsweise passieren, wenn ein offenes Konto entsperrt wird oder der Kontostand durch eine Abbuchung unter das Überziehungslimit sinkt? Dazu benötigen wir für jede mögliche Kombination aus Zustand und Ereignis eine Angabe, wie der Automat reagieren soll. Dies kann recht übersichtlich in Tabellenform dargestellt werden. Die (evtl. durch Vorbedingungen erweiterten) Ereignisse bilden die Zeilen der Tabelle, die Zustände die Spalten. Die Tabelle wird gefüllt, indem für jedes Ereignis angegeben wird, ob es im betrachteten Zustand

- erlaubt (gültig) ist (√),
- ein Fehler ist, der behandelt werden muss (⊗),
- ausgeschlossen ist, da die Vorbedingung nicht erfüllt sein kann (–).

Für unser Beispiel entsteht damit die folgende Tabelle.

Ereignis / Vorbedingung	Reaktion im Zustand			
	O	Ü	G+	G-
kontostand	√	√	√	√
sperren	√	√	⊗	⊗
entsperren	⊗	⊗	√	√
schließen [kst = 0]	√	–	⊗	–
schließen [kst <> 0]	⊗	⊗	⊗	⊗
gutschreiben [kst + b ≥ 0]	√	√	√	√
gutschreiben [kst + b < 0]	–	√	–	√
abbuchen [kst - b ≥ 0]	√	–	⊗	–
abbuchen [limit ≤ kst - b < 0]	√	√	⊗	⊗
abbuchen [kst - b < limit]	⊗	⊗	⊗	⊗

Nun werden für alle ungültigen Ereignis-Zustand-Paare (markiert durch ⊗) Testfälle definiert. Beispielsweise prüft der folgende Test zur letzten Zeile der Tabelle die Reaktion auf einen Versuch, ein bereits überzogenes Konto stärker zu belasten, als das Überziehungslimit (hier vorgegeben mit -1000) erlaubt.

Startzustand, Ereignisse und Zwischenzustände	Erwartete Aktion	Endzustand, Soll-Wert kst
S, eröffnen → O, abbuchen(200) → Ü, abbuchen(900)	Fehlermeldung	Ü, -200

Jeder Prüfling, der sich als endlicher Automat beschreiben lässt, sei es eine Klasse, ein Modul oder das gesamte System, kann durch einen zustandsbasierten Test geprüft werden. Der Aufwand, um den Automaten, den Zustandsübergangsbaum, die Ereignis-Zustand-Tabelle und die daraus abgeleiteten Testfälle zu erstellen, ist schon bei kleineren Automaten erheblich.

Nach jedem Schritt des zustandsbasierten Tests muss der erreichte Zustand kontrolliert werden. Dazu dienen spezielle Operationen, die man als *Zustandsreporter* bezeichnet. Falls es sie nicht bereits aus anderen Gründen gibt, müssen sie (als dauerhafte Erweiterung) realisiert werden; dazu muss der Quellcode des Prüflings verfügbar sein.

19.5.4 Der Test auf Basis der Anwendungsfälle

Testdaten werden aus der Spezifikation abgeleitet. Das gilt auch, wenn zur Spezifikation Anwendungsfälle verwendet werden. Dazu müssen neben den Anwendungsfalldiagrammen, die in UML notiert werden können, auch die natürlichsprachlichen Beschreibungen der Anwendungsfälle vorliegen.

Das Anwendungsfalldiagramm stellt alle Anwendungsfälle und ihre formalen Beziehungen dar. Andere wichtige Informationen – wie die Vor- und Nachbedingungen der Anwendungsfälle – werden im Diagramm nicht dargestellt. Diese Informationen sowie die einzelnen Interaktionsschritte sind in der detaillierten Beschreibung der Anwendungsfälle enthalten. Anwendungsfälle behandeln wir ausführlich in Abschnitt 16.7.3.

Das Überdeckungskriterium orientiert sich hier an den Anwendungsfällen; die Implementierung jedes Anwendungsfalls sollte in mindestens einem Test geprüft werden. Ebenso sollten alle Abhängigkeiten zwischen Anwendungsfällen (modelliert durch include- und extend-Beziehungen) im Test geprüft werden. Beim Test der einzelnen Anwendungsfälle stützen wir uns auf die detaillierten Beschreibungen.

In Abbildung 19–7 sind der Normalablauf und (verkürzt) die Sonderfälle aus dem in Abbildung 16–6 auf Seite 388 vorgestellten Anwendungsfall »Authentifizieren« wiedergegeben.

Normalablauf	1. Der Kunde führt eine Karte ein 2. Der BA42 liest d. Karte und sendet d. Daten z. Prüfung ans Banksystem 3. Das Banksystem prüft, ob die Karte gültig ist 4. Der BA42 zeigt die Aufforderung zur PIN-Eingabe 5. Der Kunde gibt die PIN ein 6. Der BA42 liest die PIN und sendet sie zur Prüfung an das Banksystem 7. Das Banksystem prüft die PIN 8. Der BA42 akzeptiert den Kunden und zeigt das Hauptmenü
Sonderfälle	2a Die Karte kann nicht gelesen werden 2b Die Karte ist lesbar, aber keine BA42-Karte 2c Das Banksystem ist nicht erreichbar 3a Die Karte ist nicht gültig oder gesperrt 5a Der Kunde bricht den Vorgang ab 5b Der Kunde reagiert nach 5 Sekunden nicht 6a Das Banksystem ist nicht erreichbar 7a Die erste oder zweite eingegebene PIN ist falsch 7b Die dritte eingegebene PIN ist falsch

Abb. 19–7 *Anwendungsfall »Authentifizieren« (Auszug)*

Auf Basis der Beschreibung des Anwendungsfalls können wir für jeden Ablauf einen Testfall entwickeln. Bei komplexen Interaktionen mit vielen Sonderfällen ist es jedoch angebracht, die Beschreibung vorher zu formalisieren. Wenn wir dazu eine grafische Notation verwenden, erhalten wir eine übersichtlichere Darstellung, und wir erkennen Fehler und Lücken leichter. Ryser (2003) schlägt für diesen Zweck Zustandsautomaten vor. Wir folgen Sneed und Winter (2001), die Aktivitätsdiagramme benutzen.

Ein Anwendungsfall wird komplett, mit Normalablauf und Sonderfällen, in ein Aktivitätsdiagramm übersetzt. Wir modellieren zuerst den Normalablauf und fügen dann Schritt für Schritt die Sonderfälle hinzu. Aus dem gezeigten Anwendungsfall können wir beispielsweise das in Abbildung 19–8 dargestellte Aktivitätsdiagramm entwickeln (der Normalablauf ist farblich hinterlegt, die verschiedenen Wege sind nummeriert).

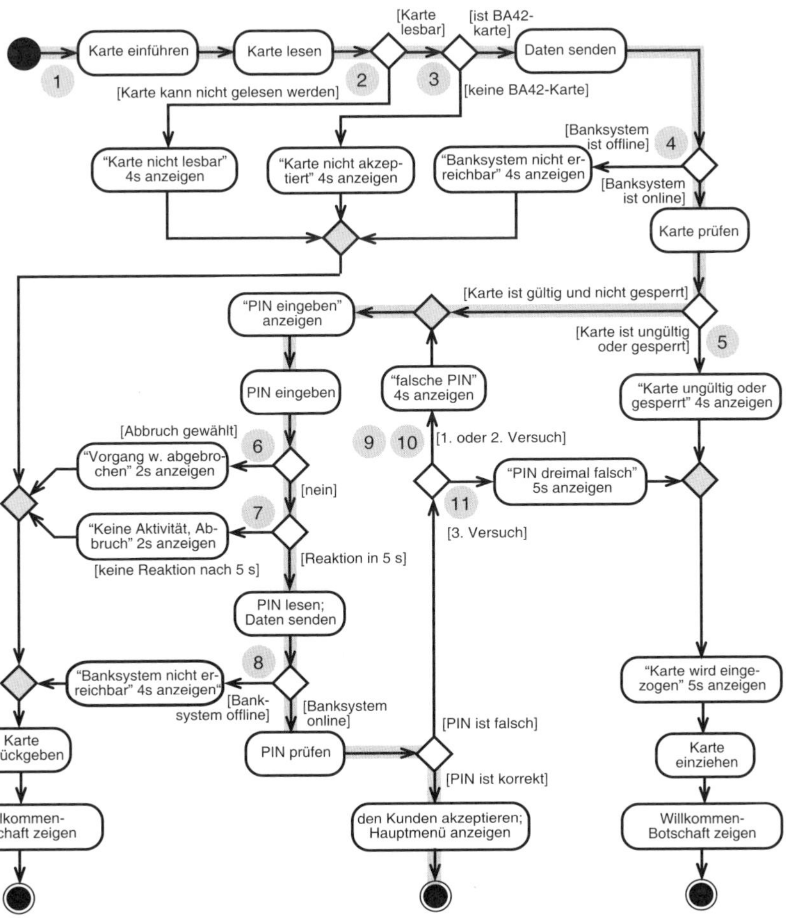

Abb. 19–8 *Aktivitätsdiagramm des Anwendungsfalls »Authentifizieren«*

Bei diesem Umsetzungsschritt stellt man möglicherweise fest, dass das im Anwendungsfall modellierte Verhalten unvollständig ist. Auch können einzelne Schritte zu grob formuliert sein, sie müssen dann detailliert werden. So muss der in unserer Use-Case-Beschreibung enthaltene Schritt 2 »Der BA42 liest die Karte und sendet die Daten zur Prüfung an das Banksystem« in die zwei Schritte »Karte lesen« und »Daten senden« aufgeteilt werden, damit die dazu angegebenen Sonderfälle präzise im Aktivitätsdiagramm modelliert werden können. Fehlende Abläufe und neue oder geänderte Schritte werden sowohl in das Aktivitätsdiagramm als auch in die Use-Case-Beschreibung integriert. Im Beispiel fehlt auch die Angabe, wie eine PIN genau aufgebaut ist. Diese Information wird im Test und natürlich auch für die Entwicklung benötigt, sie muss spezifiziert werden.

Beim Test auf der Basis von Anwendungsfällen wird jeder beschriebene Ablauf, also jeder Weg durch das Aktivitätsdiagramm, wenigstens einmal geprüft (Ablaufüberdeckung). Wir beginnen mit dem Normalablauf und prüfen dann die Sonderfälle. Auf diese Weise werden oft Fehler bei der Programmierung der Anwendungsfälle entdeckt, falsch oder unvollständig implementierte Anwendungsfälle und Abhängigkeiten zwischen den Anwendungsfällen, die nicht beachtet wurden.

Wie die Abbildung 19–8 zeigt, gibt es elf Wege durch das Aktivitätsdiagramm und damit elf Testfälle, um alle Wege zu durchlaufen. Diese Testfälle sind in der folgenden Tabelle 19–3 angegeben. Die Eingaben in eckigen Klammern erfolgen durch Mausklick, Knopfdruck, Menüauswahl o. Ä.; Reaktionen des BA42, die in einer Zelle stehen, geschehen gleichzeitig.

Weg	Anfangszustand	Eingabe/ Aktion	Soll-Reaktion Der BA42 ...
1	BA42-Karte mit PIN 1234	Karte einführen	meldet »PIN eingeben«
		1234 [OK]	zeigt das Hauptmenü an
2	Magnetstreifen der Karte ist beschädigt	Karte einführen	meldet »Karte nicht lesbar« (4 s)
			gibt die Karte zurück
			zeigt die Willkommen-Botschaft
3	Karte einer anderen Bank	Karte einführen	meldet »Karte nicht akzeptiert« (4 s)
			gibt die Karte zurück
			zeigt die Willkommen-Botschaft
4	BA42-Karte mit PIN 1234; Banksystem offline	Karte einführen	meldet »Banksystem nicht erreichbar« (4 s)
			gibt die Karte zurück
			zeigt die Willkommen-Botschaft
5	gesperrte Karte	Karte einführen	meldet »Karte ungültig oder gesperrt« (4 s); »Karte wird eingezogen« (5 s)
			zieht die Karte ein
			zeigt die Willkommen-Botschaft
6	BA42-Karte	Karte einführen	meldet »PIN eingeben«
		Abbruch [OK]	meldet »Vorgang wird abgebrochen« (2 s)
			gibt die Karte zurück
			zeigt die Willkommen-Botschaft

Weg	Anfangszustand	Eingabe/ Aktion	Soll-Reaktion Der BA42 ...
7	BA42-Karte	Karte einführen	meldet »PIN eingeben«
		> 5s warten	meldet »Keine Reaktion, Abbruch« (2 s)
			gibt die Karte zurück
			zeigt die Willkommen-Botschaft
8	BA42-Karte	Karte einführen	meldet »PIN eingeben«
		Banksystem offline schalten	
		3456 [OK]	meldet »Banksystem nicht erreichbar« (4 s)
			gibt die Karte zurück
			zeigt die Willkommen-Botschaft
9	BA42-Karte mit PIN 1234	Karte einführen	meldet »PIN eingeben«
		1212 [OK]	meldet »Falsche PIN« (4 s), »PIN eingeben«
		1234 [OK]	akzeptiert den Kunden; zeigt das Hauptmenu
10	BA42-Karte mit PIN 1234	Karte einführen	meldet »PIN eingeben«
		1212 [OK]	meldet »Falsche PIN«(4 s), »PIN eingeben«
		1111 [OK]	meldet »Falsche PIN«(4 s), »PIN eingeben«
		1234 [OK]	akzeptiert den Kunden; zeigt das Hauptmenü
11	BA42-Karte mit PIN 1234	Karte einführen	meldet »PIN eingeben«
		1212 [OK]	meldet »Falsche PIN« (4 s), »PIN eingeben«
		1111 [OK]	meldet »Falsche PIN« (4 s), »PIN eingeben«
		1235 [OK]	meldet »PIN 3x falsch« (5 s); »Karte wird eingezogen« (5 s)
			zieht die Karte ein
			zeigt die Willkommen-Botschaft

Tab. 19–3 Testfälle für den Anwendungsfall »Authentifizieren«

19.6 Der Glass-Box-Test

Das Wort »Glass Box« lässt erkennen, dass der Programmcode bei dieser Art des Tests sichtbar ist; das Programm ist wie eine Maschine im gläsernen Gehäuse, deren Arbeit man von außen nicht direkt beeinflussen, aber beobachten kann. In jedem Glass-Box-Test geht es darum, beim Testen bestimmte, auf den Code bezogene Überdeckungen zu erreichen. Beispielsweise kann das Ziel sein, eine Anweisungsüberdeckung von 80 % zu erzielen. Dann wird getestet, bis 80 % der ausführbaren Befehle im Programm mindestens einmal ausgeführt worden sind.

Um festzustellen, ob dieses Ziel erreicht ist, braucht man unbedingt ein Werkzeug, das den Prüfling instrumentiert, d. h. mit zusätzlichen Anweisungen ausrüstet, die die notwendigen Zählungen realisieren. Die Zählerstände werden über beliebig viele Programmläufe akkumuliert und auf Wunsch in einer anschaulichen Form angezeigt; beispielsweise können alle Teile des Programms, die noch nie ausgeführt wurden, mit einer speziellen Farbe markiert sein. Dann kann man untersuchen, wie Testfälle beschaffen sein müssten, um diese »weißen Flecken auf der Landkarte« zu beseitigen.

Zwei sehr populäre, aber falsche Vorurteile über den Glass-Box-Test wollen wir von Anfang an bekämpfen:

- *Für einen Glass-Box-Test muss man den Code lesen und verstehen.*
  Falsch!
  Dann wäre der Glass-Box-Test selbst kleinerer Programme (einige tausend Zeilen) aus Aufwandsgründen nicht zu bewältigen. Man muss nur diejenigen Stellen analysieren, die bislang noch nicht zum gewählten Überdeckungsmaß beitragen. Meist reicht es aus, den *Zweck* des betreffenden Code-Abschnitts zu erkennen.
- *Beim Glass-Box-Test kommt es nur auf die Messung der Überdeckung an.*
  Falsch!
  Bei jedem Test ist der Soll-Ist-Vergleich das Wichtigste, auch beim Glass-Box-Test. Denn es nützt gar nichts, wenn das Programm zwar mit allen erdenklichen Überdeckungsmaßen zu 100 % getestet wurde, aber falsche Resultate liefert.

Da wir im Glass-Box-Test mit instrumentierten Programmen arbeiten, ist die Regel verletzt, dass wir das Programm für den Test nicht verändern dürfen (Abschnitt 19.3.3). Darum müssen die Eingaben des Glass-Box-Tests auch mit dem nicht instrumentierten Programm verarbeitet werden. Weichen die Ergebnisse der beiden Tests (mit instrumentiertem und unverändertem Code) voneinander ab, dann hat das unterschiedliche Zeitverhalten oder die unterschiedliche Speicherbelegung der beiden Varianten Einfluss auf das Resultat (was meist einen Fehler anzeigt). Wir können den Glass-Box-Test natürlich auch komplett durchführen und am Ende ohne Instrumentierung des Programms wiederholen, um zu prüfen, ob die Instrumentierung die Resultate verändert hatte.

19.6.1 Überdeckungskriterien für den Glass-Box-Test

Bei einem Glass-Box-Test kann Anweisungs-, Zweig- oder Termüberdeckung angestrebt werden. Liggesmeyer (2002) behandelt in seinem Buch ausführlich auch Glass-Box-Testverfahren, die einigen analytischen Aufwand und spezielle Werkzeuge erfordern. Solche Verfahren kommen, wenn überhaupt, nur in sicherheitskritischen Anwendungen zum Einsatz.

- Die *Anweisungsüberdeckung* (Abschnitt 19.6.2) ist erreicht, wenn alle Anweisungen des Programms ausgeführt wurden.
- Die *Zweigüberdeckung* (Abschnitt 19.6.3) ist erreicht, wenn bei allen Verzweigungen des Programms alle möglichen Wege (Zweige) durchlaufen wurden.
- Die *Termüberdeckung* (Abschnitt 19.6.4) ist erreicht, wenn jeder logische Term, der den Ablauf in einer Verzweigung steuert, mit beiden möglichen Werten (TRUE und FALSE) wirksam geworden ist.

Diese Überdeckungen können mit Werkzeugen gemessen werden: Die Anweisungen, Zweige und Terme sind leicht zu erkennen und zu zählen, und sie können jeweils auch im Quellprogramm durch Zählanweisungen »instrumentiert« werden. Darum gibt es für alle gängigen Programmiersprachen Werkzeuge für die Anweisungs- und Zweigüberdeckung. Für die Termüberdeckung wären sie ebenso möglich.

Die Termüberdeckung impliziert die Zweigüberdeckung und diese – wenn das Programm keine pathologischen Eigenschaften (»toten Code«) aufweist – die Anweisungsüberdeckung.

In der Literatur wird meist auch die *Pfadüberdeckung* behandelt. Sie spielt aber aus Gründen, die in Abschnitt 19.6.6 erläutert werden, keine Rolle.

Die unterschiedlichen Überdeckungsarten können mit Hilfe eines Ablaufgraphen anschaulich dargestellt werden. Ein Ablaufgraph entspricht einem Flussdiagramm, bei dem alle unverzweigten Programmsequenzen durch Abstraktion zu einer einzigen Anweisung reduziert werden. Nur die Verzweigungen (IF, CASE, WHILE etc.) und Zusammenführungen des Ablaufs bleiben erhalten.

Als Beispiel für die nachfolgenden Erläuterungen der Auswahlkriterien dient die einfache Prozedur `BerechneBonus`, die auf Basis der Parameter `saldo`, `sparRate` und des ursprünglichen Bonuswerts (Parameter `bonus`) den neuen Bonuswert berechnet. Der Code der Prozedur und ihr Ablaufgraph sind in Abbildung 19–9 dargestellt. Eine kompliziertere Berechnung des Bonus in vielen Schritten hätte auf den Ablaufgraphen keine Auswirkung.

Da wir hier nur den Code betrachten, fehlt eine Spezifikation für das Beispiel; darum wirkt die Angabe der Soll-Resultate künstlich. In einem echten Test müssen die Soll-Resultate natürlich aus der Spezifikation abgeleitet werden.

```
procedure BerechneBonus (saldo, sparRate: Integer;
                         bonus: in out Integer) is
begin
  if (saldo > 1000) and (sparRate > 100) then --B1
    bonus := bonus * 5;                       --Sa
  end if;
  if (saldo > 5000) or (bonus > 50) then      --B2
    bonus := bonus * 2;                       --Sc
  end if;
end BerechneBonus;
```

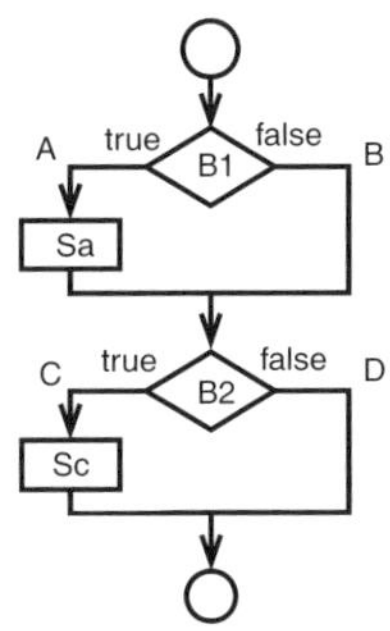

Abb. 19–9 *Prozedur BerechneBonus mit Ablaufgraph*

19.6.2 Die Anweisungsüberdeckung

Für die Anweisungsüberdeckung wird wie für alle Überdeckungsmaße nur der ausführbare Code betrachtet. Wenn der Prüfling keinen »toten« Code enthält, also Code, der nicht erreichbar ist, kann eine vollständige Anweisungsüberdeckung erzielt werden. In unserem Beispiel gelingt das durch einen einzigen Testfall.

Testfall	Eingaben			Anweisungen				Soll-Resultat bonus
	saldo	sparRate	bonus	B1	Sa	B2	Sc	
F1	4000	150	20	X	X	X	X	200

In der Praxis ist es schwierig, eine Anweisungsüberdeckung von mehr als 80 % bis 85 % zu erreichen. Einer höheren Überdeckung stehen zwei Schwierigkeiten entgegen:

- Programme enthalten defensiven Code, der nur ausgeführt wird, wenn in anderen Programmteilen Fehler auftreten. Formal gesehen handelt es sich dabei um toten Code; praktisch ist er sinnvoll, weil er dazu beiträgt, Wartungsfehler zu erkennen.
- In Programmen müssen auch sehr ungewöhnliche Fälle abgefangen und behandelt werden. Oft ist es sehr schwierig, solche Fälle im Test zu simulieren. Das gilt besonders für Abhängigkeiten von Datum und Uhrzeit; es ist außerordentlich riskant und darum nicht zu empfehlen, die Uhr des Systems für einen Test zu verstellen. Darum kann man Sonderbehandlungen für bestimmte Zeiten (z. B. für die Zeit vom 24. Dezember bis 1. Januar) kaum testen.

Entsprechende Einschränkungen gelten natürlich auch für alle anderen Überdeckungsmaße.

19.6.3 Die Zweig-, auch Entscheidungsüberdeckung

Bei der vollständigen Zweigüberdeckung wird jeder Zweig, d. h. jede Verbindung zwischen den Knoten des Ablaufgraphen, mindestens mit einem Testfall durchlaufen.

Die Zweigüberdeckung ist ein strengeres Kriterium als die Anweisungsüberdeckung, wenn der Prüfling leere Zweige enthält, also Zweige, die keine Anweisungen haben. Sie entstehen durch bedingte Anweisungen (IF-THEN ohne ELSE-Zweig) und durch Zweige einer CASE-Anweisung, die keine Aktionen enthalten.

Mit dem Testfall F1 erreichen wir in unserem Beispiel die leeren Zweige B und D nicht, erzielen also nur eine Zweigüberdeckung von 50 %. Durch einen zweiten Testfall können wir die volle Zweigüberdeckung erreichen.

Testfall	Eingaben			Zweige				Soll-Resultat bonus
	saldo	sparRate	bonus	A	B	C	D	
F1	4000	150	20	X		X		200
F2	100	20	2		X		X	2

19.6.4 Die Termüberdeckung

Durch eine vollständige Zweigüberdeckung stellen wir sicher, dass jeder Ausgang einer Verzweigung durchlaufen wurde. Wir wissen aber bei komplexen Bedingungen nicht, ob die einzelnen logischen Bedingungen wirksam geworden sind. Betrachten wir als Beispiel eine Verzweigung:

```
if (A AND (B OR (C AND D))) OR E then ...
```

Darin stehen A, B, C, D und E für einfache (atomare) logische Terme, also Variablen, Funktionen oder Ausdrücke des Typs Boolean. Die Zeile könnte also beispielsweise lauten:

```
if (Anfang AND (a=b OR (a>0 AND b>0))) OR Sonderfall then ...
```

Die vollständige Zweigüberdeckung ist bereits erreicht, wenn A (=Anfang) immer FALSE, E (=Sonderfall) einmal FALSE und einmal TRUE war. Wir haben also trotz Zweigüberdeckung keinen Hinweis darauf, ob alle *einzelnen* Terme sich so auswirken, wie es der Programmierer beabsichtigt hat. Um das zu prüfen, brauchen wir die Termüberdeckung.

Vollständige Termüberdeckung ist erreicht, wenn jeder Term mindestens einmal den gesamten Ausdruck FALSE und einmal TRUE gemacht hat.

Im Beispiel oben gilt das nur für den Term E. Ist A FALSE, so ist der Wert des gesamten Ausdrucks gleich dem Wert von E. E steuert in diesem Fall den Ablauf, E ist *wirksam*.

Wir definieren also: Ein Term ist dann wirksam, wenn die Änderung seines Wertes (von TRUE nach FALSE oder umgekehrt) dazu führt, dass sich auch der Wert des gesamten Ausdrucks ändert.

Das kann man für eine bestimmte Belegung der übrigen Terme einfach testen, indem man den Ausdruck zweimal auswertet (mit TRUE und FALSE für den betrachteten Term). Ändert sich dadurch der Wert des gesamten Ausdrucks, so ist dieser Term wirksam. Man kann die Wirksamkeit aber auch in einem Zuge für alle Terme des Ausdrucks feststellen, indem man den Baum, der den Ausdruck repräsentiert (Abb. 19–10), analysiert. Dabei gilt:

- Für eine bestimmte Belegung der atomaren Terme hat jeder Knoten den Wert TRUE oder FALSE und die Eigenschaft »wirksam« (w) oder »unwirksam« (u).
- Die Wurzel des Baumes (d. h. der logische Ausdruck insgesamt) ist wirksam.

- Ein Unterknoten eines UND-Knotens ist genau dann unwirksam, wenn der UND-Knoten unwirksam oder dessen anderer Unterknoten FALSE ist.
- Ein Unterknoten eines ODER-Knotens ist genau dann unwirksam, wenn der ODER-Knoten unwirksam oder dessen anderer Unterknoten TRUE ist.
- Eine Negation (NOT) kehrt nur den Wert um, hat aber im Übrigen für die nachfolgende Betrachtung keine Bedeutung.

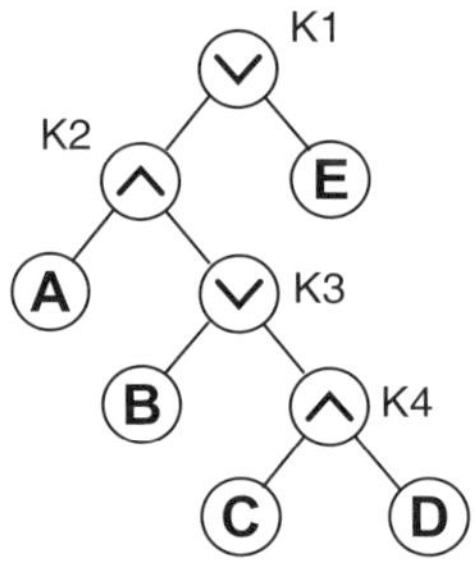

Abb. 19–10 *Baumdarstellung des logischen Ausdrucks (A AND (B OR (C AND D))) OR E*

Die Erklärung dazu ist einfach: Nur ein Wert, der sich »nach oben« auswirkt, ist im Sinne der Definition wirksam, nimmt also Einfluss auf den Ablauf des Programms.

In vielen Sprachen gibt es Operatoren mit Shortcut-Semantik (z. B. in ADA **and then / or else**, in JAVA && / ||). Dabei wird der rechte Knoten nicht ausgewertet, wenn der linke allein das Ergebnis bestimmt. In diesem Fall ist der linke unabhängig vom rechten so wirksam wie der übergeordnete Knoten. Nehmen wir an, dass im Beispiel K2 einen UND-Operator mit Shortcut-Semantik enthält und wirksam ist. Dann ist A mit dem Wert FALSE unabhängig von K3 wirksam.

Wir müssen den Baum für jeden Testfall also zweimal traversieren, einmal in Nachordnung, um die atomaren Terme mit Werten zu belegen und jedem UND- bzw. ODER-Knoten den Wert TRUE oder FALSE zuzuordnen, dann in Vorordnung, um jeden Knoten als wirksam oder unwirksam zu erkennen. So stellen wir für jeden atomaren Term fest, ob er wirksam ist und damit zur Termüberdeckung beiträgt.

Praktisch muss man also für jeden atomaren Term M zwei Wahrheitswerte M_F und M_T speichern; wird in einem Test festgestellt, dass M mit dem Wert FALSE (TRUE) wirksam ist, so wird M_F (M_T) auf TRUE gesetzt. Am Ende der Tests kann die Termüberdeckung als Anteil der auf TRUE gesetzten M_F und M_T abgelesen werden.

Wir können damit definieren: Ein Test erreicht die Termüberdeckung t, wenn bei den n atomaren Termen, die im Programm enthalten sind, $t \cdot 2n$ verschiedene wirksame Terme festgestellt wurden.

Beispiel zur Ermittlung der Termüberdeckung

Betrachten wir als Beispiel wieder den oben verwendeten Ausdruck:

```
if (A AND (B OR (C AND D))) OR E then ...
```

Vier Testfälle (beschrieben durch die jeweilige Belegung von A bis E) führen zu folgenden Belegungen und Überdeckungen (vgl. Abb. 19–10):

Testfall	Aspekt	A	B	C	D	E	K4	K3	K2	K1	wirksame Terme
1	Belegung	T	T	F	T	F	F	T	T	T	**A_T, B_T**
	Wirksamkeit	**T**	**T**	F	F	F	F	T	T	T	(alle neu)
2	Belegung	T	F	F	T	F	F	F	F	F	**B_F, C_F, E_F**
	Wirksamkeit	F	**T**	**T**	F	**T**	T	T	T	T	(alle neu)
3	Belegung	T	F	T	T	F	T	T	T	T	A_T, **C_T, D_T**
	Wirksamkeit	**T**	F	**T**	**T**	F	T	T	T	T	(neu bis auf A_T)
4	Belegung	F	F	T	F	T	F	F	F	T	**E_T**
	Wirksamkeit	F	F	F	F	**T**	F	F	F	T	(neu)

Jeder in einem Testfall wirksame atomare Term ergibt einen Beitrag 1 von 2 · 5, also 10 %. Testfall 1 erzielt 20 % Termüberdeckung, Testfall 2 30 %, Testfall 3 ebenfalls 30 %. A_T ist sowohl durch den Testfall 1 als auch durch den Testfall 3 abgedeckt. Wir erzielen also mit den Tests 1 bis 3 insgesamt 70 % Termüberdeckung.

Drei Fälle fehlen uns noch, nämlich A_F, D_F und E_T. Da es in den Tests 1 bis 3 gar keine entsprechende Belegung für A, D und E gab, setzen wir im Testfall 4 A und D auf FALSE, E auf TRUE. Das bringt uns aber nur einen Treffer, E_T, weil in dieser Belegung A und D unwirksam sind. Allgemein kann man leicht (durch Induktion) zeigen, dass für einen Ausdruck mit n atomaren Termen mindestens n+1 Fälle erforderlich sind, um vollständige Termüberdeckung zu erreichen.

Wir haben im Beispiel nur eine einzige Verzweigung betrachtet. In einem echten Programm mit mehreren Verzweigungen sinkt natürlich das Gewicht der einzelnen Verzweigungen. Will man mit der Termüberdeckung speziell die Verzweigungen mit komplexen Bedingungen, also mindestens zwei atomaren Termen, erfassen, zählt man nur diese (»Multitermüberdeckung«). Zählt man dagegen auch die einfachen Bedingungen mit (»if a < 0 then ...«), so bekommt man die Term-/Zweigüberdeckung; diese entspricht, wenn es keine Multiterme gibt, exakt der Zweigüberdeckung.

Diese Entsprechung zwischen Zweig- und Termüberdeckung gilt aber nicht, wenn das Programm Mehrfachverzweigungen (SWITCH- oder CASE-Anweisungen) enthält. Sie werden in der Zweigüberdeckung mitgezählt (bei n Ausgängen mit dem Gewicht n), in der Termüberdeckung aber nicht, denn sie enthalten keine logischen Ausdrücke.

Enthält der Proband keine logischen Ausdrücke mit mehr als einem Term, dann wird die Termüberdeckung zur Zweigüberdeckung.

MC/DC Coverage

In der Literatur wird eine der Termüberdeckung sehr ähnliche Überdeckung als *modifizierte Bedingungs-/Entscheidungsüberdeckung* (modified condition/decision coverage) bezeichnet (Chilenski, Miller, 1994). MC/DC, ein wichtiges Kriterium bei der Prüfung von Software für die Luftfahrt, unterscheidet sich von der Termüberdeckung in folgenden Punkten:

- MC/DC ist nur für die vollständige Überdeckung definiert, nicht für teilweise Überdeckungen.
- Wie bei der Termüberdeckung muss jeder atomare Term sowohl mit dem Wert TRUE als auch mit dem Wert FALSE wirksam geworden sein. Bei MC/DC ist zudem gefordert, dass bei diesen beiden Tests alle übrigen atomaren Terme unverändert geblieben sind. Bei der Termüberdeckung genügt es, wenn der betrachtete Term in beiden Fällen wirksam war.
- Die Shortcut-Semantik bei der Auswertung logischer Ausdrücke (also der Abbruch einer Auswertung, wenn das Resultat feststeht) erfordert zusätzliche Festlegungen oder Änderungen in Richtung Termüberdeckung.

Unsere Termüberdeckung ist in diesen Punkten also etwas großzügiger (und damit einfacher) als die modifizierte Bedingungs-/Entscheidungsüberdeckung.

19.6.5 Schwierigkeiten bei der Zweig- und Termüberdeckung

Ein grundsätzliches Problem entsteht durch die Ausnahmebehandlung (Exception Handling). Die Anweisungüberdeckung erfordert nur, dass alle Exception Handlers ausgeführt werden. Weniger klar ist die Interpretation der Zweigüberdeckung: Wird die Ausnahme im Programm explizit ausgelöst, dann erfordert die Zweigüberdeckung, dass jede Auslösung auch getestet wird. Erfolgt die Auslösung aber an irgendeiner Stelle (etwa im Fall eines arithmetischen Überlaufs), so läuft diese Forderung ins Leere.

Wenn es zwischen verschiedenen Termen eine inhaltliche Kopplung gibt (weil auf dieselben Variablen Bezug genommen wird), kann es unmöglich werden, die Termüberdeckung zu erreichen. Wir haben eine ähnliche Situation vor uns wie mit der Anweisungsüberdeckung bei totem Code: Das Programm kann und sollte vereinfacht werden.

19.6.6 Die Pfadüberdeckung

Alle Überdeckungen, die im Glass-Box-Test gemessen werden können, betreffen elementare Bestandteile der Programme: Anweisungen, Verzweigungen und Bedingungen in den Verzweigungen; Pfade passen dazu nicht. Als Pfad bezeichnet man die vollständige Sequenz der Schritte von Anfang bis Ende einer Programmausführung; jede Ausführung eines Programms folgt genau einem Pfad. Die *Pfadüberdeckung* ist der Anteil der ausgeführten Pfade an der Gesamtzahl der Pfade.

Enthält ein Programm n Verzweigungen, aber keine Schleifen, dann gibt es darin höchstens 2^n Pfade. Durch Schleifen, die Verzweigungen enthalten, explodiert die Zahl der Pfade. Gibt es im Programm eine WHILE-Schleife, so ist die Zahl der Pfade im Allgemeinen nicht definiert, weil die Zahl der Iterationen nicht festgelegt ist; aber auch eine FOR-Schleife, die genau einhundertmal durchlaufen wird und eine Verzweigung enthält, kann bis zu 2^{100} ($> 10^{30}$) Pfade enthalten.

Allerdings ist in der Regel nur ein kleiner Teil dieser Pfade tatsächlich erreichbar, denn die Bedingungen in den Verzweigungen und Schleifen sind meist voneinander abhängig. Hängt in der oben beschriebenen FOR-Schleife die Verzweigung im Rumpf von der Laufvariablen i ab (z. B. davon, ob i eine gerade Zahl ist), dann gibt es nicht 2^{100} Pfade, sondern nur einen einzigen. Da die Frage, ob ein bestimmter Pfad erreichbar ist oder nicht, zu den nicht entscheidbaren Problemen gehört, haben wir keine Möglichkeit festzustellen, auf welche Gesamtheit die Pfadüberdeckung bezogen werden muss. Sie ist also nur in Spezialfällen messbar.

Wenn wir Äquivalenzklassen bilden, fragen wir uns, welche Eingabedaten das genau gleiche Verhalten des Programms auslösen, d. h. denselben Pfad verwenden. Darum ist die Ausführung jedes möglichen Pfades gleichbedeutend mit dem Test eines Repräsentanten aus jeder Äquivalenzklasse. Da wir die Pfadüberdeckung nicht messen können, bringt uns dieser Begriff keinen Vorteil.

19.6.7 Die Behandlung von Schleifen und die einfache Pfadüberdeckung

Nachdem sich gezeigt hat, dass die Pfadüberdeckung für die Praxis untauglich ist, stellt sich die Frage, ob das Kriterium so verändert werden kann, dass es anwendbar und nützlich wird. Man kann sich auf ein viel bescheideneres Überdeckungskriterium zurückziehen, das auf einer pragmatischen Behandlung der Schleifen beruht. Beizer (1983) empfiehlt, Schleifen wie folgt zu testen:

1. Umgehung der Schleife (Rumpf wird nicht ausgeführt)
2. eine Iteration (Rumpf wird genau einmal ausgeführt)
3. zwei Iterationen (Rumpf wird genau zweimal ausgeführt)
4. eine typische Anzahl von Iterationen
5. maximale Anzahl der Iterationen

Natürlich liegt hier eine Heuristik zu Grunde, die nicht zwingend sinnvoll ist. In vielen Fällen sind auch gar nicht alle fünf Möglichkeiten gegeben, beispielsweise dann nicht, wenn es sich um eine Laufschleife mit fester Wiederholungszahl handelt.

Auf dieser Grundlage wurde die sogenannte *einfache Pfadüberdeckung* definiert. Sie beruht auf dem Ansatz, bei Schleifen nicht zwischen Pfaden zu unterscheiden, die sich nur durch die Zahl der Iterationen unterscheiden. Wir müssen also nur die Pfade im Inneren des Rumpfes analysieren und im Übrigen nur die beiden Fälle 1 und 4 (oder statt 4 den Fall 2, 3 oder 5) aus der Liste oben behandeln.

Leider ist das fundamentale Problem damit nicht gelöst, wir kennen nach wie vor die Gesamtheit der möglichen Pfade nicht. Das wird verständlich, wenn man das Beispiel in Abbildung 19–9 so verändert, dass die beiden bedingten Anweisungen von wesentlich komplizierteren Ausdrücken abhängen, die sich auf die gleichen Variablen des Programms stützen. Nehmen wir an, dass in tausend Testfällen der Pfad A-D nie durchlaufen wurde. Dann liegt die Vermutung nahe, dass dieser Pfad wegen der Datenabhängigkeiten nicht erreichbar ist. Beweisen können wir das im Allgemeinen nicht. Wir wissen darum nicht, ob wir ohne Durchlaufen von A-D 75 % oder 100 % einfache Pfadüberdeckung erreicht haben.

19.6.8 Überdeckungskriterien für Programmkomponenten

Betrachtet man nicht einzelne Befehle, sondern Befehlsgruppen, z. B. Prozeduren, so kann man die Überdeckungskriterien des Glass-Box-Tests auf solche Gruppen übertragen. Damit entstehen die folgenden Makro-Überdeckungskritierien:

- *Programmeinheiten-Überdeckung*
  Jede Programmeinheit wird mindestens einmal aufgerufen.
- *Aufrufüberdeckung*
  Jeder aufrufbare Teil der Einheiten eines Programms wird wenigstens einmal aufgerufen (z. B. jede Methode einer Klasse).
- *Programmpfad-Überdeckung*
  Jede mögliche Ausführungssequenz der Programmeinheiten wird mindestens einmal durchlaufen.

Die Einwände gegen die Pfadüberdeckung gelten natürlich auch für die Programmpfad-Überdeckung.

19.7 Testen mit Zufallsdaten

Es ist verlockend, die mühsame Auswahl von Testfällen durch die Verwendung von Zufallswerten überflüssig zu machen, also die Eingaben nicht aufwändig auszuwählen, sondern von einem Programm erzeugen zu lassen. Selbst wenn Testfälle, die auf diese Weise generiert wurden, weniger erfolgreich sind als systematisch gewählte, kann man diesen Nachteil durch eine wesentlich höhere Zahl von Testfällen ausgleichen, denn die Kosten pro Testfall sind wesentlich geringer.

In der Praxis gibt es gegen diesen Ansatz, der sich von den oben vorgestellten radikal unterscheidet, drei Einwände:

- Es ist sinnlos, mit völlig beliebigen Mausklicks und Tastendrücken einen Benutzer simulieren zu wollen; die Testeingaben müssen eine gewisse Ähnlichkeit mit denen eines echten Benutzers haben. Entsprechendes gilt auch für Systeme, die in einen technischen Prozess eingebettet werden. Darum ist es notwendig, ein Benutzungsprofil zu entwickeln, also eine statistische Beschreibung der Einwirkungen von außen auf die Software. Die Zufallseingaben werden dann so generiert, dass ihre statistischen Eigenschaften der Vorgabe entsprechen. Die Entwicklung eines solchen Profils und eines Testdatengenerators ist aber in der Regel sehr aufwändig.
- Zu einem Testfall gehört ein Soll-Resultat. Bei einem Test, dessen Eingaben automatisch erzeugt werden, sollte auch die Auswertung des Tests automatisch erfolgen. Darum wird ein *Orakel* benötigt, also ein Programm, das entscheiden kann, ob das Resultat richtig ist. Natürlich ist es im Allgemeinen keineswegs klar, wie ein solches Orakel diese Entscheidung treffen kann.
- Punktfehler und Bereichsfehler mit kleinem Bereich werden sehr wahrscheinlich nicht gefunden. Sie können aber mit hohen Risiken verknüpft sein.

Vermutlich ist es vor allem der erste Punkt, der verhindert, dass der Test mit Zufallsdaten große Bedeutung erlangt. Die Literaturlage ist dünn; immer wieder wird eine Publikation von Duran und Ntafos (1984) zitiert, die allerdings Beispiele verwenden, in denen das Orakel trivial ist (Sortierung oder Suche). Einige Artikel zu diesem Thema findet man über die Webseite von Robinson (o.J.), darunter ist auch ein Artikel von Nyman (o.J.), der über eine praktische Anwendung bei Microsoft berichtet; er spricht beim Test mit Zufallswerten von »Monkey Testing«.

Im Cleanroom-Prozess (Abschnitt 10.5) ist diese Form des Tests als Standardverfahren vorgesehen. Allerdings steht dabei nicht die Fehlersuche im Vordergrund; der Test liefert primär eine Aussage zur Zuverlässigkeit des Programms (siehe Abschnitt 10.5.2, Teil *Der statistische Test*).

19.8 Beispiele zum Test

In diesem Abschnitt zeigen wir zunächst an einem winzigen, durchaus akademischen Beispiel, wie die Teststrategien angewandt werden, um Fehler zu erkennen. Anschließend wird an einem echten – wenn auch immer noch kleinen – Beispiel gezeigt, wie ein Test praktisch aussieht.

19.8.1 Demonstration der Teststrategien an einem konstruierten Beispiel

Das folgende winzige Programm zeigt, wie die verschiedenen Teststrategien und Überdeckungsmaße dabei helfen können, Fehler aufzudecken. Natürlich liegt hier ein typisches Demonstrationsprogramm vor, die Funktionalität der Prüflinge und die Fehler darin sind viel zu simpel, aber sie zeigen gerade dadurch, welche Möglichkeiten bei komplexeren Prüflingen bestehen. Als Programmiersprache wurde hier ADA gewählt, aber das ist natürlich ohne Belang.

Prüflinge sind die folgenden neun Funktionen, die jeweils nur die Summe zweier Zahlen liefern sollen. Bis auf die erste enthalten alle Funktionen Fehler.

```
package Probanden is
  function Summe1 (A, B : Integer) return Integer;
  function Summe2 (A, B : Integer) return Integer;
  function Summe3 (A, B : Integer) return Integer;
  function Summe4 (A, B : Integer) return Integer;
  function Summe5 (A, B : Integer) return Integer;
  function Summe6 (A, B : Integer) return Integer;
  function Summe7 (A, B : Integer) return Integer;
  function Summe8 (A, B : Integer) return Integer;
  function Summe9 (A, B : Integer) return Integer;
end Probanden;
```

Um diese Funktionen zu testen, benötigen wir einen Testrahmen. Dies leistet eine einfache Programmeinheit. Sie stellt die Prozedur `TestSumme` zur Verfügung, die jeden Testfall für alle zu prüfenden Funktionen ausführt und das Ergebnis protokolliert. Die Resultate der Funktionen werden mit der korrekten Summe verglichen, bei einem erfolgreichen Test – also bei einem Fehler – wird ein X ausgegeben, sonst ein Minus-Zeichen.

```
package TestRahmen is
procedure TestSumme (A, B : Integer; TFBezeichner : String);
-- fuehrt alle Funktionen aus und protokolliert den Testfall
end TestRahmen;
----------------------------------------
with Probanden; use Probanden;
with Ada.Text_IO; use Ada.Text_IO;

package body TestRahmen is
  package IIO is new Integer_IO(Integer);

  procedure TesteFunktion (a, b, nr : Integer) is
  -- fuehrt die Funktion Summe<nr> aus, vergleicht Ist mit Soll und
  -- notiert das Ergebnis
    res : Integer;
  begin
    begin
      case nr is
        when 1 => res := Summe1(a, b);
        when 2 => res := Summe2(a, b);
        when 3 => res := Summe3(a, b);
        when 4 => res := Summe4(a, b);
        when 5 => res := Summe5(a, b);
        when 6 => res := Summe6(a, b);
        when 7 => res := Summe7(a, b);
        when 8 => res := Summe8(a, b);
        when 9 => res := Summe9(a, b);
        when others => null;
      end case;
      if (res = a+b) then Put('-'); else Put('X'); end if;
    exception
      when others => Put('E');
      -- unvorhergesehene Ausnahmen werden angezeigt
    end;
  end TesteFunktion;

  procedure TestSumme (a, b : Integer; TFBezeichner : String) is
  begin
    Put (TFBezeichner & " ");
    for i in 1 .. 9 loop
      TesteFunktion (a, b, i); -- Ausfuehren der Funktion Summe<i>
    end loop;
    Put ("     "); IIO.Put (a);Put ("     "); IIO.Put (b); New_Line;
  end TestSumme;
end TestRahmen;
```

Als Testtreiber dient das Programm TesteFunktionen. Wir können mit Hilfe der Prozedur TestSumme direkt die Testfälle formulieren. Zunächst definieren wir typische spontane Black-Box-Testfälle mit dem ebenfalls typischen Resultat, dass alles in Ordnung zu sein scheint; die neun Striche signalisieren »kein Befund«.

```
with TestRahmen; use TestRahmen;
with Ada.Text_IO; use Ada.Text_IO;

procedure TesteFunktionen is
  MaxInt : Integer := Integer'Last;
  MinInt : Integer := Integer'First;
begin
  Put_Line ("Intuitiver Black-Box-Test");
  Put_Line ("=========================");
  TestSumme (5,          12,      "T01");
  TestSumme (-500,       -500,    "T02");
  TestSumme (999,        1,       "T03");
  TestSumme (-1000,      +1000,   "T04");
end TesteFunktionen;
```

Unser Testtreiber liefert die folgende Ausgabe:

```
Intuitiver Black-Box-Test
=========================
T01 ---------            5          12
T02 ---------         -500        -500
T03 ---------          999           1
T04 ---------        -1000        1000
```

Dann werden, immer noch als Black-Box-Test, einige Grenz- und Sonderfälle geprüft.

```
Put_Line ("Test von Grenzwerten und Sonderfaellen");
Put_Line ("======================================");
TestSumme (0,         0,       "T05");
TestSumme (0,         MaxInt,  "T06");
TestSumme (MaxInt,    0,       "T07");
TestSumme (0,         MinInt,  "T08");
TestSumme (MinInt,    0,       "T09");
TestSumme (MinInt,    MaxInt,  "T10");
TestSumme (MaxInt,    MinInt,  "T11");
```

Diese Testfälle sind, wie die folgende Ausgabe zeigt, bei der Funktion Summe2 in zwei Fällen erfolgreich.

```
Test von Grenzwerten und Sonderfaellen
======================================
T05 ---------            0           0
T06 ---------            0  2147483647
T07 -X-------   2147483647           0
T08 ---------            0 -2147483648
T09 ---------  -2147483648           0
T10 ---------  -2147483648  2147483648
T11 -X-------   2147483648 -2147483648
```

Allgemein ist zur Auswahl der Testfälle zu sagen, dass Testdaten vermieden wurden, die durch einen unwahrscheinlichen Zufall einen Fehler anzeigen oder nicht anzeigen. Ein Beispiel wäre ein Programm, das zu einem Datum das Datum des folgenden Tages liefern soll. Es könnte sein, dass das Programm für genau ein Datum nicht korrekt arbeitet und genau dieses Datum im Test zufällig verwendet wird. Umgekehrt könnte das Programm stets das gleiche Datum ausgeben und im Test trotzdem *nicht* auffallen, weil zufällig der einzige Tag eingegeben wird, für den das Ergebnis stimmt. Statistisch sind diese beiden Sonderfälle ohne Bedeutung.

Für den Glass-Box-Test brauchen wir den Programmcode der Prüflinge. Eine Messung der Anweisungsüberdeckung zeigt, dass insgesamt drei Anweisungen der Prüflinge bislang noch nicht ausgeführt wurden. Diese Anweisungen liegen in den Funktionen Summe3 und Summe8. Diese sowie die Funktionen Summe1 und Summe2 sind nachfolgend wiedergegeben. Die Markierungen S1, S2 und S3 zeigen die nicht ausgeführten Anweisungen.

```
function Summe1 (a, b : Integer) return Integer is
begin
  return (a + b);
end Summe1;
-----------------------------------------------
function Summe2 (a, b : Integer) return Integer is
begin
  if a = MaxInt then return (b / 2);
  else return (a + b);
  end if;
end Summe2;
-----------------------------------------------
function Summe3 (a, b : Integer) return Integer is
begin
  if a = (MaxInt / 2) then return (b / 2);                  --S1
  else return (a + b);
  end if;
end Summe3;
-----------------------------------------------
function Summe8 (a, b : Integer) return Integer is
  s : Integer;
begin
  if (a = MaxInt - 8) then s := 1; else s := 0; end if; --S2
  if (b = MinInt + 8) then s := s+1; end if;            --S3
  return (a + b + s / 2);
end Summe8;
```

Um die vollständige Anweisungsüberdeckung zu erreichen, erweitern wir den Testtreiber um die folgenden drei Testfälle.

```
Put_Line ("Anweisungsueberdeckung");
Put_Line ("======================");
TestSumme (MaxInt/2,     1000,     "T12"); -- S1 in Summe3
TestSumme (MaxInt-8,     -888,     "T13"); -- S2 in Summe8
TestSumme (8888,         MinInt+8, "T14"); -- S3 in Summe8
```

Damit erzielen wir 100 % Anweisungsüberdeckung. Der neue Testtreiber liefert zusätzlich die folgende Ausgabe:

```
Anweisungsueberdeckung
======================
T12 --X------          1073741823          1000
T13 ---------          2147483639          -888
T14 ---------                8888   -2147483640
```

Wir haben einen Fehler in Summe3 entdeckt.

Eine Messung der Zweigüberdeckung ergibt, dass zwei Zweige bislang noch nicht überdeckt wurden, nämlich die leeren ELSE-Zweige in den Funktionen Summe4 und Summe5.

```
function Summe4 (a, b : Integer) return Integer is
  s : Integer;
begin
  s := b;
  if a /= 4444 then s := a; end if;
 return (s + b);
end Summe4;
-----------------------------------------------
function Summe5 (a, b : Integer) return Integer is
  s : Integer := 0;
begin
  if (a /= 555) and (b /= -555) then s := a + b; end if;
  return s;
end Summe5;
```

Durch zwei weitere Testfälle wird die Zweigüberdeckung erreicht und ein Fehler im leeren Zweig der Funktion Summe4 angezeigt.

```
Put_Line ("Zweigueberdeckung");
Put_Line ("=================");
TestSumme (4444,    3333,    "T15");  --ELSE-Zweig in Summe4
TestSumme (555,     -555,    "T16");  --ELSE-Zweig in Summe5
```

```
Zweigueberdeckung
=================
T15 ---X-----               4444          3333
T16 ---------                555          -555
```

Die Termüberdeckung erfordert, dass die elementaren Terme einzeln den Wert einer Bedingung bestimmen. Dieses gilt für die Terme in den Bedingungen, die in Summe5 und Summe6 angegeben sind. Betrachten wir zuerst die Bedingung in Summe5.

```
function Summe5 (a, b : Integer) return Integer is
  s : Integer := 0;
begin
  if (a /= 555) and (b /= -555) then s := a + b; end if;
  return s;
end Summe5;
```

Einige Testfälle, z. B. Testfall 15, hatten bereits die Kombination der beiden Terme mit den Werten TRUE und TRUE enthalten, wir müssen also noch FALSE-

TRUE und TRUE-FALSE testen, um die Termüberdeckung für Summe5 zu erreichen; der Testfall 16 (FALSE-FALSE) bringt für die Termüberdeckung nichts.

```
Put_Line ("Termueberdeckung");
Put_Line ("================");
TestSumme (555,   5555, "T17");  -- Kombination FALSE-TRUE
TestSumme (5555,  -555, "T18");  -- Kombination TRUE-FALSE
```

Die gleiche Analyse muss für Summe6 durchgeführt werden.

```
function Summe6 (a, b : Integer) return Integer is
  s : Integer := a + b;
begin
  s := a + b;
  if (a = -b) or (b = 6666) then s := 0; end if;
  return s;
end Summe6;
```

Da hier die beiden Terme durch *or* verknüpft sind, brauchen wir den Fall FALSE-TRUE; TRUE-FALSE ist bereits durch T16, FALSE-FALSE z. B. durch T15 erledigt.

```
TestSumme (66,    6666, "T19");  -- Kombination FALSE-TRUE
```

Die neuen Testfälle führen zu folgender Ausgabe:

```
Termueberdeckung
================
T17 ----X----                555          5555
T18 ----X----               5555          -555
T19 -----X---                 66          6666
```

Summe5 erweist sich als fehlerhaft, wenn genau einer der beiden Terme FALSE ist (T17 und T18), Summe6, wenn nur der zweite TRUE ist.

Nun wollen wir noch untersuchen, inwieweit wir die Pfade durch die Prüflinge mit Testfällen überdecken können. Dies betrifft lediglich die Funktionen Summe7 und Summe8. Für Summe7 ist die Pfadüberdeckung praktisch nicht erreichbar, es wären allein dafür 2147483553 Testfälle nötig.

```
function Summe7 (a, b : Integer) return Integer is
  s, a1 : Integer;
begin
  if (b < 0) and (a >= 77) then
    s := b + 77; a1 := a;
    loop
      s := s + 1; a1 := a1 - 1;
      exit when a1 <= 77;
    end loop;
    return s;
  else
    return (a + b);
  end if;
end Summe7;
```

Wir können jedoch Testfälle konstruieren, die dazu führen, dass die Schleife (eine REPEAT-Schleife) nur genau einmal durchlaufen wird, d. h., die Abbruchbedingung ist von Beginn an erfüllt (dies empfiehlt sich generell für diese Schleifenart). Dazu erweitern wir den Testtreiber um zwei weitere Testfälle.

```
Put_Line ("Schleifentest Summe7");
Put_Line ("====================");
TestSumme (77, -7777, "T20");
TestSumme (78, -7777, "T21");
```

```
Schleifentest Summe7
====================
T20 ------X--              77          -7777
T21 ---------              78          -7777
```

Testfall 20, mit dem wir uns der einfachen Pfadüberdeckung nähern, deckt den Fehler in Summe7 auf.

Für die Funktion Summe8 ist die Pfadüberdeckung erreichbar, da es nur vier Pfade durch diese Funktion gibt.

```
function Summe8 (a, b : Integer) return Integer is
  s : Integer;
begin
  if (a = MaxInt - 8) then s := 1; else s := 0; end if;
  if (b = MinInt + 8) then s := s+1; end if;
  return (a + b + s / 2);
end Summe8;
```

Drei Pfade sind bereits durch die bisherigen Testfälle abgedeckt (z. B. durch T01, T13 und T14). Übrig bleibt der Pfad, der durchlaufen wird, wenn beide Bedingungen wahr sind. Dieses bewirkt der folgende Testfall:

```
Put_Line ("Pfadueberdeckung Summe8");
Put_Line ("======================");
TestSumme (MaxInt-8, MinInt+8, "T22");
```

Der Fehler in dieser Funktion wird damit ebenfalls aufgedeckt.

```
Pfadueberdeckung Summe8
======================
T22 -------X-        2147483639    -2147483640
```

Keines der Überdeckungskriterien, die wir mit diesen Testfällen erfüllt haben, garantiert jedoch, dass alle Fehler entdeckt werden. Das zeigt die Funktion Summe9, bei der der Wert des ersten Parameters unter Umständen ein falsches Resultat hervorruft.

```
function Summe9 (a, b : Integer) return Integer is
  s : Integer;
begin
  s := MaxInt / 2 + 9;
  if a < s then return (a + b);
  else return (a mod (s+1) + b + s + 1);
  end if;
end Summe9;
```

Der ELSE-Zweig wird nur dann durchlaufen, wenn a größer oder gleich s ist. Ist a größer, so wird die Modulo-Operation durch die folgende Addition von (s+1) kompensiert. Nur wenn a gleich s ist, wird ein Resultat erzeugt, dass um s+1 zu hoch ist. Ob es dabei zu einer Exception kommt, hängt von b und vom Laufzeitsystem ab. Diesen Fehler zeigt der folgende Testfall:

```
Put_Line ("Fehlerfall Summe9");
Put_Line ("=================");
TestSumme (MaxInt/2 + 9, 9999, "T23");
```

```
Fehlerfall Summe9
=================
T23 --------X              1073741832              9999
```

Warum wurde dieser Fehler aber nicht schon durch die anderen Testfälle aufgedeckt? Der Grund dafür liegt bei diesem Fehler im Zusammenspiel von Arithmetik und Programmablauf. Dieses Zusammenspiel ist aber keine exotische Besonderheit dieses Programms, sondern das wesentliche Merkmal der Von-Neumann-Rechner, mit denen wir seit Beginn der Informatik arbeiten.

Zusammenfassung

Unser Beispiel zeigt, dass sich Fehler unter gewissen Umständen durch Tests aufdecken lassen. Dass die Fehler hier absichtlich und plakativ eingebaut waren, ist für die Praxis kein Trost, denn dort entstehen erfahrungsgemäß unabsichtlich weitaus subtilere Fehler, die entsprechend schwer zu finden sind. In diesem Sinne sind die Beispiele hier durchaus verharmlosend. Um sie auf die Praxis zu übertragen, muss man sich also vorstellen, dass es um kompliziertere Funktionen und um größere Prüflinge geht.

In anderem Sinne erscheint die Lage eher dramatisiert: In der Praxis kommen sehr viele ganz banale Fehler vor. Diese zeigen sich schon, wenn der betroffene Code überhaupt einmal ausgeführt wird. Darum ist die vollständige Anweisungsüberdeckung sehr viel erfolgreicher, als es die Beispiele hier erscheinen lassen.

19.8.2 Ein Beispiel zur Testfallauswahl

Nachfolgend wird der Test für ein reales, im weitesten Sinne brauchbares Programm entwickelt. Das Vorgehen ist praxisnah, d. h., wir streben nicht nach einem perfekten Test, sondern suchen pragmatisch eine sinnvolle und vom Aufwand her angemessene Lösung. Der Testvorbereitung liegt eine wie üblich knappe, keineswegs völlig klare oder vollständige Spezifikation zu Grunde.

Das Beispiel zeigt, dass wir mit den anschaulichen Verfahren der Eingabe-, Ausgabe- und Funktionsüberdeckung im Wesentlichen die Äquivalenzklassen identifizieren, die hier angemessen sind. Die Bildung der Äquivalenzklassen ist also kein separates Konzept, sondern die Abstraktion des Kriteriums, mit möglichst wenigen Testfällen Repräsentanten aller wichtigen Fälle zu erkennen. Die Menge der Testfälle hier ist größer als unbedingt nötig, es ist aber fraglich, ob es sich lohnt, sie mit großem Aufwand weiter einzuschränken. Denn ein entbehrlicher Testfall schadet nicht, der Aufwand für den Test wird dadurch kaum höher.

19.8.3 Spezifikation

Zu realisieren ist ein Programm VBS zur Verwaltung eines binären Suchbaums, in dem Namen gespeichert sind. Zur Verwaltung gehören die Operationen einfügen, löschen und ausgleichen. Der Baum soll zu Beginn leer sein; nach Programmende ist er verloren, wird also nicht persistent gespeichert.

Ein Name ist spezifiziert als eine Folge von 1 bis 10 Buchstaben und Ziffern ohne Sonderzeichen. Der Baum soll maximal 20 Namen aufnehmen.

Weiterhin wird gefordert, dass VBS eine primitive zeilenorientierte Bedienschnittstelle und eine einfache Ausgabe des Baums auf dem Bildschirm haben muss. Die Bedienschnittstelle soll folgenden Anforderungen genügen:

Als Eingabeaufforderung (Prompt) ist das Zeichen »>« am Zeilenanfang auszugeben, die Eingabe erfolgt in derselben Zeile und wird mit RETURN abgeschlossen. Leerzeichen sind an keiner Stelle erlaubt, sie führen zu einer Fehlermeldung. VBS meldet sich mit einer Anfangsmeldung und verabschiedet sich mit einer Endemeldung.

Wird nach dem Prompt ein gültiger Name eingegeben, so wird er eingefügt oder, falls er bereits vorhanden war, gelöscht. Durch Eingabe eines Gleichheitszeichens wird der Baum ausgeglichen, mit einem Fragezeichen wird er angezeigt.

Mit einem Punkt wird der Programmlauf beendet; wenn der Baum nicht leer ist, wird er angezeigt. Falls fehlerhafte Eingaben gemacht wurden (Eingaben, die eine Fehlermeldung hervorrufen), wird mit der Endemeldung ihre Anzahl angezeigt.

Die genannten Eingaben werden quittiert, explizit oder durch Ausgabe des nächsten Prompts. Jede ungültige Eingabe soll eine spezifische Fehlermeldung hervorrufen und den Baum unverändert lassen.

19.8.4 Black-Box-Test

Eingabeüberdeckung

Das Programm VBS akzeptiert die Eingabe von Namen und der Kommandos »=«, ».«, »?«. Außerdem ist die Eingabe falscher Zeichen und falscher Namen möglich. Wir können demnach die in der folgenden Tabelle beschriebenen Äquivalenzklassen (ÄK) für die Eingaben definieren.

Eingabe	Definition der Klasse gültiger Daten	ÄK-Nr.
korrekter Name	1 ≤ Lng ≤ 10 und Zch ∈ {a..Z, 0..9}	K1
Kommando, Zeichen ∈ {= . ?}	? = .	K2 K3 K4
falsches Kommando	Eingabe, beginnend mit Zch ∉ {a..Z, 0..9, =, ?, .}	K5
Name mit falschen Zeichen	Eingabe, beginnend mit Zch ∈ {a..Z, 0..9} und mindestens einem Zch ∉ {a..Z 0..9}	K6
zu langer Name	Eingabe, beginnend mit Zch ∈ {a..Z, 0..9} und Lng > 10	K7

Man beachte, dass sich die Klassen K6 und K7 überlappen, also streng genommen keine Klassen sind. Es handelt sich hier um den häufigen Fall, dass es der Implementierung überlassen wird, welcher von zwei Fehlern gemeldet wird.

Nun können wir Testfälle spezifizieren, die die Eingabeäquivalenzklassen abdecken. Wir verwenden dabei die folgenden Konventionen und Abkürzungen:

- Ein Strich in der Spalte »Anfangszustand« (A-Zustand) besagt, dass VBS gestartet ist und noch läuft, im Übrigen in einem beliebigen Zustand ist.
- Ausgaben sind durch einen Pfeil gekennzeichnet (»→ «). »→ Baum« bedeutet, dass der Baum in seinem aktuellen Zustand ausgegeben wird. »→ *FZ* falsche Eingaben« erscheint mit dem Zahlenwert von FZ an Stelle von *FZ*.
- Der Fehlerzähler FZ und der Namenszähler NZ sind nach dem Start des Programms mit null initialisiert. »FZ +« und »NZ +« stehen für die Inkrementierung der Zähler.
- »n« steht für einen syntaktisch korrekten Namen, »Lng« für seine Länge; »n+« / »n-« bedeutet, dass der Name n in der aktuellen Menge der Namen enthalten / nicht enthalten ist.
- Die Menge der Namen (der Baum) bleibt, soweit nicht Namen hinzugefügt oder gelöscht werden, von Schritt zu Schritt erhalten, bis VBS beendet wird.

Test-fall	ÄK-Nr.	A-Zustand	Eingabe	Soll-Resultat (in Klammern Zustandsänderungen)
E1	K1	NZ < 20, n-	n	(n+, NZ +)
E2	K7	–	n, Lng = 10, + 1 Zeichen	→ »Name zu lang« (FZ +)
E3	K6	–	n, Lng ≤ 9, + 1 Zeichen (nicht Buchst. od. Ziffer)	→ »falsche Zeichen in Namen« (FZ +)
E4	K2	–	?	→ Baum
E5	K3	–	=	(aktueller Baum, ausgeglichen)
E6	K5	–	*	→ »falsches Kommando« (FZ +)
E7	K4	–	.	falls NZ > 0: → Baum → Ende VBS falls FZ > 0: → »*FZ* falsche Eingaben«

Ausgabeüberdeckung

Die Ausgaben von VBS sind Anfangsmeldung, Prompt, der aktuelle Baum, Fehlermeldungen »Name zu lang«, »falsche Zeichen in Namen«, »zu viele Namen«, »falsches Kommando« sowie die Endemeldung mit Fehlerzahl und mit aktuellem Baum. Die Anfangsmeldung erfordert keinen eigentlichen Testfall, nur den Programmstart. Wir benötigen für die Ausgabeüberdeckung folgende Testfälle, die bis auf A6 bereits in den Testfällen E1 bis E7 enthalten sind:

Testfall	A-Zustand	Eingabe/Verweis	Soll-Resultat (in Klammern Zustandsänderungen)
A1, A2	VBS läuft nicht	(Programmstart)	→ »Start VBS«, → »>« (FZ = 0, NZ = 0)
A3	–	wie E4	→ Baum
A4	–	wie E2	→ »Name zu lang« (FZ +)
A5	–	wie E3	→ »falsche Zeichen in Namen« (FZ +)
A6	NZ = 20, n-	n	→ »zu viele Namen« (FZ +)
A7	–	wie E6	→ »falsches Kommando« (FZ +)
A8	FZ > 0, NZ > 0	wie E7	→ Baum,→ »Ende VBS«, → »*FZ* falsche Eingaben«

Funktionsüberdeckung

Die Funktionen sind neben Start und Ende das Einfügen, Löschen, Ausgleichen und Ausgeben des Baums, außerdem die Erzeugung von Fehlermeldungen. Die Funktionstestmatrix zeigt, dass diese Funktionen bis auf das Löschen bereits durch die bisher definierten Testfälle abgedeckt sind. (Die Funktion Start ist weggelassen, da sie durch jeden Testfall ausgeführt wird. Die verschiedenen Fehlermeldungen werden durch die Ausgabeüberdeckung kontrolliert.)

Funktion	Testfälle							
	E1	E2	E3	E4	E5	E6	E7	A6
Einfügen	X							
Löschen								
Ausgleichen					X			
Ausgeben				X				
Fehlermeldung zeigen		X	X			X		X
Ende							X	

Wir fügen daher als weiteren Testfall hinzu:

Testfall	A-Zustand	Eingabe/Verweis	Soll-Resultat
F1	n+	n	(n-, NZ dekrementiert)

Grenzwerte

Um Fehler an den Bereichsrändern zu erkennen, betrachten wir auch die Grenzfälle. Für die Äquivalenzklasse K1 identifizieren wir als Grenzwerte für Lng (Anzahl der Zeichen) 0 und 1 sowie 10 und 11. Zusätzlich betrachten wir die Anforderung, dass die Anzahl der Namen zwischen 0 und 20 liegen kann. Die Grenzwerte sind am unteren Rand -1 und 0, am oberen Rand 20 und 21. Den ungültigen Wert am jeweiligen unteren Rand der betrachteten Äquivalenzklassen (0 bzw. -1) können wir im Test allerdings nicht erreichen, da wir keine Möglichkeit haben, einen leeren Namen einzugeben oder aus dem leeren Baum etwas zu löschen. Diese Überlegungen führen zu den folgenden Testfällen:

Testfall	geprüfter Grenzfall	A-Zustand	Eingabe	Soll-Resultat
G1	Name der Länge 1	NZ < 20, n-	n, Lng = 1	(n+, NZ +)
G2	Name der Länge 10	NZ < 20, n-	n, Lng = 10	(n+, NZ +)
G3	Name der Länge 11	–	n, Lng = 11	→ »Name zu lang« (FZ +)
G4	Eingabe in leeren Baum	NZ = 0	n	(n+, NZ = 1)
G5	Eingabe des 20. Namens	NZ = 19, n-	n	(n+, NZ = 20)
G6	Eingabe des 21. Namens	NZ = 20, n-	n	→ »zu viele Namen« (FZ +)
G7	Löschen d. einzigen Namens	NZ = 1, n+	n	(NZ = 0)
G8	Löschen im vollen Baum	NZ = 20, n+	n	(n-, NZ = 19)
G9	Ausgeben des leeren Baums	NZ = 0	?	→ Baum (leer)
G10	Ausgeben des vollen Baums	NZ = 20	?	→ Baum (mit 20 Namen)
G11	Ausgleichen d. leeren Baums	NZ = 0	=	(leerer Baum)
G12	Ausgleichen d. vollen Baums	NZ = 20	=	(Baum, ausgeglichen)

Testsequenz

Die Testfälle lassen sich zu einer einzigen Testsequenz zusammenfügen. Dabei kann man auch dafür sorgen, dass Zustandsänderungen, die keine Ausgabe hervorrufen, durch nachfolgende Kommandos angezeigt werden. Der Zustand des Baums kann mit »?« jederzeit ausgegeben werden; für die beiden Zähler FZ und NZ gibt es keine entsprechende Anweisung. Uns genügt es, dass wir die Zähler an mehreren Stellen kontrollieren können; andernfalls müssten wir, da FZ nur am Programmende sichtbar ist, das Programm immer wieder beenden und neu starten. In der folgenden Tabelle steht das Komma für die Eingabe RETURN. Bei den Soll-Resultaten ist der Prompt »>« nicht erwähnt; er folgt, außer nach Programmende, auf jedes RETURN (ggf. nach irgendwelchen Ausgaben). Ein Semikolon in der rechten Spalte trennt die durch die einzelnen Eingaben abgedeckten Testfälle.

Test-schritt	Eingabe	Soll-Resultat (Ausgabe)	abgedeckte Testfälle
1	(Programmstart)	→ »Start VBS«	A1, A2
2	007Bond, ?	→ Baum (mit einem Knoten »007Bond«)	G4, E1; A3
3	007Bond, ?	→ Baum (leer)	G7, F1; E4, G9
4	=, ?	→ Baum (leer)	G11, E5; G9
5	1234567Bond	→ »Name zu lang«	E2, A4, G3
6	Otto+ottO	→ » falsche Zeichen in Namen«	E3, A5
7	N, N2, ..., N19, ?	→ Baum (mit 19 Knoten wie eingegeben)	G1, G4, E1
8	#	→ »falsches Kommando«	E6, A7
9	1234567890, ?	→ Baum (mit 20 Knoten wie eingegeben)	G2, G5; G10
10	=, ?	→ Baum (wie nach Schritt 9, aber ausgegl.)	G12, E5; G10
11	N21	→ »zu viele Namen«	G6, A6
12	N2, .	→ Baum (wie nach Schritt 10, aber ohne N2), → »Ende VBS, 4 falsche Eingaben«	F1, G8; E7, A8

Der Black-Box-Test zeigt einige Fehler, darunter auch den, dass die Fehlermeldungen in der Implementierung weniger differenziert sind als gefordert. So liefern die Testschritte 5, 6 und 8 alle die gleiche Meldung »Falsche Eingabe«.

19.8.5 Glass-Box-Test

Eine Messung im realisierten Programm zeigt, dass 10 von 102 Anweisungen nicht ausgeführt werden. Der Black-Box-Test erreicht also nur etwa 90 % Anweisungsüberdeckung. Von den 52 Zweigen des Programms werden 7 ebenfalls nicht erreicht, was einer Zweigüberdeckung von 87 % entspricht. Die Analyse der nicht ausgeführten Anweisungen zeigt, dass

a) eine Anweisung in einem ELSE-Zweig nicht ausgeführt wird, die einen Fehler meldet, wenn am Zeilenanfang ein Kommandozeichen steht, dahinter aber die Zeile noch nicht endet,
b) eine Anweisung in einem ELSE-Zweig nicht ausgeführt wird, in dem ein Knoten gelöscht wird, wenn dieser rechts einen leeren, links einen nichtleeren Unterbaum hat,
c) der einzige Aufruf einer Lösch-Prozedur, die einen Knoten löscht, wenn dieser zwei nichtleere Unterbäume hat, nicht ausgeführt wird. Damit wird der Code dieser Prozedur auch nicht ausgeführt.

Der Code zu den Punkten b und c ist im nachstehenden Code-Fragment unterstrichen.

```
procedure Loeschen(Opfer: BaumT) is
  ----------------------------------------------------------------
  procedure SuchenLoeschen(B: in out BaumT) is -- Suche im Re. UB
     -- Baum und Opfer sind global aus EinfLoesch / Loeschen
  begin
    if B.Lub = null then        -- Nachbar gefunden
      Baum := B;                -- Opfer wird durch Nachbarn ersetzt
      B := B.Rub;               -- dieser durch seinen re. UB
      Baum.Lub := Opfer.Lub;    -- Nachbar uebernimmt...
      Baum.Rub := Opfer.Rub;    -- die Soehne des Opfers
    else
      SuchenLoeschen(B.Lub);
    end if;
  end SuchenLoeschen;
  ----------------------------------------------------------------
begin -- Knoten gefunden, loeschen
  if (Baum.Lub = null) or (Baum.Rub = null) then -- einfacher Fall
    if (Baum.Lub = null) then
      Baum := Baum.Rub;
    else
      Baum := Baum.Lub;
    end if;
  else                        -- schwieriger Fall, beide UB vorhanden
    SuchenLoeschen(Baum.Rub);
  end if;
  NKnoten := NKnoten - 1;
end Loeschen;
```

Wir können auf Basis dieser Analyse zwei weitere Testschritte (*13*, *14*) konstruieren: Im ersten wird die falsche Eingabe gemacht, im zweiten wird ein Baum so aufgebaut, dass die bislang noch nicht verwendeten Lösch-Operationen ausgeführt werden.

Damit haben wir 100 % Anweisungsüberdeckung erzielt. Die Messung im Programm zeigt, dass dadurch auch fast alle Zweige erreicht wurden, nur zwei Zweige wurden nicht durchlaufen:

1. Wenn es keine Eingabefehler gab, darf die Meldung, wie viele Eingabefehler aufgetreten sind, nicht erscheinen.
2. Wenn der Baum am Programmende leer ist, dann muss nichts getan werden (leerer ELSE-Zweig).

Diese Zweige, und damit 100 % Zweigüberdeckung, erreichen wir mit einem weiteren Testschritt (*15*).

Testschritt	Eingabe	Soll-Resultat (Ausgabe)
13	(Programmstart) ??	→ »falsches Kommando«
14	1, 2, 3, 4, 5, 6, 7, ? =, ? 4, ? 3,2,6,5,7,1	→ Baum (linear entartet) → Baum (ausgeglichen) → Baum (ausgeglichen)
15	.	»Ende VBS«

Die Termüberdeckung wird hier nicht gesondert betrachtet; es gibt nur einen Multiterm (`if (Baum.Lub = null) or (Baum.Rub = null) then` in Loeschen), der drei Belegungen erfordert (FALSE-FALSE, FALSE-TRUE, TRUE-FALSE). Diese drei Fälle sind durch das Löschen der 4, 2 und 6 abgedeckt.

19.8.6 Schlussbemerkungen zum Test-Beispiel

Das Beispiel ist im Wesentlichen echt, es wurde nicht als Testbeispiel entwickelt. Entsprechend verlief auch der Test ganz echt – und zeigte Fehler an. Natürlich lassen sich noch weitere sinnvolle Testfälle zufügen. Beispielsweise sind hier zwar die Grenzfälle getestet, nicht aber Fälle fern der Grenzen wie Namen mit 12 oder 33 Zeichen.

Die knappe Aufgabenstellung am Anfang dieses Abschnitts ist weit von einer vollständigen Spezifikation entfernt. Trotzdem liegen die Probleme, die durch die Vorbereitung des Tests zutage treten, vornehmlich im *Inhalt*, die Spezifikation müsste nicht präzisiert, sondern verbessert werden. So fällt beim Testen auf, dass ein leerer Baum angezeigt wird, indem einfach nichts ausgegeben wird. Man kann nicht behaupten, dass die Spezifikation etwas anderes verlangt, aber für den Benutzer ist diese Reaktion verwirrend, eine Meldung der Art »Baum ist leer« wäre zweckmäßig. Ebenso wäre es nach der Erfahrung des Tests zweckmäßig, wenn nach jeder Eingabe eines Namens angezeigt würde, ob dieser nun eingefügt oder gelöscht wurde.

Da hier das Thema Test im Vordergrund steht, wurden die Mängel ignoriert, teilweise auch einfach beseitigt, in einem realen Projekt wären nun Problemmeldungen zu schreiben. Denn die Entwickler und Tester sollten ihre Erkenntnisse weder ungenutzt lassen noch frei bestimmen, was in der Spezifikation zu ändern ist.

Eine automatische Durchführung erfordert, dass der Test ohne Interaktion ausgeführt wird, also mit der Eingabe aus einer Datei und der Ausgabe in eine Datei. Dann kann das Ergebnis auch in der Wartungsphase zum Regressionstest herangezogen werden. Das ist bei einer Ausgabe, die keine Grafik enthält, kein echtes Problem.

Das Beispiel ist instruktiv, weil es in allen untersuchten Kategorien des Tests spezielle Erkenntnisse liefert. Die vollständige Anweisungsüberdeckung wird ohne großen Aufwand erreicht, vollständige Zweigüberdeckung ist damit nahezu gegeben. Das ist nicht typisch. Dieses Programm ist durch seine rekursive Struktur geprägt, die dazu führt, dass ein sehr kompakter Code auf viele Sonderfälle ohne eigentliche Sonderbehandlung richtig reagiert. Dadurch gibt es nur wenige »dunkle Ecken« im Programm, und entsprechend einfach ist der Test.

Hier zeigt sich, dass kleine, elegante Programme nicht nur hinsichtlich Speicherplatz und Rechenzeit, sondern auch beim Testaufwand sparsamer sind als »pompöse« Programme (ein Ausdruck von Niklaus Wirth).

19.9 Ausblick

> *This is a brief introduction to certification of aviation software. It is intended for software developers who would like to produce aviation software but who have no idea how to get started. What you will learn is that you probably don't want to do it.*
>
> Birds Project, Introduction to DO-178B, (Birds Project, o.J.)

Die Impulse in Richtung höherer Zuverlässigkeit kommen nicht aus der Informatik, sondern aus den Anwendungen der Informatik. In den Siebzigerjahren waren es die amerikanischen Puppenhersteller, die Geld in die Forschung über den Programmtest steckten. Sie lieferten damals ihre ersten Puppen aus, die dank einem Prozessor sprechen, trinken und sich nass machen konnten. Da die Gesetze zum Schutz der Verbraucher in den USA eine zeitlich unbegrenzte Rücknahme fehlerhafter Produkte verlangen, war das Risiko durch Software für die Puppenindustrie beträchtlich.

Heute ist die treibende Kraft die Luftfahrt. Die internationale RTCA (Radio Technical Commission for Aeronautics) spielt die Rolle eines TÜVs, auch für die in der Luftfahrt eingesetzte Software. DO-178B, *Software Considerations in Airborne Systems and Equipment Certification*, ist der De-facto-Standard für alle Software, die in der Luftfahrt eingesetzt wird. Je nach den Risiken, die mit einem System verbunden sind, wird es in eine der Klassen A (katastrophal) bis E (keine Auswirkungen) eingeordnet. Für die Entwicklung gibt es Vorschriften, deren Strenge von der Risikoklasse abhängt. Darin schreibt die RTCA für die höheren

Risikoklassen auch die anspruchsvollsten Testverfahren vor, die heute technisch beherrscht werden.

Auf anderen Gebieten, vor allem in der Automobiltechnik, spielt DIN EN IEC 61508, *Funktionale Sicherheit sicherheitsbezogener elektrischer/elektronischer/programmierbarer elektronischer Systeme*, mit den vier *Safety Integrity Levels* 1 bis 4 eine ganz ähnliche Rolle wie die DO-178 B in der Luftfahrt. Wir erwarten, dass sich dieser Trend in Zukunft durchsetzen wird:

- Software wird in Risikoklassen eingeordnet. Wo Risiken keine Rolle spielen (und nur dort), ist das Software Engineering eine Privatsache der Entwickler.
- Aufwändige, von Hand durchzuführende Verfahren haben nur in Extremprojekten eine Chance, nicht zuletzt, weil auch ihre Überprüfung hohe Qualifikation und hohen Aufwand erfordert. Für alle anderen Systeme brauchen wir Routine-Verfahren, die gut von Werkzeugen unterstützt werden.

20 Integration

In diesem Kapitel betrachten wir die Montage des Systems, die Integration. Die Integration ist ein wichtiger und schwieriger Schritt der Software-Entwicklung; er wird oft unterschätzt. Nachfolgend diskutieren wir den Zusammenhang, der zwischen Entwurf, Test und Integration besteht. Dann stellen wir einige Strategien für die Integration vor und erörtern ihre Vor- und Nachteile. Am Ende steht eine kurze Liste mit Empfehlungen zur Integration.

20.1 Einbettung der Integration in die Software-Entwicklung

integration — The process of combining software components, hardware components, or both into an overall system.

IEEE Std 610.12 (1990)

Wenn die Bestandteile des Systems realisiert, angepasst oder beschafft sind, können sie zusammengefügt werden. Im Zuge der Integration soll aus ihnen ein vollständiges und funktionsfähiges System entstehen. Den Bau- und Montageplan finden wir in der Software-Architektur, denn diese legt die Komponenten, die Schnittstellen zwischen den Komponenten und die Schnittstellen nach außen fest. Das der Architektur zu Grunde gelegte Metamodell gibt die Ebenen der Integration vor, die typischerweise hierarchisch angeordnet sind. Basiert eine Architektur zum Beispiel auf Subsystemen, die aus Komponenten bestehen, die wiederum Module enthalten, dann sind dies auch die Ebenen der Integration. Solange das System noch nicht vollständig integriert ist, wird das Ergebnis jedes Integrationsschritts als *teilintegriertes System* bezeichnet.

Da die Komponenten eines Systems meist von mehreren Entwicklern erstellt werden, die wenig Grund und Gelegenheit haben, sich über ihre Arbeit auszutauschen, muss damit gerechnet werden, dass ein teilintegriertes System Fehler an den Schnittstellen enthält: Daten werden unterschiedlich interpretiert, Operationen sind nicht so realisiert, wie es ihre Benutzer erwartet hatten, die Behandlung von Sonderfällen wurde jeweils auf der anderen Seite vermutet usw. Darum muss das teilintegrierte System vor jeder Verwendung und weiteren Integrationen getestet und korrigiert werden. Dieser Test wird als *Integrationstest* bezeichnet.

integration testing — Testing in which software components, hardware components, or both are combined and tested to evaluate the interaction between them.

IEEE Std 610.12 (1990)

Während der Modultest die Fehler in einer einzelnen Komponente aufspüren soll, zielt der Integrationstest darauf ab, Konsistenzprobleme zwischen den Komponenten aufzudecken.

Die Integration und der Integrationstest dürfen nicht in der Entwicklungsumgebung stattfinden. Dazu sollte eine eigene Umgebung, die Integrationsumgebung (siehe Abschnitt 21.4), eingerichtet werden.

20.2 Integrationsstrategien

Ein teilintegriertes System ist im Allgemeinen nicht ausführbar; für den Integrationstest werden darum Testtreiber und Platzhalter (Stubs) benötigt. Ein Testtreiber versorgt das teilintegrierte System mit Testeingaben, ein Platzhalter vertritt eine Komponente, die vom teilintegrierten System benötigt wird, aber noch nicht integriert ist. Ein Platzhalter liefert entweder konstante Werte oder simuliert das Verhalten der ersetzten Komponente mehr oder minder realistisch.

Abbildung 20–1 zeigt ein Integrationsszenario, bei dem sowohl ein Testtreiber als auch Platzhalter benötigt werden. Die Komponente »Report-Generator« wird in das bestehende teilintegrierte System integriert.

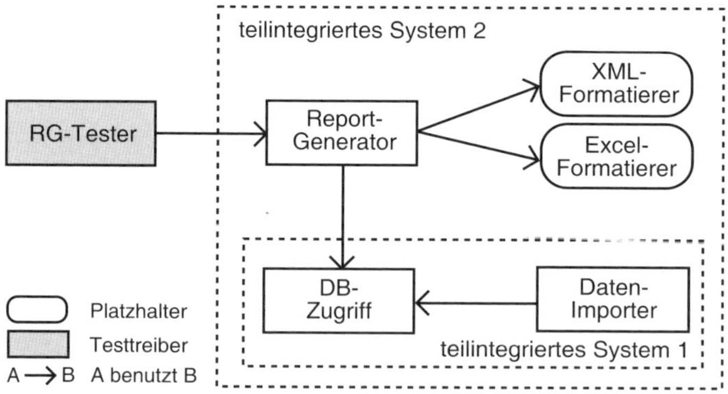

Abb. 20–1 *Einsatz von Testtreiber und Platzhaltern bei der Integration*

Damit das Resultat getestet werden kann, müssen für die vom Report-Generator benutzten Komponenten »XML-Formatierer« und »Excel-Formatierer« Platzhalter bereitgestellt werden. Zusätzlich ist ein Testtreiber zu implementieren, um die Schnittstelle des Report-Generators zu bedienen. Je nach gewählter Integrationsstrategie werden mehr oder weniger Testtreiber und Platzhalter benötigt. Die Entwicklung »intelligenter« Platzhalter, die das Verhalten der fehlenden Komponente simulieren, ist aufwändiger als die Entwicklung von Testtreibern. Dem sollte die Integrationsstrategie Rechnung tragen.

20.2.1 Integration in einem Schritt

Grundsätzlich ist es möglich, alle (oder viele) Komponenten in einem einzigen Schritt zu integrieren; dieses Vorgehen wird auch als *Big-Bang-Integration* bezeichnet. Testtreiber und Platzhalter sind nicht notwendig, denn nach der Integration ist das System vollständig und kann ohne Hilfsmittel getestet werden.

Trotzdem kommt die Integration in einem Schritt in der Praxis kaum in Frage. Wenn jede Komponente mit einer gewissen Wahrscheinlichkeit Fehler enthält und durch Inkonsistenzen weitere Fehler hinzukommen, müssen die Tester mit einem System arbeiten, das kaum ausführbar ist; die Suche nach den Fehlern ist schwierig, da sie in einem großen, den Beteiligten kaum bekannten System verteilt sind. Selbst wenn die Entwickler noch am Test teilnehmen, kennen sie ja jeweils nur *ihre* Komponenten.

Daher kommt diese Art der Integration nur in Frage, wenn (wie beim Cleanroom-Ansatz, siehe Abschnitt 10.5) schon vor der Integration eine hohe Qualität der Komponenten und gute Konsistenz der Schnittstellen gewährleistet sind. Andernfalls ist die inkrementelle Integration vorzuziehen.

20.2.2 Inkrementelle Integration

Bei der inkrementellen Integration werden die Komponenten einer Integrationsebene einzeln oder in kleinen Gruppen integriert. Je nachdem, ob man mit dem Hauptprogramm (z. B. der Komponente, die die Bedienoberfläche realisiert) oder mit den Basiskomponenten beginnt, spricht man von Top-down- oder Bottom-up-Integration. Wenn alle Komponenten rechtzeitig verfügbar sind, bestimmen die Benutzt-Beziehungen zwischen den Komponenten die Reihenfolge der Integration. Andernfalls versucht man, alle fertigen Komponenten so rasch wie möglich zu integrieren.

Abbildung 20–2 zeigt schematisch die Aktivitäten bei der inkrementellen Integration. Nachdem die zur Integration vorgesehenen Komponenten zur Verfügung stehen, werden die Integrationstestfälle und die benötigten Testtreiber und Platzhalter entwickelt. Danach wird zuerst die syntaktische Kompatibilität der Komponenten geprüft; anschließend wird der eigentliche Integrationstest durchgeführt. Werden bei diesen Prüfungen Fehler entdeckt, dann werden die fehlerhaften Software-Einheiten (Komponenten, Testtreiber, Platzhalter, Testdaten) von den Entwicklern korrigiert und die Integration und die Prüfungen wiederholt.

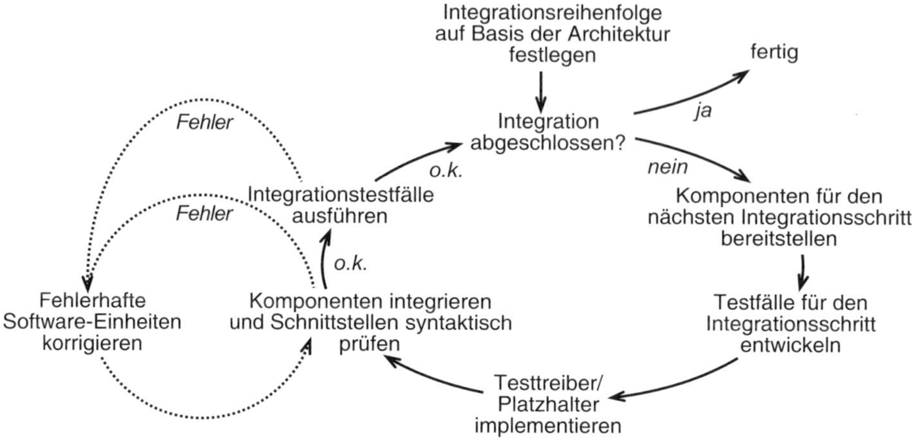

Abb. 20–2 *Aktivitäten der inkrementellen Integration*

Top-down-Integration

Die Top-down-Integration folgt der hierarchischen Struktur der Architektur. Definiert die Architektur beispielsweise eine Schichtenstruktur, so werden zuerst das Hauptprogramm und die Komponenten der obersten Schicht integriert, dann die Komponenten der nächsten Schicht darunter und so fort.

Diese Strategie hat den Vorteil, dass bereits sehr früh ein ausführbares System entsteht. Ihr Nachteil ist, dass unter Umständen sehr viele Platzhalter erstellt werden müssen. Um das System wirklich ausführbar zu machen, müssen diese Platzhalter eine gewisse Funktionalität bieten; ihre Erstellung ist entsprechend aufwändig.

Bottom-up-Integration

Bei der Bottom-up-Integration werden zuerst die Komponenten integriert, die keine Dienstleistungen anderer Komponenten benötigen. Dann werden die Komponenten hinzugefügt, die diese Basiskomponenten benutzen. Im letzten Schritt wird das Hauptprogramm aufgesetzt. Wenn möglich, folgt man der Benutzt-Beziehung streng rückwärts; eine Komponente wird erst integriert, wenn sie bereits alle benötigten Komponenten im teilintegrierten System vorfindet. Nur bei zyklischen Abhängigkeiten braucht man Platzhalter, oder man muss versuchen, alle zyklisch abhängigen Komponenten zugleich zu integrieren.

Vorteilhaft bei dieser Integrationsstrategie ist, dass keine oder nur wenige Platzhalter benötigt werden. Der Aufwand für den Integrationstest ist dadurch relativ gering, man braucht nur für jeden Schritt einen neuen Testtreiber. Die Prüfung des Gesamtsystems ist erst nach dem letzten Integrationsschritt möglich.

Kontinuierliche Integration

Einen ganz anderen Ansatz zur Integration finden wir beim Extreme Programming (siehe Abschnitt 10.6) und anderen agilen Ansätzen.

Damit rasch ein lauffähiges System entsteht und die Entwickler, die in Paaren arbeiten, gleichberechtigt an verschiedenen Teilen des Systems arbeiten können, muss es möglich sein, neue und geänderte Komponenten einfach und schnell zu integrieren. Dadurch wird die Integration zu einem fortlaufenden Prozess (Lippert, Roock, Wolf, 2002). Sobald eine neue Komponente fertig oder eine bereits vorhandene modifiziert ist, wird sie integriert und getestet. Die Integration findet in einer separaten Umgebung – auf dem sogenannten Integrationsrechner – statt, der von den Entwicklungsumgebungen getrennt ist.

Es wird angestrebt, dass jedes Entwicklerpaar wenigstens einmal pro Tag seine Arbeitsergebnisse integriert und testet. Nur wenn der Test keine Fehler zeigt, bleibt der neue Code auf dem Integrationsrechner; sonst muss er wieder entfernt und der frühere Zustand des Systems wiederhergestellt werden.

Diese Art der Integration funktioniert nur, wenn das gesamte Entwicklungsteam auch physisch eng zusammenarbeitet. Da oft integriert wird, müssen die einzelnen Erweiterungen und Änderungen klein sein. Andernfalls dauert der einzelne Integrationsschritt zu lange, und die Integration wird zum Engpass.

20.2.3 Ein Beispiel zur Integration

In der Praxis treten diese Integrationsstrategien selten in Reinform auf, sondern es wird gleichzeitig top-down und bottom-up integriert. Abbildung 20–3 zeigt eine Architektur, die zehn Komponenten enthält.

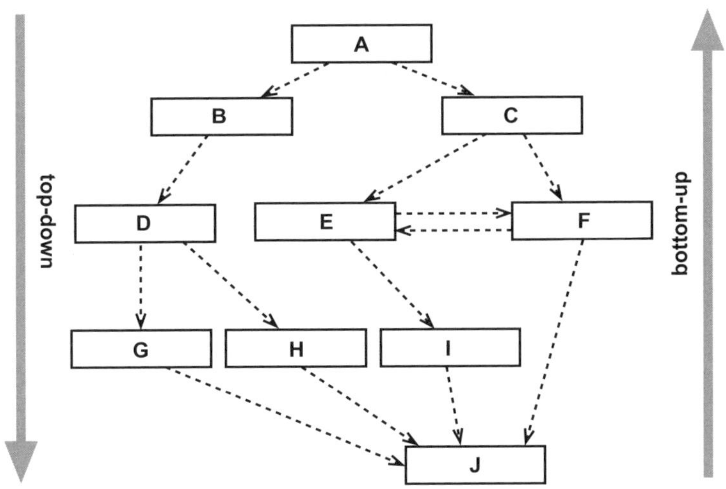

Abb. 20–3 *Integrationsrichtungen*

In der Tabelle 20–1 sind mögliche Integrationssequenzen für die Top-down- und für die Bottom-up-Integration angegeben, wobei in jedem Schritt immer genau eine Komponente integriert wird (fett dargestellt). Im Schritt 0 findet eigentlich keine Integration statt. Er zeigt den Test der ersten Komponente (A bzw. J), da dazu auch Platzhalter und ein Testtreiber entwickelt werden müssen. Die kleinen Buchstaben repräsentieren Platzhalter, für die eingerahmten Komponenten werden Testtreiber benötigt. Wie man sieht, sind bei der Top-down-Integration viele Platzhalter, aber nur ein Testtreiber erforderlich. Die Bottom-up-Integration benötigt nur einen Platzhalter, da zwischen E und F eine zyklische Abhängigkeit besteht. Dafür erfordert sie viele Testtreiber, in jedem Schritt einen anderen.

Top-down-Integration

0	**A**	b	c							
1	A	**B**	c	d						
2	A	B	**C**	d	e	f				
3	A	B	C	**D**	e	f	g	h		
4	A	B	C	D	**E**	f	g	h	i	
5	A	B	C	D	E	**F**	g	h	i	j
6	A	B	C	D	E	F	**G**	h	i	j
7	A	B	C	D	E	F	G	**H**	i	j
8	A	B	C	D	E	F	G	H	**I**	j
9	A	B	C	D	E	F	G	H	I	**J**

Bottom-up-Integration

0										**J**
1									**I**	J
2								**H**	I	J
3							**G**	H	I	J
4					e	**F**	G	H	I	J
5					**E**	F	G	H	I	J
6				**D**	E	F	G	H	I	J
7			**C**	D	E	F	G	H	I	J
8		**B**	C	D	E	F	G	H	I	J
9	**A**	B	C	D	E	F	G	H	I	J

Tab. 20–1 *Schritte einer Top-down- und einer Bottom-up-Integration*

Die links gewählte Reihenfolge minimiert nicht die Verwendung der Platzhalter. Wenn man die Reihenfolge ändert (A-B-D-G-H-J-C-F-E-I), benötigt man die neun verschiedenen Platzhalter nicht 25-mal, sondern nur 17-mal. Da der Integrationstest intensiver durchgeführt werden kann, wenn die Komponenten selbst und nicht ihre Platzhalter verwendet werden, ist die zweite Reihenfolge vorzuziehen. Bei der Bottom-up-Integration gibt es keine entsprechenden Variationen.

Eine detaillierte Betrachtung der Integrationsstrategien ist in Pagel und Six (1994) zu finden.

20.3 Probleme der Integration

In einer idealen Welt ist die Integration kein Problem: Die Entwickler realisieren unabhängig voneinander die einzelnen Komponenten. Weil sie sich präzise an die Spezifikation halten und auf syntaktischer Ebene durch die strenge Typprüfung ohnehin alles stimmt, passen die Teile am Ende so zusammen, wie es geplant war. Der Integrationsaufwand ist gering und fällt nicht ins Gewicht.

In der Praxis sieht das ganz anders aus. Vor allem zwei Gründe stehen der mühelosen Integration entgegen:

- Die Spezifikation ist schwammig und unvollständig. Sie wird darum von den Entwicklern frei und natürlich unterschiedlich interpretiert, allzu oft auch falsch verstanden. Das Ergebnis sind Komponenten, die nicht zusammenpassen.
- Im System sollen Fremdkomponenten verwendet werden; das können vorhandene Subsysteme sein (die noch mit beträchtlichem Aufwand angepasst werden müssen), aber auch Komponenten, die gekauft oder von anderen Firmen entwickelt wurden. Oft ist in solchen Fällen die Information über die Fremdkomponenten völlig unzureichend; zudem stehen sie meist nicht rechtzeitig zur Verfügung.

Erst wenn die Integration beginnen soll, werden die Inkonsistenzen und Widersprüche sichtbar. Da es zu diesem Zeitpunkt – kurz vor dem Auslieferungstermin der Software – keine Chance mehr gibt, die Mängel gründlich zu analysieren und zu beheben oder gar eine schlechte Komponente zu ersetzen, müssen die Komponenten passend gemacht werden. Diese Arbeit ist aufwändig und findet nicht selten im *panic mode* statt. Wenn die Software endlich (verspätet) an den Kunden geht, zeigt sie schon die Spuren einer hastigen und oberflächlichen Wartung.

Mit modernen Sprachen und Methoden lassen sich diese Probleme weitgehend vermeiden. Strenge Typprüfung garantiert die syntaktische Kompatibilität. Die semantische Kompatibilität der Komponenten kann nur durch sorgfältige Planung und Spezifikation der Teile vor deren Codierung erreicht werden.

20.4 Planung und Dokumentation der Integration

Die Integration eines großen, komplexen Systems ist aufwändig und mühsam und wird oft auch dadurch erschwert und verzögert, dass immer wieder Fragen aufkommen, die nur mit großer Mühe geklärt werden können.

- Was bedeutet diese Warnung, können wir weitermachen oder nicht?
- Ist es in Ordnung, dass im Test immer mehr Speicher belegt wird, oder handelt es sich um ein Speicherleck?
- Warum wird laut Architekturplan diese Komponente integriert, obwohl ihre Funktionalität nie in Anspruch genommen wird?
- Welche Komponente hätte die Datenstruktur initialisieren müssen? Oder ist das gar nicht erforderlich?

Da es sich vor allem um Schnittstellenprobleme handelt, ist nicht a priori klar, welche Entwickler zuständig sind. Wenn fremde Komponenten beteiligt sind, ist die Aufklärung von Inkonsistenzen und Inkompatibilitäten schwierig bis unmöglich.

Es ist darum zweckmäßig, auch die Integration zu planen und ihren Verlauf genau zu dokumentieren. Wenn das System einige Jahre oder gar Jahrzehnte lang eingesetzt wird, muss es im Zuge der Wartung immer wieder integriert und konfiguriert werden. Ein präziser Integrationsplan und das Logbuch der Integration erleichtern die erneute Durchführung und damit die Wartung.

Aus diesem Grund sehen einige Prozessmodelle die Integration und die damit verbundenen Dokumente explizit vor. So fordert beispielsweise das V-Modell XT (Abschnitt 10.3) im Vorgehensbaustein »SW-Entwicklung«, das Vorgehen bei der Integration und den Integrationsbauplan explizit zu beschreiben. Auch der Unified Process (Abschnitt 10.4) sieht Integrationspläne vor und verlangt, dass bei jeder Iteration eine Integration stattfinden muss. Ein Integrationsplan muss folgende Informationen enthalten:

- Identifikation der zu integrierenden Komponenten
- Technische Voraussetzungen der Integration, Ressourcen, Bedingungen und Einschränkungen
- Organisation und Reihenfolge der Integration
- Spezifische Angaben zu den einzelnen Integrationsschritten

Da die Integration typischerweise auf unterschiedlichen Ebenen stattfindet (Subsystem-, Komponenten-, Modulebene), muss der Integrationsplan alle diese Ebenen behandeln. Ob der Integrationsplan in weitere untergeordnete Integrationspläne aufgeteilt werden muss, hängt von den Projektstandards, vom Umfang und von der Komplexität der einzelnen Integrationsebenen ab.

20.5 Grundsätze für die Integration

Die folgenden Regeln sollen helfen, Fehler und Schwächen zu vermeiden, die bei der Integration oft vorkommen.

- *Die Integration planen!*
  Nur wenn die Integration explizit geplant wird, entsteht eine sinnvolle und umsetzbare Reihenfolge der Integrationsschritte. Dies ist eine Voraussetzung, um das System mit möglichst wenig Aufwand zusammenbauen zu können.
- *Frühzeitig mit der Integration beginnen!*
  Ein gutes Verfahren zur Integration besteht darin, damit zu beginnen, bevor codiert wird. Die im Entwurf definierten Komponenten werden als Platzhalter realisiert, d. h. durch Programmfragmente, die nur in Bezug auf die Schnittstellen den geplanten entsprechen. Sie werden dann im Laufe der Codierung zunächst mit den erforderlichen Kopfkommentaren, dann mit dem Code gefüllt. Auf diese Weise erhält man frühzeitig ein System, das sich jederzeit binden und sogar ausführen lässt.

- *Den Aufwand für die Integration und den Integrationstest nicht unterschätzen!*
  In vielen Fällen wird die Integration nicht oder nur oberflächlich geplant. Dies führt dazu, dass die dabei auftretenden Probleme massiv sind und das Projekt zeitlich und finanziell erheblich belasten. Aber auch wenn die Integration geplant wird, so sind die dafür vorgesehenen Zeiten und Ressourcen in vielen Fällen zu gering, da dieser Entwicklungsschritt notorisch unterschätzt wird.
- *Die Integrationsstrategie auf die Projektorganisation und auf den Entwicklungsprozess abstimmen!*
  Insbesondere bei großen Systemen, die verteilt entwickelt werden, muss die Architektur die Organisationsform des Entwicklungsprojekts berücksichtigen. Diese wirkt sich dann natürlich auch auf die Integrationsstrategie aus. Melvin Convey hat diesen Zusammenhang erkannt und folgendermaßen formuliert.

  > *Organizations which design systems are constrained to produce designs which are copies of the communication structures of these organizations.*
  >
  > Melvin Conway (1968, S. 31)

  Ebenso muss bei der Planung der Integration berücksichtigt werden, ob das System inkrementell oder im Ganzen entwickelt wird. Der gewählte Entwicklungsprozess und die Organisationsstruktur beeinflussen sowohl die Architektur als auch die Integration.
- *Den gesamten Aufwand für die Integration präzise erfassen!*
  Damit steigen die Chancen, dass dieser Schritt im nächsten Projekt besser geplant wird.
- *Integrationsrisiken erkennen und reduzieren!*
  Wenn es Zulieferungen gibt, die keiner Kontrolle durch das Projekt unterliegen, für die Durchführung der Integration aber unbedingt erforderlich sind, sollte ein »Plan B« in der Schublade liegen, der eine Katastrophe verhindert, wenn die Zulieferung sich als unbrauchbar erweist oder nicht rechtzeitig eintrifft. Möglicherweise kann vorläufig eine andere, viel einfachere Komponente integriert werden, oder es wird zunächst nur eine abgemagerte Variante des Systems fertiggestellt, die ohne die Zulieferung auskommt. Wenn das Problem bereits akut ist, müssen die entsprechenden Vorbereitungen schon getroffen sein.

Teil V

Verwaltung und Erhaltung von Software

21 Konfigurationsverwaltung

Software-Entwicklung ist Teamarbeit. Damit alle daran beteiligten Personen geordnet zusammenarbeiten können und die dabei erstellten Dokumente nicht heillos durcheinander abgelegt und geändert werden, müssen organisatorische und technische Vorkehrungen getroffen werden. Diese Regelungen und Maßnahmen fasst man mit dem Begriff der Konfigurationsverwaltung zusammen.

Da sie nicht unmittelbar zur Entstehung des Produkts beiträgt, wird sie oft unterschätzt und vernachlässigt. Dabei stellt sie für die Software-Projekte eine ebenso wichtige Infrastruktur dar wie die Stromversorgung für einen produzierenden Betrieb: Wenn sie vorhanden ist und funktioniert, bemerkt man sie nicht, aber wenn sie unterbrochen ist, geht nichts mehr.

21.1 Grundlagen der Konfigurationsverwaltung

Während der Software-Entwicklung entstehen viele Dokumente und Komponenten. Einige davon werden nur zur Entwicklung selbst benötigt (z. B. ein Testtreiber), andere werden, bevor sie an den Kunden ausgeliefert werden, noch mehrfach korrigiert und geändert (z. B. die Bedienkomponente).

Es ist nahezu unmöglich, dabei den Überblick zu behalten, sofern man dazu nicht spezielle Vorkehrungen schafft. So kommt es immer wieder zu vermeidbaren Fehlern:

- Falsche Komponenten werden integriert.
- Bereits entwickelte Programmteile werden übersehen und erneut entwickelt.
- Testdaten werden einmal verwendet und gehen verloren, obwohl sie mit erheblichen Aufwand entworfen wurden und in der Wartung höchst nützlich wären.
- Größere Änderungen werden begonnen, ohne dass der Stand *vor* der Änderung archiviert ist; darum ist später weder ein Rückzug noch ein Vergleich möglich.
- Modifikationen an Dokumenten und Komponenten gehen verloren, weil sie von anderen Entwicklern überschrieben werden.

Noch schwieriger wird die Situation, wenn die Entwicklung beendet ist und das System beim Kunden läuft. Jetzt gibt es nur noch wenige Leute, die überhaupt von der Software wissen, und da sie nur noch gelegentlich daran arbeiten, haben sie im Allgemeinen keinen Überblick. Diese Situation ist sehr riskant: Die Integration modifizierter Komponenten führt zu unerwarteten Problemen, weil die Integration des laufenden Systems nicht sorgfältig dokumentiert war. Längst beseitigte Fehler tauchen wieder auf, weil das fehlerhafte Modul nicht gelöscht wurde. Einem Kunden, der aus einem fernen Land einen Fehler gemeldet hat, kann nicht geholfen werden, weil sich seine Software-Konfiguration nicht ermitteln lässt; man weiß zwar, welches System er hat, aber man kennt nicht die genauen Versionen oder hat sie nicht archiviert.

Die Konfigurationsverwaltung hat den Zweck, diese Schwierigkeiten zu vermindern oder zu vermeiden.

21.1.1 Software-Einheiten

Bevor wir auf die Konfigurationsverwaltung und ihre Ziele eingehen, müssen wir die Begriffe Version, Variante und Konfiguration klären. Um von den unterschiedlichen Dokumentarten zu abstrahieren, führen wir den Oberbegriff *Software-Einheit* ein. Wir definieren:

Software-Einheit — Ein Stück Software, das im Software-Lebenslauf entsteht und für die Entwicklung, den Betrieb oder die Wartung des Software-Systems relevant ist. Eine Software-Einheit kann unabhängig von anderen Software-Einheiten bearbeitet, gespeichert und ersetzt werden. Sie besteht nicht aus kleineren Software-Einheiten, sie ist also im Sinne der Verwaltung atomar.

Die Unabhängigkeit von anderen Software-Einheiten betrifft nur die Verwaltung, nicht die Schnittstellen.

21.1.2 Versionen

Aus einer Software-Einheit E entsteht eine neue *Version*, wenn in E eine Änderung durchgeführt wird, die diese Einheit in irgendeinem Sinne besser macht, z. B. eine Korrektur, eine Erweiterung oder eine Anpassung an veränderte Bedingungen. Die neue Version (der *Nachfolger*) ersetzt die alte (den *Vorgänger*) und übernimmt deren Bezeichner (genauer: deren festen Teil). Damit die beiden nicht verwechselt werden, gibt es im Bezeichner (typischerweise am Ende) eine ein- oder mehrstufige Versionsnummer, die bei der Bildung einer neuen Version erhöht wird. Beispielsweise ersetzt das neue OS10.4.6 das ältere OS10.4.5. Die Versionen stehen also in einer zeitlichen Ordnung hintereinander.

Der IEEE-Standard unterscheidet zwischen Version und Revision; die Revision entsteht, wenn eine Software-Einheit nicht komplett ersetzt, sondern repariert wird (z. B. durch Austausch einzelner Seiten in einem Dokument).

version — (1) An initial release or re-release of a computer software configuration item, associated with a complete compilation or recompilation of the computer software configuration item.

(2) An initial release or complete re-release of a document, as opposed to a revision resulting from issuing change pages to a previous release.

IEEE Std 610.12 (1990)

Wir verzichten darauf, die übrigen einschlägigen Definitionen aus dem IEEE-Glossar zu zitieren, sie erscheinen uns allzu eng.

21.1.3 Varianten

Anders als die Versionen stehen *Varianten* zeitlich nicht *hintereinander*, sondern *nebeneinander*. Wenn Kunde A ein Software-System bekommen hat, das später auch an den Kunden B verkauft werden kann, dann sind meist für B spezifische Anpassungen nötig. Damit entsteht eine Variante. Ebenso entstehen Varianten, wenn eine Software für verschiedene Betriebs- oder Datenbanksysteme variiert wird.

Abbildung 21–1 zeigt schematisch den Zusammenhang zwischen Versionen und Varianten. X2 und X3 sind Versionen von X1. Xa2 und Xb2 sind Varianten von V2. X2 und seine Varianten Xa2 und Xb2 bilden zusammen eine *Variantenfamilie*.

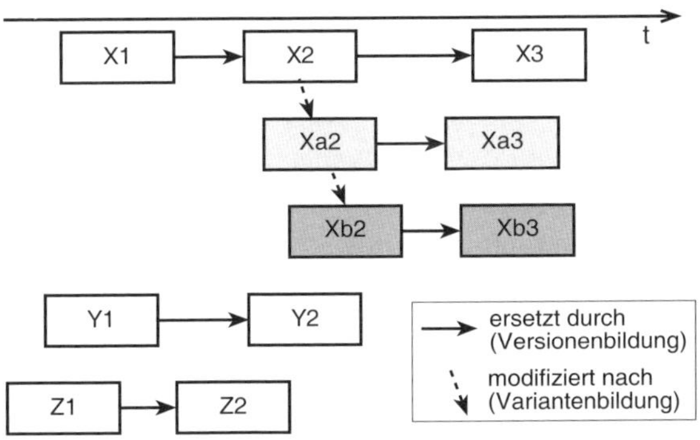

Abb. 21–1 *Die Entstehung von Versionen und Varianten*

21.1.4 Konfigurationen

Eine *Konfiguration* ist eine Menge von Software-Einheiten, die für einen definierten Zweck zusammengestellt sind und zueinander passen, sowie das Geflecht der Beziehungen zwischen diesen Software-Einheiten.

Bei einer Variantenfamilie bestimmt das dazugehörende Auswahlverfahren, wieviele ihrer Software-Einheiten in einer Konfiguration enthalten sein müssen und sein dürfen. Wenn genau eine Einheit aus der Variantenfamilie gewählt werden muss, spricht man von einer 1-aus-N-Auswahl (z. B. die MySQL-spezifische Komponente zur Speicherung der Daten). Können mehrere Software-Einheiten derselben Variantenfamilie in einer Konfiguration enthalten sein, bezeichnet man dies als N-aus-M-Auswahl. So kann beispielsweise eine Konfiguration einer Web-Anwendung mehrere Varianten von Browser-spezifischen Komponenten enthalten, wenn diese Anwendung die Eigenschaften unterschiedlicher Browser unterstützen muss.

Natürlich kann dieselbe Software-Einheit in verschiedenen Konfigurationen enthalten sein. Wir sprechen auch bei den Konfigurationen von Varianten; zwei Konfigurationen stellen (Konfigurations-)Varianten dar, wenn sie unterschiedliche Varianten einer Variantenfamilie enthalten. In unserem Beispiel (Abb. 21–1) könnte die Konfiguration A aus den Einheiten Y1, Z1 und Xa2 bestehen, die Konfiguration B aus den Einheiten Y1, Z2 und Xb2.

21.1.5 Probleme mit Versionen und Varianten

In Zusammenhang mit Versionen und Varianten gibt es eine Reihe von Problemen:

- Varianten erschweren die Wartung. Wenn die notwendige Änderung am System seine variantenspezifischen Teile betrifft, muss sie für jede Systemvariante einzeln durchgeführt werden. Darum bemüht man sich, die variantenspezifischen Teile eines Systems möglichst klein zu halten. Eventuell ist deshalb bei der Variantenbildung eine Aufspaltung von Software-Einheiten sinnvoll. Als Faustformel kann man sagen: Der Wartungsaufwand ist proportional der Summe von P_0 und aller P_i, wobei P_0 der Umfang der universellen Einheiten ist, die P_i sind die Umfänge der einzelnen Varianten.

  Eine Variantenbildung mit »copy and paste« hat darum katastrophale Wirkung auf den Wartungsaufwand: P_0 ist null, die P_i sind jeweils so groß, wie vorher das Gesamtsystem war.
- In vielen Fällen können oder wollen nicht alle Kunden auf eine neue Version umsteigen, beispielsweise, weil diese nicht mehr mit älteren Geräten kompatibel ist, die der Kunde weiterhin benutzt. In diesem Falle verwenden also zur selben Zeit verschiedene Kunden verschiedene Versionen. Der Hersteller muss dann auch die älteren Versionen vorhalten, um Probleme, die bei Kunden auftreten, nachvollziehen zu können.

  Auch bei den Kunden, die nicht umgestellt haben, können Korrekturen oder Anpassungen nötig werden. Das widerspricht aber dem Versionenkonzept, wie es oben definiert wurde. Tatsächlich bilden sich in diesem Falle Varianten, auch wenn sie als Versionen bezeichnet werden. In der Abbildung 21–2 ist die Entstehung einer neuen Version V7.0 aus V6.6 dargestellt. Kunden, die weiterhin V6.6 verwenden, bekommen später noch eine korrigierte Fassung

V6.7. Damit ist V6.7 faktisch eine Variante von V7. In der Praxis verwendet man mehrstufige Nummern, um bei dieser Variantenbildung wenigstens nicht in Konflikt mit der Namenskonvention zu geraten. Außerdem weist die Änderung der ersten Nummer auf eine erhebliche Änderung hin, die weit über die Fehlerkorrektur (typisch für eine Änderung der letzten Zahl) hinausgeht.

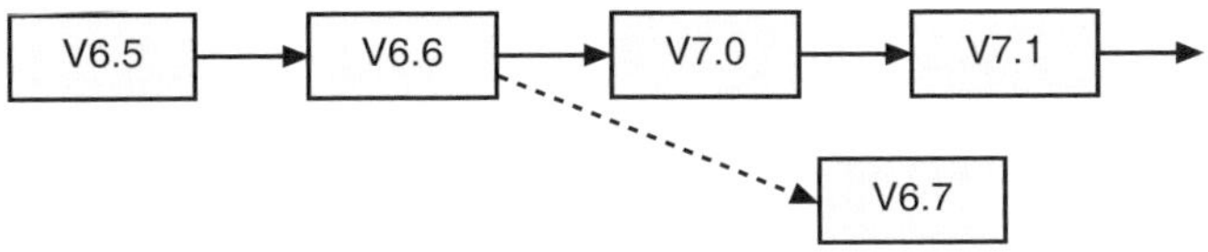

Abb. 21–2 *Weiterführung einer älteren Version als Variante*

Wenn die Gründe entfallen, die zu einer Variantenbildung geführt haben, können die Varianten wieder zusammengeführt werden (z. B. die Varianten a und b in Abb. 21–1). Diese Vereinigung ist schwierig, weil in den verschiedenen Varianten inkompatible Komponenten entstanden sein können. Die Kunden erhalten eine neue Version, die – aus ihrer Sicht – gegenüber dem Vorgänger nicht verbessert ist, sondern eventuell neue Mängel zeigt.

21.1.6 Baselines und Releases

Eine *Baseline* ist eine Konfiguration, die so zusammengestellt und geprüft ist, dass sie als stabil gilt und als Bezugspunkt für die weitere Entwicklung geeignet ist. Das *Release* ist eine Baseline, die mit dem Zweck definiert wurde, diese Konfiguration an die Kunden auszuliefern. Eine Baseline *kann*, ein Release *muss* ein lauffähiges System bilden.

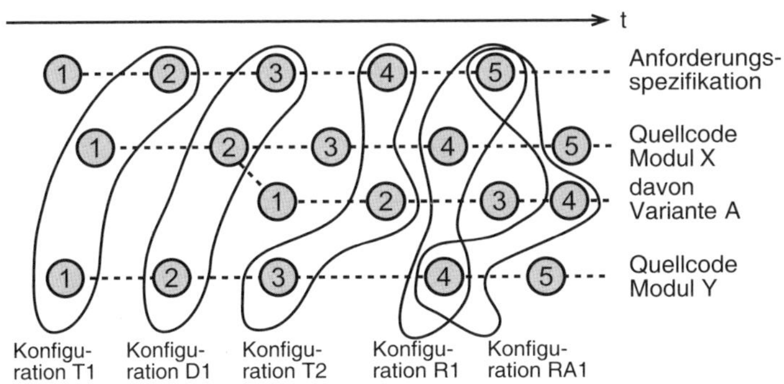

Abb. 21–3 *Versionen, Varianten und Konfigurationen*

Abbildung 21–3 zeigt schematisch die Entwicklungshistorie einiger Software-Einheiten sowie Konfigurationen über diesen Einheiten. Die Konfigurationen T1 und T2 wurden für den Test gebildet, die Konfiguration D1 ist ein Demonstrationsprototyp, die Konfiguration R1 wurde bei verschiedenen Kunden installiert, die Konfiguration RA1 ist kundenspezifisch (Auswahl einer entsprechenden Variante) und wurde nur beim Kunden A installiert. Die Konfigurationen R1 und RA1 sind Releases.

21.1.7 Konfigurationsverwaltung

Den systematischen Umgang mit den Konfigurationen eines Systems leistet die Konfigurationsverwaltung. Wir definieren:

Die **Konfigurationsverwaltung** ist diejenige Rolle oder Organisationseinheit, die die Software-Einheiten und Konfigurationen identifiziert, verwaltet, bei Bedarf bereitstellt und ihre Änderungen überwacht und dokumentiert. Dazu gehört auch die Rekonstruktion älterer Software-Einheiten und Konfigurationen.

Die Konfigurationsverwaltung schließt also die Versions- und Variantenverwaltung ein und geht damit über das hinaus, was die Bezeichnung ausdrückt. Die Grundidee der Konfigurationsverwaltung ist simpel:

- Die Konfigurationsverwaltung hat ein Monopol auf die Bereitstellung von Software. Damit wird verhindert, dass unbemerkt Varianten entstehen, unkontrollierte Änderungen stattfinden usw. Alle Entwickler übergeben ihre Software-Einheiten nur an die Konfigurationsverwaltung. Von dort und nur von dort erhalten alle anderen Stellen, vor allem die Prüf- und Integrationsabteilung, die Software. An der Konfigurationsverwaltung führt kein Weg vorbei.
- Alle Software-Einheiten, die von den Entwicklern erstellt und abgeliefert werden, werden eindeutig identifiziert, erfasst, archiviert und vor Änderungen geschützt.
- Überholte Versionen werden nicht einfach überschrieben, sondern aufbewahrt, damit sie später rekonstruiert werden können, sei es, weil man zu einem alten Zustand zurückkehren will, weil ein Kunde mit dieser Version Probleme hat oder weil man feststellen will, wann ein bestimmter Effekt erstmals aufgetreten ist.
- Wenn sich die Entwicklung verzweigt hat, werden alle Varianten bereitgehalten.
- Konfigurationen werden für die Auslieferung zusammengestellt und präzise dokumentiert.
- An allen Software-Einheiten, die der Konfigurationsverwaltung unterstehen, können Metriken erhoben werden (siehe Kap. 14).

Der Aufwand für die Konfigurationsverwaltung ist nicht unerheblich, ihr Nutzen übersteigt den Aufwand aber zuverlässig. Wo die Konfigurationsverwaltung bislang unzureichend ist – und das ist in vielen, vor allem kleineren Unternehmen der Fall –, lassen sich allein durch eine Verbesserung in diesem einen Punkt erhebliche Einsparungen erzielen.

21.2 Die Aufgaben der Konfigurationsverwaltung

Eine systematisch aufgesetzte und durchgeführte Konfigurationsverwaltung übernimmt die folgenden Aufgaben:

- *Versionskontrolle*
  - Alle Software-Einheiten sind eindeutig identifiziert.
  - Die erstellten Versionen und Varianten aller Software-Einheiten werden über lange Zeiträume verwaltet, ein Zugriff darauf ist jederzeit möglich. Nur Versionen, die nicht in Konfigurationen eingesetzt und vor längerer Zeit ersetzt wurden (Version 3 des Moduls X in Abb. 21–3), könnten gelöscht werden, wenn sie nicht aus speziellen Gründen aufzubewahren sind. Bei geeigneter Speichertechnik (nur die Änderungen werden gespeichert) ist das aber kaum sinnvoll.
- *Konfigurationskontrolle*
  - Es können beliebige Konfigurationen des Software-Systems mit genau definierten Eigenschaften erstellt werden, wenn die benötigten Software-Einheiten vorliegen.
  - Es ist sichergestellt, dass die Bestandteile einer Konfiguration konsistent, also miteinander verträglich sind.
- *Konstruktion ausführbarer Programme*
  - Der Prozess, um aus dem Quellcode ausführbare Programme zu erzeugen (der sogenannte Build-Prozess), wird mit den Konfigurationsinformationen gesteuert und ist automatisiert.
- *Änderungskontrolle*
  - Alle Änderungen an Software-Einheiten werden überwacht, alle Prüfresultate verwaltet (siehe Abschnitt 22.4).
- *Koordination der Teamarbeit*
  - Die Zusammenarbeit der Entwickler oder Entwicklergruppen wird durch die gemeinsame Referenzumgebung und durch die Konflikterkennung oder -vermeidung unterstützt (siehe Abschnitt 21.4).

21.3 Identifikation und Benennung von Software-Einheiten

21.3.1 Die Benennung von Software-Einheiten

Wie bei technischen Zeichnungen erweist sich auch bei der Software ein *Bezeichnungsschema* zur Kennzeichnung der Software-Einheiten als sinnvoll. Einige Dokumente entstehen in jedem Falle, unabhängig von der konkreten Aufgabenstellung:

- Begriffslexikon
- Anforderungsspezifikation
- Systementwurf
- Installationsvorschrift
- Benutzungshandbuch
- Testvorschriften

Mit dem Entwurf werden die einzelnen Bestandteile des Software-Systems sichtbar und können benannt werden. Aber schon zu Beginn des Projekts kann man Software-Einheiten generisch definieren:

- Entwurfsbeschreibung für jedes Teilsystem, jede Komponente usw.
- Testvorschriften für den Modultest, den Integrationstest und den Systemtest
- Testberichte
- Quellcode
- Review-Berichte

Mit Ausnahme von Test- und Review-Berichten können alle diese Software-Einheiten im Laufe des Projekts geändert werden (siehe Tab. 12–1 auf S. 263).

Ein Bezeichnungsschema für Software-Einheiten basiert auf beschreibenden Kürzeln und Nummern. Die primitivste Bezeichnung besteht aus einem Kürzel und einer Nummer. Das andere Extrem ist eine Kette von Kürzeln ohne Nummer. Tabelle 21–1 zeigt Beispiele.

Bezeichnungsschema	Beispiel	Bestandteile
linear	DSG.00013	Produkt (DSG) und laufende Nummer
hierarchisch	DSG.EDA.EB	Produkt (DSG), Teilsystem (EDA), Art der Software-Einheit (Entwurfsbeschreibung)

Tab. 21–1 *Bezeichnungsschemata für Software-Einheiten (ohne Versionsnummer)*

Beide Verfahren haben Nachteile: Kürzel verlieren oft ihren Sinn, dann sind es nur noch unverständliche Chiffren. Zudem können bei einer Änderung des Entwurfs Einheiten in andere Umgebungen geraten. Sie müssen dann umbenannt werden, was einigen Aufwand verursacht. Nummern lassen keine Rückschlüsse auf den Inhalt zu und werden leicht verwechselt und verdreht. Um die Versionen einer Einheit zu unterscheiden, hängt man in jedem Fall an die Bezeichnung noch eine Versionsnummer an.

Bei der Programmierung verwendet man »sprechende« Bezeichner. Dieses Prinzip sollte man aber nicht schematisch auf die Kennzeichnung der Software-Einheiten übertragen, denn diese werden oft in umfangreichen Listen, Konfigurationstabellen usw. geführt, die durch lange Bezeichner unübersichtlich werden. Zudem ist eine Software-Einheit in fast jedem Falle zu komplex, um wirklich durch einen Bezeichner, und sei er auch sehr lang, ausreichend charakterisiert zu werden.

Beim Code ist es zweckmäßig, den Programmnamen (d. h. den Namen des Moduls, Klasse o. Ä.) als Dateinamen zu verwenden. Auch bei allen anderen Dokumenten sollte man dafür sorgen, dass das Dokument nicht nur unter seinem Namen abgelegt ist, sondern diesen Namen auch explizit enthält, sodass man ohne Mühe feststellen kann, welches Dokument man gerade vor sich hat. Die Konsistenz dieser Angabe mit der Bezeichnung sollte automatisch überwacht werden.

Abbildung 21–4 zeigt ein Beispiel für die vollständige Kennzeichnung einer Software-Einheit: Sie gehört zum Produkt DSG, heißt DSG.EDA.EB und hat die Versionsnummer 02. Das Kürzel EB zeigt an, dass es sich um die Entwurfsbeschreibung der Komponente EDA handelt. Wenn Varianten entstehen, kommt ein weiteres Kürzel zur Kennzeichnung der Variante hinzu.

Abb. 21–4 *Kennzeichnung einer Software-Einheit*

21.3.2 Identität und Verwaltung von Software-Einheiten

Werkzeuge für die Konfigurationsverwaltung sorgen automatisch dafür, dass Versionsnummern fortlaufend vergeben werden und nicht versehentlich zwei verschiedene Software-Einheiten denselben Bezeichner bekommen.

Trotzdem kommt es immer wieder vor, dass die Mechanismen zur eindeutigen Kennzeichnung der Software-Einheiten unterlaufen werden. Ursachen können Schlampereien der Entwickler, Fehler bei der Konfigurationsverwaltung oder auch Notreparaturen sein, die fern vom Standort des Software-Herstellers vorgenommen wurden, weil eine korrekte Bearbeitung des Fehlers viel zu lange gedauert hätte. Wenn ein Ingenieur irgendwo im Urwald eine Anlage in Betrieb nehmen soll und das nur schafft, indem er ein Programm verändert (und sei es im Maschinencode), dann wird er das tun. Wenn endlich alles funktioniert, wird er die Notreparatur höchstwahrscheinlich vergessen, und niemand weiß, dass eine Variante entstanden ist. Einige Monate später wird eine neue Version der Software zur Anlage geschickt und von den Betreibern installiert. Natürlich tritt nun wieder der Fehler auf, an den sich niemand mehr erinnert hat.

Mit einer Prüfsumme kann man Veränderungen praktisch sicher erkennen. Einfaches Aufaddieren reicht aber nicht aus, weil damit Umstellungen unerkannt bleiben können; man verwendet einen effizienten Hashing-Algorithmus, der den vollständigen Inhalt der Datei verarbeitet. Die Prüfsumme sollte bei allen Ausgaben und Anfangsmeldungen angezeigt werden und leicht zu überprüfen und abzufragen sein.

Die Prüfsumme kann man auch zur Identifikation binärer Dateien verwenden. Verteilt man die Software als Quellcode, kann man mit Hilfe der Prüfsumme feststellen, ob die ausführbare Form des Programms am Zielort richtig generiert wurde.

Die Informationen, die die Konfigurationsverwaltung speichern und verknüpfen muss, sind umfangreich und extrem kritisch hinsichtlich Verlust oder Verfälschung. Darum ist es sinnvoll, eine *Konfigurationsdatenbank* zu erstellen, die direkt aus den Arbeitsumgebungen der Entwickler abgefragt werden kann. In der Konfigurationsdatenbank werden alle Informationen zu den Software-Einheiten und zu den definierten Konfigurationen abgelegt. So werden beispielsweise der Status der einzelnen Software-Einheiten und die Beziehungen zwischen ihnen gespeichert. Diese Daten dienen nicht nur zur Generierung von Konfigurationen, sondern für die Projektleitung und die Qualitätssicherung auch als Informationsquelle über den aktuellen Stand.

21.4 Arbeitsbereiche für die Software-Verwaltung

Als die Zahl der Einwanderer in den Vereinigten Staaten gegen Ende des 19. Jahrhunderts immer weiter stieg und mit ihr auch die Zahl derer, die krank oder kriminell waren und dadurch Kosten und Probleme verursachten, wurden sie (soweit sie über New York reisten) nicht sofort ins Land gelassen, sondern nach Ellis Island gebracht, wo sie befragt und untersucht wurden. Wer den Anforderungen nicht genügte, wurde zurückgeschickt. Dieses harte, aber wirksame Verfahren ist auch bei der Verwaltung der Software-Einheiten sinnvoll.

21.4.1 Die Bereiche und ihr Zusammenspiel

Zwischen die Entwicklung und die Auslieferung der Software ist die von der Konfigurationsverwaltung beherrschte *Referenzumgebung* gesetzt. Sie sorgt dafür, dass nur geprüfte Software-Einheiten als Systembausteine verwendet werden.

Abbildung 21–5 zeigt das Prinzip. Ein Entwickler erstellt, modifiziert und überprüft Software-Einheiten in seiner persönlichen *Konstruktionsumgebung*. Fertige Einheiten übergibt er der *Referenzumgebung*. Dort werden neue oder veränderte Software-Einheiten mit dem Status »ungeprüft« versehen und gespeichert. Sie sind damit der Konfigurationsverwaltung unterstellt, d. h., niemand kann sie dort verändern, auch nicht ihr Entwickler.

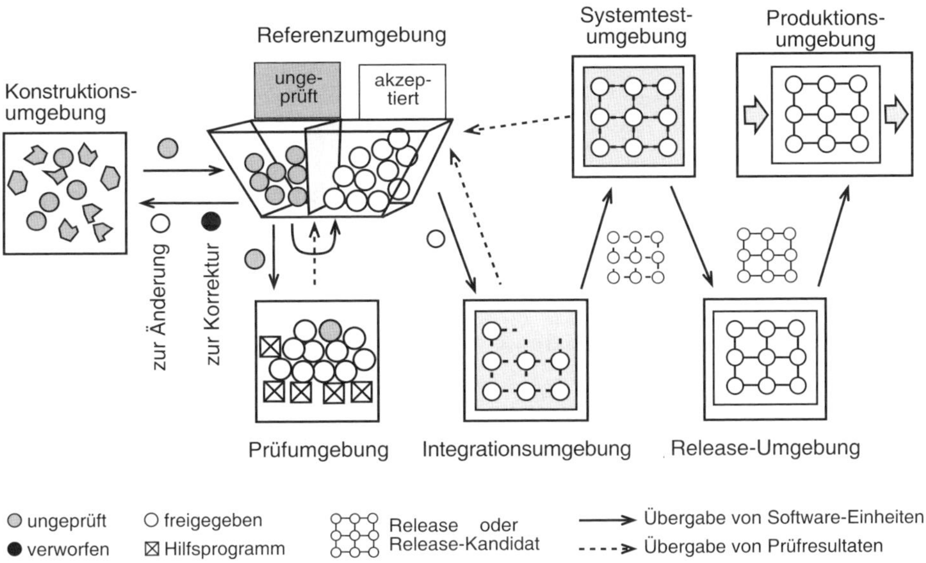

Abb. 21–5 *Die Bereiche der Software-Entwicklung und -Verwaltung*

In der *Prüfumgebung* werden die Software-Einheiten geprüft. Dabei werden andere, bereits geprüfte Einheiten sowie Hilfsprogramme (Testtreiber, Platzhalter) verwendet. Eine Einheit, in der Fehler entdeckt werden, erhält den Status »verworfen«; sie wird nicht weiter verwendet, sondern zur Korrektur an ihren Entwickler zurückgegeben. Werden keine Fehler entdeckt, so wird der Status auf »gut« verändert; diese Einheit kann nun an die *Integrationsumgebung* weitergegeben werden.

Dort wird das System aus guten Einheiten schrittweise zusammengebaut. Jeder Integrationsschritt wird durch einen Test geprüft. Lässt sich eine Einheit nicht fehlerfrei integrieren oder zeigen sich im Test Fehler, ist sie oder eine der bereits integrierten Einheiten nicht in Ordnung. In diesem Fall muss der Fehler lokalisiert werden; die fehlerhafte Einheit bekommt den Status »verworfen«. Erst wenn sie korrigiert und erneut geprüft ist, kann die Integration fortgesetzt werden.

Mit dem letzten Integrationsschritt ist ein vollständiges System entstanden, das auch als Release-Kandidat bezeichnet wird. Der Systemtest erfolgt anschließend in der *Systemtestumgebung*. Fehler, die im Systemtest auffallen, haben die gleiche Wirkung wie die aus dem Integrationstest. Ist der Release-Kandidat ohne Befunde getestet, so wird daraus ein Release, das an die *Release-Umgebung* geht.

Meist werden dort auch freigegebene Updates (siehe Abschnitt 22.2.3) für ältere Releases bereitgestellt. Jede Software-Lieferung erfolgt aus der Release-Umgebung. Das Release wandert dann in die *Produktionsumgebung*, wo es produktiv eingesetzt wird. Im Fall eines Auftragsprojekts liegt diese Umgebung beim Kunden.

Durch Werkzeuge und Organisation ist sichergestellt, dass Einheiten nur auf die oben beschriebene Weise, also vom Entwickler und nach Prüfung ohne Beanstandung, in den »sauberen« Bereich der Referenzumgebung, die Sammlung guter Einheiten, gelangen kann. Aus anderen Umgebungen fließen nie Einheiten in die Referenzumgebung zurück.

Neue oder geänderte Anforderungen machen es immer wieder notwendig, bereits freigegebene Software-Einheiten zu verändern. Es entstehen neue Versionen, die ebenfalls den beschriebenen Weg durchlaufen.

21.4.2 Realisierung der Arbeitsbereiche

In den beschriebenen Umgebungen werden Werkzeuge eingesetzt. Die Konstruktionsumgebung besteht aus einer Vielzahl von Werkzeugen, die zur Analyse, zum Entwurf, zur Codierung und zur Fehlersuche verwendet werden.

In der Referenzumgebung wird immer ein Werkzeug zum Verwalten der Versionen, Varianten und Konfigurationen verwendet. Es realisiert die Konfigurationsdatenbank und kontrolliert den Zugriff auf darin abgelegte Software-Einheiten. Ein Werkzeug zur Verwaltung der Änderungsanträge dient dazu, die Änderungsanträge systematisch zu bearbeiten und Querverweise zwischen diesen und geänderten Software-Einheiten zu verwalten.

In der Integrationsumgebung werden häufig Werkzeuge genutzt, um teilintegrierte Systeme automatisch zusammenzubauen, sowie Werkzeuge, die den Integrationstest automatisiert durchführen. In der Prüfumgebung und in der Systemtestumgebung werden die Werkzeuge eingesetzt, die für die unterschiedlichen Prüfungen und die Verwaltung der Prüfresultate benötigt werden. Die Release-Umgebung kann im einfachsten Fall durch eine Ordnerstruktur realisiert werden, in der die freigegebenen Releases abgelegt werden. Häufig kann auf Releases nur über eine spezielle (Web-)Anwendung zugegriffen werden, die den Zugang kontrolliert.

Es sollte aber klar sein, dass viele Probleme des Software Engineerings nicht durch Werkzeuge gelöst werden, sondern durch Methoden und organisatorische Maßnahmen. Die Konfigurationsverwaltung bedarf der Organisation; Werkzeuge sind nützlich, wenn die Organisation funktioniert.

22 Software-Wartung

Die große Bedeutung der Wartung ergibt sich schon daraus, dass sie, verglichen mit den Schritten der Entwicklung, das mit Abstand größte Budget erfordert. Zudem ist ein (erfolgreiches) Software-System im größten Teil seiner Existenzdauer in Wartung.

Der relativ geringe Umfang dieses Kapitels sagt also mehr über unser Wissen als über die Bedeutung der Wartung aus; bis heute ist die Wartung ein weißer Fleck auf der Landkarte. Der Grund ist sehr einfach: Können wir uns bei der Entwicklung die Verhältnisse (mit Einschränkungen) so gestalten, wie wir sie uns wünschen, müssen wir bei der Wartung alles akzeptieren, wie es ist. In diesem Sinne ist die Wartung der Geriatrie vergleichbar, die sich mit den unterschiedlichsten Krankheitsbildern alter Menschen auseinandersetzen muss, auch mit Krankheiten, die die Patienten selbst herbeigeführt haben, mit sehr seltenen Kombinationen von Krankheiten und vielen unheilbaren Fällen.

22.1 Begriff und Taxonomie der Software-Wartung

22.1.1 Verschleiß und Wartung

Die Wartung eines Flugzeugs ist planbar; durch Berechnungen oder aus Erfahrung ist bekannt, dass bestimmte Teile nach einer gewissen Zeit ihre Eigenschaften verändert haben oder nach einer gewissen Flugstrecke abgenutzt sind. In der periodischen Wartung werden sie darum geprüft oder gleich ersetzt.

Dagegen ist die Reparatur eines Flugzeugs nach einem Zusammenstoß mit einem Vogelschwarm nicht planbar. Man kann zwar, da es Statistiken über solche Unfälle gibt, ein Budget für diese Reparaturen vorsehen, doch der einzelne, konkrete Unfall kommt immer überraschend. Die Umrüstung eines Flugzeugs für einen anderen Einsatz, z. B. für die Beförderung von Fracht statt Menschen, ist zwar das Resultat einer bewussten Entscheidung, aber diese Entscheidung wird typischerweise kurzfristig, z. B. nach einem Wechsel des Eigentümers, getroffen; darum kann auch diese Arbeit nicht langfristig, bereits in der Entwicklung, geplant werden. (Ist dagegen eine doppelte Nutzung von Beginn an vorgesehen, so kann die notwendige Flexibilität eingebaut werden.)

Wir können also festhalten, dass die Wartung im engeren Sinne, zur Kompensation der Abnutzung, präzise geplant werden kann. Dagegen werden Reparaturen und Umrüstungen überraschend notwendig und lassen sich darum *nicht* im Einzelnen planen.

Da sich Software nicht abnutzt, gibt es für eine Wartung im engeren Sinne keinen Bedarf; wohl aber für Reparaturen und Änderungen. Natürlich sind Korrekturen notwendig, vor allem kurz nach der Auslieferung, wenn sich im Gebrauch Mängel zeigen, auch nach einem neuen Release. Dieser Bedarf klingt aber in der Regel nach einigen Monaten ab, auch wenn noch nach Jahren dann und wann Fehler auftreten.

Aber die Korrektur ist nicht der einzige und – bei allen Systemen mit akzeptabler Qualität – nicht der wichtigste Grund für die Arbeiten an einer Software, die bereits im Einsatz ist. Eine Software, die intensiv genutzt wird, erzeugt neue Wünsche und Bedürfnisse. Je breiter der Einsatzbereich ist, desto größer ist die Zahl der Anforderungen, die sich ändern. Das bedeutet: Je erfolgreicher die Software ist, desto mehr Anpassungen und Erweiterungen braucht sie. Daraus erklärt sich der scheinbar paradoxe Zusammenhang zwischen Qualität und Wartungskosten: Je besser eine Software ist, desto höher sind ihre Wartungskosten, weil die bessere Software länger und von mehr Menschen genutzt wird und darum mehr neue Anforderungen auslöst.

22.1.2 Definitionen des Wartungsbegriffs

In der Literatur fasst man unter dem Begriff Wartung alle Arten der Bearbeitung von Software zusammen, die nach der Auslieferung an den Kunden stattfindet. Entsprechend bezeichnet man die Zeit nach der Auslieferung als Wartungsphase; sie endet, wenn die Software stillgelegt (»verschrottet«) wird.

operation and maintenance phase — The period of time in the software life cycle during which a software product is employed in its operational environment, monitored for satisfactory performance, and modified as necessary to correct problems or to respond to changing requirements.

maintenance — The process of modifying a software system or component after delivery to correct faults, improve performance or other attributes, or adapt to a changed environment.

Syn: software maintenance.

See also: adaptive maintenance; corrective maintenance; perfective maintenance.

IEEE Std 610.12 (1990)

Diese Definition der Wartung führt allerdings zu Widersprüchen: Auf der einen Seite gibt es bereits während der Entwicklung Probleme, die behoben werden müssen; die Maßnahmen unterscheiden sich nur dadurch von der Wartung, wie sie oben definiert wurde, dass das System noch nicht beim Kunden läuft. Auf der anderen Seite findet Software-Entwicklung oft inkrementell statt, und das System wird nach der Auslieferung planmäßig erweitert und ausgebaut. Das ist Entwicklung, keine Wartung.

Offenbar spielt die Frage, ob es sich um geplante oder um ungeplante, unplanbare Arbeiten handelt, eine wichtige Rolle. Wir definieren die Wartung daher wie folgt:

Software-Wartung ist jede Arbeit an einem bestehenden Software-System, die nicht von Beginn der Entwicklung an geplant war oder hätte geplant werden können und die unmittelbare Auswirkungen auf den Benutzer der Software hat.

Ludewig, Opferkuch (2004)

Der letzte Halbsatz unterscheidet die Wartung vom Reengineering (siehe Abschnitt 23.2), das die internen Eigenschaften, also die Wartungsqualität der Software, verbessert.

Auch die Komposition bestehender Komponenten zu einem System wird nicht zur Wartung gezählt; die Komponenten sind ja für diesen Zweck entwickelt worden.

22.1.3 Arten der Wartung

Auf der Basis der von Lientz und Swanson (1980) vorgestellten Taxonomie finden wir im IEEE-Glossar die folgenden Definitionen zur Software-Wartung (hier ohne Bezüge zur Hardware):

adaptive maintenance — Software maintenance performed to make a computer program usable in a changed environment.

corrective maintenance — Maintenance performed to correct faults in software.

perfective maintenance — Software maintenance performed to improve the performance, maintainability, or other attributes of a computer program.

preventive maintenance — Maintenance performed for the purpose of preventing problems before they occur.

IEEE Std 610.12 (1990)

Auch hier halten wir teilweise andere Begriffe und Kategorien für sinnvoll. Die korrektive und die adaptive Wartung machen keine Probleme:

a) *Adaptive Wartung (Anpassung)*
Die Software wird so verändert, dass sie neue oder geänderte Anforderungen erfüllt; diese können funktional oder nichtfunktional sein.

b) *Korrektive Wartung (Korrektur)*
Die Software wird so verändert, dass ein beobachteter Fehler nicht mehr auftritt. Im weiteren Sinne kann man auch eine Entschärfung des Fehlers (z. B. durch die Anzeige einer Warnung) als Korrektur bezeichnen.

Weniger klar ist dagegen die dritte Kategorie, die vierte ist sogar irreführend:

c) *Verbessernde Wartung (Verbesserung)*
   Die Software wird so verändert, dass bestimmte Qualitätsmerkmale der Software verbessert werden. Das kann zum Beispiel die Verarbeitungsgeschwindigkeit oder die Benutzbarkeit sein.

d) *Präventive Wartung (Prävention)*
   Die Software wird so verändert, dass bestimmte Fehler gar nicht erst auftreten.

Das Problem der Definition (c) liegt im Begriff der Verbesserung. Nehmen wir an, dass die Spezifikation eine bestimmte Antwortzeit des Systems fordert. Dann verletzt ein zu langsames System die Spezifikation, wir brauchen keine Verbesserung, sondern eine Korrektur. Die Definition der verbessernden Wartung geht also davon aus, dass die Qualität nicht genau spezifiziert war, dass es sich um »weiche Anforderungen« handelt (siehe Abschnitt 16.4.2). Wir präzisieren die Definition entsprechend: Verbessernde Wartung haben wir immer dann vor uns, wenn das System zwar die Spezifikation (in dem betreffenden Punkt) bereits erfüllt hatte, aber die Veränderung den Nutzen des Systems trotzdem erhöht. Damit ist die Grenze zwischen Korrektur und Verbesserung wenigstens angedeutet; mangels präziser Spezifikationen geht es in der Praxis nicht besser.

Die vierte Kategorie – präventive Wartung – ist noch weniger klar; zudem überlappt sie mit den anderen Kategorien. Der Begriff ist angelehnt an die technische Wartung: Wenn man eine Glühlampe nach einer gewissen Zeit auswechselt, bevor der Glühfaden bricht, handelt es sich um präventive Wartung. Diesen Effekt gibt es bei Software mangels Verschleiß nicht. Natürlich kommt es vor, dass Fehler behoben werden, die noch nie wirksam geworden sind. Wenn etwa eine Lagerhaltung nicht wie gefordert bis zu zehn Millionen Artikel verwalten kann, dieser Fehler aber nicht sichtbar geworden ist, weil der Lagerbestand nie so hoch war, kann der Fehler trotzdem zufällig entdeckt und dann behoben werden. Das ist eine Korrektur, so wie es eine Korrektur ist, wenn man einen fehlenden Gullydeckel auf der Straße herbeischafft und einsetzt. Wer spräche da von einer präventiven Wartung?

Das beliebteste Beispiel für präventive Wartung ist das sogenannte Y2K-Problem, die mangelnde Vorbereitung vieler Software-Systeme für Jahreszahlen ab 2000. Betrachtet man den Fall näher, so sieht man, dass es sich in allen Fällen entweder um eine Korrektur gehandelt hat oder um eine Änderung, je nachdem, ob die Möglichkeit einer Nutzung nach 1999 gefordert war oder nicht. Bei sehr vielen alten Systemen aus den Siebzigerjahren hatte man nicht im Traum damit gerechnet, dass sie noch nach über zwanzig Jahren im Einsatz sein würden; entsprechend gab es diese Anforderung weder explizit noch implizit.

Wir folgern daraus, dass der Begriff der präventiven Wartung überflüssig und irreführend ist.

22.1.4 Die Kosten der Wartung

Es gibt eine Reihe publizierter Studien über den Aufwand, den die Software-Wartung verursacht. Auch wenn die Art und die Anzahl der dazu untersuchten Systeme stark variieren, so liefern sie doch einen Eindruck vom Gewicht der Wartung im gesamten Software-Lebenslauf. So geben beispielsweise Zelkowitz, Shaw und Gannon (1979) an, dass 67 % des Aufwands der Wartung zuzurechnen sind. Lientz und Swanson (1980) ermitteln 48 %, Abran und Nguyenkim (1991) 55 %.

Auch wenn diese Zahlen nicht überinterpretiert werden dürfen, so ist doch ersichtlich, dass die Wartung erheblichen Aufwand verursacht, und das gerade bei guter Software, wie oben begründet wurde. Eine Untersuchung von Nosek und Palvia (1990), deren Ziel es war, die Entwicklung gegenüber der Untersuchung von Lientz und Swanson festzustellen, kam zu dem Ergebnis, dass sich überraschend wenig verändert hatte. Unsere Beobachtungen in der Industrie lassen vermuten, dass diese Aussage auch zu Beginn des 21. Jahrhunderts noch gültig ist.

Je größer die Bedeutung der Informatik in einem Unternehmen ist, umso höher ist der Wartungsanteil bei den Kosten. Im (durchaus üblichen) Extremfall gibt es praktisch nur noch Wartungskosten, weil keine Neuentwicklungen, sondern nur noch Verbesserungen, Anpassungen und Korrekturen stattfinden.

In der Literatur gibt es auch Studien, die sich damit beschäftigen, wie sich der gesamte Wartungsaufwand auf die einzelnen Wartungsarten verteilt. Es ist jedoch schwierig, vergleichbare empirische Untersuchungen darüber zu finden, da die Autoren solcher Untersuchungen fast immer mit unterschiedlichen Definitionen der verschiedenen Wartungsarten arbeiten. Betrachten wir die folgenden drei Studien:

- *Studie 1*
  Lientz und Swanson (1980) zählen zur Anpassung nur den Wartungsaufwand, um Software an ein neues Betriebssystem anzupassen. Geänderte Anforderungen und Erweiterungen werden als Verbesserungen gezählt.
- *Studie 2*
  Sneed (1987) unterscheidet explizit zwischen Anpassung und Erweiterung.
- *Studie 3*
  van Vliet (2000) zählt zu Verbesserungen auch geänderte Anforderungen.

Die in diesen Studien ermittelten Aufwandsverteilungen sind nachfolgend tabellarisch zusammengefasst.

Wartungsart	Studie 1	Studie 2	Studie 3
Korrektur	17 %	25 %	21 %
Anpassung / Erweiterung	18 %	20 % 40 %	25 %
Verbesserung / Prävention	65 %	15 %	50 % 4 %

Betrachtet man die Zahlen auf der Basis der oben beschriebenen Zuordnung von Aufwänden zu den einzelnen Wartungsarten, dann erkennt man, dass in der Praxis Anpassung und Erweiterung den Löwenanteil der Wartungskosten schlucken; an zweiter Stelle steht die Korrektur.

22.2 Inhalt und Ablauf der Wartung

22.2.1 Ein Modell der Wartung

Betrachtet man auch die weichen Anforderungen, von denen oben in Zusammenhang mit der verbessernden Wartung die Rede war, als Teil der Spezifikation, dann geht es bei der Wartung immer darum, eine Inkonsistenz zwischen Spezifikation und Implementierung zu beseitigen oder zu vermindern. Diese Inkonsistenz kann durch eine fehlerhafte Implementierung entstanden sein (Korrektur) oder durch eine Änderung der Anforderungen (Änderung, Erweiterung). Die Abbildung 22–1 zeigt schematisch die Beziehungen zwischen Spezifikation und Implementierung sowie die Zustandsübergänge durch die unterschiedlichen Wartungsarten.

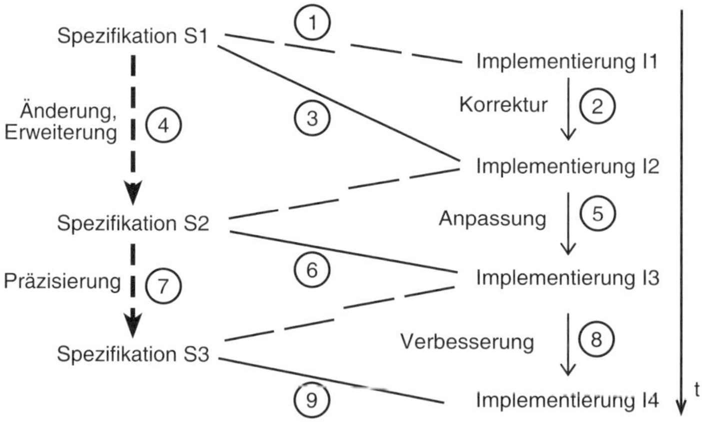

Abb. 22–1 *Ein Modell der Software-Wartung*

Wenn die Implementierung auf Grund eines Implementierungsfehlers nicht der Spezifikation entspricht (1), ist eine Korrektur (2) nötig. Damit sind Spezifikation und Implementierung konsistent (3).

Ändern sich die Anforderungen (4), ist also eine Anpassung oder Erweiterung notwendig, so muss die Konsistenz (6) durch eine Änderung der Implementierung (5) wieder hergestellt werden.

Wenn der Kunde eine Verbesserung – beispielsweise der Fehlermeldungen oder der Zuverlässigkeit – wünscht (7), sind das auch Anforderungen, selbst wenn sie nicht explizit in der Spezifikation erscheinen. Wären diese Wünsche bereits vor der Implementierung formuliert worden, so wäre die Spezifikation durch die Implementierung nicht vollständig umgesetzt, und es wäre die oben beschriebene Korrektur nötig. In der Praxis ist es aber meist so, dass erst bei der Benutzung des Systems klar wird, wie sich das System verhalten sollte (7); das gilt vor allem für die schwer zu fassenden nichtfunktionalen Anforderungen (siehe Abschnitt 16.4.4). Schematisch (in Abb. 22–1) ist diese Situation nicht von der Änderung zu unterscheiden, die Implementierung wird geändert (8), sodass Spezifikation und Implementierung wieder harmonieren (9).

Im Zusammenhang mit der Abbildung 22–1 war mehrfach davon die Rede, dass die Konsistenz hergestellt oder wieder hergestellt wird. Es sollte klar sein, dass damit nur die Konsistenz an einzelnen Punkten gemeint ist. Eine totale Konsistenz, also die völlige Korrektheit der Implementierung, werden wir im Allgemeinen nie erreichen.

22.2.2 Schritte der Wartung

Wartung sollte geplant werden. Um sie planen zu können, muss ein Änderungswesen etabliert und systematisch umgesetzt werden (siehe Abschnitt 22.4). Alle eingehenden Fehlermeldungen und Änderungswünsche fließen in Form von *Problemmeldungen* in die Planung der Wartung ein. Der Änderungsausschuss entscheidet, welche Meldungen durch eine Wartung umgesetzt werden. Die Wartung selbst erfordert dann die folgende Sequenz von Schritten:

1. Der Ausgangszustand wird (spätestens jetzt) präzise dokumentiert und archiviert. Dies ist eine zwingende Voraussetzung, bevor irgendetwas geändert werden darf, damit später nachvollzogen werden kann, welche Änderungen vorgenommen wurden.
2. Der zu modifizierende Teil wird identifiziert.
   Wartung bedeutet stets, dass die Spezifikation nicht oder nur wenig, die Implementierung nur wenig verändert wird. Andernfalls handelt es sich um eine Neuimplementierung, evtl. mit Wiederverwendung. Darum ist es wichtig, dass der zu modifizierende Teil (in der Regel einige wenige Komponenten) identifiziert und möglichst eng eingegrenzt wird. Der Rest der Software ist vor Änderungen zu schützen.
3. Testfälle für die durchgeführte Änderung werden entworfen.
   Dazu müssen die vorhandenen Testfälle daraufhin überprüft werden, wieweit sie unverändert gültig bleiben oder verändert werden müssen. Die alten Testfälle müssen unbedingt für den Regressionstest aufbewahrt werden (siehe Schritt 5).

4. Die zu ändernden Komponenten werden aus der Konfigurationsverwaltung entnommen, bearbeitet und lokal geprüft.
   Die Prüfung erfolgt beispielsweise durch Inspektion, Test und Metriken. Ist die Prüfung negativ, dann werden die geänderten Komponenten wieder der Konfigurationsverwaltung unterstellt.
5. Die veränderten Komponenten werden integriert und getestet.
   Dabei kommt vor allem der im Abschnitt 19.1.3 behandelte Regressionstest zum Zuge: Testresultate dürfen von den früher archivierten nur abweichen, wo dies die geänderte Spezifikation verlangt.
6. Der neue Zustand wird dokumentiert und wiederum archiviert.
7. Der benötigte Aufwand für die Wartung wird aufgezeichnet.

22.2.3 Die Verteilung der geänderten Software

Die Wartung ist erst abgeschlossen, wenn die geänderte Software beim Kunden installiert ist und läuft. Dazu muss aus den geänderten Komponenten, Hilfsprogrammen und Dateien, die erforderlich sind, eine Lieferung zusammengestellt und zum Kunden übertragen werden. Eine solche Lieferung wird als *Aktualisierung* (*Update*) bezeichnet.

Eine Aktualisierung ist keine eigenständige Software, sie basiert immer auf einer freigegebenen Basisversion (dem aktuellen Release). Der Vorgang, eine Software durch die Installation eines Updates zu aktualisieren, kann einfach sein (z. B. Expandieren einer Datei und Speichern an definierter Stelle, meist als Ersatz für einen Vorgänger) oder sehr viele Schritte umfassen, die in einer bestimmten Reihenfolge ausgeführt werden müssen (z. B. bei der Aktualisierung einer auf vielen Rechnern verteilten Anwendung zur Produktionssteuerung). Bei vielen Software-Produkten ist die Verteilung automatisiert, die Systeme fragen automatisch den aktuellen Änderungsstand über das Web ab, holen die Aktualisierung und führen sie aus.

Verändert sich die bestehende Software durch eine Aktualisierung erheblich, dann müssen zuvor die Risiken identifiziert und bewertet werden, die die Umstellung auf die neue Version mit sich bringt. Werden diese als hoch eingestuft, dann muss eine Übergangsstrategie entwickelt werden; unter Umständen muss eingeplant werden, zur alten Version zurückzukehren, wenn es zu viele Probleme mit der neuen gibt.

Je nach Umfang der Änderungen, die in einer Aktualisierung enthalten sind, unterscheiden wir die folgenden Update-Arten:

- Ein *Patch* ist ein Update, das bereitgestellt wird, um einen einzelnen Fehler oder einige wenige Fehler zu korrigieren. Muss ein Fehler sofort behoben werden, weil sonst inakzeptable Folgekosten entstehen, wird der Patch sofort an den Kunden ausgeliefert. Man spricht dann von *Emergency Maintenance*, das Ergebnis ist ein *Hot Fix*. Es ist sehr wichtig, dass dieser Feuerwehraktion eine systematische Wartung folgt. Andernfalls veraltet die Dokumentation, Konfigurationsverwaltung und Qualitätssicherung werden unterlaufen, und die Datensammlung unterbleibt.

- Ein *Upgrade* (häufig auch als *Service Pack* bezeichnet) ist ein Update, in dem viele Fehlerkorrekturen (also Patches), aber auch verbesserte oder neue Funktionalität enthalten sind. Werden Upgrades in regelmäßigen Intervallen zur Verfügung gestellt, dann werden oft parallel dazu sogenannte kumulative (Combo-)Upgrades bereitgestellt, die alle vorhergehenden Upgrades enthalten. Dies erleichtert den Update-Prozess, wenn ein Kunde sein System aktualisieren will, aber nicht alle vorherigen Upgrades installiert hat.

Natürlich muss für jedes Update dokumentiert werden, welche Voraussetzungen gelten, damit das Update installiert werden kann, welche Installationsschritte durchzuführen sind und welche Fehler behoben wurden, welche nicht. Die Liste der in einem Update umgesetzten Problemmeldungen ist die Ausgangsbasis dieser Dokumentation.

22.3 Risiken, Probleme und Grundsätze der Wartung

22.3.1 Risiken und Probleme

Wartung von Software ist schwierig, und wir besitzen kaum Methoden oder Werkzeuge, die uns (speziell) dabei wirklich helfen. In der nach der Delphi-Methode durchgeführten Studie von Dekleva (1992) wurden 19 Problembereiche ermittelt. Die wichtigsten fünf sind:

1. *Changing priorities*
   Wartungstätigkeiten werden oft unterbrochen – andere Tätigkeiten sind wichtiger oder dringender – und müssen anschließend wieder aufgenommen werden. Dies erzeugt zusätzlichen Aufwand.
2. *Inadequate testing methods*
   Der nach einer Wartung notwendige Regressionstest bereitet Probleme, weil spezielles Know-how fehlt und weil die Testfälle und Testdaten nicht ausreichen.
3. *Performance measurement difficulties*
   Weil oft nicht definiert ist, wie Wartung durchzuführen ist, Wartung nicht explizit geplant wird und die benötigten Aufwände nicht ermittelt werden, lässt sich nicht oder nur schwer feststellen, wie effizient die Mitarbeiter bei der Wartung arbeiten.

4. *System documentation is incomplete*
   Oft ist die vorhandene Dokumentation unvollständig und nicht mehr aktuell. Dies führt dazu, dass der Einarbeitungsaufwand für die Wartung steigt. Mitarbeiter, die die Architektur und die Funktionsweise eines alten Systems kennen, werden häufig in Anspruch genommen; oft gibt es nur noch eine einzige Person, die als »walking documentation« unentbehrlich ist. Dieser Zustand ist für die betreffende Person, die immer wieder gestört wird und sich kaum neuen Themen zuwenden kann, ebenso unerfreulich wie für die Firma, die diese Person als Risikofaktor betrachten muss.
5. *Adapting to a rapidly changing business environment*
   Der Anwendungskontext und die Anforderungen an viele Systeme ändern sich so schnell, dass kaum mehr Stabilität erreicht werden kann. Insbesondere bei alter Software sind notwendige Veränderungen dann kaum noch »in nützlicher Frist« durchzuführen.

Wir sehen zusätzlich die folgenden Probleme bei der Software-Wartung:

- *Wartungstätigkeiten müssen meist unter Zeitdruck stattfinden*
  Wird beispielsweise ein kritischer Fehler gemeldet, dann muss die Ursache dafür so schnell wie möglich gefunden werden. Die Korrektur wird umgehend als Hot Fix an den Kunden geliefert, der notwendige Regressionstest unterbleibt, die Änderungen werden nicht dokumentiert. Darum verschlechtert eine schlampig durchgeführte Wartung die Architektur, die Qualität der Dokumentation und natürlich auch den Code.
- *Durch die Wartung entstehen neue Fehler*
  Software kann leicht, manchmal *zu* leicht geändert werden; es ist jedoch nicht einfach, nur die wirklich notwendigen Änderungen durchzuführen, und diese richtig, zumal bei der Wartung meist der Überblick fehlt. Darum ist die Fehlerrate (Zahl der Fehler, bezogen auf die Zahl der bearbeiteten Zeilen) bei der Wartung viel höher als bei einer Neuentwicklung. Der Test ist aus denselben Gründen nach der Wartung eher weniger erfolgreich als nach der Entwicklung, die neuen Fehler werden also zu einem beträchtlichen Teil nicht entdeckt, sondern mit der neuen Version ausgeliefert.
- *Wartung ist eine unbeliebte Tätigkeit*
  Wartung ist im Kern eine analytische, die Entwicklung eine konstruktive Tätigkeit. Die meisten Entwickler arbeiten lieber in innovativen Entwicklungsprojekten mit neuen Sprachen, Technologien und Entwicklungsumgebungen, als Wartungstätigkeiten durchzuführen. Das gilt umso stärker, je älter – und damit ferner, weniger unterstützt – die zu wartende Software ist.

22.3.2 Grundsätze der Wartung

Für die Wartung gelten – prinzipiell – alle Regeln und Grundsätze der Software-Entwicklung. Diese Aussage ist aber von geringem praktischem Nutzen, weil die Bedingungen, unter denen Wartung stattfindet, in aller Regel völlig andere sind als während der Entwicklung. Wenigstens können allgemeine Aussagen zu Projektmanagement, Qualitätssicherung und Konfigurationsverwaltung übernommen werden. Folgende Grundsätze sollten immer beachtet werden:

- Änderungen werden nur durchgeführt, wenn dafür ein erheblicher, dokumentierter Bedarf besteht, wenn auch die Folgen sorgfältig geklärt sind und die Effekte anschließend seriös geprüft werden.
- Jede Wartung muss geplant werden, sie darf nicht spontan erfolgen. Dafür gibt es drei Gründe:
    1. Die Wartung erfordert beträchtlichen, kaum ohne einige Mühe schätzbaren Aufwand. Darum muss zunächst sichergestellt werden, dass der Nutzen die Kosten übersteigt.
    2. Im Rahmen der Wartung sind viele einzelne Verwaltungsschritte notwendig (siehe Abschnitt 22.2.2). Sie werden bei spontaner Wartung kaum durchgeführt. Die Folgen sind Inkonsistenzen und andere Fehler in der Konfigurationsverwaltung. Dadurch sinkt die Qualität der Software rapide.
    3. Änderungen sind, wie oben festgestellt wurde, riskant. Darum ist es sehr wichtig, dass auf die Änderung eine systematische Prüfung folgt. Der berüchtigte »Quick Fix« ist gefährlicher als ein bekannter Fehler, der umgangen werden kann.
- Bei allen Wartungsaktivitäten muss sichergestellt sein, dass die integrierte und die separate Dokumentation nachgeführt werden. Dieses muss ebenso geprüft werden wie Änderungen am Code.
- Die Abgrenzung zwischen Entwicklung und Wartung muss klar sein, es darf keine Grauzone zwischen den Verantwortlichkeiten entstehen.

Je älter, umfangreicher und komplexer eine Software ist, desto schwieriger ist die Wartung. Wenn wir Software lange betreiben müssen – und das ist oft der Fall –, dann müssen wir auch frühzeitig und kontinuierlich in die Wartbarkeit investieren.

22.4 Die Wartungsorganisation

Die systematische Verwaltung von Änderungen (Change Management) ist eine Aufgabe der Konfigurationsverwaltung (Abschnitt 21.2). Software, die genutzt wird, muss korrigiert und immer wieder den veränderten Anforderungen angepasst werden, sonst wird sie unbrauchbar.

Aus Sicht der Konfigurationsverwaltung ist der Grund für eine Änderung letztlich gleichgültig: Wann immer eine der Software-Einheiten durch eine neue Version ersetzt wird, wenn eine weitere hinzukommt oder wenn sich die Vorschrift zum Generieren des Systems ändert, ändert sich auch die Konfiguration.

Für die administrative und vor allem für die finanzielle Behandlung ist jedoch der Grund der Änderung bedeutend. Folgende Situationen sind zu unterscheiden:

- Ein Fehler, eine Abweichung von der gültigen Spezifikation muss behoben werden.
  Der Aufwand zählt zu den Fehlerkosten; solange die Gewährleistungsfrist läuft, sind die Korrekturen Sache des Herstellers.
- Neue oder veränderte Anforderungen verlangen eine Erweiterung oder Änderung der Software.
  Die Kosten der Arbeiten werden dem Kunden berechnet.
- Die Software muss reorganisiert, strukturell verbessert und nachdokumentiert werden, damit sie wartbar bleibt oder wieder wartbar wird.
  Diese Maßnahmen gehören zum Reengineering (siehe Kap. 23). Die Kosten sollten aus einer Rücklage gedeckt werden, die durch einen Zuschlag zu den Wartungskosten, eine Art »Reengineering-Steuer«, gebildet wird.

22.4.1 Problemmeldung und Änderungsantrag

If it ain't broken, don't fix it!

Sprichwort

Wenn es mit einer Software keine Probleme gibt, sollte sie nicht geändert werden, auch dann nicht, wenn ein Entwickler überzeugt ist, alles viel besser machen zu können. Ob es wirklich Probleme gibt oder gegeben hat, kann man nur feststellen, wenn sie dokumentiert sind. Darum steht am Anfang jeder Änderung eine *Problemmeldung* (*Software Problem Report*, SPR). Man spricht hier auch von einem *Änderungsantrag* (*Change Request*, CR); das ist ein Sonderfall der Problemmeldung, er setzt voraus, dass die Konsequenz offensichtlich eine Änderung ist (beispielsweise bei einem Erweiterungswunsch). In vielen anderen Fällen ist nicht klar, ob das Problem eine Änderung nach sich ziehen muss; darum verwenden wir den Begriff der Problemmeldung.

Problemmeldung / Änderungsantrag	
SPR/CR Nr. (setzt CCB ein!)	
Absender: E-Mail: Telefon:	Datum: Falls kritisch: Antwort erwartet vor:
Produkt (Name / Release / Installation)	Dokument (Name / Version)
Hardware, Betriebssystem (Version, Ausbau usw.):	
Dies ist m. E. ein Verbesserungswunsch ○ ein Änderungswunsch ○ eine Fehlermeldung ○ Fehler reproduzierbar? ja ○ nein ○	Von der Änderung/Korrektur ist/sind m. E. betroffen das Programm ○ die Dokumentation ○ die Konfiguration ○
Stichwort (für Antwort, Bezugnahme):	
Beschreibung:	
Beigefügte Unterlagen:	

Abb. 22–2 *Inhalt einer Problemmeldung*

Wenn eine Problemmeldung eingeht, muss zunächst geklärt werden, worin das Problem besteht, die Problemmeldung wird als Irrtum, als Fehlermeldung oder als Änderungswunsch eingestuft:

- Es kann sein, dass der Klient einen Fehler meldet, weil er das System falsch bedient hat oder einfach etwas erwartet, was das System gar nicht leisten sollte. In diesem Falle wird der Klient informiert. Eventuell ist es sinnvoll, das Handbuch zu verbessern; allerdings hilft das nur, wenn der Klient es auch liest.
- Wenn es sich tatsächlich um einen Fehler handelt, muss entschieden werden, ob und wann der Fehler behoben werden soll. Wenn der Fehler nicht gravierend ist und sich leicht umgehen lässt, ist es in vielen Fällen besser, ihn zu tolerieren und den Kunden mit einem Hinweis auf den *Workaround* zu informieren.

- Wenn es um einen Änderungs- oder Erweiterungswunsch geht, ist zu entscheiden, welche Vorteile, Kosten und Risiken die Änderung hat. Der Umgang mit diesen Wünschen hängt stark von der Organisation und von der Beziehung zwischen Hersteller und Kunden ab: Externe Kunden werden solche Wünsche nur mitteilen, wenn sie auch ein Budget für die Umsetzung haben; es wird ein neuer Vertrag nötig. Bei EDV-Projekten, bei denen laufend geändert und erweitert wird, geht der Wunsch an ein Gremium (*Change Control Board*, CCB), das über die Priorität dieses Wunsches entscheidet.

Problemmeldungen und Änderungsanträge werden typischerweise elektronisch erstellt und in ein System zur Änderungsverwaltung eingespeist. Bugzilla ist ein bekanntes und breit genutztes Werkzeug für diesen Zweck (Bugzilla, o.J.). Häufig werden jedoch auch firmenspezifische Werkzeuge eingesetzt (Lichter, Zeller, 1999). Abbildung 22–2 zeigt ein Formular, das (in elektronischer Form) für Meldungen verwendet werden kann.

22.4.2 Die Behandlung von Problemmeldungen

Änderungsanträge müssen systematisch bearbeitet werden. Abbildung 22–3 zeigt einen solchen Bearbeitungsprozess, basierend auf Lichter und Zeller (1999) sowie auf Frühauf, Ludewig und Sandmayr (2002).

Die Abbildung stellt nur den organisatorischen Aspekt und die Kommunikation mit dem *Absender*, also dem Verfasser der Problemmeldung, dar. Details wie die verschiedenen Ebenen des Supports beim Hersteller werden nicht behandelt. Ebenfalls nicht behandelt werden interne Änderungen, die kein Einverständnis des Kunden erfordern, z. B. Änderungen des Entwurfs; sie sind dem Reengineering zuzuordnen (Abschnitt 23.2). Eine sehr ausführliche Beschreibung des Änderungsprozesses ist in Sneed, Hasitschka und Teichmann (2005) zu finden.

Der gesamte Prozess gliedert sich in drei Bereiche: Die Problemmeldung wird registriert, analysiert und, wenn nötig, bearbeitet. In Abbildung 22–3 ist der Prozess im Detail dargestellt; die Zuständigkeiten für die einzelnen Prozessschritte sind daraus abzuleiten. Die Schritte sind im Einzelnen:

1. *Problemmeldung registrieren*
   Falls vom Absender nur ein Anruf oder eine Mitteilung auf Papier vorliegt, wird eine Problemmeldung angelegt. Die Meldung wird mit einer eindeutigen Kennung versehen, datiert und erfasst.
2. *Problemmeldung analysieren*
   Sollten Informationen fehlen, um die Meldung nachvollziehen und verstehen zu können, dann wird sie dem Absender zur Ergänzung zurückgegeben.
   Ist das Problem bereits bekannt (und vielleicht sogar schon behoben), dann handelt es sich um ein Duplikat, die Meldung kann der ersten betreffenden

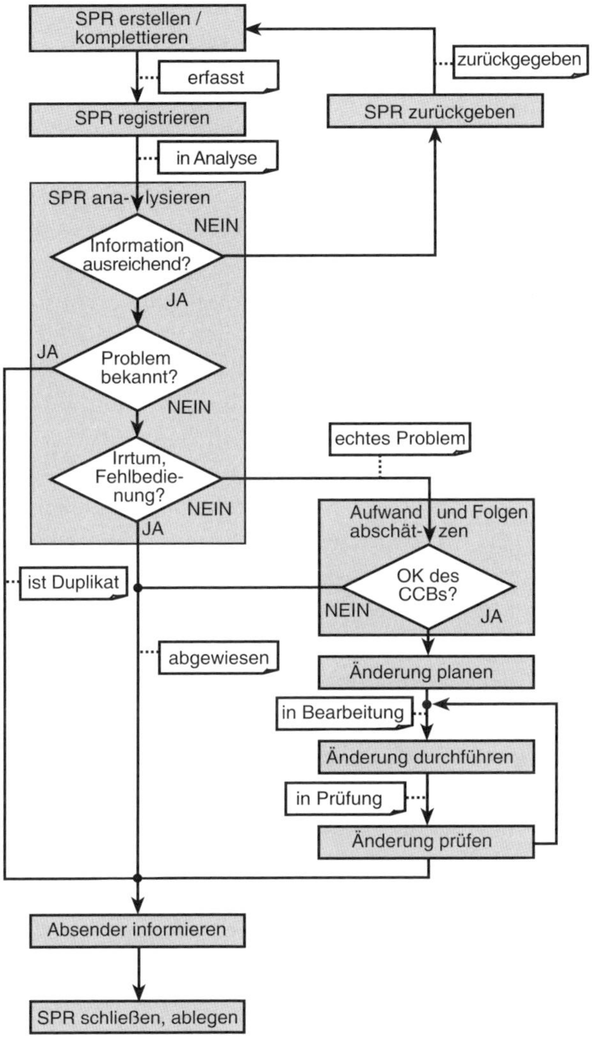

Abb. 22–3 *Bearbeitungsschritte eines Software Problem Report (SPR)*

Meldung zugeordnet werden. Der Absender wird über den Stand informiert. In diesem Fall hat die Problemmeldung keine weiteren Konsequenzen.

3. *Irrtum und Fehlbedienung ausschließen*
Problemmeldungen bezeugen nicht selten, dass der Absender ein Problem hat, das nicht in der Software begründet ist: Er hat das System falsch bedient (und wahrscheinlich die Hinweise zur Bedienung nicht zur Kenntnis genommen) oder sich einfach geirrt. In diesen Fällen wird die Problemmeldung abgewiesen. Allerdings ist vorher zu prüfen, ob nicht eine irreführende Anlei-

tung oder eine nebulöse Meldung auf dem Bildschirm die Ursache ist; das wäre dann ein echtes Problem und wahrscheinlich ein Anlass zur Korrektur.

4. *Entscheidung des CCBs vorbereiten und treffen*
Wenn die Meldung nicht bereits in den Schritten 2 oder 3 erledigt wurde, liegt ein echtes Problem vor, entweder ein Fehler der Software oder ein Wunsch nach Änderung oder Erweiterung. In beiden Fällen muss das CCB über den Fortgang entscheiden: Soll der Fehler behoben, die gewünschte Funktionalität realisiert werden oder nicht? Und wenn ja, wann?
Gravierende Fehler, die erhebliche Auswirkungen auf die Anwender des Systems haben oder haben können, werden in der Regel rasch behoben. Leichte Fehler, die kaum stören oder leicht zu umgehen sind, werden für einige Zeit oder auf Dauer toleriert. Ganz ähnlich sind die Kriterien bei Wünschen nach Änderungen und Erweiterungen. Das CCB braucht also Informationen über die Vorteile einer Änderung und über ihre Kosten und Risiken.
In allen Fällen ist die Frage, wer die Arbeiten finanziert, von großer Bedeutung. Tragen die Urheber der Erweiterungswünsche auch die Kosten, dann ist die Zustimmung nur eine Frage der Kapazität. Bei umlagefinanzierten EDV-Projekten müssen die Wünsche der Anwender (die, in großer Zahl angesammelt, als »Anwendungsstau« bezeichnet werden) nach Prioritäten geordnet werden. Das ist eine hochpolitische Entscheidung, bei der das Management entsprechend mitredet.

5. *Absender über die Entscheidung des CCBs informieren*
Nach der Entscheidung des CCBs muss der Absender der Problemmeldung informiert werden. Wird die Änderung durchgeführt, dann sollte er wenigstens eine ungefähre Vorstellung von der Terminplanung bekommen; natürlich gibt es auch Situationen, in denen er sofort einen Patch erhält, als vorläufige oder definitive Problemlösung. Wird eine Korrektur *nicht* durchgeführt, dann braucht er Rat, wie der Fehler umgangen oder entschärft werden kann. Wird eine Erweiterung oder Änderung verworfen, dann sollte er Hinweise erhalten, wie er sein Problem anders lösen kann.

6. *Änderung durchführen und prüfen*
Wie bei einer Operation werden die Teile der Software, die nicht betroffen sind, sorgfältig geschützt; nur die zu ändernden Teile kommen auf den Operationstisch. Dass der komplette Zustand *vor* der Änderung archiviert ist, sollte durch die Konfigurationsverwaltung ohnehin sichergestellt sein.
Alle Änderungen werden mit den üblichen Methoden (Review, Test) geprüft. Um auszuschließen, dass die Änderung unerwartete Nebenwirkungen hat, werden Regressionstests (Abschnitt 19.1.3) durchgeführt. Die Resultate der Änderung, auch neue Testdaten und -resultate, werden der Konfigurationsverwaltung übergeben.

7. *Problemmeldung schließen*
   Die Problemmeldung wird abgelegt; der Absender wird abschließend informiert; hat seine Meldung zu einer Änderung geführt, so erhält er die neue Version.

Lassen sich Änderungsanträge, die die gleichen Software-Einheiten betreffen, bündeln und gemeinsam bearbeiten, dann spart das nicht nur Kosten, sondern Fehler können systematisch behoben und damit auch qualitativ besser korrigiert werden. Für die Anwender eines Systems ist es in der Regel (außer bei schweren Fehlern) vorteilhaft, nur in großen Abständen Updates zu bekommen, denn die Umstellung ist in jedem Falle aufwändig und nicht selten von Komplikationen begleitet.

22.4.3 Die Wartungsingenieure

Die Wartung kann wahlweise von den Entwicklern selbst oder von einer speziellen Organisation, einem Wartungsteam, durchgeführt werden. Eine Wartung durch die Entwickler hat folgende Vorteile:

- Der Einarbeitungsaufwand ist geringer, da die Entwickler mit der Software vertraut sind, das senkt die Kosten.
- Die Mitarbeiter können in Abstimmung mit den laufenden Entwicklungsprojekten flexibel für die Wartungen eingeplant werden.

Diesen Vorteilen stehen als Nachteile gegenüber:

- Die Entwickler sind selten motiviert, die geänderten Teile nachzudokumentieren. Da sie die Software selbst entwickelt haben, glauben sie, das Wissen darüber im Kopf zu haben; die Dokumentation wird als wenig nützlich, der damit verbundene Aufwand als überflüssig betrachtet.
- Wenn Entwicklungs- und Wartungsaktivitäten verschränkt durchgeführt werden, ist es häufig nur schwer möglich, den Aufwand für die Wartung zu ermitteln. In vielen Unternehmen ist der Wartungsaufwand vermutlich zu hoch, kann aber nicht nachgewiesen werden, sodass mögliche und notwendige Verbesserungsmaßnahmen (beispielsweise eine Verbesserung der Qualitätssicherung in der Entwicklung) unterbleiben. Darum ist die präzise *Erfassung* der Wartungskosten eine Voraussetzung für die *Reduktion* der Wartungskosten.
- Da die benötigten Personalressourcen mit den Entwicklungsprojekten abgestimmt werden müssen, kann es zu Konflikten zwischen den Verantwortlichen für Entwicklung und Wartung kommen.
- Die Entwickler sind zwar mit der Software vertraut, haben aber sonst keine speziellen Voraussetzungen für eine kompetente Wartung.

Wird die Wartung von einem Wartungsteam übernommen, dann kann dort über die Zeit spezielles Wartungswissen aufgebaut und genutzt werden. Außerdem gibt es dann immer einen festen Ansprechpartner und klar definierte Verantwortlichkeiten. Wenn sich die Erkenntnis durchgesetzt hat, dass die Wartung eine Daueraufgabe ist, nicht die Reaktion auf einen Betriebsunfall, dann wird man auch dem Aufbau einer entsprechenden stabilen Organisation mit Planung, Qualitätssicherung und Aufwandserfassung nicht mehr ausweichen.

22.4.4 Der Änderungsausschuss

Eine wichtige Rolle im Änderungsprozess kommt dem *Änderungsausschuss* zu (englisch *Configuration* oder *Change Control Board*).

configuration control board (CCB) — A group of people responsible for evaluating and approving or disapproving proposed changes to configuration items, and for ensuring implementation of approved changes. Syn: change control board.
IEEE Std 610.12 (1990)

Der Änderungsausschuss wird gebraucht, sobald das erste geprüfte Dokument der Entwicklung, die Anforderungsspezifikation (oder der Projektplan, wenn dieser auch der Änderungskontrolle unterliegt), freigegeben ist. Bis zur Abnahme des Software-Produkts ist seine Aufgabe darauf beschränkt, die Änderungswünsche zu den Anforderungen zu beurteilen; nach der Abnahme beurteilt er auch die Fehler. Bis zum Ende des Projekts setzt er sich sinnvollerweise aus dem Projektleiter (für die Herstellerseite) und einem Repräsentanten des Auftraggebers (für die Kundenseite) zusammen. Nach dem Abschluss des Projekts hängt es von der Projektart und den vertraglichen Abmachungen ab, wie der Änderungsausschuss zusammengesetzt ist und wie er funktioniert.

Bei Auftragsprojekten wird meist ein Wartungsvertrag abgeschlossen, der die Leistungen des Herstellers mehr oder weniger genau festlegt. Die Grenzfälle können von einem Änderungsausschuss, bestehend aus dem Wartungsverantwortlichen der Herstellerseite und einem Vertreter der Benutzer auf der Kundenseite, behandelt werden. Dieser Ausschuss entscheidet, ob das Problem unter den Wartungsvertrag fällt oder im Rahmen eines Weiterentwicklungsauftrags zu behandeln ist.

Das Besondere bei der Produktentwicklung in kleiner Serie ist, dass die Software bei mehreren Kunden zum Einsatz kommt und häufig für jeden der Kunden angepasst wird. Bei Fehlern und Änderungswünschen muss man klären, ob universelle oder kundenspezifische Teile betroffen sind. Dazu wäre ein einziger Änderungsausschuss nicht praktikabel. Vielmehr gibt es ähnlich wie bei Auftragsprojekten für jeden Kunden einen eigenen Änderungsausschuss. Erkennt der Vertreter des Herstellers, dass ein Problem den gemeinsamen Kern betrifft, dann leitet er den Änderungsantrag weiter an den internen Änderungsausschuss, der aus dem Produktmanager, dem Wartungsverantwortlichen für das Produkt und den Wartungsverantwortlichen für die einzelnen Kunden besteht.

In einem EDV-Projekt fallen im Änderungsausschuss wichtige Entscheidungen. Darum wird er von allen Beteiligten hochkarätig besetzt; denn die Position in der Hierarchie verleiht den Wünschen Nachdruck. Allerdings wird der Ausschuss dadurch unflexibel, er kann sich nur in großen Abständen treffen und kaum über Fragen, wie sie jede Woche zu entscheiden sind, mitbestimmen. Deshalb sollte der Änderungsausschuss vor allem mit technischer Kompetenz ausgestattet sein; wenn nötig, kann man darüber noch ein weiteres Gremium anordnen (oft ist das der Lenkungsausschuss), das sich seltener trifft und dann nur die großen, vom Änderungsausschuss vorbereiteten Entscheidungen trifft.

23 Reengineering

Die Wartung der Software (siehe Kap. 22) findet auf Wunsch oder im Auftrag der Anwender statt. Sie haben ein starkes Interesse daran, dass die Software korrigiert, angepasst und erweitert wird. Das Reengineering dagegen dient nicht (direkt) dem Anwender, sondern ermöglicht oder erleichtert die Wartung. Ein Reengineering ist spätestens dann erforderlich, wenn die Software verändert werden muss, aber nicht (mit vertretbarem Aufwand) verändert werden kann, weil die Wartungsqualität schlecht ist.

Das Reengineering ist also eine Maßnahme, die dem Kunden nur indirekt dient, indem sie das System in einen wartbaren Zustand zurückversetzt und damit die Wartung im Auftrag des Kunden möglich macht. Wenn der Holzfäller den Holzeinschlag unterbricht, um die Axt nachzuschleifen, dann betreibt er Reengineering. Diese Unterbrechung wäre unnötig, wenn die Axt entweder immer scharf bliebe oder wenn er sie durch besonderes Geschick oder einen speziellen Mechanismus bei jedem Schlag ein wenig nachschärfen könnte.

23.1 Software-Evolution

Software Engineering ist ein Lehr- und Forschungsgebiet, das vor allem durch Erfahrungswissen gekennzeichnet ist. Der Mangel an harten Fakten hat Forscher immer wieder veranlasst, die Essenz der Aussagen zu suchen und als Gesetze zu formulieren. So haben Endres und Rombach (2003) solche Gesetze (die oft nur Beobachtungen sind) in einem kompakten Buch zusammengetragen.

Am Anfang dieser Entwicklung stand 1977 Halsteads Buch über »Software Science« (siehe Abschnitt 14.4.4). Wenige Jahre später verfolgten Lehman und Belady mit ihren »Laws of Software Evolution« ein ähnliches Ziel. (Zum Begriff der Evolution siehe Abschnitt 9.5.2.) Sie behaupteten, die »Naturgesetze« gefunden zu haben, die bestimmen, wie sich Software in der Wartung verändert. Der Anspruch war zu hoch, physikalisch streng lässt sich das Verhalten von Personen und Organisationen nicht fassen. Aber wenigstens zwei der fünf Hypothesen werden durch Beobachtungen in der Praxis gestützt.

law of continuing change — A system that is used undergoes continuing change until it becomes more economical to replace it by a new or restructured system.

law of increasing entropy — The entropy of a system increases with time unless specific work is executed to maintain or reduce it.

Lehman, Belady (1985)

Diese Aussagen gelten für die P- und E-Programme in der Taxonomie von Lehman, also für Software, deren Anforderungen nicht stabil sind, sondern sich mit der Zeit ändern (Abschnitt 9.3). Alle Anwendungsprogramme fallen in diese Kategorie.

Software-Evolution ist die wiederholte Anpassung eines bestimmten Software-Systems an veränderte Anforderungen und Umgebungsbedingungen. Mit der Evolution ist unvermeidlich ein Qualitätsverlust verbunden; wenn sie aber unterbleibt, wird die Software nutzlos, weil sie den veränderten Anforderungen nicht mehr entspricht.

Das erste »Gesetz« sagt aus, dass die Änderung stattfindet, das zweite fügt hinzu, dass der Effekt dieser Änderung negativ ist, wenn man dem nicht mit zusätzlichem Aufwand entgegenwirkt. David Parnas hat für diesen Effekt den Begriff *Software-Alterung* (software aging; Parnas, 1994) eingeführt. Alternde Software zeigt die folgenden Symptome:

- Die Software wird fehleranfällig.
- Es wird schwieriger und damit teurer, sie an neue Anforderungen anzupassen.
- Die Leistung (die Effizienz) lässt nach.
- Die Architektur degeneriert.

Zwei wichtige Gründe für diese Symptome sind, dass Komponenten durch die wiederholten Modifikationen immer größer und komplexer werden und dass neue Komponenten irgendwie in die dafür eigentlich ungeeignete Architektur integriert und mit den existierenden Komponenten verbunden werden. Die der ursprünglichen Spezifikation angemessene Architektur passt nicht mehr zur aktuellen Aufgabe; was als Fabrikhalle geplant und tauglich war, ist durch eine Reihe von Umbauten zu einem schlechten Wohnhaus geworden.

Parnas leitet daraus die Empfehlung ab, Software so zu konstruieren, dass sie weiterentwickelt und angepasst werden kann. Dieser Ansatz wird als *Design for Change* bezeichnet. Eine Architektur, die zumindest einigermaßen für zukünftige Anpassungen gerüstet ist, entsteht, wenn die Prinzipien des Software-Entwurfs – insbesondere Information Hiding und Trennung von Zuständigkeiten – eingehalten werden (siehe dazu Abschnitt 17.3). Doch auch wenn man diese Entwurfsprinzipien beherzigt, kann der Prozess der Software-Alterung nicht aufgehalten, sondern lediglich verlangsamt werden.

Lehman und Belady beschreiben den Alterungsprozess, dem die Software unterliegt, mit der Metapher der Entropie. Dieser Begriff stammt aus der Thermodynamik: Die Entropie ist ein Maß für die Unordnung der Moleküle. Abbildung 23–1 zeigt das Prinzip: In einem Behälter mit zwei durch einen Schieber getrenn-

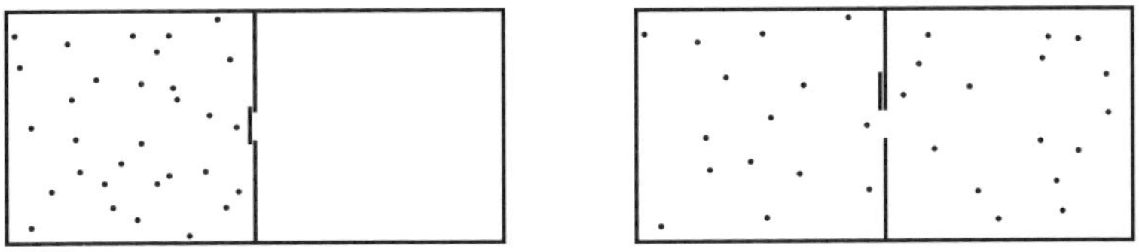

Abb. 23–1 *Das Entropie-Prinzip der Thermodynamik*

ten Kammern sind alle Gasmoleküle in der linken Kammer gefangen. Wenn der Schieber geöffnet wird, verteilen sich die Moleküle nach den Regeln der Statistik, also ungefähr gleichmäßig, ein Zustand geringer Ordnung, also hoher Entropie, stellt sich ein. Um den ursprünglichen, geordneten Zustand wiederherzustellen, muss man von außen Einfluss nehmen, Energie zuführen, indem man die rechte Kammer wieder leer pumpt.

Weil wir wissen, dass die Qualität einer Software im Laufe ihrer Evolution abnimmt, ist es ratsam, rechtzeitig Gegenmaßnahmen zu ergreifen, wenn die Software lange eingesetzt werden soll. Wenn wir beim Bild der Fabrikhalle bleiben, sehen wir, dass daraus niemals eine gute Wohnarchitektur werden kann. Aber der radikale Rat »Abreißen und neu bauen« ist meist wertlos, weil die Halle *jetzt* verfügbar ist und Wohnungen *jetzt* gebraucht werden.

Eine wichtige Gegenmaßnahme zum schleichenden Qualitätsverlust ist das *Reengineering*. Dabei wird die Software so verändert, dass ihre Qualität verbessert wird, ohne dass sich ihre Funktionalität ändert.

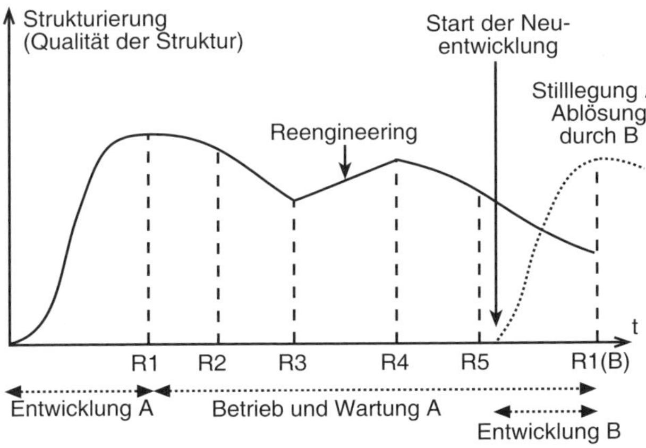

Abb. 23–2 *Beispiel für den Alterungsprozess von Software*

Abbildung 23–2 zeigt, wie der Alterungsprozess einer Software verlaufen kann. Beim Abschluss der Entwicklung, wenn Release 1 freigegeben ist, hat die Software eine angemessene Qualität erreicht. Durch Korrekturen und Erweiterungen nimmt die Qualität bis zum Release 3 stetig ab. Dann wird wegen der wachsenden Probleme entschieden, ein Reengineering durchzuführen; die Qualität steigt wieder an (Release 4), wenn auch nicht auf das ursprüngliche Niveau. Durch die nachfolgenden Veränderungen sinkt sie wieder ab. Nachdem Release 5 freigegeben wurde, wird entschieden, kein weiteres Reengineering durchzuführen, sondern eine Neuentwicklung zu starten, nach deren Abschluss das existierende System abgelöst wird.

Dieses Beispiel zeigt, wie wichtig es ist, den qualitativen Zustand von Software zu kennen, damit wichtige Entscheidungen vorbereitet und getroffen werden können. Dazu brauchen wir geeignete Kennzahlen, beispielsweise die Zahl der gemeldeten Fehler pro Release, die Kosten für die Fehlerkorrektur oder die Kosten für die Umsetzung neuer Anforderungen. Auch Kennzahlen über die Qualitätsveränderungen von Code und Architektur, wie sie mit modernen Messwerkzeugen ermittelt werden können, sind hilfreich. Alle Kennzahlen müssen natürlich regelmäßig ermittelt und ausgewertet werden.

23.2 Reengineering

Die Aussagen zur Software-Evolution können folgendermaßen zusammengefasst werden: Wir müssen Software immer wieder anpassen, und dabei wird die Software qualitativ schlechter. Natürlich tragen Unzulänglichkeiten der Wartung (oberflächliche Analyse der Software vor der Veränderung, zunehmende Redundanz im Code, mangelnde Dokumentation) zu diesem Effekt bei. Aber im Grunde kann man dem Trend nicht ausweichen, denn die Strukturen waren für einen bestimmten Zweck und bestimmte Bedingungen gewählt worden, und diese verändern sich.

Schließlich können wir die Software nicht mehr warten, weil ihre Architektur nicht mehr trägt und ihre Funktionalität durch eine Reihe von Reparaturen und Ergänzungen implementiert ist, die wir nicht mehr überblicken können. Eigentlich haben wir es mit zwei verschiedenen Effekten zu tun: Zum einen ist die Architektur objektiv schlechter als zu Beginn. Zum anderen sind die Rahmenbedingungen schlechter geworden: Die Köpfe, in denen wichtige Informationen über das System gespeichert sind, stehen nicht mehr zur Verfügung, die Dokumente sind veraltet, die Werkzeuge, mit denen das System entwickelt wurde, funktionieren nicht mehr. Reverse Engineering und Reengineering sind Maßnahmen, die in dieser Situation helfen sollen.

23.2.1 Begriffe

Die Begriffe Reverse Engineering und Reengineering werden oft – fälschlicherweise – synonym verwendet. Wir übernehmen die Definitionen von Chikofsky und Cross:

Reverse Engineering is the process of analyzing a system to identify the system's components and their interrelationships and create representations of the system in another form or at a higher level of abstraction.

Re-structuring is a transformation from one form of representation to another at the same relative level of abstraction. The new representation is meant to preserve the semantics and external behavior of the original.

Reengineering is the examination and alteration of a subject system to reconstitute it in a new form and the subsequent implementation of the new form.

Forward Engineering is the traditional process of moving from high-level abstractions and logical, implementation-independent designs to the physical implementation of a system.

Chikofsky, Cross (1990)

Reverse Engineering ist dann das Mittel der Wahl, wenn eine Software, die wir nicht mehr verstehen, weiterentwickelt werden muss. Indem wir Techniken des Reverse Engineerings einsetzen, wollen wir auf der Basis der vorhandenen Dokumente einer Software – das ist oft nur noch der Code – die Architektur und sogar die Anforderungen wiederfinden. Typisch geht man bis zum Entwurf zurück, der durch Restrukturierung (*Re-structuring*) aufgeräumt, vereinfacht, modernisiert wird.

Anschließend können wir durch *Forward Engineering* den gewünschten Zustand herstellen. Forward Engineering ist also die Neuimplementierung der Software auf Basis der Ergebnisse, die wir durch Reverse Engineering und Re-structuring erreicht haben. Dabei sind die Freiheiten im Vergleich zu einer Neuentwicklung »auf der grünen Wiese« erheblich eingeschränkt, weil das Resultat zur alten Software kompatibel sein muss, auch weil man natürlich versucht, vorhandene Software-Einheiten mit möglichst geringen Modifikationen weiter zu nutzen.

Die Kombination aus Reverse Engineering, Re-structuring und Forward Engineering bezeichnet man als *Reengineering*. Reengineering ist also eine Veränderung der Software, die auf die Verbesserung der Wartbarkeit zielt. Andere nichtfunktionale Qualitäten, insbesondere die Effizienz, können dabei ebenfalls verbessert werden. Die Funktionalität bleibt unangetastet. Keipinger (2000) beschreibt die Situation durch die Formel

$$\text{Reengineering} = \text{Reverse Engineering} + \Delta + \text{Forward Engineering}$$

Er akzeptiert dabei aber, dass das Δ über die Restrukturierung hinausgeht (siehe Abschnitt 23.2.4).

23.2.2 Vorgehensweise

Ein Reengineering ist immer dann notwendig, wenn man die Software weder unverändert weiternutzen noch komplett wegwerfen und ersetzen kann oder will. Man muss, das ist die typische Ausgangssituation, ein altes Software-System, zu dem es keine oder nur noch veraltete separate Dokumente gibt,

- erweitern,
- auf eine neue System-Software (z. B. Betriebssystem, Middleware) oder Programmiersprache portieren,
- partiell ersetzen oder einer erheblichen Veränderung unterziehen.

Bevor die Software verändert werden kann, muss sie in einen wartbaren Zustand versetzt werden. Die Abbildung 23–3 (angelehnt an Demeyer, Ducasse, Nierstrasz, 2003, S. 7) verdeutlicht den Zusammenhang zwischen Reverse Engineering, Restrukturierung und Forward Engineering.

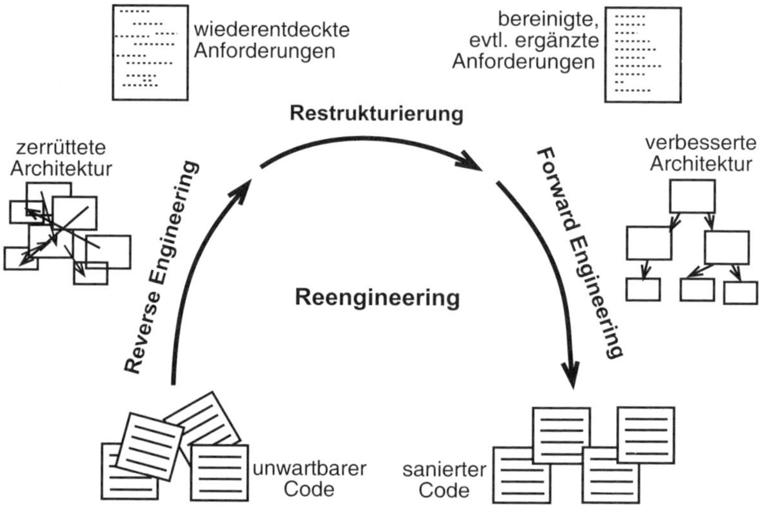

Abb. 23–3 *Vorgehensweise beim Reengineering*

23.2.3 Techniken

Beim Reverse Engineering werden aus den noch verfügbaren Informationen (typischerweise der Code und veraltete Dokumente) abstraktere Modelle hergeleitet. Dazu müssen die grobe Ablaufstruktur, die Datenstrukturen, die Module und die Aufrufbeziehungen identifiziert werden. In extremen Fällen ist nur noch der Objektcode vorhanden, weil der Quellcode durch Schlamperei (fehlende Konfigurationsverwaltung) verloren gegangen ist. Dann entsteht die folgende Sequenz von Dokumenten:

Objektcode → Quellcode → Feinentwurf → Systementwurf → Spezifikation

Für das Reverse Engineering brauchen wir Techniken und Visualisierungsformen, um große und hoch komplexe Systeme zu verstehen. Zwei wichtige Techniken sind die Nachdokumentation und die Wiederentdeckung der Architektur (*design recovery*). Chikofsky und Cross definieren:

Redocumentation is the creation or revision of a semantically equivalent representation within the same relative abstraction level.

Design recovery recreates design abstractions from a combination of code, existing documentation (if available), personal experience, and general knowledge about problem and application domains.

Chikofsky, Cross (1990)

Bei der Nachdokumentation geht es in der Praxis darum, den vorhandenen Code in einer übersichtlichen Form darzustellen, um ihn leichter verstehen zu können. So versucht man, archaischen Code (älterer FORTRAN-Dialekt, PL/I, COBOL, Assembler) daraufhin zu analysieren, welche höheren Konstrukte darin enthalten sind. So können beispielsweise Verzweigungen, Schleifen, Parameter, schwieriger auch Abstrakte Datentypen erkannt werden. Bei den Code-Analysen werden statische oder dynamische Analysewerkzeuge eingesetzt. Diese Werkzeuge generieren in der Regel grafische Repräsentationen oder tabellarische Übersichten der untersuchten Aspekte, also beispielsweise der Aufrufbeziehungen zwischen Prozeduren oder der Benutzt-Beziehungen zwischen Modulen. Anspruchsvollere und spezifische Werkzeuge sind dringend erforderlich, aber rar und bis heute Forschungsgegenstand (z.B. im Bauhaus-Projekt, siehe Eisenbarth, Koschke, Simon, 2002).

Das Ziel des Design Recovery ist, die Architektur des Systems wiederzufinden. Dafür muss der Code eingehend untersucht und analysiert werden; die Nachdokumentation des Codes ist also der erste Schritt beim Design Recovery. Die Ergebnisse der Code-Analyse werden anschließend genutzt, um höhere Abstraktionen zu erzeugen oder Bereiche im System zu identifizieren, die abgetrennt und möglicherweise wiederverwendet werden können. Die Erfahrung zeigt jedoch, dass Design Recovery nur dann erfolgreich sein kann, wenn neben dem Code auch noch Wissen über die Anwendungsentwicklung verfügbar ist, da es sonst sehr schwer, wenn nicht unmöglich ist, die im Code enthaltenen Abstraktionen und Entwurfsentscheidungen zu entdecken und zu beschreiben.

Auf Code-Ebene kann man restrukturieren, um Lesbarkeit und Wartbarkeit zu verbessern. Dabei sind die Möglichkeiten zur Automatisierung begrenzt. Voll automatisch kann man mit den entsprechenden Werkzeugen eine Querübersetzung durchführen, also z. B. von FORTRAN nach ADA. Damit wird die Struktur aber nicht besser; man kann nur erreichen, dass ein alter Compiler nicht mehr benötigt wird und dass die weitere Wartung und die eigentliche Restrukturierung in der modernen Sprache stattfinden.

Der Traum von einer automatischen Strukturverbesserung hat sich bis heute nicht erfüllen lassen. Wenn in alten Programmiersprachen Strukturen (Unterprogramme, verschiedene Schleifen usw.) nicht elegant dargestellt werden konnten, sind die Programmierer auf Ersatzstrukturen ausgewichen; das können Werkzeuge teilweise erkennen; meist aber waren die Programmierer nicht moderner als ihre Sprachen, sie haben also keine Abstrakten Datentypen in ihren COBOL-Programmen versteckt, einfach darum, weil sie die Abstrakten Datentypen nicht kannten. Und im Allgemeinen kann man nichts aus einem Programm herausdestillieren, was die Entwickler nicht bewusst hineingesteckt haben.

23.2.4 Varianten, Probleme, Erfahrungen

Bislang sind wir davon ausgegangen, dass die Funktionalität beim Reengineering grundsätzlich unverändert bleibt. Das erscheint oft sehr umständlich, weil man ja meist mit dem Reengineering unter dem Druck einer Wartungsaufgabe begonnen hat. Ist es unter diesen Umständen wirklich sinnvoll, einen Zustand zu verbessern, um ihn dann sofort wieder erheblich zu ändern?

Tatsächlich hat das große Vorteile. Denn solange die Funktionalität unverändert bleibt, kann man das neue System gegen das alte testen; eventuell kann man sogar einzelne Komponenten austauschen, wenn diese »steckerkompatibel« sind. Im Regelfall sollte man also versuchen, das Reengineering strikt gegen die Wartung abzugrenzen. Da eine (brauchbare) Spezifikation fehlt, ist der Vergleich mit dem alten System durch Regressionstests oft die einzige Möglichkeit, das neue System zu validieren.

Dieser Ansatz stößt aber an seine Grenzen, wenn Alt und Neu ohnehin nicht verträglich sind, wenn also eine andere Funktionalität gebraucht wird, die mit dem alten System inkompatibel ist. In diesem Falle kann das neue System wahrscheinlich die alten Anforderungen gar nicht erfüllen. Man muss dann das Reverse Engineering so weit treiben, dass auch die Spezifikation wiedergewonnen wird, sodass die Prüfung des neuen Systems eine solide Grundlage hat.

Ganz grundsätzlich stellt sich vor dem Reengineering die Frage, ob der sehr beträchtliche Aufwand erbracht werden kann und gerechtfertigt ist. Wenn die Vorbedingungen, wie sie am Beginn von Abschnitt 23.2.2 genannt sind, wirklich bestehen, gibt es keine Alternative. Trotzdem werden viele Reengineering-Projekte abgebrochen, weil die Kosten auch pessimistische Schätzungen übersteigen; dann zeigt sich, dass es doch andere Möglichkeiten gibt. Eventuell kann man das System eine begrenzte Zeit lang völlig unverändert weiternutzen, um währenddessen mit Hochdruck an einem Nachfolger zu arbeiten. Das kann durchaus die billigere Lösung sein. Leider ist eine rationale Entscheidung dieser Frage kaum möglich, denn es fehlt bislang eine Grundlage, um die Kosten des Reengineerings mit ausreichender Genauigkeit zu schätzen.

Die Erfahrungen mit Reengineering-Projekten werden selten dokumentiert; eine interessante Ausnahme ist das A-7E-Projekt, das im Auftrag der US Navy unter der Leitung von David Parnas durchgeführt wurde. Heninger (1980) öffnet dem Leser ein Fenster zur Dokumentation, die den Umfang einiger Telefonbücher hat. Hintergrund des Projekts war die Ersetzung einer Software, für die keine brauchbare Dokumentation verfügbar war; die neue Software sollte aber das exakt gleiche Verhalten wie die alte zeigen. Der Artikel zeigt, welche Techniken man anwenden kann und welcher Aufwand notwendig ist, um eine Spezifikation zu rekonstruieren.

23.3 Refactoring

Eine spezielle Art der Restrukturierung, die einer definierten Vorgehensweise folgt, ist das *Refactoring*. Martin Fowler, der Refactoring populär gemacht hat, definiert es folgendermaßen:

> *Refactoring is the process of changing a software system in such a way that it does not alter the external behavior of the code yet improves its internal structure. It is a disciplined way to clean up code that minimizes the chances of introducing bugs. In essence when you refactor you are improving the design of the code after it has been written.*
>
> Martin Fowler (1999, S. xvi)

Das Refactoring wird präventiv eingesetzt: Wenn eine notwendige Änderung mit den bestehenden Strukturen kollidiert, also die Qualität der Architektur beeinträchtigen würde, ändert man zunächst die Strukturen so, dass die folgende Änderung keinen negativen Effekt hat. Beim Refactoring wird das System in einem systematischen Prozess durch kleine Umbaumaßnahmen verbessert, ohne dass sich das beobachtbare Verhalten verändert. Um dabei Fehler zu vermeiden, muss das veränderte System nach jedem Schritt angemessen getestet werden. Refactoring ist somit die Iteration kleiner Verbesserungsschritte zusammen mit entsprechenden Tests. Die prinzipielle Vorgehensweise beim Refactoring zeigt Abbildung 23–4.

Nachdem die Schwachstellen identifiziert sind, wird die Zielstruktur definiert und der Bereich lokalisiert, der von den beabsichtigten Änderungen betroffen ist. Dann muss festgelegt werden, welche Umbauten durchgeführt werden sollen. Bevor jedoch etwas verändert werden darf, müssen entsprechende Testfälle definiert werden, die im Laufe des Prozesses angepasst und erweitert werden. Ein Umbauschritt wird durchgeführt, anschließend wird geprüft, ob dabei die Funktionalität nicht verändert wurde. Diese Schritte werden so lange wiederholt, bis der geplante Umbau abgeschlossen ist.

Wichtig ist, dass die einzelnen Umbauschritte und die dabei vorgenommenen Änderungen klein und überschaubar sind und dass nach jedem Schritt die festgelegten Tests durchgeführt werden. Nur so kann einigermaßen sichergestellt werden, dass die Funktion, das Verhalten, gleich bleibt; eine Garantie gibt es in keinem Fall.

Die Technik des Refactorings wurde für objektorientierte Programme entwickelt, sie ist aber nicht darauf beschränkt. Refactoring ist ein zentraler Bestandteil aller agilen Entwicklungsprozesse (siehe Abschnitt 10.6.4) und wird in solchen Projekten jederzeit durchgeführt, wenn Bedarf besteht; die verbessernde Wartung ist also in die Entwicklung integriert. Dadurch sollen Code und Architektur stets auf einem angemessenen Qualitätsniveau bleiben und nicht degenerieren.

Natürlich wäre es sinnvoll, Schwachstellen im Code und in der Architektur gar nicht erst entstehen zu lassen. Das gelingt aber in der Praxis nicht immer. Refactoring ist darum wichtig und notwendig. Wir behandeln nachfolgend das Refactoring auf Code-Ebene (Abschnitt 23.3.1) und das Architektur-Refactoring (Abschnitt 23.3.2).

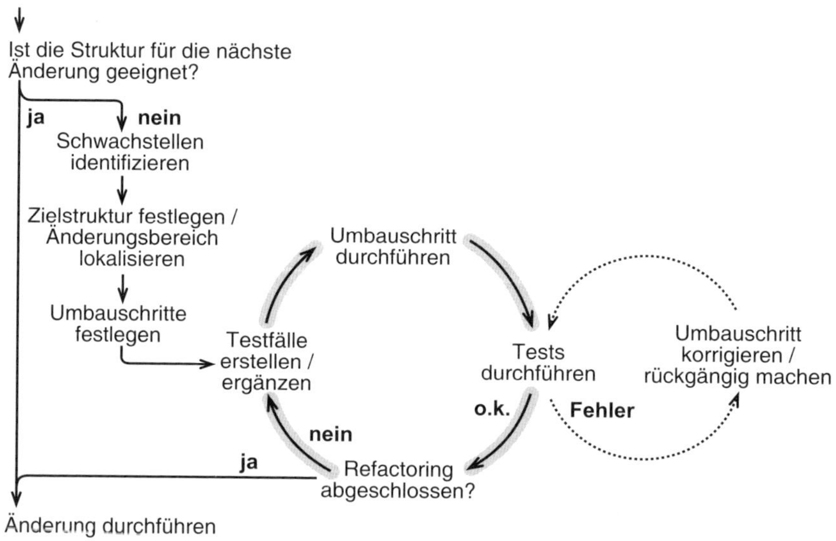

Abb. 23–4 *Vorgehensweise beim Refactoring*

23.3.1 Code-Refactoring

Wenn der Code Probleme macht, sich gegen die Weiterentwicklung sträubt, wenn er »stinkt« (englisch *code smell*), ist ein Refactoring sinnvoll. Dies fällt typischerweise dann auf, wenn eine Änderung (eine Erweiterung oder eine Korrektur) ansteht. Beim Refactoring wird ein Teil des Codes so umgebaut, dass die Änderung anschließend problemlos und ohne Schaden für die Struktur vorgenommen werden kann.

Kent Beck und Martin Fowler haben für objektorientierte Programme eine Reihe typischer Code-Schwächen und deren Auswirkungen beschrieben (Fowler,

1999). Dazu gehören: redundanter Code, zu lange Methoden und Klassen, der Gebrauch von CASE-Anweisungen, um Objekte zu unterscheiden, usw. Fowler führt weiterhin vor, wie der Code umgebaut und verbessert werden kann. Dabei zeigt sich, dass häufig ähnliche Schritte durchzuführen sind (z. B. Aufteilen einer Klasse in mehrere Klassen oder das Verlagern einer Methode in eine andere Klasse). Diese grundlegenden Umbauschritte (sie werden als *Refactorings* bezeichnet) lassen sich in Form präziser Anleitungen – Fowler nennt sie »mechanics« – formulieren. Er hat in seinem Buch mehr als siebzig Refactorings beschrieben und folgendermaßen gruppiert:

- *Umbau auf Methodenebene*
  Diese Refactorings helfen, die Methoden so zu schneidern, dass sie nicht zu lang sind, dass kein redundanter Code darin steckt und dass Variablen nur einem einzigen Zweck dienen.
- *Umbau der Verantwortlichkeiten zwischen Objekten*
  Weil es fast unmöglich ist, die Zuständigkeiten zwischen den Objekten auf Anhieb richtig zu entwerfen, braucht man diese Refactorings, um die Zuständigkeiten zu verlagern. Dazu gehört, dass Methoden verschoben werden oder dass aus einer bestehenden eine neue Klasse extrahiert wird.
- *Umbau der Datenorganisation*
  Mit diesen Refactorings können die Datenstrukturen von Klassen verändert werden. So kann eine einfache Variable durch ein Objekt ersetzt werden, wenn nicht nur ein Wert, sondern mehrere zusammengehörende Werte benötigt werden.
- *Vereinfachen von Bedingungsausdrücken*
  In diese Gruppe fallen Refactorings, um komplexe Bedingungsausdrücke aufzuspalten und um CASE-Anweisungen, in denen je nach Objekttyp unterschiedliches Verhalten ausgewählt wird, durch eine polymorphe Konstruktion zu ersetzen.
- *Vereinfachen von Methodenaufrufen*
  Mit diesen Refactorings können Methodensignaturen so umgebaut werden, dass sie insgesamt einfacher und angemessener werden. Dazu zählen das Umbenennen von Methoden, das Einfügen und Löschen von Parametern, aber auch das Ersetzen eines Parameters durch einen Methodenaufruf.
- *Umbau von Vererbungshierarchien*
  Diese Refactorings helfen, Änderungen in einer Vererbungshierarchie durchzuführen. Beispiele sind das Verschieben von Methoden und Variablen innerhalb der Hierarchie oder das Einfügen neuer, extrahierter Klassen, auch das Zusammenfassen mehrerer Klassen in einer Klasse.

Einige dieser Änderungen können mit Hilfe von Werkzeugen durchgeführt werden; die Java-Entwicklungsumgebungen INTELLIJ IDEA (JetBrains, o.J.) und

ECLIPSE (Eclipse, o.J.) bieten beispielsweise eine komfortable Unterstützung dafür. Ihre Verwendung hilft, Fehler zu vermeiden.

23.3.2 Architektur-Refactoring

Während Fowler Refactorings beschreibt, die Schwachstellen im Code betreffen, gehen Roock und Lippert (2004) auf Schwachstellen ein, die auf der Architektur-Ebene objektorientiert konstruierter Systeme liegen. Sie bezeichnen diese analog als »*architecture smells*« und ordnen sie gemäß dem grundlegenden Architektur-Metamodell in die folgenden Gruppen ein:

- *Schwachstellen in Benutzungsgeflechten*
  Das sind alle Anomalien der Benutzt-Beziehungen, z. B. unbenutzte Klassen oder zyklische Beziehungen zwischen Klassen.
- *Schwachstellen in Vererbungshierarchien*
  Beispiele sind parallele Vererbungshierarchien (d. h., symmetrisch zur Hierarchie der fachlichen Klassen gibt es Hierarchien von Klassen, die spezielle Aspekte der fachlichen Klassen realisieren) oder zu tiefe Hierarchien.
- *Schwachstellen in Paketen*
  In diese Gruppe fallen zu große und zu kleine Pakete, zu tiefe oder unausgewogene Schachtelung oder Aufrufzyklen zwischen Paketen.
- *Schwachstellen in Subsystemen*
  Auch hier geht es um eine ausgewogene Struktur, also um die angemessene Größe der Subsysteme, aber ebenso um die Nutzung der angebotenen Schnittstellen.
- *Schwachstellen in Schichten*
  Dazu gehören beispielsweise Aufwärtsreferenzen zwischen Schichten oder das Durchbrechen der Schichtung.

Können Schwachstellen im Code noch durch erfahrene Entwickler erkannt werden, indem sie den Code lesen, so lassen sich Schwachstellen der Architektur nur erkennen, wenn eine aktuelle und vollständige Architekturbeschreibung vorliegt. Da diese oft nicht existiert, wird ein Analysewerkzeug wie der SOTOGRAPH (Bischofberger, Wolf, 2004) benötigt, das auf der Basis des Codes Aussagen über die Qualität der Architektur macht, indem es die Beziehungen zwischen den zentralen Elementen der Architektur (Klassen, Subsysteme, Schichten) analysiert und visualisiert.

Werden Architektur-Schwachstellen identifiziert, dann muss umgebaut werden. Das ist nicht einfach, und es geht – anders als auf Code-Ebene – sicher nicht automatisch. Ein Katalog angemessener Lösungen ist nicht in Sicht, vielleicht unmöglich. Hier ist also das architektonische Wissen und die Erfahrung der Software-Architekten gefragt. Wichtig ist auch hier, dass der architektonische Umbau geplant und in überschaubaren Schritten vollzogen wird, die jeweils separat getestet werden.

23.4 Erblasten, Legacy Software

Wird Software über viele Jahre eingesetzt und gewartet, dann wird ihre Struktur immer schlechter. Zudem sind große Teile alter Software obsolet, sie wurden für längst vergessene Geräte geschrieben oder für Aufgaben, die es nicht mehr gibt. Niemand wagt aber, die eigentlich überflüssigen Teile zu »amputieren«, denn die Auswirkungen sind nicht absehbar. Die Wartung solcher Software ist extrem schwierig, aufwändig und riskant. Im Englischen werden solche Systeme mit dem Euphemismus »Legacy Software« bezeichnet; *Legacy* (Erbschaft) ist ja eigentlich ein positiv besetzter Begriff. Auf Deutsch kommt das Wort »Erblast« dem Sinn wohl näher; es drückt aus, dass die Menschen, die mit und an diesem System arbeiten, nicht für seine Entstehung und seinen Zustand verantwortlich sind, aber die Probleme trotzdem lösen müssen.

legacy system — A large software system that we don't know how to cope with but that is vital to our organization.

Bennett (1995)

Eine Software-Erblast ist also dadurch gekennzeichnet, dass sie dringend gebraucht, aber von niemandem verstanden wird.

23.4.1 Eigenschaften

Folgende Merkmale sind für eine Software-Erblast typisch (siehe z. B. Kroha, 1997):

- Sie ist sehr groß (10^6 LOC oder mehr) und alt (älter als 10 Jahre).
- Die Entwickler und die Architekten der Software sind nicht mehr verfügbar, arbeiten nicht mehr im Unternehmen.
- Die zur Entwicklung eingesetzten Methoden und Sprachen sind veraltet und den verfügbaren Mitarbeitern kaum bekannt. Viele Systeme wurden mit einfachen Werkzeugen und den von diesen unterstützten Methoden, vor allem der »Strukturierten Analyse« (Structured Analysis; DeMarco, 1978), entwickelt; sie sind in Assembler, COBOL, FORTRAN oder PL/I codiert, eventuell auch in einer älteren 4GL (4th Generation Language), also für einen proprietären Vorübersetzer.
- Die Software läuft und hat für ihren Besitzer strategische Bedeutung, da sie kritische Geschäftsprozesse realisiert oder unterstützt. Er kann seine Leistungen nur erbringen, wenn die Software weiterhin eingesetzt wird.

- Die Dokumentation ist obsolet oder fehlt ganz. Darum ist nicht mehr bekannt, wie die Software aufgebaut ist und wie zentrale Funktionalitäten realisiert sind.
- Die Software basiert auf veralteter Hardware und System-Software.

Auf Grund dieser Merkmale ist die Wartung einer Software-Erblast extrem schwierig und teuer. Neue Anforderungen können nur noch schwer oder gar nicht mehr umgesetzt werden.

23.4.2 Erneuern oder Ablösen einer Software-Erblast

Die Erneuerung oder Ablösung einer Software-Erblast ist schwierig und mit Risiken verbunden. Typisch müssen dabei folgende Anforderungen erfüllt werden:

- Die neue Software muss die alte voll ersetzen, also abwärtskompatibel sein.
- Die neue Software muss zusätzlich alle aktuellen Anforderungen implementieren. Dazu zählen neue funktionale, aber auch nichtfunktionale Anforderungen. In der Regel soll neue Technologie (z. B. im Bereich der Datenhaltung, der Kommunikation oder der Codierung) genutzt werden.
- Die Daten, die die alte Software be- oder verarbeitet, müssen übernommen werden.
- Eine längere Unterbrechung des Betriebs zur Umstellung ist ausgeschlossen.

Es gibt drei Ansätze, um eine Software-Erblast weiter zu nutzen oder abzulösen:

1. *Verpacken* (*wrapping*)
   Wenn eine alte Software oder Komponente stabil arbeitet und voraussichtlich nicht mehr wesentlich verändert werden muss, kann sie so in eine Hülle (»Wrapper«) eingebettet werden, dass die übrige Software nur noch mit der Hülle kommuniziert. Die alte Software wird also als moderne »verkleidet«.
2. *Migration*
   Die alte Software wird schrittweise erneuert und/oder ersetzt (siehe Abschnitt 23.4.3).
3. *Neuentwicklung* (*re-development*)
   Die Funktionalität der alten Software wird neu implementiert, dann wird die alte Software durch die Neuentwicklung ersetzt (siehe Abschnitt 23.4.4).

Diese Ansätze schließen sich nicht gegenseitig aus, es sind auch Mischformen möglich. So kann ein Teil der Software verpackt und weiter genutzt werden, ein anderer Teil wird von Grund auf neu entwickelt, die übrigen Teile werden schrittweise durch revidierte oder verpackte Komponenten ersetzt.

23.4.3 Migration einer Software-Erblast

Wenn man Software nicht auf einen Schlag ablösen kann, muss dies schrittweise geschehen. Dazu muss die Software in Komponenten unterteilt werden, die möglichst unabhängig voneinander migriert werden können. Ist das möglich, dann muss über die Reihenfolge entschieden werden. Für jede einzelne Komponente sind folgende Schritte durchzuführen:

- Es wird ermittelt, was die alte Komponente leistet, wie sie implementiert ist und wie sie mit den anderen Komponenten interagiert (*Reverse Engineering*).
- Die Architektur der neuen Komponente wird entworfen; dabei können unter Umständen Teile der alten Komponente wiederverwendet werden. Damit die neue Komponente in die bestehende Software integriert werden kann, müssen unter Umständen Adapter (auch *Gateways* genannt) entwickelt werden, die zwischen der neuen und den alten Komponenten vermitteln.
- Die neue Komponente wird implementiert.
- Die Datenbestände werden konvertiert, also dem neuen System angepasst. Auch hier kann es Übergangslösungen geben, damit die neue Komponente mit den existierenden Komponenten zusammenarbeiten kann.
- Die fertig entwickelte Komponente wird getestet, in die bestehende Software integriert und in Betrieb genommen.

Diese Vorgehensweise wird auch als *inkrementelle Migration* bezeichnet (Brodie, Stonebraker, 1995).

23.4.4 Die Ablösung auf einen Schlag

Eine Ablösung der alten Software auf einen Schlag (auch als *Big Bang* bezeichnet) ist offensichtlich riskant: Man muss sich sehr sicher sein, dass das neue System zuverlässig arbeitet. Dafür hat man den Vorteil, nicht mit Mischsystemen und mehreren Umstellungen arbeiten zu müssen. Heydenreich (1991) hat eine erfolgreiche Umstellung dieser Art beschrieben und die Lehren aus diesem Projekt zusammengefasst.

24 Wiederverwendung

Der Duden (24. Aufl.) macht zwischen »wieder verwenden« und »wiederverwenden« keinen Unterschied. Wir sehen das anders; wenn jemand einen alten Mantel nicht wegwirft, sondern einem neuen Besitzer übergibt, der ihn noch jahrelang trägt, dann wird der Mantel *wieder verwendet*, aber (nach unserem Verständnis) nicht *wiederverwendet*. Von *Wiederverwendung* sprechen wir nur bei immateriellen Gütern, vor allem bei Software.

Noch in den Achtzigerjahren war die Wiederverwendung ein klar definiertes, also abgegrenztes Teilgebiet des Software Engineerings; während immer wieder betont wurde, wie sinnvoll und vorteilhaft die Wiederverwendung sei, spielte sie praktisch doch nur eine Nebenrolle; am häufigsten fand Wiederverwendung lokal (also bei der Entwicklung von Varianten und Nachfolgesystemen) mittels Kopieren und Ändern (*Copy and Edit*) statt. Vor allem durch die Möglichkeiten der objektorientierten Programmierung ist die Bedeutung der Wiederverwendung seitdem ganz erheblich gewachsen, und eine klare Grenze zwischen Neuentwicklung und Wiederverwendung ist nicht mehr zu erkennen. Darum ist dieses Kapitel nur in Zusammenhang mit anderen Teilen des Buches, vor allem mit Kapitel 17 (*Entwurf*) zu sehen.

Hier führen wir die wichtigsten Begriffe der Wiederverwendung ein, diskutieren die Voraussetzungen, Vorteile und Schwierigkeiten und behandeln eine Reihe verschiedener Entwicklungstechniken für die Wiederverwendung. Das Kapitel schließt mit einem Versuch, einen Blick in die Zukunft der Wiederverwendung und damit der Software-Entwicklung allgemein zu werfen.

24.1 Die alltägliche Wiederverwendung

Wiederverwendung gibt es schon sehr viel länger, als es Software gibt, und in der Software sehr viel häufiger, als wir bemerken.

24.1.1 Wiederverwendung außerhalb der Informatik

Historische Beispiele der Wiederverwendung sind:

- Die Wiederverwendung musikalischer Werke oder ihrer Teile durch die Urheber selbst oder durch andere,
- Reproduktionen und Abgüsse in der bildenden Kunst,
- Zitate und Plagiate in der Literatur.

An diesen Beispielen sind einige Merkmale sichtbar, die wir auch bei der Wiederverwendung von Software finden:

1. Die Wiederverwendung spart Aufwand.
2. Die Wiederverwendung impliziert ein soziales Gefälle vom Urheber zum Wiederverwender. Sie setzt daher eine gewisse Achtung vor dem Urheber voraus.
3. Die Wiederverwendung kann die Qualität des Neuen günstig beeinflussen.
4. Das Plagiat, der geistige Diebstahl, ist eine wichtige, aber illegale Art der Wiederverwendung.

Auch Architekten und Ingenieure haben zu allen Zeiten Konstruktionen wiederverwendet. Im Software Engineering ist die Wiederverwendung aber besonders attraktiv, weil wir keine physischen Artefakte (wie Häuser oder Maschinen) produzieren müssen; bei der Software kann die Einsparung durch Wiederverwendung bis zu 100 % betragen.

24.1.2 Die geläufige Wiederverwendung der Software

Wie selbstverständlich uns allen die Wiederverwendung ist, zeigen einige Situationen, in denen wir kaum an Wiederverwendung denken:

a) Ein Schüler kauft ein Computerspiel.
b) Ein Programmierer verwendet in seinem Programm eine vom Betriebssystem bereitgestellte Sortierroutine.
c) Ein Entwickler schreibt in einer Eingaberoutine die Umwandlung von Zeichen in Zahlen. Er erinnert sich an all die ähnlichen Programme, die er im Laufe seiner Berufstätigkeit bereits geschrieben hat.
d) Ein technischer Redakteur beginnt die Arbeit an einem neuen Handbuch. Zunächst kopiert er das Inhaltsverzeichnis eines anderen Handbuchs in eine leere Datei.

e) Ein Wartungsprogrammierer ersetzt ein ganzes Subsystem, indem er eine Prozedur nach der anderen in einer modernen Programmiersprache neu codiert.
f) Ein Programmierer leitet aus einer bereits vorhandenen Klasse eine neue ab und definiert darin zusätzliche Merkmale und Methoden.
g) Die neue Version eines Programms wird mit den alten Testdatensätzen geprüft.

Die Wiederverwendung betrifft in diesen Beispielen (a) die gesamte Software, (b) eine bestimmte Prozedur, (c) den Algorithmus, (d) die Struktur eines Dokuments, (e) die Struktur des Codes, (f) die Definition eines Typs, (g) die Testdaten.

Wir wollen diese Beispiele nicht vertiefen, sondern nur darauf hinweisen, dass Wiederverwendung nicht erst erfunden werden muss, sie findet täglich und überall statt. Wir könnten aber noch größeren Nutzen durch Wiederverwendung erzielen, wenn wir sie bei der Entwicklung neuer Software stärker berücksichtigten.

24.2 Terminologie und Taxonomie der Wiederverwendung

Viele Menschen haben die naive Erwartung, dass Wiederverwendung zustande kommt, indem Entwickler zufällig oder gezielt Resultate früherer Arbeiten entdecken und verwenden. Das wäre vergleichbar mit der Wiederverwendung eines Briefes, den man früher einmal geschrieben hat, zu einem anderen Zeitpunkt, an einen anderen Adressaten und (wahrscheinlich) für einen anderen Zweck. Natürlich ist das nur in den seltensten Fällen möglich; in der Regel muss man zunächst aus einem Brief die Textbausteine isolieren, die wiederverwendbar sind, muss sie generalisieren und, wo nötig, die Spezialisierung durch Parameter vorsehen. Dann muss man die Bausteine in geeigneter Weise bereitstellen. Die Vorbereitung der Wiederverwendung ist sehr aufwändig, die Wiederverwendung selbst nur noch eine Kleinigkeit. Wir unterscheiden also im Zusammenhang mit der Wiederverwendung zwischen der Herstellung wiederverwendbarer Software-Einheiten auf der Seite des *Gebers* und ihrer Verwendung durch den *Nehmer*.

24.2.1 Der Begriff der Wiederverwendung

Bevor wir näher darauf eingehen, welche Formen der Wiederverwendung unterschieden werden können, wollen wir den Begriff Wiederverwendung (*software reuse*) klären. Mili et al. (2002) geben eine brauchbare prozessorientierte Definition an.

Software reuse is the process whereby an organization defines a set of systematic operating procedures to specify, produce, classify, retrieve, and adapt software artifacts for the purpose of using them in its development activities.

Mili et al. (2002)

Diese Definition charakterisiert den Prozess der Wiederverwendung: Damit Software-Einheiten wiederverwendet werden können, muss spezifiziert sein, was wiederverwendet werden soll, die entsprechenden Software-Einheiten müssen entwickelt und klassifiziert werden, damit sie wiedergefunden werden können. Im Zuge der Wiederverwendung müssen sie in der Regel angepasst werden.

Weil Wiederverwendung in der täglichen Praxis in verschiedenen Formen und Bedeutungen vorkommt, erscheint es uns sinnvoll, diese durch verschiedene Wörter zu bezeichnen. Einige Formen der Wiederverwendung sind uns mittlerweile so geläufig, dass wir sie nicht mehr bewusst wahrnehmen:

- *Wiederverwendung von Software-Produkten*
  Beispiel: In einem System verwenden wir ein eingekauftes Datenbanksystem, um die Daten persistent zu speichern.
- *Wiederverwendung von Lösungsstrukturen, Methoden und Sprachen*
  Beispiel: Beim Architekturentwurf konstruieren wir eine Komponente nach dem in Abschnitt 17.5.2 vorgestellten Beobachter-Entwurfsmuster.
- *Wiederverwendung von Komponenten, die in Programmgeneratoren, im Betriebssystem und in Bibliotheken stecken*
  Beispiel: Wir entscheiden uns bei einem System, das als EJB-Anwendung entwickelt wird, die persistente Speicherung der Daten nicht selbst zu programmieren, sondern die von der EJB-Anwendungsumgebung zur Verfügung gestellten Mechanismen und Komponenten zu verwenden.

Die Wiederverwendung im üblichen *engeren Sinne* unterscheidet sich von diesen allgemeinen Formen der Wiederverwendung dadurch, dass

- eine Wahlmöglichkeit zwischen Wiederverwendung und Neuentwicklung besteht,
- eine Anpassung der wiederverwendbaren Komponente vorgesehen und in der Regel notwendig ist.

Die erste Voraussetzung besteht beispielsweise bei Editoren und Compilern nicht, denn es ist in aller Regel unsinnig, eine Eigenentwicklung in Betracht zu ziehen. Eine Anpassung ist weder möglich noch erforderlich, wenn wir Grundfunktionen aus dem Betriebssystem in Anspruch nehmen.

24.2.2 Wiederverwendbarkeit

Wiederverwendung setzt voraus, dass wiederverwendbare Software-Einheiten vorhanden sind. Die IEEE-Norm definiert Wiederverwendbarkeit (*reusability*) wie folgt:

reusability — The degree to which a software module or other work product can be used in more than one computer program or software system.

IEEE Std 610.12 (1990)

Wiederverwendbarkeit von Software-Einheiten ist also ein Qualitätsmerkmal, aber kein einfaches, wie das Wort »degree« suggerieren könnte, sondern eines, das aus mehreren Aspekten zusammengesetzt ist. Natürlich ist die Wiederverwendbarkeit in der Regel sehr viel höher, wenn die Wiederverwendung bereits eingeplant war.

- Wir sprechen von *ungeplanter Wiederverwendung*, wenn eine Komponente erst nach ihrer Entwicklung für die Wiederverwendung entdeckt wird. Sie muss dann in der Regel geändert und verbessert werden, damit sie die Anforderungen an eine wiederverwendbare Komponente erfüllt.
- Bei der *geplanten Wiederverwendung* werden Komponenten mit dem Ziel entwickelt, dass sie wiederverwendet werden sollen. Es können zwei Szenarien unterschieden werden: Standardkomponenten stellen Funktionalität bereit, die bei einem großen Spektrum von Software-Systemen benötigt wird. Sie werden ausschließlich entwickelt, um wiederverwendet zu werden. Beispiele sind Bibliotheken für Bedienoberflächen oder für Datenstrukturen.

  Spezialkomponenten werden für eine bestimmte Aufgabe entwickelt, aber die Wiederverwendung ist von Beginn an ein wichtiges Ziel. Deshalb muss sichergestellt werden, dass diese Komponenten allgemein benutzt werden können, von hoher Qualität und besonders gut dokumentiert sind.

Zwei wichtige Aspekte sind das *Einsatzspektrum* und der *Anpassungsaufwand*.

- Kann eine Software-Einheit nur in einem engen Anwendungsbereich (z. B. für ein Nachfolgesystem) wiederverwendet werden, dann spricht man von einem *schmalen*, sonst von einem *breiten* Einsatzspektrum.
- Kann eine Software-Einheit so, wie sie vorliegt, oder durch einfache Parametrisierung angepasst verwendet werden, dann entsteht *kein* oder nur *geringer* Anpassungsaufwand. Muss sie (z. B. durch Vererbung und Programmierung) angepasst werden, dann entsteht *höherer* oder *hoher* Anpassungsaufwand.

Eine ähnliche Betrachtung stellen Siedersleben und Meyer (2000) an: Sie ordnen die Software-Einheiten nach den Kriterien »Fachliche Funktionalität« und »Realisierungstechnik« ein. Abbildung 24–1 zeigt diesen Zusammenhang.

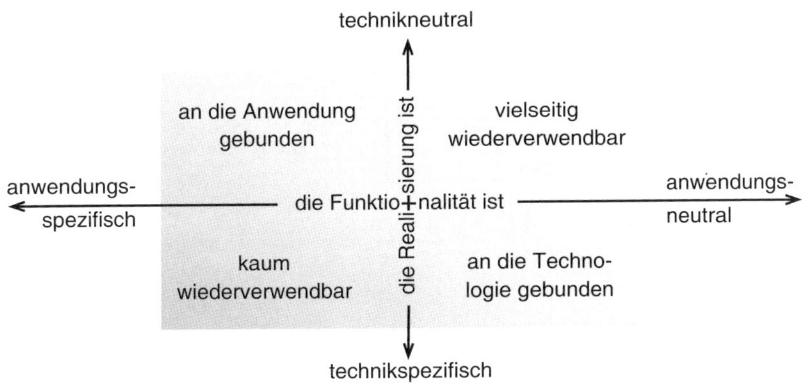

Abb. 24–1 *Wiederverwendungspotenzial von Software-Einheiten*

Software-Einheiten, die weder anwendungsspezifisch noch technikspezifisch sind, können als Bibliothekseinheiten in vielen verschiedenen Entwicklungen wiederverwendet werden. Einheiten, die eine bestimmte fachliche Funktionalität realisieren, und Einheiten, die eine bestimmte Realisierungstechnik kapseln, sind immer dann wiederverwendbar, wenn die gleiche Funktionalität bzw. die gleiche Realisierungstechnik benötigt wird. Software-Einheiten, die zugleich anwendungs- und technikspezifisch sind, sind zu vermeiden, denn sie erschweren Änderungen und lassen sich kaum wiederverwenden.

Die Wiederverwendung kann man auch nach anderen Aspekten gliedern:

- Die *Gegenstände der Wiederverwendung* können sehr verschieden sein. Wie die Beispiele in Abschnitt 24.1.2 zeigen, können z. B. Ideen, Konstruktionen, Methoden, Notationen, Strukturen, Spezifikationen, Entwürfe, Quellcode, Maschinen-Code, Testdaten, Handbücher, Formulare wiederverwendet werden. Dabei kann es sich jeweils um eigene oder fremde Ergebnisse handeln.
- Die *Granularität der Wiederverwendung* kann variieren. Eine wiederverwendbare Software-Einheit wird in der Regel als Ganzes genutzt (z. B. ein Rahmenwerk). Möglich ist aber auch, dass einzelne ihrer Bestandteile separat wiederverwendet werden (z. B. einzelne Klassen einer Klassenbibliothek).

  Die Einheit selbst kann relativ klein oder sehr groß sein. Die Untergrenze ist erreicht, wenn der Aufwand zur Wiederverwendung den zur Neuschöpfung deutlich übersteigt. Die Obergrenze ist durch die Komplexität und die damit verbundene Spezialisierung der Software gegeben. Ein extrem komplexes System ist kaum ein zweites Mal einsetzbar.

Abbildung 24–2 zeigt ganz unterschiedliche Beispiele für die Wiederverwendung, platziert in einer Ebene, die vertikal nach dem Anpassungsaufwand, horizontal nach den Entwicklungsschritten gegliedert ist.

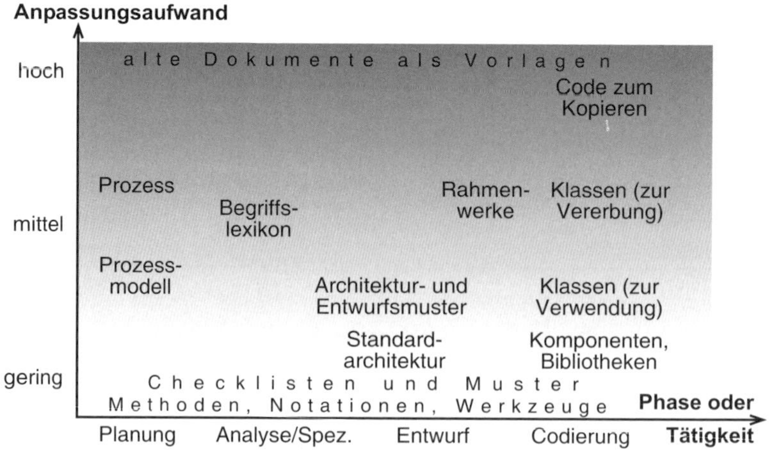

Abb. 24–2 *Landschaft der Wiederverwendung*

24.3 Kosten und Nutzen der Wiederverwendung

Wiederverwendbare Software-Einheiten zu erstellen, ist anspruchsvoll und aufwändig. Wiederverwendung sollte aus ökonomischer Sicht nur dann angestrebt werden, wenn der Nutzen der Wiederverwendung die Kosten übersteigt.

24.3.1 Die Kosten der Wiederverwendung

Die Kosten setzen sich nach Mili, Mili und Mili (1995) zusammen aus

- dem Mehraufwand, um eine wiederverwendbare Software-Einheit zu entwickeln,
- den Kosten, um Einheit in einem Repository abzulegen und zu verwalten,
- den Kosten, um die Software-Einheit zu finden, anzupassen und zu integrieren.

Die Angaben zu den Mehrkosten variieren erheblich. So geben beispielsweise Poulin und Caruso (1993) an, dass etwa 50 % Mehraufwand benötigt wird, um eine Software-Einheit wiederverwendbar zu entwickeln. Tracz (1994) nennt, vorsichtig geschätzt, 55 % Mehrkosten[1], die sich folgendermaßen aufteilen: 25 % für zusätzliche Verallgemeinerung (d. h. für die Beseitigung von Merkmalen, die auf einen speziellen Einsatz zugeschnitten sind), 15 % für zusätzliche Dokumentation, 10 % für zusätzliches Testen und 5 % für die Ablage der Einheit in einem Repository und für die Wartung. Margono und Rhoads (1992) gehen dagegen von 100 % Mehrkosten aus (15 % in der Analyse, 60 % im Entwurf und 25 % im Test).

Über die Kosten, die entstehen, um eine wiederverwendbare Software-Einheit anzupassen, gibt es in der Literatur nur wenige Zahlen. Boehm et al. (2000) stellen auf der Basis der in Selby (1988) publizierten Studie den in Abbildung 24–3 dargestellten Zusammenhang zwischen dem Umfang der Anpassungen und den Kosten der Wiederverwendung auf.

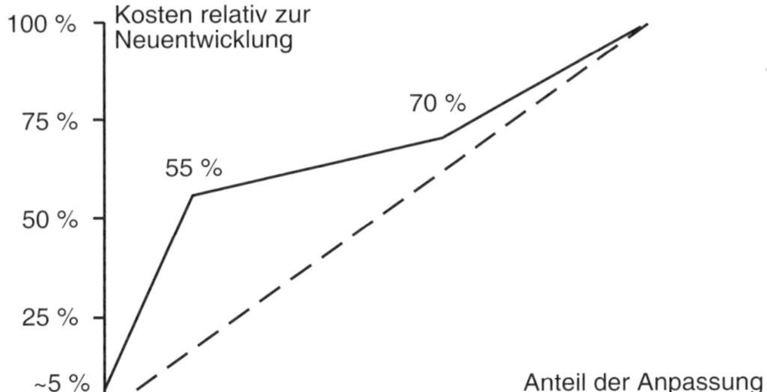

Abb. 24–3 *Anpassungskosten bei der Wiederverwendung (nach Boehm et al., 2000, S. 21)*

1 Tracz selbst hat aus der Summe dieser Zahlen großzügig 60 % gemacht.

Die Abbildung zeigt, dass die Kosten der Anpassung sehr rasch steigen, wenn der Umfang der Anpassung zunimmt. Müssen – wie dargestellt – ca. 14 % einer Software-Einheit angepasst werden, so werden dadurch bereits 55 % der Kosten verursacht, die eine Neuentwicklung benötigen würde. Boehm et al. sagen in diesem Zusammenhang auch, dass es sich hier um ein sehr günstiges Szenario handelt, im ungünstigen Fall können die Kosten der Anpassung die Kosten einer Neuentwicklung deutlich übersteigen. Man kann daraus schließen, dass sich die Wiederverwendung nur lohnt, wenn nur sehr wenig angepasst werden muss. Poulin, Caruso und Hancock (1993) geben 20 % der Entwicklungskosten als mittlere Anpassungskosten bei der Wiederverwendung an. Selbst eine Wiederverwendung ganz ohne Anpassung ist nicht kostenlos, weil in jedem Fall ein Aufwand von ca. 5 % für Verwaltung und Suche der wiederverwendbaren Komponenten entsteht.

24.3.2 Der Nutzen der Wiederverwendung

Beim Nutzen der Wiederverwendung sind zwei Aspekte zu betrachten, die eingesparten Entwicklungskosten und der Nutzen, der sich daraus ergibt, dass eine wiederverwendbare Software-Einheit in aller Regel qualitativ besser ist und schneller reift als eine Neuentwicklung. So zeigen Basili, Briand und Melo (1996a) in einer Studie, dass die Fehlerdichte in wiederverwendeten Komponenten deutlich geringer ist als in neu entwickelten Komponenten.

In der Literatur finden sich viele recht komplexe Antworten auf die Frage, wann sich Wiederverwendung lohnt (siehe z. B. Favaro, Favaro, Favaro, 1998 oder Mili et al., 2001). Wir verwenden das folgende einfache Modell für die Berechnung der Kosten und des Nutzens durch Wiederverwendung:

$$K = K_{EV} + \sum_i K_A \quad \text{und} \quad N = \sum_i (N_E + N_Q)$$

Dabei sind K die Gesamtkosten, die sich aus den Entwicklungs- und Verwaltungskosten (K_{EV}) sowie aus den jeweiligen Anpassungskosten (K_A) bei der Wiederverwendung ergeben. Natürlich handelt es sich hier stets um die erwarteten (also geschätzten, der Planung zu Grunde gelegten) Entwicklungskosten. Der Nutzen N ist die Summe aus gesparten Entwicklungskosten (N_E) und dem Nutzen, der durch die höhere Qualität entsteht (N_Q).

Um zu bestimmen, wann sich die Wiederverwendung lohnt, gehen wir von folgenden Annahmen aus:

- Um eine wiederverwendbare Software-Einheit zu entwickeln und zu verwalten, wird im Mittel 80 % Mehraufwand benötigt.
- Die Kosten, eine wiederverwendbare Software-Einheit zu finden und dem speziellen Einsatz anzupassen, betragen im Mittel 20 % der Entwicklungskosten.
- Der Nutzen durch höhere Qualität entspricht 10 % der Entwicklungskosten.

Setzen wir diese Werte, bezogen auf die Entwicklungskosten x, in die Formeln oben ein, ergeben sich für n Verwendungen der Software folgende Werte:

$$K = 1{,}8x + \sum_i 0{,}2x = (1{,}8 + n \cdot 0{,}2) \cdot x \qquad N = \sum_i (x + 0{,}1x) = 1{,}1 \cdot n \cdot x$$

Barnes und Bollinger (1991) stellen die naheliegende Forderung, dass der Nutzen die Kosten übersteigt: $K < N$, d. h. $1{,}8 + 0{,}2\,n < 1{,}1\,n$ oder $n > 2$. Bei zwei Verwendungen halten sich also, wenn die Annahmen zutreffen, Kosten und Nutzen mit 2,2 x die Waage, bei drei Verwendungen überwiegt der Nutzen.

Die Rechnung zeigt, dass sich die Entwicklung wiederverwendbarer Software schon bei wenigen Einsätzen rentiert. Sie stellt dennoch eine beträchtliche Investition dar. Darum kommt es bei einem Software-Hersteller, der ohne langfristige Planung agiert, also quasi von der Hand in den Mund lebt, kaum zur Wiederverwendung.

24.4 Chancen und Probleme der Wiederverwendung

Die Wiederverwendung von Software-Einheiten kann sich günstig auswirken. Folgende Vorteile können erzielt werden:

- Die Entwicklungskosten sinken und die Entwicklungszeit wird verkürzt, weil Entwicklungsarbeit eingespart wird.
- Die Kosten für eine Software-Entwicklung lassen sich beim Einsatz bereits entwickelter Teile präziser vorhersagen, weil die Kosten für Anpassung und Integration genauer geschätzt werden können als für eine komplette Entwicklung.
- Die entwickelte Software ist besser, weil ausgereifte Software-Einheiten eingesetzt werden.
- Verwandte Systeme können leichter gewartet werden, weil die Korrektur einer mehrfach verwendeten Software-Einheit viele Systeme verbessert.
- Die restlichen Fehler fallen schneller auf, weil eine mehrfach eingesetzte Software-Einheit viele Benutzer hat. Dadurch reift sie schneller.

Es gibt also viele Gründe, die Wiederverwendung zu fördern. Allerdings gibt es auch eine Reihe von Hindernissen.

Wiederverwendung setzt vor allem Stabilität der Software voraus. Ist die Software aus irgendeinem Grunde nicht stabil, so sollte nicht zu viel in die Wiederverwendung investiert werden. Beispielsweise hat es in der Forschung oft keinen Sinn, die Software auf lange Lebensdauer und Wiederverwendung auszulegen, weil sie schon nach wenigen Monaten überholt ist.

Dieses Problem lässt sich anhand der Programmklassen nach Lehman (Abschnitt 9.3) klarer beschreiben. Offensichtlich sind die Programme der S-Klasse sehr gut zur Wiederverwendung geeignet, weil ihre Spezifikation stabil bleibt. Wenn sie einmal entwickelt sind, können sie problemlos wiederverwendet werden. Es besteht kein Risiko, dass sie und damit auch die Anwendungen, die darauf aufbauen, angepasst werden müssen. Tatsächlich haben wir heute in diesem Bereich durch Produkte und Programm-Bibliotheken einen hohen Grad an Wiederverwendung erreicht.

Software der P-Klasse ist so stabil wie die zu Grunde liegenden Modelle der realen Welt; sie können als Lösungspakete wiederverwendet werden; möglicherweise können einzelne ihrer Komponenten als S-Programme isoliert und wiederverwendet werden.

Software der E-Klasse ist niemals stabil, weil sich ihre Voraussetzungen und damit die Anforderungen durch ihre Existenz ändern. Um bei solchen Systemen Wiederverwendung zu erreichen, muss entweder die Rückkopplung gekappt werden (das geschieht praktisch bei Produkten), oder die Benutzer erhalten die Möglichkeit, selbst das System zu ändern (d. h., die Evolution findet teilweise unter der Kontrolle der Benutzer statt).

24.5 Rahmenbedingungen für die Wiederverwendung

Ob wiederverwendbare Software-Komponenten entstehen können und auch wiederverwendet werden, hängt von den Rahmenbedingungen der Software-Entwicklung ab. In Tabelle 24–1 sind günstige und ungünstige Bedingungen für die Wiederverwendung zusammengestellt.

	ungünstiges Szenario	günstiges Szenario
Die Projekte sind	sehr unterschiedlich	einander ähnlich
Notationen und Sprachen	sind in großer Vielfalt im Einsatz	gibt es jeweils nur eine für einen Zweck
Zwischen den Projekten gibt es	kaum Kontakt, Projekte sind sehr selbstständig	starke Verbindungen, z. B. durch Qualitätszirkel, Personalaustausch, Reviews
Die Entwickler sind	typische Künstler	typische Ingenieure
Das Management ist	schwach, passiv	stark, kompetent, führend
Der Termindruck ist	dauernd sehr hoch	nur ausnahmsweise hoch, meist erträglich
Die Qualitätssicherung ist	nicht vorhanden oder schwach	projektunabhängig, etabliert und anerkannt
Das Erfolgskriterium der Entwickler und Manager ist	einzig die termingerechte Auslieferung	neben der Planeinhaltung die erzielte Wiederverwendung und der Umfang neu entstandener wiederverwendbarer Einheiten

Tab. 24–1 Rahmenbedingungen der Wiederverwendung

Wenn man Fortschritte in Richtung auf eine geplante Wiederverwendung machen will, sollte man einige Faktoren beachten, die in der Praxis erheblichen Einfluss haben. Die nachfolgende Liste ist natürlich bei weitem nicht vollständig.

- *Wiederverwendung muss belohnt werden!*
  Niemand entwickelt unmotiviert wiederverwendbare Software, denn das bedeutet Mehraufwand. Das gilt erstaunlicherweise auch für das Verwenden der Komponenten. Auf den ersten Blick erscheint es oft einfacher, eine Komponente neu zu entwickeln, als eine vorhandene Komponente anzupassen. Wenn Wiederverwendung stattfinden soll, dann müssen sowohl für die Geber als auch für die Nehmer Anreize geschaffen werden.
- *Der Nutzen der Wiederverwendung muss durch Metriken belegt werden!*
  Bei allen Aspekten der Software-Entwicklung ist es wichtig, dass wir die Ergebnisse unserer Anstrengungen wenn möglich quantitativ belegen können. Das gilt auch für die Wiederverwendung. Deshalb ist es notwendig, dass zentrale Aspekte der Wiederverwendung gemessen werden können. Dazu zählen insbesondere die Betrachtung der Kosten und des Nutzens, aber auch die Feststellung, in welchem Umfang die Wiederverwendung genutzt wird. Frakes und Terry (1996) geben einen Überblick und eine Klassifikation der Metriken an, die im Kontext der Wiederverwendung angewendet werden können.
- *Die Qualitätssicherung muss die Wiederverwendung unterstützen!*
  Wiederverwendbare Software-Komponenten müssen höheren Qualitätsanforderungen genügen als andere Software (z. B. bezüglich ihrer Robustheit). Deshalb müssen sie sehr systematisch und intensiv geprüft werden. Eine wiederverwendete Komponente muss natürlich auch im Kontext der umgebenden Anwendung geprüft werden. Dabei sollten die einmal erstellten Testfälle wiederverwendet werden können. Sie müssen entsprechend gestaltet und verwaltet werden. In Kolb, McGregor und Muthig (2004) sind einige Beiträge zu finden, die Ansätze für eine wiederverwendungsorientierte Qualitätssicherung skizzieren.
- *Standards und Richtlinien müssen definiert und eingehalten werden!*
  Je kleiner die Variationsbreite im Bereich der eingesetzten Programmiersprachen, Werkzeuge und Entwicklungstechnologie in einem Unternehmen ist, desto leichter und häufiger können Einheiten wiederverwendet werden, weil die Standardisierung die Kompatibilität fördert.
- *Bibliotheken von Standardkomponenten müssen zur Verfügung stehen und auch genutzt werden!*
  Für die gängigen Programmiersprachen stehen viele Bibliotheken mit Standardkomponenten zur Verfügung, werden aber bei weitem nicht überall genutzt. Beispielsweise werden Datenstruktur-Komponenten noch neu entwickelt. Dies ist weder sinnvoll noch wirtschaftlich. Es genügt nicht, die Bibliotheken einzukaufen und bereitzustellen; organisatorische Maßnahmen müssen sicherstellen, dass diese Bibliotheken auch in den Entwicklungsprojekten genutzt werden.

24.6 Entwicklungstechniken für die Wiederverwendung

Seit Beginn der Informatik sind viele Programmierkonzepte und Entwicklungstechniken entstanden, die die Wiederverwendung erleichtern oder unterstützen (Abb. 24–4).

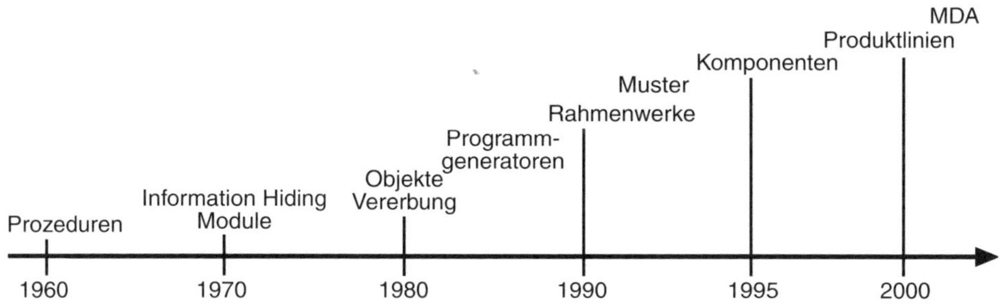

Abb. 24–4 *Entwicklungstechniken der Wiederverwendung*

Prozeduren

Wenn wir eine Befehlssequenz zu einer benannten Prozedur zusammenfassen, brauchen wir die konkrete Implementierung nicht mehr zu betrachten. Jeder Prozeduraufruf dient der Wiederverwendung, wobei die Anpassung durch die Prozedurparameter erfolgt.

Module, Information Hiding

Die Sprache MODULA stellte dem Programmierer erstmals ein Modulkonzept mit klarer Trennung von Schnittstelle und Implementierung zur Verfügung. Die Module fördern die Implementierung gekapselter Datenstrukturen und Abstrakter Datentypen; durch die Abstraktion von der Realisierung der Datentypen wird die Wiederverwendung leichter und sicherer, als es ohne Information Hiding (siehe Abschnitt 17.3.3) möglich war.

Objekte, Vererbung

Die objektorientierte Programmierung wurde (und wird gelegentlich auch heute noch) als Allheilmittel der Wiederverwendung dargestellt, weil Klassen mit Hilfe der Vererbung flexibel abgeleitet und wiederverwendet werden können (siehe Abschnitt 17.4.1). Dabei wird allerdings gern ignoriert, dass Klassen in einer Klassenhierarchie sehr eng gekoppelt sind und darum einzeln kaum wiederverwendet werden können.

Programmgeneratoren

Wenn Anwendungsbereiche gut verstanden sind (z. B. Informationssysteme, Übersetzer), kann das Wissen über die Funktionsweise und den Aufbau dieser

Anwendungsbereiche in einem Programmgenerator abgelegt werden. Der Entwickler kann die zu erstellende Anwendung auf hohem Abstraktionsniveau beschreiben, je nach Generator auch visuell oder mit Hilfe einer *4th-Generation Language* (4GL, Martin, 1982). Der Programmgenerator erzeugt aus der Beschreibung den Code der Anwendung; der Grad der Wiederverwendung ist entsprechend hoch. Beispiele für Programmgeneratoren sind 4G-Systeme (*4th-Generation Systems*), mit denen Datenbank-Anwendungen erzeugt werden können, Parser-Generatoren wie lex und yacc und Bedienoberflächen-Generatoren, die heute in vielen integrierten Entwicklungsumgebungen enthalten sind. Biggerstaff (1998) beschreibt diesen Ansatz im Detail.

Rahmenwerke

Rahmenwerke geben die Architektur für alle darauf aufbauenden Anwendungen vor und implementieren die Teile, die allen Anwendungen gemeinsam sind (siehe Abschnitt 17.5.3). Beim Einsatz von Rahmenwerken wird neben den Code-Komponenten auch die Architektur wiederverwendet.

Muster

Muster helfen, allgemeine oder spezielle Anforderungen in einer Software zu erfüllen. Besonders im Bereich des Software-Entwurfs kennen wir Muster auf der Ebene der Architektur (siehe Abschnitt 17.5.1) und Muster auf der Ebene des detaillierten Entwurfs (siehe Abschnitt 17.5.2). Muster haben dazu beigetragen, dass nicht nur Code-Komponenten Gegenstand der Wiederverwendung sind.

Komponenten

Die komponentenbasierte Programmierung ist angetreten, um die Schwächen der Objektorientierung in Bezug auf die Wiederverwendung zu überwinden, indem in sich abgeschlossene wiederverwendbare Einheiten, die Komponenten, entwickelt werden. Praktisch sind die Komponenten immer auf ein Komponentenmodell (z. B. EJB, CORBA 3 oder .NET) zugeschnitten und dann auch nur innerhalb des Komponentenmodells verwendbar. Die hohen Erwartungen an die komponentenbasierte Entwicklung wurden jedoch nicht erfüllt.

Produktlinien

Die Entwicklung von Produktlinien ist in vielen Bereichen (z. B. in der Telekommunikationsindustrie) eine bewährte Vorgehensweise, um eine Menge ähnlicher Produkte herzustellen und dabei eine große gemeinsame Basis an wiederverwendbaren Produktbestandteilen zu pflegen. Diese Idee hat David Parnas schon früh vorgestellt und den Begriff »program family« eingeführt und geprägt (Parnas, 1976). Aber erst Ende der Neunzigerjahre wurde diese Art der Software-Entwicklung systematisch erforscht und umgesetzt (Clements, Northrop, 2001; Pohl, Böckle, van der Linden, 2005). Dabei werden zwei Bereiche unterschieden: Im *Domain Engineering* werden die wiederverwendbaren Produktbestandteile identifiziert und entwickelt, im *Application Engineering* werden sie für die Konstruktion von Produkten genutzt.

Model Driven Architecture (MDA)

Bei der modellgetriebenen Software-Entwicklung werden die fachlichen Anforderungen in Modellen spezifiziert, die von der Zieltechnologie unabhängig sind (siehe Abschnitt 15.4). Die Modelle werden durch spezielle Werkzeuge auf Implementierungsmodelle abgebildet, die die speziellen Bedingungen der Technologie (z. B. CORBA, J2EE, .NET) berücksichtigen. Der Schwerpunkt der Wiederverwendung liegt auf den Modellen und den Modelltransformationen.

24.7 Von der Codierung zur Komposition

Die Idee, bei der Software-Entwicklung nicht immer alle Teile neu zu erfinden und zu entwickeln, sondern vorhandene Software-Einheiten wiederzuverwenden, ist so alt wie das Software Engineering selbst. Bereits 1968 hielt Douglas McIlroy auf der Garmischer NATO-Konferenz einen Vortrag[2] zum Thema »Mass produced software components« und beschrieb die Idee der Wiederverwendung durch Komponenten sehr treffend:

> *My thesis is that the software industry is weakly founded, and that one aspect of this weakness is the absence of a software components subindustry. ... The most important characteristic of a software components industry is that it will offer families of routines for any given job. No user of a particular member of a family should pay a penalty, in unwanted generality, for the fact that he is employing a standard model routine. In other words, the purchaser of a component from a family will choose one tailored to his exact needs. He will consult a catalogue offering routines in varying degrees of precision, robustness, time-space performance, and generality. He will be confident that each routine in the family is of high quality – reliable and efficient. He will expect the routine to be intelligible, doubtless expressed in a higher level language appropriate to the purpose of the component, though not necessarily instantly compilable in any processor he has for his machine. He will expect families of routines to be constructed on rational principles so that families fit together as building blocks. In short, he should be able safely to regard components as black boxes.*
>
> M.D. McIlroy (1969)

2 Im Web gibt es ein Foto dieses Vortrags (siehe Naur, Randell, 1969).

Um zu begreifen, wie visionär die Ideen von McIlroy waren, muss man sich die Situation der Software-Entwickler gegen Ende der Sechzigerjahre klar machen:

- Es gab nur sehr große, sehr teure Rechner, die untereinander inkompatibel waren, wenn sie nicht zur selben Baureihe gehörten.
- Alle Betriebssysteme waren proprietär.
- Die einzige Möglichkeit, Software auf einen anderen Rechner zu bringen, bestand darin, einen Kasten mit Lochkarten oder eine schwere Magnetbandspule herumzutragen oder zu verschicken.

Heute haben wir vor allem dank Linux und Windows auf den Arbeitsplatzrechnern ausgezeichnete Kompatibilität und weitgehende Unabhängigkeit von den Hardware-Herstellern, dazu ein Internet, das es uns erlaubt, Software in wenigen Sekunden um die halbe Welt zu transportieren. Tatsächlich ist damit der Austausch von Software zur täglichen Routine geworden.

Trotzdem sind wir noch immer weit davon entfernt, Software so zu entwickeln, wie es die Metapher des Software-ICs (Cox, 1986) in Aussicht stellte. Integrierte Schaltungen (ICs) werden im Katalog ausgesucht und auf Platinen gesteckt oder gelötet. Wer ein spezielles Gerät entwickeln will, kann aus einem großen Angebot wählen und braucht selbst keine Komponenten zu entwickeln. Was fehlt uns, um so zu arbeiten?

- ICs haben eine präzise Spezifikation, die sie generell einhalten.
- ICs haben konzeptionell einfache, standardisierte Schnittstellen.
- ICs sind ausreichend universell, um für viele Anwendungen brauchbar zu sein.
- ICs lassen sich durch Firmware und Software spezialisieren.
- ICs sind zuverlässig und um Größenordnungen billiger als jede Eigenentwicklung.

Wenn es uns gelingt, Software-Bausteine bereitzustellen, die diese Merkmale der ICs aufweisen, werden wir in der Lage sein, Systeme zu entwickeln, indem wir verfügbare Komponenten auswählen, entsprechend unseren Anforderungen ausprägen und integrieren. Die Codierung neuer Komponenten bleibt einer kleinen Gruppe von Entwicklern vorbehalten. Gewöhnliche Programmierer *codieren* ihre Programme nicht mehr, sondern *komponieren* sie aus Komponenten. Sie erreichen dadurch hohe Qualität, kurze Entwicklungsdauer, geringe Zahl unterschiedlicher Komponenten und geringe Kosten. So stellen wir uns die Software-Baustellen der Zukunft vor!

Teil VI

Nachwort, Literatur und Index

25 Nachwort: Die Schule der Software-Ingenieure

Dieses Buch ist vor allem für die geschrieben, die etwas über Software Engineering lernen wollen. Seine Verfasser haben aber in den vergangenen Jahrzehnten begriffen, dass zwischen dem Inhalt des Fachs, der Art, wie man auf diesem Gebiet arbeitet und wie man es vermittelt, keine scharfen Grenzen gezogen werden können. Wir schließen das Buch darum mit einigen Bemerkungen über den Stand und die Probleme, die das Fach Software Engineering als akademische Disziplin hat.

Es liegt auf der Hand, dass wir hier *unsere* Sicht präsentieren; dass andere Leute eine andere Sicht der Dinge haben, ist uns bewusst. Sie mögen diesen Teil als Diskussionsbeitrag betrachten. Eine intensivere Diskussion täte dem Software Engineering gut.

25.1 Software Engineering in der Praxis

> *Die Anforderungen wurden unzureichend dokumentiert, es gab auch keine vollständige Entwurfsdokumentation, nur Diagramme der Software-Architektur, und die Prüfungen des Quellcodes beschränkten sich auf ein Walkthrough. Die meisten Tests waren ad hoc, nur wenige konnten systematisch vorbereitet und durchgeführt werden.*
>
> *Im Unternehmen ist durchaus bekannt, wie man arbeiten müsste, aber die Entwicklerkapazitäten reichen nicht für ein gutes Software Engineering aus. Das ohnehin große Arbeitsvolumen wäre dadurch erheblich gewachsen und der Abgabetermin nicht eingehalten worden.*
>
> Aus einem Praktikantenbericht, Universität Stuttgart, 2006

Die Praxis gibt es nicht. Jede Aussage, dass es in der Praxis so oder so sei, stößt auf begründeten Widerspruch, denn die Verhältnisse sind alles andere als homogen. Trotzdem entsteht durch Beratungen und Schulungen, durch Kooperationsprojekte und Prüfung der Praktikantenberichte, die die Studierenden der Softwaretechnik in Stuttgart abliefern müssen, ein Bild der Praxis.

Dieses Bild schmeichelt der Praxis nicht. Zwar kennen wir einige Software-Biotope, in denen gut, selten auch sehr gut gearbeitet wird. In vielen Unternehmen ist die Software-Entwicklung jedoch geprägt von Spezifikationen, die unzulänglich sind oder fehlen, mangelhafter Dokumentation, unsystematischem Test, unter Zeitdruck abgesagten Reviews und mangelnder Kommunikation und Abstimmung in den Projekten. Für eine grundlegende Verbesserung ist die Belastung zu groß und das Vertrauen ins Software Engineering zu gering.

Wenn in Industrieseminaren am zweiten Tag eine gewisse Vertrautheit entstanden ist, hört man ähnliche Aussagen, oft mit einem bitteren Unterton, und es folgt die Frage: »Ist es eigentlich bei uns viel schlimmer als anderswo?« Die ehrliche Antwort ist: »Nein. Im Großen und Ganzen ist es fast überall so.« Und während man das sagt, erinnert man sich an die beruhigende Auskunft des Arztes: *»Nein, nein, keine Sorge, das ist keine seltene Krankheit. Letztes Jahr stand sie auf jedem zweiten Totenschein.«*

25.2 Stand der Technik und Stand der Praxis

In allen technischen Disziplinen gibt es eine Forschung, die nicht an die harten Randbedingungen der Praxis gebunden ist. Hohe Kosten, hohe Anforderungen an die Qualifikation der Beteiligten, niedrige Produktivität, fehlende Rentabilität dürfen die Forscher nicht daran hindern, einer Frage auf den Grund zu gehen.

Darum kann der *Stand der Technik* nicht der *Stand der Forschung* sein; die Praxis muss sich daran orientieren, was mit den verfügbaren Mitarbeitern und unter den Randbedingungen, die die Kunden definieren, möglich und profitabel ist. Das wäre der Stand der Technik. Leider bleibt die Praxis auch hinter diesem Stand weit zurück; vermutlich ist das Software Engineering die einzige Ingenieurdisziplin, in der es notwendig ist, zwischen dem Stand der Technik und dem *Stand der Praxis* zu unterscheiden. Umgekehrt kann man nicht behaupten, dass alle Vorschläge, die aus der Forschung kommen, viel mit den Problemen zu tun haben, die es in der Praxis so reichlich gibt.

Ganz allgemein ist eine viel engere Kooperation zwischen Forschung und Praxis notwendig. Sie setzt aber voraus, dass auf beiden Seiten einige Illusionen begraben werden: Die Praktiker müssen bekennen, dass sie bislang die Mühe gescheut haben, ihre Erfahrungen zu sammeln und auszuwerten, neue Verfahren, Notationen und Werkzeuge zu erproben und zu verbessern, kurz: auf den aktuellen Stand der Technik zu kommen. Und die Forscher können nicht ihren Anspruch aufrechterhalten, die Lösungen aller Probleme zu kennen, weil viele »Lösungen« nur unter Laborbedingungen funktionieren und versagen, wenn damit keine Lehrbuchbeispiele, sondern echte Aufgaben bearbeitet werden (siehe Abschnitt 3.2.2). Oft hat auch niemand ernsthaft darüber nachgedacht, wie komplizierte Verfahren und Notationen in eine Praxis transferiert werden können, in der Menschen, nicht geklonte Doktoranden arbeiten.

Unter Kooperation verstehen wir, dass beide Seiten einander zuhören, sich selbst wie die andere Seite ernst nehmen und selbstverständlich erwarten, zu geben und zu nehmen. Die Praxis bietet die echten Probleme und den Härtetest für alle Lösungsvorschläge; die Forschung hat das aktuelle Wissen und die Freiheit, Fragen und Unklarheiten auf den Grund gehen zu können. Natürlich gewinnt auch die Lehre durch die Kooperation; die Dozenten können ihre Vorlesungen durch echte Erfahrungen bereichern, und Praktika, Projekte und Studien werden ganz oder teilweise in die Praxis verlagert (vgl. Bleek, Lilienthal, Schmolitzky, 2005; Lichter et al., 2003).

Wer ein anspruchsvolles (d. h. normales) Software-Projekt beginnt, also eines, bei dem Termine, Budget, Anforderungen und Rahmenbedingungen kaum vereinbar sind, hat eine Reihe von Problemen, und er verdient Respekt, wenn er diese Probleme befriedigend lösen kann. Die Forschung kann dabei helfen – und eine Menge lernen.

Die Praxis kann für sich in Anspruch nehmen, dass sie, wie auch immer die Projekte verlaufen, am Ende in der Regel erfolgreich ist; sonst gäbe es längst keine Informatik mehr. Die Horrormeldungen aus den Standish-Reports (siehe Abschnitt 8.7.2) sind unseriös und taugen nicht zur ernsthaften Diskussion. Die Verantwortlichen sollten sich aber nicht darauf verlassen, dass die Software-Mängel, die man heute als normal, als unvermeidbar betrachtet, auch morgen noch toleriert werden. Wenn die Menschen eines Tages an eine Software die gleichen Stabilitätsforderungen stellen wie an eine Straßenbrücke, werden Hersteller mit chaotischen Prozessen und einer nur kosmetischen Qualitätssicherung keine Chance mehr haben. Das ist keine Bedrohung, sondern eine Hoffnung.

25.3 Der Studiengang Softwaretechnik[1]

1996 wurde an der Universität Stuttgart ein Versuch begonnen, die Ausbildung der Software-Ingenieure von Grund auf neu zu konzipieren. Die ersten Erfahrungen waren außerordentlich erfreulich, sodass aus dem Versuch ein regulärer Diplomstudiengang wurde (Ludewig, 2000).

Da man bei der Gestaltung eines neuen Studienplans unter den Randbedingungen, die durch die Gesetze, das Ministerium, die Universität und die Fakultät vorgegeben sind, nur wenige Freiheiten hat, muss man diese wenigstens nutzen. Was war (und ist) neu an der Stuttgarter Softwaretechnik? Natürlich ist der Studienplan inhaltlich auf die Ziele abgestimmt. Wirklich neu sind aber die folgenden Punkte:

- Die Vorstellung, Software Engineering könne als Zusatz, als Spezialisierung an ein Informatikstudium geklebt werden, wurde zu Gunsten eines eigenständigen Studiengangs Softwaretechnik aufgegeben. Kein Mensch käme auf die Idee, aus Physikstudenten durch eine Spezialvorlesung Elektroingenieure zu

1. Hier schreiben wir nicht »Software-Technik«, weil der Studiengang »Softwaretechnik« heißt.

machen. Ingenieur ist man nicht dadurch, dass man zwei oder drei einschlägige Bücher gelesen hat, sondern durch eine bestimmte Denkhaltung. Die muss früh vermittelt werden. Parnas ist mit seinem etwa zur selben Zeit entstandenen Studiengang an der McMaster University in Hamilton, Ontario, noch deutlich weiter von der Informatik abgerückt (Parnas, 1999).

- Schon im ersten Semester bekommen die Softwaretechniker einen speziellen Programmierkurs; massiv wird das Software Engineering vom dritten Semester an als Programmieren im Großen *und* Programmieren im Kleinen vermittelt und geübt. (Es wäre klar besser, damit im ersten Semester zu beginnen, das hat sich aber bislang nicht realisieren lassen.) Nach dem dritten Semester führen die Studenten das erste Software-Projekt an einem Simulator durch (Drappa, Ludewig, 2000).
- Die Projektarbeit in Gruppen aus zunächst drei, dann bis zu zehn Studenten zieht sich als roter Faden durch das Studium (Ludewig, 2006). Nach einem Programmierprojekt, das gegen Ende des dritten Semesters beginnt, stehen im fünften und sechsten Semester die sogenannten Studienprojekte auf dem Programm, die jeweils ein Jahr lang laufen und pro Teilnehmer etwa 400 Stunden Aufwand erfordern. Diese Projekte beginnen in der Regel mit der Erstellung eines Angebots und enden mit der Übergabe an den Kunden; bei einigen Studienprojekten waren das externe Partner, sonst sind es Mitarbeiter der Lehrstühle, die nicht gleichzeitig als Betreuer agieren dürfen; alle Projekte sind seriös konzipiert und zielen darauf ab, etwas Brauchbares zu schaffen. Projekte vom Typ »Wir implementieren die Siedler von Catan« sind damit definitiv ausgeschlossen.
- Schließlich fertigen die zukünftigen Software-Ingenieure noch in einer Dreiergruppe eine Expertise an. Diese sogenannte »Fachstudie« findet meist in der Industrie statt, und unsere Partner dort sind regelmäßig überrascht, wie fundiert die Empfehlungen sind, die sie auf diese Weise bekommen.
- Ein mindestens dreimonatiges Industriepraktikum ist obligatorisch; dabei ist durch die Richtlinien sichergestellt, dass die Studenten Einblick in die Praxis gewinnen und in einem Praktikantenbericht über ihre Erfahrungen berichten. Die Praktika können bei beliebigen Firmen stattfinden, vorausgesetzt, dass sich dort mindestens zehn Leute mit Software-Entwicklung befassen. Die Studenten arbeiten in kleinen mittelständischen Betrieben und in Weltkonzernen, in Software-Häusern und in Firmen, die man nicht mit Software in Verbindung brächte. Natürlich dominieren Unternehmen im Raum Stuttgart, aber eine beträchtliche Zahl der Praktika findet in anderen Teilen Deutschlands oder im Ausland statt.

Die Einführung dieses Studienganges hatte vorhersehbare, aber auch überraschende Effekte; wie erwartet haben sich vor allem Studienanfänger mit Neigung zur Praxis für die Softwaretechnik eingeschrieben, und wir sehen Absolventen, die ihre Lektion gelernt haben und ohne Hemmungen Praktikern erklären, wie man Software-Projekte durchführt. Überraschend ist, dass schon nach wenigen Jahren in der Softwaretechnik eine Kultur gewachsen war, die sich deutlich von der älteren Kultur in der Informatik unterscheidet. Die Studenten denken in Teams, und sie argumentieren nicht mit dem theoretisch Möglichen, sondern mit dem Machbaren. Die Prüfungsleistungen der Softwaretechniker liegen im Vergleich mit den Informatikern enger beieinander, die Zahl der besonders guten und der besonders schlechten ist deutlich geringer. In den Firmen des Großraums Stuttgart sind Bewerber mit einem Abschluss in Softwaretechnik besonders gern gesehen.

2009 wurde die Ausbildung der Softwaretechniker vom Diplomstudiengang auf ein Bachelor-Curriculum umgestellt (Ludewig, 2009); ein Master-Studiengang dazu läuft seit 2012. Dabei mussten unter den sachfremden Zwängen dieser »Reform« einige Stärken geopfert werden, vor allem das Anwendungsfach und das Studienprojekt im Anwendungsfach sowie das Industriepraktikum. An der grundsätzlichen Ausrichtung wurde nicht gerüttelt. Es ist nun ganz anders als früher unser Anliegen, die Studenten darauf hinzuweisen, dass man zwar in sechs Semestern Bachelor werden *kann*, aber nicht *muss*. Wer dafür aber wohlüberlegt acht Semester einsetzt, indem er eines für ein Industriepraktikum, eines für einen Studienaufenthalt im Ausland verwendet, hat nicht ein Jahr verloren, sondern ein sinnvolles Studium gewonnen.

25.4 Nachfrage und Angebot auf dem Ausbildungsmarkt

In Zukunft wird die Weiterbildung der Software-Ingenieure einen eigenen Schwerpunkt der Lehre darstellen. Noch lange wird die Mehrheit derer, die als Informatiker arbeiten, keine einschlägige Ausbildung haben. Die von der Politik erzwungene Verkürzung des ersten (und für viele letzten) Studiums wird unvermeidbar dazu führen, dass die Absolventen im Mittel weniger gut auf ihren Beruf vorbereitet sind als die Diplom-Informatiker. Auch das wird den Bedarf an Weiterbildung erhöhen.

Leider steht dem Bedarf kein entsprechendes Angebot gegenüber, denn es gibt viel zu wenige Dozenten, die bereit und in der Lage sind, Software Engineering als Ingenieurdisziplin zu lehren und vorzuleben. Die Elektrotechnik hat sich zu Beginn des 20. Jahrhunderts von der Physik und vom Maschinenbau gelöst und zu einem eigenen starken Fach entwickelt. Solange das Software Engineering diesen großen Schritt nicht wagt, ist nicht zu erwarten, dass es in den Hochschulen personell das Gewicht erhält, das es nach seiner wirtschaftlichen Bedeutung längst haben müsste.

26 Literaturangaben

26.1 Hinweise zu den Literaturangaben

Eine Literaturliste bleibt, wenn sie mehr als ein sehr schmales Thema abdecken soll, immer ein Torso; neben vielen völlig problemlosen Angaben gibt es eine Reihe von Quellen, die nicht mehr aufzufinden sind, deren Angaben (oft die Jahreszahl) variieren, die, verändert oder unverändert, mehrmals publiziert wurden und so weiter und so fort. Als Verfasser suchen wir einen Kompromiss zwischen Redlichkeit gegenüber den Urhebern, lang anhaltendem Nutzen für die Leser und natürlich auch Aktualität. Insbesondere gibt es folgende Schwierigkeiten:

- Einige Quellen, die wir vor langer Zeit ausgewertet haben, sind uns nicht mehr zugänglich. Andere sind – oft über schlampige Literaturangaben auf Webseiten – nicht präzise zu orten. Wo unsere Angaben lückenhaft oder gar falsch sind, freuen wir uns sehr über Ergänzungen und Hinweise.
- Einige Arbeiten sind nur im Web, nie auf Papier publiziert worden, oder sie sind vor Jahrzehnten erschienen und darum in vielen Bibliotheken nicht verfügbar, aber im Web reproduziert. Darum wollen und müssen wir auch Verweise auf Adressen im Web angeben. Eine URL in der Literaturliste hat aber den großen Nachteil, dass sie mühsam eingetippt werden muss – und dann in vielen Fällen nicht zur gewünschten Seite führt, weil die URL verändert wurde. Wir haben darum alle Web-Verweise nur in Form symbolischer Adressen (Beispiel: Dijkstra, 1970) in das Literaturverzeichnis aufgenommen. Der entsprechende Link steht unter »Dijkstra, 1970« auf unserer Webseite zum Buch, wo Sie auch Korrekturen und aktuelle Informationen finden. Wenn wir merken oder von Ihnen erfahren, dass ein Link nicht mehr stimmt, ändern wir ihn oder markieren ihn als tot. Da die Aussage zu den URLs natürlich auch für unsere eigenen Seiten gilt, bitten wir Sie, die Seiten zum Buch selbst zu suchen (unter *Ludewig Lichter Software Engineering*) und sich ein Lesezeichen zu setzen.

- Bei Texten, die mehrfach publiziert wurden, geben wir in der Regel zwei Quellen an, die jüngste, weil sie am leichtesten zu beschaffen ist, und die älteste, weil sie das Original darstellt und damit auch die Entstehungszeit dokumentiert. Eine Reihe von Sammelbänden, beispielsweise die sogenannten IEEE Tutorials, sind fast ausschließlich aus früheren Publikationen zusammengestellt. Wir versuchen nicht, alle Wiedergaben eines Artikels aufzuspüren und zu zitieren.
- Ist ein Buch in mehreren Auflagen erschienen, so enthält unsere Liste die neueste uns bekannte Auflage. Nur wenn wir etwas zitieren, was in der Neuauflage eines Buches weggefallen ist, nennen wir als Quelle eine ältere Auflage.
- Normen und Standards spielen im Software Engineering noch nicht die Rolle, die ihnen in einer technischen Disziplin eigentlich zukommt. Aber die Bedeutung und Beachtung nehmen zu. Da die Autoren einer Norm nicht namentlich genannt werden, ist es nicht sinnvoll, Normen in die nach Verfassern geordneten Literaturangaben aufzunehmen. Wir haben uns darum entschieden, einen separaten Abschnitt anzulegen (Abschnitt 26.3, ab S. 649), in dem die Normen nach Normenreihen und Nummern geordnet sind.
- Manchmal möchte man nachvollziehen, wo ein Autor im Buch zitiert wurde. Dazu haben wir auf die Webseite zum Buch einen inversen Autorenindex gestellt.

26.2 Literaturangaben, nach Verfassern geordnet

Abrahamsson, P., O. Salo, J. Ronkainen, J. Warsta (2002): Agile software development methods. Review and analysis. Espoo 2002, VTT Publications 478, Abrahamsson et al., 2002.

Abran, A., H. Nguyenkim (1991): Analysis of maintenance work categories through measurement. Proceedings of IEEE Conference on Software Maintenance, Sorrento, Italy, Oct. 15-17, 1991, 104-113.

Abrial, J.-R. (2009): Faultless Systems: Yes We Can! IEEE Computer, 42 (9), 30-36.

ADA (1995): ADA 95 Quality and Style: Guidelines for Professional Programmers. Software Productivity Consortium, SPC-94093-CMC, Version 01.00.10, ADA, 1995.

Agile Manifesto (2001): Webseiten zum Agile Manifesto, Agile Manifesto, 2001.

Ahern, D.M., A. Clouse, R. Turner (2008): CMMI Distilled – A Practical Introduction to Integrated Process Improvement. 3rd ed., Addison-Wesley, Upper Saddle River, NJ.

Albrecht, A.J. (1979): Measuring Application Development Productivity. Proceedings Joint SHARE/GUIDE/IBM Application Development Symp., Monterey, CA, 83-92.

Albrecht, A.J., J.E. Gaffney (1983): Software function, source lines of code, and development effort prediction: A Software Science validation. IEEE Transactions on Software Engineering, Vol. 9 (6), 639-648.

Alexander, C., S. Ishikawa, M. Silverstein, M. Jacobson, I. Fiksdahl-King, S. Angel (1977): A Pattern Language: Towns, Buildings, Construction. Oxford University Press.

Altmann, W., A. Feuerstein (2002): Die neue berufliche IT-Weiterbildung mit System. Informatik-Spektrum, Band 25 (4), 277-285.

Appelrath, H.-J., J. Ludewig (2000): Skriptum Informatik – eine konventionelle Einführung. 5. Aufl., Teubner, Stuttgart.

Atkinson, M., F. Bancilhon, D. DeWitt, K. Dittrich, D. Maier, S. Zdonik (1989): The Object-Oriented Database System Manifesto. In Kim, Nicolas, Nishio (eds.), First International Conference on Deductive and Object-Oriented Databases, Elsevier Science Pub. Co., 223-240.

Australian Comp. Society (2004): Australian Computer Society Code of Ethics, Austr. Comp. Society, 2004.

Bach, J. (1994): The Immaturity of the CMM. American Programmer, Vol. 7 (9), 13-18.

Bachmann F., L. Bass, P. Clements, D. Garlan, J. Ivers, R. Little, R. Nord, J. Stafford (2002): Documenting Software Architecture: Documenting Interfaces. CMU/SEI-2002-TN-015, Software Engineering Institute, Carnegie Mellon University, Pittsburgh, PA.

Badri, L., M. Badri (2004): A Proposal of a New Class Cohesion Criterion : An Empirical Study. Journal of Object Technology, Vol. 3 (4), 145-159, Badri, Badri, 2004.

Baker, F.T. (1972): Chief Programmer Team – Management of Production Programming. IBM Systems Journal, Vol. 11 (1), 56-73.

Baker, F.T., V.R. Basili, R.W. Selby (1987): Cleanroom Software Development: An Empirical Evaluation. IEEE Transactions on Software Engineering, Vol. 13 (9), 1027-1037.

Balzer, R. (1985): A 15 year perspective on automatic programming. IEEE Transactions on Software Engineering, Vol. 11 (11), 1257-1268.

Balzert, H. (2008): Lehrbuch der Software-Technik: Softwaremanagement. 2. Aufl., Spektrum Akademischer Verlag, Heidelberg. Ebenfalls zitiert: 1. Aufl., 1998.

Balzert, H. (2009): Lehrbuch der Software-Technik: Basiskonzepte und Requirements Engineering. 3. Aufl., Spektrum Akademischer Verlag, Heidelberg.

Banker, R.D., R.J. Kauffman, R. Kumar (1991): An Empirical Test of Object-Based Output Measurement Metrics in a Computer Aided Software Engineering Environment. Journal of Management Information Systems, Vol. 8 (3), 127-150.

Barnes, B.H., T.B. Bollinger (1991): Making Reuse Cost-Effective. IEEE Software, Vol. 8 (1), 13-24.

Bartetzko, D., C. Fischer, M. Möller, H. Wehrheim (2001): Jass – JAVA with Assertions. In Havelund, Rosu (eds.), Proceedings of the First Workshop on Runtime Verification (RV'01), Paris, Electronic Notes in Theoretical Computer Science, Vol. 55 (2), Elsevier Science, Bartetzko et al., 2001.

Basili, V.R., D.M. Weiss (1984): A Methodology for Collecting Valid Software Engineering Data. IEEE Transactions Software Engineering, Vol. 10 (6), 728-738.

Basili, V.R., H.D. Rombach (1988): The TAME Project – Towards Improvement-Oriented Software Environments. IEEE Transactions on Software Engineering, Vol. 14 (6), 758-773, Basili, Rombach, 1988.

Basili, V.R., G. Caldiera, H.D. Rombach (1994): Goal Question Metric Paradigm. In Marciniak (ed.), Encyclopedia of Software Engineering, John Wiley & Sons, 528-532, Basili, Caldiera, Rombach, 1994.

Basili, V.R., L.C. Briand, W.L. Melo (1996a): How reuse influences productivity in object-oriented systems. Communications of the ACM, Vol. 39 (10), 104-116.

Basili, V.R., L.C. Briand, W.L. Melo (1996b): A Validation of Object-Oriented Design Metrics as Quality Indicators. IEEE Transactions on Software Engineering, Vol. 22 (10), 751-761.

Baskette, J. (1987): Life Cycle Analysis of an ADA Project. IEEE Software, Vol. 4 (1), 40-47.

Bass, L., P. Clements, R. Kazman (2003): Software Architecture in Practice. 2nd ed., The SEI Series in Software Engineering, Addison-Wesley Pearson Education, Boston.

Bauer, F.L. (1993): Software Engineering – wie es begann. Informatik-Spektrum, Band 16 (5), 259-260.

Bauer, F.L., H. Ehler, A. Horsch, B. Möller, H. Partsch, O. Paukner, P. Pepper (1987): The Munich Project CIP, Volume II: The Program Transformation System CIP-S. Lecture Notes in Computer Science, Vol. 292, Springer-Verlag, Berlin, Heidelberg.

Bäumer, D., W. Bischofberger, H. Lichter, H. Züllighoven (1996): User Interface Prototyping – Concepts, Tools, and Experience. Proceedings of 18th ICSE, Berlin, IEEE Computer Society Press, 532-541.

Beck, K. (1999): Extreme Programming Explained – Embrace Change. Addison-Wesley, Boston, MA. Zweite Auflage von 2004 mit Cynthia Andres als Koautorin.

Beck, K., C. Andres (2004): siehe Beck (1999).

Beizer, B. (1983): Software System Testing and Quality Assurance. Van Nostrand Reinhold Co., New York, NY.

Beizer, B. (1997): Cleanroom Process Model: A Critical Examination. IEEE Software, Vol. 14 (2), 14-16.

Bellin, G., D. Stelzer, W. Mellis (1996): ISO 9000: Ein Qualitätsstandard ohne Auswirkung auf die Softwareentwicklung? In Mayr (Hrsg.), Beherrschung von Informationssystemen, Tagungsband der Informatik '96, Oldenbourg-Verlag, Wien, München, 347-366, Bellin, Stelzer, Mellis, 1996.

Beneken, G. (2008): Referenzarchitekturen. In Reussner, R., W. Hasselbring (Hrsg.), Handbuch der Software-Architektur. 2. Aufl., dpunkt.verlag, Heidelberg.

Bennett, K. (1995): Legacy Systems: Coping With Success. IEEE Software, Vol. 12 (1), 19-23.

Berry, D.M., O. Berry (1980): The Programmer-Client Interaction in Arriving at Program Specifications: Abstract Data Typing, Strong Typing, and Jewish Motherhood. Proceedings of II Conferencia Nacional en Sistemas de Computacion, 13-34, Santiago de Chile.

Bicego, A., M. Khurana, P. Kuvaja (1998): Bootstrap 3.0 – Software Process Assessment Methodology. Proceedings of Software Quality Management '98, Amsterdam, 26-37.

Biggerstaff, T.J. (1998): A perspective of generative reuse. Annals of Software Engineering, Vol. 5 (0), Jan 1998, 169-226.

Binder, R.V. (2000): Testing Object-Oriented Systems – Models, Patterns, and Tools. Addison-Wesley Longman, Reading, MA.

Birds Project (o.J.): Introduction to DO-178B, Birds Project, o.J.

Bischofberger, W., H. Wolf (2004): Werkzeugbasiertes Erkennen und Vermeiden von Architektur-Smells. In Roock, Lippert (Hrsg.), Refactorings in großen Softwareprojekten – Komplexe Restrukturierungen erfolgreich durchführen, dpunkt.verlag, Heidelberg, 239-259.

Bleek, W.G., C. Lilienthal, A. Schmolitzky (2005): Transferring Experience from Software Engineering Training in Industry to Mass University Education – The Big Picture. Proceedings of 18th Conference on Software Engineering Education & Training (CSEE&T), Ottawa, IEEE Press, 195-203.

Boehm, B.W. (1973): Software and its Impact: A Quantitative Assessment. Datamation, Vol. 19 (5), 48-59.

Boehm, B.W., J.R. Brown, M. Lipow (1976): Quantitative Evaluation of Software Quality. Proceedings of 2nd ICSE, San Francisco, IEEE Computer Society, 592-605.

Boehm, B.W. (1979): Guidelines for verifying and validating software requirements and design specifications. EURO IFIP 79, 711-719, Elsevier North-Holland, New York, NY.

Boehm, B.W. (1981): Software Engineering Economics. Prentice-Hall PTR, Upper Saddle River, NJ.

Boehm, B.W., T.E. Gray, T. Seewaldt (1984): Prototyping vs. specifying: a Multiproject Experiment. IEEE Transactions on Software Engineering, Vol. 10 (3), 290-303.

Boehm, B.W. (1987): Industrial software metrics top 10 list. IEEE Software, Vol. 4 (9), 84-85.

Boehm, B.W. (1988): A Spiral model of Software Development and Enhancement. IEEE Computer, Vol. 21 (5), Mai 1988, 61-72.

Boehm, B.W., E. Horowitz, R. Madachy, D. Reifer, B.K. Clark, B. Steece, A.W. Brown, S. Chulani, C. Abts (2000): Software Cost Estimation with COCOMO II. Prentice-Hall PTR, Upper Saddle River, NJ.

Booch G., R. Maksimchuk, M. Engel, B. Young, J. Conallen, K. Houston (2007): Object-Oriented Analysis and Design with Applications. 3rd ed., Addison-Wesley, Upper Saddle River, NJ.

Böhm, C., A. Jacobini (1966): Flow diagram, turing machine, and language with only two formation rules. Communications of the ACM, Vol. 9 (5), 366-371.

Brodie, M., M. Stonebraker (1995): Migrating Legacy Systems: Gateways, Interfaces and the Incremental Approach. Morgan Kaufmann Publishers, San Francisco, CA.

Bröhl, A.-P., W. Dröschel (1995): Das V-Modell: Der Standard für die Software-Entwicklung mit Praxisleitfaden. 2. Aufl., Oldenbourg-Verlag, München.

Brooks, F.P. (1975): The Mythical Man-Month: Essays on Software Engineering. Addison-Wesley Pub. Co., Reading, MA. Erweiterte Fassung erschienen 1995: Anniversary Edition, Addison-Wesley, Boston.

Brooks, F.P. (1987): No silver bullet – essence and accidents of software engineering. IEEE Computer, Vol. 20 (4), 10-19.

Broy, M., E. Denert (eds.) (2002): Software Pioneers: Contributions to Software Engineering. Mit vier DVDs. Springer-Verlag, Berlin.

Bugzilla (o.J.): A Defect Tracking System, Bugzilla, o.J.

Buschmann, F., R. Meunier, H. Rohnert, E. Sommerlad, M. Stal (1996): Pattern-Oriented Software Architecture – A System of Patterns. John Wiley & Sons, Chichester, England.

Cameron, J.R. (1986): An overview of JSD. IEEE Transactions on Software Engineering, Vol. 12 (2), 222-240.

Carr, M.J., S.L. Konda, I. Monarch, F.C. Ulrich, C.F. Walker (1993): Taxonomy-Based Risk Identification. SEI Technical Report, SEI-93-TR-6, Software Engineering Institute, Carnegie Mellon University, Pittsburgh, PA.

Cass, A., C. Völcker, L. Winzer, J.M. Carranza, A. Dorling (2001): SPiCE for SPACE: A Process Assessment and Improvement Method for Space Software Development. ESA bulletin 107, August, 112-119, Cass et al., 2001.

Champlain, M. (1997): The Contract Pattern. Proceedings of PLoP'97 Conference, Monticello, Champlain, 1997.

Chapman, C.N, R. P. Milham (2006): The persona's new clothes: methodological and practical arguments against a popular method. Proc. of the Human Factors and Ergonomics Society 50th Annual Meeting, 634 –636, Chapman, Milham, 2006.

Chen, M., R.J. Norman (1992): A framework for integrated CASE. IEEE Software, Vol. 9 (2), 18-22.

Chen, P.P. (1976): The Entity-Relationship Model – Toward a Unified View of Data. ACM Transactions on Database Systems, Vol. 1 (1), 9-36, Chen, 1976.

Chidamber, S.R., C.F. Kemerer (1994): A Metrics Suite for Object Oriented Design. IEEE Transactions on Software Engineering, Vol. 20 (6), 476-493.

Chikofsky, E.J., J.H. Cross (1990): Reverse Engineering and Design Recovery: A Taxonomy. IEEE Software, Vol. 7 (1), 13-17.

Chilenski, J.J., S.P. Miller (1994): Applicability of modified condition/decision coverage to software testing. Software Engineering Journal, Vol. 9 (5), 193-200.

Clements, P., L. Northrop (2001): Software Product Lines – Practices and Patterns. The SEI Series in Software Engineering, Addison-Wesley Pearson Education, Boston, MA.

CMMI (2006a): CMMI for Development, Version 1.2. CMU/SEI-2006-TR-008, ESC-TR-2006-008, Software Engineering Institute, Carnegie Mellon University, Pittsburgh, PA.

CMMI (2006b): Appraisal Requirements for CMMI. Version 1.2 (ARC, V1.2) Technical Report , CMU/SEI-2006-TR-011, Software Engineering Institute, Carnegie Mellon University, Pittsburgh, PA.

Cockburn, A. (1993): The impact of object-orientation on application development. IBM Systems Journal, Vol. 32 (3), 420-444.

Cockburn, A. (1996): Basic Use Case Template. Humans and Technology, Technical Report 96.03, Salt Lake City, Cockburn, 1996.

Cockburn, A. (2001): Writing Effective Use Cases. The agile software development series, Addison-Wesley, Boston, MA.

Cockburn, A. (2004): Crystal Clear – A Human-Powered Methodology for Small Teams. Addison-Wesley, Boston, MA.

Conte, S.D., H. Dunsmore, V. Shen (1986): Software engineering metrics and models. Benjamin/Cummings Publishing Company, Menlo Park, CA.

Conway, M.E. (1968): How do committees invent? Datamation, April 1968, Vol. 14 (4), 28-31.

Cooper, A. (2004): The Inmates are Running the Asylum. 2nd ed., SAMS Publications, Indianapolis, IN.

Cooper, R.G. (2001): Winning at New Products: Accelerating the Process from Idea to Launch. 3rd ed., Perseus Publishing, Cambridge, MA.

Cox, B.J. (1986): Object-Oriented Programming: An Evolutionary Approach. Addison-Wesley, Reading, MA.

Dahl, O.J., E.W. Dijkstra, C.A.R. Hoare, (1972): Structured Programming. Academic Press, London, New York, NY.

Davis, A.M. (1995): 201 Principles of Software Development. McGraw-Hill, New York, NY.

Deininger, M., H. Lichter, J. Ludewig, K. Schneider (2005): Studien-Arbeiten – ein Leitfaden zur Vorbereitung, Durchführung und Betreuung von Studien-, Diplom-, Abschluss- und Doktorarbeiten am Beispiel Informatik. 5. Aufl., vdf Hochschulverlag, ETH Zürich.

Dekkers, C.A., P.A. McQuaid (2002): The Dangers of Using Software Metrics to (Mis-)Manage. IT Professional, Vol. 4 (2), 24-30.

Dekleva, S. (1992): Delphi study of software maintenance problems. Proceedings IEEE International Conference on Software Maintenance, Orlando, IEEE Computer Society Press, 10-17.

DeMarco, T. (1978): Structured Analysis and System Specification. Prentice-Hall, Englewood Cliffs, NJ.

DeMarco, T. (1995): Why Does Software Cost So Much? And Other Puzzles of the Information Age. Dorset House Publishing, New York, NY.

Demeyer, S., S. Ducasse, O. Nierstrasz (2003): Object-Oriented Reengineering Patterns. dpunkt.verlag, Heidelberg/Morgan Kaufmann Publishers, San Francisco, CA.

DeRemer, F., H.H. Kron (1976): Programming-in-the-Large Versus Programming-in-the-Small. IEEE Transactions on Software Engineering, Vol. 2 (5), 80-86.

Dijkstra, E.W. (1968a): The Structure of the THE multiprogramming system. Communications of the ACM, Vol. 11 (5), 341-346, Dijkstra, 1968a.

Dijkstra, E.W. (1968b): Go To Statement Considered Harmful. Communications of the ACM, Vol. 11 (3), 147-148, Dijkstra, 1986b.

Dijkstra, E.W. (1970): Notes on Structured Programming. T-H-Report 70-WSK-03, 2nd ed., TU Eindhoven, Dijkstra, 1970.

Dijkstra, E.W. (1974): Programming as a discipline of mathematical nature. American Mathematical Monthly, 81 (6), 608-612, Dijkstra, 1974.

DIN-Normen: siehe Abschnitt 26.3.1.

Drappa, A., J. Ludewig (2000): Simulation in Software Engineering Training. Proceedings of the 22nd ISCE, Limerick, Ireland, 199-208.

Dröschel, W., W. Heuser, R. Midderhoff (1998): Inkrementelle und objektorientierte Vorgehensweisen mit dem V-Modell 97. Oldenbourg-Verlag, München.

Dünki, P., C. Galasso (1987): Untersuchung über den Stand des Software Engineerings im Großraum Zürich. Institut für Informatik der ETH Zürich, Bericht Nr. 80.

Duran, J., S. Ntafos (1984): An Evaluation of Random Testing. IEEE Transactions on Software Engineering, Vol. 10 (4), 438-444.

Dyer, M. (1992): The Cleanroom Approach to Quality Software Development. Series in Software Engineering Practice, John Wiley & Sons, New York, NY.

Eclipse (o.J.): A vendor-neutral open development platform, Eclipse, o.J.

Eisenbarth, T., R. Koschke, D. Simon (2002): Locating Features in Source Code. IEEE Transactions on Software Engineering, Vol. 29 (3), 195-209.

El Emam, K., S. Benlarbi, N. Goel, S.N. Rai (2001): The confounding effect of class size on the validity of object-oriented metrics. IEEE Transactions on Software Engineering, Vol. 27 (7), 630-650.

Ellis, W.J., R.F. Hilliard, P.T. Poon, D. Rayford, T.F. Saunders, B. Sherlund, R.L. Wade (1996): Toward a Recommended Practice for Architectural Description. Proceedings of 2nd IEEE International Conference on Engineering of Complex Computer Systems, Montreal, 408-413.

Endres, A., D. Rombach (2003): A Handbook of Software and Systems Engineering: Empirical Observations, Laws, and Theories. Addison-Wesley, Harlow, England.

Fagan, M. (1976): Design and Code Inspections to reduce Errors in Program Development. IBM Systems Journal, Vol. 15 (3), 182-211.

Fagan, M. (1986): Advances in Software Inspections. IEEE Transactions On Software Engineering, Vol. 12 (7), 744-751.

Fairley, R. (1985): Software Engineering Concepts. McGraw-Hill Book Company, New York, NY.

Favaro, J.M., K.R. Favaro, P.F. Favaro (1998): Value based software reuse investment. Annals of Software Engineering, Vol. 5 (0), Jan 1998, 5-52.

Fayad, M.E., R.E. Johnson (eds.) (2000): Domain-Specific Application Frameworks. John Wiley & Sons, New York, NY.

Feiler, P. H., D. P. Gluch, J. J. Hudak (2006): The Architecture Analysis & Design Language (AADL): An Introduction, CMU/SEI-2006-TN-011, Software Engineering Institute, Carnegie Mellon University, Pittsburgh, PA.

Fenton, N.E., S.L. Pfleeger (1997): Software Metrics – A Rigorous and Practical Approach. 2nd ed., PWS Publishing Company, Boston, MA.

Floyd, C. (1984): A Systematic Look at Prototyping. In Budde, Kuhlenkamp, Züllighoven (Hrsg.), Prototyping – An Approach to Evolutionary System Development, Springer-Verlag, Berlin, 1-19.

Floyd, C. (1989): Softwareentwicklung als Realitätskonstruktion. In Lippe (Hrsg.), Proceedings der Fachtagung Software-Entwicklung, Marburg, Juni 1989, Springer-Verlag, Berlin, Heidelberg, New York, 1-20.

Fowler, M. (1999): Refactoring – Improving the design of existing code. Addison-Wesley Longman, Reading, MA.

Frakes, W., C. Terry (1996): Software reuse: metrics and models. ACM Computing Surveys, Vol. 28 (2), 415-435.

Frick, A.K., W. Zimmer, W. Zimmermann (1995): Über die Konstruktion robuster objektorientierter Klassenbibliotheken. GI-Fachtagung Softwaretechnik 1995, Braunschweig, Softwaretechnik-Trends, Band 15 (3), 35-46.

Frohnhoff, S. (2009): Use Case Points 3.0 – Implementierung einer Use Case bezogenen Schätzmethode für das Software-Engineering betrieblicher Informationssysteme. Dissertation, Universität Paderborn.

Fröhlich, P., H. Lichter, M. Zeller (2001): Software Process Improvement at ABB. Proceedings of CONQUEST 2001, Nürnberg, September 2001, 29-40.

Frühauf, K., J. Ludewig, H. Sandmayr (2002): Software-Projektmanagement und -Qualitätssicherung. 4. Aufl., vdf Hochschulverlag, ETH Zürich.

Frühauf, K., J. Ludewig, H. Sandmayr (2007): Software-Prüfung – Eine Anleitung zum Test und zur Inspektion. 6. Aufl., vdf Hochschulverlag, ETH Zürich.

Fuggetta, A. (1993): A classification of CASE technology. IEEE Computer, Vol. 26 (12), 25-38.

Gamma, E. (1992): Objektorientierte Software-Entwicklung am Beispiel von ET++. Springer-Verlag, Berlin, Heidelberg, New York.

Gamma, E., R. Helm, R. Johnson, J. Vlissides (1995): Design Patterns – Elements of Reusable Object-Oriented Software. Addison-Wesley, Reading, MA.

Gamma, E., K. Beck (2004): Contributing to Eclipse: Principles, Patterns, and Plug-Ins. Addison-Wesley, Reading, MA.

GDV (2001): Versicherungs-Anwendungs-Architektur (final edition), Gesamtverband der Deutschen Versicherungswirtschaft e.V., GDV, 2001.

Ghezzi, C., M. Jazayeri, D. Mandrioli (2003): Fundamentals of Software Engineering. 2nd ed., Prentice-Hall, Upper Saddle River, NJ.

Gibson, D.L., Goldenson, D.R., K. Kost (2008): Performance Results of CMMI-Based Process Improvement. CMU/SEI-2006-TR-004, ESC-TR-2006-004, Software Engineering Institute, Carnegie Mellon University, Pittsburgh, PA.

GI (2004): Ethische Leitlinien der Gesellschaft für Informatik, GI, 2004.

Gladden, G.R. (1982): Stop the life cycle, I want to get off. Software Engineering Notes, Vol. 7 (2), 35-39.

Glass, R.L. (2005): IT Failure Rates – 70 Percent or 10-15 Percent? IEEE Software, Vol. 22 (3), 112+110-111.

Glinz, M. (2000): Problems and Deficiencies of UML as a Requirements Specification Language. In Proceedings of the 10th international Workshop on Software Specification and Design, IEEE Computer Society, Washington, DC,November 05-07, 11-22.

Goldberg, A., K.S. Rubin (1995): Succeeding with Objects: Decision Frameworks for Project Management. Addison-Wesley, Reading, MA.

Grady, R.B., D.L. Caswell (1987): Software Metrics: Establishing a Company-Wide Program. Prentice-Hall, Englewood Cliffs, NJ.

Grant, E.E., H. Sackman (1966): An exploratory investigation of programmer performance under on-line and off-line conditions. SP-2581, System Development Corp., Santa Monica, CA.

Gurbaxani, V., H. Mendelson (1987): Software and Hardware in Data Processing Budgets. IEEE Transactions on Software Engineering, Vol. 13 (9), 1010-1017.

Haft, M., B. Humm, J. Siedersleben (2005): The Architect's Dilemma – Will Reference Architectures Help?. In Reussner, R. et al. (eds.): QoSA-SOQUA 2005, Lecture Notes in Computer Science, Vol. 3712, Springer-Verlag, Berlin, Heidelberg, 106–122.

Halstead, M. (1977): Elements of Software Science. Elsevier North-Holland, New York, NY.

Harel, D. (1987): Statecharts: a visual formalism for complex systems. Science of Computer Programming 8, 231-274.

Hausler, P.A., R.C. Linger, C.J. Trammell (1994): Adopting Cleanroom software engineering with a phased approach. IBM Systems Journal, Vol. 33 (1), 89-109, Hausler et al., 1994.

Henderson-Sellers, B. (1996): Object-Oriented Metrics – Measures of Complexity. Prentice-Hall PTR, Upper Saddle River, NJ.

Heninger, K.L., J. Kallander, D.L. Parnas, J. Shore (1978): Software Requirements for the A-7E Aircraft. NRL Memo, Rep. 3876, Naval Research Laboratory, Washington D.C.

Heninger, K.L. (1980): Specifying software requirements for complex systems: new techniques and their applications. IEEE Transactions on Software Engineering, Vol. 6 (1), 2-13.

Hetzel, W. (1984): The Complete Guide to Software Testing. QED Information Sciences, Wellesley, MA.

Heydenreich, N. (1991): Umstellung der Mitgliederbestandsführung – ein kommerzielles Großprojekt. In Ludewig (Hrsg.), Software- und Automatisierungsprojekte – Beispiele aus der Praxis. Teubner, Stuttgart, Bericht 5, 81-102.

Hindel, B., K. Hörmann, M. Müller, J. Schmied (2009): Basiswissen Software-Projektmanagement. 3. Aufl., dpunkt.verlag, Heidelberg.

Hoare, C.A.R. (1969): An Axiomatic Basis for Computer Programming. Communications of the ACM, Vol. 12 (10), 576-583.

Höhn, H., B. Sechser, K. Dussa-Zieger, R. Messnarz, B. Hindel (2009): Software Engineering nach Automotive SPICE – Entwicklungsprozesse in der Praxis. dpunkt.verlag, Heidelberg.

Hörmann, K., L. Dittmann, B. Hindel, M. Müller (2006): SPICE in der Praxis: Interpretationshilfe für Anwender und Assessoren. dpunkt.verlag, Heidelberg.

Humphrey, W.S. (1997): Introduction to the Personal Software Process. Addison-Wesley, Reading, MA.

Humphrey, W.S. (2000): Introduction to the Team Software Process. Addison-Wesley, Reading, MA.

Humphrey, W.S. (2005): PSP – A Self-Improvement Process for Software Engineers. Addison-Wesley, Boston, MA.

IEEE-CS/ACM (1999): Software Engineering Code of Ethics and Professional Practice. Version 5.2, ACM/IEEE-CS Joint Task Force on Software Engineering Ethics and Professional Practices, IEEE-CS/ACM, 1999.

IEEE-Standards: siehe Abschnitt 26.3.2.

INCOSE (o.J.): Tools Database, INCOSE, o.J.

ISO-Standards: siehe Abschnitt 26.3.3.

Jackson, D. (2002): Alloy: A Lightweight Object Modelling Notation, ACM Transactions on Software Engineering and Methodology (TOSEM), Vol. 11 (2), April 2002, 256-290.

Jacobson, I., G. Booch, J. Rumbaugh (1999): The Unified Software Development Process. Addison-Wesley, Boston, MA.

Jacobson, I., M. Christerson, P. Jonsson, G. Övergaard (1992): Object-Oriented Software Engineering – A Use Case Driven Approach. ACM Press, Wokingham, England, Addison-Wesley, Reading, MA.

Jalote, P. (1999): CMM in Practice: Processes for Executing Software Projects at Infosys. Addison-Wesley, Reading, MA.

Jalote, P. (2005): An integrated Approach to Software Engineering. 3rd ed., Springer-Verlag, New York, NY, etc.

JetBrains (o.J.): Informationen zum Werkzeug IntelliJ IDEA. JetBrains, o.J.

JHotDraw (o.J.): Open-source JAVA GUI framework for technical and structured graphics, JHotDraw, o.J.

Jones, C. (1996): Applied Software Measurement. 2nd ed., McGraw-Hill, New York, NY.

Jones, G.W. (1990): Software Engineering. John Wiley & Sons, New York, NY.

Jorgensen, P.C. (1995): Software Testing: A Craftsman's Approach. CRC Press, Boca Raton, FL.

JWAM (o.J.): Webseiten zum JWAM-Rahmenwerk, JWAM, o.J.

Kabaili, H., R.K. Keller, F. Lustman, G. Saint-Denis (2000): Class Cohesion Revisited: An Empirical Study on Industrial Systems. In Proceedings of the 4th International ECOOP Workshop on Quantitative Approaches in Object-Oriented Software Engineering, Sophia Antipolis and Cannes, France, 29-38, Kabaili et al., 2000.

Kan, S.H. (2003): Metrics and models in software quality engineering. 2nd ed., Pearson Education, Addison-Wesley Professional, Boston, MA.

Kaposi, A., B. Kitchenham (1987): The architecture of software quality. Software Engineering Journal, Vol. 2 (1), 2-8.

Karner, G. (1993): Metrics for Objectory. Diploma thesis, University of Linköping, Sweden. No. LiTH-IDA-Ex-9344:21.

Keipinger, D. (2000): Software-Sanierung. In Brössler, Siedersleben (Hrsg.), Softwaretechnik-Praxis für Software-Ingenieure, Hanser-Verlag, München.

Kernighan, B.W., P.J. Plauger (1978): The Elements of Programming Style. 2nd ed., McGraw Hill, New York, NY.

Kerzner, H. (2003): Project Management – A Systems Approach to Planning, Scheduling, and Controlling. 8th ed., John Wiley & Sons, Hoboken, NJ.

Kieback, A., H. Lichter, M. Schneider-Hufschmidt, H. Züllighoven (1992): Prototyping in industriellen Software-Projekten – Erfahrungen und Analysen. Informatik-Spektrum, Band 15 (2), 65-77.

Kilpi, T. (2001): Implementing a software metrics program at Nokia. IEEE Software, Vol. 18 (6), 72-77.

Kimm, R., W. Koch, W. Simonsmeier, F. Tontsch (1979): Einführung in Software Engineering. de Gruyter Verlag, Berlin, New York.

Kneuper, R. (2007): CMMI – Verbesserung von Software- und Systementwicklungsprozessen mit Capability Maturity Model Integration (CMMI-DEV). 3. Aufl., dpunkt.verlag, Heidelberg.

Knöll, H.-D., J. Busse (1991): Aufwandsschätzung von Software-Projekten in der Praxis: Methoden, Werkzeugeinsatz, Fallbeispiele. Reihe Angewandte Informatik Bd. 8, BI-Wissenschaftsverlag, Mannheim, Wien, Zürich.

Knuth, D. (1974): Structured programming with goto statements. Computing Surveys, Vol. 6 (4), 261-301.

Koch, T., A. Uhl, D. Weise (2001): Model Driven Architecture. Interactive Objects Software GmbH, Koch, Uhl, Weise, 2001.

Kolb, R., J.D. McGregor, D. Muthig (eds.) (2004): Proceedings of the First International Workshop on Quality Assurance in Reuse Contexts (QUARC 2004). Fraunhofer-Institut Experimentelles Software Engineering, IESE-Report No. 096.04/E.

Komiyama, T., T. Sunazuka, S. Koyama (2000): Software Process Assessment and Improvement in NEC – Current Status and Future Direction. Software Process: Improvement and Practice, Vol. 5 (1), 31-43.

Krasner, G.E., S.T. Pope (1988): A Cookbook for Using the Model-View-Controller User Interface Paradigm in Smalltalk-80. Journal of Object-Oriented Programming, SIGS Publication, Vol. 1 (3), 26-49.

Kroha, P. (1997): Softwaretechnologie. Prentice-Hall, München.

Kruchten, P. B. (1995): The 4+1 View Model of Architecture. IEEE Software, 12(6), 42-50.

Kruchten, P. B. (2003): The Rational Unified Process – An Introduction. 3rd ed., Addison-Wesley Longman, Boston, MA.

Leavens, G.T., A.L. Baker, C. Ruby (1999): JML: A notation for detailed design. In Kilov, Rumpe, Simmonds (eds.), Behavioral Specifications of Businesses and Systems, Kluwer Academic Publishers, Boston, 175-188.

Lehman, M.M. (1980): Programs, life cycles, and laws of software evolution. Proceedings of the IEEE Special Issue on Software Engineering, Vol. 68 (9), 1060-1076.

Lehman, M.M., M.A. Belady (1985): Program Evolution – Processes of Software Change. Academic Press, London.

Lehman, M.M., J.F. Ramil (2001): Rules and Tools for Software Evolution Planning and Management. Annals of Software Engineering Vol. 11 (1), 15-44.

Lewis, T., W. Pree, A. Weinand, E. Gamma, P. Calder, G. Andert, J. Vlissides, K. Schmucker (1995): Object Oriented Application Frameworks. Manning Publications Co., Greenwich.

Lichter, H. (1993): Entwicklung und Umsetzung von Architekturprototypen für Anwendungssoftware. Dissertation Universität Stuttgart, vdf Hochschulverlag, ETH Zürich.

Lichter, H., K. Schneider (1993): vis-A-vis – An Object-Oriented Framework for Graphical Design Tools. In Rix, Schlechtendahl (eds.), Interfaces in Industrial Systems for Production Engineering, Proceedings of IFIP TC5/WG5.10 Working Conference, Darmstadt, 43-57.

Lichter, H., M. Schneider-Hufschmidt, H. Züllighoven (1994): Prototyping in Industrial Software Projects – Bridging the Gap between Theory and Practice. IEEE Transactions on Software Engineering, Vol. 20 (11), 825-832.

Lichter, H., M. Zeller (1999): Developing a Change Request Management Tool for a Distributed Environment. Proceedings of Int. Conference on Product Focussed Software Process Improvement PROFES' 99, Oulu, VTT Research Centre Finland, 135-151.

Lichter, H., R. Melchisedech, O. Scholz, T. Weiler (2003): Erfahrungen mit einem Workshop-Seminar im Software Engineering Unterricht. In Siedersleben, Weber-Wulff (Hrsg.), Software Engineering im Unterricht der Hochschulen, SEUH 2003, dpunkt.verlag, Heidelberg, 89-100.

Lientz, B.P., E.B. Swanson (1980): Software Maintenance Management – a study of the maintenance of computer application software in 487 data processing organizations. Addison-Wesley, Reading, MA.

Liggesmeyer, P. (2002): Software-Qualität – Testen, Analysieren und Verifizieren von Software. Spektrum Akademischer Verlag, Heidelberg, Berlin.

Lind, R.K., K. Vairavan (1989): An experimental investigation of software metrics and their relationship to software development effort. IEEE Transactions on Software Engineering, Vol. 15 (5), 649-653.

Linger, R.C. (1993): Cleanroom Software Engineering for Zero-Defect-Software. Proceedings of 15th ICSE, Baltimore, IEEE Computer Society Press, 2-13.

Linger, R.C. (1994): Cleanroom Process Model. IEEE Software, Vol. 11 (2), 50-58, Linger, 1994.

Linger, R.C., C.J. Trammell (1996): Cleanroom Software Engineering Reference Model. CMU/SEI-96-TR-022, Software Engineering Institute, Carnegie Mellon University, Pittsburgh, PA, Linger, Trammell, 1996.

Lippert, M., S. Roock, H. Wolf (2002): Software entwickeln mit eXtreme Programming – Erfahrungen aus der Praxis. dpunkt.verlag, Heidelberg.

Liskov, B., J. Guttag (2001): Program Development with JAVA – Abstraction, Specification, and Object-Oriented Design. Addison-Wesley Professional, Reading, MA.

Long, F. (2009): Real or Imaginary: The Effectiveness of using Personas in Product Design. Proceedings of the Irish Ergonomics Society Annual Conference, Dublin, May 2009, 1-10, Long, 2009.

Lorenz, M., J. Kidd (1994): Object-Oriented Software Metrics. Prentice-Hall, Englewood Cliffs, NJ.

Ludewig, J. (1982): Computer aided specification of process control software. IEEE Computer, Vol. 15 (5), 12-20.

Ludewig, J. (1985): Techniken der Programmierung im Kleinen und im Großen (Vorlesung und Seminar am Neu-Technikum Buchs, WS 84/85 und SS 85). Brown Boveri Forschungsbericht KLR 85-149 C.

Ludewig, J. (1991): Software Engineering und CASE – Begriffsklärung und Standortbestimmung. Informationstechnik Vol. 33 (3), 112-120.

Ludewig, J. (1996): Gruppenbild mit CASE-Tool. INFORMATIK 3/1996, 4-9.

Ludewig, J. (2000): Erfolg macht Spaß: Softwaretechnik an der Universität Stuttgart. In Mehlhorn, Snelting (Hrsg.), Informatik 2000, Springer, Berlin usw., 20-31.

Ludewig, J. (2001): Software Engineering in the year 2000 minus and plus ten. In Wilhelm (ed.), Informatics: 10 years back, 10 years ahead, LNCS Vol. 2000, Springer-Verlag, Berlin, Heidelberg, New York, 102-111.

Ludewig, J. (2003): Models in software engineering – an introduction. Software and Systems Modeling, Vol. 2 (1), 5-14. Nachdruck in Informatik, Forschung und Entwicklung, Vol. 18 (3-4) (April 2004), 105-112.

Ludewig, J., S. Opferkuch (2004): Software-Wartung – eine Taxonomie. Softwaretechnik-Trends, Band 24 (2), 35-36.

Ludewig, J. (Hrsg.) (2006): Praktische Lehrveranstaltungen im Studiengang Softwaretechnik: Programmierkurs, Software-Praktikum, Studienprojekte, Fachstudie. Mit Beiträgen von Stefan Krauß, Jochen Ludewig, Patricia Mandl-Striegnitz, Ralf Melchisedech, Ralf Reißing. Bericht der Fakultät Informatik, 3. Aufl.

Ludewig, J. (2009): Software Engineering at Full Scale. In Ellis, H.J.C., S.A. Demurjian, J.F. Naveda (eds.): Software Engineering – Effective Teaching and Learning Approaches and Practices. IGI Global, Hershey PA, USA. Chapter XIV, 265-277.

Macro, A., J. Buxton (1987): The Craft of Software Engineering. Addison-Wesley Publishing, Wokingham, England.

Maier, M.W., D. Emery, R. Hilliard (2001): Software Architecture: Introducing IEEE Standard 1471. IEEE Computer, Vol. 34 (4), 107-109.

Mandl-Striegnitz, P., H. Lichter (1999): Defizite im Software-Projektmanagement – Erfahrungen aus einer industriellen Studie. Informatik/Informatique Nr. 5, Oktober 1999, 4-9.

Margono, J., T.E. Rhoads (1992): Software Reuse Economics: Cost-benefit Analysis On A Large-scale ADA Project. Proceedings of 14th ICSE, Melbourne, IEEE Computer Society Press, 338-348.

Martin, J. (1982): Application Development Without Programmers. Prentice-Hall, Englewood Cliffs, NJ.

McCabe, T.J. (1976): A Complexity Measure. IEEE Transactions on Software Engineering, Vol. 2 (4), 308-320.

McCall, J.A., M.T. Matsumoto (1980): Software Quality Measurement Manual, Vol. II. Rome Air Development Center, RADC-TR-80-109, Vol. 2 (unveröffentlicht).

McFeeley, R. (1996): IDEAL: A User's Guide for Software Process Improvement. CMU/SEI-96-HB-001, ADA 305472, Software Engineering Institute, Carnegie Mellon University, Pittsburgh, PA.

McIlroy, M.D. (1969): Mass Produced Software Components (mit Diskussion). In: Naur, Randell (1969), 138-155 (79-87 in der Transskription von McClure).

McMenamin, S. (1992): The New Economics of Requirements Modeling and Prototyping. The First National Conferences on Software Methods, Orlando, FL, presented by Technology Transfer Institute, 741 Tenth Street, Santa Monica, CA 90402, Section 9.362.

McMenamin, S.M., J.F. Palmer (1984): Essential systems analysis. Yourdon Press, Upper Saddle River, NJ.

Medvidovic, N., D.S. Rosenblum (1997): Domains of Concern in Software Architectures and Architecture Description Languages. Proceedings of the USENIX Conference on Domain-Specific Languages, Santa Barbara, CA, 199-212.

Melchisedech, R. (2000): Verwaltung und Prüfung natürlichsprachlicher Spezifikationen. Dissertation, Universität Stuttgart, Shaker Verlag, Aachen.

Mellis, W., D. Stelzer (1999): Das Rätsel des prozeßorientierten Softwarequalitätsmanagement. Wirtschaftsinformatik Nr. 1, 31-39.

Mellor, S.J., S. Kendall, A. Uhl, D. Weise (2004): MDA Distilled: Principles of Model-Driven Architecture. Addison-Wesley Pearson Education, Boston, MA.

Metzger, P.W. (1981): Managing a Programming Project. 2nd ed., Prentice-Hall, Upper Saddle River, NJ. (3rd ed. 1996 mit J. Boddie als Koautor.)

Meyer, B. (1992): Eiffel: The Language. Prentice-Hall Europe, Hemel Hempstead. (Seit 2006 gibt es einen Sprachstandard, ECMA-367 Eiffel Analysis, Design and Programming Language, 2nd ed., Eiffel-ECMA-367, 2006.

Meyer, B. (1997): Object-Oriented Software Construction. 2nd ed., Prentice-Hall, Upper Saddle River, NJ.

Mili, A., S.F. Chmiel, R. Gottumukkala, L. Zhang (2001): Managing Software Reuse Economics: An Integrated ROI-based Model. Annals of Software Engineering, Vol. 11 (1), 175-218.

Mili, H., F. Mili, A. Mili (1995): Reusing software: issues and research directions. IEEE Transactions on Software Engineering, Vol. 21 (6), 528-562.

Mili, H., A. Mili, S. Yacoub, E. Addy (2002): Reuse-Based Software Engineering – Techniques, Organization, and Controls. John Wiley & Sons, New York, NY.

Miller, G.A. (1956): The Magical Number Seven, Plus or Minus Two: Some Limits on Our Capacity for Processing Information. The Psychological Review, Vol. 63, 81-97.

Miller, J., J. Mukerji (2003): MDA Guide Version 1.0.1. Document Number: omg/2003-06-01, Miller, Mukerji, 2003.

Mills, H.D., M. Dyer, R.C. Linger (1987): Cleanroom Software Engineering. IEEE Software, Vol. 4 (5), 19-25.

Moore, B., D. Dean, A. Gerber, G. Wagenknecht, P. Vanderheyden (2004): Eclipse Development using the Graphical Editing Framework and the Eclipse Modeling Framework. IBM Redbooks, Moore et al., 2004.

Mozilla (o.J.): Open-source Anwendungen für das Internet, Mozilla, o.J.

Myers, G.J. (1979): The Art of Software Testing. John Wiley & Sons, in dt. Übersetzung Methodisches Testen von Programmen. 5. Aufl., Oldenbourg-Verlag, München, 1995.

Nagl, M. (1990): Softwaretechnik: Methodisches Programmieren im Großen. Springer-Verlag, Berlin, Heidelberg.

NASA (o.J.): NASA Langley Formal Methods Site. NASA, o.J.

Naur, P., B. Randell (eds.) (1969): Software Engineering. Report of a conference sponsored by the NATO Science Committee, Garmisch, Germany, 7-11 Oct. 1968, Brussels, Scientific Affairs Division, NATO; Transskription von R.M. McClure, Naur, Randell, 1969.

Nosek, J.T., P. Palvia (1990): Software Maintenance Management: Changes in the Last Decade. Software Maintenance: Research and Practice, Vol. 2, 157-174.

Northrop, L. M., P. C. Clements (2007): A Framework for Software Product Line Practice, Version 5.0, Northrop, Clements, 2007.

Noth, T., M. Kretzschmar (1984): Aufwandschätzung von DV-Projekten, Darstellung und Praxisvergleich der wichtigsten Verfahren. Springer-Verlag, Berlin.

Nuseibeh, B. (2001): Weaving together requirements and architectures. IEEE Computer, Vol. 34 (3), 115-119.

Nygaard, K. (1986): Program Development as a Social Activity. In Kugler (ed.), Proceedings of Information Processing 86, Amsterdam, North Holland/Elsevier, 189-198.

Nyman, N. (o.J.): In Defense of Monkey Testing – Random testing can find bugs, even in well engineered software, Nyman, o.J.

Nyßen, A. (2009): Model-Based Construction of Embedded & Real-Time Software – A Methodology for Small Devices. Aachener Informatik Berichte, AIB 2009-03, ISSN 0935–3232, RWTH Aachen University, Department of Computer Science. Nyßen, 2009.

Objekt-Spektrum (2005): Model-driven Development. Online-Ausgabe,OBJEKTspektrum MDD/2005, Objekt-Spektrum, 2005.

OMG-MDA (o.J.): Model Driven Architecture. Object Management Group, OMG-MDA, o.J.

OMG-UML (o.J.): UML Resource Page. Object Management Group, OMG-URL, o.J.

Open-Source-Testtools (o.J.): Open-source software testing tools and news, Open-Source-Testtools, o.J.

Pagel, B.-U., H.-W. Six (1994): Software Engineering Band 1: Die Phasen der Softwareentwicklung. Addison-Wesley, Bonn.

Park, R. (1992): Software Size Measurement: A Framework for Counting Source Statements. CMU/SEI-92-TR20, Software Engineering Institute, Carnegie Mellon University, Pittsburgh, PA.

Parnas, D.L. (1972): On the criteria to be used in decomposing systems into modules. Communications of the ACM, Vol. 15 (12), 1053-1058.

Parnas, D.L. (1976): On the Design and Development of Program Families. IEEE Transactions on Software Engineering, Vol. 2 (1), 1-9.

Parnas, D.L., P.C. Clements, D.M. Weiss (1985): The Modular Structure of Complex Systems. IEEE Transactions on Software Engineering, Vol. 11 (3), 259-266.

Parnas, D.L., P.C. Clements (1986): A Rational Design Process: How and Why to Fake it. IEEE Transactions on Software Engineering, Vol. 12 (2), 251-257.

Parnas, D.L. (1994): Software Aging. Proceedings of 16th ICSE, Sorrento, IEEE Computer Society Press, 279-287.

Parnas, D.L. (1999): Software Engineering Programs Are Not Computer Science Programs. IEEE Software Vol. 16 (6), 19-30.

Parnas, D.L., D. Hoffman, D.M. Weiss (eds.) (2001): Software Fundamentals: Collected Papers by David L. Parnas. Addison-Wesley, Boston, MA.

Parnas, D.L. (2010): Really rethinking 'formal methods'. IEEE Computer, Vol. 13 (1), 28-34.

Partsch, H. (1998): Requirements-Engineering systematisch – Modellbildung für softwaregestützte Systeme. Springer-Verlag, Berlin, Heidelberg.

Pichler, R. (2008): Scrum – Agiles Projektmanagement erfolgreich einsetzen. dpunkt.verlag, Heidelberg.

Poensgen, B., B. Bock (2005): Function-Point-Analyse – Ein Praxishandbuch. dpunkt.verlag, Heidelberg.

Pohl, K., G. Böckle, F. van der Linden (2005): Software Product Line Engineering – Foundations, Principles, and Techniques. Springer-Verlag, Berlin, Heidelberg.

Poore, J.H., C.J. Trammell (eds.) (1996): Cleanroom Software Engineering: A Reader. Blackwell Publishers, Oxford.

Porter, A.A., L.G. Votta, V.R. Basili (1995): Comparing detection methods for software requirements inspections: a replicated experiment. IEEE Transactions on Software Engineering, Vol. 21 (6), 563-575.

Poulin, J.S., J.M. Caruso (1993): A reuse metrics and return on investment model. Proceedings Advances in Software Reuse, Selected Papers from the Second International Workshop on Software Reusability, IEEE Computer Society Press, 152-166.

Poulin, J.S., J.M. Caruso, D.R. Hancock (1993): The business case for software reuse. IBM Systems Journal. Vol. 32 (4), 567-594.

Prechelt, L. (1999): Grant/Sackman legend is misleading, or: How large is interpersonal variation really? Fakultät für Informatik, Universität Karlsruhe, Technical Report 1999-18.

Pree, W. (1997): Komponentenbasierte Softwareentwicklung mit Frameworks. dpunkt.verlag, Heidelberg.

Pressman, R. (2010): Software Engineering – A Practitioner's Approach. 7th ed., McGraw-Hill.

Prowell, S.J., C.J. Trammell, R.C. Linger, J.H. Poore (1999): Cleanroom Software Engineering: Technology and Process. The SEI Series in Software Engineering, Addison-Wesley Longman, Reading, MA.

Pruitt, J, J. Grudin (2003): Personas: practice and theory. Proceedings of the 2003 Conference on Designing For User Experiences, San Francisco, California, June 06 - 07, DUX '03, ACM, New York, NY, 1-15.

Rausch, A., D. Niebuhr (2005): Erfolgreiche IT-Projekte mit dem V-Modell XT. OBJEKTspektrum 3/2005 (Mai 2005), 42-50, Rausch, Niebuhr, 2005.

Reddy, A. (2000): JAVA Coding Style Guide, Reddy, 2000.

Reißing, R. (2002): Bewertung der Qualität objektorientierter Entwürfe. Dissertation, Universität Stuttgart, Fakultät Informatik, Cuvillier, Göttingen.

Ribu, K. (2001): Estimating Object-Oriented Software Projects with Use Cases. MSc Thesis Oslo, Ribu, 2001.

Riedemann, E.H. (1997): Testmethoden für sequentielle und nebenläufige Software-Systeme. B.G. Teubner, Stuttgart.

Riehle, D. (2000): Framework Design – A Role Modeling Approach. Dissertation Nr. 13509, ETH Zürich, Riehle, 2000.

Robertson, S., R. Robertson (1999): Mastering the Requirements Process. ACM Press, Addison-Wesley Pearson Education, Harlow, England.

Robinson, H. (o.J.): Model-Based Testing Home Page. Link Online Papers About Model-Based Testing, Robinson, o.J.

Roock, S., M. Lippert (2004): Refactorings in großen Softwareprojekten – Komplexe Restrukturierungen erfolgreich durchführen. dpunkt.verlag, Heidelberg.

Rosove, P.E. (1967): Developing Computer-based Information Systems. John Wiley & Sons, New York, NY.

Ross, D.T. (1977): Structured analysis (SA): A language for communicating ideas. IEEE Transactions on Software Engineering, Vol. 3 (1), 16-34.

Ross, D.T. (1985): Applications and extensions of SADT. IEEE Computer, Vol. 18 (4), 25-34.

Royce, W.W. (1970): Managing the development of large software systems. IEEE WESCON, Los Angeles, CA, 1-9; nachgedruckt in Proceedings of 9th ICSE, Monterey, CA, IEEE Computer Society Press, 328-338.

Rumbaugh, J., I. Jacobson, G. Booch (2004): The Unified Modeling Language Reference Manual. 2nd ed., Addison-Wesley Longman, Reading, MA.

Rupp C., die SOPHISTen (2009): Requirements-Engineering und -Management. 5. Aufl., Hanser-Verlag, München, Wien.

Rupp, C., J. Hahn, S. Queins, M. Jeckle, B. Zengler (2005): UML 2 glasklar – Praxiswissen für die UML-Modellierung und -Zertifizierung. 2. Aufl., Hanser-Verlag, München, Wien.

Russell, B. (1925): What I believe. In: Why I am not a Christian, Little Blue Book No. 1372, edited by D. Haldeman-Julius, Haldeman-Julius Publications, Girard, Kansas.

Ryser, J. (2003): Szenarienbasiertes Validieren und Testen von Softwaresystemen. Dissertation der Wirtschaftswissenschaftlichen Fakultät der Universität Zürich.

Sackman, H., W.J. Erikson, E.E. Grant (1968): Exploratory experimental studies comparing online and offline programming performance. Communications of the ACM, Vol. 11 (1), 3-11.

SCAMPI (2005): Handbook for Conducting Standard CMMI Appraisal Method for Process Improvement (SCAMPI) B and C Appraisals. Version 1.1, CMU/SEI-2005-HB-005, Software Engineering Institute, Carnegie Mellon University, Pittsburgh, PA.

SCAMPI (2006): Standard CMMI Appraisal Method for Process Improvement (SCAMPI) A. Version 1.2: Method Definition Document, CMU/SEI-2006-HB-002, Software Engineering Institute, Carnegie Mellon University, Pittsburgh, PA.

Schorsch, T. (1996): The Capability Im-Maturity Model (CIMM), Schorsch, 1996.

Schwaber, K. (1995): SCRUM Development Process. In Sutherland, J. et al. (eds.), Business Object Design and Implementation, OOPSLA'95 Workshop Proceedings , Springer-Verlag, Telos (published 1997), Schwaber, 1995.

Schwaber, K., M. Beedle (2001): Agile Software Development with Scrum. Prentice Hall, Upper Saddle River, NJ.

Sebesta, R.W. (2012): Concepts of Programming Languages. 10th ed., Addison-Wesley, Boston, MA.

SEI (o.J.): Process Maturity Profile. Software Engineering Institute, Carnegie Mellon University, Pittsburgh, PA, SEI, o.J.

SEI-Architecture (o.J.): Definitionen des Architekturbegriffs, SEI-Architecture, o.J.

Selby, R.W. (1988): Empirically Analyzing Software Reuse in a Production. In Tracz (ed.), Software Reuse: Emerging Technology, IEEE Computer Society Press, 176-189.

Selby, R.W. (ed.) (2007): Software Engineering: Barry W. Boehm's Lifetime Contributions to Software Development, Management, and Research. Wiley-Interscience IEEE Computer Society, Hoboken, N.J.

SEMAT (o.J.): Webseiten der SEMAT-Initiative. SEMAT, o.J.

Shalloway, A., J.R. Trott (2002): Design Patterns Explained – A New Perspective on Object-Oriented Design. Addison-Wesley, Reading, MA.

Shaw, M., D. Garlan (1996): Software Architecture – Perspectives on an Emerging Discipline. Prentice-Hall, Upper Saddle River, NJ.

Siedersleben, J., M. Meyer (2000): Software-Architektur. In Brössler, Siedersleben (Hrsg.), Softwaretechnik – Praxiswissen für Software-Ingenieure, Hanser-Verlag, München, Wien, 95-119.

Siedersleben, J. (2004): Moderne Softwarearchitektur – Umsichtig planen, robust bauen mit Quasar. dpunkt.verlag, Heidelberg.

Simon, H. (1962): The Architecture of Complexity. Proceedings of the American Philosophical Society, Vol. 106 (6), 467-482.

Sneed, H.M. (1987): Software Management. Verlagsgesellschaft R. Müller, Köln.

Sneed, H.M. (1996): Schätzung der Entwicklungskosten von objektorientierter Software. Informatik Spektrum 19 (3), 133-140.

Sneed, H.M., M. Winter (2001): Testen objektorientierter Software – Das Praxishandbuch für den Test objektorientierter Client/Server-Systeme. Hanser-Verlag, München.

Sneed, H.M., M. Hasitschka, M.T. Teichmann (2005): Software-Produktmanagement. dpunkt.verlag, Heidelberg.

Sommerville, I. (2010): Software Engineering. 9th. ed., Addison-Wesley Pearson Education, Harlow, England. Ebenfalls zitiert: 6th ed., 2001, 5th ed., 1995, und 3rd ed., 1989.

Solingen, R. van, E. Berghout (1999): siehe van Solingen.

SPICE (o.J.): Software Process Improvement and Capability dEtermination, SPICE, o.J.

Spillner, A., T. Linz (2005): Basiswissen Softwaretest Aus- und Weiterbildung zum Certified Tester. 3. Aufl., dpunkt.verlag, Heidelberg.

SPLC (o.J.): Software Product Line Hall of Fame, SPLC, o.J.

Stachowiak, H. (1973): Allgemeine Modelltheorie. Springer-Verlag, Wien.

Stahl, T., M. Völter (2005): Modellgetriebene Softwareentwicklung – Techniken, Engineering, Management. dpunkt.verlag, Heidelberg.

Stallmann, R. et al. (2005): GNU Coding Standard, Stallmann et al., 2005.

Stevens, S.S. (1946): On the Theory of Scales of Measurement. Science, Vol. 103, 677-680.

Stevens, W.P., G.J. Myers, L.L. Constantine (1974): Structured Design. IBM Systems Journal, Vol. 13 (2), 115-139.

Stroud, J.M. (1966): The fine structure of psychological time. In Fischer (ed.), Interdisciplinary perspectives of time, Annals New York Acadamy of Sciences, Vol. 138 (2), 623-631.

Sunazuka, T., M. Azuma, N. Yamagishi (1985): Software Quality Assessment Technology. Proceedings of 8th ICSE, London, IEEE Computer Society Press, 142-148.

Swartout, W., R. Balzer (1982): On the Inevitable Intertwining of Specification and Implementation. Communications of the ACM, Vol. 25 (7), 438-440.

Takeuchi, H., I. Nonaka (1986): The new product development game. Harvard Business Review 64:1 (Jan/Feb), 137-146 , reprint no. 86116, Takeuchi, Nonaka, 1986.

Taubner, D. (2003): Effizientes Software-Engineering: Vorgehen für wirtschaftliche Projekte. IM – Die Fachzeitschrift für Information Management & Consulting, 18. Jg., Oktober, 14-18, Taubner, 2003.

Taylor, R. N., N. Medvidovic, E. M. Dashofy (2010): Software Architecture Foundations, Theory, and Practice. John Wiley & Sons, Hoboken, NJ.

Teichroew, D., E.A. Hershey (1977): PSL/PSA: a computer-aided technique for structured documentation and analysis of information processing systems. IEEE Transactions on Software Engineering, Vol. 3 (1), 41-48.

Testtools (o.J.): Informationen über Testwerkzeuge. IMBUS AG, Testtools, o.J.

Thayer, R.H., M. Dorfman (1996): Software Engineering. Wiley-IEEE Computer Society Press.

Thayer, R.H. (1997): Software Engineering Project Management. Tutorial – Software Engineering Project Management, revised edition, IEEE Computer Society Press.

Thayer, R.H., M.J. Christensen (eds.) (2005): Software Engineering, Volume 1, The Development Process. 3rd ed., Wiley-IEEE Computer Society Press.

Thayer, R.H., M. Dorfman (eds.) (2005): Software Engineering, Volume 2, The Supporting Processes. 3rd ed., Wiley-IEEE Computer Society Press.

Tracz, W. (1994): Software reuse myths revisited. Proceedings of 16th ICSE, Sorrento, IEEE Computer Society Press, 271-272.

van Solingen, R., E. Berghout (1999): The Goal/Question/Metric Method: A Practical Guide for Quality Improvement of Software Development. McGraw-Hill, London.

van Vliet, J.C. (2008): Software Engineering – Principles and Practice. 3rd ed., John Wiley & Sons, Chichester. Ebenfalls zitiert: 2nd ed., 2000.

VDI 2519 Blatt 1 (2001): siehe Abschnitt 26.3.1

V-Modell (1997): Entwicklungsstandard für IT-Systeme des Bundes, Vorgehensmodell. Allgemeiner Umdruck Nr. 250/1, 250/2, 250/3, BWB IT I5, Koblenz.

V-Modell XT (o.J.): Das V-Modell XT. Version 1.3, V-Modell, o.J.

Volere (o.J.): Requirements Specification Template, Volere, o.J.

Wallin, C., S. Larsson, F. Ekdahl, I. Crnkovic (2002): Combining Models for Business Decisions and Software Development. 28th EUROMICRO Conference, Dortmund, IEEE Computer Society, 266-271, Wallin et al., 2002.

Warmer, J., A. Kleppe (2003): The Object Constraint Language: Getting Your Models Ready for MDA. 2nd ed., Addison-Wesley Professional, Reading, MA.

Weidmann, C., V. Hoffmann, H. Lichter (2009): Einsatz und Nutzen von Use Cases – Ergebnisse einer empirischen Untersuchung. Softwaretechnik-Trends, Band 29 (2), 62-67, Weidmann, Hoffmann, Lichter, 2009.

Weinberg, G.M. (1971): The Psychology of Computer Programming. Van Nostrand Reinhold, New York, NY. Nachgedruckt als Silver Anniversary Edition, Dorset House Publishing, New York, NY, 1998.

Weinberg, G.M. (1999): Egoless Programming. IEEE Software, Vol. 16 (1), 118-120.

Wells, D. (o.J.): Webseiten zu eXtreme Programming, Wells, o.J.

Welsch, C., H. Lichter, M. Zeller (1995): Software Process Improvement at ABB Kraftwerksleittechnik GmbH. In Elzer, Richter (eds.), Proceedings of 5th IFAC/IFIP/GI/GMA Workshop Experiences with the Management of Software Processes, Karlsruhe, Elsevier.

Wetzel, M. (2007): Ein Experiment zur Ermittlung der Programmierproduktivität von Studenten. In Zeller, Deininger (Hrsg.), Software Engineering im Unterricht der Hochschulen, SEUH 2007, dpunkt.verlag, Heidelberg, 101-112.

Weyuker, E. (1988): Evaluating Software Complexity Measures. IEEE Transactions on Software Engineering, Vol. 14 (9), 1357-1365.

Wheeler, D.A. (2006): Linux Kernel 2.6: It's Worth More!, Wheeler, 2006.

Whittaker, J.A., M.G. Thomason (1994): A Markov Chain Model for Statistical Software Testing. IEEE Transactions on Software Engineering, Vol. 20 (10), 812-824.

Wikipedia (o.J.): Die freie Enzyklopädie, Wikipedia, o.J.

Wirth, N. (1971): Program Development by Stepwise Refinement. Communications of the ACM, Vol. 14 (4), 221-227. Nachgedruckt in → Broy, Denert (2002), 149-169.

Wohlwend, H., S. Rosenbaum (1994): Schlumberger's software improvement program. IEEE Transactions on Software Engineering, Vol. 20 (11), 833-839.

Wolf, H., S. Roock, M. Lippert (2005): eXtreme Programming – Eine Einführung mit Empfehlungen und Erfahrungen aus der Praxis. 2. Aufl., dpunkt.verlag, Heidelberg.

Wolverton, R.W. (1974): The Cost of Developing Large-Scale Software. IEEE Trans. on Computers, C-23 (6), 615-636.

Wulf, W.A. (1972): A Case Against the GOTO. Proceedings of the 25th National ACM Conference, 791-797.

Yau, S.S., J.J.-P. Tsai (1986): A survey of software design techniques. IEEE Transactions on Software Engineering, Vol. 12 (6), 713-721.

Zelkowitz, M., A. Shaw, J. Gannon (1979): Principles of Software Engineering and Design. Prentice-Hall, Englewood Cliffs, NJ.

Zeller, A., J. Krinke (2003): Open-Source-Programmierwerkzeuge: Versionskontrolle – Konstruktion – Testen – Fehlersuche. 2. Aufl., dpunkt.verlag, Heidelberg.

Zopf, S. (1996): Toward statistical process control in software development. Irish Quality Association, 5th European Conference on Software Quality, Dublin, 115-123.

Züllighoven, H. (2005): Object-Oriented Construction Handbook – Developing Application-Oriented Software with the Tools and Materials Approach. dpunkt.verlag, Heidelberg/Morgan Kaufmann Publishers, San Francisco, CA.

26.3 Verzeichnis der Normen und Standards

Die folgende Liste enthält alle Normen, die im Buch erwähnt sind. Die Jahresangabe bezieht sich auf die jüngste Ausgabe, von der wir wissen. Man beachte aber, dass Normen ständig revidiert werden (sollten), sodass die Jahreszahlen nur eine begrenzte Gültigkeit haben.

Achtung, Normen sind sehr teuer! Es ist darum zweckmäßig, eine Bibliothek zu suchen, die die Normen bereithält. Für einige Fachgebiete gibt es Zusammenstellungen. Diese sind billiger als die Einzelnormen, aber nicht immer aktuell und vollständig. Zusammenstellungen, die das Software Engineering betreffen, sind ebenfalls aufgeführt.

26.3.1 DIN-Normen

DIN = Das ist Norm (1917). Später gedeutet als Deutsches Institut für Normung e.V. Alle DIN-Normen und Zusammenstellungen (DIN-Taschenbücher) werden vom Beuth-Verlag, Berlin, Wien, Zürich, vertrieben (Beuth-Verlag).

DIN 55350-11 (1995): Begriffe zu Qualitätsmanagement und Statistik – Teil 11: Begriffe des Qualitätsmanagements.

DIN 66230 (1981): Informationsverarbeitung; Programmdokumentation.
DIN 66231 (1982): Informationsverarbeitung; Programmentwicklungsdokumentation.
DIN 66232 (1985): Informationsverarbeitung; Datendokumentation.

DIN 66270 (1998): Informationstechnik – Bewerten von Softwaredokumenten – Qualitätsmerkmale.

DIN 69905 (1997): Projektwirtschaft – Projektabwicklung – Begriffe.

DIN-Taschenbuch 166 (1995): Software – Entwicklung, Dokumentation, Qualität.

DIN-Taschenbuch 354 (2004): Software-Ergonomie – Empfehlungen für die Programmierung und Auswahl von Software. CD-ROM.

DIN EN IEC 61508: siehe IEC 61508 in 26.3.3!

VDI 2519 Blatt 1 (2001): VDI-Richtlinie: Vorgehensweise bei der Erstellung von Lasten-/ Pflichtenheften.

26.3.2 IEEE-Standards

IEEE = Institute of Electrical and Electronics Engineers, Inc.; für die Informatik ist speziell die IEEE Computer Society zuständig, mit fast einhunderttausend Mitgliedern der größte Informatik-Berufsverband weltweit.

Die Standards sind direkt vom IEEE erhältlich (IEEE-Standards). Das IEEE aktualisiert seine Zusammenstellung regelmäßig, sodass alle Standards kompakt auf einer CD verfügbar sind. Allerdings ist diese sehr teuer und, bei einer Standardisierungsorganisation kaum nachvollziehbar, in einem proprietären Format.

IEEE (2008): Software & Systems Engineering Standards Collection (VuSpec) CD-ROM, Part No. STDVU200.

IEEE Std 610.12 (1990): IEEE Standard Glossary of Software Engineering Terminology. IEEE Standards Association.

IEEE Std 830 (1998): Recommended Practice for Software Requirements Specifications. Revision of IEEE Std 830-1993, IEEE Standards Association.

IEEE Std 982.1 (1988): IEEE Standard Dictionary of Measures to Produce Reliable Software -Description. IEEE Standards Association.

IEEE Std 1058 (1998): Standard for Software Project Management Plans. IEEE Standards Association.

IEEE Std 1061 (1998): Standard for a Software Quality Metrics Methodology. IEEE Standards Association.

IEEE Std 1063 (2001): Standard for Software User Documentation. IEEE Standards Association.

IEEE Std 1233 (1998): Guide for Developing System Requirements Specifications. IEEE Standards Association.

IEEE Std 1471 (2000): Recommended Practice for Architectural Description of Software-Intensive Systems. IEEE Standards Association.

26.3.3 ISO-Standards

ISO = griechische Vorsilbe mit der Bedeutung »gleich«. Umgedeutet als Internationale Standardisierungsorganisation. Auch die ISO-Standards werden in Deutschland vom Beuth-Verlag vertrieben (siehe Abschnitt 26.3.1).

ISO/IEC 6592 (2000): Information Technology – Guidelines for the Documentation of Computer-Based Applications Systems.

ISO/IEC 7498-1 (1996): Information Technology – Open Systems Interconnection – Basic Reference Model: The Basic Model.

ISO 9000 (= DIN EN ISO 9000) (2005): Qualitätsmanagementsysteme, Grundlagen und Begriffe.

ISO 9000 Compendium (2003): Package, 10th Edition. Contains the following ISO 9000 series documents: ISO 9000:2000, ISO 9001:2000, ISO 9004:2000, ISO 10006:2003, ISO 10007:2003, ISO 10012:2003, ISO 10015:1999, ISO 19011:2002, ISO/TR 10013:2001, ISO/TR 10014:1998, ISO/TR 10017:2003, ISO/DIS 10018.

ISO 9001 (= DIN EN ISO 9001) (2000): Qualitätsmanagementsysteme, Anforderungen.

ISO 9004 (= DIN EN ISO 9004) (2000): Qualitätsmanagementsysteme, Leitfaden zur Leistungsverbesserung.

ISO/IEC 9126: Software engineering – Product quality – Part 1: Quality model, Part 2: External metrics, Part 3: Internal metrics, Part 4: Quality in use metrics.

ISO 9241 (= DIN EN ISO 9241) (2000): Ergonomics requirements for office work with visual display terminals (VDTs). Deutsch: Ergonomische Anforderungen für Bürotätigkeiten mit Bildschirmgeräten. 17 Teile, darunter Teil 10: Grundsätze der Dialoggestaltung; Teil 11: Anforderungen an die Gebrauchstauglichkeit – Leitsätze.

ISO/IEC 12207: Informationstechnik – Prozesse im Lebenszyklus von Software. Ausgabe 1995-08, Änderung 1 2002-05, Änderung 2 2004-11.

ISO 14143: Information Technology – Software Measurement – Functional Size Measurement. Part 1: Definition of Concepts, Part 2: Conformity Evaluation of Software Size Measurement Methods, Part 3: Verification of Functional Size Measurement Methods, Part 4: Reference Model, Part 5: Determination of Functional Domains for use with Functional Size Measurement, Part 6: Guide for Use of ISO 14143 Series and Related International Standards.

ISO/IEC 15504: Information Technology – Process assessment. Part 1: Concepts and vocabulary, Part 2: Performing an assessment, Part 3: Guidance on performing an assessment, Part 4: Guidance on use for process improvement and process capability determination, Part 5: An exemplar Process Assessment Model.

ISO/IEC 15939 (2007): Systems and software engineering – Measurement process.

ISO/IEC 18019 (2004): Software and system engineering – Guidelines for the design and preparation of user documentation for application software.

ISO/IEC 25051 (2006): Software engineering – Software product Quality Requirements and Evaluation (SQuaRE) – Requirements for quality of Commercial Off-The-Self (COTS) software product and instructions for testing.

IEC 61508 (=DIN EN IEC 61508) (1998/2000): Funktionale Sicherheit sicherheitsbezogener elektrischer/elektronischer/programmierbarer elektronischer Systeme.

Index

Viele zusammengesetzte Stichwörter sind nur unter dem Hauptwort eingeordnet. Beispielsweise stehen präterierte Attribute unter »Attribute, präterierte und abundante«. Wörter, die scheinbar fehlen, sollten darum auch unter dem Hauptwort gesucht werden. Personennamen sind kursiv gesetzt.

A

B

C

I

J

K

L

M

Q

R

S

T

X

Z

Ziffern und Sonderzeichen